AF347156

ABREGÉ PORTATIF

DU

DICTIONNAIRE

GEOGRAPHIQUE

DE LA MARTINIERE.

TOME SECOND.

G 543.
12.

A PARIS,

Chez
{
LE MERCIER, Imprimeur-Libraire, rue S. Jacques.
DESAINT & SAILLANT, rue S. Jean de Beauvais.
BOUDET, Imprimeur du Roi, rue S. Jacques.
DURAND, rue du Foin.
VINCENT, Imprimeur, rue S. Severin.
LE PRIEUR, Imprimeur du Roi, rue S. Jacques.

M D C C L I X.

AVEC APPROBATION, ET PRIVILEGE DU ROI.

O.

OACCO, prov. d'Afr. au roy. d'Angola, traversée par le fleuve Cango. Elle seroit fertile, si ses habitans se donnoient la peine de cultiver les terres: ils ne travaillent que ce qui leur est absolument nécessaire pour vivre.

OAKHAM, ville d'Angl. dans le Rutland, au dioc. de Peterborough, à 74 milles de Londres. Quand un seigneur entre à cheval dans cette ville, il fait hommage d'un des fers de son cheval, ou il le rachete. long. 16. 44. latit. 52. 36.

OBASINE, *Obascina*, abbaye d'hom. ordre de Cîteaux, dans le bourg de même nom, dans le bas Limousin, à 3 li. au midi de Tulles, & à 1 & demie de Brive, proche la Coureze.

OBERKIRCK, *Ypergræcia*, p. ville d'Alsace, dans l'Ortnau, vers la forêt Noire, au-delà du Rhin, à 1 li. de Strasbourg, à l'év. de qui elle appartient. long. 25. 50. latit. 48. 34.

OBERNDORF, p. ville d'Allem. au cercle de Suabe, dans la forêt Noire, sur la gauche du Necker. Elle est à la maison d'Autriche. long. 26. 16. lat. 48. 12.

OBERSCHONENBERG, abbaye de filles, ordre de Cît. dans la Suabe, au dioc. d'Augsbourg.

OBOLLAH, ville de Perse, dans l'Iraque-Babylonienne, sur un bras du Tigre, auprès de Basora. Ses environs sont d'une beauté charmante. long. 65. 48. latit. 30. 14.

OBY, *Obius*, grande riviere d'Asie, qui prend sa source dans la gr. Tartarie, au lac de Kithai, & va se rendre dans la mer, près du détroit de Vaigatz.

OCANA, ville d'Esp. dans la nouv. Castille, dans une belle plaine, à 10 li. au sud-est de Madrid. Elle est composée d'environ 2000 habitans. Il y a 3 paroisses & 10 couvens. On y fait de la vaisselle de terre qui est fort blanche & très-estimée. long. 14. 35. latit. 39. 55.

OCHSENFURT, p. ville d'Allemagne, en Franconie, sur le Mein, dans l'év. & à 6 li. au sud-est de Wurtzbourg, à l'év. de qui elle appartient. long. 27. 48. latit. 49. 42.

OCHSENHAUSEN, abbaye de l'ordre de St Benoît, en Allem. dans la Suabe, entre Memmingen & Biberach, sur la riv. de Rottam. Son abbé est prince de l'Empire.

OCICA, ville du Japon, au roy. de Gotto, près de la mer, à 50 li. au midi de Firando.

OCURA, ville du Japon, capitale du roy. de Gotto, à 1 li. & demie d'Ocica.

* OCZAKOU, ville de la Turquie, dans la Bessarabie, à l'embouchure du Nieper, dans la

mer Noire, où il a 1 li. de largeur. Cette ville qui eſt la retraite des galeres Turques, eſt défendue par pluſieurs chateaux. Les Ruſſiens la prirent en 1737, & l'abandonnerent l'année ſuivante, après en avoir raſé les fortifications. Voſgien nous dit que l'ancien nom d'Oczakow eſt *Axiace*. Les anc. n'ont connu qu'une riv. du nom d'Axiaces. long. 47. 34. latit. 46. 28.

ODENSÉE, *Ottonia*, ville de Danemarck, dans l'iſle de Funen, à 25 li. au ſud-oueſt de Copenhague. On y braſſe d'excellente biere. Son év. eſt ſuffr. de Lunden. long. 28. 4. lat. 55. 26.

ODER, *Odera*, riv. d'Allem. qui prend ſa ſource dans la Siléſie, ſur les confins de la Moravie, près de l'Oder, bourgade dont l'abbé de la Croix fait une ville, & va ſe rendre dans la mer Baltique par 3 embouch.

ODILE (mont St), c'eſt un des ſommets de la gr. montagne des Voſges, d'où l'on découvre l'Alſace, le Palatinat, l'Ortenaw & le Briſgaw. On diſtingue delà 12 villes & plus de 200 bourgs.

ODOWARA, p. ville du Japon, dans l'iſle de Niphon, à 3 journées de Jedo. Ce n'eſt que dans cette ville & à Meaco qu'on prépare le catchou parfumé.

OELAND, OU L'ISLE DU FOIN, iſle de la mer Baltique, ſur la côte de Suede, ſéparée de la prov. de Smaland par le détroit de Calmar. Borckholm en eſt capitale. long. 34-35. latit. 56-57.

OESEL, *Oſilia*, iſle de la mer Baltique, ſur la côte de la Livonie, près du golfe de Riga, ſéparée de l'iſle de Daghoe par un petit détroit. Elle appartient à la Ruſſie, & a pour capitale la ville d'Arensbourg. long. 39-40. latit. 57-58.

1. OETING, *Oenipons*, ville d'Allem. dans la h. Baviere, ſur l'Inn, au-deſſus de ſon confl. avec la Saltzach. On la diviſe en nouv. & anc. L'anc. n'eſt plus qu'un bourg, il y a la collégiale de St Philippe, le château de l'arch. de Saltzbourg, & les maiſons des chanoines. La nouv. eſt bien bâtie, & entourée de murailles. long. 30. 20. latit. 48. 10.

2. OETING, ville d'Allemagne, dans la Suabe, ſur la rive droite du Wernitz, à 2 milles de Nordlingen, avec un chât. & titre de principauté. long. 28. 20. latit. 48. 50.

OFFENBOURG, *Offonis Pyrgum*, p. ville d'Allem. dans la Suabe, à 2 milles au ſud-eſt de Strasbourg. Elle eſt bien bâtie, avec un bel hôtel de ville. Elle eſt impériale. long. 25. 36. latit. 48. 27.

OGLIO, *Ollius*, riv. d'Italie, dans la Lombardie. Elle a ſa ſource dans la partie ſept. du Breſlan, & va ſe perdre dans le Pô, au couchant de Borgoforte.

OIGNIES, abb. de chan. régul. dans un village des Pays-Bas, ſur la Sambre, au dioc. de Namur, dont elle eſt à 5 li. vers le couchant.

OIGNY, *Ungiacum*, abbaye d'hom. de l'ordre de St Auguſtin, en Bourgogne, au diocéſe d'Autun, à 3 li. de l'abbaye de St Seine, près de la ſource de la Seine, fondée l'an 1106.

OISE, *Iſara*, riv. de Fr. qui prend ſa ſource dans les Ardennes, ſur les confins du Hainaut, & ſe rend dans la Seine, entre Conflans-Ste-Honorine & Andreſy, au-deſſous de Pontoiſe.

OITZ, p. ville du Japon, dans le roy. d'Omi, à 3 li. de Meaco, ſur le bord d'un lac de même nom. Elle eſt du domaine impérial.

OKI, iſle du Japon, ſur la mer de Corée, au nord de l'iſle de Niphon. Elle a 2 journées de circuit, avec titre de prov. divisée en 5 districts.

OLDENBOURG, *Oldenburgum,* ville d'Allem. dans la Westphalie, au comté de même nom, sur la Hunte qu'on y passe sur un pont, à 10 li. au couchant de Brême, & à 30 au nord de Munster. Elle n'est pas grande, mais elle est bien fortifiée. Le château qui sert de citadelle est magnifique, & étoit la résidence des comtes de ce nom, dont le roi de Danemarck est descendant, & à qui cette ville appartient. long. 25. 40. latit. 53. 10.

OLDENZEL, *Salia vetus,* p. ville des Pays-Bas, dans l'Owerissel, à 10 l. de Deventer, & à 3 d'Oetmarsen. long. 24. 30. latit. 52. 20.

OLDESLO, p. ville d'Allem. dans la Wagrie, sur la Trave, à 3 milles au couchant de Lubeck. Elle appartient au roi de Danemarck. long. 28. 2. lat. 53. 56.

1. OLERON, *Uliarius,* isle de Fr. sur la côte d'Aunis & de Saintonge, à 2 li. du continent. Elle a 5 li. de long sur 2 de large. On y compte environ 12000 habitans. Son terroir produit du bled, du vin, du sel. Il y a dans sa partie septent. un bon chât. avec 600 hommes de garnison. Les habitans passent pour bons hommes de mer. Louis XIII l'enleva en 1626, avec l'isle de Ré, aux Rochelois, qui s'y étoient fortifiés.

2. OLERON, *Iluro,* ville de Fr. dans le Bearn, sur le Gave, à 4 li. de Pau, à 3 de Navarreins, & à 188 de Paris. Elle est bien peuplée & assez commerçante. Son év. qui est du VI siécle, est suffr. d'Auch. long. 16. 56. latit. 43. 12.

OLIERGUES, p. ville de Fr. dans la b. Auvergne, au dioc. de Clermont, sur la Dore, avec titre de baronnie, à 7 lieues de Montbrison. Il y a une manufacture de camelots.

OLINDE, *Olinda,* ville de l'Amér. mérid. dans le Bresil, dans la capitainerie de Fernanboug. Elle étoit très-belle avant que les Holl. s'en fussent rendus les maîtres en 1630. On y voit encore plusieurs belles maisons; celle des Jésuites est magnifique. Il y a des Carmes, des Bénédictins, des Cordeliers & des Capucins. Son év. est suffr. de St Salvador. long. 342. latit. mérid. 8. 12.

*OLLOULES, p. ville de Fr. en Provence, dans la viguerie d'Aix, au dioc. de Toulon, & non pas d'Aix, comme dit la Martiniere. Les PP. de l'Oratoire y ont un collége. long. 23. 20. latit. 43. 10.

*OLIT, ou OLITE, *Oliba,* ville d'Esp. dans la Navarre, capit. de la Merindade de même nom, entre Pampelune & Sarragosse, à 7 li. au nord de Tudele. Elle est bien bâtie, & les rois de Navarre y ont résidé autrefois. La Martiniere nous apprend que Charles V, roi de Navarre, dernier de la maison d'Evreux, y mourut l'an 1425, notre auteur s'est trompé. Le dernier roi de Navarre, de la maison d'Evreux, ne s'appelloit pas Charles V, mais Charles III, fils de Charles II, dit le Mauvais. C'est lui dont il s'agit ici. long. 16. 14. latit. 42. 18.

1. OLIVA, monastère de Pologne, dans la Prusse Polonoise, sur la côte, proche Dantzick. Il est remarquable par le traité de paix qui y fut conclu en 1660 entre l'empereur, les rois de Suede & de Pologne.

2. OLIVA, abb. d'hom. ordre de Cit. de la congrégation d'Aragon, dans le roy. de Navarre, au dioc. de Pampelune.

OLIVE (l'), *Oliva,* abb. de filles, ordre de Cit. dans le Hainaut, dioc. de Cambrai, à 3 li. de Nivelle, fondée l'an 1220.

OLIVELLAS, célebre abb. de Bernardines, en Portugal, dans l'Eſtramadure, compoſée de 250 religieuſes. Il y a auſſi dans le même lieu un monaſtère de religieux du même ordre. L'abb. fut fondée l'an 1295.

* OLIVENÇA, ville de Port. dans la prov. d'Alentejo, dans une vaſte plaine, près de la Guadiana, à 6 li. au midi d'Elvas. Elle eſt bien fortifiée, à cauſe de ſon voiſinage de l'Andalouſie. Ce n'eſt pas l'ancienne *Evandria*, comme nous l'aſſure Voſgien. long. 10. 32. latit. 38. 35.

OLIVES (les), *Olivæ*, abb. de filles, en Fr. ordre de Cit. dans le Languedoc, aujourd'hui dans la ville de Narbonne.

* OLIVET, & non pas OLIVÉE, comme dit la Martiniere, *Olivetum*, abb. d'hom. ordre de Cit. dans le Berri, au dioc. de Bourges, à 2 li. de Romorentin, fondée l'an 1146.

OLIVIERS (la mont. des), mont. fameuſe de la Paleſtine, au levant & près de Jeruſalem, dont elle eſt ſéparée par le torrent de Cedron. C'eſt de deſſus cette mont. que le Sauveur du monde monta au ciel.

OLMEDO, p. ville d'Eſp. dans la vieille Caſtille, ſur le bord orient. de l'Adaja, aux frontieres du roy. de Leon, entre Valladolid au nord, & Avila au midi.

*OLMUTZ, *Olomutium*, ville capit. de la Moravie, quoique Brinn lui diſpute cet honneur. Elle eſt ſur la Morave qu'on y paſſe ſur un pont, à 20 milles de Vienne, à 7 de Brinn, & à 30 de Cracovie. Son év. eſt ſuffr. de Prague, exemt cependant de ſa juriſdiction. Les rues d'Olmutz ſont larges & droites, ornées de belles maiſons. Il y a 2

gr. places, dans une deſquelles eſt le palais épiſc. qui eſt d'une gr. beauté. L'hôtel de ville eſt auſſi fort beau. La cathédrale eſt un magnifique batiment, les autres égliſes ſont auſſi dignes d'être vues. Les Jéſuites y ont un beau collége, mais il n'y a point d'univ. comme dit l'abbé de la Croix. Les Pruſſiens prirent cette ville en 1741, mais ils la perdirent l'année ſuivante. long. 35. 12. lat. 49. 28.

OLONE, *Olona*, iſle, bourg, chât. ville & port de Fr. dans le b. Poitou, à 9 li. de Luçon. L'iſle conſiſte en des marais où la mer ſe répand dans les gr. marées. Le port eſt dans un petit golfe, & défendu par un chat. Il y vient des vaiſſeaux de l'Amér. où ſe fait la pêche de la morue. Ce port peut recevoir des navires de 150 tonneaux. Le bourg qui eſt à 3 li. du port, & qui eſt l'anc. ville, eſt compoſé de très-peu d'habitans, la plupart ayant paſſé dans la ville qui eſt à demi li. & qu'on appelle communément les Sables d'Olone. Il y a dans cette ville, bailliage & élection. Les habitans ſont bons hommes de mer. long. 15. 42. latit. 46. 50.

OLONITZ, ville de l'empire Ruſſien, entre le lac d'Onega au levant, & celui de Ladoga au couchant. Il y a des mines de fer & des ſources d'eaux minerales que Pierre le Grand rendit célebres. long. 51. 54. latit. 61. 28.

* OLOT, p. ville d'Eſpagne en Catalogne, dans l'Ampourdan, quoique la Martiniere diſe ne l'avoir pas trouvée ſur ſes cartes.

OLSNITZ, ville d'Allem. dans la h. Saxe, en Miſnie, dans le Voigtland, ſur l'Ertert, entre Audorf & Plawen, à 1 mille de ce dernier.

OLSS, *Olſa*, ville de la baſſe

Siléfie, avec titre de princ. à 3
li. au nord-eft de Breflaw. Elle
appartient à une branche de la
maifon de Wirtemberg, qui y
a un beau chât. long. 34. 56. lat.
51. 18.

*OLTEN, Olta, pt. ville de
Suiffe, au canton de Soleure,
capit. d'un bailliage de même
nom, fur une colline, à la gauche de l'Aar, & non pas à la
droite, comme dit la Martiniere, à l'endroit où la Dinnere
fe rend dans cette riv. On y
pêche des écreviffes naturellement rouges. long. 25. 12. lat.
47. 21.

OMAGUAS, peuple de l'Amé-
rique méridionale, fur le bord
de l'Amazone, à l'embouchure
de l'Ucayalé. Cette nation autrefois puiffante, occupoit il y
a un fiécle, les ifles & les bords
de l'Amazone dans la longueur
de 200 li. On comptoit dans
leur pays plus de 30 villages. Ils
font auj. prefque tous difperfés
dans les bois ou dans les miffions Efp. & Portugaifes. Le nom
d'Omaguas fignifie Tête-plate.
Ils ont en effet la bizarre coutume de preffer entre deux plan-
ches le front des enfans qui viennent de naître, pour les faire
mieux reffembler, difent-ils, à
la pleine lune.

OMBRIE, Umbria, prov. de
l'état Eccléfiaftique, voyez Spo-
lette.

OMBRONE (l'), Umbro, riv.
d'Italie, dans la Tofcane. Elle
prend fa fource dans le Siennois, & fe rend dans la mer de
Tofcane, au-deffous de Grof-
fetto.

OMER (St), Audomari fanum,
ville de Fr. dans l'Artois, fur
l'Aa, qui y forme un gr. marais,
à 3 li. au nord-oueft d'Aire, à 7
au nord-oueft de Bethune, & à
56 au nord de Paris. Elle eft gr.
& affez bien bâtie. On rapporte
fon origine à un monaftère bâti

vers l'an 648, dans un village
nommé Sithiu; ce monaftère eft
auj. l'abb. de St Bertin de l'ordre de St Benoît. L'églife cathédrale eft remarquable par fon
jubé & fon maître autel. L'hôpital, nouvellement bâti, eft
fort beau. Les Jéfuites ont le
collége & un féminaire d'Anglois. On compte 6 paroiffes
dans cette ville, & fon év. qui
eft très-anc. eft fuffr. de Cambrai. Elle a pour défenfe de bonnes murailles & un fort château.
long. 19. 55. latit. 50. 44.

OMMELANDE. C'eft ainfi
qu'on appelle le plat pays aux
environs de Groningue, qui
avec cette ville, compofe une
des 7 Prov. Unies.

OMURA, ville capit. d'une
princ. de même nom, au Japon,
dans la prov. de Figen, au fond
d'une baie. Sumitanda prince
d'Omura, fut le premier prince
du Japon qui embraffa le Chrif-
tianifme.

ONEGA, Onega, riv. & lac
de l'emp. Ruffien, entre la Carelie Mofcovite, le pays de Cargapol & la Carelie Suédoife. La
riv. prend fa fource dans la province de Cargapol, & va fe perdre dans la mer Blanche.

ONEILLE, Onelia, ville
d'Italie, fur la côte de Gênes,
capitale d'une princ. de même
nom, qui appartient au roi de
Sardaigne, près de l'emb. de la
riv. Imp. à 12 li. au nord-eft de
Nice, à 10 au fud-eft de Coni,
& à 26 au midi de Turin. Il y
a un bon port, les rues font larges & droites, les maifons bien
bâties, & le terroir eft fertile en
oliviers. Elle n'a plus aucune
fortification. long. 25. 34. latit.
43. 56.

ONNANS, abb. de filles, ordre de Cît. dans la Franche-
Comté, proche la rive gauche
de la Louve, à une lieue de
fon embouchure dans le Doux.

A iij

Elle eſt aujourd'hui dans la ville de Dole.

ONNONTAGUE', peuple de l'Amér. ſept. C'eſt le plus puiſſant des cinq cantons des Iroquois.

OOSTBOURG, *Ooſtburgum*, p. ville des Pays-Bas, dans la Flandre Hollandoiſe, capit. d'un bailliage de même nom, à 1 li. au nord-eſt de l'Ecluſe. Elle eſt fort anc. mais aujoud'hui peu importante : ſes fortifications ont été raſées en 1604 par le prince Maurice. long. 20.58. lat. 51.19.

OOSTERGO, partie orient. de la Friſe, & dont elle occupe le premier rang. Elle renferme 11 bailliages, & 2 villes qui ſont Leuwarde & Dockum.

OOTMERSUM, petite ville des Prov. Unies, dans l'Overiſſel, au pays de Twente. Le comte de Gueldre la ſaccagea & la brula l'an 1196.

OPATOW, p. ville de Pologne, dans le palatinat & à 4 milles au couchant de Sendomir. Elle eſt bien peuplée, & a un chapitre.

OPATOWITZ, abb. anc. de l'ordre de St Benoît, en Bohéme, près de Gratz, fondée l'an 1089. Elle eſt auj. ruinée par la réputation qu'elle avoit de renfermer un gr. tréſor.

OPLINTER, abbaye de filles, ordre de Cît. dans le Brabant, ſur la Geete, 1 li. au-deſſous de Tillemont.

OPPELEN, *Oppolium*, ville de Siléſie, capit. du duché de même nom, ſur la droite de l'Oder, dans une plaine aux front. de la Pologne, à 15 li. au ſud-eſt de Breſlaw. Une partie des maiſons ſont en brique, & les autres en bois. Il y a une belle égliſe paroiſſiale, une collégiale & un hôpital. L'hôtel de ville eſt un joli bâtiment. Le roi de Pruſſe y a établi un grand

conſeil de regence. long. 35.30. latit. 50.42.

Le duché d'Oppelen eſt borné au nord par la Pologne, au midi par le duché de Troppau, & au nord-oueſt par celui de Brieg. L'Oder eſt la principale riv. qui l'arroſe. Outre ſa capitale, il renferme 21 bourgades.

OPPENHEIM, *Oppenhemium*, ville d'Allem. dans le b. Palatinat du Rhin, ſur une mont. proche le Rhin, à 4 li. au ſud-eſt de Mayence. Elle eſt capit. d'un bailliage de même nom ; elle étoit dans un état aſſez brillant avant que les François ne la ſaccageaſſent en 1689. long. 25.56. latit. 49.44.

OPPIDO, *Oppidum*, p. ville d'Italie, au roy. de Naples, dans la Calabre ulter. ſur une mont. près de la ſource du Metro, à 12 li. au nord-eſt de Reggio dont ſon év. eſt ſuffr. long. 34.15. latit. 38.16.

ORACH, p. ville de la Turquie Européenne, dans la Boſnie, ſur les confins de l'Hertzegovine.

ORAISON-DIEU, *Oratio Dei*, abb. de filles, ordre de Cîteaux, dans le Rouergue, au dioc. de Rodez, près de St Antonin, ſur l'Aveirou.

ORAN, ville d'Afr. dans la Barbarie, au roy. de Tremecen, à un jet de pierre de la mer, partie dans une plaine, & partie ſur la pente d'une mont. eſcarpée, à 50 li. d'Alger, à 20 de Tremecen, & à 1 de Maſarquivir. Elle a une fortereſſe ſur la mont. & un fort bon port. Le Cardinal Ximenès la prit en perſonne en 1509. Les Algériens s'en rendirent les maîtres en 1708, mais le comte de Mortemar la leur a repriſe en 1732. longitude 17.38. latit. 37. 40.

*ORANGE, *Arauſio*, & non pas *Aroſio*, comme dit Voſgien,

ville de Fr. autrefois capit. d'une princ. de même nom, & auj. réunie au Dauphiné, dans une belle plaine arrosée des rivieres d'Eigues, & de Maine, à 6 li. au nord d'Avignon, à 24 au nord-est de Montpellier, à 43 au midi de Lyon, & à 145 de Paris. Cette ville qui est très-anc. étoit une quatriéme ville des peuples *Cavares*. Il paroit qu'elle étoit chérie des Romains, car on y voit plusieurs monumens, un cirque, des arenes, un aqueduc, des bains publics & un arc de triomphe presqu'entier. Il y a une univ. fondée en 1365, & un év. fort anc. suffr. d'Arles. Il s'est tenu à Orange 3 conciles dont le plus célebre est celui de 529, & non pas 527, comme dit Vosgien. Cette ville a eu long-tems ses princes particuliers. Elle passa à la maison de Nassau en 1531. Louis XIV s'en empara sur Guillame III, roi d'Angl. & lui fut cédée en 1713, à la paix d'Utrecht, par le roi de Prusse. long. 22. 26. latit. 44. 10.

ORANGEBOURG, p. ville d'Allemagne, dans l'électorat de Brandebourg, sur la riv. de Havel, près de Berlin, avec un beau château qui appartient au roi de Prusse.

ORANIENBAUM, joli château de plaisance en Allemagne aux confins du cercle électoral de Saxe. Il depend de la princ. de Dessau, une des 4 parties de celle d'Anhalt.

*ORATAVA, ville de l'isle Tenériffe, une des Canaries, à l'ouest de l'isle. C'est le port le plus célebre qu'il y ait pour le commerce. Elle est gr. Il y a plusieurs couvens, mais il n'y a qu'une seule paroisse. Il a plu à Dom Vaissete de n'en faire qu'un bourg. Les Anglois y ont un consul & plusieurs marchands. Nicols donne mal-à-propos à cette ville le nom de Larotava. Selon l'observation du P. Feuillée en 1744, la différence du méridien entre Oratova & Toulon, est de 22 degrés 25 minutes, & par conséquent entre Paris 18 d. 48. m.

ORAXI (montagnes d'), les plus hautes qui soient au Japon, situées dans le royaume d'Achita, le plus septentrional de l'isle de Niphon.

ORBAIS, *Orbatum*, abb. d'h. ordre de St Benoit, en Champagne, front. de la Brie, au diocèse de Soissons, sur le bord du Sourmelon, à 3 li. de Montmirail, fondée l'an 673.

ORBE, *Urba*, ville de Suisse, au pays de Vaud, capit. d'un bailliage de même nom, sur une colline au pied de laquelle coule la riv. d'Orbe, à 15 li. au sud-est de Berne. Nos rois de la premiere & seconde race y avoient un palais royal. Elle est bien bâtie, & dans une situation charmante. Les habitans sont commerçans, depuis qu'on a rendu la riv. navigable. long. 24. 20. latit. 46. 40.

ORBE *Orobis*, riv. de Fr. qui prend sa source dans le b. Languedoc, au dioc. de Lodeve, & va se rendre dans le golfe de Lyon.

ORBEC, *Orbeccum*, p. ville de Fr. en Normandie, au dioc. & à 4 li. de Lisieux, sur une p. riv. qui va se joindre à la Touque. On engraisse beaucoup de bestiaux dans son territoire.

ORBESTIER, *Orbisterium*, abb. d'hom. de l'ordre de St Benoit, dans le b. Poitou, sur le bord de la mer, à 2 li. au couchant de Talmont, au dioc. de Luçon fondée l'an 1007.

ORBITELLO, *Orbitellum*, ville d'Italie, en Toscane, dans le Sienois, au milieu d'un étang, près de la riv. d'Albegna, au pied du mont Argentaro, à 35 li. au midi de Florence. Elle eſt auj. au roi des deux Siciles, & a de bonnes fortifications. long. 28. 44. latit. 42. 26.

ORCADES (les) *Orcades*, iſles au nord de l'Ecoſſe, dont elles ſont ſéparées par un détroit nommé Pentlandfirth, qui a 24 milles de long & 12 de large. Elles ſont au nombre de 28 dont les principales ſont Pomona ou Mainland, Hoy, South Ronalſa, Shepinsha, Stronza, Eda, Sanda Weſtra & Rouſa. Les habitans ſont robuſtes & bien faits. Leur commerce conſiſte en poiſſon, en bœuf, porc ſalé, beurre, cuirs, peaux, étoffes, ſel, laine, jambons, &c.

*ORCAMP, ou OURCAMP, *Urcicampus*, abb. d'hom. ordre de Cît. en Fr. au dioc. de Noyon ſur la gauche de l'Oiſe, 1 li. au-deſſous de Noyon, & non pas au-deſſus, comme dit la Martiniere, fondée l'an 1129.

ORCHIES, *Origiacum*, ville de Fr. dans la Flandre Fr. cheflieu d'une châtellenie de même nom, entre Tournay & Douai, à 4 li. de Lille. Il ne s'y fait aucun commerce. long. 20. 54. latit. 50. 26.

ORDINGEN, *Ordeonii caſtra*, p. ville d'Allem. dans l'électorat de Cologne, ſur le Rhin. Le maréchal de Guebriant y battit les Heſſois en 1641.

*ORDUNA, ville d'Eſp. dans la Biſcaye, avec titre de cité, dans une agréable vallée. Il y a 2 paroiſſes dont une collégiale, & 2 couvens. Les Jéſuites y ont un collége. La Martiniere dit qu'Alphonſe le ſage, roi de Caſtille, accorda en 1250 de gr. priviléges à ceux qui viendroient s'établir dans cette ville. Il n'a pas fait attention que ce prince ne monta ſur le throne qu'en 1252. On croit que c'eſt l'anc. *Dardania*. long. 14. 16. latit. 43. 12.

OREBRO, *Orebroa*, p. ville de Suede, dans la Néricie, ſur la riv. de Troſa, à 4 li. au ſud-oueſt d'Arboga, dans une plaine, avec un anc. chât. long. 33. 28. latit. 59. 10.

*ORENOQUE (l'), *Orenocus*, gr. riv. de l'Amér. mérid. qui prend ſa ſource dans le Popayan, & va ſe rendre dans la mer, non pas par 16 emb. comme dit Voſgien, mais par 60, comme les relations les plus récentes nous l'apprennent. Elles forment un labyrinthe de différentes iſles aſſez grandes. La principale emb. repond à l'iſle de la Trinité. Le flux & reflux de la mer ſe font ſentir dans l'Orenoque juſqu'à 160 li. Les iſles qui ſont à l'emb. de ce fleuve ſont inondées 6 mois de l'année. Les *Guaraunas* qui les habitent élevent pour lors leurs cabanes de façon à ſe garantir des eaux. Il croît chez eux un arbre merveilleux qui leur fournit du vin, du pain, de la viande, du bois à bâtir, & des filamens pour faire des cordages. On trouve ſur les bords de l'Orenoque une pierre verte qui a la propriété de guérir du mal caduc. M. de la Condamine en a apporté en Fr.

ORENS (St), prieuré de l'ordre de Cluni, dans la Bigorre, ſur la droite du Gave, au dioc. de Tarbes.

ORENS DE LA REOLE (St), abb. d'hom. ordre de St Benoît, dans la plaine de Bigorre, au dioc. de Tarbes. L'abbé a entrée aux états du pays.

*ORENSE, *Auria*, *Aquæ calidæ*, ville d'Eſp. dans la Galice, ſur la rive gauche du Minho, & non pas ſur la rive droite, comme dit la Martiniere. On la paſſe ſur un pont d'une ſeule arche, à 20 li. au ſud-eſt de Compoſtelle, & à 100 au nord-oueſt de Madrid. Son év. eſt ſuffr. de Compoſtelle. Il y a plusieurs sources d'eau chaude. long. 10. 7. latit. 42. 15.

ORESCA, ville de l'emp. Russien, dans la Carelie, sur la côte occid. du lac de Ladoga, dans une isle formée par la Neva. Le czar Pierre y fit bâtir une forteresse pour la défense de St Petersbourg, & la nomma Sleutelbourg.

ORESTE (Sant), petite ville d'Italie, dans l'état de l'Eglise, dans la prov. du Patrimoine, près du Tibre, à 20 milles de Rome. On croit que c'est la *Feronia* des anciens.

ORFA, *Edessa*, ville d'Asie, dans le Diarbeck, à 12 li. au levant de l'Euphrate, à 30 au sud-ouest de Diarbekir. Elle a 2 li. de circuit, & est ceinte de bonnes murailles. On y voit beaucoup de ruines. Les Grecs, les Nestoriens & les Syriens y ont des arch. On y fait beaucoup de cuirs de Roussi. Les Latins se rendirent maîtres de cette ville pendant les croisades. long. 55. 18. latit. 36. 24.

ORFORD, *Orfordia*, p. ville d'Angl. dans la prov. de Suffolck, avec titre de comté, à 20 li. au nord-est de Londres. Elle envoie 2 députés au parlement. longitude 18. 52. latit. 52. 12.

ORGELET, p. ville de France dans la Franche-Comté, cheflieu d'un bailliage de même nom, à la source de la Valouze. Il y a un couvent de Capuc. & un de religieuses. Cette malheureuse ville composée d'environ 3000 habitans, fut presque réduite en cendre au mois de Novembre 1752.

ORGON, p. ville de Fr. en Provence, à 4 li. d'Avignon, proche la Durance. Il y a un couvent d'Augustins déchaussés.

ORIENT, port de Fr. en Bretagne, au fond de la baie de Port-Louis. Il est devenu fameux depuis que la Compagie des Indes en a fait choix pour la vente de ses marchandises; ce qui y attire beaucoup d'étrangers. Les Anglois ont tenté envain de la surprendre en 1746. long. 14. 10. latit. 47. 40.

*ORIGNY STE BENOITE, bourg de Fr. en Picardie, au dioc. de Laon, sur l'Oise, au-dessus de Ribemont, & non pas au-dessous, comme dit la Martiniere. Il y a une abb. de Bénédictines, & non pas de Bénédictins, comme dit Vosgien.

ORIGUELA, *Orcelis*, ville d'Espagne, au roy. de Valence, sur la riv. de Segura, à 10 lieues au sud-ouest d'Alicante, & à 4 de Murcie. Elle a une univ. fondée en 1555, & un év. suffrag. de Valence, dans une campagne fertile en bled, en vin, en lin, en miel & en soie. long. 16. 50. latit. 38. 4.

ORISTAGNI, *Usellis*, ville de l'isle de Sardaigne, sur sa côte occid. sur le golfe de même nom, où elle a un port, à 18 li. au nord-ouest de Cagliari. long. 26. 30. latit. 39. 54.

*ORIXA, roy. de l'Indoustan sur le golfe de Bengale, à l'extrémité sept. de la côte de Coromandel. Il a environ 29 lieues de côtes. Le roi réside dans la ville de Ramana. Les Anglois ont un comptoir à Ganga, & non pas Ganjam, comme dit Vosgien.

ORLAMUNDE, p. ville d'Allemagne, dans la h. Saxe, sur la gauche de la Sala, près de l'emb. de l'Orla. Il y a eu un beau chât. où les comtes faisoient leur résidence.

ORLAU, abb. d'hom. ordre de St Benoît, dans la h. Silésie en la princ. de Troppau, sur les front. de la Moravie.

ORLEANOIS (l'), *Aurelianensis prov.* prov. de Fr. bornée

au nord par la Beauce , au midi par la Sologne , au levant par le Gâtinois , & au couchant par le Dunois & le Vendômois. La Loire divise cette prov. en h. & b. Orléanois. Ce pays est fertile en bled , en fruits & sur-tout en vin. Le gouvernement d'Orléanois a bien plus d'étendue; il comprend l'Orléanois propre, la Beauce , le Blaisois & une gr. partie du Gâtinois.

ORLEANS , *Aurelianum* , ville de Fr. capit. de l'Orléanois , sur la rive droite de la Loire qu'on y passe sur un beau pont, à 12 li. au nord-est de Blois, à 22 au nord-est de Tours, & à 28 au sud-ouest de Paris. Elle est le siége d'un bailliage, d'une élection , d'un hôtel des monoies & d'une généralité. Il y a une univ. pour le droit civil & canonique. Son év. qui est anc. est suffr. de Paris. L'év. a droit le jour qu'il fait son entrée, de délivrer les criminels du dioc. seulement. La ville d'Orléans bâtie en forme d'ovale, est grande & assez bien bâtie ; ses rues pour la plupart sont étroites. Elle a 6 portes & 4 places publiques. La cathédrale qui est sous le titre de Ste Croix , est une des plus belles du roy. Le séminaire est un joli bâtiment. Les Jésuites ont le collége. Il s'est tenu dans cette ville un gr. nombre de conciles. Elle est encore mémorable par les siéges qu'elle a soutenus sur-tout celui de 1428 , que la Pucelle dite d'Orléans fit lever aux Anglois; on y voit la statue de cette héroïne. Cette ville fut érigée en duché par Philippe de Valois. Louis XIII le donna en apanage à son frere Gaston, & Louis XIV à son frere Philippe dont l'arriere petit-fils en jouit actuellement. Orléans a produit une infinité de grands hommes. Le P. Petau Jésuite , le chevalier de Cailly , Amelot de

la Houssaye , Michel le Vassor, l'abbé Gedouin , &c. long. 19. 34. latit. 47. 54.

ORLÉANS (forêt d'), une des plus considérables du roy. dans l'Orléanois , au nord de la ville d'Orléans. Elle contient quatre-vingt-quatorze mille arpens; sa longueur est de 20 li. & sa largeur de 7 en quelques endroits, & de 2 en d'autres.

ORLEANS (la nouvelle), ville de l'Amérique sept. capit. de la Louysiane , sur le bord orient. du Mississipi, à 40 li. de son emb. Elle fut batie l'an 1717. Le gouverneur de la Louysiane y réside. Les Jésuites y ont une maison, les Capucins y font les fonctions de curé. Les maisons y sont assez bien bâties en brique. La ville est peuplée. latit. 28.

ORMUS , *Armuzia* , p. isle d'Asie, au fond du golfe de même nom , à l'entrée du golfe Persique. Ce n'est qu'un amas de rochers couverts de sel. Les maisons sont baties de ces pierres. Il y fait une chaleur si excessive, que pour s'en garantir, on est obligé de se mettre dans l'eau pendant plusieurs heures. Ormus a été autrefois important , & a eu ses rois jusqu'en 1501 que les Port. s'en rendirent maîtres. En 1622 les Persans aidés des Anglois , l'enleverent aux Port. & raserent entierement la ville d'Ormus, où on comptoit 40000 habitans. Les Persans sont restés maîtres de cette isle , & y ont bâti une forteresse. latit. 27.

ORNANS , ville de Fr. dans la Franche-Comté , au-dessous de Villafans , sur la riv. de Louve qui la traverse, & qu'on passe sur un pont. C'est le chef-lieu d'un bailliage de même nom. Elle est petite, & située au pied des mont. Il n'y a qu'une paroisse, un couvent de Minimes & un d'Ursulines. Il y a auprès un puits profond qui dans les gr. pluies inonde les campagnes voisines.

ORNE (l'), *Argenes*, *Olina*, riv. de Fr. dans la Normandie où elle prend sa source au village d'Aunon, & va se rendre dans la mer 3 li. au-dessous de Caen.

*ORNEY, riv de Fr. dans la Champagne, où elle prend sa source dans le Vallage, & va se joindre à la Marne au couchant de Vitri-le-brulé, & non pas au levant, comme dit la Martiniere.

*1. OROPESA, *Oropesa*, ville d'Es. dans la N. Castille, sur les front. de l'Estramadure, entre Placentia & Talavera de la Reina, & non pas Talara, comme dit Volgien, au nord du Tage. Elle appartient à la maison royale de Portugal. long. 13. 8. latit. 39. 42.

2. OROPESA, ville de l'Amér. mérid. dans le Pérou, audience de los Charcas, à 25 li. au nord-ouest de la Plata, & à 30 au midi du Potosi. Les habitans s'adonnent beaucoup à l'agriculture, & nourrissent de nombreux troupeaux.

ORSERA, p. ville d'Italie, dans l'état de Venise, sur la côte de l'Istrie, au levant de l'isle de Conversera.

*ORSOY, *Orsoium*, p. ville d'Allem. au pays de Cleves, sur le Rhin, au-dessus de Rhinberg, au nord du comté de Meurs. Le prince d'Orange la prit en 1634, & non pas en 1672, comme dit Volgien. Philippe de Fr. frere de Louis XIV, s'en rendit maître en 1672, & en rasa les fortifications. Elle est aujourd. au roi de Prusse. long. 24. 16. latit. 51. 26.

ORSSA, *Orsa*, ville de Pologne, dans la Lithuanie, au Palatinat de Witepsk, proche le Nieper. longitude 49. 10. latit. 54. 36.

ORTENBOURG, *Ortenburgum*, ville d'Allem. dans la haute Carinthie, sur le bord mérid. de la Drave, entre Drabourg & Willach. Elle est chef-lieu d'un comté.

ORTEZ, *Ortesium*, p. ville de Fr. dans le Bearn, sur le Gave de Pau, à 7 li. au-dessous de Pau, sur le penchant d'une colline. Les princes de Bearn y avoient bâti une forteresse. La fameuse Jeanne d'Albret, reine de Navarre, fonda dans cette ville, en faveur des Protestans, une univ. qui a subsisté jusqu'au regne de Louis XIV. long. 16. 54. latit. 43. 30.

ORTI, *Hortanum*, ville d'Italie, dans le patrimoine de St Pierre, sur les confins de l'Ombrie, près du Tibre à 34 milles de Rome, & à 9 de Citta Castellana, auquel on a uni son ev. long. 34. 5. latit. 42. 20.

ORTICARIA, abb. d'hommes ordre de Cît. en Italie, dans le diocèse de Pise.

ORTNAU, pays d'Allem. dans la Suabe, le long du Rhin qui le sépare de l'Alsace, au nord du Brisgau, & au couchant du duché de Wirtemberg. Il contient 3 villes impériales, Offenbourg, Gegenbach & Zell. Il est partagé entre la maison d'Autriche, l'év. de Spire, & le comté de Hanau.

ORVAL, *Aurea vallis*, abbaye d'hom. autrefois ordre de St Benoît, auj. de Cît. dans les Pays-Bas, au milieu des bois, à 2 li. de Montmedi, & à 6 de Sedan. On y a établi l'étroite observance comme à la Trappe.

ORUBA, isle de l'Amér. sept. une des isles sous le vent, entre l'isle de Curaçao au levant, & le cap de Coquibocao au couchant. Elle est aux Hollandois. latit. 12.

ORVIETAN (l'), p. pays d'Italie, dans le patrimoine de

St Pierre, dans sa partie la plus sept. Il comprend les villes d'Orviete, d'Aquapendente, & de Bagnarea.

ORVIETE, *Urbiventum*, ville d'Italie, dans l'état de l'église, au patrimoine de St Pierre, sur un rocher escarpé, près du confluent de la Paglia, & de la Chiana, à 6 milles au nord-est de Bolsena, à 20 au nord de Viterbe, & à 60 de Rome. Son év. ne releve que du pape. La Cathédrale est magnifique, avec un vestibule de marbre, & orné de plusieurs belles statues. Le pape Urbain VIII fit bâtir un superbe palais dans cette ville en 1367, & Clément VII y fit creuser un puits taillé dans le roc, où les mulets descendent par un escalier & montent par un autre. long. 29. 44. latit. 42. 40.

OSACA, ville du Japon, dans l'isle de Niphon, dans la prov. de Setzu, avec un bon port de mer au sud-est de Meaco, dans une agréable & fertile plaine. C'est une des cinq grandes villes imp. Elle est une des plus peuplées & des plus commerçantes du Japon. Les Japonois l'appellent le théatre des plaisirs & des divertissemens. La riv. de Jodogawa qui l'arrose & qu'on a coupée en plusieurs canaux, en fait la richesse par la facilité du commerce. On y annonce toutes les heures de la nuit par le son de différens instrumens. Chaque heure est désignée par un instrument particulier. long. 152. 28. latit. 35. 48.

OSCHENFURT, ville d'Allem. dans la Franconie, à 6 li. au-dessus de Wurtzbourg, sur le Mein qu'on y passe sur un pont de pierre. Cette ville appartient au chapitre de Wurtzbourg.

OSIMO, *Auximum*, ville d'Italie, dans la marche d'Ancone, sur une mont. près du Mu-

fone, 5 li. au sud-ouest d'Ancone, & à 45 au nord-est de Rome. Son év. qui est riche, est suffr. du pape, & le palais épiscopal est magnifique. long. 31. 10. latit. 43. 18.

OSMA, *Uxama*, ville d'Esp. dans la vieille Castille, au pied d'une colline, sur le bord sept. du Duero, à 30 lieues de Madrid, & à 44 de Tolede. Il y a une univ. fondée en 1550, & un év. suffr. de Toléde. L'év. réside dans un bourg voisin appellé el borgo de Osma. long. 15. 4. latit. 41. 36.

* OSNABRUCK, *Osnaburgum*, ville d'Allem. dans le cercle de Westphalie, sur l'Hase, à 20 li. au sud-ouest de Brême, & à 15 au nord-est de Munster. Elle est plus longue que large, & assez mal bâtie. Il y a une forteresse qui sert de palais à l'évêque quand il y réside. Les habitans sont moitié Catholiques & moitié Protestans. La cathédrale est aux premiers. Les chanoines ont droit d'élire l'évêque. Il y a plusieurs couvens; les Jésuites ont le collége. Cette ville est remarquable par le traité qui y fut conclu en 1648, & par la bonté de sa biere. Il n'y a point d'univ. comme dit Vosgien. long. 25. 48. latit. 52. 30.

OSNABRUCK (évêché d'), principauté d'Allem. dans la Westphalie, bornée par le h. & le b. Munster, par le comté de Lingen, & par la princ. de Minden. Il fut convenu en 1648, que cet év. seroit gouverné alternativement par un évêque Catholique & par un Luthérien. Lorsque c'est le tour de celui-ci, il n'a que le temporel, & alors l'arch. de Cologne a la jurisdiction du spirituel. Cet év. est occupé depuis 1728 par l'arch. de Cologne.

OSORNO, ville de l'Amérique

mérid. au Chili, fur le bord fept. de rio Bueno, à 15 li. de la mer, & à égale diftance de Baldivia. Elle eft gr. & bien peu-plée; les Efp. y tiennent un gouv. & on y fabrique des toiles & des étoffes de laine. Son terri-toire eft peu fertile, mais riche en mines d'or. Il y a plus de 100000 fauvages qui payent tri-but à l'Efpagne. latit. mérid. 40. 36.

1. OSORO, *Abforus*, p. ifle du golfe de Venife, dans le gol-fe de Quarnero, au midi de l'ifle de Cherfo, dont elle eft fépa-rée par un p. détroit de 500 pas de large, & jointes enfemble par un pont levis. Elle abonde en miel, en beftiaux, & en bois. La pêche du maquereau & de la fardine y eft très-abondante.

2. OSORO, *Abforus*, p. ville capit. de l'ifle de meme nom, fur le golfe de Venife, de la dé-pendance des Venitiens. Elle eft mal habitée, à caufe du mau-vais air qu'on y refpire. Il n'y a d'autre paroiffe que la cathéd. dont l'év. eft fuffr. de Zara. long. 32. 20. latit. 44. 56.

OSSEG, abb. d'hom. ordre de Cît. dans le roy. de Bohême, au cercle de Leutomaritz. Elle eft riche, & on y voit une belle églife.

OSSERA, *Urfania*, abb. d'h. ordre de Cît. de la congréga-tion de Caftille, en Efp. dans la Galice, au diocèfe de Com-poftelle.

OSSERY, ou OSSORY, p. contrée d'Irlande, dans la prov. de Leinfter, divifée en deux par-ties par la riv. de Nure. Il y avoit un év. qui quoique tranf-féré a Kilkenny, eft encore ap-pellé *Offorienfis*; ce qui a fait croire à quelques-uns qu'Offery étoit une ville épifcopale.

OSSUNA, *Urfao*, ville d'Efp. dans l'Andaloufie, à 6 li. au midi d'Exija. Il y a une univ.

fondée en 1549, une magnifi-que églife dédiée à la Vierge, un hôpital, & plufieurs commu-nautés religieufes. Un feigneur de la maifon de Girons l'enleva aux Maures en 1472. Ses def-cendans la poffédent depuis à titre de duché. long. 12. 25. latit. 37. 12.

* OSTALRIC, p. ville d'Efp. dans la Catalogne, fur la riv. de Tordera, à 5 li. de Girone & à 8 de Barcelone. Il y avoit un chât. qui fut pris par le ma-réchal de Noailles, & rafé le 20 Juillet 1694, & non pas 1695, comme difent la Martiniere & Vofgien. longitude 20. 18. latit. 21. 45.

OSTENDE, *Oftenda*, ville des Pays-Bas, dans la Flandre Au-trichienne, fur le bord de la mer, au quartier de Bruges, à 3 li. au nord-eft de Nieuport, à 4 au couchant de Bruges, à 10 au nord-eft de Dunkerque & à 74 au nord de Paris. En 814 ce n'é-toit qu'un village qui fut entou-ré de murailles en 1445, & elle fut régulierement fortifiée en 1583. Il y a un fort bel hôtel de ville. La gr. églife fous le ti-tre de St Pierre, eft deffervie par les PP. de l'Oratoire. Il y a des Capucins, 2 couvens de fil-les, & un hôpital. Cette ville a l'incommodité de manquer d'eau douce; elle n'eft pas peu-plée. Ambroife Spinola prit Of-tende en 1604, le 20 Septembre, après 3 ans & 78 jours de fié-ge. Il y perdit 80 mille hom-mes, & les affiégés 50 mille. Louis XV s'en eft rendu maître en 1745, après dix jours de tran-chée ouverte. long. 20. 24. latit. 51. 18.

OSTERLAND (l'), *Ofterlan-dia*, canton d'Allemagne, dans l'électorat de Saxe, borné au nord par le duché de Naum-bourg, au midi par le Voigt-land, au levant par la Mifnie,

& au couchant par le duché de Weymar. Il est partagé entre les ducs de Saxe Gotha, & ceux de Weymar. Les premiers en possédent la meilleure partie. Altenbourg est la capitale.

OSTERLOW, abbaye d'hom. ordre de Prémontré, en Allem. dans la Baviere.

OSTERODE, petite ville d'Allemagne, dans l'électorat d'Hanovre, dans la principauté de Grubenhagen.

OSTFRISE, pays d'Allem. sur les confins des Provinces-Unies, borné au nord par la mer d'Allemagne, au midi par l'év. de Munster, au levant par le comté d'Oldenbourg, & au couchant par la prov. de Groningue. L'Ostfrise a été long-tems gouvernée par des seigneurs particuliers, & ensuite par les comtes d'Embden. En 1744 l'électeur de Brandebourg, roi de Prusse en est devenu le maître, & a joint à ses domaines cette principauté. Embden est la capitale.

OSTIAQUES (les), peuple d'Asie, dans la Siberie, aux environs de l'Oby, & borné au midi par les Calmoucks. Il s'étend jusqu'au cercle Polaire. L'arch. de Tobolsk a fait chez ce peuple des missions, il y a quelques années ; il a brulé les idoles, & en a baptisé un grand nombre.

*OSTIE, *Ostia*, ville d'Italie, dans la Campagne de Rome, à l'emb. du Tibre, à 6 li. au sud-ouest de Rome. Il y a un év. toujours possédé par le doyen du sacré collége ; on y a uni celui de Veletri. Ostie autrefois si fameuse du tems des Romains, est aujourdhui presqu'entierement détruite. La cathédrale y subsiste encore sous le titre de Ste Aurée, & non pas Ste Anne, comme dit la Martiniere. Son év. a le droit de consacrer le pape. Il n'est pas de lieu où on

respire un plus mauvais air. long. 29. 55. latit. 41. 48.

OSTROGOTHIE, nom que l'on donne à la partie orientale de la Gothie, grande contrée de Suéde, *voyez* ce mot.

OSTROW, anc. abb. d'hom. ordre de St Benoît, au roy. de Bohême, dans une isle formée par la Moldau. Elle ne subsiste plus.

OSTUNI, *Ostunium*, p. ville d'Italie, au roy. de Naples, dans la terre d'Otrante, sur les confins de la prov. de Bari, à 16 milles de Brindes, & à 22 de Tarente, sur une mont. près du golfe de Venise, avec un év. suffr. de Brindes. long. 35. 23. latit. 40. 48.

OSWIECZIN, *Osvecimia*, ville de Pologne, dans le Palatinat de Cracovie, près de la Vistule, à 7 milles au-dessous, au sud-ouest de Cracovie, avec titre de duché. Il s'y fait un gr. commerce de sel qu'on tire des mines qui sont aux environs de Cracovie. longitude 37. 20. latit. 50. 3.

OTRANTE, *Hydruntum*, ville d'Italie, au roy. de Naples, capit. de la terre d'Otrante, sur le golfe de Venise, à l'extrémité orientale de l'Italie, à 25 li. au sud-est de Tarente, & à 18 au sud-est de Brindes. Elle a un port qui a été gâté par les Venitiens, & n'est recommandable que par son arch. long. 36. 12. latit. 40. 15.

OTRANTE (terre d'), prov. d'Italie, au roy. de Naples, bornée au nord par la terre de Bari, au midi & au couchant par le grand golfe qui la sépare de la Basilicate, au levant par le golfe de Venise. On lui donne près de 120 milles de côtes. Elle est montagneuse, mais fertile en olives, figues & vins. On y est sujet à une espece de sauterelles qui causent beaucoup de dégat, & aux courses des corsaires Turcs. C'est du cap d'Otrante, que Pyrrhus, par un pont, vouloit joindre la Grece à l'Italie. Otrante est la capitale.

OTTENBUREN, abb. d'hom. ordre de St Benoît, en Allem. dans la Suabe, au dioc d'Augsbourg, sur la gauche de la Guntz, à 2 li. au sud-est de Memmingen. Il y a un collége pour l'éducation de la jeunesse.

OTTENWALD, *Ottonia silva*, p. pays d'Allem. au Palatinat du Rhin, entre le Mein & le Neckre. Il n'y a aucune place importante, & appartient à l'électeur Palatin.

OTTOMACOS (les), peuple de l'Amér. mérid. qui occupe les bords de l'Orenoque vers son emb. Leur chef nomme chaque jour un certain nombre de ses sujets pour aller à la chasse & à la pêche pour toute la peuplade. Il distribue ensuite ces provisions à chaque famille, à proportion du nombre des enfans. Le Cacique ne donne aux jeunes gens que de vieilles femmes pour épouses, & les vieillards ont les jeunes. Ils disent que ce seroit mettre deux fous dans une maison, que d'unir deux jeunes personnes.

OUCHE (l'), *Uticensis pagus*, pays de Fr. dans la haute Normandie, au dioc. d'Evreux. Il comprend les territoires de Conches, de Breteuil & de l'Aigle.

OUDENARDE, *Aldenardum*, ville des Pays-Bas, dans la Flandre Autrichienne, dans une vallée, sur l'Escaut, capitale d'une châtellenie de même nom, à 6 li. au midi de Gand, à 6 au nord-est de Tournay, & à 15 au nord-ouest de Mons. Il y a 2 paroisses, un collége de Jésuites, une abb. de Cisterciennes & plusieurs autres couvens. Elle a une belle manufacture de tapisseries de hautelisse. Louis XIV, à qui cette ville avoit été cédée en 1668, la fit fortifier. Il la rendit par le traité de Nimegue à Charles II, roi d'Esp. Les Fr. la prirent en 1745, & l'ont rendue démantelée au dernier traité. C'est la partie de Marguerite, duchesse de Parme, fille naturelle de Charles V, & de Jean Drusius. longitude 21. 15. latit. 50. 48.

OUDENBOSCH, *Vetus silva*, gros bourg des Pays-Bas, au Brabant Holl. dans le marquisat de Bergopzoom, à 3 li. de Breda. Il s'y fait un gr. commerce de bled, & autres denrées.

OUDENBOURG, *Aldenburgum*, p. ville des Pays-Bas, dans la Flandre, à 1 li. d'Ostende, & à 2 de Bruges. Il y a une belle abb. d'hom. ordre de St Benoît fondée dans le XI siécle.

OUDEWATER, *Aquæ veteres*, p. ville des Pays-Bas, dans la prov. de Holl. sur l'Yssel, entre Gouda & Montfort. Elle n'est remarquable que par la naissance d'Arminius, chef d'un parti d'entre les Protestans, & par la gr. quantité de chanvre qu'on recueille dans ses environs.

* OVERISSEL, *Transisalana prov.* prov. des Pays-Bas, au delà de l'Yssel, & une des sept Prov. Unies, bornée au nord par la Frise, au midi par le comté de Zutphen, au levant par l'év. de Munster, & au couchant par l'Yssel. On la divise en trois parties, qui sont le pays de Drende, celui de Twente, & le Sallant, non pas le Sallaut, comme dit Volgien. Ce même auteur appelle cette prov. en latin *Transilvana prov.* sans sçavoir que l'Yssel a été connue sous le nom de *Sala*, qu'ainsi il faut dire *Transisalana prov.* comme qui diroit prov. au delà de la *Sala*.

OUESSANT (isle d'), *Uxantus*, isle de Fr. à la pointe occident. de la Bretagne, à l'opposite du Conqueſt. On lui donne 3 li. de tour, & eſt environnée de pluſieurs autres, qui toutes prennent le nom de la principale. Elle eſt aſſez bien peuplée, avec un certain nombre de villages, & un anc. chât. où les habitans ſe retirent lorſqu'ils craignent quelqu'attaque. Ils ſont pecheurs pour la plupart.

OUGLY, ville d'Aſie, dans l'Indouſtan, dans une iſle formée par la branche occid. du Gange. Elle eſt grande & très-marchande ; les Hollandois y ont un fort beau comptoir, & on y travaille parfaitement bien en linge. latit. 22.

OVIDOS, ville de Portugal, avec titre de comté, dans l'Eſtramadure, ſur une hauteur, proche la côte, à 9 li. au nord-oueſt de Santaren, & à l'oueſt de Leiria. Elle eſt défendue par un bon chât. Il y a 4 paroiſſes, & environ 1400 habitans.

OVIEDO, *Ovietum*, ville d'Eſp. capit. de l'Aſturie qui en porte le nom, & autrefois de toutes les Aſturies, avec titre de royaume, & aujourd'hui de cité, ſur les riv. d'Ove & de Deva, dans une belle plaine, à 18 lieues au nord-oueſt de Léon, à 45 au nord-eſt de Compoſtelle, & à 90 au nord-oueſt de Madrid. elle eſt aſſez belle ; toutes ſes rues aboutiſſent à la place du marché. Son év. releve immédiatement du pape. La cathédrale eſt magnifique : on y voit le tombeau du Pr. Silo qui la fit bâtir. Il y a une univ. & il s'y tint un concile l'an 901. long. 11. 45. latit. 43. 20.

OVILA, abb. d'hom. ordre de Cît. en Eſp. dans la Vieille Caſtille, au dioc. de Siguenſa.

OVILLO, village d'Italie en Lombardie, dans le Milanez,

proche d'Alexandrie de la paille, remarquable par la naiſſance de Philippe Ferrari, fameux Géographe.

OURCAMP, abb. au dioc. de Noyon, *voyez* Orcamp.

OURDACHE, *Urdacum*, abb. régul. ordre de Prémontré, dans le Guipuſcoa ſur les frontieres du Labourd, cependant du dioceſe de Bayonne.

*OUREM, bourg de Portugal, dans l'Eſtramadure, avec un fort chât. entre Tomar & Leiria. La Martiniere en fait 2 art. un ſous le mot Orem, & l'autre ſous celui d'Ourem. Dans l'un il en fait un bourg, dans l'autre une ville. long. 9. 50. latit. 39. 36.

OURIQUE, *Uricum*, ville de Portugal dans l'Alentejo, ſur les frontieres de l'Algarve, à 12 li. au nord de Silves, & à 14 au ſud-eſt de Lisbonne. Elle eſt remarquable par la victoire qu'Alphonſe I y remporta en 1139 ſur 5 rois Maures, dont les 5 têtes ſont aujourd'hui les armes de Portugal. long. 9. 53. latit. 37. 56.

* OUROUMI, ville de Perſe, dans l'Aderbaidjan au ſud-oueſt & près d'un lac de même nom, que M. Deliſle a confondu avec celui de Van. Ce lac a 20 li. d'étendue du ſud-eſt au nord-oueſt, & 10 de large. Il réſide dans la ville un vice-roi qui eſt toujours la ſeconde perſonne de l'état de Perſe.

OUST (l'), riv. de Fr. en Bretagne, où elle prend ſa ſource au village de St Gilles, dans l'év. de Quimper, & ſe rend dans la Vilaine, au-deſſous de Rhedon.

OUSTIOUG, ville de l'emp. Ruſſien, capit. de la prov. de même nom, ſur le bord occid. de la Suchana, entre Archangel & Wologda. Il y a quelques égliſes bâties en pierre, les autres le ſont en bois, ainſi

que

que les maisons. Son arch. est du Rit Russien. long. 60. 48. latit. 61. 16.

La prov. d'Oustioug est bornée au nord par celle de Dwina, au midi par celle de Wologda, au levant par la forêt de Ziraru, & au couchant par le Cargapol. Ses habitans ne mangent point de pain. Ils ont pour toute nourriture du poisson & de la venaison séchés au soleil. C'est de cette prov. que viennent les plus beaux renards noirs.

OUTAOUACS, nation sauvage de la n. Fr. dans l'Amér. sept. On les appelle aussi Algonquins supérieurs, parce qu'ils sont au-dessus de Quebec.

OUTREMEUSE, canton des Pays-Bas, dans la répub. des Prov. Unies. Il a été annexé au Brabant, & comprend 3 territoires qui sont le pays de Fauquemont, de Daëlem & de Rolduc.

OWEN, p. ville d'Allem. dans le duché de Wirtemberg, au sud-ouest du chât. de Teck. C'est une des quatre villes qui forment le bailliage de Kircheim.

OWERRE, bourg & roy. d'Afrique, sur la côte mérid. de la Guinée, sous la dépendance de Benin. L'air y est très-malsain, & le terroir fort sec. Il y croît du coco & du poivre. Ses habitans sont paresseux & spirituels. Les Portugais en tirent beaucoup d'esclaves. latit. 6.

OXFORD, *Oxonium*, ville d'Angl. capit. de la prov. de même nom, au confluent du Cherwel & de l'Isis, à 15 li. au couchant de Londres, & à 7 au sud-ouest de Buckingham. Elle a un év. suffr. de Cantorbery ; une fameuse université fondée l'an 895, & composée de 16 professeurs ; un jardin de plantes très-curieux ; un théâtre & un *musæum*. Il y a aussi une belle imprimerie & une belle bibliothéque publique qui contient beaucoup de rares manuscrits. long. 16. 24. latitude 51. 34.

OXFORDSHIRE, prov. d'Angleterre, bornée au midi par la Thamise. Elle a 130 milles de tour. L'air y est très-sain, & le terroir abondant en bled, fruits & paturages. Elle contient 12 villes à marché, dont Oxford est la capitale.

OXU, grande prov. du Japon, dans la partie la plus sept. de l'isle de Niphon. Elle a eu long-tems ses rois.

OYA, abb. d'h. ordre de Cît. de la congrégation de Castille en Esp. dans la Galice, au diocèse de Tuy.

OYAPOC, fort de l'Amérique mérid. dans la Guyane, sur le bord sept. de la riv. de même nom, à 6 li. au-dessus de son emb. Il appartient aux Fr. latit. 3. 55.

1. OYE, *Ogia*, p. isle de Fr. sur la côte du pays d'Aunis, proche celle de Ré.

2. OYE, p. ville de Fr. dans la b. Picardie, capit. d'un C. de même nom, à 2 li. de Calais, à 1 de Gravelines, & à 60 de Paris. Tout ce comté revint sous l'obéissance de la Fr. à la prise de Calais. long. 19. 34. latit. 51.

P.

PACAMORES, GUALSONGO, ou LOS SALINAS, gouv. de l'Amér. mérid. au Perou, dans l'audience de Quito, & au nord de celle de Lima. L'air y est fort tempéré, & le terroir abondant en bled. On y nourrit un grand nombre de beſtiaux, & il s'y trouve pluſieurs mines d'or. Vallado-lid en eſt la principale ville.

Pacem, bourgade de l'iſle de Sumatra, dans le roy. d'Achem. Elle a été autrefois capit. d'un roy. mais auj. elle eſt ſoumiſe au roi d'Achem. latit. 5. 6.

* Pachacamac, & non pas Pachamac, comme dit Voſgien, vallée de l'Amér. mérid. au Perou, à 4 li. au midi de Lima. Elle eſt d'une beauté & d'une fertilité ſurprénante. Les Yncas qui l'habitoient y avoient bâti un fameux temple au Créa-teur de toutes choſes qu'ils ap-pelloient Pachacamac, & d'où la vallée a pris ſon nom. On en voit encore les ruines. François Pizarre tira, dit-on, de ce tem-ple la valeur de plus de neuf cens mille ducats en or, ſans compter ce que les ſoldats avoient pillé, & ce que les prê-tres Indiens avoient caché.

Paço de Sousa (St Sauveur de), abb. d'hom. ordre de St Benoît en Portugal, dans la prov. entre Duero-e-Minho, au dioc. de Porto.

Pacy, *Paciacum*, ville de Fr. en Normandie, au dioc. d'E-vreux, ſur la rive droite de l'Eure, à 2 li. au ſud-eſt de Ver-non. Il y a une paroiſſe, un hô-pital & un abb. de Bénédicti-nes. On y tient un grand mar-ché tous les Jeudis. C'eſt la gr. route de la b. Normandie à Paris. long. 19. 4. latit. 49. 2.

Padang, ville des Indes, dans l'iſle de Sumatra, ſur la côte occid. au midi de Priaman. Elle eſt ſur une belle riv. où on voit ſouvent un grand nombre de bâtimens Indiens, & où les autres vaiſſeaux peuvent auſſi entrer. Le commerce de cette ville conſiſte en Benjoin, en canfre & même en or.

* Paderborn, *Paderbur-num*, ville d'Allem. dans la Weſtphalie, capit. d'un p. état ſouverain, poſſedé par ſon ev. qui eſt Pr. de l'emp. ſur le ruiſſeau de Pader, & non pas Padus ni Padera, comme di-ſent Voſgien & la Croix; car ces deux mots en ſont le nom latin. Elle eſt à 16 li. au ſud-eſt de Minden, à 18 au nord-oueſt de Caſſel, & à 20 de Munſter. Elle eſt grande & bien peuplée. Charlemagne à qui elle doit ſon origine, y a ſou-vent fixé ſon ſéjour, ainſi que pluſieurs de ſes ſucceſſeurs. Ce prince y érigea le ſiége épiſc. Le chapitre eſt compoſé de 24 chanoines. Pour y être reçu, il faut avoir étudié dans une univerſité d'Italie ou de France. L'év. fait ſa réſidence ordinaire à Neuhauſs, chat. voiſin. Cet év. eſt poſſedé aujourd'hui par l'électeur de Cologne. long. 26. 25. latit. 51. 48.

Padoue, *Patavium*, ville d'Italie, dans l'état de Veniſe, capit. du Padouan, dans un terroir très-fertile, ſur la riv. de Brenta, & de Bacchiglione. Cette ville ſi brillante du tems des Romains, qu'elle a même aidés de ſes troupes, fut ruinée par Attila, & enſuite par les Lombards. Son enceinte eſt gr. mais elle n'eſt guère peuplée. On y compte cependant 26 pa-roiſſes, 23 monaſtères d'hom, 18 de filles & 4 hôpitaux. On la diviſe en vieille & nouvelle qui ont 7 portes & 7 ponts de pierre. Les rues ſont étroites & obſcures, à cauſe des portiques qu'on y voit preſque par-tout. L'hôtel de ville eſt un ſuperbe bâtiment. L'égliſe cathéd. dédiée à Ste Sophie eſt un bel édifi-ce; la plupart des autres égli-ſes ſont auſſi très-belles. L'uni-verſité de Padoue doit ſa fon-dation à Charlemagne, & n'eſt plus ſi brillante qu'elle l'étoit autrefois. Ses écoliers qui étoient en grand nombre se rendoient redoutables par les meurtres presque journaliers qu'ils commettoient. Cette ville est la patrie de l'historien Tite-Live, & conserve les reliques de St Antoine dit de Padoue, parce qu'il y mourut. long. 29. 32. latit. 41. 26.

PADRON, *Iria Flavia*, ville d'Esp. dans la Galice, sur la rive d'Ulla, qu'on y passe sur un pont de pierre, proche son emb. où elle forme un p. golfe, à 4 li. de Compostelle. long. 9. 16. latit. 42. 38.

PAFFENHOFEN, p. ville de Fr. dans la b. Alsace, sur la Motter, à 2 li. d'Haguenau vers le couchant. C'est un gr. passage pour les troupes.

* PAGO, *Paganorum insula*, isle de la mer d'Istrie, séparée de la Croatie par un canal qui n'a que 3 milles de largeur. Elle a 70 milles de circuit. On y compte environ 4000 habitans. Les Vénitiens à qui elle appartient, y ont fait bâtir un chât. dans le milieu, & y tiennent deux nobles d'entr'eux, un pour gouverner, & l'autre pour percevoir les revenus qui consistent presque tous en salines. Cette isle est soumise pour le spirituel à l'év. d'Arbe que la Martiniere qualifie mal-à-propos d'arch. latit. 44.

PAGON, isle de la mer du Sud, la xe des isles Marianes, entre celle d'Agrigan au nord orient. & celle d'Alamagan au midi. Elle a 16 li. de circuit; on y voit trois montagnes qui jettent du feu. Les Espagnols la nomment l'isle de St Ignace.

PAINBŒUF, bourgade de Fr. dans la Bretagne, sur la rive gauche de la Loire, à 6 li. audessous de Nantes. C'est là que les plus gros vaisseaux demeurent à la rade, ne pouvant pas aller jusqu'à Nantes. On n'y voit qu'hôtelleries & cabarets.

PAINPONT, *Pons panis*, abb. d'hom. ordre de St Augustin, dans la h. Bretagne, au dioc. de St Malo, à 2 li. vers le couchant de Rennes, fondée l'an 630.

PAIRIS, ou PERIS, *Parisium*, abb. d'hom. ordre de Cît. dans la h. Alsace, dans le dioc. de Basle, au pied du mont de Vosge, à 4 li. de Colmar, fondée l'an 1138.

PAITA, ville de l'Amér. méridionale au Perou, dans l'audience de Quito, proche l'emb. du Chuquimayo, où elle a un port renommé. Les maisons sont très-mal bâties, avec de la brique cuite au soleil; la plupart ne sont couvertes que de nattes. On ne prend pas d'autres précautions, parce qu'il n'y pleut jamais. latit. mérid. 5. 15.

PAIX (la), *Pax*, abb. de filles, ordre de St Benoît, dans le Hainaut, dans la ville de Mons.

PAIX-DIEU, *Pax Dei*, abb. de filles, ordre de Cît. dans le pays de Liége, à demi-li. au nord de Hui.

PALACIOS, *Palatium*, ville d'Esp. dans l'Andalousie, entre Séville & Cadix. Les habitans sont pauvres, n'y ayant aucun commerce chez eux. long. 12. 25. latit. 37. 10.

PALAIS (St), *Sti Pelagii fanum*, ville de Fr. dans la basse Navarre, au dioc. de Bayonne, sur la Bidouse, à 5 li. de St Jean Pied-de-Port, à qui elle dispute l'honneur d'être la capitale de la Navarre. long. 16. 35. latit. 43. 20.

1. PALAIS, *Palatium*, abb. régul. de l'ordre de Cît. sous le titre de N. D. dans le dioc. de Limoges au midi, & près de Gueret, fondée l'an 1162.

2. PALAIS, *Palatium*, ville de Fr. en Bretagne, capit. de

20

l'ifle de Belleifle. Louis XIV la fit fortifier pour la défenfe de l'ifle. long. 14. 18. latit. 47. 15.

PALAMOS, *Palamus*, p. ville d'Efp. dans la Catalogne, fur la Médit. où elle a un bon port, à 6 li. au fud-eft de Gironne, & à 20 au nord-eft de Barcelone. Elle eft bien fortifiée. Les Fr. la prirent en 1694. long. 20. 45. latit. 41. 48.

PALAPOLI, *Palapolis*, ville de la Natolie, dans la Caramanie, au nord de l'ifle de Chypre, fur la côte. Elle a été épifc. long. 51. 4. latit. 36. 50.

PALATINAT, *Palatinatus*, prov. d'Allem. divifée en h. & b. Palatinat. Le h. Palatinat, ou Palatinat de Baviere, occupe la partie fept. du cercle de Baviere, & s'étend à la gauche du Danube. Il a 30 li. d'étendue du levant au couchant, & 25 du midi au nord. Il appartenoit à l'électeur Palatin, qui en fut dépouillé en 1623, & il fut donné à l'électeur de Baviere, à qui il a refté par la paix de Weftphalie. Amberg en eft la capitale.

Le b. Palatinat, ou Palatinat du Rhin s'étend des deux côtés de ce fleuve. Il eft borné par les électorats de Mayence & de Treves par le duché de Wirtemberg, par le marquifat de Bade, l'Alface & la Lorraine. Il a 25 li. du levant au couchant, & 25 du midi au nord. Il y a plufieurs états renfermés dans le Palatinat, & qui en font indépendans. Outre ce Palatinat l'électeur Palatin jouit de plufieurs autres domaines, comme des duchés de Neubourg, de Juliers & de Berg, de la feigneurie de Ravenftein, &c. Il réfide ordinairement à Manheim. L'air du Palatinat eft froid, mais le terroir y eft fertile en bled, & fur-tout en vin; le meilleur eft le long du Rhin. Outre ce fleuve, il eft encore arrofé par le Neckre, la Nahe & plufieurs autres rivieres. Le Rhin le divife en partie orientale & occidentale.

*PALAZZUOLO, p. ville de Sicile, dans la vallée de Noto, proche la fource de l'Alfeo, à 20 milles à l'occid. de Syracufe. Les anciens l'ont connue fous le nom d'*Herbeſſus*, & non pas fous celui de *Palatium*, comme dit Vofgien.

PALENCIA, *Palantia*, ville d'Efp. au roy. de Léon, fur le Carrion, dans un terroir fertile, à 18 lieues au fud-oueft de Burgos, à 26 au fud-eft de Léon, & à 45 de Madrid. Son év. qui eft très-riche, eft fuffr. de Burgos. Le roi Alphonfe y avoit fondé une univ. qui fut transférée à Salamanque. long. 13. 25. latit. 42. 12.

PALEOCASTRO, fortereffe de l'ifle de Candie, fur fa côte orientale, entre le cap Sidero & le cap de Paleo. Il y a un chât. de même nom dans la même ifle, dans la partie feptentrionale.

PALERME, *Panormus*, ville de Sicile, dans la vallée de Mazare, fur la côte fept. de l'ifle, au fond d'un golfe de même nom, à 45 li. au couchant de Meffine, & à 100 au midi de Rome. Elle eft capit. de toute la Sicile, quoique Meffine lui difpute cet honneur. C'eft le féjour du vice-roi qui occupe un magnifique palais qui eft fur une place où on voit la ftatue de Philippe IV, roi d'Efpagne. Prefque toutes les rues de Palerme font larges, longues & tirées au cordeau. Les maifons en général font bien bâties, & les édifices publics font magnifiques. Les places font très-belles : parmi les fontaines publiques la plus curieufe eft celle qui eft dans la place où eft le palais de juftice. La métropole n'a de recommandable que son antiquité. Les Jésuites ont dans cette ville un collége & une église superbe. Palerme est habitée par beaucoup de noblesse. long. 31. 14. latit. 38. 12.

PALESOLI, village de la Caramanie, entre Sébaste au couchant, & Tharse au levant. Ce village connu anciennement sous le nom de *Soli*, & ensuite *Pompeiopolis*, a, dit-on, une fontaine dont l'eau a la vertu de bruler comme l'huile.

PALESTRINE, *Præneste*, ville d'Italie, dans la Campagne de Rome, à 20 milles au levant de Rome, avec un év. qui est toujours accordé à un des 6 plus anciens cardinaux. long. 30. 28. latit. 41. 50.

PALIACATE, ou PALEACATE, ville des Indes, sur la côte de Coromandel, au roy. de Carnate, au nord de Madrast, sur la route de Masulipatan à Gandicot. Cette ville appartient aux Hollandois qui y ont un président pour le commerce, & un fort appellé le fort de Gueldres. C'est de là que viennent ces beaux mouchoirs rouges connus sous le nom de Paliacate. long. 100. 30. latit. 13. 30.

PALICE (la), *Palicia*, p. ville de Fr. dans le Bourbonnois, sur la Besbre, entre Paris & Lyon. Il s'y tient plusieurs foires, & on y fait de bonnes bottes. Elle a titre de baronnie qui appartient à la maison de Chabannes.

PALICOURS, peuple de la Fr. Equinoxiale, près du cap d'Orange. Ils sont bien faits & courageux, peuvent mettre 400 hommes sous les armes. Ils font un grand commerce de poissons que les Anglois & les Flamans vont prendre chez eux.

PALIMBUAN, ville des Indes, capit. d'un roy. & sur la rivière de même nom, dans la partie orient. de l'isle de Sumatra, au fond d'un golfe & à l'emb. de la riv. latit. mérid. 3. 10.

*PALLIANO, *Pallianum*, p. ville d'Italie, dans la Campagne de Rome, au nord occid. d'Anagni, & non pas d'Apagni, comme dit la Martiniere, & à 20 milles au levant de Rome.

PALMA, bourgade d'Esp. dans l'Andalousie, sur la rive gauche du Gualdiquir. Elle a été érigée en comté en 1307, en faveur de la maison de Bocca Negra de Gênes, qui a pris le nom de Porto Carrero.

1. PALMA (St André de), abb. d'hom. ordre de St Benoit en Portugal, dans la Prov. entre Duero-e-Minho, près de Barcellos, fondée l'an 1028.

2. PALMA, ou PALMA NOVA, *Palma*, ville d'Italie, dans l'état de Venise au Frioul, près de l'emb. du Lizonso, avec un port, à 10 milles au sud-est d'Udine. C'est une place importante, & que les Vénitiens ont eu un grand soin de bien fortifier, soit pour se mettre à couvert des insultes du Turc, soit parce qu'elle est voisine de plusieurs places que la maison d'Autriche possede dans le Frioul. long. 31. latit. 46. 4.

*PALME, ou PALMA, isle d'Afrique, une des Canaries, à 12 li. au nord-ouest de Gomera. Elle est de figure ronde, & a 25 li. de circuit. On vante beaucoup ses vins & son sucre. Les meilleurs vins croissent dans un canton appellé *Brenia*, & qui produit environ tous les ans 12 mille barils de malvoisie. Le terroir produit peu de bled. Les habitans, dans le besoin, ont recours à l'isle de Teneriffe. La capit. qui porte le même nom, & qui est dans la partie orient. de l'isle, est raisonnablement grande. Il y a une très-belle église. Les Espagnols en firent la conquête en 1447. Cette isle essuya un grand tremblement de terre en 1650, & non pas en 1517, comme dit Vosgien. latit. 28. 32.

*PALMELA, p. ville de Portugal, dans l'Estramadure, à 2 li. au nord de Setubal, avec un chât. bâti sur le roc. Vosgien place cette ville sur la riviere de Gadaon. Elle n'est près d'aucune riviere. D'ailleurs, nous ne connoissons aucune riviere dans le Portugal du nom de Gadaon.

PALOMERA, *Palumbaria*, p. ville d'Espagne, dans l'isle de Majorque au nord-est, avec un assez bon port. long. 20. latit. 39. 44.

PALOS, p. ville d'Esp. dans l'Andalousie, à l'emb. du Rio-tinto, à 18 li. au sud-ouest de Séville, avec un port célebre, parce que c'est delà que Christophe Colomb partit en 1492 pour aller à la découverte du n. Monde. longitude 11. latit. 37. 20.

PALSEY, p. ville d'Ecosse, dans la province de Clydesdale, sur le Cart. Elle a titre de baronnie, & il y avoit autrefois une riche abb. de l'ordre de Clugny.

PALUAU, p. ville de Fr. dans le Berri, sur l'Indre, entre Buzançois & Chatillon, avec titre de comté. Il y avoit autrefois un chât. que Philippe-Auguste prit en 1188.

PALUDE, ville d'Asie avec titre de Pr. sur une mont. près de l'Euphrate, au gouv. d'Erzeron. Elle est peuplée de Turcs & d'Arméniens. Le prince à qui elle obéit, se tient dans un chât. si bien fortifié par la nature & par l'art, qu'il s'est soustrait à la domination du Gr. Seigneur, à qui il a toujours

refusé de payer tribut. latit. 38. 34.

PALUS MEOTIDE, *Mæotis Palus*, gr. golfe ou mer, entre l'Europe & l'Asie, au nord de la mer Noire. On l'appelle aussi mer de Zabache. Elle est habitée au nord par les P. Tartares, au levant & au midi par les Circassiens, & au couchant par les Tartares de Crimée. Elle communique aureste à la mer Noire, ou Pont Euxin, par le détroit de Caffa, autrefois nommé le Bosphore Cimmerien. Elle reçoit le Don appellé anciennement Tanaïs.

PAMIERS, ou PAMIEZ, *Apamia*, ville de Fr. dans le haut Languedoc, au pays de Foix, sur l'Ariege, à 4 l. au nord de Foix, à 16 au midi de Toulouse, & à 170 au sud-ouest de Paris. Elle a été anciennement appellée *Fredelacum*. Il y avoit un célebre monastere de chanoines régul. qui fut érigé en év. suffr. de Toulouse l'an 1296, & dont fut premier év. Bernard Saisseti, dernier abbé de ce monastere. La ville est très-petite & assez mal habitée; les Jésuites cependant y ont un collége. longitude 19. 14. latit. 43. 10.

PAMPAS, peuple de l'Amér. mérid. qui erre sans cesse entre le Tucuman, le Chili & Buenos-Aires. Ils pillent tout ce qu'ils peuvent trouver.

PAMPELONE, *Pampelona*, p. ville de Fr. dans le h. Languedoc, recette d'Alby, sur le Biaur, aux front. du Rouergue.

PAMPELUNE, *Pompeiopolis*, ou *Pompelo*, ville d'Espagne, capit. de la Navarre, proche les Pyrenées, dans une belle plaine, sur l'Arga, à 18 li. au midi de Bayonne, & à 29 au nord-ouest de Saragosse. Cette ville, bâtie par Pompée, a un riche év. suffr. de Burgos, une citadelle bâtie par Philippe II, une univ. fondée en 1608, un collège de Jésuites. C'est la résidence du vice-roi de Navarre. Il y a deux gr. places bordées de belles maisons. On remarque à Pampelune un moulin d'une construction ingénieuse, propre à moudre du bled, pour s'en servir en cas de siége. long. 16. 12. latitude 42. 40.

PAN, ou PAHAN, ville des Indes, dans la presqu'isle de Malaca, sur la côte orient. à 1 li. du rivage. Elle est capitale d'un roy. de même nom. Les maisons y sont faites de roseaux & de paille, excepté le palais du roi, qui est en bois. On tire de ce pays beaucoup de poivre & des éléphans. latitude 3 25.

* PANAMA, ville de l'Amérique mérid. & non pas sept. comme dit la Martiniere, dans l'isthme qui joint les deux Amériques. Elle est capit. de l'aud. de même nom. Il faut distinguer le vieux & le nouveau Panama. Le vieux qui avoit été bâti en 1518, étoit composé de près de 7000 maisons, & formoit une fort belle ville. Elle fut détruite par le pirate Morgan en 1670. Le nouveau fut bâti à 4 li. plus loin. Les bâtimens publics y sont magnifiques. On y compte 8 paroisses. C'est l'entrepot de tout le commerce du Chili & du Perou, & on y voit les magazins toujours remplis. long. 297. 22. latit. 8 40.

PANANE, ville des Indes, sur la côte de Malabar, au roy. de Calecut, à 50 milles de Cochin vers le nord, avec un bon port.

PANARUCAN, ville des Indes, capit. d'un roy. de même nom, dans l'isle de Java, à 10 li. au nord de Balambuan. Elle est habitée par des Javans & des Portugais. Il s'y fait un grand commerce d'esclaves : on en tire aussi du poivre.

PANAY, isle d'Asie, dans la mer des Indes, & une des Philippines. Elle est de figure triangulaire, & a 100 li. de circuit. C'est de toutes les Philippines l'isle la plus fertile ; ce qui provient du grand nombre de riv. qui l'arrosent. Il y a 14 paroisses distribuées dans l'isle, & dirigées par les Augustins. Les Jésuites y ont aussi un collège. L'isle appartient aux Espagnols. Iloilo est sa capitale. latitude 10-11.

PANCALE, ville d'Italie, dans le Piémont, sur le Pö, à 3 li. audessus de Turin.

PANGA, ville d'Afr. au roy. de Congo, capit. de la prov. de Bamba, à 36 li. de la côte. Son prince qui a le titre de duc, est le plus puissant de tous les vassaux du roi de Congo, & le général de ses armées. latit. mérid. 6. 32.

PANGO, prov. d'Afr. au roy. de Congo, & la IVe en rang, avec titre de marquisat, au couchant du fleuve Barbola sur lequel est la capitale de même nom.

PANTALERIE, *Pantalaria*, isle de la Médit. entre la Sicile & la terre ferme d'Afrique. Elle a 8 li de tour. Son terroir est sec & pierreux, & produit peu de bled. Vers le nord de l'isle est une ville de même nom, défendue par un chât. bâti sur un roc escarpé de tous les côtés. latit. 36. 54.

PANTHEMONT, abb. de filles, ordre de Cît. fondée l'an 1218. Elle étoit d'abord en Picardie, au dioc. de Beauvais, & aujourd'hui dans le fauxbourg St Germain à Paris.

PANUCO, prov. de l'Amér. sept. dans la nouv. Esp. Elle a 50 li. de long, & presqu'autant de large. Du côté de la

Floride elle eſt ſtérile, mais elle eſt fertile & a des mines d'or du côté du Mexique. La capit. qui porte le même nom, eſt à 8 li. de la mer, & à 65 de Mexico, vers le nord-eſt. Les Maiſons ſont en pierre, & couvertes de feuilles de palmier. On y compte environ 500 familles Eſp. Son év. eſt ſuffr. de Mexico. latit. 24.

PAPA, *Mogeciana*, p. ville de la b. Hongrie, au comté de Veſprin, ſur la riv. de Marchaltz, à 20 li. au couchant de Bude, & à 12 au midi de Raab. L'archiduc Matthias prit cette place ſur Mahomet III en 1597. longitude 35. 44. latitude 47. 18.

PAPOUL, (St), *Stus Papulus*, p. ville de Fr. dans le h. Languedoc, à 12 li. au ſud-eſt de Toulouſe, & à 3 au levant de Caſtelnaudari. Elle doit ſon origine à un ancien monaſtère de Bénédictins qui fut érigé en év. par Jean XXII en 1317. Les moines formerent le chapitre qui fut ſécularifé ſous Louis XIV. Il y a des bourgs qui valent mieux que cette ville. long. 19. 45. latit. 43. 18.

PAPPENHEIM, *Pappenhemium*, p. ville d'Allem. dans le comté de même nom, ſur les frontieres de la Franconie, près de la riv. d'Altmull, & non pas Altmal, comme dit Voſgien, entre Oeting & Neubourg, à 8 li. au nord-oueſt de la derniere. long. 28. 30. latit. 48. 52.

*PARA, ville de l'Amér. méridionale au Breſil, dans la capitainerie de même nom, ſur le bord oriental de la riv. de Muju. C'eſt une gr. ville ; les rues y ſont bien allignées, les maiſons riantes & bâties en pierre. Les égliſes ſont magnifiques. Le cacao eſt la monnoie courante du pays, & fait la richeſſe des habitans avec la

vanille, le ſucre & le caffé. Son év. eſt ſuffr. de San Salvador. Voſgien ne fait de Para qu'un fort. Il n'en avoit pas trouvé davantage dans la Martiniere. latit. mérid. 2.

1. PARACLET, abb. de filles, ordre de Cît. en Picardie, fondée l'an 1218, à 2 li. d'Amiens, & transférée depuis dans la ville.

2. PARACLET, abb. de filles, ordre de St Benoît en Champagne, ſur le ruiſſeau d'Arduſſon, à 2 li. au midi de Nogent ſur Seine, fondée par le fameux Abailard qui s'y étoit retiré, & qui la céda à Heloïſe & à ſes religieuſes.

PARADIS, abb. de filles, ordre de Ste Claire en Suiſſe, ſur le bord du Rhin, au deſſus de Schafouſe. Son nom lui vient de ſon agréable ſituation.

PARAGUARI, bourgade de l'Amer. mérid. ſur le bord mérid. de l'Amazone, un peu au-deſſus de l'emb. du Tefé. C'eſt une des 6 maiſons deſſervies par des miſſionnaires Carines Portugais. Elle eſt vis-à-vis la principale bouche de l'Yupara. lat. auſtrale 3. 20.

PARAGUAY, grand pays de l'Amér. mérid. borné au nord par la riv. des Amazones, au midi par la terre Magellanique, au levant par le Breſil, & au couchant par le Perou & par le Chili. Il comprend le Tucuman, Santa Crus de la Sierra, le Paraguay particulier, & Rio de la Plata. Le Paraguay propre qui a pour capitale la ville de l'Aſſomption, comprend tout ce qu'arroſe le fleuve Paraguay, juſqu'à ſa jonction avec le Parana. La premiere découverte en fut faite en 1516. 10 ans après on y bâtit quelques forts où on mit des garniſons Eſp. L'air y eſt doux & ſalubre ; le terroir produit du bled, des fruits, du coton, des cannes de fucre. Il croît dans un canton de cette province appellé Maraçayu une herbe fingulière, nommée l'herbe du Paraguay ; c'eft la feuille d'un grand arbre à peu près femblable à celle qu'on nomme coca au Perou. Les premiers Efpagnols qui s'établirent dans le Paraguay firent une gr. fortune avec cette herbe. Ils croient y trouver le remede à tous les maux. On s'en fert en la jettant en poudre dans l'eau bouillante. Les Jéfuites ont dans le Paraguay des bourgades qu'ils appellent doctrines, où ils ont raffemblé plufieurs milliers d'Indiens à qui ils ont appris différens métiers, qui vivent en commun, & dont ils ont fait de très-bons Chrétiens. Ils n'ont aucune liaifon avec les Efpagnols ; mais le gouv. & l'év. font la vifite chez eux quand il leur plaît.

1. PARAIBA, capitainerie de l'Amér. mérid. au Brefil, bornée au nord par la capitale de Rio-Grande, au midi par celle de Tamaraca, au levant par la mer du Nord, & au couchant par les Petiguares. Elle eft fertile, on y trouve fur-tout gr. nombre d'arbres, dont on connoît le bois fous le nom de Brefil. Paraiba eft la capitale.

2. PARAIBA, ville de l'Amér. mérid. au Brefil, dans la capitainerie de même nom, vers l'emb. de la riv. de Paraiba, à 3 li. de la mer, d'où les vaiffeaux remontent jufqu'à la ville. Les Holl. s'en faifirent en 1635, mais les Port. la leur reprirent bientôt. latit. mérid. 6. 48.

PARAMARIBO, bourg de l'Amér. mérid. dans la Guiane, fur la riv. de Surinam, à 5 li. au-deffus de fon emb. C'eft la capitale de la colonie Holl. Le gouv. y fait fa réfidence. latit. 5. 42.

PARANA, gr. riv. de l'Amér. mérid. où elle prend fa fource dans le Brefil, & fe joint à la riv. de Paraguay, près de la ville de Corrientes.

PARAY-LE-MONIAL, *Paraedum monachale*, p. ville de Fr. en Bourgogne, dans le Charolois, fur la Bourbince. C'eft la 2e du Charolois. Il y a maine, grenier à fel & collége de Jéfuites. Elle doit fon origine à un prieuré de l'ord. de St Benoît. long. 21. 47. latit. 46. 28.

PARC-AUX-DAMES, abb. de filles, ordre de Cît. dans l'ifle de Fr. & dans le Valois, à 1 li. de Crepi, fondée l'an 1205.

PARC (le), abb. d'hom. ordre de Prémontré, dans les Pays-Bas, à 1 li. de Louvain. On y voit une très-belle bibliotheque compofée en partie de manufcrits rares.

PARCÉ, gros bourg de France, dans l'Anjou, fur la Sarte. Il n'y a qu'une paroiffe, dont l'églife eft fort belle, & où on voit de riches ornemens.

PARCHIM, ville d'Allem. au cercle de la b. Saxe, dans le duché de Meckelbourg, fur l'Elde, à 10 li. au fud-eft de Swerin, capit. d'un bailliage de même nom. Il y a un fiege de juftice pour toute la prov. long. 29. 52. latit. 53. 35.

PARDO, ou EL PARDO, maifon royale d'Efp. dans la nouv. Caftille, fur la route de l'Efcurial, à 2 li. de Madrid. Les jardins font bien entretenus, & le parc eft d'une gr. étendue.

PARDOUX (St), prieuré de filles de l'ordre de St Dominique, dans le Perigord, à 8 li. au nord de Perigueux. Il eft de nomination royale.

PARDUBITZ, ville royale de Bohême, au cercle de Chrudim, fur l'Elbe, avec un château.

PAREDES DE NAVAS, petite

ville d'Efp. au roy. de Leon, avec titre de comté. Il y a un monaftère de religieufes de Ste Brigitte.

*PARENZO, *Parentium*, ville d'Italie, dans l'Iftrie, fur la côte du golfe de Venife, dans une peninfule, vis-à-vis l'ifle de San-Nicolo, à 25 li. au levant de Venife. Elle eft mal peuplée, à caufe de fon mauvais air ; cependant il y a un évêché fuffr. d'Udine, & non pas d'Aquilée, comme dit Volgien. Ses habitans fe foumirent aux Vénitiens l'an 1267. long. 31. 22. latit. 45. 24.

PARGA, ville de l'état de Venife, fur la côte d'Albanie, vis-à-vis l'extrémité orient. de l'ifle de Corfou. Elle eft batie fur un rocher, & fortifiée de bons baftions. Ses habitans font en partie Grecs & Albanois. long. 38. 20. latit. 39. 26.

*PARIA, côte du continent de l'Amér. la plus proche de l'ifle de la Trinité. Chriftophe Colomb la découvrit en 1498, & lui donna le nom de Paria. Elle borne à l'occident le golfe de la Baleine, appellé auffi le golfe de Paria, & qui fépare l'ifle de la Trinité de la prov. de Cumana. La Martiniere ne devoit pas dire que le nom de Paria eft entierement inconnu.

PARILLA (la), ville de l'Amérique mérid. au Perou, dans l'audience de Lima, dans la vallée & fur le bord de la riv. de Santa, d'où elle prend auffi le nom, près de la mer, à 20 li. de Truxillo, & à 60 de Lima. latitude mérid. 9.

PARIS, *Lutetia Parifiorum*, ville capit. de l'ifle de Fr. & de tout le roy. fur le bord de la Seine qu'on y paffe fur plufieurs ponts, à 10 li. au-deffous de Melun, & à 28 au-deffus de Rouen, à 97 de Londres, à 246 de Madrid, à 360 de Lisbonne,

à 600 de Mofcou, à 258 de Florence, à 220 de Gènes, à 324 de Cracovie, & à 280 de Rome. On ne s'attend pas que dans un abregé nous entrions dans un détail circonftancié de tout ce qui régarde cette ville, une des plus gr. des plus magnifiques & des plus peuplées de l'univers. Elle eft très-ancienne, puifqu'elle étoit connue avant Céfar.

On y compte un million d'habitans, & environ 23 mille maifons, un grand nombre d'hotels magnifiques. Il y a 4 palais fuperbes ; fçavoir celui des Tuileries, du Louvre, du Palais Royal & du Luxembourg. Celui du Louvre n'étoit point fini. Chaque roi, depuis François I, y avoit fait travailler, Louis XV aura la gloire d'y avoir mis la derniere perfection. La Seine qui traverfe Paris, paffe fous plufieurs ponts magnifiques : le plus beau eft celui qu'on appelle le Pont-Neuf ; foit par fa longueur, foit par fa largeur. Parmi les places publiques, il y en a de fort belles, comme la place Royale, où on voit la ftatue de Louis XIII, celle de Vendôme, où eft la ftatue équeftre de Louis XIV, la place des Victoires, où eft la ftatue pedeftre de Louis XIV ; celle d'Henri IV eft fur le Pont-Neuf. On fait actuellement une place entre les Tuileries & le Cours, pour y placer celle de Louis XV. Il y a dans Paris un gr. nombre de fontaines ; on admire celle des SS. Innocens, & celle de la rue Grenelle. On a fupprimé depuis peu quelques paroiffes ; elles font auj. au nombre de 41 : il y a 11 chapitres ou collégiales, 53 couvens d'hom. 70 couvens de filles, 3 abb. d'hom. fçavoir St Victor, St Martin des Champs & St Germain des Prez. L'év. de Paris fut érigé en arch. en 1622 ; les archevêques font ducs

& pairs depuis 1674. La métropole, quoique anc. eſt une des plus belles du roy. le chœur ſur-tout eſt richement orné. Toutes les égliſes en général ſont belles; les plus remarquables ſont celles de la maiſon profeſſe des Jéſui-tes, où on voit aux 2 côtés du chœur les cœurs de Louis XIII & de Louis XIV, & à côté le mauſolée en marbre noir du gr. Condé; celle de la paroiſſe de St Roch, nouvellement bâtie; celle de la paroiſſe de St Sul-pice qui n'eſt pas encore finie. On va commencer celle de Ste Geneviéve qui ne le cédera en rien aux plus belles. On admire celle du Val de Grace, où on voit de très - belles peintures; c'eſt une des 6 abbayes de filles qui ſont dans la ville. L'uni-verſité de Paris, la plus célebre du monde Chrétien, eſt com-poſée de 36 colléges, dont 10 ſont de plein exercice. Il y a 2 écoles publiques de théologie, la Sorbonne & Navarre. Le car-dinal de Richelieu a été le re-ſtaurateur de la Sorbonne; les bâtimens en ſont très-beaux. La chapelle eſt fort belle, on y voit ſon mauſolée qui eſt un chef-d'œuvre. Le collége le plus beau, & qui eſt de plein exer-cice, eſt celui des 4 Nations, appellé auſſi Mazarin, parce qu'il a pour fondateur le car-dinal de ce nom; on y voit auſſi ſon mauſolée. Les Jéſuites ont dans la rue St Jacques un beau collége, appellé autrefois le collége de Clermont, parce qu'un év. de Clermont l'avoit fondé; on l'appelle auj. le col-lége de Louis le Grand. Il y a une maiſon de penſionnaires, où la plus belle nobleſſe du roy. a pris ſon éducation. Il y a à Paris 6 académies royales; l'aca-démie Franç. établie en 1635, celle des Inſcriptions & Belles-Lettres en 1663, celle des Scien-

ces en 1666; celle de Peinture & de Sculpture en 1648; celle d'Architecture en 1671, & celle de Chirurgie en 1748. Il y a cinq bibliothéques publiques, celle du roi tient le premier rang, ſoit par la magnificence des bâtimens, ſoit par le grand nombre de livres rares & de ma-nuſcrits, aſſemblage de médail-les, d'eſtampes, &c. Les hôpi-taux ſont en très-grand nom-bre, & très-bien rentés; les prin-cipaux ſont l'Hôtel-Dieu, l'Hô-pital Général qui en comprend pluſieurs autres. Parmi les ma-nufactures les plus célebres, ſont celle des glaces dans le faux-bourg St Antoine, celle des Go-belins pour les belles tapiſſeries, dans le fauxbourg St Marceau. Louis XIV fit bâtir près de la porte St Jacques, un obſerva-toire que M. Caſſini a rendu ſi célebre. Parmi les beaux établiſ-ſemens faits à Paris, on doit mettre celui des Invalides, c'eſt un hôtel magnifique fondé par Louis XIV, pour ſervir de re-traite aux officiers & ſoldats qui ont paſſé 20 ans à ſon ſervice, ou qui ont été eſtropiés, & hors d'état de ſervir. Tout y reſſent la grandeur de celui qui l'a fon-dé. L'égliſe eſt magnifique, tant par ſes peintures que par la ri-cheſſe de ſes ornemens. Louis XV vient de faire un établiſſement qui n'eſt pas moins digne d'ad-miration. C'eſt une école mili-taire établie pour l'éducation de 500 jeunes gentilshommes : ils ſont entretenus & inſtruits dans toutes les ſciences convenables à leur état. Il y a dans Paris un grand nombre de juriſdictions, un parlement, le plus anc. & le plus étendu du roy. une cham-bre des comptes, cour des aides, grand-conſeil, cour des mon-noies, bureau des finances, chambre du domaine, juriſdi-ction des eaux & forêts, des conſuls, du châtelet, bailliage du palais, connétablie & maréchauſſée de Fr. élection, grenier à ſel, &c. long. 20. latitude 48. 50.

PARME, *Parma*, *Colonia Julia*, ville d'Italie, capit. du duché de même nom, ſur la riv. de Parme, à 15 li. au ſud-oueſt de Mantoue, à 14 au ſud-eſt de Cremone, à 10 au ſud-eſt de Milan, & à 216 de Paris. Elle eſt gr. & a 4 milles de circuit. Ses rues ſont larges & droites; ſes maiſons ſont bien bâties. Il y a un gr. nombre d'égliſes, parmi leſquelles la plus remarquable eſt la cathédrale qui eſt magnifique : ſon dôme eſt peint par Correge. L'év. eſt ſuffr. de Boulogne. Le palais des ducs eſt très-gr. Les appartemens ſont ornés de très-belles peintures. Il y a un théâtre le plus ſpacieux & le plus ſingulier qu'on voye. Il eſt diſpoſé de façon, qu'à un bout on entend ce qui ſe dit à l'autre, ſi bas que l'on parle, & on n'entend rien dans le milieu. Il y avoit dans ce palais une nombreuſe bibliothéque, compoſée de beaucoup de bons manuſcrits, & un cabinet de médailles très-bien rempli; mais dom Carlos, roi de Naples, en quittant Parme, fit tranſporter à Naples la bibliothéque & le médailler. Outre l'univ. il y a à Parme une académie de beaux eſprits, appellés les Anonymes, & un collége appellé le collége des Nobles : il y a des places pour 260 éleves. Les écoliers de toutes les nations y ſont reçus, pourvu qu'ils aient la nobleſſe requiſe pour être reçus chevaliers de Malthe. C'eſt la patrie du chevalier Lanfranc. On y reſpire un air très-pur. long. 28. 27. latit. 44. 48.

PARME (duché de), province d'Italie, bornée au nord par le Pô, au midi par la Toſcane, au levant par le duché de Modene, & au couchant par celui de Plaiſance. C'eſt un pays très-fertile. En 1735 dom Carlos, auj. roi de Naples & de Sicile, céda ſes droits ſur les duchés de Parme & de Plaiſance, à la maiſon d'Autriche, qui en a joui juſqu'au traité d'Aix-la-Chapelle de l'an 1748, ſuivant lequel les duchés de Parme & de Plaiſance, avec celui de Guaſtalla, ont été cédés à dom Philippe, infant d'Eſp. frere de dom Carlos.

PARNAU, ou PERNAU, ville de l'emp. Ruſſien, dans la Livonie, ſur la riv. de même nom, à 18 li. au ſud-oueſt de Revel, & à 30 au nord-eſt de Riga. Ses maiſons, ſon chât. & ſes égliſes ſont bâties en bois. Les Moſcovites s'en rendirent les maîtres en 1617, & l'ont conſervée depuis ce tems-là. long. 42. 4. lat. 58. 25.

1. PAROS, iſle de l'Archipel, une des Cyclades, entre l'iſle de Naxie au levant, & celle d'Antiparos au couchant. Elle a près de 4 li. de long ſur 3 de large. Elle eſt bien cultivée & fertile. Son commerce conſiſte en bled, légumes & toiles de coton. On y nourrit de nombreux troupeaux. Il n'y pleut preſque jamais, mais les roſées y ſont abondantes. Les Pariens ont la réputation d'être des gens de bon ſens, & les habitans des iſles voiſines les prennent ſouvent pour arbitres de leurs différends. Cette iſle a été dans tous les tems célebre par ſes beaux marbres.

2. PAROS, ville de l'Archipel, capitale de l'iſle de même nom, ſur ſa côte occidentale, vis-à-vis d'Antiparos. Cette ville, autrefois ſi brillante, eſt bien peu de choſe auj. Il y a un év. Grec & des Capucins Fr. qui y ont une jolie égliſe. Les Anglois, les Fr. & les Holl. ont un con-

ſul à Paros. long. 43. 12. latit. 37. 4.

ꞏ PARTENAY, *Partiniacum*, ville de Fr. dans le Poitou, chef-lieu d'un petit pays, appellé la Gatine, ſur le Thoué, à 6 li. au nord de St Maixant, & à 6 au midi de Thouars. Il y a une collégiale, des Cordeliers & des Capucins. Le commerce conſiſte en bled & en beſtiaux. long. 17. 15. latit. 46. 40.

ꞏ PARU, fort de l'Amér. mérid. ſur le bord ſept. de la riv. des Amazones, un peu au-deſſus de celle de Xingu. Ce fort a été nouvellement bâti par les Port. ſur les ruines d'un vieux que les Holl. y ont eu.

ꞏ PASCAMAYO, vallée de l'Amérique mérid. au Perou, dans l'audience de Lima. C'eſt la plus fertile de tout le pays. Il y avoit autrefois pluſieurs beaux temples. Les habitans s'occupent à faire des draps de coton.

＊ PASLEY, ville d'Ecoſſe, dans la prov. de Cunningham, ſur le Carr, & non pas Cort, comme dit Voſgien. Elle a titre de baronnie, & a été célebre par une abb. de l'ordre de Cluni. Elle eſt à 16 li. d'Edimbourg. long. 12. 38. latit. 56. 30.

ꞏ PASSAGE, p. ville d'Eſp. dans le Guipuſcoa, à 1 quart de li. de St Sebaſtien, ſur le chemin de Fontarabie. Le roi d'Eſpagne tient là l'eſcadre qu'il entretient ſur l'Océan. long. 15. 40. latit. 43. 26.

PASSAMAN, ville des Indes, dans l'iſle de Sumatra, proche la ligne, au nord de Ticou, & ſur la côte occid. de l'iſle, au pied d'une haute mont. L'air qu'on y reſpire eſt fort mal-ſain. Le commerce des habitans eſt en poivre qui croît en abondance aux environs.

ꞏ PASSARVAN, ville des Indes, dans l'iſle de Java, ſur ſa côte ſept. au bord d'une agréable riv.

à 6 li. de la ville de Panarucan. On y fait beaucoup de toiles de coton qu'on porte à Bantam. latit. mérid. 7. 30.

PASSAVANT, p. ville, avec titre de comté, dans l'Anjou, à 3 li. de Montreuil-Bellay. Il y en a une autre en Champagne, au dioc. de Châlons, & une 3e dans la Franche-Comté, à 6 li. de Beſançon, au nord-eſt.

PASSAW, *Paſſavia*, *Patavium*, ville d'Allem. dans la b. Baviere, au confl. du Danube, de l'Inn & de l'Iltz, à 26 li. de Ratisbonne, à 30 de Munich, & à 56 de Vienne. Elle s'étend du levant au couchant l'eſpace de 1100 pas. Elle eſt immédiatement ſoumiſe à ſon év. qui eſt prince de l'emp. & ſuffragant de Saltzbourg. La cathédrale paſſe pour la plus belle de toute l'Allemagne. Il y en a auſſi pluſieurs autres fort belles. Les Bénédictins y ont une belle abb. & les Jéſuites un collége. La ville eſt munie de 2 fortereſſes. Il s'y fit un traité en 1552. long. 30. 55. latit. 48. 34.

PASSEWALCK, *Paſvaleum*, p. ville d'Allem. dans la Poméranie, ſur le bord occident. de l'Ucker, entre Prenſlow & Torgelow. Elle conſiſte en 2 paroiſſes. On y fait d'excellente biere. long. 31. 50. latit. 53. 35.

PASSIGNANO, p. ville d'Italie dans l'état de l'Egliſe, au Perugin, ſur le bord ſept. du lac de Perouſe. Elle eſt remarquable par la mort de St Jean Gualbert, fondateur de la congrégation de Valombreuſe. long. 29. 47. latit. 43. 14.

PASSY, ou PACI, *Paciacum*, gros village de Fr. au-deſſous & près de Paris, ſur la droite de la Seine. Il y a pluſieurs belles maiſons & des eaux minerales qui y attirent beaucoup de monde dans les deux ſaiſons.

PASTO, OU SAN JUAN-DE-

Pasto, ville de l'Amér. mérid. dans le Popayan, au midi occid. de la ville de Popayan, dans une vallée traversée par une belle riv. long. 301. latit. 1. 30.

* Pastrana, p. ville d'Esp. dans la nouvelle Castille, sur le Tage, proche Fuente Duegna. Elle a titre de duché. C'est l'anc. *Paterniana*, & non pas Pasterniana, comme dit Vosgien. longitude 15. 6. latitude 40. 25.

Patagons (îles), peuple de l'Amér. mérid. dans la terre Magellanique, au nord du détroit de Magellan, & au couchant de la mer du Nord. On les a dit divisés en plusieurs peuples, & qu'ils sont d'une taille gigantesque. Les nouv. relations nous apprennent que ces Patagons n'ont jamais existé ; qu'en 1746 une frégate Esp. ayant cotoyé toute la côte occid. de la terre Magellanique, depuis Buenos Ayres jusqu'au cap des Vierges, & que ceux qui étoient embarqués ayant mis pied à terre dans plusieurs endroits, & avancé fort loin dans le pays, l'ont trouvé inhabité & inhabitable.

1. PATANE, roy. des Indes, dans la presqu'isle de Malaca, sur sa côte orient. entre le roy. de Siam au nord, & celui de Paha au midi. Son terroir qui n'a que 60 li. d'étendue, est très-fertile, & abonde sur-tout en riz. Il y a des bœufs, chévres, oies, paons, poules, &c. Les bêtes sauvages sont en grand nombre ; on y voit des élephans par troupes. L'air est très-sain, quoique près de la ligne, & qu'il y fasse très-chaud. L'été dure neuf mois, & commence en Février ; les autres 3 mois il pleut sans cesse. Ce roy. est gouverné par une princesse qui n'a que le titre de souveraine. Les grands gouvernent en son

nom : elle n'a pas même connoissance des affaires. Il ne lui est pas permis de se marier ; mais elle a des amans tant qu'elle en veut, & on lui fournit abondamment pour satisfaire à ses plaisirs. Cet état est tributaire du roi de Siam, à qui on paye tous les ans une fleur d'or de la valeur environ de 200 liv. & qu'on lui présente au nom de la reine.

2. PATANE, ou PATANY, ville des Indes, dans la presqu'isle de Malaca, sur la côte orient. du roy. de Patane dont elle est capit. Elle est longue & étroite : c'est une des plus belles, des plus fortes des Indes. Elle a un fort bon port. Les habitans sont Mahométans ; leur mosquée est bâtie en brique & dorée ; les maisons sont construites en bois. Il y a grand nombre de Chinois dans cette ville qui est la résidence de la souveraine. Il s'y fait un grand commerce. long. 119. latit. 7. 34.

Patans, peuple des Indes, dans les états du Mogol. Ils habitoient autrefois près du Gange, vers Bengale ; mais le Mogol s'étant emparé de leur pays, ils se retirerent vers les mont. d'Agra & de Dehli, où ils vivent comme indépendans.

Patay, *Patavium*, bourg de Fr. dans la Beauce, au dioc. de Chartres, du côté d'Orléans, remarquable par la défaite des Anglois en 1429. Le général Talbot y fut fait prisonnier. long. 19. 16. latit. 48. 6.

Paté, roy. d'Afrique, dans le Zanguebar, sur la côte de Melinde. Sa capit. est bâtie dans une isle de même nom, qui ferme la baie de Formosa du côté du midi. latit. mérid. 1.

Pater noster, isles de la mer des Indes, au midi de l'isle des Celebes. Elles s'étendent d'orient en occident, & sont ainsi appellées, parce qu'elles se sui-vent comme des grains de cha-pelets. Elles sont bien peuplées & produisent des fruits & des grains. longitude 135. 30. latit. mérid. 9.

PATI, *Pactæ*, ville de Sicile, sur la côte sept. de l'isle, dans le golfe de même nom. Son év. est suffr. de Messine. La cathé-drale est très-belle, ornée de marbre & de belles peintures. Les rues sont très - propres, & aboutissent presque toutes à une place fort vaste. On attri-bue la fondation de cette ville au comte Roger, après qu'il eut défait les Sarasins. long. 32. 50. latit. 38. 8.

PATMOS, isle de l'Archipel, située entre celles de Nicaria & de Samos, à 60 milles des isles de Cos & de Mycone. Elle a 18 milles de tour. On y re-cueille peu de grains, & du vin en petite quantité ; mais on y trouve en grande quantité des perdrix, des lapins, des cailles, des pigeons, &c. Il y a dans cette isle l'hermitage de l'Apocalypse, où on croit que St Jean écrivit l'Apocalypse. Quoique l'év. de Samos se dise év. de cette isle, cependant les habitans de Pat-mos font venir celui qu'ils veu-lent pour sacrer leurs Papas. lat. 37.

PATNA, ville des Indes, sur le bord du Gange, sur une hau-teur, & capit. de la prov. de même nom. Elle est grande & défendue par un bon chât. Il y a une rue qui traverse toute la ville & remplie de bouti-ques, où on vend toute sorte de marchandises. Il s'y fabrique une sorte de poterie très-estimée. Les Holl. ont un comptoir à Patna. long. 101. latit. 25. 54.

PATRAS, *Patræ*, ville de la Morée, capit. du duché de Cla-rence, sur la mer, à 7 li. au sud-ouest de Lepante. C'est le

siége d'un arch. Les Juifs qui y sont en très-grand nombre, y ont quatre synagogues, & les Turcs 6 mosquées. Le commerce de cette ville consiste en soies, cuirs, miel, cire, laine & fro-mage. Les citrons & les oran-ges y viennent en abondance. L'air est fort mal-sain à Patras. Les Vénitiens avoient enlevé cette ville aux Turcs en 1687 ; mais ils l'ont perdue en 1715 avec le reste de la Morée. long. 39. 30. latit. 38. 20.

PATRIA, autrefois ville épisc. aujourd'hui bourgade, dans le roy. de Naples, au midi du lac de Patria qui s'étend le long de la côte de la mer l'espace d'environ 10 milles.

PATRIMOINE DE SAINT PIERRE, *Patrimonium Sti Pe-tri*, prov. d'Italie, dans les états du pape, bornée au nord par l'Orviétan & l'Ombrie, au midi par la mer, au levant par la Campagne de Rome & la Sa-bine, au couchant par le du-ché de Castro. Elle s'étend 35 milles du nord au midi, & 42 milles du levant au couchant. Outre le patrimoine particulier elle comprend le duché de Brac-ciano & l'état de Ronciglione. Viterbe en est la capitale.

PAU, *Palum*, ville de Fr. ca-pitale du Bearn, sur une hau-teur, près du Gave qui en prend le nom, à 10 li. au couchant de Tarbes, à 40 au midi de Bour-deaux, & à 160 au sud-ouest de Paris. Il y a un parlement, chambre des comptes, cour des aides, sénéchaussée, hôtel des monnoies, académie royale des sciences & beaux arts. Elle n'est pas grande, mais bien bâtie, avec un château au bout de la ville où naquit Henri IV en 1557, & qui étoit la demeure des Pr. de Bearn. Les Jésuites y ont un magnifique collége. Henri IV y établit des Capucins, à qui il donna sa bibliothéque. longitude 17. 8. latitude 43. 14.

1. PAVIE, *Papia*, ville d'Italie, dans le Milanez, au Pavefan, fur le Tefin, à 8 li. au midi de Milan, à 12 au nord-oueft de Plaifance, à 20 au nord de Gènes, & à 26 de Turin. Elle doit fa fondation aux Gaulois, & étoit connue fous le nom de *Ticinum*. Après qu'Odoacre l'eut ruinée en 477, elle fut rebâtie fous celui de *Papia*. Elle devint la capitale de la Lombardie, titre qu'elle perdit lorfque Charlemagne mit fin au roy. des Lombards. Elle eft aujourd'hui grande & belle, mais peu habitée. Il y a un év. fuffr. de Milan, une univ. fondée & dotée par Charlemagne. Les Jéfuites y ont un très-beau collége. La cathédrale eft fort mal bâtie. Le chât. le fut par Jean Galeas Vifconti, premier duc de Milan, qui eft aufli le fondateur de la belle Chartreufe qu'on voit près de la ville. Ce fut devant Pavie que François I fut fait prifonnier en 1525. C'eft la patrie du fameux Boece, de Jerome Cardan & du pape Jean XVIII. Les Francois la prirent en 1745. long. 26. 40. latitude 45. 12.

2. PAVIE, p. ville de France, dans le bas Armagnac, au diocèfe d'Auch, dans le comté d'Aftarac.

1. PAUL (St), ville de Fr. en Provence, à une li. de Vence, à 3 d'Antibes, près du C. de Nice. Elle eft chef-lieu d'un bailliage, & a un gouverneur particulier. longitude 24. 45. latit. 43. 40.

2. PAUL (St), ville de Fr. avec titre de comté, dans l'Artois, à 6 li d'Arras, & à 9 de St Omer. Louis de Luxembourg à qui Louis XI fit trancher la tête en 1475, étoit comte de

St Paul. longitude 20. 30. latit. 50. 25.

3. PAUL (St), abb. de filles, ordre de St Benoît en Picardie, à 1 li. au couchant de Beauvais, fondée l'an 1150. Elle eft très-nombreufe.

4. PAUL DE FENOUILLE-DÈS (St), p. ville de Fr. dans le Languedoc, capit. du p. pays de Fenouilledes, au dioc. d'Alet, fur la riv. d'Egli, aux confins du Rouffillon, entre des montagnes.

5. PAUL (St), abb. d'h. ordre de St Auguftin, dans la Franche-Comté, au diocèfe de Befançon.

6. PAUL (St), abb. d'h. ordre de Prémontré en Fr. au diocèfe & près de la ville de Sens, fondée l'an 1212.

7. PAUL LA VILLE, (St) abb. de filles, ordre de Cit. dans le Dauphiné. Elle étoit d'abord à Nifeaux, au dioc. de Grenoble. Elle a été transférée à Beaurepaire au dioc. de Vienne.

8. PAUL TROIS CHATEAUX (St), ville de Fr. dans le Dauphiné, fur le penchant d'une colline, aux frontieres de la Provence, à 1 li. du Rhône, à 3 au fud-eft de Viviers, à 5 au midi de Montelimar. C'étoit du tems des Romains une colonie connue fous le nom d'*Augufta Tricaftinorum*. C'eft aujourd'hui une très-petite ville dont l'év. qui eft très-anc. eft fuffr. d'Arles. longitude 22. 30. latit. 44. 20.

9. PAUL (St), ou SAN PAULO, bourgade de l'Amér. méridionale, fur le bord mérid. de la riv. des Amazones, à 3 journées à l'eft de Pevas. C'eft la premiere des miffions Port. & deffervie par les PP. Carmes. Les maifons font en maçonnerie de terre & de brique, & les murailles blanchies très-proprement. Il y a un év. érigé en 1745.

1745 par le pape Benoît XIV.

10. PAUL (St), p. ville de Fr. dans le h. Languedoc, au dioc. de Lavaur fur l'Agouft. Cette ville fut détruite durant les guerres de Religion, & il n'y a plus que quelques maifons difperfées avec une collégiale.

11. PAUL EN VALLÉE (St), abbaye d'hom. ordre de St Benoît, dans la b. Carinthie, à la gauche de la Drave, vers les frontieres de la baffe Stirie.

12. PAUL (St), ou SAN PAULO, ville de l'Amér. mérid. au Bréfil, dans la capit. de St Vincent. Les habitans ont formé une efpéce de république, & fe gouvernent eux-mêmes, ne reconnoiffant aucun maître : ils payent cependant un tribut aux Port. mais ils ne fouffrent pas qu'aucun étranger mette le pied chez eux. Ils font environnés de tous les côtés par des mont. inacceffibles. Cette ville n'eft compofée que de brigands de différentes nations, dont on ignore la religion. latit. mérid. 23. 16.

PAULA, ou PAULE, ville d'Italie au roy. de Naples, dans la Calabre citér. à 300 pas de la mer, fur une éminence. Elle n'eft pas gr. mais fes maifons font belles, fes rues larges & bien percées. Il y a un collége de Jéfuites, des Auguftins, des Cordeliers, des Dominicains & des Capucins. Ce qui rend cette ville célebre, c'eft la naiffance de St François, fondateur de l'ordre des Minimes, dont on voit le couvent à 1 mille de la ville.

PAULAR, chartreufe d'Efpagne, dans la nouv. Caftille, à 6 lieues de Segovie vers le levant.

PAULIAGUET, p. ville de Fr. dans la h. Auvergne, au dioc. de St Flour.

PAULIEN (St), bourg de Fr.
Tome II.

en Auvergne, au dioc. du Puy, dans l'élection de Brioude. On croit que c'eft l'anc. *Rueffium*, capitale du peuple *Vellavi*, & dont l'év. fut transféré au Puy.

PAVOASAN, ville d'Afr. dans l'ifle de St Thomé au fud-eft, fur le bord de la mer. Elle a une bonne forterefle où réfide un gouv. de la part des Portugais à qui elle appartient. Il y a un év. fuffr. de Lisbonne. Les habitans font un melange d'Italiens, de Fr. d'Efp. & de Portugais.

PAUSILYPE, mont. du roy. de Naples, dans la Campanie. Elle eft fameufe par fes vins délicats, & fes fruits délicieux. Les Servites ont fur cette montagne un monaftère où on voit le maufolée du poëte Sannazar. Cette montagne eft percée d'un bout à l'autre, & l'ouverture eft aflez grande pour que 2 caroffes puiffent y pafler de front. On ignore le tems que ce magnifique ouvrage a été fait.

PAUTZKE, ou PARDUBITZ, *Putifcum*, p. ville de la Pruffe Polonoife, dans la Pomerelle, à 10 li. de Dantzick, fur le Pautzkerwick. latit. 54. 45.

PAUXIS, détroit & fort de l'Amér. mérid. fur le bord fept. de la riv. des Amazones. Il y a dans le fort un commandant avec quelques troupes Portugaifes.

PAYAGUAS, peuple de l'Amérique mérid. dans la prov. de Paraguay. Cette nation n'a aucune demeure fixe, & elle ne vit que de pirateries.

PAYAMOGO, place d'Efp. dans l'Andaloufie, à 4 li. au midi de Moura. Elle eft défendue par 4 baftions, & importante, parce que c'eft une front. du Port.

PAYASSES, ville des états du Turc, dans la Caramanie, fur le Golfe d'Alexandrette. Il y a une belle mosquée & un beau bazar, avec plusieurs autres édifices.

PAVO, (St), ou PELAGE, abbaye de filles, ordre de St Benoît, en Esp. dans la Galice, au dioc. d'Oviédo.

PAYERNE, *Paterniacus*, ville de Suisse, dans le canton de Berne, sur la Broye, qu'on y passe sur un pont, au milieu d'une vaste campagne, & chef-lieu d'un gouv. de même nom. Elle est p. mais jolie. Il y a 2 grands temples. Les Bernois prirent cette ville sur les Savoyards en 1536.

PAYS, isles de la mer des Indes, au midi des isles Marianes On en compte 32, dont 3 sont inhabitées ; mais les autres sont bien peuplées. La Murrec est la plus considérable ; c'est là que le roi tient sa cour. Ces isles furent découvertes en 1697.

PAYS-BAS (les), contrée d'Europe, composée de 17 provinces, située entre l'Allem. la Fr. & la mer du Nord. On les appelle Pays-bas, parce qu'elles sont vers la mer, & que plusieurs riv. y ont leur embouchure. Ces provinces entrerent pour la plupart dans la maison d'Autriche par le mariage de Marie, héritiere du dernier duc de Bourgogne, avec Maximilien, archiduc d'Autriche. Philippe II, roi d'Espagne, ayant voulu user de trop de sévérité envers ces peuples, ils se révolterent. Ce Pr. ne put conserver que 10 de ces prov. appellées depuis Pays-Bas Espagnols, pour les distinguer des Provinces-Unies. La Fr. s'empara d'une partie des Pays-Bas Espagnols ; c'est ce qu'on nomme Pays-Bas François. Les 17 prov. réunies dans un seul corps, étoient les duchés de Brabant, de Limbourg, de Luxembourg & de Gueldres ; le marquisat

d'Anvers ; les comtés de Flandre, d'Artois, de Hainaut, de Hollande, de Zélande, de Namur, de Zutphen ; les seigneuries de Frise, de Malines, d'Utrecht, d'Overissel & de Groningue. Huit de ces prov. secouerent le joug de la domination Espagnole, & se défendirent si bien avec le secours de la Fr. & de l'Angl. que l'Esp. fut obligée à la paix de Munster en 1648 de les reconnoître pour un état libre. C'est auj. la république la plus puissante de l'Europe, connue sous le nom de Provinces-Unies. On n'en reconnoît que 7, parce que celle de Gueldre comprend le comté de Zutphen ; les autres sont la Hollande, la Zélande, Utrecht, Frise, Overissel & Groningue.

* PAZZI, *Pactya*, & non pas *Patya*, comme dit la Martiniere. ville de la Romanie, sur la mer de Marmora, à 3 li. de Gallipoli, avec un év. suffr. d'Héraclée. longitude 44. 35. latit. 40. 32.

PÉ-DE-GENERÉS (St), abb. d'h. ordre de St Benoît, dans le Bigorre, au dioc. de Tarbes, sur le Gave de Pau. L'abbé a droit de présider aux états de la province après l'év. de Tarbes.

PEAN, *Peanum*, ville de Corée, sur la mer de la Chine, capit. de la prov. de Péando. Elle est gr. fermée de murailles & bien peuplée. Les Japonois s'en saisirent en 1592.

PEBRAC, *Piperacum*, abbaye d'hom. de l'ordre de St Aug. dans la h. Auvergne, au dioc. de St Flour, sur les bords de la riv. de Diege au midi, & près de Langeac à la gauche de l'Allier.

PECH, p. ville de la Turquie Européenne, dans la partie occidentale de la Servie, sur le Drin blanc.

PECHLARN, *Arelape*, ville

d'Allem. dans la b. Autriche, fur la droite du Danube, à l'embouchure de l'Erlaph. Elle appartient à l'év. de Ratisbonne.

*PEDENA, *Petrina*, ville d'Italie, dans l'Iftrie, fur les front. de l'Allem. Son év. qui eft trèsanc. eft fuffr. de Gorice, & non pas d'Aquilée, comme difent la Martiniere & Vofgien. Elle eft mal peuplée. long. 32. latit. 45. 30.

PEDIR, ville des Indes, capitale du roy. de même nom, à 10 li. à l'eft d'Achem, dans l'ifle de Sumatra. Le roi d'Achem s'en eft emparé. latit. 5. 30.

*PEDRAÇA DE LA SIERRA, bourg d'Efp. dans la Vieille Caftille, fur la riv. de Duraton, au nord & près de Sepulveda. La Martiniere, l'abbé de la Croix, & Vofgien difent qu'il eft célebre par la naiffance de Trajan, & par le chât. où furent enfermés les enfans de François I. Tous les hiftoriens nous apprennent que Trajan eft né à *Italica*, dont Pedraça de la Sierra n'eft certainement pas le nom moderne. Les meilleurs géographes s'accordent à dire qu'*Italica* eft aujourd'hui *Sevilla la Veja*, & Pedraça de la Sierra eft la *Metercofa* de Ptolomée. Il eft vrai que les princes Fr. furent détenus prifonniers au château de Pedraça, & non pas à Sepulveda, comme dit le P. Vaiffette.

1. PEDRO (San), petite ville d'Efp. dans la Vieille Caftille, fur l'Arlanza, au-deffous de Lerma vers le levant.

2. PEDRO (San), port de l'Amérique mérid. fur la côte orientale du Brefil, à l'emb. de Rio grande. long. 325. lat. mérid. 32.

3. PEDRO (San), ville de l'Amérique fept. au gouv. de Honduras, à 30 li. de Valladolid, & à 11 du port de Cavallos.

PE'EBLES, ville d'Ecoffe, capitale de la prov. de Twedale, fur le bord fept. de la Twede. On remarque qu'elle a 3 ponts, 3 portes & 3 églifes. Elle eft à 6 li. au midi d'Edimbourg. long. 14. 28. latit. 55. 52.

PEER, petite ville, avec titre de comté, dans l'év. de Liége, au comté de Lootz.

PÉGAN, maifon de plaifance, en Allem. dans la Mifnie, fur l'Elfter, à 4 li. de Leipfick. Elle appartient à la branche de Saxe-Zeitz.

PEGNA (St Jean de la), abb. d'hom. ordre de St Benoît, de la congrégation de Tatragone, en Efp. dans l'Arragon, près de la ville de Jacca. Elle eft magnifique, & les comtes du pays y avoient leur fépulture.

PEGNAFIEL, *Penna fidelis*, ville d'Efp. dans la Vieille Caftille, fur le bord du Duero, à 8 li. au fud-eft de Valladolid. Elle eft capit. d'un marquifat, avec un fort chât. Ses fromages paffent pour être les meilleurs de toute l'Efpagne. Il fe tint dans cette ville un concile l'an 1302. long. 13. 52. latit. 41. 30.

*PEGNAFLOR, *Pennaflos*, petite ville d'Efp. dans l'Andaloufie, fur la rive droite du Guadalquivir, & non pas du Xenil, comme difent la Martiniere & Vofgien. C'eft l'*Ilipula* des Turdetains.

1. PEGNARANDA, ville d'Efp. dans l'Eftramadure, érigée en comté par Philippe III, en faveur de la maifon de Bracamonte.

2. PEGNARANDA, ville d'Efp. au roy. de Leon, à 3 li. au fud-eft d'Albe de Tormes, avec titre de duché, érigé par Philippe III, en faveur de la maifon de Zuniga.

PEGU, roy. d'Afie, fur la côte occid. du roy. de Bengale. Il eft borné au nord par les roys

56

d'Ava & d'Aracan, au levant &
au midi par le roy. de Siam,
& au couchant par la mer. Sa
capit. qui porte le même nom,
est sur la riv. de Pegu qui la
partage en 2. Dans la vieille,
logent les marchands & artisans. Dans la nouvelle étoit la
cour, avant que ce roy. ne fût
soumis à celui d'Ava. Presque
toutes les maisons sont bâties
de cannes & de roseaux. Il s'y
fait un grand commerce en riz,
porcelaine, lacque, musc, or,
argent & pierreries. long. 114.
36. latit. 17.

PEGUANCHEZ, peuple de
l'Amérique mérid. vers le détroit de Magellan. C'est ce peuple sans doute que quelques cartes nomment *Patagons*, & qu'on
prétend être d'une taille gigantesque. Ils sont cependant comme les autres hommes, & ne
diffèrent en rien des Pampas
qui paroissent avoir la même
origine.

PEINA, *Poynum castrum*, petite ville d'Allem. au cercle de
la b. Saxe, dans le duché de
Brunswick, sur le ruisseau de
Fuse, à 3 milles de Brunswick
avec un chât. Il s'y livra une
fameuse bataille entre l'électeur
Maurice de Saxe & le margrave
de Brandebourg en 1553. L'électeur y fut tué.

PEIRELADE, p. ville d'Esp.
dans la Catalogne, au pied des
Pyrénées, vers les frontieres du
Roussillon.

PEITS, p. ville d'Allem. dans
la b. Lusace, sur la rive droite
de la Sprée, à 2 li. au-dessus
de Cotbus. Elle est forte, & a des
mines de fer dans ses environs.

PEKELI, prov. de la Chine,
& la premiere de ce vaste empire. Elle est au midi de la gr.
muraille. Sa figure est un trian-
gle rectangle. Elle contient plus
de 3 millions d'ames. L'air y est
très-sain, mais le terroir est sté-

rile & plein de sable; cependant
tout y abonde par le soin qu'on
a d'y faire apporter toute sorte
de denrées des autres prov. Pekin est la capitale.

PEKIN, ville anc. appellée
CAMBALU, capit. de la Chine,
& le séjour ordinaire des emp.
C'est une très-grande ville divisée en 2. L'anc. est habitée par
les Tartares seuls, & l'autre par
les Chinois. Elles sont aussi gr.
l'une que l'autre, & font une
figure fort irréguliere. On leur
donne 7 li. de tour. Elles contiennent près de deux millions
d'habitans. Les rues sont fort
sales, mais droites & remplies de
boutiques où on vend toute sorte de marchandises. Le palais de
l'emp. a plus d'une li. de tour.
L'empereur y tient plus de 3000
concubines. Il y a encore nombre de palais qui sont fort beaux.
On compte 7 temples à Pekin.
Ceux du ciel & de la terre se
font remarquer. L'emp. va tous
les ans sacrifier dans le premier.
Il est couronné dans le second.
Le jour de son couronnement
il prend un habit de laboureur,
& avec une charrue de vermeil,
il laboure une portion d'un
champ qui est renfermé dans ce
temple. latit. 40.

PÉLERIN (le), bourg de Fr.
en Bretagne, au bord de la Loire, à 4 li. au-dessous de Nantes,
& à 5 au-dessus de Paimbœuf.
On y décharge les marchandises
pour les porter à Nantes, & on
y radoube les vaisseaux.

PÉLISE (la), *Pellicea*, abb.
d'hom. de l'ordre de St Benoît,
dans le Maine, au diocèse du
Mans, proche la Ferté-Bernard,
fondée l'an 1205.

PELYSS, p. ville de la basse
Hongrie, capit. d'un comté de
même nom, près du Danube;
à 4 li. au sud-est de Gran, & à
8 au nord de Bude. long. 36. 24.
latit. 47. 25.

PEMBA, prov. d'Afr. au roy. de Congo, avec une ville de même nom, dans le centre du roy. C'est la résidence du gouv. général. latit. mérid. 7. 28.

PEMBROKE, *Pembrochium*, ville d'Angl. au pays de Galles, capit. du Pembrokeshire, proche la mer, avec titre de comté. Elle a un chât. où naquit Henri VII. longitude 12. 44. latit. 51. 46.

PENAUTIER, p. ville de Fr. dans le h. Languedoc, avec titre de baronnie ; sur la riv. de Fresquel, à 2 li. de Carcassonne. Il y a une fort belle maison de campagne.

PENDORADA (St Jean de), abb. d'hom. ordre de St Benoît, en Port. dans la prov. entre Duero-e-Minho, au diocèse de Porto dont elle est à 7 li. fondée l'an 1024.

PENE, p. ville de Fr. dans l'Agénois, sur la rive gauche du Lot, avec un chât. autrefois très-fort.

PENICHE, ville de Port. dans l'Estramadure, au nord du Tage proche la mer où elle a un port, à 14 li. de Lisbonne. Elle est fortifiée d'une bonne citadelle, où on tient un gouv. & 300 hommes de garnison. long. 8. 20. lat. 39. 10.

* PENICK, *Penica*, petite ville d'Allem. dans la h. Saxe, au marquisat de Misnie, sur la Mulde, & non pas sur la Nid, comme dit la Martiniere, à 3 milles au levant d'Altenbourg. long. 30. 40. latit. 50. 54.

PENISCOLA, ville d'Esp. au roy. de Valence, sur le bord de la mer, au nord d'Oropesa. Elle est inaccessible par mer, & d'une approche très-difficile par terre.

PENNA MAYOR, abb. d'hom. ordre de Cît. de la congrégation de Castille en Espagne, au diocèse de Lugo, dans la Galice.

PENNON, forteresse d'Afrique, au roy. d'Alger, dans une p. isle voisine du port d'Alger, bâtie par le roi Ferdinand. Barberousse l'enleva aux Espagnols.

PENNON DE VELEZ, forteresse d'Afrique, dans un écueil de la Médit. separée par un canal de Velez de Gomera. Elle fut bâtie en 1508 par Dom Pedre de Navarre sur un roc escarpé. Les Maures s'en étoient saisis en 1522, mais les Esp. la reprirent d'assaut en 1564, & en sont restés les maîtres. long. 13. 18. latit. 35. 22.

* PENRYN, ville d'Angl. dans la prov de Cornouailles, près du havre de Falmouth, à 75 li. au sud-ouest de Londres. Voïgien qui lui donne pour nom anc. celui de *Bolerium*, n'a pas fait attention que c'étoit le nom d'un cap appellé aussi *Antivestæum*.

PENSACOLE, baie & port de l'Amér. sept. sur la côte de la Floride Esp. à 10 li. au couchant de l'isle Dauphine. Cette baie formeroit un très-beau port, si les vers n'y perçoient pas les vaisseaux, & si son entrée avoit un peu plus d'eau. Les Esp. y ont un fort.

PENSILVANIE, *Pensilvania*, prov. de l'Amér. sept. bornée au nord par le pays des Iroquois, au midi par le Mariland, au levant par la n. Jersey, & au couchant par le Canada. Charles II, roi d'Angl. la donna au chev. Pen en 1681, & c'est d'où lui est venu son nom. L'air y est doux & pur. Le terroir y est généralement bon. Il produit des fruits de toute espece, du froment, de l'orge, de l'avoine, des pois, des féves, &c. L'interieur du pays est habité par les Indiens, qui sont au nombre d'environ 6000. Les Anglois occupent 6 contrées, sçavoir, Chester, Buckingham,

Newcastle, Kent, Sussex, &
Philadelphie qui est la capitale.

PENTHIEVRE, anc. comté de
Fr. dans la Bretagne, érigé en
duché-pairie en 1569. Elle est aujourd'hui au duc de Penthievre,
& comprend les terres de Guin-
gamp, Moncontour, la Roche-
Esnard, Lambale, Lanizu, &
Jugon.

PEQUIGNY, *Pinciniacum*, p.
ville de Fr. dans la Picardie,
sur la gauche de la Somme, 3
li. au-dessous d'Amiens. Il y a
une collégiale. Guillaume surnommé longue épée, duc de
Normandie, y fut assassiné. On
tire des environs beaucoup de
terre à bruler, appellée tourbe.

1. PERA, nom qu'on donne
à un des fauxbourgs de Constantinople, & où résident les
ambassadeurs d'Europe.

2. PERA, ville & roy. des Indes, sur la côte occid. de Malacca, entre Queda & Malacca.
Elle est à l'emb. d'une riv. assez large. Quoique dans le pays
des Malais, elle dépend du roy.
d'Achem. Le pays fournit quantité d'étain, dont la plus grande partie se trouve dans les sables, & au fond des riv. d'où on
peut inférer qu'il y a des mines
d'étain.

PERCHE, prov. de Fr. bornée
au nord par la Normandie, au
midi par le Dunois & le Maine,
au levant par la Beauce, & au
couchant par la riv. de Sarte.
Elle n'a que 15 li. de longueur
sur 12 de largeur. St Louis la
réunit à la couronne. Quoique
cette prov. soit petite, on peut
dire que son commerce est considérable; on y fabrique beaucoup de toiles à Mortagne,
beaucoup d'étamines à Nogent.
Le beurre, les œufs, le fromage
sont aussi une partie de son
commerce. On en tire aussi du
bled. Il y a encore dans cette
prov. des verreries & des for-

ges. Les lieux principaux sont
Mortagne, Bellesme, & Nogent
le Rotrou.

PEREASLAW, ville de Polo-
gne, dans le Palatinat de Kiovie, sur la riviere de Tribiectz,
à 20 lieues au sud-est de Kiovie. Elle a été cédée à l'emp.
Russien. long. 50. 20. lat. 49. 45.

PERECZAS, *Peregia*, p. ville
de la h. Hongrie, capitale du
comté de même nom, à 18 li.
de Tockay. long. 39. 44. latit.
48. 30.

PERESLAW REZANSKY,
ville de l'emp. Russien, capit.
du duché de Rezan, sur le bord
mérid. de l'Occa, au nord de
Woronitz, & à 8 li. au couchant
de Rhezan. Elle a été bâtie après
la destruction presqu'entiere de
Rhezan par les Tartares de Crimée en 1568 & on y transfera presque tous les habitans. Elle est de-
venue considérable & fort marchande. long. 59. 28. lat. 54. 36.

PERESLAW SOLESKOY, *Peres-
lavia*, ville de l'emp. Russien,
dans le duché de Rostow, entre Moscou & Archangel, sur
un lac. long. 57. 34 latit. 56. 25.

PERGAME, *Pergamum*, ville anc.
de la Natolie, au pied d'une
mont. à 20 milles de Thyatire,
& à 34 de Smyrne, dont son
év. est suffr. On y voit beaucoup
de restes de son anc. grandeur.
C'est dans cette ville qu'a été
trouvé l'usage du parchemin.
Elle est habitée par des Grecs &
des Turcs.

PERGEL, ou PREGELL, *Præ-
gallia*, communauté de Grisons,
dans la ligue de la Caddée. C'est
une grande vallée qui s'étend
du levant au couchant. Elle est
la septiéme en rang, & est traversée dans toute sa longueur
par la riv. de Maira.

PERIGNAC, *Perigniacum*, abb.
d'hom. ordre de Cît. dans l'A-
génois, entre le Lot & la Garonne, proche Montpesat.

*PERIGNAN, auj. FLEURY, terre considérable dans le b. Languedoc, au couchant de Narbonne, près de la Médit. érigée en duché-pairie en 1736, en faveur de Jean-Hercule de Rosset, marquis de Rocozel, neveu du cardinal de Fleury, & non pas époux de sa sœur, com dit l'abbé de la Croix.

*PERIGNE (la) abb. de filles ordre de St Benoît, dans le Maine, dioc. du Mans. Elle n'est pas de l'ordre de St Aug. comme dit la Martiniere.

PÉRIGORD (le), *Petrocorieusis prov.* prov. de France, bornée au nord par l'Angoumois, au midi par l'Agénois, au levant par le Limousin, & au couchant par la Saintonge. Henri IV la réunit à la couronne. On donne au Périgord 33 li. de long, & 24 de large ; on le divise en h. & b. ou en Périgord blanc & noir. Ses riv. les plus considérables sont la Dordogne, la Vezere & Lille. Le terroir produit du seigle & de l'orge ; il y a beaucoup de noyers & de chataigners. Le fer qu'on tire de ses mines est très-estimé, & on en fait de fort bons canons. Il y a quelques sources d'eau médicinale. Les perdrix du Périgord font les délices des meilleures tables de Paris. L'air y est pur, & serein : ses habitans ont l'esprit vif, & sont adonnés à la guerre. Il y a beaucoup d'anc. noblesse. Périgueux est la capitale.

*PERIGUEUX, *Petrocorium*, ville de Fr. capit. du Périgord, sur la riv. de Lille qu'on y passe sur un pont, à 16 li. au sud-est d'Angoulême, à 18 au sud-ouest de Limoges, à 25 au nord-est de Bourdeaux & à 106 au sud-ouest de Paris. Il y a un év. anc. suffr. de Bourdeaux, un présidial, un bailliage, une élection, & un collége dirigé par les Jésui-

tes. St Front, & non pas St Fronton, comme dit la Martiniere, fut le premier év. de cette ville dans le IV siécle. Il y a des Cordeliers, des Augustins, des Dominicains & des filles de Ste Claire. longitude 18. 16. latit. 45. 17.

PERIS, abb. régul. de l'ordre de Cît. dans la h. Alsace, front. de Lorraine.

PERLEBERG, p. ville d'Allem. dans la marche de Brandebourg, sur la p. riv. de Strepenitz, au nord de Wittenberg.

PERMSKI, ou PERMIE, *Permia*, ville de l'emp. Russien, capit. de la prov. de même nom, sur la riv. de Wischora, entre le Wolga, & l'Oby. La prov. est d'une grande étendue ; ses habitans ne mangent que des légumes en place de pain. Le tribut qu'ils payent, consiste en chevaux & en fourures.

PERNAMBUCO, ou FERNAMBUCO, capitainerie, ou prov. de l'Amér. mérid. au Bresil, bornée au nord par celle de Tamaraca, au midi par celle de Seregipe, au levant par la mer, au couchant ses bornes ne sont point fixées. C'est la premiere qui ait été découverte par Vincent Pinçon, Castillan, qui accompagna Christophe Colomb à son premier voyage. Jean IV, roi de Portugal, après l'avoir reprise aux Holl. qui s'en étoient saisis, le réunit au domaine. Olinde en est la capitale.

1. PERNES, *Pernæ*, p. ville de Fr. dans l'Artois, sur la Clarence. C'est la plus petite de la province. Elle est à 3 li. au sud-ouest de Bethune, & à 8 au nord-ouest d'Arras. long. 20. 5. latit. 50. 30.

2. PERNES, *Pernæ*, bourgade de Fr. dans la Provence au dioc. de Carpentras. C'est le lieu de la naissance d'Esprit Flechier, év. de Nismes.

PERONNE, *Perona*, ville de Fr. dans la Picardie, capit. du Santerre, sur le bord sept. de la Somme, à 12 li. au-dessus & au levant d'Amiens, à 10 au sud-ouest de Cambray, & à 32 de Paris, parmi des marais qui, avec ses fortifications, en font une très-forte place. Elle est ancienne; car nous voyons que nos premiers rois Merovingiens y avoient un palais. La collégiale fondée par Archambaud, maire du palais, est sous l'invocation de St Furcy, patron de la ville. Elle est composée de 52 prébendes, toutes à la nomination du roi. Il y a outre cela 5 paroisses; le collége est possedé par les PP. de la Trinité. Cette ville est surnommée la Pucelle, parce qu'elle n'a jamais été prise, quoiqu'assiégée plusieurs fois. Elle est encore remarquable par la détention du roi Charles-le-Simple qui y finit ses jours dans le chât. Louis XI y fut aussi détenu prisonnier par Charles, duc de Bourgogne. Il y a une élection & un bailliage. Cette ville a sa coutume particuliere. On fait dans ses environs une gr. quantité de toiles. long. 20. 35. latit. 49. 56.

PEROU (le), vaste pays de l'Amér. mérid. borné au nord par le Popayan, au midi par le Chili, au levant par le pays des Amazones, & au couchant par la mer du Sud. Il a 600 li. environ de longueur du nord au sud, & 50 de largeur. Avant que les Espagnols n'eussent pénétré dans le Perou en 1533 sous la conduite de Pizaro, il avoit été gouverné par des rois nommés Incas, qui avoient regné plus de 400 ans; leur empire avoit une plus gr. étendue qu'on ne donne aujourd'hui au Perou. Rien n'égale la magnificence dans laquelle vivoient ces empereurs : leurs richesses étoient immenses; on peut en juger par l'offre que fit à Pizaro le dernier de ses princes, de lui donner pour sa liberté une chambre pleine d'or. Ils adoroient le Soleil, & on voit encore de beaux restes des temples qu'ils avoient bâtis en son honneur. Le terroir du Perou est sec & aride; il n'y a que les vallées & les bords des rivieres qui soient de quelque fertilité. Il y a beaucoup de forêts qui, non-seulement sont remplies de plantes & d'arbrisseaux rares, mais qui produisent des cédres de plusieurs especes, des cotonniers, des bois d'ébène & différens autres, précieux par leur aromate. Il y a beaucoup de pigeons ramiers, des canards & des peroquets. Les lions y sont fort doux, mais les tigres sont très-féroces. On voit beaucoup de serpens qui sont fort gros & très-dangereux. Le Perou est traversé par une chaîne de mont. appellée la Cordillera de los Andes. On y trouve l'arbre du Quinquina, dont l'écorce est si salutaire contre les fievres. On tire aussi de ce pays ce baume si fameux, qui porte le nom de baume du Perou. C'est le suc d'un arbre à peu près semblable au grénadier. La liqueur qui en sort est blanche & gluante : il est admirable pour les plaies. Ces montagnes sont encore plus fameuses par les abondantes mines d'or & d'argent qu'on y a trouvé. La plus renommée en argent est celle du Potosi. Depuis que le Perou est sous la domination Esp. il est gouverné par un vice-roi qui porte le titre de gouverneur & de capitaine général. Son pouvoir est sans bornes : il nomme à toutes les places, soit civiles, soit militaires. Il ne revient aucun vice-roi du Perou, qu'il n'ait acquis des richesses immenses. Leur réfidence est à Lima. On divise le Perou en trois gouvernemens ou audiences, sçavoir celle de Quito, celle de Lima ou los Reyes, & celle de los Charcas, ou de la Plata. Lima est la capitale.

1. PEROUSE, *Perusia*, ville d'Italie, dans l'Etat de l'Eglise, capitale du Perugin, entre le Tibre au levant, & la riv. de Genna au couchant, sur une colline, à 8 milles au nord-ouest d'Assise. Elle est fort anc. & étoit une des 12 gr. villes de l'Etrurie. Totila ne put la prendre qu'après 7 ans de siége, & passa au fil de l'épée presque tous les habitans. Elle est gr. bien bâtie & fort propre. Elle étoit épisc. dès le III siécle; l'év. ne reconnoît que le pape. La cathédrale est belle : on voit à l'entrée la statue en bronze du pape Paul III. Il y a plusieurs belles places, dans une desquelles on voit la statue en bronze aussi du pape Jules III. Au milieu de la gr. place est une fontaine ornée de statues avec des bassins de marbre & de bronze. L'univ. de Perouse est assez célebre. long. 30. 2. latit. 43. 8.

2. PEROUSE (lac de), lac d'Italie, à 7 milles de la ville de même nom du côté du couchant. Il est presque rond, & a 7 milles environ de diamétre. Il est très-poissonneux. On y voit 3 isles, dont deux ont chacune un bourg considérable.

PERPIGNAN, *Perpiniacum*, ville de Fr. capit. du Roussillon, sur la rive droite du Tet, à 1 li. de la mer, à 12 au sud-ouest de Narbonne, à 30 au sud-ouest de Montpellier, à 50 au sud-est de Toulouse, & à 180 au midi de Paris. Cette ville occupe la place de l'anc. *Flavium ebusum*, & non pas, comme dit Vosgien, d'*Elna*, qui en est à 2 li. Elle est très-forte & a une bonne citadelle qui est sur la hauteur, & commande la ville. Son év. qui est suffr. de Narbonne, étoit auparavant à Elne. Il y a dans cette ville un conseil souverain, un intendant, un hôtel des monnoies, une univ. fondée par Pierre, roi d'Aragon, en 1349, un grand nombre de communautés religieuses; les Jésuites y ont 3 maisons. Le corps de ville est composé de cinq consuls qui ont le privilége de créer tous les ans deux nobles, qui jouissent de toutes les prérogatives des gentilshommes. long. 20. 35. latit. 42. 41.

PERRAY NEUF (le), abb. d'h. ordre de Prémontré, dans l'Anjou, au dioc. d'Angers, à 1 li. au midi de Sablé, proche la riv. de Sarte, fondée l'an 1150.

PERRINE (la), abb. de filles de l'ordre de St Augustin, dans le Maine, au dioc. & près de la ville du Mans.

PERSANTE (la), riv. d'Allem. dans la Poméranie ultér. Elle prend sa source sur les confins de la Prusse roy. & se rend dans la mer Baltique au-dessus de Colberg.

PERSE (la), *Persia*, gr. roy. d'Asie, borné au nord par la Circassie & la Géorgie, au midi par le golfe Persique & la mer des Indes, au levant par les états du Mogol, & au couchant par la Turquie asiatique. L'air y est très-sain : il fait plus ou moins chaud, selon la situation des prov. Vers la mer Caspienne l'air est tempéré; au midi il est très-chaud. Le mont Taurus le traverse dans toute sa longueur. Le terroir est sec par le défaut de rivieres; mais les Persans, par leur travail & leur industrie, le rendent fertile dans la plupart des endroits. On y recueille d'excellent vin, du riz, des fruits & des grains de toute espece, excepté le feigle & l'avoine. Il y a des melons d'une groffeur extraordinaire , & d'un gout exquis. Les mont. font remplies de gibier. On y éleve une quantité prodigieufe de vers à foie ; c'eft auffi une grande partie du commerce de ce roy. On trouve dans les mont. des mines d'or , d'argent , de fer & des fels minéraux. Outre la foie dont le commerce eft très-grand en Perfe, on en tire encore de magnifiques tapis, des toiles de coton & des perles, des étoffes en or & en argent. Il y a en Perfe plufieurs verreries, mais le verre n'en eft pas beau : les Perfans ont le fecret de recoudre celui qui eft caffé, ainfi que la porcelaine. Les Perfans font d'une taille médiocre, maigres & fecs; mais forts & robuftes. Ils font de couleur olivâtre, & ont le poil noir ; leurs habits ordinaires font une tunique de coton ou de foie, qui defcend jufqu'au gras de la jambe, & fe ceignent d'une écharpe fur laquelle les plus riches mettent une belle ceinture. Les femmes font riches dans leurs habits : elles n'ont point de turban, mais leur front eft couvert d'un bandeau large de 3 doigts; leurs cheveux treffés pendent par derriere. La religion des Perfans eft la Mahométane. Ils ont plufieurs fectes; celle d'Ali eft la plus refpectée. Ils font grands ennemis des Turcs , & ils affectent d'avoir des cérémonies tout-à-fait différentes des leurs. Leur langue eft une langue particuliere qui tient beaucoup de l'Arabe, & point du Turc. Elle eft affez facile à apprendre; il n'y a de difficulté que dans la prononciation. Les Perfans s'attachent beaucoup à la philofophie & à la médecine. Ils étudient auffi l'arithmétique , la géométrie,

la poëfie, la phyfique, l'aftronomie , l'aftrologie & la jurisprudence. Il, ont des colléges où on éleve à toutes ces fciences. Le roy. de Perfe eft un état monarchique & defpotique ; la volonté du monarque fert de loi. Il prend le titre de *Sophi*, & il eft en même tems le chef de la religion. Les enfans légitimes fuccédent à la couronne ; à leur défaut on appelle les fils des concubines. S'il n'y a ni des uns ni des autres, le plus proche parent du côté paternel monte fur le trône. Ces princes du fang font bien différens de ceux des autres royaumes. Ils font fi pauvres qu'ils ont de la peine à vivre. Il y a 6 miniftres d'état pour le gouv. du roy. chacun a fon département. Toute la Perfe peut paffer pour être le domaine du roi. Si quelqu'un poffede des terres, ce n'eft que fous le bon plaifir du roi, qui peut les en dépouiller quand il veut. Les troupes de Perfe peuvent monter à 150 mille cavaliers, fans compter les garnifons des différentes places. La maifon du roi eft compofée de 14 mille hommes. Tout ce vafte royaume eft divifé en 13 grandes prov., 6 au levant, 4 au nord & 3 au midi. Ifpahan eft la capitale.

PERSEIGNE , *Perfegnia*, abb. d'hom. ordre de Cît. dans le Maine , au dioc. du Mans, entre Alen,on au couchant, & Bellefme au levant , fondée l'an 1145.

PERSIQUE (golfe),gr. golfe d'Afie , entre la Perfe au levant, & l'Arabie heureufe au couchant. Il commence près du roy. de Sindi, où le fleuve Indus fe décharge dans la mer, & finit à l'embouchure de l'Euphrate & du Tigre. Il y a le flux & reflux régulierement 2 fois par jour. Les tempêtes y font très-fréquentes. Ce golfe est très-poissonneux ; mais ce qui est plus estimable, on y pêche de très-belles perles. Il y a grand nombre d'îles dans ce golfe, dont la plus connue est celle de Bahrein vers l'emb. de l'Euphrate, à cause de la quantité de perles qu'on y pêche. Elle est aux Persans qui y tiennent une bonne garnison. On peut traverser en un jour le golfe Persique ; mais il en faut 5 pour le parcourir d'un bout à l'autre.

* PERTH, ou ST JOHNSTOUN, *Pertum*, ville d'Ecosse, capit. du Pertshire, sur le Tay, à 10 li. au nord-ouest d'Edimbourg, & non pas au nord-est, comme dit Vosgien. Elle a titre de comté, & c'est une des plus importantes villes de toute l'Ecosse. Le parlement s'y est assemblé plusieurs fois. Les vaisseaux remontent jusque dans la ville en pleine marée. long. 14. 20. latit. 56. 23.

PERTSHIRE, prov. d'Ecosse, au midi & au levant de celle d'Athol. On la divise en 2 parties, dont une porte le nom de Perth, & l'autre celui de Gowri. Le premier est au midi, & l'autre au nord. La partie du Gowri est la plus fertile.

PERTOIS (le), *Pertisus pagus*, pays de Fr. dans la Champagne, entre la Champagne proprement dite & le Barrois, le long de la Marne, aux environs de Vitri-le-François qui en est la capitale.

PERTUIS, *Pertusium*, petite ville de Fr. dans la Provence, viguerie d'Aix, dont elle est à 4 li. au nord-est, & à 12 au nord de Marseille. C'est une des meilleures de la prov. La paroisse est desservie par 4 moines de Montmajor. Il y a des PP. de l'Oratoire, des Carmes, des Capucins, des Ursulines &

des Claristes. Il s'y tient un gros marché de bled ; & l'air qu'on y respire est fort sain. long. 23. 14. latit. 43. 45.

PERUGIN (le), pays d'Italie, dans l'Etat de l'Eglise, borné au nord par le duché d'Urbin, au midi par l'Orviétan, au levant par l'Ombrie, & au couchant par la Toscane. Sa longueur du nord au midi est de 28 milles, & sa largeur de 30. Le Tibre le traverse presque du nord au sud. Perouse est la capitale.

PESARO, *Pisaurum*, ville d'Italie, capit. d'une seigneurie de même nom, dans le duché d'Urbin, sur une hauteur, à l'emb. de la Foglia, dans la mer Adriatique, à 8 li. au nord-est d'Urbin, & à 50 au nord-est de Rome. Cette ville, anc. colonie Romaine, fut détruite par Totila. Belisaire la retablit plus belle qu'auparavant. C'est une des plus belles, des plus riantes, & la plus grande du duché d'Urbin. Les figues & les olives y sont admirables. Les vivres y sont à très-grand marché. Son évêque est suffr. d'Urbin. On admire la beauté de la cathédrale bâtie par le pape Clément XI qui étoit né dans cette ville. On voit dans la gr. place une belle fontaine avec la statue du pape Urbain VIII. longitude 30. 34. latitude 43. 55.

PESCARA, *Aternum*, ville d'Italie, au roy. de Naples, dans l'Abruzze citer. à l'emb. d'une riv. de même nom, qui se jette dans le golfe de Venise, à 6 milles de Chieti, à 8 au levant de Civita-di-Penna, & à 12 au sud-est d'Atri. Elle est fortifiée & défendue par un bon chât. Son év. a été transféré à Atri. long. 31. 53. latit. 42. 20.

PESCHERIE (côte de la). On donne ce nom à la partie méridionale de la Péninfule de l'Inde. Elle s'étend depuis le cap de Comorin, jufqu'à la pointe de Ramanancor, l'efpace de 40 li. Elle a le nom de Pefcherie à caufe de la péche des perles, qu'on y fait tous les ans au mois d'Avril, & à laquelle on emploie près de 60 mille hommes; ce qui eft la principale richeffe du pays. Les Hollandois ont plufieurs établiffemens fur cette côte, où ils font un grand commerce. Cette côte a été encore célebre par le nombre infini de converfions que St François Xavier y fit. Les Portugais en étoient alors les maîtres, & il y avoit un gr. nombre de bourgs & de villages. Il n'y a aujourd'hui que quelques villages. Toute la côte appartient au roi de Maduré & au prince de Marava. Ils ont toutes les perles qu'on pêche le premier jour. Il périt à cette occafion beaucoup de monde.

PESCHIERA, *Ardelica*, petite ville d'Italie, dans le Veronois, fur le bord occid. du lac de Garde, à l'endroit où le Menzo fort de ce lac, à 6 lieues au fud-oueft de Verone. Elle eft munie d'un château & d'une bonne fortereffe. Les Vénitiens la prirent fur le duc de Mantoue en 1441, & y entretiennent une bonne garnifon. long. 28. 10. latit. 45. 24.

PESCIA, *Fanum Martis*, p. ville d'Italie, dans la Tofcane, au Florentin, fur la p. riviere de même nom, entre Lucques au fud-oueft, & Piftoye au nord-eft. Sa collégiale a été érigée en év. depuis peu d'années. On voit dans plufieurs églifes de belles peintures de Benoît Pagni, éleve de Jules-Romain, & qui étoit natif de cette ville.

PESENAS, *Pifcenæ*, *Pefenacum*, ville de Fr. dans le bas Languedoc, au dioc. d'Agde,

fur la Peyne, à 3 li. au nord d'Agde, à 4 au nord-eft de Befiers, à 8 de Montpellier, & à 160 de Paris. C'eft un anc. comté qui appartient aujourd'hui au prince de Conty qui y a une fort belle maifon. Il y a dans cette ville une collégiale & un collége des PP. de l'Oratoire. Les environs font charmans long. 21. 5. latit. 43. 26.

PESSAN, *Peffanum*, bourg de Fr. dans le b. Armagnac, avec une abb. d'h. de l'ord. de St Benoît.

PEST, ville de la h. Hongrie, capit. du comté de même nom, fur la rive orientale du Dannbe, au-deffus & vis-à-vis de Bude, avec laquelle elle communique par un pont de bateaux. long. 37. latit. 47. 22.

PETAGUEY, pays de l'Amérique mérid. au Brefil, au nord de la capitainerie de Rio grande, & borné au couchant par la mer. Il eft remarquable par fes mines d'argent.

PETEGEM, abb. de filles de Ste Claire, dans la Flandre, au diocéfe de Malines, à 1 mille d'Oudenarde, fur la gauche de l'Efcaut.

PETERBOROUGH, *Petuaria*, ville d'Angl. dans le Northamptonshire, avec titre de comté, fur le Nen. C'eft un des 6 év. établis par le roi Henri VIII.

PETERHEAT, p. ville de l'Ecolfe fept. dans la prov. de Buchan. C'eft un port de mer où le Prétendant débarqua en 1715 avec le comte de Marr.

PETERSBOURG (St) *Petropolis*, ville d'Europe, dans l'Ingrie, capit. de l'emp. Ruffien, & la réfidence ordinaire des czars, dans plufieurs ifles formées par la Nerva, près de fon emb. dans le golfe de Finlande, à 265 li. au nord-oueft de Mofcow, à 300 au nord-eft de Vienne, & à 506 au nord-eft de Paris. Pierre le grand commença à la faire bâtir en 1703 , & on voit encore la premiere maison de bois qu'il fit bâtir , & qu'on conserve comme un monument. C'est auj. une très-grande ville, & fort peuplée. On y compte plus de 200 mille habitans. Les palais des souverains sont situés dans l'isle de l'Amirauté. Ils consistent en un palais d'hyver , un d'été , & celui de l'impératrice. Dans cette même isle est un apothicairerie une des plus belles d'Europe , & un chantier pour la construction des vaisseaux. On voit dans l'isle Bazile un magnifique palais pour le sénat, & autres tribunaux , une académie impériale , avec son observatoire , une très-nombreuse bibliothéque , & un hôtel des cadets , fondé pour 360 gentilshommes qu'on instruit dans les exercices propres à leur état. La citadelle est bâtie dans le centre de la ville ; elle renferme le logement du gouv. les casernes & la cathéd. de Saint Pierre où est le tombeau de Pierre le grand. Les quais des isles de l'Amirauté & Bazile sont un très-bel ornement ; ils sont ornés d'un grand nombre de beaux édifices. Une partie des maisons sont bâties en bois , ce qui occasionne de fréquens incendies. Celui de 1737 consuma une partie de la ville. La liberté de conscience , dont on jouit à Petersbourg , y attire beaucoup d'étrangers. Les Catholiques , les Luthériens & les Calvinistes y ont des Eglises. Il y a peu de villes aussi-bien policées. Le commerce , les arts & les sciences y sont en vigueur. C'est grand dommage qu'on y soit sujet à des inondations. long. 47. 58. latit. 60.

PETERSHAGEN , ville d'Allem. dans la princ. de Minden , en Westphalie , sur le Weser , à 2 li. au-dessus de Minden , avec un chât. La chancellerie du pays y est établie. long. 26. 35. lat. 52. 20.

PETERSHAUSEN , abb. de l'or. de St Benoit , proche la ville de Constance avec laquelle elle communique par un pont sur le Rhin. Son abbé a rang entre les princes de l'empire.

PETERSHOFF , maison de plaisance bâtie par Pierre le grand , dans l'Ingrie , à 6 li. de Saint-Petersbourg , sur la Nerva.

* PETIGLIANO , *Petiliana* , ville d'Italie , dans le Sienois , sur les confins du duché de Castro , proche la riv. de Lente , à 20 li. au sud-est de Sienne , & à 4 au sud-est de Soana , & non pas Savona , comme dit la Martiniere. long. 29. 22. lat. 42. 35.

PETIGUARES , peuple de l'Amérique mérid. au Bresil , au couchant de la Capitainerie de Parayba. C'est dans leur quartier qu'est le meilleur bois de Bresil. Ils ont été long-tems amis des François.

PETOUNE , ville de la Tartarie Chinoise , dans la prov. de Kirin , sur la riv. de Songari , à 45 li. au nord-ouest , & au-dessous de Kirin.

PETRA , ville anc. d'Asie , autrefois capit. de l'Arabie Pétrée. Quelques uns l'appellent Herac ou Karac. Elle est sur les front. de la Palestine , au bord de la riv. de Safa qui se rend dans la mer Morte. long. 53. 30. latit. 30. 30.

PETRINIA , p. ville de la Croatie , sur la riv. de même nom , bâtie l'an 1592 , à 8 li. au levant de Carlostadt. Les Turcs la fortifierent en 1702 , mais les Imp. la leur ont enlevée , & la maison d'Autriche la possede. long. 34. 14. latit. 45. 48.

* PETRIVARADIN , ou PETERVARADIN , ville de la h. Hongrie , dans le duché de Sirmium ,

sur la rive droite du Danube, & non pas à gauche, comme dit la Martiniere, à 6 li. au levant d'Illock, & à 16 au nord-ouest de Belgrade. Les Turcs ont été long-tems les maîtres de cette place, mais elle est auj. possédée par la maison d'Autriche. long. 37. 44. latit. 45. 18.

PETRONILLE (Ste), abb. de filles ordre de St Augustin, au diocèse de Soissons, auj. de Paris, ayant été transférée à la Vilette, proche cette capitale.

PETTAU, ou PETAU, *Pætovium*, ville d'Allem. au cercle d'Autriche, dans la Stirie, sur la Drave, à 45 li. au midi de Vienne, & à 15 au nord-est de Cilley. Elle a été épiscopale, & étoit autrefois de la haute Pannonie. L'église paroissiale est fort belle. Il y a un couvent de Cordeliers & un de Dominicains. long. 34. 6. latit. 46. 38.

PETULA, & selon d'autres PIETOLA, village d'Italie au voisinage de Mantoue. Il n'est remarquable que parce qu'il occupe la place d'*Andes*, patrie de Virgile.

PETZORA, prov. de la Moscovie, vers le nord, le long de la mer Glaciale. Elle prend son nom d'une riv. qui entre dans la mer près du détroit de Weigats par 6 emb. Le froid y est si grand, que les riv. qui commencent à géler au mois d'Août, n'y dégélent qu'au mois de Mai. On y trouve dans les montagnes les plus belles zibelines, & les meilleurs oiseaux de proie. Il n'y a dans cette prov. qu'une ville, appellée aussi Petzora; elle est fort petite.

PEVAS (les), peuple de l'Amérique mérid. avec une bourgade de même nom, sur le bord sept. de la riv. des Amazones, au-dessous de l'emb. du Napo. C'est la derniere des missions Esp. sur le bord de l'Amazone.

*PEULE (la) *Pabula*, p. canton de Fr. dans la Flandre; c'est un des 5 quartiers qui composent la chatellenie de Lille. Il s'étend entre la Deule & l'Escaut. L'abb. de Chisoin en est le chef-lieu. La Martiniere a défiguré cet article.

* PEXUI, ville de la Chine, dans la prov. de Chensi, au département de Sigan, & non pas Sigau, comme dit la Martiniere. latit. 36. 36.

PEYREHOURADE, *Petra forata*, ville de Fr. dans le pays des Landes, au confluent de l'Adour & du Gave. Elle est chef-lieu du vicomté d'Orthez.

PEYROUSE (la), *Petrosa*, abb. d'hom. en Fr. ordre de Citeaux, dans le Périgord, au dioc. & à 6 li. au nord de Périgueux, sur la Dronne, à 2 li. au nord de Brantome, fondée l'an 1153.

PEYRUSSE, *Petrocia*, ville de Fr. dans le Rouergue, sur la cime d'une mont. au pied de laquelle coule la p. riv. de Diege, à 4 li. de Capdenac. Il y a un bailliage dans cette ville, qu'on sçait être très-anc. On y voit dans un cimetiere plusieurs anc. mausolées, & un entr'autres où sont les armes de Médicis. long. 18. 40. latit. 44. 35.

PFASTENHOFEN, ville d'Allemagne, dans la h. Baviere, sur l'Ilm, sur la route de Munich à Ingolstadt, entre Geisenfeld, & Reichershofen. long. 29. 6. lat. 48. 32.

PFEFERS, *Fabariæ*, ou *ad Favarias*, riche abb. de l'ordre de St Benoît, en Suisse, au comté de Sargans, sur une haute mont. à demi-li. des fameux bains de ce nom, fondée vers l'an 720. L'abbé est Pr. de l'empire. Le monastère est d'une gr. magnificence. Il est incrusté de marbre noir rayé de blanc, depuis le rez-de-chaussée jusqu'au toit.

PFIN, *ad Fines*, p. ville de Suisse, dans le Thourgaw, sur le bord du Thour, près de Stein chef-lieu d'un bailliage de même nom, dépendant du canton de Zurich, qui y envoie un bailli, dont la résidence est dans le chât. Les Romains avoient bâti là une place pour arreter les incursions des Germains & des Helvétiens.

PFORTZHEIM, ville d'Allem. dans la Suabe, au marquisat de Bade-Dourlac, au confluent de l'Entz & du Nagolt, sur les frontieres du Craichsgow, à 2 milles au levant de Dourlach, à 8 au nord-est de Haguenau, à 7 au sud-ouest de Heidelberg, & à 6 au sud-est de Spire, à l'entrée de la forêt Noire. Elle est bien bâtie : on y voit un anc. chât. & une église, où sont les tombeaux de quelques margraves de Bade. Elle est à la maison de Bade-Dourlach. long. 27. 18. latit. 48. 54.

PFORTEN, *Porta cœli*, ancien monastère d'Allem. dans le duché de Brême, autrefois célebre & auj. sécularisé. Il étoit de l'ordre de St Benoît.

PFREIMB, p. ville d'Allem. dans le cercle de Baviere, au Nord-gow, sur un ruisseau de même nom, avec un fort beau chât. C'est le chef-lieu d'un bailliage dans le landgraviat de Leuchtenberg. long. 29. 56. lat. 49. 30.

PFULENDORF, ville d'Allem. dans le Hegow, au cercle de Suabe, sur la riv. d'Andelspach, à 10 li. au nord de Constance. Elle est fort petite. C'est l'anc. *Bragodurum*, & non pas *Bragadurum*, comme disent la Martiniere & Vosgien. long. 26. 55. latit. 48.

PHALEMPIN, abb. de chanoines régul. dans la Flandre Wallone, au quartier de Carembaut, entre Lille & Douay, à 3 li. de chacune.

PHALTZBOURG, p. ville de Fr. entre l'Alsace & la Lorraine, au pied des mont. de Voige, à 2 li. de Saverne, à 12 au nord-ouest de Strasbourg ; elle est défendue par un bon chat. qui est important à cause de la communication de l'Alsace avec les 3 évêchés. Louis XIV y a fait faire des fortifications. Elle a le titre de principauté. long. 34. 56. latit. 48. 45.

PHASE (le), ou FACHS, selon les Turcs, *Phasis*, grand fleuve d'Asie, & un des 4 du Paradis terrestre. Il traverse la Mingrelie, & se rend dans la mer Noire. Il sépare la Mingrelie du Guriel & de l'Imirette. Les premiers faisans ont été pris sur les bords du Phase ; d'où leur vient leur nom.

1. PHILADELPHIE, *Philadelphia*, ville très-anc. de la Natolie, & si connue dans l'Ecriture Ste, mais bien déchue de son anc. grandeur depuis que les Turcs en sont les maîtres. On y compte environ 8000 habitans, parmi lesquels il y a 2000 Chrétiens. long. 47. latit. 38. 6.

2. PHILADELPHIE, ville de l'Amér. sept. capitale de la Pensilvanie, entre les riv. de Laware & de Schuyskil. C'est une des plus belles & des plus florissantes villes que les Anglois ayent dans le nouv. monde. long. 301. 38. latit. 39. 50.

1. PHILIPPE (St), forteresse de l'isle de Minorque, au-dessus de Port-Mahon, sur un rocher, près de la côte. Les rois d'Esp. l'avoient fait bâtir le siécle dernier, pour la défense de cette isle, dont les Anglois s'emparerent en 1708 ; mais les François, sous le commandement du maréchal de Richelieu ont enlevé le fort & l'isle en 1757.

2. PHILIPPE (St), fort des Pays-Bas, dans la Flandre Holl. entre l'Ecluse & Lsendick. Il

fut pris par le prince Maurice en 1604.

3. PHILIPPE (St), ville de l'Amérique fept. dans la N. Efp. au pays de Mechoacan, à 62 li. au nord-oueft de Mexico, & à 50 au nord de Valladolid. On nourrit aux environs beaucoup de bétail.

PHILIPPEVILLE, *Philippopolis*, p. ville de Fr. dans le Hainaut, fur une hauteur, à 6 li. au nord-oueft de Charlemont, à 3 au nord de Marienbourg, & à 56 de Paris. Ce n'étoit autrefois qu'un bourg nommé Corbigni, que Marie reine de Hongrie, fœur de Charles Quint, fit fortifier en 1555, & qu'elle nomma Philippeville en l'honneur de Philippe II, roi d'Efp. fon neveu. Il y a de nouvelles fortifications de la façon de M. de Vauban. longitude 22. 6. latit. 50. 10.

PHILIPPINE, fort des Pays-Bas, dans la Flandre Holl. fur le bras occid. de l'Efcaut, à 1 li. au nord du Sas de Gand, bâti par Philippe II, roi d'Efp. Le comte de Naſſau la prit en 1633. Les Efp. ont tenté inutilement de la reprendre.

PHILIPPINES (les) ifles de la mer des Indes, au-delà du Gauge dans l'Archipel de St Lazare, fous la Zone-Torride, entre l'Equateur & le Tropique du Cancer. Ces ifles anc. connues fous le nom de *Maniolæ*, furent découvertes en 1520, par Magellan qui y fut tué. Elles ont le nom de Philippines, du nom de Philippe II, roi d'Efp. fous le regne duquel les Efp. s'y font fixés en 1564. Elles font en très-gr. nombre, car on y en compte jufqu'à 1200. Le climat y eft chaud & humide, ce qui le rend fort mal fain. Il y a plufieurs volcans, & on eft fujet à de fréquens tremblemens de terre, & à des ouragans fi terribles,

qu'ils déracinent les plus gros arbres. Le terroir eft agréable, & fertile : dans tous les mois de l'année on eft affuré d'avoir des fruits. Les arbres y font toujours verds, & portent deux fois l'année. Les bufles fauvages y font communs ; les forêts font remplies de cerfs, de fangliers, & de chévres fauvages ; les chevaux & les vaches que les Efp. y apporterent, ont beaucoup multiplié ; les brebis n'y ont pas réuſſi, à caufe de la trop grande humidité. On pêche aux Philippines beaucoup de perles, fur-tout du coté de Mindanao. On en tire d'excellent ambre-gris, du coton & de la civete. Les montagnes font remplies de mines d'or ; les riv. en charrient beaucoup avec le fable. Les principales d'entre les Philippines, font Manille, ou Luçon, Mindanao, Ibabao, Leyte, Paragua, Mindoro, Panay, Sebu, Bool & l'ifle des Noirs. long. 132-145. latit. 5-20.

* PHILIPPINES (les nouvelles) ou les ifles de Palaos, & non pas Pataos, comme dit Vofgien, ifles de la mer des Indes, entre les Moluques, les anc. Philippines & les Marianes. Le hazard les fit découvrir au commencement de ce fiecle. On en compte jufqu'à 87, qui forment un très-bel archipel, entre la ligne & le Tropique du Cancer. Elles font extrémement peuplées. Les habitans vont à moitié nuds, à caufe de la grande chaleur. Ils ne paroiffent avoir aucune connoiffance de la divinité, & n'adorent aucune idole. Ils ne connoiffent aucun métal ; leur nourriture eft du poiffon & des oifeaux. Ils n'ont point d'animaux à 4 pieds. Chaque ifle obéit à fon chef qui eft foumis à un roi de tout le pays. Ce roi tient fa cour dans l'ifle de Falu, appellée auffi la Muirée. Une de leurs

leurs isles n'est habitée que par des femmes qui ne voient leurs maris, que dans une certaine saison de l'année, ils s'en retournent quelque tems après, & emportent avec eux tous les mâles. Les filles restent auprès de leurs meres. long. 145-160. latit. jusqu'au 11.

PHILIPPOPOLI, *Philippopolis*, ville de la Turquie Européenne dans la Romanie, sur la Mariza, bâtie sur 3 petites montagnes, à 22 li. au nord-ouest d'Andrinople, & à 68 de Constantinople. Il y a des Turcs & des Juifs. Les autres habitans sont Chrétiens & ont un archévêque.

PHILISBOURG, *Philippoburgum*, ville d'Allem. dans le cercle du h. Rhin, sur la rive droite du Rhin, à l'embouchure de la Saltza à 2 li. au midi de Spire, à 6 au levant de Landau & à 110 au midi de Paris. Elle appartient à l'évêque de Spire ; mais l'empereur a droit d'y mettre garnison en tems de guerre. Elle est très-bien fortifiée, & a souvent été prise. Louis, dauphin de Fr. la prit en 1688. Les Fr. la prirent en 1734, & la rendirent au traité de Vienne. long. 26. 8. latit. 49. 14.

PIADENA, bourgade d'Italie, dans le Cremonese, sur les confins du Mantouan. C'est la patrie de Platine, auteur d'une vie des papes.

PICARDIE (la), *Picardia*, province de Fr. bornée au nord par le Hainaut, l'Artois, & la mer, au midi par l'Isle de Fr. au levant par la Champagne, & au couchant par la Manche & la Normandie. Elle a 48 li. du levant au couchant, & 38 du midi au nord. Ses principales rivieres sont la Somme, l'Oise, la Canche, la Scarpe, la Lys, & l'Aa. Cette province est abondante en bled, &

autres grains ; mais elle produit peu de vin. Le bois y est rare, on se sert beaucoup de tourbe. On divise la Picardie en haute, moyenne & basse. La haute comprend le Vermandois & la Thierache, la moyenne l'Amienois & le Santerre. La basse comprend le pays reconquis, le Boulonois, le Ponthieu, & le Vimeu. Les fabriques & les manufactures y occupent beaucoup de monde. On y fait gr. quantité de serges, de camelots, d'étamines, des pannes & des draps. Il y a plusieurs verreries. On voit dans la forêt de la Fere, au chât. de St Gobin, la manufacture des glaces, d'où on les transporte à Paris pour être polies. Outre le gouv. militaire de Picardie qui comprend 3 lieutenances générales, il y a des gouverneurs particuliers de citadelles & villes. Les côtes de la mer fournissent de fort bon poisson, dont on porte une partie à Paris. Les Picards sont gens laborieux, œconomes, & sincères, propres aux arts & aux sçiences. Amiens est la capitale de la province.

PICHINCHA, mont. de l'Amérique mérid. dans l'audience de Quito, & au pied de laquelle est bâtie la ville de Quito. C'est une pointe de la Cordillere, & sur laquelle il y a un volcan, ainsi que sur la plupart des autres. Celle-ci a 2434 toises audessus de la mer. MM. de la Condamine & Bouguer, dans leur voyage au Perou, passerent 3 semaines sur le sommet du Pichincha.

PICO, isle de l'Océan, une des Açores, à 3 li. au sud-est de Fayal, à 4 au sud-ouest de Saint George, & à 12 au sud-ouest de Tercere. Elle a environ 15 li. de circuit. Son nom lui vient d'une haute montagne qu'on y trouve. Cette isle produit le meilleur vin de toutes les Açores. latit. 38. 34.

PIÉMONT, *Pedemontium*, contrée d'Italie, bornée au nord par le Vallais, au midi par le comté de Nice, & l'état de Gènes, au levant par le duché de Milan, & au couchant par le Dauphiné. Son étendue est d'environ 70 li. du midi au nord, & 36 du levant au couchant. Ses principales riv. font le Pô, le Tanaro, la Doria, la Bormia & la Sture. Son nom de Piémont lui vient de sa situation au pied des Alpes qui le séparent de la Fr. & de la Savoye. Les mont. dont il est environné, abondent en mines d'or, d'argent, de fer & de cuivre. Les riv. produisent du poisson excellent, les forêts beaucoup de betes fauves. Le terroir est fertile en bled, en vins & en fruits, aussi y voit-on un grand nombre de villes, de bourgs & de villages fort peuplés. Les Piémontois font laborieux, civils envers les étrangers, attachés à leur prince & à la religion. Il y a parmi eux beaucoup de noblesse, & fort anc. Le fils ainé du roi de Sardaigne portoit autrefois le titre de prince de Piémont ; il porte auj. celui de duc de Savoye. Le Piémont comprend le Piémont propre, le duché d'Aost, la seigneurie de Verceil, le comté d'Ast, le comté de Nice & le marquisat de Saluces. Turin en est la capitale.

PIENZA, *Corsinianum*, ville d'Italie en Toscane, dans le Siennois, sur les confins de l'état de l'Eglise, entre Monte Pulciano & San Quirico. C'est la patrie du pape Pie II qui changea son nom de Corignano en celui de Pienza, en fit une ville épisc. suffr. de Sienne, & en batit la cathédrale. long. 29. 20. latit. 43. 6.

1. PIERRE (St), p. ville de

Fr. dans le b. Languedoc, au dioc. de Viviers.

2. PIERRE (isle de St), isle de Fr. en Provence, à 1 li. au levant d'été de la ville d'Arles, remarquable par l'abb. de Montmajour, dont elle porte aussi quelquefois le nom.

PIERRE D'ARLANZA (St), abb. d'hom. ordre de St Benoît, de la congrégation de Valladolid en Esp. dans un bourg de même nom, au diocése & à 8 li. de Burgos.

PIERRE DE BESE (St), abb. d'hom. ordre de St Benoît, dans la Bourgogne, au diocése de Dijon. La mense abb. a été unie à l'év. de Dijon.

PIERRE DE CAUNES (St), abb. de Fr. ordre de St Augustin, dans le Cambresis, au dioc. & près de Cambrai, fondée l'an 1183.

PIERRE DE CARDENA (St), abb. d'hom. ordre de St Benoît, de la congrégation de Valladolid en Esp. au dioc. de Burgos.

PIERRE DE GENERES (St), abb. d'hom. ordre de St Augustin, dans le Bearn, au dioc. de Tarbes, fondée l'an 1020.

PIERRE DE GUMIEL, abbaye d'hom. ordre de Cît. de la congrégation de Leon, en Espagne, dans la vieille Castille, au dioc. d'Osma.

PIERRE-LE-MOUTIER (St), *Sti Petri monasterium*, p. ville de Fr. dans le Nivernois, dont elle est la seconde, à 7 li. au midi de Nevers, à 8 au nord-ouest de Moulins, & à 56 au midi de Paris. Il y a un bailliage & un présidial, un couvent d'Augustins, un d'Ursulines, & en tout 1500 habitans. long. 21. 44. latit. 46. 45.

PIERRE DE MONTES (St), abb. d'hom. ordre de St Benoît, de la congrégation de Valladolid, en Esp. dans la vieille Castille, au dioc. d'Avila.

PIERRE-SUR-DIVE (St), bourg de Fr. dans la basse Normandie, avec une abb. d'hommes de l'ordre de St Benoît, au dioc. de Seez, à 6 li. de Caen, entre Falaise & la mer, fondée l'an 1040.

PIERRE EN Vallée (St), abb. d'hom. de l'ordre de St Benoît, autrefois près de la ville de Chartres, auj. renfermée dans la ville, & fondée l'an 974.

PIERRE (fort St), fort de l'Amér. septent. dans l'isle de la Martinique, à 7 li. au nord-ouest du fort Royal. C'est à présent une ville assez considérable, où il y a un intendant, un gouverneur, un palais de justice & 2 paroisses, une desservie par les Jésuites, & l'autre par les Dominicains.

PIERRE (St), ou ST PETER, abb. d'hom. ordre de St Benoît, en Suabe, dans le Brisgaw, à 3 li. au nord-est de Fribourg, fondée vers la fin du xi siécle.

PIERRE D'ESLONÇA (St), abb. d'hom. ordre de St Benoît, de la congrégation de Valladolid, en Esp. au roy. & au dioc. de Leon.

PIERRE-BUFIERE, p. ville de Fr. dans le Limousin, à 4 li. de Limoges, sur le chemin de Brive.

PIERRE-CHASTEL, chartreuse de Fr. à 1 li. de Bellay, sur un rocher, & renfermée dans une citadelle qui sert de clef à la France.

PIERRES (les), *Petræ*, abb. régul. de l'ordre de Cît. dans le Berri, au diocèse de Bourges, près de Culant, à 1 li. au levant de la Châtre.

PIETON, riche commanderie de Malthe, dans les Pays-Bas, sur les frontieres du comté de Namur.

* PIETRA SANTA, *Lucus Feroniæ*, p. ville d'Italie, dans la Toscane, entre la république de Lucques & la princ. de Massa. Hubner & la Martiniere se sont

trompés en mettant un év. dans cette ville.

PIETRO IN GALATINA (San), p. ville d'Italie, au royaume de Naples, dans la terre d'Otrante, à 5 milles au levant de Nardo, & à 10 au midi de Lecce.

PIETRIKOW, ou PETERKOW, *Petricovia*, p. ville de Pologne, dans la partie orient. du palatinat de Siradie, près de la Pilcza, à 26 li. au nord de Cracovie. long. 37. 32. latit. 51. 16.

* PIEUSE, bourg de Fr. dans le b. Languedoc, près de Limous. Nous n'en parlons que pour faire remarquer que la Martiniere a bien erré à ce sujet. 1° Il met Narbonne dans le h. Languedoc, & il est dans le bas. 2° Le lieu dont il veut parler, & qu'il place dans la Normandie, s'appelle les Pieux, comme il le marque dans l'article suivant.

PIGNAN, bourg de Fr. dans la Provence, entre le Luc au nord, & Hieres au midi, dans le dioc. de Frejus. Il y a un chapitre de chanoines réguliers de l'ordre de St Augustin, composé d'un prevôt, de 5 autres dignités & de 12 chanoines. Il y a aussi des Cordeliers & des Ursulines.

PIGNEROL, *Pinarolium*, ville d'Italie, dans le Piémont, à l'entrée de la vallée de Perouse, sur le Cluson, à 3 li. au nord-ouest de Turin, à 18 au sud-ouest de Casal, & à 30 au nord de Nice. Elle est petite, mais bien peuplée. Il y avoit une abbaye de l'ordre de St Benoît, fondée l'an 1064 qui a été érigée en év. en 1749. Les Fr. à qui cette ville appartenoit, y avoient bati avec gr. soin une citadelle, où même on renfermoit les prisonniers d'état; mais ils la démolirent avant de la rendre à la Savoye, en exécution du traité de 1696. long. 24. 56. latit. 44. 50.

PILLAU (le), village de Prusse, dans le Samland, à l'emb. du Pregel, remarquable par son port & par sa douane. Le port est grand & beau ; la douane qu'on y paye porte un gros revenu au roi de Prusse. Il y a un fort avec garnison pour arrêter tout ce qui passe. Gustave Adolphe, roi de Suede, le força en 1626. On amasse aux environs beaucoup d'ambre gris, & on y pêche des esturgeons en quantité.

PILSEN, *Pelsina*, ville de Bohème, capitale du cercle de même nom, sur les front. du haut palatinat de Baviere, entre les riv. de Misa & de Watta, à 20 li. d'Egra, & à 19 de Prague. Elle est défendue par des tours & de bons bastions. long. 31. 18. latit. 49. 45.

PILSNA, ville de la p. Pologne, dans le palatinat de Sandomir, sur les confins de celui de Cracovie.

PILTEN, ou PYLTYN, ville du duché de Curlande, capit. d'un canton de même nom, sur la Windaw, entre Golding & le fort de Windaw. Il y avoit autrefois un év. qui a été sécularisé.

PIMBES, ou PIMBOU, bourg de Fr. dans la Guienne, au Tursan, entre Aire & Pau. Il y avoit autrefois une abb. qui a été changée en collégiale.

PIN, abb. régul. de l'ordre de Cît. dans le Poitou, à 2 li. de Poitiers, entre cette ville & Montreuil-Bonnin, sur un ruisseau qui va à Poitiers, fondée l'an 1120.

PINEY, ou PIGNEY, *Pigneium*, ville de Fr. dans la Champagne, élection de Troyes, érigée en duché-pairie en 1581. Elle est à 6 li. au nord-est de Troyes. long. 21. 48. latit. 48. 22.

PINCHUEN, ville de la Chine, dans la prov. de Junnan, au dé-

partement de Tali, 2e métropole de la prov. latit. 25. 43.

PINGHIANG, ville de la Chine, dans la prov. de Peking, au département de Xunte, 5e métropole de la prov. latit. 37. 37.

PINGHO, ville de la Chine, dans la prov. de Fokien, au département de Changcheu, 3e métropole de la prov. latit. 24. 37.

PINGHU, ville de la Chine, dans la prov. de Chekiang, au département de Kiahing, 2e métropole de la prov. latit. 30. 54.

PINGJAO, ville de la Chine, dans la prov. de Channsi, au département de Fuencheu, 5e métropole de la prov. latit. 38. 10.

PINGKIANG, ville de la Chine, dans la prov. de Huquang, au département d'Yocheu, 7e métropole de la prov. latit. 29. 15.

PINGKO, ville de la Chine, dans la prov. de Peking, au département de Xuntien, premiere métropole de la prov. latit. 39. 55.

PINGLEANG, ville de la Chine, dans la prov. de Xensi, dont elle est 4e métrop. Il y a 3 temples & un magnifique palais. Son nom veut dire qu'on y respire un air très-doux. Elle a 10 villes dans son territoire. latit. 37. 12.

PINGLI, ville de la Chine, dans la prov. de Xensi, au département de Hanchung, 3e métrop. de la prov. latit. 33. 57.

PINGLO, ville de la Chine, dans la prov. de Quansi, dont elle est 4e métrop. sur le fleuve Ly. Elle a 8 villes dans son territoire. latit. 26. 25.

PINGNAN, ville de la Chine, dans la prov. de Quangsi, au département de Chincheu, 6e métrop. de la prov. latit. 24. 5.

PINGTING, ville de la Chine, dans la prov. de Channsi, au département de Taiyven, premiere métrop. de la prov. latit. 38. 15.

PINGTU, ville de la Chine, dans la prov. de Channton, au département de Laicheu, 6e métropole de la prov. latitude 36. 26.

PINGXAN, ville de la Chine, dans la prov. de Peking, au département de Chinting, 4e métropole de la prov. latit. 38. 33.

PINGYANG, ville de la Chine, dans la prov. de Chaunſi, dont elle eſt 2e métrop. ſur la rive orient. du fleuve Fuen. C'eſt une des principales villes du roy. Elle en a 34 dans ſon territoire. latit. 37. 19.

PINHEL, *Pinellum*, ville de Port. dans la prov. de Tra-los-Montes, capit. d'une Comarca, au confluent de la Coa, & de Rio-Pinhel, à 12 li. au nord de Guarda. Elle jouit de très-gr. priviléges. On la croit bâtie par les anc. Turdules. long. 11. 18. latit. 40. 41.

PINNENBERG, *Pinneberga*, forterefſe du Holſtein, dans la Stormarie, chef-lieu du comté de même nom, à 2 milles de Hambourg. Le général Tilly y fut bleſſé en 1627.

PINSKO, *Pinſcum*, ville du gr. duché de Lithuanie, chef-lieu d'un territoire de même nom, ſur la riv. de Pinsk. Elle a été ruinée, & preſque réduite en cendres. long. 44. 26. latit. 51. 56.

*PIOMBINO, petite ville d'Italie, ſur la côte de Toſcane, capit. d'une princip. de même nom, à 8 li. au ſud-eſt de Livourne, & à 25 au ſud-eſt de Florence. Il y a une bonne forterefſe, dans laquelle le roi de Naples a droit de mettre garni-ſon, quoiqu'elle ait ſes princes particuliers. La Martiniere dit que c'eſt l'*Opulinum* des anc. il devoit dire *Populonium*. long. 28. 16. latit. 42. 56.

PIONCET, abb. d'hom. ordre de Cît. dans le Dauphiné, au dioc. de Valence, fondée l'an 1137.

PIPELY, ville des Indes, au roy. de Bengale, dans une vaſte plaine, ſur le bord d'une riv. de même nom, à 5 li. au-deſſus de ſon emb. Elle eſt bien peu-plée; on y voit pluſieurs pago-des & d'autres gr. édifices. lat. 21. 38.

*PIPERNO, ou PRIVERNO, p. ville d'Italie, dans la Campagne de Rome, à 7 milles de Terracine. Elle eſt compoſée de 5000 ames, contient 5 paroiſſes & 4 maiſons religieuſes. Il y avoit un év. mais le mauvais air qu'on y reſpire, & la pauvreté de l'év. ont fait qu'on l'a réuni à celui de Terracine. Elle eſt voiſine des ruines de l'anc. *Privernum*, & non pas *Pivernum*, comme dit la Martiniere.

PIQUE, OU LA PIQUE DE MONTVALIER. C'eſt la plus h. montagne des Pyrénées, ſur les confins du dioc. de Conſerans. Son nom lui vient de ſa figure. On découvre de ſon ſommet la Fr. & l'Eſpagne : l'air y eſt ſi ſubtil, que les oiſeaux qu'on en tranſporte ailleurs, vivent fort peu d'heures.

PIRANO, ville d'Italie, dans l'Iſtrie, ſur une preſqu'iſle formée par le golfe Largone & celui de Trieſte. On y compte environ 6000 habitans, & on y reſpire un bon air. Elle appartient aux Vénitiens : ſon port eſt bon & toujours rempli de vaiſſeaux.

PIRGO, ville de l'iſle de San-torin, ſur une terre d'où l'on découvre les 2 mers & les plus beaux vignobles : c'eſt la plus agréable de toute l'iſle. L'év. du rit grec y fait ſa réſidence, ainſi que le cadi.

PISAN (le), pays d'Italie, dans la Toſcane, borné au nord par le Florentin & la républi-que de Lucques, au midi par le Siennois, au levant le Siennois encore, & la mer au couchant. Il a 30 milles du nord au fud, & 50 du levant au couchant. C'eſt un très-bon pays; le liége fait ſa principale richeſſe. Piſe en eſt la capitale.

*PISATELLO, riv. d'Italie, dans la Romagne. Sa ſource eſt au pied de l'Apennin, & ſe rend dans la riv. de Rigoſa, à 1 mille de la côte du golfe de Veniſe. La Martiniere dit que c'eſt le *Rubicon* des anc. mais il n'a pas fait attention que Pline met le *Rubicon* au nombre des fleuves qui ſe jettent dans la mer Adriatique; ainſi ce ne ſçauroit être Piſatello qui ne ſe rend pas, comme on voit, immédiatement dans la mer.

PISCINA, ou PESCINA, petite ville d'Italie, au roy. de Naples, dans l'Abruzze ulter. à 1 mille de la rive orientale du lac Celano. C'eſt auj. la réſidence de l'év. de Marſi.

PISCO, *Piſcum*, ville de l'Amérique mérid. au Perou, dans l'audience de Lima, à 1 quart de li. de la mer. Il y a une paroiſſe, une maiſon de Jéſuites, un couvent de St François, & un hôpital de St Jean-de-Dieu. Les habitans qui ſont au nombre de 300 familles, ſont un compoſé de Metifs, de Mulatres & de Noirs. Le terroir de Piſco produit d'excellent vin en abondance. Il en fournit Lima, & les autres lieux du Perou. Sa rade peut contenir une armée navale, & on y eſt à couvert des vents ordinaires. On mouille ordinairement à Paraca, qui eſt à 2 li. de diſtance, parce que la mer eſt trop male au rivage de Piſco. long. 302. latit. mérid. 14.

PISCOPIA, iſle de l'Archipel, entre celle de Stanchio & celle de Rhodes. C'eſt la *Telus* de Pline.

PISE, *Piſæ*, ville d'Italie, dans la Toſcane, capit. du Piſan,

ſur la riv. d'Arno qui la traverſe, & qu'on paſſe ſur 3 ponts, dont un eſt de marbre blanc, à 1 li. de la mer, à 5 au nord de Livourne, à 3 au ſud-oueſt de Lucques, & à 18 au couchant de Florence. Piſe étoit autrefois une république, mais les Florentins s'en ſaiſirent l'an 1406, & la ſoumirent. Elle eſt fort gr. & n'eſt point peuplée à proportion. On n'y compte environ que 18000 ames. Ses rues ſont larges, tirées au cordeau, & bordées de belles maiſons. Le marbre eſt ſi commun, que la plûpart des édifices, ſoit publics, ſoit particuliers, en ſont conſtruits. L'év. fut érigé en métropole à la fin du XI ſiécle. La cathédrale eſt d'une très-grande beauté, quoique bâtie à l'antique; on y admire une tour que l'architecte a bâti de façon, qu'elle paroît tomber, tant elle eſt panchée. Piſe eſt le chef-lieu de l'ordre des chevaliers de St Etienne, inſtitué en 1561. Ils y ont un palais magnifique. L'univ. fondée en 1339 eſt célebre; elle a 5 colléges, & les profeſſeurs ont de bons revenus. Piſe eſt défendue par 3 forttereſſes, dont une eſt conſidérable. Il s'eſt tenu dans cette ville 2 célebres conciles, l'un en 1409, & l'autre en 1511. C'eſt la patrie du pape Eugene III. long. 27. 58. latit. 43. 40.

PISTICCIO, p. ville d'Italie, au roy. de Naples, dans la Baſilicate, entre le Baſiento & la Salandrella. Un tremblement de terre, arrivé en 1688, en renverſa preſque toutes les maiſons.

PISTOIE, *Piſtoria*, ville d'Italie, dans la Toſcane, entre Lucques & Florence, dans une plaine fertile, au pied de l'Apennin. Elle eſt munie de bons baſtions, mais ſans garniſon. C'étoit autrefois une république qui perdit ſa liberté en même tems que

Pife. Ses rues font belles, fes maifons bien bâties, mais elle n'eft pas peuplée. Son év. eft fuffragant de Florence, & la cathédrale eft belle. Cette ville a donné la naiffance au pape Clement IX.

PITAN, province des Indes, dans les états du Mogol, au-delà du Gange, bornée au nord par le mont de Naugracut, au midi par la prov. de Jefuat, au levant par le roy. d'Afem, & au couchant par le royaume de Mevat.

PITHEA, prov. de la Laponie Suédoife, bornée au nord par la Laponie de Luhlea, au midi par celle d'Uhma, au levant par la Bothnie occid. & au couchant par la Norwege. Elle eft traverfée par une riviere de même nom.

PITIÉ LEZ-RAMERU, abbaye régul. de l'ordre de Cîteaux, en Champagne, au dioc. de Troyes, fondée en 1165.

PITSCHEN, p. ville de Siléfie, dans la princ. de Brieg. Maximilien d'Autriche, élu roi de Pologne en 1588, y fut fait prifonnier, & fut forcé de renoncer à fon élection. long. 35. 56. latit. 51. 12.

PIURA, ville de l'Amérique mérid. au Perou, dans l'aud. de Quito, à 62 li. au midi de Tumbez, & au nord de Lima. C'eft le premier établiffement que les Efp. ayent eu dans le Perou, & dont François Pizarro en fit la découverte en 1531. latit. mérid. 5. 30.

PIZZIGITONE, p. ville d'Italie, dans le Cremonois, fur les front. du Cremafque, fur le Serio, près de fon confl. avec l'Adda, à 5 li. au nord-ouest de Cremone, & à 5 au fud-ouest de Milan. Les Fr. la prirent en 1733, mais ils l'ont rendue. longitude 27. 16. latit. 45. 12.

* PLACENTIA, *Placentia,* ville d'Efpagne, dans l'Eftramadure, fur la riv. de Xerte, & non pas Xere, comme dit Vofgien, dans un canton nommé Vera de Placentia, à 30 li. au midi de Salamanque, à 34 au couchant de Tolede. Cette ville fut bâtie l'an 1180 par Alphonfe III, roi de Caftille, & non pas Alphonfe IX, comme dit la Martiniere, qui ajoute que ce prince y fonda un év. fuffr. de Tolede, il devoit dire qu'il eft fuffr. de Compoftelle. Vofgien dit que la ville a titre de duché, elle l'a perdu par la réunion qui en a été faite à la couronne en 1488. Elle a titre de cité, & eft fort bien bâtie. long. 12. 28. lat. 39. 52.

* PLACENTIA, *Placentia,* ville d'Efp. dans le Guipufcoa, & non pas dans la Bifcaye, comme dit la Martiniere, dans la vallée de la Marquina, fur la Deva, à 3 li. au-deffous de Mondragon, & à 12 au fud-eft de Bilbao. Il y a beaucoup de mines de fer aux environs, & on y fabrique toute forte d'armes. long. 15. 3. latit. 43. 15.

1. PLAISANCE, *Placentia,* ville d'Italie, capit. du duché de même nom, dans un très-beau pays, au confluent du Pô & de la Trebia, à 12 li. au nord-ouest de Parme, à 20 au couchant de Mantoue, & à 15 au fud-eft de Milan. Son nom lui vient de fa charmante fituation. Elle a des rues larges & droites, des palais fort beaux : l'hôtel de ville eft magnifique. La citadelle renferme une belle églife & le palais du gouverneur. L'év. eft fuffr. de Boulogne; la cathédrale n'a rien de magnifique, mais l'églife des Jéfuites eft fuperbe. Il y a fur la gr. place de très-beaux palais & la ftatue en bronze de deux ducs de Parme de la maifon des Farnèfes; fçavoir, Alexandre Farnèfe, &

fon fils Ranuce. Plaifance a 5 milles de circuit, & contient environ 26000 habitans. C'eft la patrie du pape Gregoire X. long. 27. 16. latit. 45. 6.

2. PLAISANCE, baie & port de l'Amér. feptent. fur la côte mérid. de l'ifle de Terre-Neuve. La baie a 18 li. de profondeur. Le port eft à fon extrémité, il peut contenir 150 vaiffeaux qui y font à couvert de tous les vents. Ce port, un des plus beaux de l'Amér. donnoit aux François l'avantage de tenir en refpect toutes les colonies Angloifes, établies fur la côte de Terre-Neuve; mais ils l'ont cédé à l'Angl. à la paix d'Utrecht. lat. 47. 42.

PLAISANTIN (le), contrée d'Italie, avec titre de duché, aujourd'hui partie des états du duc de Parme, bornée au nord & au couchant par le Milanez, & au midi par l'état de Gènes. Le Pô, la Nure, la Trebia & d'autres riv. en arrofent les terres qui font très-fertiles. Il y a des mines d'airain & de fer, des fontaines falées, d'où on tire du fel fort blanc. On y fait auffi des fromages auffi eftimés que le Parmefan. Plaifance eft la capitale.

PLANCY, p. ville de Champagne, au dioc. de Troyes, avec titre de marquifat & un chapitre.

PLANE, ifle de la Médit. fur la côte d'Efp. proche la baie d'Alicante, à demi-li. du cap St Paul; elle a elle-même demi-li. de large.

PLANOUSE (ifle de), *Planaria*, ifle d'Italie, dans la mer de Tofcane, entre celle d'Elbe, au nord-eft, & celle de Corfe au fud-oueft. Elle a 2 li. de long, & une demi-li. de large. On mouille à 1 quart de li. de l'ifle par 12 braffes d'eau. latit. 42. 45.

PLASS, abb. d'hom. ordre de

Cît. dans la Bohême, au cercle de Pilfen.

1. PLATA (la), ou CHUQUISACA, ville de l'Amérique mérid. au Perou, capit. de l'audience de los Charcas, au nord-eft du Potofi, fur la petite riv. de Cachimayo. Elle fut bâtie l'an 1539 par Pedro Anzurès, frere de Franç. Pizarro, & il la nomma la Plata l'*Argent*, à caufe des mines qui font dans fon voifinage. Elle a 14000 habitans, tant Efp. qu'Indiens, une cathéd. d'une belle architecture, gr. & bien ornée en dorures & en peintures, plufieurs monaftères d'hom. & de filles, un collége de Jéfuites & un hôpital entretenu aux dépens du roi Catholique, & gouverné par les freres de la Charité. Il y a auffi une univ. L'év. fut érigé en archev. en 1608. long. 313. latit. mérid. 19. 32.

2. PLATA, ou RIO DE LA PLATA, gr. riv. de l'Amérique mérid. qui prend fa fource au Perou dans l'audience de los Charcas, & va fe jetter dans la mer du Nord par les 35 degrés de latit. mérid. à Buenos-ayres, où elle a 70 li. de large, & dans le refte de fon cours une trentaine. Elle fut découverte en 1515, & donne fon nom à une prov. qui s'y eft formée par des colonies Efpagnoles.

3. PLATA, ou RIO DE LA PLATA, prov. de l'Amér. méridion. dans le Paraguay, des 2 côtés de la riv. de la Plata qui lui a donné fon nom. Elle eft bornée au nord par la prov. de Parana, au midi par le pays des Pampas, au levant par l'Uruguay, & au couchant par le Tucuman. On y trouve les villes de Buenos-ayres, de Santa-Fé, de Corrientes & de Sta Lucia.

4. PLATA, ifle de l'Amérique mérid. au Perou, fur la côte de l'audience de Quito, à 5 li. du

ap de St Laurent. Elle a 4 milles de long, & 1 mille & demi de large. L'ancrage est à l'orient vers le milieu de l'isle; on y trouve 18 ou 19 brasses d'eau. latit. mérid. 1. 10.

* PLATAMONA, riv. de la Turquie Européenne, dans le Comenolitari. Elle a sa source dans les mont. de la Macédoine, à l'orient d'Ochrida, & se rend dans le golfe de Salonique, près de Stadia. C'est l'*Aliacmon* des anc. & non pas le *Platamonus*, comme dit la Martiniere.

PLATE, isle de Fr. en Bretagne, sur la côte de l'év. de Treguier, & une des isles appellées par les anc. *Siadæ*.

1. PLAVEN, *Plava*, ville d'Allemagne, dans le cercle de basse Saxe, au duché de Meckelbourg, sur les confins de la Marche de Brandebourg, sur le bord sept. de l'Elde, à 9 milles de Swerin, près d'un lac qui en prend le nom de Plaversée. long. 30. 18. latit. 53. 39.

2. PLAVEN, *Plava*, ville d'Allemagne, dans l'électorat de Saxe, au Voigtland, sur l'Estert, à 1 mille d'Olsnitz, & à 26 au sud-ouest de Dresde. C'est une des plus considérables de celles qui appartiennent à l'électeur dans le Voigtland. long. 29. 55. latit. 50. 28.

PLEIBURG, p. ville d'Allem. au cercle d'Autriche, dans la Carinthie, sur la Feystritz, au pied d'une haute mont. avec un beau château.

PLEIN-PIED, abb. d'hom. ordre de St Augustin en Fr. dans le Berri, à 2 li. au midi de Bourges, sur l'Auron, fondée par Richard 59e arch. de Bourges.

PLEINE-SELVE, *Plana Silva*, abb. d'hom. ordre de Prémontré, dans la Guienne, au dioc. de Bourdeaux, à 1 li. au nord de Blaye, fondée l'an 1148.

PLEIS, ou PLESS, p. ville de

Silésie, sur le bord sept. de la Vistule, aux confins de la Pologne, entre Oswieczin & Strummen, sur la route de Cracovie à Vienne. Elle est capit. d'une baronnie de même nom, & a un fort beau chât. Il y a des Catholiques & des Luthériens.

PLESKOW, *Plescovia*, ville de l'empire Russien, capit. du duché de même nom, sur la Muldow, a son emb. dans le lac de Plescow, à 60 li. au nord-est de Riga, & à égale distance de St Petersbourg. Il y a un arch. du rit Moscovite, & un chât. bâti sur un rocher. Elle fut réunie à la couronne czarienne l'an 1509. longitude 46. 18. lat. 57. 36

PLESSISMACÉ, p. ville de Fr. dans l'Anjou, élection d'Angers, avec un château.

PLESSIS-LEZ-TOURS, maison royale de Fr. près de la ville de Tours, bâtie par Louis XI, qui y mourut en 1483. Il y fonda une collégiale & un couvent de Minimes, le premier qu'ils ayent eu en Fr. Il y a un gr. parc & de beaux jardins.

PLIMOUTH, *Plimutum*, ville d'Angl. dans le Devonshire, sur la côte mérid. à l'emb. du Plim qui lui donne son nom, à 96 li. au sud-ouest de Londres. Son port est un des meilleurs & des plus fréquentés de tout le roy. Il est défendu par 3 forts & une citadelle. Le chevalier Drake partit de ce port en 1577 pour faire le tour du monde. long. 13. 30. latit. 50. 22.

1. PLOCSKO, *Ploscum*, ville de Pologne, sur la riv. sept. de la Vistule, dans le palatinat de même nom, à 20 li. de Varsovie. Il y a un év. fondé en 966, suffr. de Gnesne. Ses églises sont magnifiques. Il y a dans le château une belle abb. de Bénédictins & un collége, sous la direction du chapitre. Les Jésui-

tes en ont un dans la ville. long.
37. 45. latit. 52. 30.

2. PLOCSKO, palatinat de
Pologne, borné au nord par le
roy. de Prusse, au midi par la
Vistule, au levant par le palatinat de Mazovie, & au couchant par celui d'Inowladislow.

PLOEN, *Plona*, ville du duché de Holstein, dans la Wagrie, chef-lieu de la princ. de
même nom, sur le lac de Ploen
qui l'environne presque de tous
les côtés, à 4 milles au sud-est
de Kiel, & à 6 au nord-ouest de
Lubeck, avec un chât. Ses 2
portes répondent à 2 ponts, par
lesquels la ville communique
avec le continent. La pêche est
le seul commerce des habitans.
long. 28. 4. latit. 54. 14.

PLOERMEL, petite ville de Fr.
dans la h. Bretagne, au dioc.
de St Malo, proche la riviere
d'Ouest, à 8 li. de Vannes.

PLOMBIERES, *Plumbariæ*, p.
ville de Lorraine dans la Vosge,
à 2 li. de Remiremont, & à 15
de Langres, entre 2 h. mont. Il
y a une paroisse & un couvent
de Capucins. Les bains ont rendu cette ville fameuse. long.
24. 14. latit. 47. 56.

PLUDENTZ, p. ville d'Al-
lemagne, dans le Tirol, capit.
du comté de même nom, sur la
rive droite de l'Ill, dans une belle
plaine.

PLUME (la), p. ville de Fr.
dans le b. Armagnac, avec une
justice royale.

PLUVIERS, ou PITHIVIERS,
Pithiverium, p. ville de Fr. dans
la Beauce, à 8 li. de Montar-
gis, à 9 d'Orléans, & à 18 de
Paris. Il y a une collégiale, une
élection & une châtellenie. long.
19. 56. latit. 48. 10.

Po (le), *Padus*, fleuve d'Italie, qui prend sa source dans
le Piémont, au marquisat de
Saluces, dans le mont Viso, &
va se rendre dans le golfe de

Venise par plusieurs embouchures.

POANCÉ, *Pudentiacum*, petite
ville de Fr. dans l'Anjou, avec
titre de baronnie, sur un étang.

* POBLET, *Populetum*, bourgade d'Esp. dans la Catalogne,
au pays de Pradas, avec une abb.
d'hom. ordre de Cit. fondée
l'an 1153 par Raymond, comte
de Barcelone, & non pas par
Alfonse, comme dit la Martiniere.

POCZAP, ville de l'empire Russien, dans la Severie, sur la rive
orient. de l'Ubiecz, sur les confins du duché de Smolensko.
C'étoit une des plus opulentes
villes de la Severie, lorsqu'elle
fut prise & réduite en cendres
par les Polonois en 1564.

PODLACUIE, duché & pa-
latinat de Pologne, borné au
nord par la Prusse & la Lithuanie, au midi par le palatinat de
Lublin, au levant encore par la
Lithuanie, & au couchant par
le palatinat de Mazovie. Il est
composé de 3 districts; sçavoir,
de Drogieczin, de Mielnick &
de Bielsk.

PODOLIE, *Podolia*, palatinat de la p. Pologne, borné au
nord par celui de Volhinie, au
midi par la Moldavie & la Po-
kucie, au levant par le palatinat de Braclaw, & au couchant
par celui de Russie. Les Barba-
res y causent beaucoup de ravages. Les bœufs & les chevaux
qu'on y nourrit sont très-estimés. Il y a des carrieres de marbre de différentes couleurs. Il est
arrosé dans ses deux extrémités
par le Bogh & le Niester. Il renferme 3 territoires, celui de Ka-
minieck, de Tramblowa & de
Lahiczow.

POGGIO, bourg d'Italie, dans
la Toscane, à 10 milles de Florence & de Pistoye. Il y a une
maison de plaisance des grands
ducs.

POHING, ville de la Chine, dans la prov. de Channton, au département de Chincheu, 4e métropole de la prov. latit. 37. 10.

POISSY, *Pinciacum*, p. ville de l'isle de France au bord de la forêt de St Germain, sur la rive gauche de la Seine, à 1 li. au-deſſous du confluent de l'Oyſe avec la Seine, à 6 li. de Paris. Nos anciens rois avoient un chât. à Poiſſy. St Louis y a pris naiſſance. Il y a un beau monaſtère de religieuſes de St Dominique, bâti par Philippe le Bel. Le gr. hôtel eſt au même lieu où la reine Blanche, accoucha de St Louis. Il y a encore à Poiſſy une collégiale, une paroiſſe, des Capucins, des Urſulines & un hôpital. Cette ville eſt auſſi connue par l'aſſemblée qui s'y tint en 1561, appellée le *Colloque de Poiſſy*, & par le fameux marché de gros beſtiaux qui s'y tient tous les jeudis. long. 19. 40. latit. 48. 56.

POITIERS, *Auguſtoritum*, ville de Fr. capit. du Poitou, ſur la riv. de Clain, à 20 li. au ſud-oueſt de Tours, à 45 au ſud-oueſt d'Orléans, & à 76 au ſud-oueſt de Paris. Elle a été fondée par Auguſte, & on y voit encore quelques reſtes d'antiquité, les ruines du palais Galien & un arc de triomphe qui ſert auj. de porte. L'enceinte de Poitiers eſt conſidérable, mais c'eſt une des villes du roy. des plus déſertes; ce qui a été occaſionné par les guerres civiles. Outre la cathéd. on y compte 4 chapitres, 22 paroiſſes, 9 couvens d'hommes, 12 de filles, 2 ſéminaires, 3 hôpitaux. Les Jéſuites ont un très-beau collége; mais on remarque que leur bibliothéque eſt fort peu de choſe, & que celle des Capucins eſt fort belle. L'év. établi vers l'an 260, eſt ſuffr. de Bourdeaux. Son uni-

verſité fut fondée en 1431 par Charles VII, elle a les 4 facultés. Il y a outre cela intendance, bureau des finances, un préſidial, dont les membres portent la robe rouge, élection, maréchauſſée, hôtel des monnoies. On voit au milieu de la place royale la ſtatue pedeſtre de Louis XIV. En 1356, les Fr. furent battus par les Anglois près de cette ville, & le roi Jean fut fait priſonnier, & mené en Angleterre. long. 18. latit. 46. 35.

POITOU (le), prov. de Fr. bornée au nord par la Bretagne & l'Anjou, au midi par l'Angoumois & la Saintonge, au levant par la Touraine, le Berri & la Marche, au couchant par la mer de Gaſcogne. Elle a 75 li. du levant au couchant, & 25 du midi au nord. Charles V, roi de Fr. conquit le Poitou ſur les Anglois, à qui on l'avoit cédé en 1360 par le traité de Bretigni. Il comprend 2 év. celui de Poitiers & celui de Luçon. C'eſt un des gr. gouvernemens du roy. avec 2 lieutenans généraux, un pour le h. Poitou, & l'autre pour le bas. La Vienne & la Sevre Niortoiſe ſont les 2 ſeules riv. navigables. Cette prov. eſt fertile en bled; on y nourrit une grande quantité de beſtiaux, & il y a beaucoup de viperes, dont on fait auſſi un bon commerce; car on en envoie juſqu'à Veniſe. Poitiers eſt la ville capitale.

POIX, *Caſtrum de Pice*, bourg de Fr. en Picardie, ſur une p. riv. de même nom, au bailliage d'Amiens, érigé en duché-pairie ſous le nom de Crequi en 1652. Elle s'éteignit en 1687; mais Poix a conſervé le titre de principauté. Il y a 2 paroiſſes & un prieuré.

POKUTIE, contrée de la p. Pologne, dans le palatinat de Ruſſie, au nord de la Tranſylvanie. C'est une partie du territoire de Halicz. La Pruth est la principale riv. qui l'arrose. Il y a quelques villes & quelques forteresses.

POLA, *Pola*, ville d'Italie, dans l'Istrie, au fond d'un golfe, à 30 li. au sud-est de Venise. Elle est fort anc. & a été autrefois répub. Il y a les restes d'un temple dédié à Rome & à Auguste, une espece d'arc de triomphe & un amphithéâtre dont l'enceinte est presque entiere. A peine y a-t-il aujourd'hui dans cette ville 1000 habitans. Son év. est suffr. d'Udine. Les Vénitiens à qui Pola appartient, y ont bâti une p. citadelle, & y tiennent un gouverneur. longitude 31. 42. latit. 44. 54.

POLES (les). Ce sont les 2 points de la surface de la terre, par lesquels passe l'axe de la terre. L'un est appellé Pole Arctique ou septentrional; l'autre Antarctique ou mérid. Chacun de ces poles est à 90 dégrés de l'Equateur.

POLESIN DE ROVIGO (le), prov. d'Italie, dans les états de Venise, bornée au nord par le Padouan, au midi par le Ferrarois, au levant par le Dogado, & au couchant par le Veronois. Elle est entre le Pô & l'Adige. Son étendue est de 50 milles du levant au couchant, & de 20 du midi au nord. Le bled & le bétail font la richesse de ses habitans. Elle est gouvernée par quelques nobles Vénitiens que la république y envoie.

POLICANDRO, *Philocandros*, isle de l'Archipel, une des Cyclades, bornée au nord par celles de Paros & d'Antiparos, au levant par celle de Sikino, & au couchant par celle de Milo. Elle est toute hérissée de rochers. Le bourg de même nom

est au nord-est de l'isle, & contient environ 120 familles Grecques. Il n'y a aucun port dans cette isle dont les habitans sont assez pauvres; tout leur commerce consiste en toiles de coton. long. 33. latit. 36. 35.

POLICARPE (St), abb. d'hom. ordre de St Benoît, dans le b. Languedoc, au dioc. de Narbonne.

POLICASTRO, *Palæocastrum*, ville d'Italie au roy. de Naples, dans la Pr. citér. sur la côte mérid. du golfe de même nom, à 24 li. au sud-est de Naples. Elle est presque ruinée, & son év. suffr. de Salerne réside à Orsaia, bourg voisin, long. 33. 14. latit. 40. 8.

POLIGNAC, bourg de Fr. dans le Velay, au dioc. & près du Puy, avec titre de vicomté, & un chât. qui a donné son nom à une anc. maison. C'étoit autrefois une place forte.

POLIGNANO, *Polinianum*, p. ville d'Italie, au roy. de Naples, dans la terre de Bari, sur le golfe de Venise, où elle avoit un port qui fut comblé par les Venitiens, à 8 milles au sud-est de Bari, dont son év. est suffr. long. 34. 50. latit. 40. 55.

POLIGNY, *Poliniacum*, petite ville de Fr. dans la Franche-Comté, chef-lieu d'un bailliage de même nom, sur un ruisseau qui va se perdre dans le Douxl, à 6 li. au sud-ouest de Salins, & à 12 de Besançon. Elle est composée d'environ 4000 habitans, & fort jolie. Il y a une collégiale exemte de la juridiction archiép. une maison des PP. de l'Oratoire, 4 couvens d'hom. & un d'Ursulines. long. 23. 21. latit. 46. 50.

POLIRONE, *Monasterium de Pado Lirone*, abb. de l'ordre de St Benoît en Italie, dans le Mantouan, à 14 milles au midi de Mantoue, entre le Pô & le

Liron, d'où lui vient son nom. C'est une des plus célebres d'Italie.

*Politio, Polizzi, *Politium*, ville de Sicile, dans la vallée de Mazare, sur les confins de celle de Demona ; mais elle n'y est pas renfermée, comme disent Corneille & Vosgien. Elle est au pied du mont Madonia, à 15 li. au sud-est de Palerme. On y compte environ 7 mille ames. Il y a un collége de Jésuites, 6 couvens d'hommes & 2 de filles. long. 31. 44. latit. 37. 50.

Polna, p. ville de Bohême, sur les confins de la Moravie, proche la source de la Sazawa, entourée d'étangs poissonneux. Il y a un bel hôtel de ville.

POLOCZKO, palatinat du grand duché de Lithuanie, dans sa partie septentrionale, borné au nord par la Moscovie, au midi par la Dwina, au levant par le palatinat de Witepsk, & au couchant par la Livonie. Il avoit autrefois le titre de duché, & avoit des Pr. particuliers. C'est un pays rempli de bois. Poloczko est la capitale.

*Poloczko, *Polocium*, ville de la Lithuanie, capit. du palatinat de même nom, au confluent de la Dwine & de la Polotta, à 30 li. au levant de Braslaw, avec 2 chât. Les Moscovites s'en emparerent en 1563. Les Polonois la leur reprirent non pas la même année, comme dit Vosgien, mais en 1579. long. 47. 28. latit. 55. 32.

POLOGNE, *Polonia*, grand roy. d'Europe, borné au nord par la mer Baltique qui le sépare de la Suéde, à l'orient par la Tartarie & la Moscovie, au midi par le pont Euxin, la Valachie, la Moldavie, la Transylvanie & la Hongrie, à l'occident par la Pomeranie, le Brandebourg, la Silésie & la Moravie. Ce roy. étoit autrefois plus étendu, car il occupoit encore la Silésie, la Livonie, les duchés de Smolensko, de Severie, de Czernichovie, le palatinat de Kiow, &c. Il est, malgré cela, très-étendu. Sa longueur depuis l'extrémité du marquisat de Brandebourg jusqu'aux frontieres de Moscovie, est de 240 li. Polonoises, dont chacune fait 4 milles d'Italie. Sa largeur depuis le fond de la Pokutie jusqu'à Parnau en Livonie, est de près de 220 li. du même pays. C'est en gr. partie ce qu'on appelloit autrefois Sarmatie. Sur la fin du VI siécle la Pologne fut gouvernée par des ducs, dont le premier fut Lech. Au IX siécle Piast fut le premier roi. Boleslas II perdit cette qualité, qui ne fut reprise que par Przemyslas II. Jagellon monta sur le trône en faisant serment qu'il n'y montoit que par élection, serment que tous ses successeurs ont fait depuis. Le lieu de l'élection est ordinairement dans la plaine de Varsovie, entre les villages de *Wola* & de *Powascki*. L'arch. de Gnesne a l'administration du roy. pendant l'interregne : il convoque la diéte pour l'élection, & en fait la proclamation. Les rois de Pologne ont cet avantage de pouvoir faire du bien à leurs sujets. Ils nomment à toutes les charges ; mais ils ne peuvent faire du mal à personne ; toute violence leur est interdite. Le gouvernement est en même tems monarchique & aristocratique. Le roi, le Senat & la noblesse forment le corps de la république. Les ev. qui sont au nombre de 15 sous 2 arch. tiennent le second rang, & ont la premiere séance au senat. Il n'est pas de pays où le sort du paysan soit plus à plaindre. Chaque seigneur a droit de vie & de mort fur fes vaſſaux qui, à peine, ont de-quoi vivre, quoique la Pologne ſoit abondante en grains, qu'il y ait beaucoup de miel, de cire, du poiſſon & du gibier en quantité. Les Polonois ſont de taille médiocre & robuſtes : ils ſont polis, mais gr. buveurs & grands mangeurs. Il y a peu d'infanterie dans ce roy. mais beaucoup de cavalerie. Dans un danger preſſant 100 mille gen-tilshommes ſont prêts à mon-ter à cheval. La religion Ca-tholique eſt la dominante en Pologne. La langue Eſclavone eſt la naturelle ; beaucoup par-lent latin, allemand, françois, italien, &c. Ce vaſte état ſe di-viſe en trois parties principa-les, la gr. Pologne au nord, la petite Pologne au milieu, & la Ruſſie rouge au ſud-eſt, ſans compter le duché de Lithua-nie. Ces 3 parties contiennent 27 palatinats qui ont chacun un gouverneur & un Caſtellan. les principales rivieres de la Pologne ſont la Viſtule, le Bug, la Varte, la Niemen, le Nieper, le Bog & le Nieſter. Cracovie eſt la capit. du roy. long. 33-50. latit. 47. 56.

POLTEN (St), *Sti Hyppoliti Oppidum*, p. ville d'Allem. dans la b. Autriche, ſur le ruiſſeau de Draſam, à 3 milles du Da-nube, & à 6 de Vienne. Elle appartient à l'év. de Paſſau.

POMBEYRO (Ste Marie de), abb. d'hom. ordre de St Be-noît en Portugal, dans la prov. entre Duero-e-Minho, à une li. de Guimarens, fondée l'an 1041.

*POMEGUE (iſle de), p. iſle de Fr. ſur la côte de Provence, & une des 3 qui défendent le port de Marſeille dont elle n'eſt qu'à une li. près de celle d'If. Ce n'eſt pas la *Pomponiana* des anc. comme dit Voſgien ; car

Pomegue n'eſt pas une des *Stoe-chades*.

POMERANIE, *Pomerania*, prov. d'Allem. avec titre de du-ché, dans le cercle de la haute Saxe, bornée au nord par la mer Baltique, au midi par la Marche de Brandebourg, au le-vant par la Pruſſe & la Polo-gne, & au couchant par le du-ché de Meckelbourg. Son nom lui vient du voiſinage de la mer. C'eſt l'anc. pays des Venedes & des Sueves. Les Slaves s'y établi-rent & y fonderent un roy. qui finit au XII ſiécle. La plus gr. partie eſt au roi de Pruſſe ; le reſte eſt à la Suéde. La riv. de Péene en fait la ſéparation. On diviſe la Pomeranie en citér. & ultér. ou orient. & occid. L'O-der coule entre deux.

POMERELLE, *Pomerellia*, contrée de Pologne, bornée au nord par la mer Baltique, au midi par la Pologne, au levant par la Pruſſe, & au couchant par la Pomeranie ultér. Dantzick eſt la capitale.

POMMERAYE (la), abb. de filles de l'ordre de St Benoît en Champagne, fondée d'abord à 2 li de Sens, près de la petite riviere d'Orouſe, & transférée depuis dans un fauxbourg de Sens.

POMONA, ou MAINLAND, iſle la plus grande & la plus conſidérable entre les Orcades. Elle a environ 9 li. de long du levant au couchant, ſur 5 de large du midi au nord. On y trouve la ville de Kirkvall, la ſeule qui ſoit dans ces iſles.

POMPADOUR, chât. de Fr. dans le Limouſin, à 9 li. au midi de Limoges. C'étoit une anc. baronnie, que Louis XV a érigé en marquiſat en faveur de Madame d'Étiol.

PONCE (l'iſle de), *Pontia*, iſle de la Médit. ſur la côte d'Italie, à l'entrée du golfe de Gaete,

Elle a 15 milles de tour & appartient à l'Etat Ecclésiastique. Elle a été fameuse du tems des Romains, puisque Néron y fut exilé, ainsi que les sœurs de Caligula. Elle est petite, mais l'air y est sain, & le terrein en est bon.

PONDICHERY, *Ponticerium*, ville des Indes Orient. sur la côte de Coromandel, en-deçà du Gange au roy. de Gingi. Elle est grande, belle & bien fortifiée; ses rues sont tirées au cordeau. Les maisons des Européens sont bâties en brique; celles des Indiens ne sont qu'en terre. Les Jésuites y ont un collége, les MM. des Missions étrangeres une maison, les Capucins un couvent. C'est le plus bel établissement que les François ayent aux Indes. Ils en tirent des mousselines, des toiles peintes, du riz, du coton & des diamans. Les Hollandois avoient pris Pondichery en 1693; mais ils le restituerent à la paix de Riswick. long. 98. 7. latit. 11. 56.

PONFERRADA, *Interamnium Flavium*, p. ville d'Esp. au roy. de Léon, dans la partie sept. à 14 li. au nord-ouest d'Astorga, au milieu de hautes montagnes.

PONS, *Pontes*, p. ville de Fr. en Saintonge, sur une colline, près la Suigne, à 4 li. de Saintes. Les Calvinistes en avoient fait un boulevard; Louis XIII la fit démanteler en 1521. Il y a 3 paroisses, 3 couvens & 3 hôpitaux. longitude 17. 4. latit. 45. 36.

PONS DE GEMENOS (St), abb. de Fr. en Provence de l'ordre de Cît. près de la ville d'Aubagne, fondée pour des Religieuses.

PONS DE TOMIERES (St), *Pontiopolis*, p. ville de Fr. dans le b. Languedoc, à 9 li. au nord-ouest de Narbonne, dans

un vallon entouré de montagnes, & traversé par la riv. du Jaur. Elle doit son origine à une abb. d'hom. de l'ordre de St Benoît, fondée l'an 936. Elle fut érigée en év. par le pape Jean XXII en 1318. Il y a dans le chapitre 3 archidiacres, un sacristain, un précenteur & 16 chanoines. Le dioc. n'est composé que de 40 paroisses. Les mont. qui environnent cette ville sont fécondes en carrieres & en beaux marbres. Il y a dans la ville une manufacture de laines. L'év. en est seul seigneur. longitude 20. 29. latit. 43. 32.

PONT D'ADAM, ou ADAMS-BRUCK, pont de la mer des Indes, entre les côtes de la Pescherie & de Coromandel, entre le roy. de Maduré au couchant, & l'isle de Ceylan à l'orient. Il est d'un quart de li. de long, & joint à la terre ferme l'isle où est Ramanancor. Ce pont peut passer pour une merveille. Il n'y a point d'arcades; mais ce sont des rochers ou de grosses pierres qui s'élevent 3 pieds au-dessus de la surface de la mer, qui est fort basse en cet endroit. Elles sont assez séparées pour laisser à l'eau la liberté de couler. Il y en a qui ont 18 pieds de diametre. Si c'est un ouvrage de la nature, c'est un des plus surprenans qu'on ait vu. longitude 99. 20. latit. 9.

PONT DE L'ARCHÉ, *Pons Arcus*, p. ville de Fr. dans la h. Normandie, au dioc. d'Evreux, sur la Seine qu'on y passe sur un beau pont, à 3 li. au-dessus de Rouen, à 4 d'Andely au nord-ouest, à 2 au nord de Louviers, & à 26 au nord-ouest de Paris. Elle fut bâtie par l'empereur Charles-le-Chauve. Elle est munie d'un bon chât. Il y a vicomté, bailliage, grenier à sel, maîtrise des eaux & forêts, & un gouverneur. C'est la premiere ville qui se soumit à Henri IV à son avenement à la couronne. long. 18. 46. latit. 49. 18.

PONT AUDEMER, *Audomari Pons*, ville de Fr. en Normandie, au dioc. de Lisieux, sur la Rille, qu'on y passe sur un pont, à 12 li. au couchant de Rouen, à 7 au nord-est de Lisieux, & à 36 au nord-ouest de Paris. Il y a vicomté, bailliage, élection, grenier à sel & maîtrise des eaux & forêts, un gouverneur. Il y a 2 paroisses & plusieurs couvens des deux sexes. Le commerce des habitans consiste en bled, laines & tannerie. longitude 18. 16. latitude 49. 22.

PONT BEAUVOISIN, p. ville de Fr. dans le Dauphiné, sur le Guier qui sépare cette prov. de la Savoye. Il y a des eaux minérales.

PONT DE CAMARÈS, lieu de Fr. dans le Rouergue, au dioc. de Vabres, élection de Milhau. Il y a des eaux minérales fort estimées, mais peu fréquentées par la difficulté des chemins.

PONT DU CHATEL, *Pons Castelli*, p. ville de Fr. dans l'Auvergne, sur l'Allier, élection de Clermont, avec titre de marquisat.

PONT AUX DAMES, *Pons Dominarum*, abb. de filles, ordre de Cît. en Fr. dans le village de Rues, au dioc. de Meaux, fondée l'an 1236.

PONT L'EVEQUE, *Pons Episcopi*, p. ville de Fr. en Normandie, sur la Touque, à 10 li. de Caen, à 4 de Lisieux, & à 3 de Honfleur. Il y a vicomté, bailliage, élection, maîtrise des eaux & forêts, & gouverneur. Son église paroissiale est belle. Il se fait dans cette ville des fromages estimés. long. 17. 48. latit. 49. 16.

PONT FRAET, *Pons fractus*, ville d'Angleterre, dans l'Yorckshire, sur l'Are, à 60 li. au nord-ouest de Londres. Son nom lui vient d'un pont de bois qui se rompit au passage de Guillaume, arch. d'Yorck. Il y avoit un chât. où le roi Richard II fut assassiné.

PONT DU GARD, *Pons Gardo*, pont de Fr. dans le b. Languedoc, sur le Gardon. Ce pont a 3 étages l'un sur l'autre, & joint deux montagnes. Ce pont avoit été bâti par les Romains pour conduire les eaux dans l'amphithéátre de Nismes. Le 3e pont servoit d'aqueduc; mais il ne sert plus, comme le dit Vossien. Malgré un si grand nombre de siécles, ce pont est encore tout entier.

PONT LEVOY, *Pons levis*, abbaye d'hom. ordre de St Benoît en Fr. dans le dioc. de Blois, avec un bourg de même nom, fondée l'an 1075. La mense, abb. a été unie à l'év. de Blois.

PONT - A - MOUSSON, *Mussi Pontum*, ville de Fr. dans la Lorraine, avec titre de marquisat, sur la Moselle qui la divise en deux parties, dont une est du dioc. de Toul, & l'autre du dioc. de Metz, à 6 li. au nord-ouest de Nancy, & à 5 au sud-ouest de Metz. Il y a un bailliage & une université fondée l'an 1572. Les Jésuites ont un très-beau collége; il y a une collégiale, trois paroisses & plusieurs maisons de religieuses. C'est la patrie de Jean Barclay. longitude 23. 40. latit. 48. 56.

PONT ORSON, *Pons Ursonis*, p. ville de Fr. dans la b. Normandie, sur le Couesnon, aux confins de la Bretagne, à trois lieues au sud-est d'Avranches, & à deux au midi du mont St Michel. Louis XIII apres la prise de la Rochelle la fit démanteler.

manteler. long. 16. 8. latitude 48. 34.

* PONT DE ROYAN, p. ville de Fr. dans le Dauphiné, chef-lieu du marquifat de Royanez, fur la riv. de Berne, qui va fe rendre dans l'Ifere, & non pas dans l'Iftre, comme dit la Martiniere.

PONT ST ESPRIT, *Pons Spiritus Sti*, ville de Fr. dans le b. Languedoc, au dioc. d'Ufez, fur la rive droite du Rhône, qu'on y paffe fur un des plus beaux ponts qui fe voie, à 8 li. au nord-eft d'Ufez, à 10 au nord-eft de Montpellier, & à 136 de Paris. Il y a une bonne citadelle, & c'eft un grand lieu de paffage. long. 22. 20. latit. 44. 18.

PONT STE MAIXANCE, *Pons Stæ Maxentiæ*, p. ville de l'Ifle de Fr. fur l'Oife, au dioc. de Beauvais, à 2 li. de Senlis. On y paffe la riv. fur un pont pour entrer en Picardie. La ville eft peuplée & marchande. C'eft un gouvernement particulier. long. 20. 14. latit. 49. 18.

PONT DE SÉ, *Pons Saii*, p. ville de Fr. dans l'Anjou, fur la Loire qu'on y paffe fur un pont, à 1 li. d'Angers & à 70 de Paris. Elle eft défendue par un chât. & eft un des plus importans paffages fur la Loire. L'armée de la reine Marie de Médicis y fut défaite en 1620. long. 17. 6. latit. 47. 24.

PONT SUR SEINE, *Pons ad Sequanam*, petite ville de France, dans la Champagne, fur la Seine, à 8 li. de Troyes, & à 23 au fud-eft de Paris. Elle eft remarquable par fon magnifique château. long. 21. 12. latit. 48. 26.

PONT SUR YONNE, *Pons Icaunæ*, petite ville de France, au diocèfe de Sens, aux confins de la Champagne & du Gâtinois, fur la gauche de l'Yonne.

PONT DE VAUX, p. ville de Fr. dans la Breffe, fur la Refouze, à 6 li. de Bourg, à 2 de Tournus, & à 3 de Macon. Il n'y a qu'une paroiffe, un grenier à fel, des couvens de Cordeliers & d'Urfulines. long. 22. 30. latit. 46. 24.

PONT DE VESLE, *Pons Velius*, petite ville de France, dans la Breffe, chef-lieu d'un mandement de même nom, à 5 li. au couchant de Bourg, à 10 au nord de Lyon, & à 1 au fud-eft de Macon, fur la riviere de Vefle, qu'on y paffe fur un pont. Il y a une paroiffe, un hôtel-dieu & un gouv. long. 22. 28. latit. 46. 14.

PONTARLIER, *Pons Elaveris*, ville de Fr. dans la Franche-Comté, fur le Doux, proche le mont Jura. C'eft un lieu important à caufe du paffage de France dans la Suiffe. Il y a auffi un chât. bâti fur un rocher, à demi-lieue de la ville. Il y a dans Pontarlier un bailliage, une paroiffe, 3 couvens de filles, & une maifon de Jéfuites.

PONTAULT, *Pons altus*, abb. d'hom. ordre de Cît. dans la Gafcogne, au diocèfe d'Aire, à 4 li. au fud-oueft de cette ville, fondée l'an 1151.

PONTEBA, ou PONTE FELLA, *Ponteba*, ville fur les frontieres d'Italie & de la Carinthie, fur la riv. de même nom, qui fe jette au-deffous dans celle de Fella qu'on paffe fur un pont qui fait la féparation des terres de l'Empire & de celles des Venitiens. C'eft le paffage le plus aifé des Alpes. Lazius croit que c'eft l'anc. *Julium Carnicum*.

PONTE CHIARO, petite ville d'Italie, dans l'état de Venife, au Breffan, fur la Chiefa qu'on y paffe fur un pont.

PONTE DE LIMA, *Forum Limicorum*, ville de Port. dans la prov. entre Duero-e-Minho, fur la riviere de Lima qu'on y paſſe ſur un beau pont, à 3 li. de Viana, avec un ſuperbe palais, à 6 li. au nord-oueſt de Brague, & à 63 au nord de Lisbonne. longitude 9. 25. latit. 41. 37.

Ponte Vedra, *Pons vetus*, ville d'Eſpagne, dans la Galicé, à l'embouchure de la riv. de Loris, dans la mer. Il y a une grande place ornée d'une belle fontaine. La principale richeſſe des habitans conſiſte dans le débit des ſardines, dont il s'y fait une pêche abondante. On croit que c'eſt l'*Hellenes* de Strabon. longitude 9. 27. latit. 42. 20.

Ponte Vico, petite ville d'Italie, dans l'état de Veniſe, au Breſſan, avec un petit port, ſur l'Oglio.

PONTHIEU (le), *Pontivus pagus*, contrée de Fr. dans la Picardie, avec titre de comté. Elle s'étend depuis la Somme, juſqu'à la Canche. Son nom lui vient de la quantité des ponts qu'on y trouve. Hugues Capet, pour arrêter les courſes des Danois & des Normans, fit fortifier l'an 992 Abbeville, & donna le gouvernement de tout le pays à un ſeigneur nommé Hugues, voilà l'origine du comté de Ponthieu, qui fut réuni pour la 2e fois à la couronne par Louis XI. C'eſt un pays abondant en grains, fruits & paturages. Il a auſſi le commerce de la mer. Les lieux principaux ſont Abbeville, Montreuil & St Valery.

Pontida (St Jacques de), abbaye réguliere de l'ordre de St Benoît, congrégation du mont Caſſin, dans le Bergamaſque, au diocèſe & à 9 milles de Bergame.

Pontifroy, *Pons Theofredi*, abb. réguliere de l'ordre de Cît. en France, au pays Meſſin, fon-

dée l'an 1230, aux portes de Metz, depuis tran férée dans la ville même.

Pontigny, *Pontiniacum*, bourgade de France, dans la Champagne, ſur les confins de la Bourgogne, à 4 li. au nord-eſt d'Auxerre, ſur la riviere de Serain, avec une riche abbaye régul. de l'ordre de Cît. & la ſeconde fille de l'ordre, fondée l'an 1114.

Pontivy, p. ville de France, dans la Bretagne, au diocèſe de Vannes, dans les terres, ſur la riv. de Blavet, entre Guemené & Rohan. Il y a une manufacture de toiles.

PONTOISE, *Brivifara*, ville de Fr. capit. du Vexin François, ſur la riviere d'Oiſe qu'on y paſſe ſur un pont, à 20 li. au ſud-eſt de Rouen, & à 7 au nord-oueſt de Paris. Il y a un bailliage & une élection, une collégiale, une abbaye d'hommes de l'ordre de St Benoît, pluſieurs paroiſſes & communautés. L'archévêque de Rouen y tient un gr. vicaire. Cette ville fut priſe d'aſſaut ſur les Anglois en 1442. Les etats généraux y furent aſſemblés en 1561. Le Parlement de Paris y a été transféré trois fois. long. 19. 45. latit. 49. 3.

Pontremoli, *Pons tremulus, Apua*, ville d'Italie, dans la Toſcane, aux confins du Parmeſan, ſur la riviere de Magra, au pied de l'Appenin, à 28 li. au nord-oueſt de Florence. Le gr. duc de Toſcane Ferdinand II l'acheta des Eſp. en 1650. long. 27. 30. latit. 44. 26.

* Pontron, *Pons Otronus*, abb. d'hom. ordre de Cît. dans l'Anjou, au diocèſe & à 4 lieues d'Angers, au couchant ſur les confins de la Bretagne, fondée le 29 Mai 1134. La Martiniere la nomme mal Poutrou.

Pontyon, *Pontigo*, village de Fr. dans la Champagne, près

de Vitry-le-brulé, fur la riviere de Sault, remarquable par le palais que les rois Carlovingiens y ont eu.

POOL, petite ville d'Angleterre, dans le Dorfetshire, à 45 li. au fud-ouest de Londres. Il y a un fort beau port prefque environné d'un bras de mer. La marée y monte, & defcend 4 fois en 24 heures. long. 15. 47. latit. 50. 45.

1. POPAYAN (le), prov. de l'Amérique mérid. au nouveau royaume de Grenade, entre l'audience de Panama, celle de Quito & la mer du Sud. Balalcaçar, Efpagnol, la découvrit en 1536. Il y a de riches mines d'or, & plufieurs fortes de pierres précieufes. On en tire aufii du baume, du fang-dragon, de l'agathe & du jafpe. On y eft fujet à un infecte très-dangereux, plus petit que la puce, & dont le venin eft fi fubtil, que la perfonne ou la bête dont la peau en a été tachée, commence à enfler & meurt après. Les fauvages qui habitent cette prov. font grands ennemis des Efpagnols, & prefque toujours en guerre avec eux.

2. POPAYAN, ville de l'Amérique mérid. au royaume de la nouvelle Grenade, capitale de la province de meme nom, à 1 lieue de la riv. de Cauca. C'eft le fiége d'un év. fuffragant de Santafé, & la réfidence d'un gouverneur. On y compte environ 25 mille ames, parmi lefquelles on compte 60 familles iffues des maifons les plus illuftres d'Efpagne. L'abondance des mines d'or y attire beaucoup de monde, & à mefure que les autres établiffemens s'affoibliffent, Popayan fe peuple de plus en plus. Il y a un collége de Jéfuites à qui on a permis de fonder une univ. Les tremblemens de terre & les tonnerres y

font fréquents. Une grande partie de la ville fut renverfée le 2 Février 1735. Elle eft à 2 degrés 28 min. de l'Équateur, & à 2 plus à l'Orient que Quito.

POPERINGUE, *Pupurnengahemum*, petite ville des Pays-Bas en Flandre, dans la chatellenie & à 3 li. de Caffel. Il y a une grande place environnée de belles maifons. L'hôtel de ville eft fort bien bati. Il y a plufieurs manufactures d'étoffes & environ 3000 habitans.

POPFINGEN, p. ville d'Allem. dans la Suabe, fur l'Eger, à 3 li. de Dunckelfpeil. Elle eft impériale.

* POPOLO, p. ville d'Italie, dans l'Abruzze citér. fur la Pefcara qu'on y paffe fur un pont, à 8 milles au nord de Sulmona. Corneille veut que ce foit l'anc. *Corfinum*. Il vouloit dire *Corfinium*. Il fe trompe, c'eft l'anc. *Pentina*, comme il l'avoit fort bien remarqué fous ce mot.

PORCA, *Porca*, roy. des Indes, fur la cote de Malabar, borné au nord par celui de Cochin, & au midi par celui de Calicoulan, borné du côté du couchant par la mer. Le roi de Porca eft idolâtre, on fait monter le nombre de fes idoles jufqu'à 900. Ses fujets s'occupent à la peche pendant l'hyver, & l'été ils s'adonnent au pillage, dont ils partagent le produit avec le roi.

PORCA, ville des Indes, fur la côte de Malabar, capit. du roy. de meme nom. Le roi, quoique païen, avoit permis qu'on y batît une églife dirigée par les Jéfuites qui y firent plufieurs converfions. Cette ville eft aujourd'hui aux Hollandois. latit. 9. 14.

PORCUNNA, *Obulcula*, petite ville d'Efpagne, au royaume de Cordoue, près de Caftro Rio. Il y a un anc. monaftère de

Bénédictins & une commanderie de l'ordre de Calatrava.

PORENTRU, *Pons Reintru-
dis*, ville de Suiſſe, dans l'Eſ-
gow, capitale des états de l'év.
de Baſle, ſur la riviere de Halle
aux confins de la Franche-Comté, proche le mont Jura, à 8
li. au ſud-oueſt de Baſle. Elle
n'eſt pas gr. mais peuplée, &
défendue par un bon chât. où
l'év. fait ſa réſidence ; cependant
cette ville eſt du diocèſe de Beſançon. L'egliſe paroiſſiale eſt
belle, & il y a un colléze de
Jéſuites. long. 25. 4. latit. 47. 36.

PORNID, bourgade de Fran-
ce, dans la Bretagne, au dioc.
de Nantes, dans le duché de
Retz, près de la Loire, avec
une abbaye d'hom. de l'ordre
de St Auguſtin.

PORQUEROLES, iſle de France,
en Provence. C'eſt une des iſles
Hieres.

PORT, petit golfe, ance, ou
enfoncement d'une côte de la
mer, qui entre dans la mer,
& où les vaiſſeaux peuvent charger & décharger, être à l'abri
des tempetes. On l'appelle auſſi
havre.

PORT DES ANGES, port de
l'Amérique ſept. dans la N. Eſp.
dans la prov. de Guaxaca, ſur
la côte de la mer du Sud. On y
peut ancrer à 30, 20, ou 12
braſſes d'eau. La marée y monte
juſqu'à 5 pieds. L'endroit où l'on
y débarque le plus commodé-
ment eſt à l'oueſt. C'eſt une rade
toute ouverte. latit. 15.

PORT DE LA CABRERA, port
d'Eſp. dans la Médit. ſur la côte de l'iſle de Cabrera, du côté
du nord-oueſt. Il eſt propre pour
des galéres, & même pour des
vaiſſeaux. On y peut mouiller
par 4 à 5 braſſes d'eau.

PORT DÉSIRÉ, port de l'Amér.
mérid. dans la terre Magellanique, ainſi appellé par Jean le
Maire en 1616. Il y a toujours

aſſez d'eau en baſſe marée. Dans
les hautes marées, l'eau monte
environ trois braſſes. latit. méridionale 47. 30.

PORT FORNELLE, port de la
Médit. dans l'iſle de Minorque,
au nord-eſt de l'iſle. Il eſt bon
pour toute ſorte de batimens.
On trouve à ſon entrée 10 à 11
braſſes d'eau. Il y a quelques ro-
ches près de l'iſle. latit. 40. 41.

PORT LIGAT, port de la Méditerranée, en Eſpagne, ſur la
côte de la Catalogne. Son entrée eſt du coté de l'eſt. On y
peut mouiller par 4 à 5 braſſes
d'eau fond d'herbe vaſeux. Il eſt
à 2 milles au nord-eſt de Cade-
quié, & lorſqu'on prit cette
place, on débarqua au port Ligat les troupes & les munitions
pour ce ſiege.

PORT LOUIS, ou BLAVET, ville
de France, en Bretagne, à l'embouchure de la riv. de Blavet,
à 10 li. au couchant de Vannes.
Il y a une citadelle & des fortifications faites par Louis XIII
qui a donné ſon nom à la ville.
Son port eſt très-bon, & les plus
grands vaiſſeaux peuvent y ar-
river aiſément. Ils paſſent juſqu'au fond de la baie dans le
lieu appellé Orient, *voyez* ce
mot. Il ſe fait à Port-Louis un
grand commerce de ſardines,
& de congre. Les habitans de
St Malo en tirent plus de 4000
barriques. Il y a une bonne citadelle, gouverneur, état-major & garniſon. long. 14. 15.
latit. 47. 35.

PORT-MAHON, *Mago*, port
de la Médit. ſur la côte de l'iſle
de Minorque avec une ville &
une citadelle. La ville doit ſa
fondation à Magon, capitaine
Carthaginois. Elle n'eſt pas gr.
mais ſes habitans ſont riches
par le commerce. La citadelle eſt
le fameux chateau de St Philippe qui eſt à l'entrée du port,
& qui paſſoit pour imprena-

ble : cependant les troupes Fr. s'en font emparées le 28 Juin 1756. Il y avoit lors de fa réduction une garnifon de 3000 hommes, 240 piéces de canon, 70 mortiers, 700 milliers de poudre, 120000 boulets, 1500 bombes & grande quantité de vivres. Le port eft excellent, & on y eft tellement à l'abri de tous les vents, qu'on dit en proverbe que Juin, Juillet, Août & le Port-Mahon, font la fureté des vaiffeaux. On mouille ordinairement devant la ville, où on trouve 7 à 8 braffes d'eau. latit. 40. 2.

Port du Prince, ville de l'Amérique feptentrionale, fur la côte feptentrionale de l'ifle de Cuba, avec un port trèseftimé des navigateurs, & appellé Ste Marie. La ville eft dans une grande prairie où les Efpagnols nourriffent une quantité prodigieufe de bétail. latit. 21. 12.

PORT AUX PRUNES, pays d'Afrique, fur la côte orient. de l'ifle de Madagafcar. C'eft un pays fertile en riz & en paturages. Les habitans font trèslaborieux, & cultivent beaucoup la terre.

1. Port-Royal, anc. abb. de filles ordre de Cît. dans l'ifle de Fr. entre Chevreufe & Verfailles. Elle fut détruite par ordre de Louis XIV.

* 2. PORT-ROYAL, ou ANNAPOLIS, ville de l'Amér. fept. capit. de l'Acadie, fur la côte de la baie des chaleurs & non pas des challeurs, comme dit Vofgien. Le port qui donne le nom à la ville, a près de 2 lieues de longueur & 1 de largeur ; c'eft un des plus beaux de tout le pays. On trouve à fon entrée 18 à 20 braffes d'eau. On a bâti dans le fond du port un fort affez confidérable. Les François l'ont cédé à l'Angleterre à la

paix d'Utrecht latit. 45. 46.

3. PORT-ROYAL, ville de l'Amerique fept. dans la Jamaïque, fur fa côte mérid. à 4 li. de San Jago. Il n'eft pas de port meilleur ni plus commode. L'ancrage y eft bon par-tout. Des vaiffeaux de mille tonneaux peuvent y aborder ; auffi les vaiffeaux de guerre & les vaiffeaux marchands les preferent aux autres ports de l'ifle. C'eft le lieu de toute l'ifle, où il fe fait le plus grand commerce, & il y a un abord prodigieux d'etrangers, ce qui en rend les maifons très-cheres. latit. 18.

* Port de Sallagua, port de l'Amérique fept. & non pas mérid. comme dit la Martiniere, dans la nouv. Ltp. fur la côte de la mer du Sud. On y peut ancrer par-tout à 10 ou 12 braffes d'eau. latit. 18. 52.

Porta-Cœli, chartreufe d'Efpagne, au royaume & à 4 li. de Valence.

Portalegre, *Portus alacris*, ville de Port. dans la province d'Alentejo, au pied d'une haute mont. dans une belle campagne, à 20 lieues au nord-eft d'Evora, & à 37 au nord-eft de Lisbonne. Elle eft bien batie, & ornée de belles fontaines. Le pape Paul III y érigea un év. fuffragant de Lisbonne. Ses fortifications ne l'empecherent pas d'etre prife par Philippe V en perfonne, le 7 Juin 1704. long. 10. 20. latit. 39. 11.

Portendic, ou Penia, baie fur la côte occid. d'Afr. entre Arguim & le Senegal. Deux gr. bancs de fable & qui joignent des deux côtés le continent, lui fervent de défenfe naturelle & forment un canal d'environ 80 braffes de largeur. Les Holl. en 1721 ayant perdu l'ifle d'Arguim, fe retirerent à Portendic où ils batirent un fort de bois, qui leur fut enlevé par les Fr.

& qui en prirent poſſeſſion en 1723. Ils l'abandonnerent la méme année ; mais en 1724 ils reprirent de nouveau le fort. Ils ont depuis entretenu conſtamment un comptoir à Portendic, ſous la dépendance de celui d'Arguim. latit. 18. 6.

PORTICI, village d'Italie dans la terre de Labour, à 6 milles de Naples, & à un mille de la mer, vis-à-vis le mont Véſuve. Il eſt fameux par la belle maiſon de plaiſance que le roi des deux Siciles y a fait bâtir, mais encore davantage parce qu'il eſt préciſément ſous les ruines de la fameuſe ville d'Herculane, découverte depuis quelques années.

1. PORTO, *Portus*, ville de Port. dans la prov. entre Duero-e-Minho, à 1 li. au-deſſus de l'emb. du Duero, à 12 au midi de Brague, & à 58 au nord de Lisbonne. Elle eſt gr. & belle, ſes rues ſont propres & bien pavées. Il y a un conſeil ſouverain; ſon év. qui eſt anc. eſt ſuffr. de Brague. Une des plus belles maiſons de Porto, eſt celle des Chanoines régul. de St Auguſtin. La riv. forme un bon havre, dans lequel les vaiſſeaux ne peuvent entrer qu'en pleine mer, & ſous la conduite de quelque pilote de la ville. Ce qui en fait la ſureté. On voit regner tout le long de la ville un très-beau quai, & qui eſt orné de belles maiſons. Il ſe fait à Porto un grand commerce. Les Holl. les Fr. & les Angl. y ſont toujours en grand nombre ; on en tire beaucoup de vin pour les pays ſept. de l'Europe. Cette ville appellée anc. Portu-Cale, a donné ſon nom à tout le royaume. long. 8. 55. latit. 41. 5.

2. PORTO, *Portus Romanus*, ville d'Italie, dans l'état de l'Egliſe, à la droite du Tibre, à 3 milles d'Oſtie, quoiqu'elle ſoit

ruinée, & qu'il n'y ait qu'une douzaine de pauvres maiſons ; cependant il y a un év. attaché au ſous-doyen des cardinaux.

3. PORTO, ville d'Italie, dans l'état de Veniſe, ſur l'Adige, au Veronois, à 8 li. au-deſſus de Verone, vers le ſud-eſt. Elle eſt fortifiée.

*4. PORTO, quartier de Naples qui occupe ce qui faiſoit autrefois le port que Tite-Live a appellé *Portum capaciſſimum*. M. Langlet Dufreſnoy ignoroit ce changement lorſque, dans ſa méthode pour apprendre la Géographie, il a dit que Naples avoit un beau port.

PORTO BELO, *Portus Belus*, ville & port de l'Amér. ſur la côte ſept. de l'iſle de Panama. Chriſtophe Colomb en fit la découverte en 1502. La ville fut bâtie ſous le regne de Philippe II, roi d'Eſpagne, après la ruine de Nombre de Dios qui n'en eſt qu'à 5 li. Elle eſt longue & étroite, & n'a que deux principales rues. Les maiſons ne ſont pas laides non plus que les égliſes. Le port eſt vaſte & commode, l'entrée eſt étroite, & la mer eſt haute preſque contre le rivage de 5 à 6 braſſes au milieu du port qui eſt défendu par deux forts, auprès d'un deſquels eſt la maiſon du gouverneur. Les gallions d'Eſpagne y chargent les tréſors du Perou, qu'on y conduit par terre de Panama. L'air eſt très-mauvais à Porto Belo, non-ſeulement pour les étrangers, mais même pour les gens du pays. Les chaleurs y ſont exceſſives. Il y a des orages, des éclairs & des tonnerres épouvantables, dont le bruit eſt augmenté par les échos du voiſinage. Les Anglois prirent cette ville ſous la conduite de l'amiral Vernon en 1740; ils en ruinerent toutes les fortifications. long. 277.50. latit. 9. 34

Porto cros, *Mese*, iſle de Fr. dans la Médit. ſur la côte de Provence. c'eſt la 2e des iſles Hieres.

Porto escondedo, port de l'Amér. ſept. dans la baie de Campeche, ſur la côte d'Yucatan. C'eſt une grande entrée dans un lac ſalé de 10 li. de longueur, ſur 3 de largeur. L'entrée du port a une barre, mais l'encrage eſt bon des deux côtés.

Porto farina, port d'Afr. ſur la côte de la Médit. au roy. de Tunis, près des ruines de l'anc. Utique. Ce fut dans ce port qu'aborda l'armée de Charles V lorſqu'il fut aſſiéger Tunis.

Porto ferraio, *Portus Ferratus*, p. ville d'Italie, dans l'iſle d'Elbe, ſur la pointe de l'oueſt d'une grande baie de même nom. Elle eſt fortifiée & appartient au gr. duc de Toſcane qui y tient une bonne garniſon. Le port ferme à chaîne; on y peut mettre 5 ou 6 galeres, y ayant 3 à 4 braſſes d'eau. Il eſt au midi de la ville. latit. 43. 53.

Porto fino, *Portus Delphini*, port de la Médit. ſur la côte de Gênes, entre deux montagnes. On y peut ranger 8 galeres. Son entrée a 10 à 12 braſſes d'eau, & 4 dans le milieu, fond d'herbe vaſeux. Sur la droite du port eſt le village de Porto Fino, que quelques-uns qualifient de bourg, & d'autres de ville. Il y a un chât. à une de ſes extrémités ſur un rocher eſcarpé.

Porto galete, petite ville d'Eſp. dans la Biſcaye, proche l'Océan, ſur le bord d'une riv. qui entre juſque dans les maiſons. longitude 14. 26. latitude 43. 25.

Porto gruaro, *Romatinus portus*, p. ville d'Italie, dans le Frioul, ſur la riv. de Leme, à 3 milles de Concordia, & la

réſidence de cet év. On y charge toutes les marchandiſes d'Allemagne qui doivent etre portées à Veniſe, dont cette ville dépend.

Porto hercole, *Portus Herculis*, p. ville d'Italie en Toſcane, dans la Pr. Delli Preſidii & dans la partie orientale du mont Argentaro, & défendue par un bon chât. Le port eſt aujourd'hui rempli. C'eſt là, dit-on, que mouilla la flotte des Argonautes. long. 28. 50. latit. 42. 36.

Porto longone, *Portus longus*, p. ville d'Italie, dans l'iſle d'Elbe, ſur ſa côte orient. Il y a une fortereſſe bâtie en 1606 par les Eſp. quoique la ville ſoit au prince de Piombino. Elle leur étoit d'un gr. ſecours, ſoit pour retirer leurs galeres quand ils les renvoyoient en Sicile ou au roy. de Naples, ſoit pour tenir en reſpect les états du pape & ceux de Toſcane. Les Fr. s'en ſaiſirent en 1646; mais les Eſpagnols la reprirent en 1650. Le port eſt fort long, d'où lui vient ſon nom. Les plus gros bâtimens peuvent y mouiller & y etre à couvert des vents. Le fond eſt bon par-tout. long. 28. 14. lat. 42. 50.

Porto marin, p. ville d'Eſpagne, dans la Galice, ſur le Migno qui la partage en 2 villes, à 10 li. au-deſſus d'Orenſe. C'eſt la gr. route du roy. de Léon à St Jacques de Compoſtelle.

Porto novo, petite ville des Indes, ſur la côte du Coromandel, à une journée de Pondichery, en allant vers le ſud. Les Anglois & les Hollandois ont dans cette ville quelques maiſons; les Port. y ſont en très-grand nombre. On y voit une aſſez belle égliſe où s'aſſemblent les Chrétiens de la côte. longitude 100. 30. latit. 11. 45.

PORTO PEDRO, port d'Efp. dans la Médit. fur la côte méridionale de l'ifle de Majorque. On y peut mouiller avec des vaiffeaux & des galeres. Il y a par-tout dans le milieu depuis 10 jufqu'à 4 braffes d'eau. latit. 39. 29.

PORTO RICO, ou PORTO RIC, ifle de l'Amér. fept. une des Antilles, au levant de celle de St Domingue, & au couchant des ifles fous le vent. Chriftophe Colomb la découvrit en 1493. Elle a 20 li. du nord au fud, & 40 du levant au couchant. Il y a de h. mont. beaucoup de collines, des vallées très-fertiles. Les productions font les mêmes qu'à St Domingue. Son nom lui vient des mines d'or que les Efpagnols y trouverent. Porto Rico eft la capitale.

2. PORTO RICO, ville de l'Amér. fept. capit. de l'ifle de même nom, dans fa partie fept. Ses rues font larges & les maifons bien bâties. La cathédrale eft belle; fon év. eft fuffr. de St Domingue. Le port eft commode & fpacieux : on y eft à l'abri des vents. Il eft défendu par un fort chat. où on fit de nouveaux ouvrages en 1590. Le chevalier Drack entra dans le port en 1595; mais il ne put pas fe rendre maître de la ville. latit. 18. 30.

PORTO SANTO, *Portus Sanctus*, ifle de Fr. au nord orient. de celle de Madere, découverte en 1418 par Gonzalés Zarco & Triftan Vaz, Port. Ils la trouverent peuplée; la terre en étoit fertile. Ils y porterent des femences de grains de toute efpece, & des beftiaux pour cultiver l'ifle. Deux lapins qu'ils y porterent multiplierent fi fort, que dans l'efpace des deux ans

ils détruifirent tout ce qui avoit été femé. Elle a 5 li. de tour. Il n'y a point de port; mais un golfe commode pour les vaiffeaux qui viennent des Indes, ou pour ceux d'Europe qui vont en Afrique. Les Infulaires font tous Catholiques, & font foumis pour le fpirituel à l'év. de Funchal. Au mois d'Avril 1595 Prefton, Anglois, s'empara de Porto Santo; & fur quelques infultes qu'il avoit reçues, il y caufa de grands ravages. latit. 32. 30.

1. PORTO SEGURO, capitainerie de l'Amér. mérid. fur la côte orient. du Brefil, bornée au nord par celle dos Ilheos, au midi par celle de Spiritu Santo, au levant par la mer du Nord, & au couchant par les Tupiques. Alvaro Cabral, Portugais, en fit la découverte en 1500. Cette prov. abonde en toute forte de vivres, dont les habitans tranfportent une partie chez leurs voifins; c'eft ce qui fait leur commerce. Porto Seguro eft la capitale.

2. PORTO SEGURO, ville de l'Amé. mérid. au Brefil, capitale du gouv. ou capitainerie de même nom, fur la côte de la mer du Nord, à l'emb. d'une riv. fur le fommet d'une roche blanche. Il y a plufieurs moulins à fucre, & eft habitée par des Portugais. latitude mérid. 17. long. 338.

PORTO VENERE, *Portus Veneris*, p. ville d'Italie, fur la côte de Gênes, à l'entrée du golfe de la Specia, fur fa pointe occid. Elle eft mal bâtie & pauvre. Il y a fur la hauteur une efpece de fortereffe.

PORTSMOUTH, *Portus magnus*, ville d'Angleterre, dans le Hampshire, dans l'ifle de Portfey, avec titre de duché. Elle eft bien fortifiée, & a un port fameux. Il y a un chantier pour les vaisseaux de guerre, & des magasins pour les équiper. C'est une pepiniere de mariniers. long. 16. 30. latitude 50 48.

PORTUGAL, *Lusitania*, roy. le plus occid. de l'Europe, borné au nord par la Galice, au midi & au couchant par l'Océan, au levant par l'Andaloulie, la nouv. Castille & le roy. de Léon. Son étendue est du nord au sud. Il a 120 li. de longueur, & 50 de large. Il étoit autrefois plus étendu sous le nom de Lusitanie. Divers peuples l'occupoient, & formoient plusieurs républiques. Il fut ensuite soumis par les Romains, & successivement par les Goths & par les Maures. Alphonse VI, roi de Castille & de Léon, fit la conquête de la meilleure partie de la Lusitanie sur les Maures en 1094. Il maria sa fille naturelle Therese à Henri de Bourgogne, & lui donna pour dot la ville de Porto & ses dépendances, avec le titre de comte de Portugal. Henri conquit bien des pays sur les Maures, & laissa un puissant état à son fils Alphonse I qui est reconnu le premier roi de Portugal. Ses descendans en jouirent jusqu'en 1580 que Philippe II, roi d'Espagne, s'en empara. L'Esp. en jouit jusqu'en 1640 que les Portugais, par une conspiration générale, secouerent la domination Esp. & placerent sur le trône le duc de Bragance, de la maison des anciens rois de Portugal. Ce prince a transmis cette couronne à ses descendans jusqu'au roi Joseph I qui a succédé en 1750 au roi Jean V, son pere. Cette couronne est héréditaire, & passe même aux enfans naturels, au défaut des enfans légitimes. L'air du Portugal est tempéré,

pur & sain. C'est un très-bon pays ; le bled est abondant, les fruits sont excellens ; les huiles délicieuses : on y trouve quantité de bon miel ; les laines sont admirables ; les salines très-abondantes ; les bestiaux & les chevaux sont très-estimés : on sçait combien les orangers, les vins, sur-tout ceux de l'Alentejo & des Algarves, sont très-bons. Il y a des mines d'or & d'argent, des carrieres de très-beau marbre, & plusieurs de pierres precieuses, des rubis, des émeraudes, des hyacinthes. Il est arrosé d'un gr. nombre de riv. Les principales sont le Tage, la Guadiana, le Duero, &c. La religion Catholique est la seule permise. Il y a beaucoup de Juifs, mais ils sont cachés. L'inquisition y est très-severe. Il y a 3 arch. & dix év. sans compter ceux des Indes ou d'Afr. On divise le Port. en 6 parties, sçavoir : le roy. des Algarves ; les prov. entre Duero-e-Minho, Beira, l'Alentejo, Tra-los-Montes, l'Estramadure Port. Outre cela le roy. de Portugal a des possessions considérables dans l'Amérique, comme le Bresil, dans l'Afr. & dans l'Asie. Les Port. sont polis, braves & généreux, affables aux étrangers, attachés à leur religion & à leur souverain : du reste ils sont très-propres pour les sciences, & il y nait chez eux de fort bons écrivains. La langue Port. est un composé de la Latine, de la Françoise & de la Castillane. Lisbonne est la capitale du royaume. long. 9-12. latitude 37-42.

*POSEGA, ville de Hongrie, dans l'Esclavonie, capit. d'un comté de même nom, sur l'Orlava, & non pas Oriana, comme dit Vosgien, à 44 li. au couchant de Belgrade. Les Imrériaux l'enleverent aux Turcs en 1687. long. 35. 44. latitude 45. 37.

1. POSNANIE, ou POSEN, *Posna*, ville de la grande Pologne, capit. du Palatinat de même nom, sur la rive gauche de la Warta, dans une belle plaine, à 10 li. au couchant de Gnesne, & à 50 de Varsovie. Elle n'est pas grande, mais bien batie. Miecislau I y fonda un év. l'an 966. Sa cathedrale est un édifice magnifique : l'hôtel de ville est un fort beau batiment. Après Cracovie c'est la plus belle ville de Pologne. On y voit plusieurs paroisses, plusieurs communautés religieuses. Les Jésuites ont un beau collége. Posnanie est une ville très - commerçante : elle est l'entrepot des marchandises qu'on apporte d'Allemagne en Pologne, & de Pologne en Allemagne. long. 35. 8. latit. 52. 25.

2. POSNANIE, palatinat de la gr. Pologne, borné au nord par la Poméranie, au midi par le palatinat de Kalisch & par la Silesie, au levant par la Pomerelle, & au couchant par la marche de Brandebourg. Posnanie est la capitale.

POSTDAM, ou POTZTEIN, ville & maison de plaisance du roi de Prusse, dans la moyenne Marche de Brandebourg, à 4 milles de Berlin, dans une isle formée par la Sprée & le Havel, & qui a 4 li. de tour. C'est un séjour des plus gracieux. long. 31. 18. latit. 52. 36.

POSTEL, abb. d'hom. ordre de Prémontré, dans le Brabant Holl. sur les confins de l'Autrichien. Les Holl. apres l'avoir occupée pendant quelques années, la rendirent à cet ordre vers l'an 1641.

POSTELBERG, *Porta Apostolorum*, anc. & riché abb. d'hom.

ordre de St Benoit, en Bohême, au cercle de Satz. Elle est aujourd'hui ruinée.

POTENZA, *Potentia*, p. ville d'Italie, au roy. de Naples, dans la Basilicate, proche les sources du Batiento, avec un év. suffr. de Cirenza. Elle a été presque détruite par un tremblement de terre en 1694. long. 33. 30. latit. 40. 39.

POTMES, p. ville d'Allemagne, dans la Baviere, sur la rive gauche de l'Acha, au sud - est de Rain.

POTOSI (le), ville du Perou, dans la prov. de los Charcas, près de la Plata, au pied d'une montagne qui est faite en forme de pain de sucre. Elle est bien batie & très-peuplée. Les églises y sont de la plus grande magnificence, sur-tout celles des religieux qui y sont en très-gr. nombre. La montagne dont nous venons de parler, renferme ces mines d'argent si fameuses, & découvertes en 1545. Elles sont si riches, que depuis l'année de la découverte, jusqu'en 1638, selon le calcul fait, elles avoient fourni trois cens nonante-cinq millions six cens dix-neuf mille piastres. Elles ne donnent pourtant plus tant comme elles faisoient autrefois. La ville de Potosi se ressent du voisinage de ces mines. On n'y voit qu'étoffes d'or & d'argent. L'argent y est aussi commun que le fer & le cuivre ailleurs ; la vaisselle des plus simples particuliers est de ce métal. On doit comprendre que cette ville est extrémement fréquentée. Les mines y attirent plus de 60000 personnes, sans compter les travailleurs. Le roi d'Esp. n'a que le quint. long. 312. latit. mérid. 20. 40.

POUANCÉ, ou ST AUBIN DE POUANCÉ, p. ville de Fr. dans l'Anjou, au Craonois, sur un étang , avec titre de baronnie. Il y a une maîtrise des eaux & forêts, un grenier à sel & une riche abb. d'hom. ordre de St Benoît. Il y a des forges de fer.

POVENZA, ville de l'empire Russien , dans la partie sept. de la Carelie Moscovite , sur le lac Onega , à l'emb. de la riv. de Povenza.

POULANGIS , abb. de filles, ordre de St Benoît, en Champagne , à 4 li. de Langres, & à 3 de Chaumont. Elles font preuve de noblesse,&ne sont pas cloitrées.

POUILLE (la), *Apulia*, contrée d'Italie , au roy. de Naples, le long du golfe de Venise , bornée par l'Abruzze citér. le comté de Molisse, & la Basilicate. Elle n'a que 55 milles du nord au midi, mais plus de 200 milles du nord-ouest au sud-est. Elle comprend la Capitanate , la terre de Bari & la terre d'Otrante, *voyez* chacun de ces articles.

POULTIERS , *Pulteriense monasterium*, abb. d'hom. en Fr. de l'ordre de St Benoît , dans la Bourgogne , au dioc. de Langres sur la rive gauche de la Seine entre Mussi l'Evêque au nord & Châtillon sur Seine au midi, fondée l'an 860.

POURÇAIN (St), *Portiani Sti Fanum*, p. ville de Fr. dans la b. Auvergne , aux confins du Bourbonois, à 8 li. au midi de Moulins , entre cette ville & Clermont, sur le bord de la Sioule. Elle doit son origine à une abb. de l'ordre de St Benoît, qui n'est plus auj. qu'un prieuré. Il y a une paroisse, des Cordeliers, des Bénédictins, des Bénédictines & un hôpital. Son commerce consiste en vins. c'est la patrie du chancelier Seguier. long. 20. 48. latit. 46. 14.

POUSSOL , ou POZZUOLO ,

Puteoli, ville d'Italie , au roy. de Naples , sur une colline près de la mer , à 8 milles au couchant de Naples. Ce n'est pas sans raison que cette ville faisoit les délices des Romains. Elle est dans la plus agreable situation qu'on puisse voir , vis-à-vis les ruines de Bayes. On y voit encore plusieurs beaux restes de son ancienne splendeur; les ruines d'un amphithéatre , d'un temple de Jupiter,beaucoup de colonnes, des chapiteaux, des statues , &c. On voit dans la mer 14 piliers qui sont les restes d'un pont que Caligula avoit fait construire pour aller de Pouzzol à Bayes. On peut mouiller aisément devant Poussol avec des vaisseaux & des galeres. Quoiqu'elle soit à présent peu de choses , il y a cependant un év. suffr. de Naples. longitude 31. 34. latitude 40. 52.

PRADAS , p. ville d'Esp. dans la Catalogne, sur une p. riv. qui se rend dans l'Ebre, & cheflieu d'un comté, dans la viguerie de Monblanc. Il y a tous les ans une grande foire.

PRADELLLES,p. ville de France dans le Vivarais, sur une éminence, près des sources de l'Allier, à 4 li. du Puy. On nourrit beaucoup de betail aux environs.

PRADES, p. ville de Fr. dans le Roussillon, au milieu d'une belle plaine, sur le Tet, à un quart de li. de l'Abb. de St Michel de Cuzan.

PRADOS , p. ville de Portugal, dans la prov. entre Duero-e-Minho , sur la rive droite du Cavado, avec titre de comté.

PRAGLIA (Ste Marie de) , abb. régul. de la congrégation de Mont-Cassin en Italie , au dioc. & à 6 milles de Padoue. Elle est très-nombreuse, & fut fondée dans le XII siécle.

*PRAGUE, *Pragua*, ville capitale du roy. de Bohême, sur la Muldaw, qu'on y passe sur un pont, à 45 li. au nord de Lintz, à 60 au sud-est de Berlin, à 28 au sud-est de Dresde, & à 56 au nord-ouest de Vienne. On croit que c'est l'anc. *Bubiemum*, & que Marobodus, roi des Marcomans, lui donna ensuite son nom. Quoi qu'il en soit, c'est la plus gr. ville d'Allemagne, & qui est partagée en 3, la vieille ville, la ville neuve & la petite. Celle-ci n'est occupée que par des Juifs qui sont fort pauvres. Les deux autres sont séparées par un beau pont, sur lequel on voit la statue de St Jean Nepomucene que le roi Venceslas fit jetter dans la riv. pour n'avoir pas voulu reveler la confession de la reine. On trouve dans la vieille ville le palais des anciens rois, remarquable par son architecture & ses peintures, la métropole, qui est un batiment gothique. La nouvelle ville est plus gr. que la vieille : elle renferme beaucoup de jardins ; ses rues sont larges & droites, ornées de plusieurs beaux palais ; il y a de grandes places, un hôtel de ville magnifique. On compte à Prague plus de cent églises, une infinité de couvens : les Jésuites seuls ont trois maisons composées de 200 religieux, mais non pas de 2000, comme dit la Martiniere. L'université est célebre & très-fréquentée. Charles IV, empereur, la fonda en 1347. Le commerce de Prague consiste en crystaux qu'on y travaille fort bien, & dont il se fait un grand débit en Europe. Cette ville a souvent été prise dans les guerres ; les Fr. y soutinrent un long siége en 1742. Elle est restée à l'impératrice, reine de Hongrie, reconnue au traité d'Aix-la-Cha-

pelle reine de Bohême. long. 32. 20. latit. 50. 8.

PRANGIN, village de Suisse, au canton de Berne, dans le bailliage de Nyon, avec titre de Baronnie, & célebre par ses eaux minérales.

PRASLON, abb. de filles, ordre de St Benoit, dans la Bourgogne, au dioc. de Dijon.

PRATO, *Pratum*, ville d'Italie, dans le Florentin, sur le Bisentio, entre Florence & Pistoye, dans une belle prairie, à 6 li. au nord-ouest de Florence. Son év. a été réuni à celui de Pistoye. longitude 29. 12. latit. 43. 36.

PRATOLINO, maison de plaisance du gr. duc de Toscane, au voisinage de Florence, batie par le grand duc François I. C'est un séjour délicieux. On y admire la magnificence des bâtimens, la richesse des meubles & la beauté des jardins. On y reconnoît par-tout le gout du fondateur.

PRATS DE MOLO, *Forcia de Pratis*, p. ville de Fr. dans le Roussillon, sur le Tec, au milieu des montagnes, à 10 li. au sud-est de Mont-Louis. Elle fut fortifiée par Louis XIV qui y fit batir le fort de la garde, qui contient 3 corps de casernes, la maison du gouverneur & quelques cantines.

PRAYA, ville de l'isle de Sant Iago, au sud-ouest de l'isle, & au sud-est de la capit. dont elle n'est qu'à 3 li. Elle est peu de chose, mais le port est bon. Son commerce consiste dans les bestiaux, la volaille & les fruits que les habitans donnent en échange de vieux habits & du linge. Ils sont paresseux & voleurs. Cette disposition au vol vient de leur commerce avec les Pirates qui fréquentent beaucoup ce port. latit. sept. 15.

1. PRÉ, *Pratum*, abbaye de

filles, ordre de St Benoît, dans le Maine, dans un des fauxbourgs du Mans.

2. PRÉ, *Pratum*, abb. d'hom. ordre de Cit. près de la riv. de Creuse, au dioc. de Limoges, fondée l'an 1140.

PREAUX, *Pratellum*, abbaye d'hom. ordre de St Benoit en Normandie, au dioc. de Lisieux, dans un vallon, à 1 li. de Pont-Audemer. Il y a aussi dans le même li. une abb. de Bénédictines de même nom.

PREGNITZ, comté d'Allem. & une des 5 parties de la Marche de Brandebourg, au-delà de l'Elbe, sur les frontieres du Meckelbourg.

PREMERY, *Premeriacum*, p. ville de Fr. dans le Nivernois, avec titre de chatellenie. Il y a un chapitre, & elle appartient à l'év. de Nevers.

PRÉMOL, *Pratum molle*, Chartreuse de filles, dans le Dauphiné, au dioc. & à 3 li. au sud-est de Grenoble.

PREMONTRÉ, *Præmonstratum*, abb. régul. & chef d'ordre en Fr. dans la Picardie, au dioc. & à 3 li. au couchant de Laon, à 4 au nord de Soissons, dans la forêt de Coucy, dans un vallon marecageux.

PRENSLOW, ville d'Allemagne, dans la Marche de Brandebourg, au canton d'Ukermarck, dont elle est la ville principale, sur le lac Ukerzée, à 18 li. au nord de Berlin.

PRERAU, p. ville d'Allemagne, dans la Moravie, sur la riv. de Peczwa, à 5 li au sud-est d'Olmutz, & chef-lieu d'un comté de même nom.

PRESBOURG, ou POSON, *Posonium*, ville de la h. Hongrie, sur la rive sept. du Danube, aux confins de l'Autriche, dans un pays fertile, sur-tout en bon vin, à 12 li au levant de Vienne, à 30 au nord-ouest de Bude. Elle n'est pas gr. mais ses fauxbourgs sont étendus : il y a 3 portes & 3 églises. Les maisons sont proprement bâties. La citadelle est sur une élévation : on y monte par 115 marches : on y voit un puits taillé dans le roc, & très-profond. On y conserve dans une tour la couronne de Hongrie. Les rois de Hongrie sont couronnés depuis long-tems à Poson. l'impératrice-reine y fut couronnée en 1741. C'est la résidence du gouverneur du roy. & de l'arch. de Strigonie. Il y a beaucoup de Protestans qui ont liberté de conscience. long. 35. 15. latit. 48. 14.

* PRESSIGNY, *Pressiniacum*, p. ville de Fr. dans la Touraine, sur la riv. de Claise, & non pas Claire, comme disent la Martiniere & Vosgien. Il y a un château, un chapitre & une paroisse.

PRESTON, *Prestonium*, ville d'Angl. dans le Lancashire, sur la Ribble, à 72 li. au nord-ouest de Londres. Elle est grande & belle ; le Prétendant y fut défait en 1715. long. 14. 16. latit. 53. 46.

PREVESA (la), *Nicopolis*, ville de l'Albanie, sur le golfe de Larta, à 25 li. au nord de Lepante. Les Venitiens à qui elle appartient, en ont démoli les fortifications. long. 38. 40. latit. 39. 15.

1. PREUILLY, *Prulliacum*, p. ville de Fr. dans la Touraine, élection de Loches, avec titre de baronnie, sur la Claise. Il y a cinq paroisses & une abbaye d'hom. de l'ordre de St Benoît, fondée l'an 1001.

2. PREUILLY, *Prulliacum*, abbaye d'hom. de l'ordre de Cit. dans la Brie, au dioc. de Sens, à 1 li. sur la droite de la Seine, fondée l'an 1116.

PRIAMAN, ville des Indes,

dans l'ifle de Sumatra, fur fa côte occid. entre Ticou au nord, & Padang au midi, à l'emb. de la riv. de même nom. Elle dépend du roy. d'Achem , & eft très-peuplée. Il y a des vivres en abondance : fon commerce confifte en poivre.

PRIERES, abb. régul. de l'ordre de Cit. en Bretagne , au dioc. de Vanes , fur le bord de la mer, à l'emb. de la Vilaine , dans le village de Belair, fondée l'an 1252.

PRIEST (St), *Stus Præjectus*, p. ville de Fr. dans le Forez, au dioc. de Lyon , avec titre de baronnie.

PRINCIPAUTE' CITER. prov. d'Italie , au roy. de Naples , bornée au midi & au couchant par la mer, au nord par la Princ. ulter. & au levant par la Bafilicate. Elle a 75 milles de longueur & 50 de largeur. Salerne eft la capitale.

PRINCIPAUTE' ULTER. prov. d'Italie , au roy. de Naples, bornée au nord par le comté de Molife & la Capitanate, au midi par la Princ. citer. au levant par la Capitanate & la Bafilicate , & au couchant par la terre de Labour. Elle a 30 milles du nord au fud, & 50 du levant au couchant. Benevent eft la capitale.

PRISDENE, *Ulpianum*, ville de la Turquie Européenne, fur les confins de la Servie, de la Macedoine & de la h. Albanie, fur le Drin blanc , à 48 li. au fud-eft de Ragufe. long. 38. 35. lat. 42. 8.

PRIVAS, *Privatum*, p. ville de Fr. dans le Vivarais, fur un coteau, à 1 li. du Rhône. Elle a été la retraite des Calviniftes de la prov. Louis XIII en fit le fiége en perfonne, & la foumit le 27 Mai 1629. long. 22. 15. lat. 44. 46.

PRIX (St), abb. d'hom. ordre de St Benoît, en Picardie, au dioc. de Noyon.

PROCITA , *Prochyta* , ifle d'Italie, dans le golfe de Naples , à demi-li. de celle d'Ifchia. Elle a 9 milles de circuit. Son terroir eft très-fertile ; on y voit beaucoup de maifons de plaifance , & elle eft fort peuplée. Elle a une ville de meme nom qui eft à fon fud-eft , avec d'anc. fortifications fur une hauteur très-efcarpée , du côté de la mer. long. 31. 35. latit. 40. 52.

PROVENCE (la) , *Provincia*, prov. mérid. de Fr. bornée au nord par le Dauphiné , au midi par la Méditerranée , au levant par les Alpes & le Var qui la féparent de la Savoye, au couchant par le Rhone qui la fépare du Languedoc. Son etendue du midi au nord eft de 40 li. & de 42 du levant au couchant. Du tems des Romains qui lui ont donné fon nom , elle étoit bien plus étendue ; car elle comprenoit le Dauphiné, le Languedoc & la Savoye , jufqu'à Genève. Les Vifigots & les Oftrogots en furent fucceffivement les maitres. L'empereur Lothaire la donna à titre de roy. à fon fils Charles l'an 855 , & ce roy. s'éteignit vers l'an 948. Plufieurs princes en jouirent enfuite à titre de comté , jufqu'à la mort de Charles, roi de Sicile , qui inftitua fon héritier le roi Louis XI en 1481. Le roi Charles VIII la réunit à la couronne en 1487. On divife la Provence en haute & baffe : la haute eft au nord , & la baffe au midi. La premiere eft un pays affez tempéré qui produit des pommes , du bled, mais peu de vin. Dans la baffe l'air eft très-chaud, fon terroir eft fec & fablonneux, produifant des grenadiers , des orangers, des citroniers, des figuiers, des plantes médecinales, des mufcats, &c. M. Godeau l'appelloit la *Geufe parfumée*. Elle produit encore beaucoup d'oliviers & de muriers. Les principales riv. de la Provence font la Durance, le Verdon & le Var. Elle comprend 2 arch. & 11 év. Il n'y a plus des états généraux depuis 1639, mais il y a des affemblées générales tenues tous les ans par ordre du roi à Lambefc. L'arch. d'Aix y préfide. Le commerce de cette prov. eft très-confidérable, foit pour le Levant, foit pour l'Italie. Cette prov. fut affligée d'une grande famine en 1747; mais M. Bourret, fermier général, y eut bientôt remis l'abondance. Les Provençaux, pour reconnoître ce fignalé fervice, firent fraper en fon honneur une médaille d'or. Aix eft la capitale.

* PROUILLAN, *Prulliacum*, prieuré de filles de l'ordre de St Dominique, dans le dioc. de Condom, près de cette ville, felon la Martiniere qui a été mal inftruit; car ce prieuré, fondé par St Dominique, eft dans le Languedoc, au dioc. de faint Papoul, fur les front. de celui de Mirepoix, près de Fanjaux.

PROVINCES-UNIES, provinces des Pays-Bas, ainfi nommées, à caufe de l'union qu'elles contracterent entr'elles en 1579 pour fecouer le joug de la domination efp. *voyez* Pays-Bas.

* PROVINS, *Provinum*, ville de Fr. dans la Brie Champenoife, fur la Vouzie, & non pas fur le Morin, comme difent la Martiniere & Vofgien. Elle eft à 12 li. au fud-eft de Meaux, & à 20 au fud-eft de Paris. Elle n'étoit pas connue avant Charlemagne, d'où il faut conclure que ce n'eft pas l'*Agendicum* de Céfar, comme le rapporte la Martiniere, après André Duchefne. Les comtes de Champagne y firent bâtir un palais, & y faifoient fouvent leur féjour.

Cette ville eft auj. compofée de 4 paroiffes; il y a une abb. de chan. régul. 4 communautés d'hom. & 4 de filles. Son préfidial eft de la premiere création, & c'eft le chef-lieu d'une élection. Il y avoit autrefois à Provins une belle manufacture de draps. Son commerce confifte en bled qu'on tranfporte à Paris. La conferve des rofes qu'on y faifoit autrefois avoit de la réputation. long. 20. 56. latit. 48. 34.

1. PRUCK, *Lutipons*, ville d'Allem. dans l'Autriche, aux confins de la Hongrie, fur la riv. de Leita, à 3 li. de Presbourg. Elle a d'affez bonnes fortifications, & les environs font fertiles en tout ce qui eft néceffaire à la vie. long. 34. 42. latit. 48. 5.

* 2. PRUCK ANDER MUER, *Pons Muræ*, ville d'Allem. dans la h. Styrie, fur la Muer, a fon confluent avec la Murcz. Elle eft joliment bâtie, & on y voit une belle place publique. L'abbé la Croix dit qu'autrefois on l'appelloit *Ambra*, il la confond avec une autre ville de même nom qui eft fur l'Amber, & que quelques-uns appellent *Ambra* en latin.

3. PRUCK ANDER AMBER, *Ambra*, ville d'Allem. dans la h. Baviere, fur la riv. d'Amber, entre Furftenfeld & Dachau.

PRUIM, ou PROM, abbaye d'hom. ordre de St Benoît, en Allem. au dioc. & à 12 li. de Treves, fur une riv. de même nom, fondée par le roi Pepin. Les électeurs de Treves en font les titulaires.

PRUSE, ou BURSE, *Prufa*, ville autrefois capit. de la Bithynie, & aujourd'hui la plus grande & la plus belle de la Turquie, dans la Natolie, au pied du mont Olympe, à 30 li. au midi de Conftantinople. Elle étoit la capitale des Turcs avant la prise de Constantinople. Les mosquées qui sont en gr. nombre, sont très-belles, la plupart sont couvertes de plomb. Les caravanserais sont aussi bien bâtis. Il y a un beau serrail bâti par Mahomet IV. Les fontaines y sont sans nombre, & presque chaque maison a la sienne. Les rues sont bien pavées & propres; ce qui n'est pas ordinaire chez les Turcs. Les fauxbourgs sont plus gr. & plus peuplés que la ville; ils sont habités par des Arméniens, des Grecs & des Juifs. Les premiers ont une église, les Grecs en ont trois, & les Juifs ont 4 synagogues. C'est la résidence d'un pacha, d'un aga & d'un cadi. Le commerce y est très-gr. sur-tout en soie, la plus belle de toute la Turquie; elle surpasse même celle de Perse. Les ouvriers en font de très-belles étoffes. long. 46. 40. latit. 39. 54.

*PRUSSE, *Prussia*, pays d'Europe, borné au nord par la mer Baltique, au midi par la Pologne, au levant par la Samogitie & la Lithuanie, au couchant par la Poméranie & le Brandebourg. On divise la Prusse en Prusse royale ou Polonoise, & en Prusse ducale ou royaume de Prusse. La royale est composée de 4 prov. ou palatinats; sçavoir, celui de Marienbourg, de Culm, de Warmie & de la Pomerelle. On y professe également la religion Catholique, la Lutherienne & la Réformée. La Prusse ducale ou royaume de Prusse, renferme 3 cercles, le Samland, le Natangen & le Hockerland. On y exerce aussi les mêmes religions que dans la Prusse Polonoise. La Prusse entiere a pris son nom d'un peuple Scythe, nommé Borussiens, qui se retirerent dans ce pays, que les Goths avoient abandon-

né. Ils se rendirent bientôt redoutables à leurs voisins. Conrad, duc de Mazovie, sur les terres de qui ils avoient causé des ravages, appella vers l'an 1230 les chevaliers Teutoniques, que les Sarasins avoient chassé de Syrie. Ces chevaliers, après de longues guerres, domterent les Prussiens, & y introduisirent le Christianisme. Ils tournerent ensuite leurs armes contre la Pologne. Cette guerre se termina par un accord fait entre les Polonois, & Albert, margrave de Brandebourg, grand maître de l'ordre. Il partagea la Prusse, à condition que ce qu'il retenoit, seroit une principauté séculiere pour lui & ses descendans, & qu'il auroit le titre de duc; c'est ce qui distingua la Prusse Polonoise de la Prusse ducale. Frederic III, & non pas Frederic I, comme dit l'abbé de la Croix, se couronna roi de Prusse à Konigsberg en 1701, & fut reconnu en 1713 par toutes les puissances. La Prusse, remplie de bois & de lacs, est assez fertile en quelques endroits. On pêche sur ses côtes l'ambre jaune.

PRZEMISLIE, *Premislia*, ville de Pologne, capitale du district de même nom, dans le palatinat de Russie, sur la riv. de San, à 56 li. au levant de Cracovie. Cette ville, dès le XI siécle, étoit considérable, & une des mieux fortifiées. Boleslas II, roi de Pologne, ne s'en rendit le maître qu'après un long siége l'an 1070. Cette ville auj. n'est pas gr. son chât. est assez fort, & son év. est suffr. de Leopol. long. 41. 7. latit. 49. 40.

PSALMODIE, *Psalmodium*, anc. abb. de l'ordre de St Benoît, dans le b. Languedoc, au dioc. de Nismes, sécularisée sous François I, & transférée avec titre de chapitre à Aiguesmortes. Ce chapitre est aujourd'hui à la cathédrale

cathédrale d'Alais, à l'évêché de qui on a uni la menfe abbatiale.

Pu, ville de la Chine, dans la prov. de Channfi, au département de Pingyang. latit. 37. 25.

Puching, ville de la Chine, dans la prov. de Fokien, au département de Kienning, 4e métropole de la prov. fur la riv. de Min. latit. 27. 47.

Puchor, p. ville de la Hongrie, fur les confins de la Tranfylvanie, fur la Drave. Elle eft bien bâtie, & on y travaille beaucoup en ferges.

* Puebla (la). Vofgien nous dit que c'eft une ville d'Efp. dans l'Eftramadure, près de la Guadiana, & dit que c'eft l'ancienne *Succofa*. Ce qu'il nous donne pour ville, n'eft marqué fur les cartes que comme un village. Quant à la *Succofa*, il devoit la chercher dans l'Aragon, où tous les Géographes la placent. Baudrand dit que c'eft auj. Puebla de la Sutoa, village de l'Aragon.

Puebla (la) p. ville d'Efp. au roy. d'Aragon, entre Saragoffe & Lerida, dans une agréable campagne. Il y a encore une petite ville de même nom, au même roy. près de l'Ebre, avec un château.

Puebla de los Angelos, *voyez* Angelos.

Puente del Archobispo, *Pons Archiepifcopi*, ville d'Efp. dans l'Eftramadure, fur le Taze qu'on y paffe fur un beau pont, à 10 li. au fud-oueft de Toléde à l'arch. de qui elle appartient. Il y a des verreries dans fon voifinage. long. 13. 12. latit. 39. 48.

Puente de la Reina, *Pons Reginæ*, p. ville d'Efpagne, au roy. d'Aragon, fur la riv. d'Arga qu'on y paffe fur un pont. Son terroir produit d'excellent vin rouge.

Pugan, ville de la Chine,

dans la prov. de Queicheu, fur les confins de celles d'Iunnan, & de Quangfi, avec une bonne forterefle. C'eft la premiere cité de la province. latitude 25. 25.

Puglienza, *Pollentia*, petite ville d'Efpagne, fur la côte de l'ifle de Majorque. Elle a un affez bon port, du refte c'eft très-peu de chofe.

Puicelsy, & non pas Puyceley, comme dit la Martiniere, *Podium celfum*, p. ville de France, dans le h. Languedoc, au dioc. d'Alby, fur une hauteur. C'eft une anc. châtellenie qui a eu un château très-fort.

Puiseaux, *Puteolus*, p. ville de France, dans l'Orléanois, élection de Pithiviers, fur les confins du Dunois. Une inondation en renverfa une partie des maifons en 1698.

Pukiang, ville de la Chine, dans la prov. de Chekiang, au département de Kinhoa. latit. 29. 20.

Pulaon, ifle de la mer des Indes, à l'oueft des Philippines. Elle eft fertile en riz & en excellentes figues, cocos, cannes de fucre, gingembre, &c. Elle a fon roi particulier qui eft tributaire de celui de Borneo.

Pulo Canton, ifle de la mer des Indes, fur la côte orient. de la Cochinchine, vis-à-vis de Falin. latit. 15. 12.

Pulo Condor, p. archipel des Indes, à 15 li. au midi de Camboge. On en compte 8 ou 10. La plus grande & la feule qui foit habitée, a 4 li. de long. Elles font au roi de Camboge. long. 125. 15. latit. 8. 36.

Pulo Dinding, petite ifle de la mer des Indes, fur la côte de Malaca, entre Queda & Pera. La rade y eft bonne du côté du levant, entre l'ifle & le continent; l'eau y eft affez profonde, & le havre eft sûr.

Les Holl. à qui elle appartient, y ont un fort du côté du levant. Outre le riz que cette iſle produit, on y trouve des mines d'étain, ce qui a attiré les Holl. latit. 6. 30.

PULO LOUTH, ou LANDA, iſle de la mer des Indes, entre celle de Borneo, & celle des Célebes, à l'emb. du détroit de Macaſſar. Elle a la figure d'un fer à cheval. long. 132. 50. latit. mérid. 4.

PULO NIAS, iſle de la mer des Indes, au couchant, & près de l'iſle de Sumatra, entre l'iſle Baniao au nord, & celle de Pulo Minton au midi. Elle eſt fort peuplée. latit. 1.

PULO RONDO, iſle de la mer des Indes, dépendante du roy. d'Achem, entre Pulo Gomez, & Pulo Vay. Elle a 3 milles de circuit. C'eſt la route des vaiſſeaux qui viennent de la côte de Coromandel. latit. 5. 50.

PULO TIMON, iſle de la mer des Indes au golfe de Siam, ſur la côte orient. de la preſqu'iſle de Malaca, au nord-oueſt, & près de Pulo Piſang, à 8 journées de Batavia ; elle produit la fameuſe herbe nommée Betel. Les Javans en font un grand commerce. lat. 3. 12.

PULO VAY, iſle de la mer des Indes, près de Sumatra, à l'entrée du canal d'Achem. Elle n'eſt habitée que par des exilés d'Achem, où on a la coutume de couper une ou les deux mains, ſelon le crime commis. latit. 5. 40.

PULTAUSK, petite ville de la grande Pologne, dans le palatinat de Mazovie, ſur le Narew, à 3 li. audeſſus de ſon confluent, avec le Boug. latit. 52. 36.

PULTAWA, place forte de l'Ukraine, ſur la droite du Worſklo. Elle eſt fameuſe par la gr. victoire que le czar Pierre le gr.

y remporta ſur Charles XII, roi de Suéde. long. 53. 12. latit. 49. 3.

PUNA, iſle de la mer du Sud, à 7 li. de l'iſle de Ste Claire. Elle a 14 li. de long, & 4 de large. Il y a une ville de même nom, habitée par des Indiens qui ſont preſque tous matelots. Cette ville eſt à 14 li. de Guaiaquil ; on mouille contre le milieu de la ville par 5 braſſes d'eau fond marécageux. latit. mérid. 3.

PUNING, ville de la Chine, dans la prov. de Quantung, au département de Chaocheu, cinquiéme métropole de la province. latit. 23. 40.

PUNTA DEL GUDA, ville capitale de l'iſle de St Michel, une des Açores, avec un chât. où les Portugais tiennent garniſon.

PURUS, riviere de l'Amérique mérid. autrefois nommée Cuchivara, entre celle de Coari, & de Madere. Elle n'eſt pas inférieure aux plus grandes qui groſſiſſent l'Amazone. M. de la Condamine conjecture que c'eſt la même qui ſe nomme Beni dans le h. Pérou, ou plutôt dans les miſſions des Moxes.

PUSTO OZERO, ou PUSTO ZERSKOY, ſelon quelques cartes, ville de l'empire Ruſſien, dans la prov. de Petzora, ſur la rive droite du fleuve de même nom, proche ſon embouchure, dans la mer Glaciale.

PUTING, ville de la Chine, dans la province de Queicheu, dont elle eſt la premiere ville militaire. latit. 26. 4.

* PUY (le), *Podium*, *Anicium*, ville de Fr. dans le gouvernement du Languedoc, capitale du Velay, ſur la mont. d'Anis, d'où elle a pris le nom d'*Anicium*, près de la Loire, à 14 li. au nord-eſt de Mende, à 60 au nord-eſt de Toulouſe, &

à 115 de Paris. La Martiniere nous dit qu'elle s'eſt accrue des ruines de l'anc. *Reuſſium*, il devoit dire *Rueſſium* ; cet auteur nous fait entendre par là que la ville du Puy en eſt voiſine, ce qui n'eſt pas. Il devoit dire qu'après que la ville du Puy ſe fut accrue, on y transféra l'év. de *Rueſſium*, qui eſt aujourd'hui St Paulien, bourg d'Auvergne, dans l'élection de Brioude. Le Puy eſt auj. une ville des plus grandes du gouvernement du Languedoc, & très-peuplée. Il y a ſénéchauſſée & préſidial ; ſon év. qui eſt d'un bon revenu ne releve que du St Siége. La cathédrale qui eſt ſous l'invocation de la Vierge, a toujours attiré la dévotion des fidéles ; on a vu des princes & des ſouverains y aller en pélerinage. Son tréſor étoit autrefois plus riche ; le chapitre, pour contribuer à la rançon de François I, prêta ce qu'il y avoit de plus précieux à la régente, qui promit d'en reſtituer la valeur ; mais cela n'a jamais été exécuté. La plupart des rues ſont étroites, & comme la ville eſt bâtie en amphitéâtre, il faut monter & deſcendre. Il y a pluſieurs communautés de l'un & de l'autre ſexe. Les MM. de St Sulpice ont le ſéminaire, & les Jéſuites un aſſez beau collége. long. 21. 34. latit. 45. 25.

* PUY CASQUIER, Voſgien, qui a ſuivi Corneille, nous donne cette ville chimérique, pour une ville de Gaſcogne, dans l'Armagnac.

PUYCERDA, *Podius Ceretanus*, ville d'Eſpagne, dans la Catalogne, capitale de la Cerdaigne, entre les riv. de Segre & de Carol, au pied des Pyrenées, dans une belle plaine. Elle eſt très-bien fortifiée. Il y a des eaux minérales. long. 19. 25. latit. 42. 36.

PUY DE DOME, *Mons dominans*, montagne de France, en Auvergne, & la plus haute de la prov. Elle a 810 toiſes de haut. M. Paſcal y fit ſes expériences ſur la peſanteur de l'air.

PUY L'EVÉQUE, petite ville de France, dans le Querci, élection de Cahors.

PUY FERRAND, *Podium Ferrandi*, abbaye d'hom. ordre de St Auguſtin, dans le Berri, au dioc. de Bourges, ſur l'Arnon, entre le Châtelet au nord, & Château-Meillan au midi.

* PUY LAURENS, petite ville de France, au Languedoc, dans le Lauraguais, au dioc. de Lavaur. Elle n'eſt pas ſur les front. de Rouſſillon, comme le diſent la Martiniere & Voſgien. long. 19. 40. latit. 43. 36.

PUY NOTRE-DAME, ou PUY EN ANJOU, petite ville de Fr. dans l'Anjou, à 1 li. au ſud-oueſt de Montreuil-Belay. Il y a un chapitre fondé par le roi Louis XI, compoſé d'un doyen & de 12 chanoines. long. 17. 20. lat. 47. 8.

PUY D'ORBE, abbaye de filles ordre de St Benoît, au diocèſe de Langres, à 2 li. au nord de Montbar ; & transférées depuis à Chatillon ſur Seine.

PYRENÉES, *Pyrenæi montes*, montagnes d'Europe, ſur les frontieres d'Eſpagne & de Fr. & qui en font la ſeparation. Elles s'étendent, depuis la Médit. juſqu'à l'Océan, l'eſpace de 85 lieues. Leur largeur eſt près de 40. Elles ont différens noms, ſelon les pays où elles s'étendent.

PYRN, ou PYRNA, ville d'Allemagne, dans la Miſnie, ſur le bord de l'Elbe, à 2 lieues de Dreſde, avec un fort château nommé Sonnenſtein. Ce fut près de cette ville que l'électeur de Saxe, roi de Pologne, campa ſon armée au mois d'Octobre 1756. long. 31. 34. latit. 51. 6.

PYSDRY , petite ville de la grande Pologne, dans le Palatinat de Kalifch, fur le bord feptentrional de la Warta , au midi de Gnefne, avec un chat. Elle fut prife par les Teutoniques en 1331.

PYSECK , ville , au roy. de Bohême, dans le cercle de Prachim, à 20 li. au midi de Prague, fur la riv. d'Ottava , près de la Moldaw. Elle fut prife & pillée par les Impér. en 1619. long. 32. 20. latit. 49. 15.

Q.

QUAKENBRUGGE , petite ville d'Allemagne dans le cercle de Weftphalie, fur la riviere de Hafs, dans l'év. d'Ofnabruck, fur les confins de celui de Munfter, à 10 li. au nord-oueft d'Ofnabruck. long. 25. 46. latit. 52. 47.

QUANAMORA, ville d'Afrique dans la haute Guinée , fur la riviere de Scherbro, au pays de Silm-Monou. Elle eft grande & bien peuplée , on y voit au centre un gr. édifice qui fert aux Nègres pour leurs affemblées. Les habitans paffent pour perfides.

QUANGCHE, ville de la Chine, dans la prov. de Fokien , au département de Xaouu , 8e métropole de la prov. latit. 27. 24.

QUANGCHANG , ville de la Chine, dans la prov. de Kiangfi, au département de Kienchang , 6e métropole de la prov. latit. 28. 12.

QUANGCHEU , ville de la Chine, dans la prov. de Quanton & fa capit. On l'appelle auffi Canton. Elle eft fur la riv. de Ta, & prefqu'auffi gr. que Paris. On y compte un million d'habitans. Son port s'appelle Vanpou , & y attire beaucoup de commerçans. latit. 23. 15.

QUANCÇUNG , ville de la Chine, dans la prov. de Peking, au département de Xunte, cinquiéme métropole de la prov. latit. 37. 50.

QUANGNANG , ville de la Chine, dans la prov. d'Iunnan , dont elle eft 8e métropole. Le roi de Tonquin s'en eft emparé. Elle eft féparée de la Chine par de hautes montagnes , & fes environs font très-fertiles. latit. 24.

QUANGNING , ville de la Chine, dans la prov. de Quanton , au département de Chaoking , 6e métropole de la prov. latit. 23. 55.

QUANGPING , ville de la Chine , 6e métropole de la prov. de Pekin. Elle renferme 9 villes. latit. 37. 25.

QUANGSI , prov. dans la partie mérid. de la Chine , fur les confins du Tonquin , au couchant de celle de Canton. Elle eft hériffée de mont. du côté du nord. Vers le midi elle a des plaines bien cultivées. Elle renferme onze métropoles : Queilin eft fa capitale.

QUANGSI , ville de la Chine, dans la prov. d'Iunnan , dont elle eft 9e métropole. latit. 24. 14.

QUANGSIN, ville de la Chine, dans la prov. de Kiangfi , dont elle eft 3e métropole , entre des montagnes fort hautes. On y fabrique beaucoup de papier , & les meilleurs chandelles du roy. latit. 28. 36.

QUANGTE , grande cité de la Chine, dans la prov. de Kiangnan. Elle eft au voifinage de hautes montagnes , & fes habitans travaillent beaucoup en foie. latit. 31. 32.

QUANGXAN , ville de la Chine, dans la prov. de Honan, au département de Juning , 8e métropole de la prov. lat. 32. 12.

QUANGYVEN, ville de la Chine, dans la province de Suchuen, au département de Paoning, 1e métropole de la prov. latit. 32. 34.

QUANTO, grande contrée du Japon, dans l'isle de Niphon. Elle contient 5 prov. ou roy. dont les plus considérables sont Surunga & Musasi. Jedo, auj. ville impériale & le séjour de l'empereur, est la capit. du Musasi.

QUANTON, ou CANTON, prov. de la Chine, & la 12e de l'empire, bornée au nord par le Huquang, au midi par l'Océan, au levant par le Fokien, & au couchant par le Tonquin. On y jouit d'un printems continuel. Les moissons s'y font 2 fois l'an, & toujours très-abondantes. Le commerce y est très-vif en toute sorte de marchandises, en or, en diamans, en pierres de prix, perles, soie, fer, étain, cuivre, acier, &c. Les habitans sont très-industrieux, & ont l'esprit inventif. La prov. contient dix métropoles, Quangcheu est sa capitale.

QUAQUA, peuple d'Afrique, dans la Guinée, au pays d'Adow, & soumis au roi de Saka. Ils occupent l'espace qui est entre le cap de la Hou & celui de Ste Apolline. Il y a chez eux un gr. nombre d'éléphans. C'est une loi chez ce peuple qu'aucun ne sort de sa condition.

* QUARANTE, bourg & abb. d'hom. ordre de St Augustin, non pas de Cît. comme dit la Martiniere, au dioc. de Narbonne, dont elle est à 3 li. sur une montagne.

QUEBEC, ville de l'Amérique sept. & capit. de la Nouv. Fr. sur la rive septent. du fleuve St Laurent, à 120 li. de la mer. L'endroit du fleuve où est située cette ville, se nomme *Quebeio* dans la langue Algonquine, d'où vraisemblablement lui vient son nom. Elle doit son origine à un fort que Samuel Champlain y batit le 3 Juillet 1608. On la divise en haute & basse ville, on y compte environ 8000 ames. Les maisons y sont assez bien baties, mais les rues, pour la plupart, sont étroites, & il y en a plusieurs qui ont une pente rapide. L'év. fut érigé en 1674, & ne releve que du St siége. Les MM. des Missions étrangeres ont le séminaire. Le collége qui est occupé par les Jésuites, est le plus gr. édifice de la ville. Il y a un hôpital général très-bien bati, & un gr. nombre de communautés religieuses. Il y a à Quebec un gouverneur qui l'est en même tems de la Nouv. Fr. Il y a outre cela état major, un conseil supérieur, & une justice subalterne. L'intendant est en même tems premier président. M. de Vauban avoit donné un plan pour fortifier cette ville, mais il n'est pas encore exécuté. Elle est assez bien défendue par la difficulté de faire des descentes par des redoutes bien fortifiées, & par de bonnes batteries. Les Anglois furent obligés d'en lever le siége en 1690, après 8 jours de siége. Quebec, quoiqu'à 120 li. de la mer, a un port capable de contenir les plus grandes flottes. Il a près d'une li. en tout sens entre l'isle d'Orléans & la pointe de Levi, & plus de 30 pieds d'eau. Les marchands demeurent dans la ville basse, à cause de la commodité du port, le long duquel ils logent pour la plupart. Le commerce du pays consiste en castors & autres pelleteries. latit. 46. 40.

1. QUEDA, roy. d'Asie dans la presqu'ile au-delà du Gange, borné au nord par le roy. de Ligor, au midi par celui de Pera, au levant par celui de Patane,

& au couchant par le détroit de Malaca. Son roi est tributaire de celui de Siam. C'est un pays rempli de forêts, où on voit beaucoup de bufles, de tigres & d'éléphans. Il y a des mines d'étaim, dont on tire un bon profit. Les habitans sont malais, & suivent la secte de Mahomet. Ce roy. n'est pas peuplé. Queda est la capitale.

2. QUEDA, ville capit. du roy. de même nom, dans la presqu'ille au-delà du Gange. Elle est composée d'environ 8000 habitans, & a un port à l'emb. d'une riv. embarrassée d'une barre, sur laquelle il n'y a que deux brasses & demie en haute marée. Il n'y a que des vaisseaux médiocres qui puissent la passer. latit. 6. 10.

QUEDLINBOURG, *Quintilineburgum*, ville d'Allem. dans le cercle de la h. Saxe, entre les princ. de Halberstatd & d'Anhalt. Il y a une fameuse abb. de filles, dont l'abbesse est princesse de l'Empire. On y suit la religion Lutherienne. Il s'est tenu dans cette ville deux conciles, un en 1085, & l'autre l'an 1105. L'abb. est sous la protection de l'électeur de Brandebourg. long. 29. 8. latit. 51. 56.

QUEENBOROUG, petite ville d'Angl. dans la prov. de Kent, à 18 li. au sud-est de Londres. Elle envoie ses députés au parlement. long. 18. 22. latit. 51. 14.

QUEENESCOUNTI, OU COMTÉ DE LA REINE, comté d'Irlande, dans la province de Leinster, au nord de celui de Kilkenny. Il a 30 milles de long & 32 de large. C'est un pays marécageux & rempli de bois. Queenestowu est la capitale.

* QUEENESTOWN, ville d'Irlande, dans la province de Leinster, & non pas Leister, comme dit Vosgien, capit. du comté de la Reine. Elle envoie deux députés au parlement.

QUEI, ville de la Chine, dans la prov. de Quangsi, au département de Chincheu, 6e métropole de la prov. latit. 23. 42.

1. QUEICHEU, prov. de la Chine, & la 14e de cet empire, bornée au nord par celle de Suchuen, au midi par celles de Quangsi & d'Iunnan, au levant par celle de Huquang, & au couchant encore par celle de Suchuen. Elle est toute hérissée de montagnes. Il y a beaucoup de vif-argent, & les chevaux sont les meilleurs de la Chine. Queiyang est la capitale.

2. QUEICHEU, ville de la Chine, dans la province de Suchuen, dont elle est 6e métropole, sur le bord septent. du Kiang. Elle est riche, à cause du gr. passage sur la riv. & ses environs sont cultivés avec soin. latit. 31. 33.

QUEIHOA, ville de la Chine, dans la prov. de Fokien, au département de Tingcheu, 6e métropole de la prov. latit. 26. 31.

QUEIKI, ville de la Chine, dans la prov. de Kiansi, au département de Quangsin, 3e métropole de la prov. latit. 28. 41.

QUEILIN, ville de la Chine, dans la prov. de Quangsi, dont elle est capit. & premiere métropole, sur la riv. de Quei. Elle a 9 villes dans son territoire. latit. 25. 54.

1. QUEITE, ville de la Chine, dans la prov. de Honan, dont elle est 2e métropole. Son terroir est très-fertile, & on y trouve des oranges & des grenades d'un goût exquis. latit. 35. 10.

2. QUEITE, ville de la Chine, dans la prov. de Quangsi, au département de Tiencheu, 11e métropole de la prov. lat. 23. 50.

QUEIXUN, ville de la Chine, dans la prov. de Quangsi, au

département de Chingan, 10e métropole de la prov. lat. 23. 50.

QUEIYANG, ville de la Chine, capit. de la prov. de Queicheu, & premiere métropole. Son terroir est extremement peuplé. latit. 26.

* QUENTIN (St), *Quintinopolis*, ville de Fr. en Picardie, capit. du Vermandois, au dioc. de Noyon, sur la Somme, à 10 li. au midi de Cambrai, à 16 au sud-ouest d'Amiens, & à 30 au nord-est de Paris. Elle est le siége d'une prevôté, d'un bailliage, d'un grenier à sel, d'une maîtrise des eaux & forêts, d'une maréchaussée. Elle n'a jamais voulu de présidial. L'église collégiale de St Quentin est une des plus belles du roy. Le chapitre est composé de 56 chanoines, dont le revenu est de 1500. liv. Le roi con_fére toutes les prébendes ; il y a encore une autre collégiale composée de 12 chanoines. St Quentin est une place bien fortifiée, & a près de 10 mille habitans. Ce qui distingue le plus cette ville, c'est la fabrique de toiles de Baptiste qui sont très-estimées, & dont il se fait un commerce de plus de deux millions. Les Esp. la prirent en 1557, après avoir battu les Fr. le jour de St Laurent. Elle ne fut rendue que 2 ans après. On voit hors la ville l'abb. de St Quentin en l'isle, de l'ordre de St Benoît. La Martiniere dit que l'église est une des plus magnifiques du roy. il la confond avec la collégiale de cette ville. long. 20.58. lat. 49.51.

* QUERASQUE, CHERASCO, *Clarascum*, ville d'Italie, en Piémont, dans la prov. de Querasque, au confluent de la Sture & du Tanaro, à 8 li. au nord-est de Coni, & à 10 au sud-est de Turin. Ce n'étoit originairement qu'un chât. dont il se forma une ville vers l'an 1210. Elle devint bientôt puissante, & se gouverna quelque tems en république. L'empereur d'Allem. en fut ensuite le maître. Elle est à présent sous la puissance de la Savoye. Elle a été très-bien fortifiée, & on en a fait une des plus fortes clefs du pays de ce côté-là. Il y a 4 paroisses & plusieurs communautés religieuses. On voit une belle place dans le centre de 4 principales rues. Les Esp. en formerent le siége en 1640, & furent obligés de le lever l'année suivante. Il se fit dans cette ville un traité, non en 1641, comme dit Vosgien, mais en 1631. Il y a toujours un gouverneur qui est une personne distinguée, & qui commande à la bourgeoisie comme à la garnison. long. 25. 30. latit. 44. 36.

* QUERCY (le), *Cadurcinus pagus*, & non pas *Carducinus*, comme le dit Vosgien dans toutes les éditions, prov. de Fr. dans le gouvernement de Guienne, bornée au nord par le Limousin, au midi par le haut Languedoc, au levant par le Rouergue, & au couchant par l'Agenois & le Perigord. On divise le Querci en h. & bas ; le Lot en fait la séparation, Cahors est la capit. C'est un pays fertile en bled, en fruits & en excellent vin, sur quoi roule presque tout le commerce de la prov. avec les laines & les pruneaux. Le roi Jean avoit été obligé de céder par le traité de Bretigni, cette prov. aux Anglois ; mais Charles V la reprit sur eux, & la réunit à la couronne.

QUERNFURT, *Quernfurtum*, ville d'Allem. entre la Saxe & la Thuringe, chef-lieu d'une seigneurie de même nom, qui appartient à la branche de Saxe Weisenfels. long. 29. 53. lat. 51. 30.

* QUESNOY (le), *Querce-zum*, p. ville des Pays-Bas, dans la Flandre Fr. entre Maubeuge & Cambrai, à 7 li. au nord-est de cette derniere, dans une gr. plaine. C'est une place fortifiée. On y compte environ 3000 habitans, & il y a un bailliage. Le prince Eugene la prit le 4 Juillet de l'an 1712, & le maréchal de Villars la reprit le 4 Octobre de cette même année. Vosgien s'est trompé pour les dates. long. 21. 19. latit. 50. 15.

QUEVILLY, village de France, dans la Normandie, sur la Seine, à 1 li. au-dessous de Rouen. Nous n'en parlons que parce que les Protestans y avoient un fameux temple, avant la révocation de l'édit de Nantes.

* QUIBO, isle de la mer du Sud, sur la cote de la prov. de Veragua, dans la nouv. Esp. au couchant du golfe de Panama, & non pas Panania, comme dit la Martiniere. Elle a 7 li. de long & 4 de large. Il y a des bétes fauves & beaucoup de singes noirs.

QUIERS, CHIERI, *Caira*, ville d'Italie, dans le Piémont, capit. de la prov. de même nom, sur les confins du Montferrat, à 4 li. au levant de Turin, & à 8 au nord-ouest d'Asti. Elle a 6 portes, & a été autrefois bien fortifiée; il y a plusieurs places & quelques belles maisons : les Jésuites y ont un collége & un noviciat. Il y a outre cela plusieurs communautés religieuses des deux sexes, & en tout 12 mille ames. L'air qu'on y respire est fort bon, & les environs sont très-agréables. long. 25. 26. lat. 44. 52.

QUILLAN, p. ville de Fr. dans le bas Languedoc, au diocèse d'Alet, sur la riv. d'Aude qu'on y passe sur un pont, avec titre de baronnie.

QUILLEBOEUF, *Henricopolis*,

p. ville de Fr. dans la h. Normandie, au dioc. de Rouen, sur la rive gauche de la Seine, à 7 li. au-dessus du Havre de Grace, & à 3 de Ponteaudemer. Cette ville étoit assez importante sous Louis XIII ; mais ses fortifications ont été rasées. Les femmes s'occupent à faire de la dentelle, & les hommes à la pêche, ils envoient leur poisson à Paris. long. 18. 14. latit. 49. 30.

QUILMANCI, ville d'Afrique, dans le Zanguebar, sur la côte du roy. de Melinde, près de l'embouchure de la riviere de même nom. Elle appartient aux Portugais. latit. mérid. 2.

QUILOA, isle & ville d'Afrique, au Zanguebar, sur la côte de Melinde, à 100 li. du Mozambique. Les Port. en firent la découverte en 1498, & rendirent son roy. leur tributaire. Le terroir de cette isle est fort bon. Il porte quantité de palmiers & d'autres arbres. Les habitans sont païens, de couleur blanche, & se bâtissent de fort jolies maisons. long. 57. latit. mérid. 9.

QUIMBAIA, prov. de l'Amérique mérid. au Popayan. Elle s'étend depuis la riv. de Cauca jusqu'aux Andes, ayant 15 li. de long sur 10 de large. L'air y est très-sain, & on y voit rarement des malades. Carthago est la principale ville. Il y a dans cette prov. un volcan considérable.

QUIMPER CORENTIN, *voyez* Kimper.

QUIMPERLAY, ou QUIMPERLÉ, *Quimperleum*, p. ville de Fr. dans la b. Bretagne, au dioc. de Quimper, sur l'Isotte, à 2 li. de la mer, & à 8 de Quimper, avec une belle abb. d'hom. ordre de St Benoît, fondée l'an 1029. long. 14. 11. latit. 47. 52.

1. QUINÇAY, *Quinciacum*, monastère de filles, ordre de St Benoît, dans l'Anjou, près de Brissac.

2. QUINÇAY, *Quinciacum*, abb. d'hom. ordre de St Benoît, dans le Poitou, au dioc. & à 1 li. de Poitiers, fondée l'an 650.

QUINCY, *Quinciacum*, abb. d'hom. ordre de Cit. au dioc. de Langres, à 2 li. de Tonnerre, fondée l'an 1133.

QUINGAY, *Quingium*, petite ville de Fr. dans la Franche-Comté, chef-lieu d'un bailliage de même nom, sur la Louve. Elle est remarquable par une grotte qui en est voisine, & où on voit des congellations surprenantes. long. 23. 15. latitude 47. 8.

* QUINTANA, bourg d'Esp. dans l'Estramadure, au nord d'Llerena, & non pas d'Esserena, comme dit la Martiniere.

QUINTIN, *Quintinum*, ville de Fr. dans la h. Bretagne, à 3 li. au sud-ouest de St Brieu, dans un vallon, sur la riv. de Goy, avec titre de duché, érigé l'an 1692 en faveur du maréchal de Lorges. Il y a un fort beau chât. dans le goût du palais du Luxembourg. On fait beaucoup de toiles dans cette ville. long. 14. 45. latit. 48. 27.

QUIR (terre de), pays des terres Australes, découvert par Ferdinand de Quiros en 1606. Cette terre n'est autre que celle du St Esprit. latit. mérid. 15.

QUIRICO (San), p. ville d'Italie, en Toscane, dans le Siennois, entre Sienne & Radicofani.

QUIRIEU, p. ville de Fr. dans le b. Dauphiné, au Viennois, près du Rhône, à 7 li. de Lyon. long. 23. latit. 45. 46.

QUIRIMBA, isles d'Afr. sur la côte de Zanguebar. Elles prennent le nom de la plus grande qui est bien peuplée, & dirigée pour le spirituel par des Dominicains. Elles sont toutes fertiles en fruits, comme dattes, oranges, citrons, raisins, &c.

Il y a de gras pâturages. latit. mérid. 10-12.

QUISAMA, province marit. d'Afr. le long du bord mérid. de la Coanza, & partie du roy. d'Angola. Elle est montagneuse, & peu cultivée, mais elle a d'abondantes mines de sel, beaucoup de cire & du miel. Les Port. tirent du Quisama de fort bons soldats, ils les mettent en garnison dans leurs forteresses.

QUITEOA, ville d'Afr. dans les états du roi de Maroc, dans la prov. de Dras. Les habitans sont bereberes. On y voit un chât. sur une p. élévation. Les environs fournissent d'excellentes dattes, & on en tire de bon indigo. long. 12. 18. latit. 28. 7.

1. QUITO, gouv. de l'Amér. mérid. au Perou. Il a 70 li. de long & 30 de large. Ses bornes sont le Popayan au nord, & l'aud. de Lima au midi, au levant le pays de l'Amazone, & au couchant la mer du Sud. Cette province est tempérée & fort bien cultivée ; on y voit un grand nombre de villages & de bourgs habités par des Esp. & des Indiens. Ceux-ci sont très-industrieux, & apprennent aisément les métiers que les Esp. leur apprennent. Il y a dans ce gouv. 2 isles, celle de la Plata & celle de Puna, & on le divise en 3 parties ; le Quito proprement dit, los-Quixos, & los-Pacamores. Outre la capit. qui porte le même nom, il y a Puerto-vejo, ou St Jago, Payta, Valladolid & Guayaquil.

2. QUITO, ville de l'Amér. mérid. dans le Perou, capit. de la prov. de même nom, dans une vallée, dont le terroir est sec & sablonneux. Les rues en sont larges & droites, & ornées de quelques belles maisons. On y compte 40000 habitans qui sont un mélange de Port. d'Esp. & d'Indiens. Son év. est suffr.

de Lima. C'eſt auſſi le ſiége du préſident de l'audience; il eſt en même rems gouv. de la prov. Ses fortifications ſont bonnes, & il y a une nombreuſe garniſon. Les Jéſuites & les Dominicains ont un collége; il y a encore un grand nombre d'autres communautés religieuſes. Les denrées ſont en abondance & à bas prix; mais les marchandiſes qu'on y apporte d'Europe ſont d'un prix exceſſif; un gobelet de verre s'y vend 18 ou 20 liv. Ces marchandiſes viennent par la mer du Sud, on remonte la riv. de Guayaquil, & enſuite on les tranſporte par chariots. longitude 299. 20. latit. mérid. 40. minutes.

QUIXOS (los), contrée de l'Amér. mérid. au Perou, dans l'audience de Quito, au nord de los-Paçamores. On a donné le nom de la Cannelle à ſa partie orientale, parce qu'elle eſt remplie de canneliers. Baeça eſt la principale ville.

QUOJA, pays d'Afr. dans la partie occid. de la côte de Guinée, & s'étend en longueur depuis Sierra Leona, juſqu'à la côte des Grains. Il comprend les roy. de Bulmmonou, de Silmmonou, de Quiliigamonou, de Karadabomonou, & les Folgias qui ſont tous tributaires de Quoja.

QUON, ville de la Chine, dans la prov. de Suchuen, au département de Chingtu, premiere métropole de la prov. près du fleuve Che. latit. 30. 55.

QUONCHING, ville de la Chine, dans la prov. de Channton, au département de Tungchang, 3e métropole de la prov. latit. 36. 34.

QUONTAO, ville de la Chine, dans la prov. de Channton, au département de Tungchang, 3e métropole de la prov. latit. 37. 10.

QUONYANG, ville de la Chine, dans la prov. de Quangſi, au département de Queilin, premiere métropole de la province. latit. 26.

R.

RAAB, ou JAVARIN, *Jaurinum*, ville de la b. Hongrie, capit. du comté de même nom, au confluent du Raab & du Rabnitz qui ſe rendent peu après dans le Danube. C'eſt une place bien fortifiée, les rues ne ſont point pavées; on y voit quelques belles maiſons. L'év. eſt ſuffr. de Gran. Les Jéſuites ont dans cette ville un magnifique collége, leur égliſe eſt un très-bel édifice. Les Turcs prirent Raab ſous le ſultan Amurat III; mais le comte de Palfi la leur reprit, & fit un grand carnage des Turcs qu'il y trouva. long. 35. 40. latit. 47. 46.

RAARSA, iſle de la mer d'Ecoſſe, une des Weſternes, au nord, & près de l'iſle de Skie. Elle a 7 milles de long & 2 de large. Il y a beaucoup de cerfs dans ſes forêts.

* RABASTENS, *Rabaſtenſe caſtrum*, ville de Fr. dans le haut Languedoc, au dioc. & à 6 li. d'Albi, ſur le Tarn. Ses rues ſont étroites; mais les maiſons bâties en brique ſont aſſez jolies. C'eſt un ſiége de la judicature d'Albigeois. Il n'y a point de collége, comme dit la Martiniere, mais une collégiale. Il y avoit un prieuré de l'ordre de Cluni, qui a été uni au collége des Jéſuites de Toulouſe. long. 19. 22. latit. 43. 48.

RABAT, *Rabacha*, ville d'Afr. dans la prov. de Tremecen, au roy. de Fez, entre la ville de Fez & celle de Tanger à l'emb.

de la riv. de Burregreg du côté du couchant, bâtie par Jacob Almanzor. Du vivant de ce prince, elle fut très-brillante; on y voyoit plusieurs belles mosquées & de magnifiques palais. A peine y a-t-il aujourd'hui 600 feux. Son chât. n'est bon que pour un coup de main. Le port est à demi-li. de la ville, en remontant le fleuve. longitude 11. 28. latitude 33. 42.

RACKELSBOURG, *Raclitanum*, ville d'Allem. dans la Styrie, sur la gauche du Muer, à 8 milles au-dessous de Gratz. Elle a un arsenal, & un château sur une montagne. Ses environs sont très-fertiles en bons vins. Les Turcs furent battus devant cette ville l'an 1418. long. 34. 30. lat. 46. 55.

RACONI, ville d'Italie, dans le Piémont, au pays de Savillan entre Savillan & Turin, dans un pays charmant, sur les riv. de Grana & de Macra. Il y a 2 paroisses & environ 12 mille habitans. Il y a 4 couvens d'h. & un de filles. Le prince Carignan, à qui cette ville appartient, y a un fort beau château. long. 25. 16. latit. 44. 35.

RACOVIE, *Racovia*, ville de la petite Pologne, dans le Palatinat de Sendomir, fameuse par l'école & l'imprimerie que les Sociniens y avoient, & dont ils furent chassés en 1645. Cette ville est ruinée depuis l'an 1688.

RADE, espace de mer, à quelque distance de la côte, & où les vaisseaux peuvent ancrer & rester à l'abri de certains vents.

RADELSTORFF, p. ville d'Allemagne, dans la Franconie, à 2 milles de Bamberg.

RADEPONT, paroisse de Fr. dans la Normandie, sur la riv. d'Andelle, au nord-est de Pont-de-l'Arche. Il y avoit autrefois un château considérable, que Philippe-Auguste prit d'assaut en 1203.

RADICOFANI, *Radacophanum*, ville d'Italie, en Toscane, dans le Sienois, entre Sienne & Orviete, fondée par Didier, roi des Lombards. il y a un bon château où on tient garnison.

RADITS, abbaye d'hom. ordre de Cît. dans la Moravie, au diocèse & près de la ville d'Olmutz sur une élévation fortifiée.

RADMANSDORF, petite ville d'Allem. dans la haute Carniole, près de la Save, non loin de sa source. Lazius veut que ce soit l'anc. *Quadrata*, cependant il dit ailleurs que c'est Gurckfeld.

* RADNOR, ville d'Angleterre, au pays de Galles, capitale du Radnorshire, à 120 milles au nord-ouest de Londres. C'est l'anc. *Magæ, Magi*, ou *Magni*, & non pas *Magnos*, comme dit l'abbé de la Croix.

RADNORSHIRE, province d'Angleterre, au pays de Galles, dans le dioc. d'Hereford au nord-ouest. Elle est traversée par la riv. de Vye qui la sépare du comté de Breknock. Son terroir est stérile. Radnor & Prestain en font les deux villes les plus considérables.

RADOM, ville de la p. Pologne dans le Palatinat de Sendomir, chef-lieu d'un territoire de même nom, près de la Vistule, à 22 li. au midi de Varsovie. Elle fut prise en 1656 par les Suédois qui y firent de grands ravages. On croit que c'est l'ancien *Carrodunum*. longitude 39. 12. latit. 51. 16.

RADSTAT, ville d'Allem. dans l'arch. de Saltzbourg, sur l'Ens. Il ne faut pas la confondre avec Rastat, bourg de Suabe, où se fit le traité de 1714. long. 31. 3. latit. 47. 14.

RAGEMEHALE, ville des Indes

dans les états du Mogol , au roy.
de Bengale , fur la droite du
Gange qui en eft à demi-lieue,
mais autrefois il arrofoit fes murs
& cette ville étoit alors très-commerçante , & la réfidence du
gouverneur de la province. latit.
23. 18.

RAGUSAN (le) ou état de Ragufe , p. état d'Europe, dans la
Dalmatie , & qui fe gouverne en
république depuis plufieurs fiécles fous la protection des Venitiens & des Turcs. Il n'eft pas
d'une grande étendue. Ragufe
en eft la capitale.

*RAGUSE, ville capitale de la
république de même nom , dans
la Dalmatie, proche la mer , à
26 li. au nord-oueft de Scutari,
avec un port défendu par un fort
appelle St Nicolas. Elle fut
prefqu'entierement détruite par
un tremblement de terre en 1667.
On l'a rebatie plus magnifique
qu'auparavant. Elle eft grande
& ornée de très-beaux édifices ;
les églifes y font fort belles.
L'év. qui étoit à Epidaure , fut
transféré à Ragufe dans le VII
fiécle , & érigé en arch. dans
le X. Les habitans font tous
adonnés au commerce , & fort
riches. Ils fe gouvernent à peu
près comme à Venife. Le grand
confeil eft compofé des nobles
qu'on y reçoit à l'âge de 24 ans:
le chef de la république , qu'on
appelle recteur eft changé tous
les mois. Un noble ne fçauroit
découcher , fans en avoir donné
avis au fénat. Les étrangers qui
font dans la ville , y font enfermés à clef durant la nuit. Les
portes fe ferment au coucher du
foleil , & ne s'ouvrent qu'au foleil levé. Ragufe n'eft pas l'anc.
Epidaurus, comme dit l'abbé de
la Croix, c'eft le nom de Ragufe
la vieille qui en eft à 6 milles au
midi. longitude 36. latitude 42.
48.

RAHABA , ville felon quel-

ques auteurs aux frontieres de
la Syrie , fur l'Euphrate. M. Ot-
ter qui la nomme Rahabé, n'en
fait qu'un village. long. 66. 55.
latit. 34.

1. RAJAPOUR , ville des Indes ,
aux états du Mogol , dans la
province de Becar. C'eft la meme que nos cartes placent dans
la province de Jefuat , dont ils
font la capitale fur la rive gauche du Gader.

2. RAJAPOUR , ville des Indes,
au royaume de Vifapour , près
de la côte de Malabar , fur une
riviere de meme nom , au nord
de Goa. Les Fr. y ont un fort
beau comptoir. Le commerce
qui s'y fait , confifte en toiles,
poivre & falpêtre. Les forêts
font remplies de finges que les
naturels du pays réverent beaucoup. latit. 17.

RAJAS , village d'Efp. dans la
N. Caftille , entre Madrid & Si-
guença. Il n'eft remarquable que
parce qu'on croit que c'eft la *Ther-
mida* des anciens.

RAIN , *Raina* , p. ville d'Allemagne , dans la haute Baviere,
fur l'Acha , près du Lech , à 3
li. au levant de Donavert. Elle
eft fortifiée , & affez bien bâtie.
Le général Tilly y fut bleffé à
mort. longitude 28. 35. latit.
48. 39.

RAINTENBUCH , abb. de chanoines regul. de l'ordre de St
Auguftin , dans la Baviere , près
de Steingaden , fur l'Ambre.

RAITENHASBACH , abb. d'h.
de l'ordre de Cît. dans la Baviere, fur la Saltza.

RAKONICK , p. ville d'Allem.
dans la Bohême , fur la petite
riviere de même nom qui fe jette
dans la Miza , au cercle de même nom , à 15 lieues au couchant de Prague. long. 31. 30.
latit. 52. 8.

RAMA , ville de la Paleftine,
entre Jaffa & Jérufalem , à
3 li. de la premiere , & à 8 de

la derniere. Les Turcs y ont 5 mosquées ; les PP. de la Trinité y ont une maison, & une p. églife. Il y a des Chrétiens francs, Maronites, Grecs & Arméniens. Le commerce confifte en coton filé ; on y voit des marchands Fr. & Flamans. latit. 32.

RAMADA, ville de l'Amérique mérid. dans le gouvernement de Ste Marthe, au nouveau roy. de Grenade, à 40 li. au levant de Ste Marthe. Elle étoit appellée auparavant Salamanque. lat. 11. 12.

RAMANA, ville des Indes, au roy. d'Orixa, fur la rive droite de la riv. de Balaffor, & la réfidence du fouverain.

RAMANANCOR, ifle des Indes, fur la côte de la Pefcherie, près du pays de Marava dont elle eft féparée par un détroit, près du pont d'Adam. On lui donne 8 li. de circuit. Il y a quelques villages & une célebre pagode. lat. 9. 26.

RAMBERT LE JOUX (St), p. ville de France, dans le Bugey, près d'une branche du mont Jura. Il y a une paroiffe, un p. collége, & une abb. de Bénédictins. latit. 35. 54.

RAMBERT (St), *S. Regnabertus*, petite ville de France, dans le Forez, au diocèfe de Lyon, fur le bord de la Loire, qu'on y paffe fur un pont, à 4 li. de Montbrifon, & à 3 de St Etienne. Il y a un chapitre.

RAMBERVILLIERS, p. ville de Lorraine, chef-lieu d'une des plus belles châtellenies de l'év. de Metz. Il y a une abbaye de chanoines réguliers. Il s'y fait un grand commerce de bled. longitude 24. 19. latit. 48. 22.

RAMBOUILLET, bourg de l'ifle de France, dans le Hurepoix, à 10 li. de Paris, avec un trèsbeau chât. où mourut François I, en 1547, & qui appartient

au duc de Penthiévre. Louis XIV l'érigea en duché-pairie en 1714.

RAMERU, *Ramerucum*, bourg de Fr. en Champagne, élection de Troyes, fur la riv. d'Aube, au levant d'Arcis, avec titre de baronnie, & une abb. régul. de l'ordre de Cit. fondée d'abord pour des religieufes en 1260.

RAMEY, abb. de filles, ordre de Cit. dans le Brabant Walon, fur la Géete, à 1 lieue au-deffus de Judoigne, & dépendante pour le fpirituel du diocèfe de Namur.

* RAMILLIES, village des Pays-Bas, dans le Brabant, au quartier de Louvain, près de la fource de la Géete, & non pas Gaete, comme dit Volgien. Il eft remarquable par la bataille que le duc de Marlborough, le duc de Virtemberg & M. Owerkerque y gagnerent en 1706, fur les Fr. commandés par le duc de Baviere, & le maréchal de Villeroy. La Martiniere dit que les alliés étoient commandés par le prince Eugène. C'eft une erreur ; ce prince étoit alors en Piémont.

RAMMEKENS, forterteffe des Pays-Bas, dans l'ifle de Walcheren, en Zélande, à une li. de Middelbourg, & de Fleffingue.

RAMPANO, bourgade de la Grece, dans la Morée, au Brazo-di-Maina, avec un port entre deux montagnes, près du golfe de Colochine.

RANDANS, *Randanum*, petite ville de France, dans la baffe Auvergne, proche l'Allier, entre Maringues & Vichy. Le connetable du Guefclin mourut de maladie le 13 Juillet de l'an 1380, devant cette place qu'il affiégeoit.

RANDERSEN, ou RANDE, *Randrufium*, ville de Danemarck dans le Nort-Jutland, près de l'embouchure de la Gude. La

peche du faumon y eft très-abondante.

RANDULFO (St André de),
abbaye d'hom. ordre de St Benoît , en Portugal, dans la prov.
entre Duero-e-Minho , au dioc.
& à 2 li. au nord de Brague. Elle
eft confidérable.

RANGEVAL , ou RAINVAL ,
Regalis vallis , abbaye réguliere de l'ordre de Prémontré , au
diocéfe de Toul , à 1 li. de Com-
merci , fondée l'an 1140.

RANGNIT, petite ville de Pruffe , dans le cercle de Samland ,
fur le bord méridional du Niemen , aux confins de la Samogitie. long. 40. 46. latit. 54. 58.

RANSTAD , village d'Allemagne , dans la Mifnie , au diocèfe
de Merfebourg. C'eft là que fut
conclu le traité de paix de l'an
1707 , entre Charles XII , roi
de Suede , & le roi Augufte.

RAOLCONDA , lieu des Indes,
au royaume de Vifapour , dans
la province de Carratica , à 50
li. de Golconde. Il eft remarquable par une riche mine de diamans les plus eftimés de l'Afie.
latit. 14. 28.

RAON L'ETAPE , *Rado* , petite
ville de Lorraine , au dioc. de
Toul , dans le comté de Salm ,
au confluent de l'Etape , & de
la Meurte , au pied du mont de
Vofge. longitude 24. 30. latit.
48. 25.

RAPALLO , *Rapallum* , p. ville
d'Italie , dans l'état de Gènes ,
fur le golfe de même nom. long.
26. 54. latit. 44. 20.

RAPERSWIL , ville de Suiffe ,
aux confins du canton de Zurich , fur une langue de terre
qui s'avance dans le lac de Zurich. Elle fut bâtie l'an 1091 , &
a eu long-tems fes comtes particuliers ; elle eft à préfent fous
la domination des cantons de
Berne & de Zurich , qui s'en faifirent en 1712. long. 26. 30. lat.
47. 22.

* RAPOE , ou RAPHOE , ville
d'Irlande , dans la province d'Ul-
fter , au comté de Dunnegal , &
chef-lieu d'une baronnie de même nom. Robert y marque un
év. ce qui n'eft pas ; il a été réuni
à celui de Londondery. long. 10.
latit. 54. 58.

RAPOLFSTEIN , ou RIBAU-
PIERRE , p. ville de France , dans
la h. Alface , proche la riviere
de Stenbach , au-deffus de Scheleftat , avec titre de baronnie.
Tous les violons qui paroiffent
en Alface , font obligés de payer
un droit au baron de Ribau-
pierre. longitude 25. 6. latit.
48. 14.

* RAPOLLA , p. ville d'Italie ,
au royaume de Naples , dans la
Bafilicate , avec titre de duché ,
fur les confins de la principauté
ultér. & de la Capitanate , à 3
milles au midi de Melfi. Son
év. fut uni en 1528 à celui de
Melfi , & par conféquent n'exi-
fte plus , comme le marque Robert. long. 33. 10. latit. 40. 48.

* RASCHIAH , ou RASCIE ,
pays d'Europe qu'on connoît
plus communément fous le nom
de Servie. La Martiniere dit que
les anciens l'appelloient Mœfie.
Elle n'en fait que partie , car la
Bulgarie y étoit comprife.

RASEBORG , *Rafeburgum* , petite ville de Suéde , au canton
de même nom , dans la Finlande , & fur le golfe de Finlande.
Elle a un bon havre. long. 42.
6. latit. 60. 18.

RASEZ , p. pays de France ,
dans le b. Languedoc , avec titre de comté. La petite ville de
Limoux en eft le chef-lieu.

RASTAT , gros bourg d'Allem.
dans la Suabe au marquifat de
Bade , avec un beau chât. fur
la Murg , au-deffous de Kuppen-
hen. Il eft remarquable par le
traité de paix qui y fut figné en
1714 , entre l'empereur , & la Fr.
latit. 48. 50.

* RASTENBOURG , petite ville de Prusse , dans le Bartenland , bâtie en 1329. Cet article est bien défiguré dans la Martiniere.

RATENAU , *Ratenovia* , ville d'Allem. dans la moyenne marche de Brandebourg , sur le Havel , entre Brandebourg & Havelberg. Elle fut pillée par les Brandebourgeois en 1641. long. 30. 28. latit. 52. 39.

RATENBOURG , *Ratenburgum* , p. ville d'Allem. dans le Tirol , entre Kufstein & Schwaz , sur l'Inn , avec un chât. long. 29. 32. latit. 47. 12.

RATHAUSEN , abb. de filles ordre de Cit. dans la Suisse , au canton de Lucerne , sur la Russ.

RATIBOR , *Ratibora* , ville d'Allem. capit. du duché de même nom , dans la haute Silésie , sur l'Oder , dans un terroir fertile en bled & en fruits , à 6 milles d'Oppelen , avec un chât. sur le bord de la rivière. Le roi de Danemarck fut obligé d'en lever le siége en 1627 , & les Suédois la prirent en 1642. long. 35. 58. latit. 50. 15.

RATISBONNE , REGENSBURG en Allem. *Ratisbona* , ville d'Allemagne , dans la Baviere , au confluent de la Nab & du Regen avec le Danube , à 26 li. au nord de Munich , à 26 au nord-est d'Augsbourg , & à 20 au sud-est de Nuremberg. Elle est fort anc. car on la croit bâtie par Tibere. Sa situation sur trois rivieres la rend commerçante , & lui procure d'excellent poisson. Elle est grande & bien bâtie ; on y voit un grand nombre de beaux palais. L'hôtel de ville est un magnifique bâtiment ; il y a une vaste sale où se tiennent les dietes générales de l'Empire. Les églises sont fort belles. La cathédrale dédiée à St Pierre est très-anc. & remarquable par ses reliques. L'év. qui est suffragant de Saltzbourg , est prince de l'Emp. Il y a deux abb. de Bénédictins dont les abbés ont rang entre les prélats de l'Empire , ainsi que les abbesses de 2 abb. de filles. Il y a à Ratisbonne un grand nombre de communautés religieuses ; les Jésuites y ont un collége , & on y voit une fort belle Chartreuse. Les Protestans y sont nombreux , & ont un magistrat de la même religion. Cette ville est très-peuplée , & habitée par beaucoup de noblesse. L'ordre Teutonique y a deux belles maisons , dans l'une desquelles réside un commandeur de cet ordre. Le pont de pierre sur lequel on passe le Danube , est le plus fort & le meilleur de tous ceux qui sont sur ce fleuve. long. 29. 45. latit. 49.

RATTOFSZELL , ville d'Allem. dans la Suabe , sur le Bodensée. Elle appartient à la maison d'Autriche qui y a fait faire des fortifications,

* RATZEBOURG , *Raseburgum* , ville d'Allem. dans la b. Saxe , sur une hauteur environnée d'un lac , à 4 milles au sudest de Lubec , & à égale distance de Lunebourg , avec un chât. Vosgien nous apprend qu'il y a un év. suffr. de Brême ; mais il auroit dû ajouter qu'il fut sécularisé par la paix de Westphalie , & cédé au duc de Mekelbourg. Il appartient auj. avec le duché de Lawembourg , à l'électeur d'Hanovre. long. 28. 35. lat. 53. 46.

RAVA , *Rava* , ville de la gr. Pologne , capit. du palatinat de même nom , à 15 milles au sudouest de Warsovie , sur la riv. de Rava qui l'environne de tous côtés ; ce qui , joint à un chât. bien entretenu , & où on tient toujours une bonne garnison , en fait une place de défense. La ville est très-peuplée , mais les maisons ne sont bâties que de

bois. Les Jéfuites y ont un beau
collége. Le chât. eft deftiné pour
les prifonniers d'état. Sigifmond
Augufte, roi de Pologne, y fit
renfermer le duc de Meckelbourg l'an 1564. Le palatinat
de Rava eft entre ceux de Lencicza & de Mazovie. long. 37.
56. latit. 51. 48.

RAUDA, abb. d'hom. ordre
de Cît. dans la h. Siléfie, en la
principauté d'Oppelen, & fondée l'an 1253 par Ladiflas, duc
d'Oppelen.

RAUDNITZ, ville de Bohême,
dans le cercle de Sclani, fur
la gauche de l'Elbe, avec un
chât. où le prince de Lobkowitz fait fa réfidence.

*RAVELLO, *Rebellum*, petite
ville d'Italie, au roy. de Naples, dans la princ. citér. bâtie
en 1086. Elle n'eft point proche
la mer, comme le dit Vofgien,
elle en eft à 4 milles au nord
d'Amalfi. Elle a un év. fuffr.
d'Amalfi, auquel on a uni celui
de Scala en 1603. long. 32. 8. lat.
40. 36.

*RAVENNE, *Ravenna*, ville
d'Italie, dans l'état de l'Eglife,
capit. de la Romagne. Elle étoit
autrefois fur le bord de la mer,
& en eft auj. éloignée de trois
milles & non pas de 7 li. comme dit Vofgien après la Martiniere, à 16 li. au levant de Boulogne, à 15 au fud-eft de Fer-
rare, & à 68 au nord de Rome,
dans un terroir un peu marécageux, mais agréable & fertile
en fruits, en vin excellent & en
gibier de toute efpece. Cette
ville cherie des Romains, reçut
de leur part plufieurs embellif-
femens. Divers empereurs y fi-
xerent leur féjour. Théodoric,
roi des Oftrogots en fit le fiége
de fon empire. Ravenne devint
enfuite la capit. de l'exarcat,
dignité qui dura plus de 170 ans
fous 15 exarques, & non pas fous
17, comme dit la Martiniere. Elle

eft auj. fous la domination du
pape qui la fait gouverner par
des légats. Elle eft encore capit.
de 9 villes & d'un grand nombre de bourgs & de villages. Elle
n'eft plus fi étendue qu'elle étoit
autrefois. Le port étoit le meilleur que les Romains euffent fur
la mer Adriatique qui en eft auj.
à 3 milles, comme nous l'avons
déja dit. Son arch. eft des plus
anc. La cathédrale eft un anc.
batiment, dont la nef eft fou-
tenue par 56 colonnes de marbre de l'Archipel. Cette églife
jouit des memes immunités que
l'Eglife Romaine. Il y a dans Ravenne 4 abb. régul. 10 couvens
d'hom. & 7 de filles. Il n'y a
point d'univ. mais plufieurs colléges & 2 académies. Les fciences y font en honneur, & on
peut dire que cette ville à produit beaucoup de grands hommes en tout genre. long. 29. 48.
latit. 44. 23.

*1. RAVENSBERG, *Ravens-
bergenfis Comitatus*, comté d'Allemagne, dans la Weftphalie,
borné au nord par les év. d'Of-
nabrug & de Minden, au midi
par celui de Paderborn, au levant par une partie du comté
de la Lippe, & au couchant par
l'év. de Munfter. Il a pris fon
nom d'un chât. qui eft fur une
haute mont. près de la riv. de
Heffel. Il appartient au roy. de
Pruffe. Herforden eft la capit.
de ce comté, & non pas le chât.
de Ravensberg, comme dit la
Martiniere, qui à l'article d'Herforden, fe conforme à la vérité.

2. RAVENSBERG, abb. de filles,
ordre de Cît. dans la Flandre
Fr. au dioc. de St Omer, dans
la châtellenie de Caffel.

*RAVENSBURG, *Ravensbur-
gum*, ville d'Allem. en Suabe,
dans l'Algow, fur la rive droite
de la Schufs, à 4 li. au nord-
eft de Buchorn, & à 6 au nord
de Lindau, près de l'abb. de
Weingarten

Weingarten. Elle est libre, & a dans son enceinte plusieurs beaux bâtimens. On voit tout près sur une colline, un chât. qui appartient à la maison d'Autriche. Vosgien a mal orienté cette ville. long. 27. 10. lat. 47. 46.

1. RAVESTEIN, petite ville des Pays-Bas, au Mailand, sur la rive gauche de la Meuse, à 5 li. au sud-ouest de Nimegue, & à 8 au nord-est de Bolduc. Elle est chef-lieu d'une seigneurie qui appartient à l'électeur Palatin; ce prince a dans cette ville un chât. où les Holl. ont droit d'entretenir garnison, & d'y avoir une église réformée. long. 23. 12. latit. 51. 48.

2. RAVESTEIN, p. ville d'Allemagne, dans la Poméranie, dans la prevôté de Jacob.-hage. Elle appartient à la maison de Damnitz, une des plus illustres du pays.

RAVIERES, *Rabariæ*, p. ville de Fr. en Champagne, au dioc. de Langres, sur la riv. d'Armançon, entre Ancy-le-Franc au nord, & Rougemont au midi, à peu près à égale distance. On y tient plusieurs foires, & le terroir produit des bleds & des vins. long. 21. 43. latit. 47. 36.

RAUMO, ville de Suede, dans la Finlande sept. sur le golfe de Bothnie, à l'emb. d'une petite riv. entre Biornbourg & Nikork, près du détroit de même nom.

RAUSCHENBERG, petite ville d'Allem. dans le landgraviat de Hesse, au comté de Zigenhaim, entre Gemund & Schonstett. Elle a dans son voisinage un fort beau chât. & fut brulée en 1529.

* RAYN, p. ville d'Allemagne, dans la b. Styrie, sur la Save, au sud-est de Cilley, avec un très-beau chât. Elle fut beaucoup endommagée d'un tremblement de terre en 1640. L'abbé

Tome II.

la Croix dit que c'est l'anc. *Clarenna* que les interprètes d'Antonin attribuent à la ville de Rain qui est en Baviere.

RÉ (isle de), *Radis*, isle de l'Océan, au pays d'Aunis, sur la côte occid. de la Fr. à 3 li. de la Rochelle. On lui donne 4 li. de longueur & 2 de largeur. Louis XIII, après la conquête de la Rochelle, se rendit maître de cette isle, dont les Protestans s'étoient emparés, & y bâtit 2 forts. Sous Louis XIV elle a été fortifiée de nouveau; il y a auj. la citadelle de Saint Martin, les forts de la Prée, de Samblanceaux & du Martray. L'isle produit beaucoup de vin & de sel. Elle comprend 6 paroisses, & est fort peuplée. On n'y paye point de taille. latit. 46. 14.

READING, ville d'Angl. capitale du Berckshire, au confluent du Kennet & de la Tamise, à 32 milles au couchant de Londres. Elle envoie 2 députés au parlement, & on y fabrique beaucoup de draps. long. 16. 45. latit. 51. 28.

RÉAL (le), *Sta Maria de Regali*, abb. d'hom. de l'ordre de St Augustin, dans le Poitou, au diocèse de Poitiers, sur le Clain, à 2 li. de Charroux.

* RÉAL (la), *Sta Maria de Regali*, abb. d'hom. de l'ordre de St Benoit, & non pas de Saint Augustin, comme dit la Martiniere, dans le Roussillon, diocèse de Perpignan.

RÉALMONT, *Regalis mons*, p. ville de Fr. dans le h. Languedoc, au diocèse & à 2 li. d'Albi, sur la riv. de Dadou; elle est chef-lieu d'une prevôté.

RÉALVILLE, *Regalis villa*, p. ville de Fr. dans le Querci, au dioc. & à 2 li. de Montauban, vers le nord, sur l'Aveirou.

RÉAME, *Riphearma*, ville de l'Arabie Heureuse, au royaume

d'Hadramut, à une li. d'Alma-charana, avec un fort chât. sur la mont. voisine. Elle est composée d'environ 2 mille maisons. L'air y est si pur, qu'on y vit jusqu'à 120 ans & au-delà. Les moutons y sont si gras, qu'ils peuvent à peine marcher, & leur queue pese jusqu'à 40 livres.

REAULE (la), abb. d'hom. de l'ordre de St Benoît, en Fr. dans le Bearn, au diocèse de Lescar. L'abbé a entrée aux états de la province.

REBAIS, *Resbacum*, bourg de Fr. dans la Brie, élection de Colomiers, sur le bord du Morin, avec une abb. d'ho. de l'ord. de St Benoît, fondée l'an 610.

* RECCANATI, *Ricinetum*, ville d'Italie, dans la Marche d'Ancone, sur une mont. près du Musone, à 3 milles au sud-ouest de Lorette, & non pas au sud-est, comme dit la Martiniere. Il s'y tient tous les ans une foire célebre. Il y avoit un év. érigé en 1240. Il a été transféré à Lorette dans le XVI siécle, quoique Vosgien nous dise qu'il existe encore, & qu'il releve du St Siege. long. 31. 20. latit. 43. 25.

RECHENSOFFEN, *Corona Stæ Mariæ*, anc. abb. de filles, ordre de Cît. dans la Suabe, au marquisat de Bade. Elle a été sécularisée.

RECHLINGHAUSEN, ville d'Allem. dans l'arch. de Cologne, sur la Lippe, capitale du comté de même nom, entre les villes de Ham & de Rhyberge, avec une bonne citadelle & un chapitre de dames, dont la seule abbesse fait des vœux. long. 24. 56. latit. 51. 34.

RECHT, ville de Perse, dans l'Aderbidjan, à 2 li. de la mer Caspienne, & à 10 au nord-ouest de Ladhjan. Elle est très-commerçante; & les vivres y sont à très-grand marché.

RECLUS, *Reclusium*, abbaye d'hom. ordre de Cît. en Champagne, au dioc. de Troyes, fondée par Henri I comte de Champagne, en 1164.

RECONFORT (le), OU LA CONSOLATION DE STE MARIE, abb. de filles, ordre de Cît. dans le Nivernois, à 3 li. de Vezelay, fondée l'an 1234.

REDON, *Rothonum*, ville de Fr. dans la b. Bretagne, au diocèse de Vannes, sur la Villaine, à 10 li. au levant de Vannes. Elle doit son origine à une abb. de l'ordre de St Benoît, qui existe encore. C'est l'entrepôt de toutes les marchandises qui vont à Rennes, & qu'on y conduit avec des bateaux. long. 15. 36. latit. 47. 38.

REDONDELA, p. ville d'Esp. dans la Galice, au fond d'un p. golfe, à 6 li. de Pontevedra. Son chât. est assez fort. Il n'y a qu'une paroisse, un couvent de Cordeliers & un de filles. On pêche sur la côte beaucoup d'anchois. long. 9. 18. latit. 42. 7.

REDONDO, ville de Portugal, dans la prov. de Beira, à l'emb. du Mondego, à 6 li. au sud-ouest de Coimbre. Elle fut fondée l'an 1312, & on y bâtit un bon chât. Il y a une manufacture de draps, & ses environs sont fertiles en bled, & produisent beaucoup de gibier. long. 9. 34. latit. 39. 53.

REES, ville d'Allem. au cercle de Westphalie, dans le duché de Cleves, sur la droite du Rhin, entre Wesel & Emmerick. Elle est bien peuplée, & défendue par un fort bâti en deçà du Rhin. Elle appartient au roi de Prusse. Les Espagnols la prirent en 1598, & les états des Provinces-Unies en 1614. long. 24. 5. latit. 51. 43.

REFOYOS (St Michel de), abbaye d'hommes, ordre de Saint Benoît, en Portugal, dans la province, entre Duero-e-Minho, au dioc. de Porto.

REFUGE (le), *Refugium*, abb. de filles, ordre de Cit. dans le Hainaut, au dioc. de Cambrai, fondée l'an 1234, près de la ville de Hall.

REGENSBERG, p. ville de Suisse, dans le canton de Zurich, capit. d'un bailliage de même nom, sur le Leberberg qui fait partie du mont Jura. Son chât. fut rebâti l'an 1540, & on y voit un puits de 36 toises de profondeur, creusé dans le roc.

REGENWALDE, p. ville d'Allemagne, dans la Poméranie ulter. sur la riv. de Rege. Elle fut presque réduite en cendres en 1630.

1. REGGIO, ville d'Italie, au roy. de Naples, dans la Calabre ulter. sur le Phare de Messine, à 6 li. au sud-est de Messine. Elle est très-anc. car après un tremblement de terre qui l'avoit ruinée, Cesar la rebâtit & la repeupla. Son ancienneté est son meilleur titre; car elle n'est ni gr. ni belle, ni peuplée, ni marchande. Elle a un arch. ce qui est commun au royaume de Naples. Les Jésuites y ont un collége, & sont fort bien logés; les Dominicains y en ont un aussi. Ce qui distingue cette ville, c'est une manufacture de laine de poisson appellée *Lana Sucida*. On tire cette laine d'une espece de moule, & on en fait des camisoles, des gants, des chaussons, &c. d'une légereté surprenante, & qui garantissent du plus grand froid. Le premier usage en fut fait à Tarente. Quoique Reggio soit au bord de la mer, elle n'a point de port; les vaisseaux & les galéres mouillent à la rade devant la ville, mais n'ont d'autre sureté que leurs voiles & leurs rames. long. 33. 36. latit. 38. 7.

* 2. REGGIO, *Rhegium Lepidi*, ville d'Italie, capit. du duché de même nom, dans le Modenois, au nord de l'Apennin, & non pas au midi, comme dit Vosgien, à 6 li. au nord-ouest de Modene, dans une agréable campagne. Elle a un év. suffr. de Bologne, & fondé l'an 450. La cathédrale est remarquable par un gr. nombre de tableaux des meilleurs maîtres. Les rues sont belles & les maisons bien bâties. Lepidus en a été le fondateur, & les Romains en avoient fait une colonie. Ses murailles sont bonnes, & elle est défendue par une forte citadelle. On voit au milieu de la place publique une statue de Brennus, général des Gaulois. long. 28. 13. latit. 44. 42.

3. REGGIO (duché de), en Italie, au couchant du Modenois. Il appartient au duc de Modene, à l'exception du marquisat de St Martin d'Est.

REGLE (la), *Regula*, abbaye de filles en Fr. de l'ordre de St Benoît, dans le Limousin & dans la ville de Limoges.

REICHENAW, *Augia dives*, isle du lac de Constance, au sud de la presqu'isle qu'elle forme. Elle a environ 1 li. d'étendue du sud-est au nord-ouest, & moitié moins de largeur. Saint Pirmin y fonda en 724 un célebre monastère sous la régle de St Benoît, & en fut le premier abbé. Ses abbés avoient séance aux diétes de l'Empire parmi ceux du cercle de Suabe, & devinrent si puissans, qu'ils comptoient 500 gentilshommes parmi leurs vassaux. Les évêques de Constance la firent unir à leur mense épisc. en 1540, & en jouissent encore. L'empereur Charles le Gros est inhumé dans l'église de cette abbaye.

* 1. REICHENBACH, p. ville d'Allem. dans la Silésie, en la

princ. de *Sweidnitz*, fur une riv. de même nom. Les Impériaux la prirent en 1633, & firent paſſer les habitans au fil de l'épée. Voſgien place cet évenement un ſiecle trop tôt.

2. REICHENBACH, petite ville d'Allem. dans le Woigtland, entre Altenbourg & Olnitz. Elle eſt très-commerçante, & appartient à l'électeur de Saxe.

3. REICHENBACH, abb. d'ho. de l'ordre de St Benoît, dans la b. Baviere.

REICHENBERG, chât. d'Allemagne, dans le cercle du haut Rhin, bâti l'an 1270 ſur une montagne près du Rhin. Les Fr. s'en ſaiſirent l'an 1639, mais il fut repris la même année. Il appartient au prince de Heſſe-Rheinsfells. long. 25. 20. latit. 50. 6.

REICHENSTEIN, p. ville d'Allemagne, dans la Siléſie, à 2 milles de Glatz. Il y a pluſieurs mines dans ſes environs, dont une d'or. En 1542, près de 2 mille de ſes habitans perirent de la peſte. long. 24. 32. latit. 50. 27.

REICHENWEYER, p. ville de Fr. dans l'Alſace, au-deſſous de Keyſersberg.

REICHSHOFEN, p. ville de Fr. dans la b. Alſace, près de Haguenau, avec un chât. qui fut pris en 1633 par le comte Palatin.

REIFERSCHEID, p. ville d'Allemagne, dans le cercle du bas Rhin, au pays d'Eiffel, avec un chât. près de Manderchéid.

REIGELSBERG, p. ville d'Allem. dans la Franconie, entre les bourgs de Rieds & d'Aab.

* REILANE, p. ville de Fr. dans la Provence, avec titre de vicomté, dans la viguerie de Forcalquier, & non pas d'Aix, comme diſent la Martiniere & Voſgien. Elle a entrée aux états de la province.

REIN, *Rana*, abb. d'hom. ordre de Cit. en Allem. dans la b. Stirie, au dioc. de Seckau, à 5 li. au nord-oueſt de Gratz.

REINECK, p. ville d'Allemagne, dans la Franconie, ſur la riv. de Sal, à 9 milles de Hanau, avec un chât. qui appartient à l'électeur de Mayence. La ville dépend du comte de Hanau.

REINFELDE, p. ville d'Allem. dans le duché de Holſtein, près d'Oldeſlo, dans la Wagrie. Il y a eu un fameux monaſtere de l'ordre de Cit. où pluſieurs comtes de Holſtein ont été inhumés.

REINFREW, ville d'Ecoſſe, chef-lieu d'une baronnie de même nom, ſur la Clyde, dans la prov. de Cuningham, à 25 li. au couchant d'Edimbourg. long. 13. 26, latit. 55. 50.

REINSTEIN, chât. d'Allemagne, dans l'év. d'Halberſtat, & chef-lieu d'un comté, dont le domaine a été réuni à la princ. d'Halberſtat, dont il étoit mouvant, par l'extinction de la race des comtes.

REIPERSWEILER, petite ville d'Allem. dans l'Alſace. Elle appartient à la maiſon de Lichtenberg.

REITENHESLAC, abb. d'hom. ordre de Cit. dans la h. Baviere, au dioc. de Saltzbourg.

RELECQ, abb. d'hom. ordre de Cit. dans la Bretagne, au diocèſe de St Pol de Leon, à 3 li. au-deſſus de Morlaix, vers le midi.

REMBERVILLE, ou REMBERVILLIERS, petite ville de Fr. au dioc. de Toul, chef-lieu d'une châtellenie dépendante de l'év. de Metz. Il y a une p. fortereſſe, un couvent de Bénédictines & des Capucins.

REMIREMONT, *Romarici mons*, p. ville de Lorraine, au dioc. de Toul, ſur la gauche de la Moſelle, à 4 li. au-deſſus d'Epinal , dans une vallée au pied du mont de Vofge, à 18 li. au fud-eft de Nanci, à 20 au nord-eft de Befançon, & à 80 de Paris. Cette ville eft remarquable par une illuftre abb. de chanoineffes, fondée par St Romaric l'an 620. L'abbeffe eft princeffe de l'Empire ; elle fait les vœux folemnels, à moins qu'elle n'en obtienne difpenfe ; les chanoineffes n'ont ni vœux ni clôture. Elles font preuve de la plus gr. nobleffe. long. 24. 20. latit. 48. 7.

REMO (San), p. ville d'Italie, dans l'état de Gènes, fur la riv. du Ponent, dans une vallée fertile , fur-tout en bonnes huiles, à 9 milles au levant de Vintimille. La fertilité de fon terroir en citrons, oranges, olives & autres fruits, l'a fait appeller le paradis de l'Italie. Il y a quelques belles maifons ; les Jéfuites y ont un collége. Il y a un p. port qui eft bon. long. 25. 10. lat. 43. 42.

REMOIS (le), *Remenfis ager* , p. pays de la Champagne, formé par le territoire de Rheims qui en eft la capitale. Ses bornes font le Laonois & le Soiffonois au nord, le Châlonois au midi, & la Brie au couchant. Outre la capitale, il comprend Cormicy, Fifmes, Epernay, Avenay & Ay, connu par fes bon vins.

REMS , riv. d'Allem. dans la Suabe, au duché de Wirtemberg. Son cours eft du levant au couchant, & va fe joindre au Necker au nord de Stutgard. Il eft à remarquer que dans les plus grands froids elle ne géle jamais.

1. REMY (St), abb. de filles, ordre de St Benoît, dans la Beauce, au dioc. de Chartres, fondée l'an 1164.

2. REMY (St), abb. de filles, ordre de St Benoît, au dioc.

de Soiffons, dans le Valois, proche Villers-Cotterets.

3. REMY (St), p. ville de Fr. en Provence , au dioc. d'Avignon, entre des étangs, à 4 li. d'Arles. Il y a une collégiale fondée l'an 1330 par le pape Jean XXII. C'eft la patrie de Jean & de Michel Noftradamus. Le prince de Monaco a le domaine de cette ville.

4. REMY (St), abb. d'hom. ordre de Cît. dans les Pays-Bas, au duché de Luxembourg , près de Rochefort, fondée l'an 1266 pour des religieufes, auxquelles les moines du même ordre fuccéderent l'an 1470.

RENAISON , petite ville de Fr. dans le Forez , élection de Rouanne.

RENDSBOURG , *Rendsburgum,* ville d'Allem. dans le duché de Holftein , aux confins du duché de Slefwick, prefqu'environné de la riv. d'Eyder qui y forme 2 lacs très-abondans en poiffon, à 6 li. au fud-eft de Slefwick. Elle appartient au roi de Danemarck. Son chat. eft fort. Les habitans commercent en biere & en bois. Les vivres y font à bon marché. Les Imp. la prirent en 1627, & les Suédois en 1643. long. 27. 30. latit. 54. 32.

RENEN, p. ville d'Allem. au duché de Mecklenbourg, entre Gadebufch & Daffau , vers le nord, aux frontieres du Holftein.

RENNES , *Condate Rhedonum* , ville de Fr. capitale de la Bretagne, au confluent de Lille & de la Vilaine , dans les terres, à 22 li. au nord de Nantes, à 18 au fud-eft de St Malo, & à 80 de Paris. Cette ville qui eft anc. eft le fiége d'un parlement, d'une cour des aides, d'un préfidial , d'un intendant, d'une cour des monnoies, d'une table de marbre, d'une jurifdiction confulaire , & d'un évéché établi dès le III siécle. La Vilaine la divise en 2 parties, & on la passe sur 3 ponts. Les rues sont étroites & mal propres. La grande place est ornée de belles maisons & du palais où s'assemble le parlement, & qui est un fort beau bâtiment. Il y a une fontaine publique au milieu de la place de la Pompe ; les maisons qui l'environnent sont soutenues d'arcades ; ce qui la rend assez belle. Les Jésuites ont le collége qui est fort beau ; leur église, bâtie à l'italienne, mérite d'etre vue. Rennes fut désolée par un incendie en 1720, 850 maisons furent dévorées par les flammes, la plupart étoient de bois, & ont été fort bien reconstruites, les rues ont été élargies. La faculté de droit qui étoit à Nantes, a été transférée à Rennes. On compte dans cette ville 9 paroisses, y compris les fauxbourgs qui sont plus étendus que la ville. long. 15. 55. latit. 48. 7.

RENTERIA, petite ville d'Esp. dans le Guipuscoa, à 1 li. de St Sebastien. Il y a un couvent d'hom. & un de religieuses.

RENTI, *Rentica*, bourg de Fr. dans l'Artois, sur l'Aa, aux confins de la Picardie, à 6 li. au sud-ouest d'Aire, & à 10 au nord-ouest d'Arras. C'est le premier marquisat d'Artois. Charles V en fit l'érection en 1533. Les Esp. y furent mis en déroute par les Fr. en 1554. long. 19. 46. latit. 50. 35.

* 1. REOLE (la), *Regula*, p. ville de Fr. dans le Bazadois, sur la droite de la Garonne, à 9 li. au-dessus de Bourdeaux. Elle doit son origine à une anc. abb. d'ho. ordre de St Benoît, que la Martinière, par erreur, place en même tems sur la Garonne & dans la plaine de Bigorre. Louis XIV transféra pendant quelques an-

nées le parlement de Bourdeaux dans cette petite ville, dont les P. Réformés avoient fait une place de défense durant les guerres de religion. long. 17. 34. lat. 44. 36.

2. REOLE (la), abbaye, *voyez* St Orens de la Réole.

REPOSOIR (le), Chartreuse de Savoye, dans le Faussigny. C'est une des plus affreuses solitudes qu'on puisse voir, car elle est environnée de rochers.

* REQUENA, *Requena*, ville d'Esp. non au roy. de Valence, comme dit Corneille, mais dans la Nouv. Castille, sur l'Oliana qui se rend dans le Xucar, à 18 li. au couchant de Valence, & à 50 de Madrid. Cette place se rendit le 3 Mai 1707 au duc d'Orléans. Le pere Briet croit que c'est la *Salaria* des Bastitains. long. 16. 38. latit. 39. 32.

RESCHT, *Rescha*, ville de Perse, capit. de la contrée de même nom, dans la prov. de Ghilan, le long de la mer Caspienne, où elle forme une espece de croissant, & dont elle est éloignée de 2 li. Elle est gr. & toute ouverte. Il y a une si gr. quantité d'arbres, qu'on croit entrer dans une forét. Il y a un marché public où on vend toute sorte de marchandise. Les vivres y sont à fort bon marché. long. 68. 27. latit. 37. 24.

RESOVIE, *Resovia*, p. ville de la p. Pologne, au palatinat de Russie, sur la riv. de Wisoch. Elle a un bon chât. & il s'y tient tous les ans une fameuse foire. long. 40. 10. latit. 40. 51.

RESSEL, p. ville de Pologne, dans la Warmie, près du lac de Zain : 600 Tartares y furent tués en 1120.

RESSONS, abb. d'hom. ordre de Prémontré, dans le Vexin Fr. au dioc. de Rouen.

RETFORD, p. ville d'Angl. dans la prov. de Nottingham,

à 50 li. de Londres. Elle envoie les députés au parlement. long. 16. 36. latit. 53. 15.

RETHEL, *Rethelium*, ville de Fr. en Champagne, capit. du Rhételois, sur une mont. près de l'Aisne, à 10 li. au nord-est de Rheims, à 14 au sud-ouest de Sedan, & à 45 au nord-est de Paris. Elle est fort anc. car du tems des Romains elle servoit de forteresse. Elle fut érigée en duché sous le titre de Mazarin en 1663. Il y a une élection qui est fort étendue. Les Esp. s'en faisirent en 1650, mais les Fr. la leur reprirent la même année, & les en chasserent de nouveau en 1653. long. 22. 6. latit. 49. 37.

LE RHÉTELOIS a pour borne les Pays-Bas au nord, le Rhemois au midi, le pays d'Argonne au levant, & le Laonois au couchant. Il y a beaucoup de bois, des mines de fer & de charbons, aussi y voit-on un gr. nombre de forges. L'Aisne est la principale riv. les habitans aiment beaucoup la guerre. Outre Rhetel qui est la capit. il y a Rocroy, Château-Porcien, Donchery, Mezieres & Charleville.

RETHEM, p. ville d'Allem. dans le duché de Lunebourg, proche l'Aller qui, par l'abondance de son poisson & sa navigation, est d'un grand secours à cette ville, où il y avoit autrefois un fort château.

*RETIMO, *Rhitymna*, & non pas *Rhetymna*, comme dit Vossien, ville de l'isle de Candie, sur sa côte sept. à 18 li. au couchant de la capit. Elle a une forteresse bâtie sur un roc escarpé; son port qui a été très-bon, est auj. très-négligé. C'est la 3e place de l'isle, & gouvernée par un bacha. Les Turcs s'en faisirent en 1647. long. 42. 18. latit. 35. 24.

RETORTA, abb. d'hom. ordre de Prémontré, en Esp. dans le roy. de Leon, au diocèse de Palencia.

RETZ, ou RAIS, *Ratiatensis pagus*, pays de Fr. dans la Bretagne, & partie du diocèse de Nantes, au midi de la Loire. Il fut érigé en duché-pairie en 1581, en faveur d'Albert de Gondi. Ce duché appartient auj. à la maison de Villeroi. La ville de Retz qui en étoit la capit. ne subsiste plus, c'est aujourd'hui Machecou.

1. REVEL, *Rebellus*, p. ville de Fr. dans le h. Languedoc, au dioc. de Lavaur, près de la riv. de Sor, à 2 li. de St Papoul. Les Prétendus Réformés l'avoient fortifiée, mais les fortifications en furent démolies en 1629. long. 19. 40. latit. 43. 28.

*2. REVEL, ou REVAL, *Revalia*, ville de l'emp. Russien, dans la h. Livonie, & capitale de l'Estonie, sur la côte de la mer Baltique, partie dans une plaine, & partie sur une mont. à 56 li. au nord de Riga, à 38 au couchant de Narva, & à 60 au couchant de St Petersbourg. Waldemar II, roi de Danemarck, en jetta les fondemens au commencement du xii siécle, & non en 1280, comme dit la Martiniere, puisque ce prince mourut en 1241. Elle a été Anséatique jusqu'en 1550. Les Moscovites à qui elle appartient, ont soin d'y entretenir le commerce; ce qui est facilité par sa situation & par la bonté de son port. La partie qui est sur la mont. est occupée par des maisons neuves; il y a la cathédrale & beaucoup de noblesse. La partie d'en bas est remplie de vieilles maisons & mal habitée. Sur la mont. est un fort château, où on tient toujours une nombreuse garnison. L'év. qui est du rit Moscovite, est suffr. de Riga. Cette ville a soutenu 2 siéges mémorables, un en 1570, & l'autre en 1577. long. 42. 40. latit. 59. 24.

REVER, ou REVERO, bourg d'Italie, dans le Mantouan, sur la rive mérid. du Pô, vis-à-vis d'Ostiglia. Il y a quelques fortifications. Le grand prieur de Vendôme se rendit maître de cette place le 10 Avril 1704. long. 28. 45. latit. 44. 56.

REUIL, *Radolium*, anc. monastère de Bénédictins, aujourd'hui prieuré conventuel des Clunistes réformés, sur la Marne, près de Jouare, au dioc. de Meaux, dans la Brie.

* REUILLY, *Rodolium*, petite ville de Fr. dans le Berri, sur l'Arnon, à 6 li. de Bourges, à 3 d'Illoudun, & à 4 de Vatan. Il y a un Hôtel-Dieu nouvellement établi. Le principal commerce des habitans consiste en vin blanc. Vosgien place cette ville sur l'Aveirou qui coule bien loin delà dans le Rouergue, & se joint au Tarn.

REVIN, *Revinum*, p. ville de Fr. aux frontieres du Hainaut & de la Champagne, sur la riv. de Meuse, au dessous de Charleville. Elle est à la France depuis 1679.

REUTLINGEN, *Reutlinga*, ville d'Allemagne, au cercle de Suabe, dans le duché de Wirtemberg, à 1 mille au levant de Tubingen, sur l'Eschez, à 8 li. au midi de Stutgard. Elle est libre & impér. On y voit de beaux bâtimens ; les plus remarquables sont l'hôtel de ville & l'hôpital. long. 26. 43. latit. 48. 30.

REYNA, *Regina*, ville d'Esp. dans l'Andaloufie, à 1 li. de Llerena, dans une plaine, avec un château, sur une hauteur. On y trouve encore plusieurs restes d'antiquité. Elle fut prise sur les Maures en 1185, & appartient

auj. à l'ordre de St Jacques. On recueille aux environs beaucoup de vin & du bled.

REZ, *Retza*, p. ville d'Allemagne, dans l'Autriche, sur les front. de la Moravie, Son terroir produit d'excellent vin. Matthias Corvin prit cette ville en 1485.

REZBERG, ville d'Allem. au comté de Ruppin, dans la Marche de Brandebourg. L'an 1740 cette malheureuse ville fut presque réduite en cendres : malgré le prompt secours qu'on y apporta, on ne put sauver des flammes que le chât. 14 maisons & quelques moulins.

RHEIMS, *Remi*, anc. *Durocortorum*, ville de Fr. en Champagne, capit. du Remois, sur la Vesle, dans une plaine entourée de collines qui produisent d'excellent vin, à 12 li. au nordouest de Châlons, à 38 au nordouest de Nanci, à 26 au nord de Troyes, & à 36 au nord-est de Paris. Cette ville très-anc. & qui conserve encore des marques d'antiquité, entr'autres plusieurs arcs de triomphe, a été la capit. des peuples Rémois, les Romains y tenoient un magasin d'armes. Elle est aujourd'hui une des plus gr. du roy. C'est le siége d'un présidial, d'une élection, d'un hôtel des monnoies, d'un arch. dont l'archevêque est premier duc & pair du roy. légat né du St siége, primat de la Gaule Belgique, & a droit de sacrer nos rois, dont le sacre se fait dans cette ville. Il y a une univ. fondée en 1548. La cathédrale qui est un ouvrage gothique trèsestimé, est dédiée à la Vierge ; on admire son portail : il y a un trésor très-riche, les ornemens qui y sont en gr. nombre y sont magnifiques. La plus célebre des 5 abbayes qui sont à Rheims, est celle de St Remi, de l'ordre de St Benoît ; on y conserve la

Ste Ampoule qui sert à sacrer les rois. On voit le superbe tombeau du St de ce nom derriere le chœur. Les autres églises de Rheims sont aussi fort belles, l'hôtel de ville est un bel édifice, mais qui n'est pas encore fini. Les Jésuites ont un collège dans cette ville. Le commerce des habitans consiste en vins & en toute sorte de petites étoffes, comme serges, camelots, étamines, basins, flanelles, &c. long. 21. 43. latit. 49. 15.

RHEINAW, p. ville de Suisse, dans le Thurgaw, sur la gauche du Rhin, 2 li. au-dessous de Schafouse. C'étoit du tems des Romains une place importante, dont ils se servoient pour arrêter les courses des Allemands. Il y a auj. une abb. de Bénédictins de la congrégation de Suisse. L'abbé est seigneur de la ville sous la souveraineté des cantons; il est de l'Empire, & vassal de la maison d'Autriche. Une partie des habitans sont Réformés, les autres sont Catholiques.

RHEINBERG, *Rheneberga*, ville d'Allem. dans l'électorat de Cologne, à 8 milles au nord-ouest de cette ville, sur le Rhin, près du comté de Mœurs. Le roi de Prusse s'en empara en 1703, elle revint à l'arch. de Cologne en 1714, elle a de bonnes fortifications. long. 24. 16. latit 51. 28.

1. RHEINECK, ville de Suisse, capit. du Rheinthal, sur le Rhin, à l'endroit où il entre dans le lac de Constance. Elle est munie d'un bon chât. où réside le bailli que les cantons y envoient. long. 27. 30. latit. 47. 35.

2. RHEINECK, p. ville d'Allemagne, dans l'arch. de Cologne, sur le bord du Rhin, entre Brissac & Andernach. long. 25. latit. 50. 26.

RHEINFELD, ville d'Allem. dans le cercle de Suabe, & la plus importante des 4 villes forestieres, sur la gauche du Rhin qu'on y passe sur un beau pont, à 9 li. au sud-ouest de Fribourg, & à 3 au levant de Basle. En 1638 il y eut près de cette ville 2 actions, dans une desquelles le duc de Rohan fut blessé à mort, & fut mourir à Konigsfeld, au canton de Berne. En 1744 les Fr. prirent cette ville, & renverserent le fort de Bourstall, situé dans une isle du Rhin qui la défendoit. long. 25. 26. latit. 47. 43.

RHEINFELS, chât. d'Allem. dans le cercle du h. Rhin, au comté de même nom, sur la droite du Rhin, entre Bingen au midi, & Coblentz au nord. C'est la résidence ordinaire du landgrave de ce nom. Ce château fut bâti en 1245, & sert de citadelle à St Gower qui est à son voisinage. longitude 25. 20. lat. 50. 5.

RHEINLAND, *Rhenolandia*, c'est ainsi qu'on appelle une partie de la Hollande mérid. qui s'étend des deux cotés du Rhin. Il comprend de villes considerables, Harlem, & Leyde qui est la capitale.

* RHEINTAL (le) vallée de Suisse, le long du Rhin de 6 li. d'étendue, depuis la baronnie d'Alt-Sax, & non pas, comme dit Vosgien, jusqu'au lac de Constance. On la divise en h. & b. Elle contient les villes d'Altstetten, & de Rhinbeck. On y recueille d'excellent vin, & on y commerce beaucoup en toiles & en lin. Le Rheintal dépend des 8 anciens cantons, & de celui d'Appenzel. Les droits seigneuriaux se partagent entre ces cantons, & l'abbé de St Gall. Parmi ces droits, sont comprises les amendes que l'abbé de la Croix a cru être un fruit;

car il dit que le pays est abondant en amandes.

RHEINWALD, *Rhenana val-
lis*, grande vallée, au pays des
Grisons, dans la Ligue haute.
On en voit sortir plusieurs
ruisseaux qui forment le haut
Rhin.

RHENEN, ville des Pays-Bas,
dans la prov. d'Utrecht, à 4 milles de cette ville, sur le Rhin.
Elle est remarquable par son anc.
& par une horloge accompagnée d'un carillon qu'on voit sur
la tour de l'église.

* RHEZAN, ville de l'em-
pire Russien, au duché de même nom, dont elle est capitale,
sur la riv. d'Occa, à 60 lieues
au sud-est de Moscou, & à 8 au
levant de Pereslawresanskoy.
Les Tartares de Crimée la ruinerent presqu'entierement en
1568, & un grand nombre des
habitans fut transferé à Pereslaw; cependant l'arch. est resté
à Rhezan, quoique l'abbé de la
Croix & Vosgien nous disent
le contraire. long. 60. 10 laut.
54. 58.

RHEZAN, prov. & duché
de l'empire Russien, qui a 300
werstes du midi au nord, &
autant du levant au couchant.
La riv. d'Occa la sépare au nord
du duché de Moscow, Nisi-No-
vogorod est à son midi. On la
divise en partie mérid. & sept.
Celle-ci dépend de Moscou, &
l'autre du gouvernement de
Woronitz. C'est un pays peuplé & très-fertile en grains,
miel & cire. Preslaw-Resans-
koy est auj. la capitale.

RHIN (le), *Rhenus*, grand
fleuve d'Europe qui prend sa
source dans la Suisse au mont
St Gothard, sépare la Suabe de
l'Alsace, arrose le cercle du haut
Rhin, & celui de Westphalie.
Il se sépare ensuite en 2 branches, dont la gauche s'appelle
le Vahal, la droite conserve le

nom de Rhin. A 8 li. au-dessous
d'Arnheim, il se sépare encore
en 2 branches : la principale
prend le nom de Leck, & se
joint à la Meuse ; l'autre qui
conserve son nom, se perd
au-dessous de Leyde dans l'O-
céan. Ce fleuve est fort profond
& fort rapide ; sa navigation
est fort difficile, tant à cause de
sa rapidité que des coupures
qu'il fait dans son cours, où on
voit un gr. nombre d'isles. Il
donne son nom à 2 cercles de
l'Empire, celui du haut Rhin,
& celui du bas Rhin.

1. RHODES, *Rhodus*, isle
d'Asie, sur la côte mérid. de
la Natolie, dans la mer de Scarpanto. Les anciens l'ont appellée *Ophiusa*, *Asteria*, *Æthræa*,
Pæessa, *Trinacria*, &c. Elle a
130 milles de tour. Cette isle
est fameuse pour avoir été la
résidence des chevaliers de St
Jean de Jérusalem depuis 1309
sous le grand maître Foulques
de Villaret, jusqu'en 1522, que
Soliman II, empereur des Turcs,
la leur enleva. Elle n'est pas
fertile en grains, mais il y a
beaucoup de bons paturages,
quantité d'oranges, citrons,
raisins, olives & autres fruits.
On en tire du savon, du miel
& de la cire. On y fabrique des
camelots & de beaux tapis. L'air
est très-bon dans cette isle, &
si serein que le soleil y paroît
toujours. Il y a six bourgs dans
son étendue, & la capitale qui
porte le même nom.

* 2. RHODES, *Rhodus*, ville
d'Asie, capit. de l'isle de même
nom, dans sa partie orientale,
& non pas sept. comme dit
Vosgien. Elle étoit célebre autrefois par la magnificence de
ses édifices, par ses académies de
peinture, de sculpture, &c. Elle
est encore aujourd'hui bien bâtie, ses murailles sont bien en-
tretenues. On y peut entrer par

deux portes, une du côté de la mer, & l'autre du côté de la terre. Celle qui est du côté de la mer est très-belle. On voit sur les remparts 460 piéces de canon. Elle a pour défense plusieurs chât. Celui qui est dans la ville, sert pour la garde des prisonniers d'état. Les Latins avoient dans le XII siécle un archév. de leur communion à Rhodes : les Grecs y en ont un à présent. Le port qui est excellent, est resserré par deux rochers sur lesquels on a bâti 2 tours pour en défendre l'entrée. C'est à cette entrée qu'étoit placée autrefois la statue d'Apollon, appellée communément le colosse de Rhodes. Elle avoit 70 coudées de haut ; un homme pouvoit à peine embrasser son pouce. Ses pieds posoient sur 2 rochers assez écartés, pour que les vaisseaux passassent entre ses jambes. Un tremblement de terre la renversa. Sa matiere étoit de bronze, & on en chargea 900 chameaux. long. 46. latit. 36. 30.

RHOR, abbaye d'Allemagne, dans la Souabe, *voyez* Ror.

RHOSCHAC, *Rosagum*, bourg considérable de Suisse, dans le domaine de l'abb. de St Gall, sur le bord du lac de Constance, vis-à-vis de Lindaw, dans la plus agréable situation, & dans un terroir qui produit des fruits & des vins excellens. On y commerce beaucoup en grains, bétail, vin & toiles.

* RHOSNE, *Rhodanus*, fleuve de France qui prend sa source dans la montagne de la Fourche, à l'extrémité orient. du Valais, traverse le lac de Genève, le Lyonnois, le Viennois, le Valentinois, le Comtat-Venaissin, & après avoir coulé dans une partie de la Provence, il se rend dans le golfe de Lyon, 10 li. au midi d'Arles par différentes embouchures, dont il y en a 2 principales au levant & au couchant. Il reçoit dans son cours un grand nombre de rivieres. Les plus considérables sont la Saone, l'Isere, la Sorgue, la Durance. Il commence à porter bateau à Seissel. Le poisson qu'il produit est estimé, & on recueille du bon vin sur ses bords. L'abbé de la Croix nous dit, tome premier, page 70, que le Rhône a sa source au mont St Gothard en Suisse, & par une contradiction manifeste il dit page 409 du même tome, qu'il prend sa source au mont Furca (il veut dire de la Fourche), près de celui de St Gothard.

RIALEXA, ville de l'Amérique septentrionale, dans la nouvelle Espagne, sur une petite riviere, à 2 li. de la mer du Sud, où elle a un bon havre qui porte le même nom, & qui peut contenir 200 voiles. On y mouille par 7 à 8 brasses d'eau fond de sable clair & dur. La ville est grande, avec trois églises & un hôpital ; mais l'air y est fort mal sain à cause du voisinage des ances & des marais. latit. 12. 28.

RIBADAVIA, *Ribadavia*, ville d'Esp. dans la Galice, au confluent du Migno, & de l'Avia avec titre de comté, à 8 li. au sud-ouest d'Orense. Son terroir produit le meilleur vin de toute l'Esp. Il y a 4 paroisses, 2 communautés religieuses, & un hôpital. longitude 9. 48. latitude 42. 15.

* RIBADEO, *Rivadium*, ville d'Esp. dans la Galice, sur le bord occid. de la riv. de même nom, à 10 li. de Luarca, & non pas Lucara, comme disent la Martiniere & Vosgien. Elle est sur la pente d'un rocher, & c'est le dernier port de la province du côté de l'orient. Elle a titre de comté, & a été assez

long-tems la résidence de l'év. de Mondonedo. long. 10. 45. lat. 43. 42.

RIBAGORÇA, comté d'Espagne, dans l'Arragon, le long des frontieres de la Catalogne. Cette seigneurie qui a eu autrefois titre de roy. a 15 li. de longueur sur 6 de large. C'est un pays fort mal peuplé, mais on y boit de fort bon vin, & on y mange d'excellentes truites. Venasque en est le chef-lieu.

RIBAS, ville d'Esp. dans la N. Castille, sur le bord de la riviere de Xarama, à 3 li. de Madrid. Elle a titre de marquisat, & fut fondée l'an 1100, par le capitaine Ribas de Segovie.

* RIBAUDON, & non pas RIBAUDAN, comme dit Vosgien, isle de Fr. sur la côte de Provence, entre cette côte, & l'isle de Porquerolles. C'est une des isles Hieres. Les anc. l'ont connue sous le nom de *Sturium*.

* RIBCHESTER, ville d'Angl. dans le comté de Lancastre, sur la riv. de Rible, à peu de distance de Preston. Elle étoit autrefois très-considérable. La Martiniere dit que c'est la *Bretennomacum* des anciens. Aucun anc. n'a connu cette ville, mais *Bremetonacum*, que quelques-uns ont cru être Ribchester, mais Cambden & Galle prétendent que c'est Owerburrow, & que Ribchester a succédé à *Coccium*.

RIBEMONT, *Ribodimons*, ville de Fr. dans la Picardie, au dioc. de Laon, près de la riv. d'Oise sur une hauteur, entre Guise & la Fere, à 4 li. de St Quentin, avec une abb. d'hom. ordre de St Benoît, fondée l'an 1083. Il y a dans la ville une prevôté royale ; c'est un gouvernement particulier. long. 21. 8. latit. 49. 45.

RIBÉYRA GRANDE, ou SANT JAGO, ville de l'isle de Sant Jago la plus considérable de celles du cap Verd, dans la partie occidentale de l'isle, à 3 lieues au nord-ouest de Praya, à l'emb. de la riv. de Sant Jago qui prend sa source à 2 milles de la ville entre deux montagnes. La cathédrale est un très-bel édifice ; l'év. qui est suffr. de Lisbonne compte toutes les isles du cap Verd dans son dioc. Il y a deux couvens, un d'hom. & un de filles. La maison du gouverneur est dans un lieu élevé, & domine sur toute la ville presqu'entierement peuplée de Portugais. Ce gouverneur étend sa jurisdiction non-seulement sur les isles du cap Verd, mais encore sur tous les domaines de Portugal, dans la haute Guinée. Le port qu'on nomme Ste Marie, est au nord de la ville ; les vaisseaux y sont en sureté. long. 354. lat. 15.

RIBNICK, p. ville d'Allemagne, dans la Silésie, près de Sora, dans la principauté de Ratibor.

RIBNIZ, petite ville d'Allem. au duché de Mecklenbourg, près de Recknitz, à 3 milles de Rostock. Il y a eu une abbaye de filles, où plusieurs princesses de Danemarck ont été abbesses.

RIBO DE AVE (St Thirso de), abbaye d'hom. ordre de St Benoît, en Port. dans la province, entre Duero-e-Minho, entre Porto & Brague, fondée l'an 770, & retablie l'an 927.

RICHBOROW, bourg d'Angl. dans la province de Kent. C'étoit autrefois une ville connue sous le nom de *Rutupiæ*.

1. RICHELIEU, *Ricolocus*, ville de Fr. dans le bas Poitou, au dioc. de Poitiers, sur les riv. d'Amable & de Vende, à 10 li. au nord de Poitiers, & à 60 au sud-ouest de Paris. Elle fut bâtie par le cardinal de Richelieu

en 1637, avec un magnifique chât. Cette ville est fort jolie. Ses maisons sont bâties en belles pierres blanches, les rues tirées au cordeau. Il y a une fort belle place. Cette terre fut érigée en duché-pairie en 1631. long. 17. 52. latit. 47.

2. RICHELIEU, isles de l'Amérique septentrionale, dans le lac de St Pierre, à l'entrée du fleuve St Laurent. Elles servent de retraite aux Iroquois. Il y a beaucoup d'arbres & de gibier. On y cultive des vignes. On donne encore le nom de Richelieu à une riviere voisine de ces isles, appellée aussi riviere de Sorel.

1. RICHEMOND, ville d'Angl. dans l'Yorckshire, sur la Swale, à 10 li. au nord de Londres, avec titre de duché, possédé par les descendans du comte de Lenox, fils naturel du roi Charles II. Il y a dans son territoire beaucoup de mines de plomb, de cuivre & de charbon de terre. longitude 15. 40. latitude 54. 25.

2. RICHEMOND, bourg considérable d'Angl. dans le Surrey, à 7 milles de Londres. Les rois d'Angl. y ont une maison de plaisance, où ils vont passer une partie de l'été. On y voit les restes d'un palais où Henri VII & la reine Elizabeth ont fini leurs jours. C'est un lieu des plus agréables.

3. RICHEMOND, bourg & chât. des Pays-Bas, dans le Luxembourg, sur l'Orne, près de son embouchure, dans la Moselle.

* RICLA, bourg, & non pas ville, comme dit la Martiniere, en Esp. dans l'Arragon, sur le Xalon, entre Calatayud, & Sarragosse. Il est chef-lieu d'un comté considérable, & son terroir abonde en bled, vin, huile & fruits.

RIDDAGSHAUSEN, anc. abb. d'hom. de l'ordre de St Benoit, en Allem. dans le duché de Brunswick-Wolfenbuttel, fordée l'an 1145. Elle est auj. possédée par des Protestans.

RIEDENBOURG, *Riedenburgum*, petite ville d'Allem. dans la h. Baviere, sous la régence de Munich, avec titre de comté & un chat.

RIEDLINGEN, *Riedlinga*, p. ville d'Allem. dans la Suabe, sur le Danube, dépendante de la maison d'Autriche.

RIETI, *Reate*, ville d'Italie, dans l'état de l'Eglise, au duché de Spolete, près du lac de meme nom, sur le Velino, aux confins de l'Abruzze, à 8 li. de Spolete, & à 14 de Rome. Son év. fondé dans le v siecle, releve immédiatement du pape. long. 30. 40. latit. 42. 23.

RIEVAL, *Regia Vallis*, abb. d'hom. ordre de Premontré, dans le duché de Bar, sous la dependance du bailliage de Vitri en Champagne.

* RIEUME, & non pas RICUME, comme dit Vosgien, p. ville de Fr. dans le b. Armagnac au dioc. de Lombés, & non pas d'Aire, comme dit la Martiniere, sur les confins de ceux de Toulouse & de Rieux. Il y a une justice royale de la judicature de Riv.

1. RIEUX, *Rivi*, ville de Fr. dans le h. Languedoc, sur la Rise, qui se rend peu après dans la Garonne, à 10 li. au sud-ouest de Toulouse, & à 35 au couchant de Narbonne. Elle n'a de remarquable que son év. érigé par le pape Jean XXII en 1317. Son chapitre est composé de 4 dignités & de 12 canonicats. Le palais épiscopal est assez beau. Mercator prétend que Rieux est la *Ruessium* de la Gaule Aquitanique ; mais il se trompe. C'est auj. St Paulien, comme

nous le dirons en fon lieu. long. 18. 50. larit. 43. 15.

2. RIEUX, petite ville de Fr. dans le b. Languedoc, au dioc. de Narbonne, avec titre de comté.

3. RIEUX, baronnie de France, dans la b. Bretagne, au dioc. & à 10 li. au levant de Vannes, fur la Vilaine. Elle a donné fon nom à une des plus illuftres maifons de la province.

RIEZ, ville de France, en Provence, fur la p. riv. d'Auveftre, dans une belle plaine qui produit de fort bon vin, à 9 li. au fud-eft de Sifteron, à 20 au nord-eft de Toulon, & à 15 au nord-eft d'Aix. Elle eft fort anc. On appelloit fes peuples *Reii Apollinarii*. Elle eft joliment bâtie ; fon év. eft fuffr. d'Aix, & il s'y tint un concile en 439. long. 23. 56 latit. 43. 51.

RIGA, *Riga*, ville de l'emp. Ruffien, capitale de la Livonie, fur la rive fept. de la Dwina, à 2 li. de fon emb. dans la mer Baltique, à 10 li. de Mittau, & à 84 au fud-oueft de St Petersbourg. Cette ville fondée dans le XII fiécle, eft gr. bien bâtie & fort peuplée. Il s'y fait un commerce étonnant. On y voit tous les ans plus de mille bateaux chargés de martes, zibelines, loups cerviers, cuirs, poix, goudron, &c. Les vivres y font abondans, & à gr. marché. Le chât. fert de demeure au gouverneur ; outre cela plufieurs forts contribuent à la défenfe de cette ville. Il y avoit un arch. dès l'an 1215, il a été féculariſé. Elle appartient aux Mofcovites depuis 1710. long. 42. latit. 56. 50.

RIGAUD (St) abb. d'hom. ordre de St Benoît, dans la Bourgogne, au dioc. de Macon, à 3 li. à la gauche de la Loire, vers les frontieres du diocéfe de Lyon.

RIGNY, *Rigniacum*, abb. d'hr ordre de Cît. dans la Bourgogne, au dioc. d'Auxerre, à 5 li. de cette ville.

RILLE (la), *Rifela*, riviere de Fr. dans la Normandie. Sa fource eft au dioc. de Seez, & après un cours de 20 li. fe rend dans la Seine, 2 lieues au-deffous de Quillebœuf.

RILLEY, abb. régul. de l'ordre de St Auguftin, dans la Bretagne, au dioc. de Rennes, à 1 li. de Fougeres, fur le Couefnon, fondée l'an 1024.

*RIMINI, *Ariminum*, ville d'Italie, dans la Romagne, à l'embouchure de la Marechia, dans la mer Adriatique, à 20 milles au nord-oueft de Pezzaro, & à 15 au fud-eft de Ravenne. C'étoit une colonie Romaine, & il paroît qu'elle étoit chérie des Romains par les beaux reftes d'antiquité qu'on y voit encore. Augufte y fit bâtir le magnifique pont fur lequel on paffe la Marechia ; on voit les ruines d'un amphithéatre ; un arc triomphal qui eft fort endommagé. Cette ville eft aujourd'hui petite & peu commerçante. P. Malatefte en détruifit le port qui paffoit pour un des meilleurs de toute l'Italie. L'év. eft fuffr. de Ravenne. La cathédrale eft un bâtiment ordinaire. Dans la gr. place qui eft belle, on voit le palais des Malateftes, l'hôtel de ville dont on admire la belle horloge, & à côté eft le chât. qui eft muni de quelques piéces d'artillerie. Il y a à Rimini plufieurs couvens ; les Jéfuites ont le collége. Il fe tint dans cette ville un concile fous le pape Libere en 359, & non pas 371, comme difent la Martiniere & Vofgien. L'abbé de la Croix nous dit que Pifatello coule près de Rimini, il a raifon ; mais il fe trompe en difant que c'eft le *Rubicon* des anciens. Le Pifatello ne fe rend pas immédiatement dans la mer, & le *Rubicon* felon Pline s'y rendoit. Lufo eft fon nom moderne. long. 30. 15. lat. 44. 7.

RIMMAGEN, *Rigomagum*, p. ville d'Allem. dans le duché de Juliers, fur le bord du Rhin. On y trouve beaucoup d'antiquités Romaines. Les Suédois la brulerent en 1633.

RINGELHEIM, abb. de filles ordre de St Benoît, en Allem. dans la b. Saxe, au dioc. d'Hildesheim.

RINGKOPING, p. ville de Danemarck, dans le Nordjutland, au dioc. de Rypen, fur la côte occidentale.

RINGSTEDT , *Ringftadium* , ville de Danemarck, dans l'ifle de Selande , chef-lieu d'un bailliage de même nom. Il y avoit autrefois un monaftère où Waldemar I & Erric le pieux ont eu leur fépulture. long. 29. 44. latit. 55. 26.

RINTLEN, *Rintelia,* ville d'Allemagne, dans la Weftphalie, au comté de Schawenbourg, fur le Wefer, entre Minden & Hammelen. Il y a une univ. établie en 1612 par Herneft , prince de Holftein. long. 26. 45. latit. 52. 16.

RIO-BLANCO, riv. de l'Amér. mérid. Elle a 2 fources , une appellée Parima, & l'autre Tacutu, dans la Guyane. Elle paffe fous la ligne, & fe rend dans Rio-Negro , au-deffus du fort des Portugais.

1. RIO-GRANDE, riv. confidérable, fur la côte occid. d'Afr. Son cours eft de l'eft à l'oueft jufqu'à l'ifle de Biffague qu'elle forme, & va fe rendre dans la mer, entre l'ifle de Bulam, & le cap de Tumbaly. Elle eft navigable jufqu'à 150 li. de fon embouchure. Ses bords font couverts de gros arbres dont on conftruit des vaiffeaux.

* 2. RIO-GRANDE , capitainerie de l'Amérique méridionale , au Brefil, bornée au nord par le pays des Petaguai, & non pas Paraguais, comme dit Vofgien , au midi par la capitainerie de Tamaraca, au levant par la mer du Nord , & au couchant par la nation des Tapuyes. Elle n'eft peuplée que d'un petit nombre de Portugais, & il y a fort peu d'Indiens. Elle tire fon nom d'une riv. qui la traverfe.

1. RIO DE LA HACHA , riviere de l'Amerique mérid. au roy. de Grenade, dans le gouv. auquel elle donne fon nom. Après avoir arrofé la capit. elle fe rend dans la mer du Nord au fond d'une grande baie.

2. RIO DE LA HACHA, ville de l'Amér. mérid. au roy. de Grenade , capit. du gouv. de même nom , dans un terroir fertile, fur le bord de la Hacha. Elle étoit autrefois très-riche, à caufe des perles qu'on pêchoit fur fa côte. Il y a dans fon voifinage des mines d'or & des falines. latit. 11.

* RIO NEGRO, riv. de l'Amérique mérid. Sa fource eft commune avec l'Yupara & l'Orinoque à l'orient de Pafto. M. Delifle fe trompe en faifant courir Rio Negro du nord au fud. Il vient de l'orient, court à l'eft, inclinant un peu vers le fud. Il entre fi parallelement dans l'Amazone, qu'on le prendroit pour un de fes bras, féparé par une ifle , à 2 li. de fon emb. Les Port. ont bâti un fort fur le bord fept. Ils fréquentent cette riv. depuis plus d'un fiécle, & ils y font un gr. commerce d'efclaves. On ne doute plus de la communication de Rio Negro avec l'Orinoque, puifque les Portugais, en 1743, furent dans cette derniere fans débarquer, depuis le fort dont nous venons de parler.

RIOJA, ville de l'Amér. méridionale, presqu'à l'entrée d'une plaine qui s'étend jusqu'au voisinage de la Cordillere du Chili, & assez près de l'endroit où étoit auparavant une autre ville qui n'a pas long-tems subsisté, & qui portoit le nom de Tous les Saints. Elle fut fondée vers l'an 1596 par Don Jean Ramirez, gouverneur du Tucuman. latit. mérid. 30.

RIOM, *Ricomagus*, ville de Fr. dans la basse Auvergne, au dioc. & à 2 li. au nord-est de Clermont, à 20 au sud-ouest de Moulins, & à 90 au midi de Paris. Elle est bien bâtie, & considérable par une sénéchaussée, présidial, élection, bureau des finances, hotel des monnoies, mais il n'y a pas de généralité, elle est à Clermont. Il y a trois collégiales, dont une porte le nom de St Amable, patron de la ville, une autre est la Ste Chapelle des ducs d'Auvergne qui y faisoient leur séjour. On y voit encore plusieurs beaux hôtels. Les PP. de l'Oratoire ont le collége. Il est sorti de cette ville plusieurs grands hommes, Anne Dubourg, Jacques & Jean Sirmond, M. Soanen, év. de Senez, &c. long. 20. 47. latit. 45. 50.

RIOUZIC, isle de Fr. en Bretagne, sur la côte de l'év. de Treguier, & une des 7 isles que les anc. ont appellé *Siadæ*.

RIOXA, *Ruconia*, p. province d'Esp. dans la Vieille Castille, au voisinage de Miranda de Ebro, séparée de l'Alava par l'Ebre. On y jouit d'un air fort pur, & il prend son nom de Rio-Oxa qui l'arrose. Le terroir produit du bled, du vin & du miel.

RIPA TRANSONE, *Cupramontana*, petite ville d'Italie, dans l'état de l'Eglise, dans la Marche d'Ancône, à 5 milles de la côte du golfe de Venise, & à 6 de Fermo. Elle est bien peuplée, & a quelques fortifications. Son év. fondé en 1570, est suffr. de Fermo. long. 31. 36. latit. 42. 55.

RIPAILLE, bourg considérable de Savoye, dans le Chablais, à l'emb. d'une p. riv. dans le lac de Genève, à 1 li. au couchant de Thonon. Ce lieu servit de retraite à Amédée antipape, sous le nom de Felix V, comme il y mena une vie délicieuse, il donna lieu au proverbe *faire ripaille*. long. 24. 12. latit. 46. 23.

RIPEN, *Ripa*, ville de Danemarck, dans le Jutland sept. près de la côte occid. & capitale du dioc. de même nom, à 20 li. au nord-ouest de Sleswick, presqu'à l'emb. de la riv. de Nipsaa, qui souvent y cause de gr. ravages. Elle a 2 portes & un chât. assez bien fortifié. L'église cathéd. est assez belle, on voit le tombeau de plusieurs rois de Danemarck; son év. Luthérien est suffr. de Lunden. Il y a 2 colléges fondés pour l'instruction de la jeunesse, & une école de théologie, avec une bibliothéque publique. C'est à Ripen qu'on rassemble presque tous les bœufs du Jutland, d'où on les embarque pour la Hollande & autres lieux. long. 26. 25. latit. 55. 20.

* Le dioc. de Ripen qui est borné au midi par le duché de Sleswick, & au nord par le Wibourg, est composé de 13 bailliages, & non pas de 30, comme dit la Martiniere. On y compte 7 villes. Cet év. fut fondé par St Anschaire l'an 860.

RIPIN, p. ville de Pologne, dans la Mazovie, au nord de Dobrzin, dont elle est une des 3 châtellenies.

RIPOL, *Rivipullum*, p. ville d'Esp. dans la Catalogne, au midi de Campredon, avec une abb. d'hom. ordre de St Benoît, qui servoit de sépulture aux comtes de Barcelone, Elle est
au

au confluent du Fresero & du Ter.

* RIPPON, ville d'Angl. dans la prov. d'Yorck, sur l'Youre, à 72 li. au nord-ouest de Londres. Outre son église collégiale qui est fort belle, il y a une anc. abb. de Bénédictins, fondée par St Widfrid, archevêque d'Yorck. Cette ville est recommendable par ses manufactures de draps & d'éperons, les meilleurs d'Angl. Corneille ne fait qu'un bourg de Rippon, & l'appelle *Uripontium*. Ce nom est aussi inconnu parmi les anc. que celui d'*Uriponium*, que Baudran & Vosgien lui donnent. La Martiniere lui donne celui de *Rhigodunum*, il se trompe aussi. long. 15. 56. latit. 54. 5.

RIQUIER (St), *Sti Ricarii fanum*, ville de Fr. en Picardie, au diocèse d'Amiens, dans le comté de Ponthieu, sur la p. riv. de Cardon, à 2 li. au nord-est d'Abbeville, & à 7 au nord-ouest d'Amiens. On l'appelloit autrefois *Centule*. Il y a une belle abb. d'hom. ordre de St Benoît, fondée par le St de ce nom l'an 640. longitude 19. 25. latit. 50. 12.

RISANA, ou RISANO, *Rhizinium*, ville de la Dalmatie, sur la côte du golfe de Venise, au fond du golfe de Cattaro. Les Turcs l'ont ruinée.

RISENBOURG, petite ville de Prusse, sur la Liebe, avec un chât. près de Freystad, & autrefois la résidence des év. de Pomesanie.

RIVA, *Riva*, p. ville d'Italie, dans le Trentin, à l'emb. de la riv. de même nom, dans le lac de Guarda, à 6 li. au sud-ouest de Trente. Elle fut prise en 1703 par les Fr. qui l'abandonnerent peu de tems après. long. 28. 20. latit. 45. 46.

RIVALLO, ville d'Italie, au roy. de Naples, dans la terre

de Labour, à huit lieues de la capitale. Elle est petite, mais fort bien bâtie.

RIVESALTES, bourg de Fr. dans le Roussillon, au dioc. de Perpignan, à 3 li. au nord de cette ville, sur la riv. d'Egli. Il est renommé par ses bons vins, les meilleurs de la province.

RIVET, abb. régul. de l'ordre de Cît. en Gascogne, au dioc. de Bazas.

RIVIERE-VERDUN, p. pays de Fr. dans l'Armagnac, le long de la Garonne, il forme une élection qui est fertile en froment, seigle & avoine. Grenade est la principale ville.

RIVOLI, *Ripulæ*, ville d'Italie, dans le Piémont, sur le penchant d'une colline, à 2 li. de Turin. Il y a 3 paroisses, dont une est collégiale. On y compte environ 8000 ames. Il y a des Carmes, des Capucins & des Dominicains. Les ducs de Savoye y ont un fort beau chât. long. 25. 8. latit. 44. 52.

RIVOUR (la), village & abb. d'hom. ordre de Cît. en Champagne, au diocèse & à 2 li. au levant de Troyes, fondée l'an 1140.

ROA, *Roa*, ville d'Esp. dans la vieille Castille, sur le Duero, à 28 li. au nord de Madrid, dans une terroir fertile en vin & en bled. Quoique petite & peu peuplée, il y a 3 paroisses, dont une est collégiale. Elle est défendue par une bonne citadelle, & ornée d'un beau chât. long. 14. 18. latit. 41. 45.

ROBEQUE, baronnie de Fr. dans l'Artois, au bailliage d'Aire, érigée en principauté en 1530, en faveur d'une branche de la maison de Montmorenci.

ROBERMONT, abb. de filles, ordre de Cît. dans le pays de Liege, au marquisat de Franchimont, à la droite de la Meuse, se, au levant & au voisinage de Liege.

ROBERT DE CORNILLON (St), bourg & prieuré conventuel de la congrégation de St Maur, dans le Dauphiné, à 2 li. de Grenoble.

ROCCA-D'ANFO, petite ville d'Italie, dans l'état de Venise, sur le bord sept. du lac Idro, au Bressan. Elle est munie de bonnes fortifications. long. 28. 4. latit. 45. 48.

ROCCAMADORE (Ste Marie de), abb. d'hom. ordre de Cît. en Sicile, dans la vallée de Demona, au dioc. & à 4 milles au midi de Messine.

* I. ROCHE (la), p. ville de Savoye, près de la riv. d'Arve, sur une élévation, dans le Genevois, & non pas dans la Tarentaise, comme dit la Martiniere.

2. ROCHE (la), *Rupes Ardennæ*, ville des Pays-Bas, dans le Luxembourg, dans la forêt d'Ardenne, bâtie sur une roche, d'où lui vient son nom, à 12 li. au nord-ouest de Luxembourg, avec un chât. bien fortifié. long. 23. 25. latit. 50. 7.

3. ROCHE (la), abb. d'hom. ordre de St Augustin, au dioc. & à 8 li. de Paris, sur la petite riv. d'Yvette, fondée l'an 1232.

ROCHE-BERNARD (la), *Rupes Bernardi*, bourg & baronnie de Fr. en Bretagne, au diocèse de Nantes, sur la Vilaine, à 4 li. de son emb. avec un p. port. Ce bourg fut érigé en duché-pairie, sous le nom de Coislin en 1663, & éteinte en 1738. long. 15. 15. latit. 47. 25.

ROCHE-CHOUART, *Rupes Cavardi*, ville de Fr. sur les confins du Limousin & du Poitou, sur la pente d'une montagne, au-dessus de laquelle est un château, à 24 li. de Poitiers. Il n'y a qu'une paroisse. Elle a titre de duché, & donne son nom à

une des plus illustres maisons du roy. long. 18. 29. latit. 45. 42.

* ROCHE-D'ERRIEN (la), & non pas la ROCHE-DIRIEN, comme dit Vosgien, qui en fait mal-à-propos une ville; car ce n'est qu'un bourg en Bretagne, à 2 li. au midi de Treguier. Il est fameux par les siéges qu'il a soutenus, & par la bataille qui s'y donna en 1347.

ROCHEFOUCAUD (la), *Rupes Fucaldi*, ville de Fr. dans l'Angoumois, sur la Tardouere, à 6 li. au nord-ouest d'Angoulême, avec titre de duché-pairie, érigé en 1622. Il y a un chât. une collégiale & un couvent de Carmes : 4 baronnies dépendent de ce duché. long. 18. 3. latit. 45. 43.

* ROCHE-GUYON (la), *Rupes Guidonis*, bourg de Fr. dans l'Isle de Fr. sur la Seine, à 3 li. au-dessous de Mante & au-dessus de Vernon, & non pas au-dessous, comme dit la Martiniere. Il y a un fort beau château.

ROCHE-POSAY, *Rupes Poseii*, ville de Fr. dans la Touraine, sur la Creuse, un peu au-dessous de l'endroit où elle reçoit la Gartempe, entre le Blanc & la Haye. Elle est renommée par ses eaux minérales. long. 18. 30. latit. 46. 44.

ROCHE-SUR-YON, *Rupes ad Yonem*, bourg de Fr. dans le Poitou, sur la p. riv. d'Yon, à 6 li. au nord-ouest de Luçon, avec titre de princ. qui appartient à la maison de Conti. long. 16. 10. latit. 46. 35.

I. ROCHEFORT, *Rupifortium*, ville de Fr. au pays d'Aunis, sur la Charente, à 1 li. & demie de son emb. à 3 li. de Brouage, à 6 au sud-est de la Rochelle, & à 100 au sud-ouest de Paris. Louis XIV la fit bâtir en 1664, y fit construire un arsenal magnifique, un superbe hôpital, & de belles casernes.

On y voit une fonderie de canons, une corderie & un magasin pour tout ce qui peut servir à équiper des vaisseaux. On y a établi un séminaire pour les aumôniers des vaisseaux du roi, il est dirigé par les PP. de la Mission. Les rues sont belles, & les maisons bien bâties. Il est fâcheux que l'air y soit mal-sain, sur-tout les mois d'Août, Septembre & Octobre. L'entrée de la riv. est défendue par plusieurs forts. long. 16. 41. latit. 46. 3.

2. ROCHEFORT, p. ville de Fr. dans la Beauce, au diocèse de Chartres, avec titre de comté, & un beau chât.

3. ROCHEFORT, p. ville de Fr. dans le Forez, près du Lignon, à 4 li. de Feurs.

4. ROCHEFORT en Ardenne, *Rupifortium*, ville des Pays-Bas, dans le Condros, aux confins du duché de Bouillon & de l'év. de Liège, à 6 li. au sud-est de Dinant, & à 18 au nord-ouest de Luxembourg. Elle est environnée de rochers, & a un beau chât. long. 22. 48. latit. 50. 10.

* Vosgien place deux villes du nom de Rochefort dans le Forez, il se trompe, celle qu'il dit être à 4 li. de Feurs, est la même qu'il met dans l'élection de Rouanne.

* ROCHELLE (la), *Rupella*, ville de Fr. capit. du pays d'Aunis, sur l'Océan, à 34 li. au nord de Bourdeaux, & à 100 au sud-ouest de Paris. Ce n'est pas la *Santonum portus* des anc. comme dit la Martinière, puisqu'elle n'existoit pas du tems des Romains. On doit en rapporter l'origine sur la fin du x siécle, où on voit que ce n'étoit qu'un p. chât. c'est aujourd'hui une gr. ville, où on voit un présidial, élection, intendance, hôtel des monnoies, év. suffr. de Bourdeaux, & qui, avant 1649, étoit à Maillezais;

une académie de belles-lettres érigée en 1734, un hôtel des monnoies; une école d'anatomie & de botanique; un collége dirigé par les Jésuites, ainsi que le séminaire. Les rues de cette ville sont larges & belles; les maisons bien bâties, & soutenues par des arcades. Elle est percée de cinq portes : son port est un des plus commodes de l'Oéan, sa figure est presque ronde, il est défendu par deux tours. La mer y a reflux de plus de 4 toises. Tous les vaisseaux peuvent y entrer, excepté ceux de haut bord qui ne peuvent point passer entre les 2 tours. Presque tous les vaisseaux de l'Amer. y abordent, d'où on doit conclurre que le commerce y est très-considérable. Les Suédois, les Danois, les Anglois & les Hollandois y envoient aussi un gr. nombre de vaisseaux pour charger des vins, des eaux-de-vie, du sel, des etoffes, &c. Les Prétendus Réformés avoient fait de la Rochelle une forte place. Louis XIII l'assiégea en 1627, & s'en rendit le maître après 13 mois de siége, le 1er Novembre de l'année suivante, par le secours d'une digue de 747 toises que le cardinal de Richelieu fit faire pour empêcher les Anglois de secourir la place. C'est un siége des plus mémorables. long. 16. 15. latit. 46. 10.

ROCHESTER, *Roffa*, ville d'Angl. dans la prov. de Kent, sur le Medway qu'on y passe sur un très-beau pont, à 27 milles au sud-est de Londres. Elle est fort anc. a titre de comté, & un év. qui est pauvre. long. 18. 6. latit. 51. 20.

ROCHLIZ, ville d'Allemagne, dans la Saxe, au cercle de Leipsick, sur la Muldaw qu'on y passe sur un pont. Elle est munie d'un bon chât. & a des mines de cuivre dans ses environs.

ROCKENBOURG, abb. d'hom. ordre de Prémontré, en Allem. dans la Suabe, au comté de Weißenhorn, fondée l'an 1226.

ROCKENHAUSEN, petite ville d'Allem. dans le b. Palatinat, entre Reipolzkirch & Falkenstein.

ROCKIZAU, ville royale de Bohême, à 3 milles au levant de Pilsen, sur les confins du cercle de Podebroc. Le fameux Zischka la prit & la brula en 1421.

ROCOUX, village des Pays-Bas, près de Liege. Il n'est remarquable que par la bataille que les Fr. y gagnerent sur les Alliés le 11 Octobre 1746.

ROCROY, *Rupes regia*, ville de Fr. dans la Champagne, au Rhetelois, à 2 li. & demie de la Meuse, sur les confins du Hainaut, à 12 li. au nord de Rethel, dans une plaine environnée de forêts. Elle est fortifiée de cinq bastions, & a état-major. Ce fut dans cette plaine que le prince de Condé, alors duc d'Enguien, gagna une fameuse bataille sur les Esp. le 19 Mai 1643. long. 22. 12. latitude 49. 56.

RODA, p. ville d'Esp. dans la Catalogne, sur le Ter, à 2 li. de Vich, du côté du nord. Il y a une abb. de Bénédictins non réformés sous le titre de Saint Pierre. On croit que c'est l'anc. *Bæcula*.

RODAS, forteresse des Indes, au royaume de Bengale, sur une mont. C'est une des plus fortes places de l'Asie, & appartient auj. au gr. Mogol. latit. 25. 20.

RODE, *Hyrium*. p. ville du roy. de Naples, sur la côte de la Capitanate. Son terroir produit d'excellens fruits.

* RODE-MACHEREN, ville des Pays-Bas, dans le Luxembourg, entre cette ville & Thionville, avec un fort chât. que les Fr.

pillerent en 1639. Vosgien qui en fait un article sous le mot Roche-Macheren, la donne mal-à-propos à la Fr. Elle dépend de la maison d'Autriche. long. 24. latit. 46. 35.

RODE (la), lieu de Fr. dans le h. Languedoc, au dioc. de Castres. C'est là que se sont retirés les moines de l'abb. d'Ardorel.

* RODE'S, *Segodunum*, *Rutheni*, ville de Fr. dans le gouv. de Guienne, capit. du Rouergue, sur une colline, au pied de laquelle passe l'Aveirou, à 10 li. d'Albi, à 20 de Toulouse, & à 130 de Paris. Il y a une sénéchaussée, présidial, élection, 3 couvens d'hommes; sçavoir, des Cordeliers, des Dominicains & des Capucins : les couvens de filles sont celui de l'Annonciade, de Notre-Dame, & de l'ordre de St Dominique. A peu de distance de la ville est une Chartreuse & une abb. de filles, ordre de St Benoît, qu'on appelle le Monastère. Les Jésuites y ont un fort beau collége. L'év. établi dès le v siécle, est suffragant d'Albi, & fort riche. Le palais épiscopal est bien bâti & commode : la cathédrale, sous l'invocation de la Vierge, est un édifice gothique, & qui est fort beau ; les ornemens en sont fort riches, & on y voit beaucoup de reliques. Le clocher, bâti en pierre, & non en brique, comme dit dom Vaißette, est un des plus beaux du roy. Le chapitre est composé de 4 archidiaconés, 4 personats, & 24 chanoines. Les canonicats valent 1500 liv. années communes, les archidiaconés sont meilleurs. Ce chapitre, depuis un tems immémorial, a 4 mîtres, dont on se sert dans les grandes fêtes. Les rues de cette ville sont étroites & sales, plusieurs vont en pente ; les maisons pour la

plupart font mal bâties; ce qui ne forme pas une belle ville, comme dit Volgien : il y a cependant 2 places affez grandes, une dans le bourg, & l'autre dans la cité. L'év. eft feigneur dans cette partie, & a fon juge; le roi eft feigneur dans l'autre. Ce qu'on peut dire de glorieux pour Rodès, c'eft qu'il s'eft toujours maintenu dans la pureté de la religion, & dans la fidélité due au roi, auffi a-t-il pour devife, *Fidelis Deo & Regi.* On y compte 8 mille ames. Il s'y tient 4 foires par an, & qui font fort fréquentées, fur-tout celle de la mi-carême, où on vend beaucoup de mules. La Martiniere a défiguré cet article. Ce n'eft point la patrie du pere Annat Jéfuite, comme dit l'abbé de la Croix, il étoit né dans le dioc. long. 20. 15. latit. 44. 21.

RODESTO, ou RODOSTO, *Redæftum,* ville de la Turquie Européenne, dans la Romanie, fur la côte de la mer de Marmora, au fond d'un p. golfe de même nom; à 6 li. au fud-oueft d'Héraclée, & à 24 de même de Conftantinople. Il y a une douzaine de mofquées, & un bon port qui occafionne un commerce affez grand. Il y a beaucoup de Juifs & des Grecs. long. 45. 10. latit. 40. 54.

ROEUX, *Rhodium,* p. ville des Pays-Bas, dans le Hainaut, à 3 li. au nord-eft de Mons, avec titre de comté. Elle eft anc. & jolie : il y a une chapelle dédiée à la Vierge qui attire un gr. concours de monde. long. 21. 44. latit. 50. 28.

ROGGENBOURG, abb. d'hom. ordre de Prémontré, en Allem. dans la Suabe, au dioc. d'Augsbourg, à 1 li. au levant de Veiffenhorn, & autant au couch. de la riv. de Guntz. L'abbé a féance au banc des prélats de Suabe.

ROGOGNO, p. ville de la gr. Pologne, au palatinat de Pofnanie, entre Pofnanie & Nackel.

ROHACZOW, ville de Pologne, dans le duché de Lithuanie, capit. d'un territoire de même nom, au confluent du Nieper & de l'Odrwa. long. 49. 16. latit. 53. 10.

ROHAN, bourg de Fr. en Bretagne, au dioc. de Vannes, fur la riv. d'Ouft, à 12 li. au nord de Vannes, avec titre de duché-pairie. long. 14. 55. latit. 47. 56.

ROHR, abb. d'Allem. dans la Suabe, *voyez* Ror.

ROLDUC, *Rodia ducis,* pet. ville des Pays-Bas, dans le duché de Limbourg, à 4 li. au nord d'Aix-la-Chapelle, & chef-lieu d'une contrée de même nom, qui appartient à la maifon d'Autriche. long. 23. 52. latit. 50. 48.

* ROM, *Roma,* ifle de Danemarck, au duché de Slefwick, fur la côte occid. du Sudjutland, & non pas fur la côte orientale, comme dit Volgien. Elle eft entre les ifles de Manoe & de Sylt, a 2 li. de long fur une de large, & contient environ 1500 habitans. Il y a dans l'ifle 2 ports, où peuvent aborder les vaiffeaux médiocres.

ROMAGNE, ou ROMAN-DIOLE, *Romandiola,* prov. d'Italie, dans l'état de l'Eglife, bornée au nord par le Ferrarois, au midi par la Tofcane & le duché d'Urbin, au levant par le golfe de Venife, & au couchant par le Boulonois. C'eft un pays abondant en bled, vin, huile & fruits. Il y a beaucoup de gibier, des eaux minerales, des falines abondantes. L'air y eft bon, & les habitans font propres aux fciences, au commerce & à la guerre. Ravenne eft la capitale.

ROMAIN DE NEYRA (St), abb. d'hom. ordre de St Benoît, en Portugal, dans la prov. entre

Duero-e-Minho, près de Barcelos, fondée l'an 1100.

ROMAIN-MOTIER, *Romani
monasterium*, ville de Suisse,
dans le pays Romand, dans un
vallon, & chef-lieu d'un bailliage de même nom. Elle doit
son origine à une célebre abb.
qui portoit le nom de St Romain. Il y a un chât. où réside
le bailli.

ROMAND (le) pays de Suisse,
borné par la Savoye, le Valois,
le pays de Gex, & la Franche-
Comté. Il a 24 li. de long. On
le partage en 13 bailliages pos-
sédés par indivis par les Bernois
& les Fribourgeois.

ROMANIE, ou ROMELIE,
prov. de la Turquie Europ. qui
répond à l'anc. Thrace, bornée
au nord par la Bulgarie, au midi par l'Archipel & la mer de
Marmora, au levant par la mer
Noire, & au couchant par la
Macédoine. Ce pays seroit très-
fertile, si les Turcs se donnoient la peine de le cultiver.
Il y a des mines d'argent, de
plomb, & d'alun. C'est le gouvernement le plus considérable
que les Turcs ayent en Europe.
Le bacha fait sa résidence à Sophie.

ROMANO, *Romanum*, ville d'I-
talie, dans le Bergamasque, dans
sa partie orientale, sur une
p. riv. qui coule entre le *Serio*
& l'*Oglio*. Elle est peuplée, &
il s'y fait un grand commerce
de bled.

ROMANOW, ville de l'emp.
Russien, dans le duché de Jeroslaw, sur la gauche du Volga, au-dessus de Jeroslaw.

*ROMANS, *Romanum*, p. ville
de Fr. dans le Dauphiné sur l'I-
sere qu'on y passe sur un pont
dans une belle plaine, à 10. li.
au sud-ouest de Grenoble, & à
120 de Paris. Elle doit son origine à un célebre monastère
fondé dans le ix siécle, qui a été

sécularisé, & dont la manse ab-
bat. a été unie à l'arch. de Vienne.
Il y a outre cela une abb. de filles,
ordre de Cît. fondée en 1532. La
Martiniere en fait une abbaye
d'hommes ordre de St Benoît.
La ville est assez peuplée : il
y a plusieurs couvens de religieux. Le dauphin Humbert II
y signa le 30 Mars 1349, le
contrat de donation qu'il fit à
la Fr. du Dauphiné. long. 22.
43. latit. 45. 7.

ROME, *Roma*, ville d'Italie
dont elle est la capit. ainsi que
du monde Chrétien, dans la
campagne qui porte son nom,
sur le Tibre qui la traverse, à
312 li. au sud-est de Paris, à
155 de Turin, à 310 d'Amsterdam & à 300 de Madrid. Cette
ville capitale d'un célebre empire, fut fondée par Romulus
753 ans avant la naissance de
Jesus-Christ. Elle fut d'abord
gouvernée par 7 rois l'espace de
245 ans, ensuite par des consuls durant 465 ans, & enfin par
des empereurs pendant 507 ans.
C'est auj. le centre de la religion
Catholique, une infinité de mar-
tyrs y ont scellé leur croyance
par l'effusion de leur sang. Le
pape, successeur de St Pierre, y
fait sa résidence. Elle a environ
4 li. de tour, & renferme 12
collines; plusieurs quartiers sont
peu habités ; on y voit des
champs, des vignes & des jardins. Elle n'a pas plus de 200000
habitans. Quoique saccagée plusieurs fois, c'est une des plus
belles villes d'Europe. Les places
qui sont en gr. nombre, sont
ornées de fontaines & d'obelis-
ques. Il y a une infinité de beaux
palais, parmi lesquels se distinguent ceux de St Marc, & de
Montecavallo, du gr. duc, de
Farnése, &c. Celui du Vatican
qui est la demeure des papes,
est magnifique autant par ses
bâtimens que par sa bibliothé-

que qui contient toute sorte de livres & des manuscrits rares. A côté est le château St Ange qui sert de retraite aux papes dans les tems périlleux, une galerie en fait la communication. Toutes les églises, & qui sont en fort gr. nombre, sont magnifiques, & enrichies des tableaux des plus grands maîtres. La plus superbe est l'église de St Pierre ; elle a près de cent toises de long. Elle est revêtue de marbre en dehors & en dedans, couverte de plomb & de cuivre doré. L'intérieur est d'une beauté surprenante ; les dorures, les peintures, les bas-relief, les statues de bronze & de marbre s'y voient de tout côté, & sans confusion. Au milieu est un dome de 55 toises de haut ; le gr. autel est dessous. Un riche pavillon, soutenu par 4 colomnes de bronze en fait le couronnement. La chaire soutenue par les 4 docteurs de l'église, représentés en bronze de figure naturelle, est de la derniere beauté. Cette église qu'on peut dire la plus belle de l'univers, est l'ouvrage de 23 papes & a couté plus de 40 millions. Celle de St Jean de Latran se distingue par son magnifique portique qui fut fait sous le pontificat de Clément XII. Les papes y prennent possession de leur siege. On compte en tout dans Rome 300 églises dont il y en a 92 qui servent de paroisses. Parmi les colléges qui sont en gr. nombre à Rome, le plus célebre est celui de la Sapience qui a plus de 30 professeurs, & où on prend des grades en théologie, droit & médecine. Le collége Romain bâti & fondé par Grégoire XIII pour les Jésuites, a aussi des classes ouvertes pour toutes les sciences ; mais on n'y prend point de degrés. Il y a outre cela plusieurs académies célebres, sur-tout celles de pein-

ture & de sculpture. Le roi de Fr. y entretient des éleves. long. 30. 19. latit. 41. 55.

ROME DE TARN (St), petite ville de France, dans le Rouergue, sur le Tarn qu'on y passe sur un pont, au diocèse de Vabres.

*ROMENEY, & non pas ROMENCY, comme dit Vosgien, bourg d'Angl. dans la province de Kent. C'est un des 5 ports du roy. & fort bon avant que la mer n'eut détourné l'emb. de la Rother. Ce bourg envoie ses députés. longitude 18. 42. latit. 50. 56.

ROMETTA, p. ville de Sicile, dans la vallée de Demona, à 6 milles de Messine sur une montagne.

ROMONT, *Rotundus mons*, ville de Suisse, dans le canton de Fribourg, avec titre de comté, sur une montagne ronde, d'où lui vient son nom, à 6 li. de Berne, & à 5 de Fribourg. C'est une jolie ville où il se tient des foires célebres ; il y a un couvent de religieux & un de religieuses. longitude 25. latit. 46. 48.

ROMORANTIN, *Romorantinum*, ville de Fr. au Blaisois, & la principale de la Sologne, au confluent du Morantin & de la Saudre, à 16 li. au levant de Tours, & à 42 de Paris, avec un château ancien & une collégiale. C'est la patrie de la reine Claude, femme de François I. On fabrique dans cette ville des serges & des draps, dont il se fait un gr. débit. Les eaux y sont très-propres à dégraisser les laines. long. 19. 20. latit. 47. 18.

RONCERAI (le) *Roncereium*, abb. de filles, ordre de St Benoît, dans la ville d'Angers. On n'y reçoit que des demoiselles.

RONCEVAUX, bourg d'Espagne, au roy. de Navarre, dans

la vallée de même nom, entre Pampelune & St Jean pied de port. Dom Sanche le fort y fonda l'église royale de Ste Marie pour la sépulture, avec un collége de chanoines, & un prieuré. La vallée de Roncevaux est renommée dans les Romans par la trahison de Ganelon, & par la perte de Roland en 778.

RONCIGLIONE, *Roncilio*, p. ville d'Italie, chef-lieu d'un p. état enclavé dans le patrimoine de St Pierre, sur la Tercia, à 6 li. au midi de Viterbe. Ses rues sont larges & droites; il y a quelques maisons religieuses, & un collége occupé par les PP. de la Doctrine. Elle est marchande, & bien peuplée. Ce petit état a appartenu aux ducs de Parme, & dépend auj. du pape. long. 29. 48. latit. 42. 14.

*RONDA, *Arunda*, ville d'Esp. au roy. de Grenade, sur les front. de l'Andalousie, au haut d'un rocher escarpé, environné de la riv. de Guadajara, que la Martiniere nomme Rioverde, à 8 li. au nord de Gibraltar, & non pas au nord-ouest, comme dit Vosgien. On descend de la ville à la riv. par un escalier de 400 marches, taillé dans le roc. Les environs sont fertiles en fruits exquis, les jambons y sont excellens; on y fait beaucoup de soie, & de fines étoffes. long. 12. 10. latit. 36. 28.

RONEBY, ville de Suéde, dans la Bleckingie, à 1 li. de la mer, & sur le bord d'une riv. au milieu des rochers. Elle est fort peuplée & marchande.

RONSBERG, petite ville de Bohême, au cercle de Pilsen, avec un château.

ROOSEN, abb. de filles ordre de Cît. dans la Flandre, au voisinage d'Alost, sur la droite de la Denre.

ROOSETDAL, abb. de filles, ordre de Cît. dans les Pays-Bas,

au quartier d'Anvers, sur la gauche de la Neethe.

ROQUE (la), petite ville de Fr. dans le Languedoc, au dioc. de Nismes. Ses avenues sont très-difficiles, & le duc de Rohan chef des Religionaires, ne put jamais s'en rendre le maître.

* ROQUE D'OLMES (la), p. ville de Fr. dans le h. Languedoc, au dioc. de Mirepoix. La Martiniere la nomme la Roque d'Olines, & il se trompe. Il ne se trompe pas moins en en plaçant une dans le diocèse de Castres.

* 1. ROQUEFORT, village, & non pas ville, comme dit Vosgien, dans le Rouergue, élection de Milhau, connu par ses excellens fromages.

2. ROQUEFORT DE MARSAN, petite ville de France, dans la Gascogne, au dioc. d'Aire, sur la Douze, à 4 li. au nord-est de Marsan.

ROQUELAURE, petite ville de France, dans l'Armagnac, au dioc. d'Auch, érigée en duché-pairie en 1652.

ROQUEMADOUR, *Rupes Amatoris*, p. ville de Fr. dans le Quercy au dioc. de Cahors. Elle doit son origine à une abb. de l'ordre de St Benoît, qui est auj. un chapitre sous le titre de Notre-Dame. C'est un lieu de gr. dévotion. La mense abbatiale a été unie à l'év. de Tulles.

ROQUEMAURE, ville de France, dans le b. Languedoc, au dioc. d'Avignon, sur un roc escarpé, près du Rhone, à 2 li. au-dessus d'Avignon, avec titre de baronnie. Le pape Clement V y mourut l'an 1314. long. 22. 26. latit. 44. 5.

*ROQUEVAIRE, *Rupes varia*, p. ville de Fr. en Provence, sur la Weaune, à 3 li. au nord-est de Marseille, & à 4 d'Aix. Vosgien n'en fait qu'un bourg, la Martiniere nomme la rivie-

de Vienne, & place la ville au levant de Marseille, ils se trompent l'un & l'autre.

* ROR, bourg, & abb. de chanoines réguliers en Allem. dans la Suabe, & non pas dans la Baviere, comme dit la Martiniere, sur la riv. de Caber, au voisinage de celle de Wettenhausen.

ROSANA, ville de Pologne, dans la Lithuanie, dans la partie méridionale du palatinat de Novogrodeck, près de la riviere de Zolva. Il y a de fort beaux édifices, & c'est la résidence du prince de Sapieha.

ROSAY, *Rosetum*, p. ville de Fr. dans la Brie, à 2 lieues de l'abb. de Chaumes, à 6 de Meaux & à 12 de Paris. Sa place est ornée d'une belle fontaine d'eau vive. long. 20. 30. latit. 48. 42.

ROSBECQ, village des Pays-Bas, dans la Flandre, à 2 li. de Courtray remarquable par la victoire que le roi Charles VI remporta sur les Flamans.

* ROSCHILD, ville de Danemarck, dans l'isle de Selande, au fond d'un petit golfe, à 8 li. au sud.-ouest de Copenhague. Son év. fondé en 1012 est suffr. de Copenhague, & non pas de Lunden, comme dit Vosgien. La cathédrale est grande & belle; on y voit les tombeaux des rois de Danemarck. Cette ville n'a point de commerce, les vaisseaux ne peuvent en approcher à cause des sables dont le golfe est rempli. L'univ. de Roschild n'est pas considérable. long. 29. 52. latit. 55. 38.

ROSCOMMON, *Roscomenum*, ville d'Irlande, dans la prov. de Connaught, & chef-lieu d'un comté. Elle est si misérable, que la plupart des maisons sont couvertes de chaume; cependant elle envoie ses députés au parlement, & a droit de marché.

1. ROSENBERG, ville d'Allem.
dans l'év. de Magdebourg, sur la Sala, près de son confluent avec l'Elbe.

2. ROSENBERG, ville d'Allem. dans la Bohême, avec un chât. sur les confins de l'Autriche. Elle fut prise & pillée en 1619 par les Impériaux.

3. ROSENBERG, petite ville de Silésie, dans le duché d'Oppelen, sur les front. de la Pologne: les troupes Danoises s'en saisirent en 1627.

* ROSENFELD, *Rhiusiava*, ville d'Allem. dans la Suabe, au duché de Wirtemberg, sur la riv. de Tayah, entre Sulz & Balingen. Ses habitans sont Luthériens. long. 26. 22. latit. 48. 12.

ROSES, *Rhoda*, ville d'Esp. dans la Catalogne, au Lampurdan, sur la Médit. au fond d'un golfe de même nom, à 8 li. au nord-est de Gironne. Elle est munie d'une bonne citadelle qui est sur le bord de la mer près du port. Les vaisseaux mouillent au milieu de la baie par 15 ou 18 brasses d'eau fond d'herbe vaseux. long. 20. 46. lat. 42. 10.

ROSETTE, ville d'Egypte, près des ruines de l'anc. *Canope*, sur le bord du bras occidental du Nil, à 8 li. au levant d'Alexandrie, & à 38 au nord-ouest du Caire avec laquelle elle communique par un canal qui est défendu par 2 chât. Elle est gr. bien bâtie & très-commerçante, car on y transporte presque toutes les marchandises qui viennent de la mer Rouge, & de la h. Egypte. Les vivres y sont en abondance & à bon marché. Les navires ne peuvent pas monter jusqu'à Rosette, il n'y a que les barques. C'est la résidence d'un vice-consul François. long. 59. 12. latit. 31. 8.

ROSHEIM, petite ville de Fr. dans la b. Alsace, à 4 lieues de Strasbourg, près de Molsheim, bâtie dans le XII siécle. Elle a été libre & impér. Elle fut presque réduite en cendres en 1385.

ROSIENNE, p. ville de Pologne, au duché de Lithuanie, dans la Samogitie, à 22 li. au midi de Mittau, sur une petite riv. qui se rend dans le Niemen. long. 41. 56. latit. 55. 28.

1. ROSIERES, abb. d'h. ordre de Cît. dans la Franche-Comté, au dioc. de Besançon, à 4 li. de Dole, fondée l'an 1132.

* 2. ROSIERES AUX SALINES, *Rosariæ*, ville de Lorraine, dans le bailliage & à 2 li. de Nanci. sur la Meurte, à 4 li. au sud-ouest de Lunéville. Ses salines produisent un très-gr. revenu. L'abbé de la Croix place mal cette ville à l'est de Lunéville. long. 24. 3. latit. 48. 30.

3. ROSIERES, *Rosariæ*, bourgade de Fr. dans le Limousin, près de Tulles, remarquable par la naissance du pape Clement VI.

ROSITO, p. ville d'Italie, au roy. de Naples, dans la Calabre citér. sur l'Acalandro, aux confins de la Basilicate.

*ROSPERDEN, & non pas ROSPORDEN, comme dit Vosgien, p. ville de Fr. dans la Bretagne; au dioc. & au levant de Quimper.

ROSS, prov. de l'Ecosse sept. & la plus considérable, s'étendant d'une mer à l'autre. Elle est remplie de lacs, de mont. & de bois. Elle fut annexée à la couronne sous Jacques III.

* ROSSANO, *Rossanum*, ville d'Italie, au roy. de Naples, dans la Calabre citér. sur le golfe de Tarente, au bord d'une riv. qui se rend dans le Celano, à 10 li. au nord-est de Cosenza. Elle est archiép. depuis l'an 1193. On croit que c'est l'anc. *Rossianum*, & non pas *navale Thuriorum*, comme dit l'abbé de la Croix. Je ne trouve ce nom dans aucun anciens; mais *Thurium* qui est le même que

Sibaris, & dont l'év. fut transféré à Rossano. long. 34. 26. latit. 39. 44.

1. ROSSE, p. ville d'Angl. au comté d'Hereford sur la Wye, connue par ses forges.

2. ROSSE, ville d'Irlande, dans la prov. de Munster, au comté de Corck, sur le bord de la mer. Son évéché a été réuni à celui de Corck, & ce n'est plus qu'un village. long. 8. 50. latit. 51. 25.

3. ROSSE, ville d'Irlande, dans la province de Leinster, au comté de Wexford, dans la baronnie de Bantry, sur la rive gauche du Barrow, au midi de Loughling. long. 10. 50. latit. 52. 30.

* ROSTOCK, *Rostochium*, ville d'Allem. dans le cercle de la b. Saxe, & non pas dans la haute, comme dit Vosgien, au duché de Meckelbourg, à 1 li. de là mer Baltique, sur la Warne, à 12 li. au nord-est de Wismar & à 30 de Lubeck. Elle n'est pas libre & impériale, comme dit Vosgien, mais anséatique. On la divise en vieille ville, neuve & moyenne. Ses églises sont en grand nombre & fort belles. Il y avoit plusieurs couvens dont on a fait au changement de religion, des hôpitaux & des écoles. Son université fut fondée en 1490. Les év. de Swerin en sont les chanceliers. long. 30. 28. latit. 54. 10.

1. ROSTOF, ou ROSTOW, *Rostovia*, ville de l'emp. Russien, capit. du duché de même nom sur le lac de Cotorei, à 6 li. de Jaroslaw, & à 40 de Moscow. Elle a un arch. & plusieurs belles églises bâties en pierres. long. 58. latit. 57. 6.

2. ROSTOF, ou ROSTOW, duché de l'empire Russien, borné au nord par celui de Jaroslaw, au midi par celui de Moscow, au levant par celui de

ousdal , & au couchant par celui de Twer. Les fils puinés des
grands ducs avoient ce duché
en apanage. On y cultive beaucoup d'ail & d'oignons.

ROSWANGEN , *Rusvinum* ,
ville d'Allem. dans la Saxe, sur
la Mulde , près de l'abbaye de
Zell, entre Dobeln & Noſſen.

ROT , ville d'Allem. dans la
Franconie, au marquiſat d'Auſ-
pach, avec un chât. à 5 milles
de Nuremberg , ſur une p. riv.
de même nom.

*ROTA , bourgade d'Eſpagne
dans l'Andalouſie , ſur la côte
du golfe de Cadix. La Martiniere dit que c'eſt l'anc. *Virgao*,
ce qui ne peut pas être, puiſque Rota eſt ſur la côte, & que
Virgao , ſelon Antonin eſt entre
Calpurniana & *Illiturgis* loin
de la côte.

ROTELEN, ou ROTHELIN , p.
ville d'Allem. avec un fort beau
chât. dans le marquiſat de Bade-
Dourlach , à 1 li. de Bàle.

1. ROTENBOURG , *Rotenbur-*
gum , ville d'Allem. au cercle
de Weſtphalie , dans l'év. &
près de Ferden, avec un chât.
qui fut réduit en cendres ainſi
que la ville en 1547.

2. ROTENBOURG , *Rotembur-*
gum , ville d'Allem. dans la Franconie , ſur la riv. de Tauber ,
à 16 li. au couchant de Nuremberg. Elle eſt libre & imp. ornée de très-beaux édifices & de
canaux qui lui ſont d'une gr.
commodité. Les Suédois la prirent en 1631, & le duc de Lorraine la leur reprit la même
année. Tous ſes habitans ſont
Luthériens. long. 27. 45. latit.
49. 20.

3. ROTENBOURG , *Rotenbur-*
gum , ville d'Allem. dans la Heſſe , ſur la Fulde entre des mont.
avec un beau chât.

4. ROTENBOURG , *Rotenbur-*
gum , ville d'Allem. dans la
Suabe , au comté d'Hohenberg

avec titre de comté , ſur le Necker , à 5 li. au couchant de
Tubingen. Elle a un chât. &
des eaux minérales. Il y a encore une ville de même nom
dans l'év. de Spire. long. 26. 28.
latit. 48. 24.

ROTENFELS , p. ville d'Allem.
ſur la Moer , dans l'év. de Wurtzbourg. Il y en a une autre dans
l'év. de Spire.

ROTENMANN , ville d'Allem.
dans la haute Styrie , à 8 milles
de Leuben , dans la vallée de
Palten.

ROTERDAM , *Roterodamum* ,
ville des Pays-Bas dans la Hollande , ſur la droite de la Meuſe , à 3 li. de la Haye , à 2 de
Delft , & à 5 de la Brille. Son
nom lui vient de la riv. de Rot-
te qui s'y jette dans la Meuſe.
Quoiqu'elle ait le dernier rang
parmi les villes de la province ,
elle ne le céde cependant en ri-
cheſſes & en beauté qu'à Amſterdam. Elle eſt arroſée de 7
canaux ornés de quais & d'al-
lées d'arbres. Les maiſons bâties
à la moderne ſont très-propres.
La bourſe eſt un très-beau bâtiment , ainſi que l'hôtel de ville ,
les arſenaux & les maiſons des
compagnies des Indes orientales & occidentales. Les promenades hors la ville ſont des plus
agréables ; la Meuſe a demi-li.
de largeur à Roterdam , & y
forme un port aſſez profond
pour y recevoir les plus gros
vaiſſeaux qui viennent charger
juſque dans le centre de la ville.
Le commerce y eſt très-vif. Le
gouv. eſt entre les mains de 24
conſeillers , dont 4 ſont bour-
guemeſtres. C'eſt la patrie du
fameux Eraſme. long. 22. latit.
51. 55.

ROTHESS , ville d'Ecoſſe, dans
la prov. de Murray, ſur une p.
riv. qui ſe rend dans la Spey ,
à 35 li. au couchant d'Edimbourg. long. 12. 26. latit. 56. 10.

ROTING , petite ville d'Allem. dans la Franconie , sur le Tauber. Elle appartient à l'év. de Wurtzbourg.

ROTT , abb. d'hom. ordre de St Benoît , dans la h. Bavière , sur l'Inn.

ROTTHEM , *Sartum Beatæ Mariæ* , abb. de filles , ordre de Cit. dans les Pays-Bas , au quartier de Louvain , à 1 li. de Diest.

ROTTHEN-MUNSTER , *Rubrum monasterium* , abbaye de filles , ordre de Cit. en Allem. dans la Suabe , près de Rotwyl & de la source du Necker. On n'y reçoit que des demoiselles.

ROTTHENTURN , forteresse importante dans la Transylvanie , proche la riv. d'Alaut. Elle défend le paffage de la Transylvanie dans la Valaquie.

ROTWYL , *Rubea villa* , ville d'Allem. au cercle de Suabe , dans la forêt Noire , près des sources du Necker & du Danube , à 8 li. au sud-ouest de Tubingen , & à 10 au nord de Schafouse. Elle est libre & impériale , & alliée des cantons Suisses depuis 1463. Tous ses habitans sont Catholiques , & sont adonnés à l'agriculture. Le maréchal de Guesbrian prit cette ville en 1643. long. 26. 11. latit. 48. 12.

ROTZIG , ou OROSCHICK , ville dépendante du Turc , dans la Bulgarie , sur la rive droite du Danube , au levant de Widin. On y compte 20 mosquées.

ROUANNE , ou ROHANE , *Rhodumna* , ville de Fr. dans le b. Forez , sur la Loire qui , dans ce lieu , commence à porter bateau , à 12 li. au nord-ouest de Feurs , & à 84 de Paris. Elle est capit. d'un p. pays appellé Roanois , qui a été un duché-pairie , érigé en faveur de la maison de la Feuillade. Il y a une élection & un collége de Jésuites. long. 21. 45. latit. 46. 3.

ROUCY , *Rauciacum* , petite ville de Fr. dans la Champagne sur l'Aisne , avec titre de comté pairie , qui appartient à la maison de la Rochefoucaud.

ROUEN , *Rothomagus* , ville de Fr. capit. de la Normandie sur la rive droite de la Seine à 20 li. au sud-ouest d'Amiens & à 28 au nord-ouest de Paris. Cette ville connue du tems des Romains , est une des plus gr. des plus peuplées & des plus riches du roy. C'est le siége d'un parlement , d'une chambre des comptes , d'une cour des aides , d'une intendance , d'un présidial , d'une élection , d'un bailliage , d'un hôtel des monnoies. L'arch. est très-anc. & très-riche. Il se dit primat de Normandie. La métropole est fort belle , on y voit une fameuse cloche appellée George d'Amboise. Le chapitre est composé de 51 chanoines , il jouit de plusieurs beaux priviléges ; tous les ev. suffr. de la prov. sont obligés de lui prêter serment d'obéissance. Il a droit le jour de l'Ascension de délivrer un criminel , après que ce criminel a levé la fierte , c'est-à-dire , la chasse de St Romain. Outre ce chapitre , il y en a encore deux dans la ville , & plusieurs abb. dont la plus considérable est celle de St Ouen , de l'ordre de St Benoît. On compte à Rouen 35 paroisses & 56 couvens. Les Jésuites y ont un beau collége , & il y a une académie de belles lettres. Les rues ne sont ni propres ni larges , & les maisons en général ne sont point belles ; mais les fontaines qu'on y voit en gr. nombre , sont d'une gr. commodité. Les promenades , sur-tout celle du quai & du cours , sont agréables. On passe la Seine sur un pont singulier il se hausse & se baisse avec les flots de la mer , & s'ouvre pour aisser passer les plus gr. bateaux. La marée est si haute à Rouen, que les vaisseaux de plus de 200 tonneaux, peuvent y aborder ; ce qui rend cette ville des plus commerçantes. Il y a un grand nombre de manufactures de draperies & autres étoffes, de tabletteries, de toiles, de fils, de tanneries, &c. Quoique cette ville ne paroisse adonnée qu'au commerce, elle a cependant produit plusieurs gr. hommes, tels sont M. Fleury, les Corneilles, le P. Sanadon, M. de Fontenelle, &c. long. 18. 46. latit. 49.

ROVERE, *Roboretum*, petite ville du Tirol, sur les confins de l'état de Venise, près de l'Adige, sur un torrent qu'on y passe sur un pont défendu par 2 tours & un chât. à 12 milles de Trente. long. 28. 35. latit. 46.

ROUERGUE (le), *Ruthenensis tractus*, petite prov. de Fr. dans le gouv. de Guienne, bornée au nord par le Querci, au midi par l'Albigeois, au levant par les Cevennes & le Gevaudan, & au couchant par l'Auvergne. Elle a environ 30 l. de long & 20 de large. On la divise en comté, en h. & b. Marche : le comté renferme Rodès capit. de toute la prov. Milhau est la capit. de la haute Marche, & Villefranche de la basse. C'est un pays montagneux, mais fertile en pâturages, où on engraisse beaucoup de bestiaux ; on y nourrit surtout beaucoup de mulets, dont il se fait un gr. commerce. Il fut réuni à la couronne l'an 1258.

ROUGEMONT, *Rubeus mons*, p. ville de Fr. dans la Champagne, au dioc. de Langres, sur la riv. d'Armançon, à 2 li. audessus de Ravieres, & à 6 de Châtillon-sur-Seine, au sud-

ouest. Il y avoit une abbaye de filles, ordre de St Benoît, fondée l'an 1147, & qui a été transférée à Dijon l'an 1677. On y commerce beaucoup en grains.

* ROVIGNO, *Rovinium*, ville d'Italie, dans l'Istrie, sur la côte occid. dans une presqu'ïle, où il y a de bons ports, & d'où l'on tire de fort bonne pierre à bâtir. Les vins qu'on y recueille sont excellens. Presque tous les habitans sont pilotes. Il n'y a point d'év. comme dit la Martiniere. long. 31. 27. lat. 45. 15.

ROVIGO, *Rhodigium*, petite ville d'Italie, capit. du Polesin de Rovigo, sur l'Adigetto, à 10 li. au sud-ouest de Padoue, & à 16 de Venise. Cette ville qui est la résidence de l'évêque d'Adria, est mal peuplée, & fort sale. long. 29. 20. latit. 45. 6.

ROUMOIS (le), *Rothomagensis ager*, pays de Fr. dans la haute Normandie, entre la Rille & la Seine, il fait partie du dioc. de Rouen, & Quillebœuf en est le principal lieu.

ROVORAIT, *Rovoretum*, ville du Tirol, sur les confins de l'état de Venise, proche la riviere d'Etsch.

* ROUPEYROUX, & non pas ROUVEYROUX, comme disent la Martiniere & Vosgien, gros bourg de Fr. dans le Rouergue, au dioc. de Rodès, élection de Villefranche. Il y a une collégiale.

ROUSSEAUVILLE, abb. régul. de l'ordre de St Augustin, en Fr. dans l'Artois, au dioc. de Boulogne. Elle a été fondée près de la source de la Lis en 1099.

* ROUSSELART, petite ville des Pays-Bas, dans la Flandre Autrichienne, sur le chemin d'Ypres à Bruges, à 4 li. de la premiere. Il s'y faisoit autrefois un gr. commerce de toiles, mais ce n'est plus de même depuis les

guerres du dernier siécle. La Martiniere & Vosgien donnent mal-à-propos cette ville à la Fr.

*1. ROUSSILLON (le), *Ruscinonensis comitatus*, & non pas *Ruscinensis*, comme dit Vosgien, prov. de Fr. avec titre de comté, dans les Pyrenées, bornée au nord par le bas Languedoc, au midi par la Catalogne, au levant par la Méditer. & au couchant par la Cerdagne. Elle a 18 li. du levant au couchant. Le pays est fertile en oliviers; les vins en sont excellens : les orangers y sont communs, mais le bois est rare ; & comme il n'y a point de riviere navigable, on est obligé de l'y porter à charge de mulets. Cette prov. a été long-tems dépendante de la Catalogne. Louis XI en a été le maître ; mais elle revint à ses anc. souverains en 1493 jusqu'en 1642, que Louis XIII en fit la conquête. Perpignan en est la capitale.

2. ROUSSILLON, bourg & comté de Fr. dans le Dauphiné, au dioc. de Valence, à 4 li. au-dessous de Vienne, près du Rhône. Charles IX donna dans le château de Roussillon un édit pour fixer le commencement de l'année au premier Janvier.

ROW, p. ville de Pologne, dans la Podolie, sur la riv. de même nom, au-dessous de Bar. On croit que c'est l'*Eractum* de Ptolomée. M. Delisle la nomme Mezorow.

ROUVROY, baronnie de Fr. en Picardie, du côté d'Amiens. Elle a donné son nom à une ancienne famille qui prit le nom de St Simon, lors de l'érection de cette terre en duché-pairie en 1635.

ROYALE (isle), ou CAP-BRETON, isle de l'Amér. sept. au sud-ouest de celle de Terre-Neuve, & séparée de l'Acadie par un détroit de 5 li. de long sur 1 de large. Elle appartient à la Fr. & fut découverte par des pêcheurs Bretons. Elle a 50 li. du nord-est au sud-ouest, & 30 du levant au couchant. Elle est coupée par un gr. nombre de lacs & de riv. On y est beaucoup sujet aux brouillards, d'ailleurs l'air y est assez sain. La terre produit tous les grains nécessaires à la vie, & sur-tout des arbres de toute espece, & grand nombre propres à la charpente. La chasse & la peche y sont abondantes, principalement la pêche de la morue. On y trouve des mines de charbon & de platre. Cette isle a plusieurs ports, dont le plus renommé est Louisbourg, capit. de l'isle. Les Anglois la prirent en 1745, & la rendirent en échange de Madras qu'on avoit pris sur eux. latit. 45-47.

ROYAL-VAL, *Regia vallis*, abb. d'hom. ordre de Cit. au roy. de Naples, dans la princ. citer. au dioc. de Sarno.

ROYAN, *Royanum*, ville presque ruinée de Fr. dans la Saintonge, sur la Garonne, ou pour mieux dire, à l'embouchure de la Gironde, où elle a un assez bon port. Elle est fameuse par le siége qu'en fit en 1622 Louis XIII, qui ne la prit qu'après y avoir perdu beaucoup de monde. Il n'en reste aujourd'hui que les fauxbourgs. On y pêche d'excellentes sardines. long. 16. 38. latit. 45. 38.

*ROYANEZ (le), p. pays de France, dans le Dauphiné, au dioc. de Die, & non pas de Gap, comme dit la Martiniere. Il a 6 li. de long sur 4 de large. Pont de Royan en est le principal lieu. Les habitans sont exempts de taille.

ROYAULIEU, *Regularis locus*, abbaye de filles, ordre de St Benoît, dans le diocése de Soissons, fondée l'an 1150. Elles toient d'abord à St Jean au Bois, dans la forêt de Compiegne.

ROYAUMONT, *Regalis mons*, abb. d'hom. ordre de Cît. dans l'Isle de Fr. au dioc. de Beauvais, près l'Oise, fondée par S Louis l'an 1227.

ROYE, *Rauga*, ville de Fr. dans la Picardie, au Santerre, capit. d'un bailliage de même nom, entre Nesle, Noyon & Montdidier. Il y a quelques fortifications, avec un gouv. Il y a 3 paroisses, une colléziale, un collége & un hôpital. long. 20. 28. latit. 49. 42.

RUBERSBRECK, chartreuse d'Allem. dans l'électorat & au dioc. de Mayence, à la gauche de la Nahe.

* RUBIERA, *Herbaria*, ville d'Italie, dans le Modenois, sur la Secchia, à 7 milles de Modene. C'est une forte place, & regardée comme la clef du Modenois. C'est la patrie d'Antoine Codrus qui mourut à Boulogne, âgé de 54 ans, & non pas de 70, comme dit la Martiniere. Il voulut qu'on mît sur son tombeau cette courte épitaphe, *Codrus eram.* long. 28. 32. latit. 44. 35.

RUDELSTATT, p. ville d'Allemagne, dans la Thuringe, proche la riv. de Sala, avec un chât. où les comtes de Schwartzbourg font leur résidence.

RUDEN, petite ville d'Allem. dans la Westphalie, sur la riv. de Moen, aux front. de l'év. de Paderborn. Elle est à l'électeur de Cologne.

RUDESHEIM, ville d'Allem. dans l'électorat de Mayence, sur la droite du Rhin, à 1 li. audessus de Bingen. long. 25. 31. latit. 49. 54.

RUDOLPHSWORTH, *Rudolphi verdia*, ville d'Allem. dans la Carniole, sur la riv. de Gurck, avec une belle abb. Ses envi-

rons font fertiles en bons vins. long. 33. 24. latit. 46. 2.

* 1. RUE, *Rua*, p. ville de Fr. en Picardie, dans le Ponthieu, à 1 li. de Crotoy, sur la riv. de Mage, & non pas Maye, comme dit Vosgien. Il y avoit des fortifications qui ont été rasées, c'est cependant encore un gouv. Il y a un couvent de filles & un de Cordeliers & 2 paroisses. On y commerce en moutons, laines, chevaux & autres bestiaux. long. 19. 15. latit. 50. 17.

2. RUE, *Rua*, petite ville de Suisse, au canton de Fribourg, sur la riv. de Rue. Il y a de bons marchés.

RUEDA, *Rota*, abb. d'hom. ordre de Cît. en Esp. au royaume d'Aragon, sur l'Ebre, dioc. de Sarragosse.

RUEL, *Rothalium*, gros bourg de Fr. à 2 li. de Paris, & à 2 de St Germain-en-Laye. Il y a un chât. que le cardinal de Richelieu y fit bâtir, il est auj. fort négligé, ainsi que les jardins.

RUF (St), abb. régul. de l'ord. de St Augustin, & chef d'ordre, en Dauphiné, fondée d'abord près de la Durance, au voisinage d'Avignon, & auj. fixée dans la ville de Valence.

RUFFAC, *Rufacum*, ville de Fr. dans la h. Alsace, capit. du territoire de Mundat, sur le Rotbach, à 3 li. au sud-ouest de Colmar, composée d'environ 3 mille habitans. L'empereur Henri IV prit & brula cette ville en 1068.

RUFFEC, *Rofiacum*, p. ville de Fr. dans l'Angoumois, au dioc. & à 7 li. d'Angoulême, sur le ruisseau le Lieu qui produit d'excellentes truites. Elle a titre de marquisat qui appartient à la maison de St Simon. Il s'est tenu dans cette petite ville en 1327, un concile nommé *Rofiacense concilium.*

RUFISQUE, ville sur la côte occid. d'Afrique, à 3 li. & vis-à-vis de l'isle Goerée, dans le roy. de Cayor, dont elle est capit. au fond d'une baie appellée Baie de Fr. Son nom est une corruption du nom Port. Riofresco. Ses maisons sont bâties de roseaux & de feuilles de Palmier. Le pays est fourni de bœufs, de vaches, de moutons, de chevres, de poules, de pigeons, & d'un gr. nombre d'oiseaux. Le commerce des habitans consiste en peaux, gommes, ivoire, plumes d'autruche, indigo & étoffes de coton. Tous les vaisseaux peuvent mouiller dans la rade de Rufisque entre 6 & 7 brasses d'eau.

RUGEN, *Rugia*, isle de la mer Baltique, sur la côte de Pomeranie, à 1 mille & demi de celle de Ruden. Elle a 7 milles de longueur, & à peu près autant de largeur. Elle est très-fertile en bled & en fruits ; on n'y voit ni loups ni rats. Autrefois il y avoit 2 fortes places, il n'y a auj. que quelques bourgades & beaucoup de villages. Elle appartient à la Suede.

RUGENWALDE, *Rugium*, ville d'Allem. dans la Pomeranie ultérieure, chef-lieu du duché de Wenden, sur la riv. de Wiper, à 15 li. au nord-est de Colberg. Elle est bien bâtie, avec un beau chât. & appartient au roi de Prusse. long. 34. 18. latit. 54. 33.

RUGLEN, ville d'Ecosse, dans la prov. de Cluydsdale, sur la Cluyd, 1 li. au-dessus de Glascow, vis-à-vis. Il y a eu autrefois une belle abb. d'homm. ordre de St Benoît.

RUISSEAUVILLE, *Rivovilla*, abb. régul. de l'ordre de St Augustin, dans la Picardie, au dioc. de Boulogne, à 2 li. de Renti, près des sources de la Lis ; fondée l'an 1099.

RULAND, p. ville, chef-lieu

d'un cercle compris dans celui de Bautzen, dans la h. Lusace, à 7 li. au nord-est de Dresde. Elle appartient aux comtes de Hoym.

RUM, isle d'Ecosse, une des Hebrides, au midi de celle de Skie. On lui donne 5 li. d'étendue. Ses montagnes sont remplies de bêtes fauves, & on pêche beaucoup de saumons dans ses rivieres.

RUMILLY, *Rumiliacum*, ville de Savoye, au confl. du Nepha & du Seran qu'on passe sur un pont, à 2 li. au sud-ouest d'Annecy. Elle est bien bâtie, & avoit autrefois des fortifications que Louis XIII fit raser en 1630. Il y a une paroisse & 4 couvens, 2 d'hom. & 2 de filles. Les environs sont très-fertiles, & les habitans tous riches. long. 23. 40. latit. 45. 50.

RUPELMONDE, *Rupelmunda*, ville des Pays-Bas, dans la Flandre, sur la gauche de l'Escaut, à l'emb. de la Rupel, dont elle tire son nom, à 3 li. au-dessus d'Anvers, avec titre de comté. Ses fortifications ont été ruinées pendant les guerres. C'est la patrie du geographe Mercator. long. 21. 50. latit. 51. 10.

*RUPIN, *Rupinum*, ville d'Allemagne, dans l'électorat de Brandebourg, chef-lieu d'un comté de même nom, & non pas d'un duché, comme dit Vosgien, à 9 milles au nord-ouest de Berlin. Elle est divisée en 2 villes par un étang qui fournit d'excellent poisson en abondance. long. 30. 56. latit. 53.

*RUREMONDE, *Ruremunda*, ville des Pays-Bas, dans la Gueldre, au confluent de la Roer & de la Meuse, sur les confins de l'év. de Liege & du duché de Juliers. Son év. fondé en 1559, est suffragant de Malines : la cathédrale qui est la seule paroisse de la ville, est dédiée à St Christophle,

St Christophle, dont on voit la statue au haut du clocher qui est bâti en brique, & très-élevé. Il y a outre cela plusieurs autres églises & nombre de communautés religieuses, des Récolets, une abb. de filles nobles, des Ursulines, des Carmelites, des Croisiers, des Chartreux, &c. Les Jésuites y ont un collège. La ville est bien bâtie & très-peuplée. Un incendie en réduisit en cendres une bonne partie en 1665. Elle a été souvent prise pendant les guerres, & appartient auj. à la maison d'Autriche depuis 1719. L'abbé de la Croix dit que c'est la patrie de Gerard Mercator, en quoi il contredit tous les auteurs qui nous assurent qu'il naquit à Rupelmonde ; la conformité des noms l'aura trompé. long. 23. 34. latit. 51. 10.

RURICOURT, abb. de Fr. en Picardie, *voyez* St Martin-aux-Bois.

RUSHIN, ville d'Angl. capitale de l'isle de Man, dans sa partie mérid. avec un bon châr. Il y avoit un monastère de l'ordre de Cît. fondé en 1134, mais il ne subsiste plus depuis le changement de religion en Angleterre.

RUSSIE, ou MOSCOVIE, vaste empire qui répond à la plus grande partie de l'anc. Sarmatie, & qui est partie en Asie & partie en Europe. Il est borné au nord par la mer Glaciale, au midi par la Gr. Tartarie, au levant par la mer du Japon, & au couchant par la Pologne, la mer Baltique, la Suede & la Laponie. Il a près de 600 li. du midi au nord, & près de 3000 du levant au couchant : ce n'est que depuis le dernier siécle qu'il a cette gr. étendue. Le nom de Russie vient de Russ, qu'on dit avoir jetté les premiers fondemens de cet empire ; celui de Moscovie lui vient du fleuve Moska, ou plutôt des Mosches, peuple de la Colchide. Il seroit trop long de faire l'histoire de cet état qui n'a eu que des ducs jusqu'au XV siécle. Ses princes prirent alors le titre de Czar. Le fameux Pierre le Grand prit en 1721 celui d'empereur de toutes les Russies. Il a un pouvoir absolu sur tous ses sujets ; la couronne est héréditaire, & les filles peuvent succéder. Les Russes sont de taille moyenne, mais forts, robustes & bons soldats. Avant le czar Pierre, c'étoit un peuple grossier, ignorant & superstitieux. Ce prince, qu'on peut dire avoir fait des hommes, établit des colleges & des académies pour les arts & les sciences ; & après avoir puisé les plus belles connoissances dans tous les états d'Europe, il vint les répandre dans les siens. Il s'attacha sur-tout à mettre la marine sur un bon pied. C'est auj. un état des plus florissans, & dont chaque couronne s'empresse d'avoir l'alliance. L'air de la Russie est excessivement froid, les neiges & les glaces y regnent la meilleure partie de l'année. Le grain qu'on y séme n'y meurit jamais bien, excepté du côté de la Pologne, où il vient en abondance, & où on fait la récolte deux mois après la semence. Il n'y a point du tout de vin, mais beaucoup de lin, grande quantité de miel, du gibier & des bêtes fauves. Les lacs donnent du poisson en abondance. Le commerce des Russiens consiste en martres-zibelines, hermines & autres fourrures, cuirs de bœuf appellés cuirs de roussi, lin, chanvre, suif, goudron, talc, cire, poix, resine, poisson salé, savon, &c. Leur religion est la Chrétienne, mais ils sont Schismatiques. La Catholique est tolerée parmi eux, il y en a une église à Moscow & à Saint-Petersbourg. Les principales riv. de la Moscovie sont le Wolga, le Don, le Dnieper & la Dwina. Ce vaste empire est partagé en 14 gouvernemens : la Russie Européenne en comprend 11 qui sont ceux de Riga & de Revel, compris tous deux dans la Livonie, de St Petersbourg, de Novogorod, d'Archangel, de Moscow, de Smolensko, de Kiovie, de Bielgorod, de Woronitz & de Nisnovogorod. Les 3 de la Russie Asiatique sont ceux de Casan, d'Astracan & de Siberie, ou Tobolsck. La Russie Européenne se partage encore en septent. & mérid. La premiere située à la gauche du Wolga, comprend 5 gouvernemens généraux, & l'autre à la droite en renferme 6. La Russie Européenne en y comprenant la Laponie Moscovite, s'étend depuis le 46 jusque vers le 70 degré de latitude septent. & depuis le 42 jusqu'au 61 de longitude.

RUSSIE-BLANCHE, ou RUSSIE LITHUANIENNE, partie du duché de Lithuanie qui comprend les palatinats de Novogrodeck, de Minski, de Mscislaw, de Witepsk & de Polocz, *voyez* ces différens mots.

RUSSIE NOIRE, ou ROUGE, contrée de Pologne qui s'étend depuis les front. mérid. de la Lithuanie, jusqu'à la mer Noire, & comprend le palatinat de Leopol, ou Lemberg, la Volhinie & la Podolie.

* RUSTAN, p. pays de Fr. aux confins du Bigorre & de l'Astarac. Sa principale ville est St Sever de Rustan, dont la Martiniere fait mal-à-propos deux villes, une sous le nom de St Sever, & l'autre sous celui de Rustan.

RUTHWEN, ville de l'Ecosse sept. capit. de la prov. de Badenoth, sur la rive droite de

la Spey. longitude 14. latitude 57. 20.

RUTI, anc. abb. de l'ordre de Prémontré, en Suisse, au canton de Zurich, fondée vers l'an 1208, & envahie par les Réformés en 1525.

RUTIGLIANO, p. ville du roy. de Naples, dans la terre de Bari, au couchant de Conversano. Elle dépend de l'église de St Nicolas de Bari. Leandre l'appelle Rontigliano.

* RUTLAND, prov. d'Angl. dans le dioc. de Peterborough. Elle n'a que 40 milles de tour, mais elle est fertile en bois & en pâturages. Elle a titre de duché, & non pas de comté, comme dit l'abbé de la Croix. Oackam en est la principale ville.

RUVO, *Rubi*, p. ville d'Italie, au roy. de Naples, dans la terre de Bari, à 5 milles au midi de Biseglia, avec un év. suffr. de Bari. long. 34. 12. latit. 40. 56.

RUYS, presqu'isle de Fr. en Bretagne, au dioc. de Vannes, avec une abbaye de l'ordre de St Benoît. Il y a un gouverneur dans cette presqu'isle.

RYCHENAW, abbaye d'hom. ordre de St Benoît, en Suisse, dans le Thurgaw, *voyez* Reichenaw.

RYE, *Anderis, Rium*, p. ville d'Angl. dans le Sussex, à la gauche de l'embouch. de la Roter. C'est une des cinq ports du roy. & assez fréquenté. On y aborde ordinairement en venant de Dieppe, & on y pêche de bons harengs. long. 18. 26. latit. 50. 52.

RYEGATE, ville d'Angl. dans la prov. de Surrey, à 12 li. au sud-ouest de Londres. On y voit les ruines d'un chât. Elle envoie ses députés au parlement. long. 17. 10. latit. 51. 24.

* RYSWICK, village des Pays-Bas, dans la Hollande, entre

la Haye & Delft. Il y a un chât. bâti à la moderne, où fut signé en 1697 le traité de paix entre la Fr. l'Efp. l'Angl. & la Holl. Vofgien ajoute l'Empire, mais l'empereur avoit deja fait fon traité particulier, ainfi que le duc de Savoye. L'abbé de la Croix en dit de même.

RZECZICA, ville de Lithuanie, capit. d'un territoire de même nom, dans la Ruffie Polonoife, fur la droite du Nie-

per. longitude 49. 28. latit. 50. 24.

RZEVA, ville de l'emp. Ruffien, dans la prov. de même nom, fur le bord du Wolga, près du lac de Wronow, où ce fleuve prend fa fource. Elle eft furnommée Volodimerskoy. Il y a encore dans la même prov. une ville de même nom, furnommée la Deferte; la premiere eft au couchant, & l'autre au levant.

S.

SAADAH, ville d'Afie, dans l'Arabie Heureufe, à 120 li. de Sanaa. Elle eft très-peuplée & connue par fes manufactures de maroquin, & par les teintures de peau. long. 61. 30. latit. 17. 14.

SABA, ville de Perfe, dans l'Irac Agemi, entre Sultanie & Com, dans une plaine fertile, fur-tout en fruits rares. Elle eft mal bâtie. Le commerce des habitans confifte en peaux d'agneau grifes, dont on fait des fourrures. latit. 35.

SABA, ifle de l'Amér. feptent. une des Antilles, au nord-oueft de celle de St Euftache. Elle a environ 5 li. de tour; elle eft affez fertile, & habitée par des familles Hollandoifes de St Euftache. Ils font tous cordonniers, même le gouverneur; ce qui les rend à leur aife, avec l'indigo & le coton qu'ils vendent. long. 314. latit. 17. 35.

SABAKZAR, ville de l'empire Ruffien, au roy. de Cafan, au midi du Volga & de l'ifle de Mokritz.

SABATO, *Sabatus*, riv. d'Italie, au roy. de Naples, dans la princ. ulter. Après avoir reçu plufieurs riv. elle va fe rendre dans le Volturno, vis-à-vis de Caiazzo.

SABINE (la), *Sabina*, pays d'Italie, dans l'état de l'Eglife, borné au nord par l'Ombrie, au midi par la Campagne de Rome, au levant par l'Abruzze ulter. & au couchant par le Patrimoine. Elle n'a que 9 lieues de long & autant de large : l'huile & le vin y font en abondance. C'eft une partie du pays des Sabins. Elle eft arrofé d'un gr. nombre de petites rivieres, & a pour ville princ. Magliano.

SABIONA, abb. de filles, ordre de St Benoît, dans le Tirol, à la droite de la riv. d'Eyfoch, au-deffus de Brixen.

* SABIONCELLO, prefqu'ifle de la Dalmatie, dans les etats de la république de Ragufe, fur la cote du golfe de Venife, bornée au nord par le golfe de Narenta, & au midi par l'ifle de Curfola. Elle a 30 milles de tour. Il y a quelques bourgs & villages. La Martiniere nous dit que c'eft l'anc. *Macarica*, il auroit dû citer l'auteur où il a trouvé ce nom. Quant à celui d'*Hyltis* qu'il dit auffi être l'ancien nom de Sabioncello, Ortelius eft d'un fentiment contraire, & dit que l'*Hyllis* eft aujourd'hui l'Iftrie.

* SABIONETA, *Sabuloneta*, ville d'Italie, fur les confins du duché de Mantoue & du Cremonefe, capit. d'un duché de

même nom , à 15 milles de Parme , & à 25 de Cremone. Elle est bien bâtie , & a une bonne citadelle. Vosgien dit qu'elle appartient à la maison d'Autriche. cependant par le traité d'Aix-la-Chapelle, cette maison l'a cédé en 1748 à don Philippe, duc de Parme. long. 27. 58. lat. 45. 4.

SABLÉ , *Sablolium* , p. ville de Fr. dans le b. Maine , sur la Sarte , aux confins de l'Anjou , à 10 li. au sud-ouest du Mans , & à égale distance au nord-est d'Angers. C'est la patrie de Gilles Menage qui en a écrit l'histoire. long. 17. 14. latitude 47. 49.

SABLENCEAUX , abb. d'hom. ordre de St Augustin , dans la Saintonge , au dioc. & à 3 li. de Saintes.

SABLES (les) d'Olone , ville maritime de Fr. dans le Poitou, *voyez* Olone.

SABLESTAN (le) , ou **SABLUSTAN** , prov. de Perse , sur les confins de l'Indoustan , bornée au nord par le Khorasan , au midi par le Segestan , au levant par le Candahar , & au couchant par le pays d'Heri. Ce pays , qui est rempli de montagnes , est arrosé de plusieurs riv. Il répond au *Paropanissus* des anc. & les mont. ont porté le même nom.

SABOU , ou **SABOE** , p. roy. d'Afr. dans la Guinée , sur la Côte d'Or , entre le roy. d'Akanis au nord , & la mer au midi. Il est fertile en grains , patates & autres fruits. Les Hollandois y ont le fort de Nassau.

SABUGAL , p. ville de Portugal , dans la prov. de Beira , sur le bord de la riv. de Coa , à 5 li. de la Guarda , avec titre de comté. Il y a un bon château.

* **SACAI** , une des 5 villes impériales du Japon , dans l'isle de Niphon , & dans la province d'Izumi , sur la côte orientale de la baie d'Ozaca , à 3 li. au midi de cette ville , & vis-à-vis la pointe sept. de l'isle Awasi. Elle s'est long-tems gouvernée en république , à peu-près comme Venise , la police y étoit admirable. Elle florissoit par le commerce qui la rendoit une des plus opulentes villes du Japon ; mais vers le milieu du XVI siécle , elle s'est réunie au domaine impérial. En 1596 , un tremblement de terre en détruisit une partie qu'on rétablit sur le champ. L'empereur Fide-jori s'étant apperçu que son concurrent y avoit des intelligences , la fit ruiner & bruler. L'emp. Cubosama la fit rétablir & fortifier. Vosgien place cette ville au roy. de Quito , il n'y a au Japon aucun roy. de ce nom ; c'est celui d'une audience de l'Amérique méridionale. latit. 35. 30.

* **SACANIE** , *Laconia* , & non pas *Laconica* , comme dit Vosgien , partie de la Morée la plus voisine de l'isthme , entre lui , le duché de Clarence , les golfes de Lépante & d'Engia. Corinthe & Napoli sont les principaux lieux.

SACILE , *Sacilum* , p. ville de l'état de Venise , dans la Marche Trevisane , à 10 milles de Ceneda. Elle est riche & bien peuplée. On l'appelle le jardin de la république de Venise.

SACOMOTO , p. ville du Japon , dans l'isle de Niphon , à 4 li. de Meaco. En 1571 , Nobunanga qui avoit entrepris d'exterminer les bonzes qui habitoient en gr. nombre sur une montagne voisine de Sacomoto , brula cette ville , d'où ces faux prêtres pouvoient tirer du secours , mais elle fut rétablie dans la suite.

SACRA-MOENIA , abb. d'hom. ordre de Cît. en Esp. dans la vieille Castille, au dioc. de Valladolid.

*SADO, isle & prov. du Japon, dans un golfe formé par le cap Noto & celui de Sangaar. L'isle a été long-tems célebre par ses mines d'or, on y en trouve encore beaucoup en poudre. Vosgien qui a suivi la Martiniere, l'appelle fort mal Sando.

SADRAST, ou SADRASTPA-TAN, ville des Indes, en deçà du Gange, sur la côte de Coromandel, au midi de St Thomé, à l'emb. de la riv. de Palaru. Elle est à l'empereur. long. 100. 30. latit. 12, 40.

SAEN (St), bourg & abb. de filles, ordre de St Benoît, en Normandie, au pays de Caux, sur la riviere d'Arques.

SAFANI AL BAHR, isle d'Egypte, sur la côte occid. de la mer Rouge, à 13 lieues au nord de Kossir. Son nom veut dire éponge de mer. Elle a 2 li. de longueur & un quart de large. Il y à 2 ports commodes, l'un au nord & l'autre au sud. Celui du nord est à couvert de toute sorte de vents, & la plus profonde partie de son canal est vers le continent. latit. 27.

SAFIE, *Safia*, ville d'Afr. dans la Barbarie, au roy. de Maroc, dans la prov. de Duquela. Elle est environnée de bonnes murailles, avec 87 tours, & contient plus de quatre-vingts mille maisons. Son chât. est sur une hauteur. Les Portugais en ont été les maîtres depuis 1507 jusqu'en 1641, qu'ils l'abandonnerent. Il y a beaucoup de Juifs qui font un grand commerce. long. 9. 38. latit. 32.

SAGAN, *Saganum*, ville d'Allemagne, en Silésie, capit. de la princ. de même nom, au confluent du Bober & de la Queiss, à 38 li. de Prague, avec un bon chât. Elle fut brulée en 1486,

elle appartient au prince de Lobkowitz. Il n'y a qu'une paroisse & 2 couvens. long. 32. 10. lat. 51. 34.

SAGHALIEN, ville de la Tartarie Chinoise orient. dans le gouv. de Teitcicar, sur la rive droite du Saghalien, dans une plaine fertile. latit. 50.

SAGONE, ville ruinée de l'isle de Corse, dans sa partie occid. entre Calvi au nord, & Ajazzo au midi. Elle conserve toujours le titre d'évêché; dont l'év. réside au bourg de Vico qui en est voisin, & où on a transféré la cathédrale. Il est suffragant de Pise.

*SAGRES, ville de Portugal, dans l'Algarve, à 1 li. & demie du cap de St Vincent, & à 45 au midi de Lisbonne. Elle fut fondée au commencement du xv siécle par l'infant don Henri, fils du roi Jean I. Elle a un port d'où ce prince envoie des flottes pour chercher de nouvelles routes vers les Indes Orientales. Il y a toujours bonne garnison dans la forteresse. Ce n'est pas cette ville que les anc. ont appellé *Sagrum promontorium*, comme dit Vosgien, qui auroit pu faire attention, 1° que Sagres est une ville moderne, 2° que les anc. ont dit *Sacrum*, & non pas *Sagrum*; 3° que c'est le nom d'un cap, & non d'une ville. Ce cap est auj. le cap St Vincent, ou de Sagres, ce qui est la même chose; cependant MM. Delisle & Bellin les ont distingués. long. 8. 42. latit. 36. 57.

SAGUENAY, province de l'Amérique septent. sur le bord sept. du fleuve St Laurent, bornée par les Cristimaux, les Esquimaux & le fleuve St Laurent. Quebec en est la capit. voilà ce que nous en disent la plupart des auteurs; cependant l'auteur de l'histoire de la Nouv. France regarde cette province comme imaginaire.

SAGUINAM, grande baie de la Nouv. Fr. dans l'Amér. sept. sur la côte occidentale du lac Huron. Elle a 7 lieues d'ouverture, & 30 de profondeur. Les Outaouais ont un village au fond de cette baie qui est un très-beau pays.

* SAHAGUN, *Sti Facundi fanum*, ville d'Esp. au royaume de Leon, sur la riv. de Cea, à 8 lieues de Palencia, dans une plaine abondante en grains, vignes & gibier. Elle doit son origine à une abb. de l'ordre de St Benoît. La Martiniere dit que cette abb. fut rebatie l'an 174 par Alphonse III ; cela ne peut pas être, puisque ce prince ne monta sur le trône que l'an 866, ce fut Alphonse VI, dit le Vaillant, qui la rétablit l'an 1074. Le même auteur ajoute, que Constance, mere d'Alphonse XII, tint dans cette ville les états du roy. Il n'y a point eu d'Alphonse XII, il falloit dire Alphonse XI. long. 13. 15. lat. 42. 30.

SAHARA, ou SARA. Ce nom qui veut dire désert, est donné à toute cette étendue de pays qui se trouve entre le Biledulgerid & la Nigritie. Il est rempli de sables sur lesquels le soleil dardant ses rayons, y cause des chaleurs insupportables. On y fait des voyages de 100 li. sans y trouver une goutte d'eau. On y trouve des lions, des léopards, des tigres, &c.

* SAILLANS, petite ville de Fr. dans le Dauphiné, sur la Drome, au Diois, entre Die & Crest. On croit que c'est l'anc. demeure des *Segalauni*, & non pas *Sagalauni*, comme dit la Martiniere.

SAILLIES, p. ville de Fr. dans le Bearn, au dioc. de Lescar, renommée par une fontaine

d'eau salée qui fournit du sel à la Navarre & au Bearn.

SAINTES, ou XAINTES, *Mediolanum Santonum*, ville de Fr. capit. de la Saintonge, sur la Charente qu'on y passe sur un pont, à 16 li. au sud-est de la Rochelle, & à 25 au nord de Bourdeaux. Cette ville conserve encore des restes de son antiquité. On voit sur le pont qui est fort beau, un arc de triomphe, & des restes d'un amphithéatre. Les rues sont étroites & mal propres, les maisons mal bâties. Il y a une sénéchaussée, élection & un présidial. Les Jesuites ont le collége, & les PP. Lazaristes le séminaire. L'év. qui est très-anc. est suffr. de Bourdeaux : le chapitre est composé d'un doyen & de 24 chanoines. Il s'est tenu à Saintes des conciles en 562, 1075, 1080, 1088 & 1096. On voit dans un fauxbourg une riche abb. de Bénédictines sous le titre de Notre-Dame, fondée l'an 1047. C'est la patrie du pere le Comte Jésuite. long. 37. 2. latit. 45. 39.

SAINTONGE (la), *Santonia*, prov. de Fr. bornée au nord par le Poitou & l'Aunis, au midi par le Bourdelois, au levant par l'Angoumois & le Perigord, au couchant par l'Océan. Elle a 25 li. de long & 12 de large. La Charente la partage en sept. & mérid. Il s'y fait un grand commerce de sel & de vin. On y recueille aussi beaucoup de safran & d'absynthe que les Romains appelloient *Virga Santonica*. Charles V enleva cette province aux Anglois, & la réunit à la couronne. Elle forme un gouvernement.

SAISSAC, petite ville de France, dans le haut Languedoc, au diocèse de Carcassonne, dans la viguerie de Cabardès. C'est une ancienne baronnie qui

à aujourd'hui titre de marquifat.

*SAKIS (les), peuple fauvage de l'Amér. fept. & non pas mé-rid. comme dit la Martiniere, dans la Nouv. Fr. Ils font al-liés des Fr. mais brutaux, vo-leurs & menteurs.

SALAMANQUE, *Salmantica*, ville d'Efp. au roy. de Leon, fur la riv. de Tormes qu'on y paffe fur un pont de pierre, à 40 li. au midi de Leon, & à 36 au nord-oueft de Madrid. C'eft une des plus gr. villes d'Efpa-gne, ornée de quantité de beaux édifices, d'une belle place pu-blique, de fontaines, & fur-tout d'églifes magnifiques, entre lef-quelles fe diftingue la cathé-drale, où on voit un beau clo-cher. Son év. eft fuffr. de Com-poftelle, & fut établi dans le vi fiécle. Les couvens qui font en gr. nombre, font fort beaux, comme celui de St Dominique, de St François & de St Bernard. On remarque dans ce dernier un efcalier, dont les marches ont 5 pas de long, & forment une montée de 100 degrés, or-née de ftatues dorées. Salaman-que a toujours été renommée par fon univ. une des plus fa-meufes du roy. Elle eft compo-fée de 24 colléges, entre lef-quels il y en a 4 qu'on nomme grands, & où les plus grands feigneurs tâchent de faire en-trer leurs enfans. 80 profeffeurs enfeignent dans cette univer-fité, & font gagés, fans com-pter nombre d'autres qui pré-tendent à des chaires, & qui en-feignent comme ceux qui font rentés. On comptoit autrefois jufqu'à 7 mille écoliers; on y en voit encore jufqu'à 5 mille. long. 11. 45. latit. 41. 6.

*SALANCHES, p. ville de Savoye, capit. du h. Fauffigny, à 2 li. au-deffus de Clufe, au fud-eft. Deux petites riv. ap-pellées auffi Salanches fe joi-gnent au milieu de la ville, & vont fe rendre dans l'Arve. La Martiniere & Volgien là met-tent à 5 li. au nord de Clufe, ils fe trompent l'un & l'autre. long. 24. 20. latit. 45. 58.

*SALANKEMEN, ville de la Hongrie, dans l'Efclavonie, fur le Danube, au confluent de la Teiffe, à 12 milles au nord-oueft de Belgrade. Le prince Louis de Bade y remport une célebre victoire fur les Turcs en 1691. La Martiniere dit que quelques-uns prennent cette ville pour l'anc. *Acumincum*, il devoit dire *Acumincum*.

SALANQUES, *Salencia*, *Abun-dantia Dei*, abb. de filles, or-dre de Citeaux, dans le comté de Foix, dioc. de Rieux, au nord du Mas-d'Azil, fondée l'an 1353.

SALDAGNA, p. ville d'Efpa-gne, dans la vieille Caftille, au couchant d'Aguilar del Campo, & au pied de la mont. appellée Pegna de San Roman, fur la riv. de Carrion.

SALÉ, *Sala*, ville d'Afrique, fur la côte occid. du royaume de Fez, fur la riv. de Guerrou qui la partage en deux à fon emb. où elle a un bon port à 45 li. au couchant de Fez. Son havre n'eft que pour des petits bâtimens. La ville eft confidé-rable par fes fortereffes, & con-nue par fes pirateries. Il y a eu de beaux édifices que les guer-res ont en partie ruinés. long. 11. 6. latit. 34.

SALÉ (ilha do), ifle d'Afri-que, fur la côte de Nigritie, la plus orient. des ifles du cap Verd. Elle a 9 li. du nord au fud, & 2 de largeur. Elle eft par-tout d'une gr. fterilité; on n'y voit que des marais falans, d'où on tire une gr. quantité de fel. latit. 16.

SALEMÉ, petite ville de Sicile,

dans la vallée de Mazare , fur une mont. à 6 li. au nord-eft de Mazare. long. 30. 30. latit. 38. 5.

SALERNE *Salernum* , ville d'Italie, au roy. de Naples, capitale de la Princ. citer. au fond d'un golfe de même nom , à 12 li. au fud-eft de Naples, & à égale diftance au midi de Benevent. Elle a été colonie Romaine, & dans la fuite princip. particuliere. Elle eft gr. & bien peuplée, fon arch. fut érigé en 974. Son port étoit autrefois beaucoup fréquenté , mais Naples lui a enlevé fon commerce. Son univ. eft célebre , fur-tout pour la médecine. Dans la place eft une fontaine ornée d'un grand baffin. Le chât. eft au-deffus de cette place , dans les environs de laquelle font quelques beaux palais. Les rues de cette ville font fort étroites , ainfi que dans toutes les anc. villes. Le pape Gregoire VII y mourut en 1085. long. 32. 20. latit. 40. 46.

SALERS, p. ville de Fr. dans la h. Auvergne , à 6 li. d'Aurillac, dans les mont. On y commerce en beftiaux.

SALETTES , Chartreufe de filles en Fr. dans le Dauphiné , au dioc. de Vienne fur le bord méridional du Rhône.

SALFELD, p. ville d'Allem. au cercle de la haute Saxe , dans la Mifnie fur la Sala , à 7 li. au-deffus d'Iene, avec titre de Princ. elle appartient à la maifon de Saxe-Gotha ; il y a un chât. bâti en 1678. où les Pr. font leur réfidence. L'ordre de St Benoît y avoit une riche abb. dont l'abbé avoit rang parmi les Pr. de l'empire. Elle a été réunie par les électeurs de Saxe au domaine , dans le tems de la réformation. La principauté a 12 li. de long fur quatre de large. C'eft un pays de mont. où on trouve des mines d'argent , de cuivre, de plomb , & de vitriol.

SALHBERG , ville de Suede dans la Weftmanie fur la riv. de Salha, près d'une mont. où font des mines d'argent.

* SALIEZ , p. ville de Fr. dans le comté de Comminges , & non pas dans le Bearn , comme dit la Martiniere , fur la droite de la Garonne : il y a une fource d'eau falée, dont on fait d'excellent fel blanc.

SALIGNAC , *Saliniacum* , p. ville de Fr. dans le haut Périgord, célebre pour avoir donné fon nom à une illuftre maifon qui a porté auffi le nom de Fenelon, & dont l'illuftre arch. de Cambray de ce nom, étoit iffu. long. 18. 56. latit. 45. 38.

SALINS, *Salinæ* , ville de Fr. dans la Franche - Comté , dans une vallée entre deux mont. fur la p. riv. nommée la Furieufe à 6 li. au midi de Befançon. Elle eft peuplée, & défendue par le fort St André. Il y a 4 paroiffes & 3 chapitres ; les PP. de l'Oratoire ont le collége, les Jéfuites un hofpice. Il y a nombre d'autres communautés religieufes. Cette ville eft remarquable par fes falines. long. 23. 35. latit. 46. 57.

* SALISBURY , *Sorviodunum* , ville d'Angl. capit. du Wiltshire fur l'Avon , à 70 milles au fudoueft de Londres. C'eft une des plus belles villes du roy. Ses rues font larges , & droites, la place du marché , & la maifon de ville méritent d'être vues. Sa cathédrale a cela de fingulier , qu'on y compte autant de fenêtres qu'il y a de jours dans l'année, de pilliers & pilaftres qu'il y a d'heures. Elle a titre de comté , & fon év. eft fuffr. de Cantorbery. long. 15. 53. latit. 51. 4.

* SALIVAL , *Salvia vallis* , abb. régul. de l'ordre de Prémontré, au dioc. de Metz, & non pas de Toul comme dit la

Martiniere, fondée au commencement du XII. siécle.

SALIVAS (les) peuple de l'Amérique mérid. sur les bords de l'Orinoque ; il est d'un caractère doux , & ennemi de la guerre ; les Caribes en ont détruit une partie , & sont réduits auj. à 5 ou 6 peuplades.

SALLAND, (le) p. contrée des Pays-Bas , qui fait partie de la prov. d'Overissel entre la Trente & la Dwente : elle contient plusieurs villes, dont Deventer est la capit.

SALM , ou SALMES , p. ville de Lorraine , au pays de Vosge , sur les frontieres de la b. Alsace, à 8 li. de Strasbourg , avec titre de principauté, & un chât. près la riv. de Brusch. long. 24. 56. latit. 48. 35.

SALO , *Salodium* , ville d'Italie , dans l'état de Venise , au Bressan sur le lac , & à 4 li. au nord-ouest de Garde. Ses environs sont fertiles en olives , citrons , grenades , oranges , &c. Les habitans de Salo font beaucoup d'aiguilles dont ils retirent un gr. profit, long. 28. 7. latit. 45. 36.

SALOBRENA , p. ville d'Esp. au roy. de Grenade , sur un rocher proche la mer, à 1 li. au couchant de Motril , avec un château bien fortifié , où on tient toujours garnison. Il s'y fait un gr. commerce de sucre & de poisson.

SALOMON (les isles de) isles de la mer du Sud , découvertes par Alvaro de Mendoza en 1567. Les princ. font au nombre de 18. La plus gr. est l'isle Isabelle , l'air y est tempéré : elles abondent en fruit , & en bétail. lat. merid. 7-23.

SALON , *Salum* , p. ville de Fr. en Provence dans la viguerie d'Aix , traversée par un bras de la Durance, appellée la Fosse Crapone , à 8 li. au nord-ouest d'Aix , & dépend d'Arles pour le spirituel. Il y a une place assez jolie : on voit dans l'église des Cordeliers le tombeau de Nostradamus. long. 22. 48. latit. 43. 40.

SALONE , *Amphisa* , ville de Grece dans la Livadie , près du Golfe de même nom , sur une p. riv. à 18 li. au nord-est de Lepante. Les Turcs y ont 7 mosquées , & les Grecs un év. suffr. d'Athènes. long. 40. 35. latit. 38. 50.

SALONICKI , *Thessalonica* , ville de la Turquie Europ. au fond d'un golfe de même nom , & capit. de la Macédoine , près de la riv. de Vardari , à 50 li. au sud-ouest de Sophie. Cette ville autrefois grande & magnifique, connue par ses premiers Chrétiens , à qui St Paul écrivit 2 épîtres , est encore fort grande très-peuplée , & marchande. Les Juifs qui y sont nombreux , font presque tout le commerce , sur-tout en soie ; ils y ont des synagogues. Les Turcs ont plusieurs Mosquées , & les Grecs un arch. avec quelques églises. long. 40. 45. latit. 40. 42.

SALSEN , abb. de filles , ordre de Cît. dans les Pays-Bas , au comté & près de Namur , sur la droite de la Sambre.

SALSES , *Salsulæ* , forteresse de Fr. dans Le Roussillon , aux confins du Languedoc , bâtie par l'emp. Charles V, pour l'opposer à Leucate , entre Perpignan & Narbonne , entre des mont. & un étang appellé Salses , ou Leucate. Le prince de Condé la prit en 1639 , les Esp. la reprirent en 1640 , mais 2 ans après , elle se soumit à la Fr. après la conquête de Perpignan. long. 20. 34. latit. 43. 36.

SALSETTE , *Salseta* , isle de la mer des Indes , sur la côte du roy. de Decan. Elle a 20 milles de longueur & 15 de largeur.

Les Port. poſſedent cette iſle, dont les Jéſuites de Goa ont la meilleure partie ; on en retire beaucoup de ſucre, du riz, & des fruits. Elle n'eſt ſéparée de la terre ferme que par un étroit canal.

SALMONSWEILER, *Salemium*, abb. d'h. ordre de Cît. en Allem. dans la Suabe, ſur les confins du comté d'Heiligensberg, fondée l'an 1134. C'eſt la plus riche de cet ordre en Allemagne.

SALSTAD, ville de Suede, dans l'Uplande, au levant, & vis-à-vis les iſles d'Eland, au midi d'Oregrund, & au nord-eſt d'Upſal.

SALTA, ville de l'Amérique merid. dans le Tucuman, près d'une petite riv. qu'on paſſe ſur un pont, à 15 li. d'Eſtreco. Elle eſt pet. mais ſes habitans commercent beaucoup avec le Perou, en bled, vin, farine, bétail & chair ſalée. latit. merid. 25.

SALTZA, ville d'Allem. dans la b. Saxe, au duché de Magdebourg, ſur l'Elbe, à 2 milles de Magdebourg. Elle eſt anc. & a été libre. Son nom lui vient des ſources ſalées qu'on y trouve. long. 29. 35. latit. 52. 24.

SALTZBOURG, *Salisburgum*, ville d'Allem. dans la Baviere, capit. d'un état de même nom, ſur la riv. de Saltz qui la traverſe, & qu'on paſſe ſur un pont de bois, à 18 li. au midi de Paſſau, & à 30 de Munich. Cette ville qui occupe la place de l'anc. *Juvavia*, a une des plus belles cathédrales qui ſoient en Allem. elle eſt bâtie ſur le modele de St Pierre de Rome, & en a toutes les proportions. L'archevêque qui eſt ſouverain, eſt en même tems légat pour l'Allem. Ce ſiége a été transféré de *Laureacum*, où il étoit

auparavant. Le chapitre eſt un des plus nobles d'Allem. ſes membres qui ſont au nombre de 24. font preuve de huit quartiers. Cette ville eſt encore remarquable par ſon univ. dont les profeſſeurs ſont Bénédictins, excepté ceux du droit civil. Le palais archiepiſcopal eſt magnifique. long. 30. 40. latitude 47. 42.

SALTZDAL, maiſon de plaiſance des pr. de Brunſwick-Wolfenbuttel, au voiſinage de Brunſwick, remarquable par ſes beaux jardins.

1. SALVADOR (San), ville d'Afr. ſur la côte orient. de l'Ethiopie, capit. du Congo, ſur une mont. eſcarpée ; elle eſt le ſéjour du roi, dont le palais a plus d'une li. de tour. Les Jéſuites y ont une belle maiſon ; les Capucins y ſont auſſi établis ; l'égliſe cath. eſt bâtie en belle pierre ; l'évêque eſt ſuffr. de Lisbonne. latit. merid. 5.

2. SALVADOR (San), ville de l'Amér. dans le gouv. de Guatimala, à 7 li. de la mer du Sud, dans un terrein fertile en fruits, & où l'air eſt très-ſain : il y a un monaſtère de Dominicains.

3. SALVADOR (San), *Soteropolis*, ville de l'Amér. merid. dans le Breſil, dont elle eſt capit. ſur la baie de Tous les Sts. C'eſt une gr. & belle ville, fort peuplée, & très-commerçante. Son aſſiete eſt haute & baſſe, preſqu'aucune rue n'eſt droite, & comme on ne peut ſe ſervir d'aucune voiture, les eſclaves y font la fonction des chevaux. C'eſt la réſidence du viceroi du Breſil, le ſiége d'un arch. & d'une cour ſupérieure ; il y a beaucoup de communautés religieuſes ; les Jéſuites y ont un ſuperbe collége. Les habitans de cette ville paſſent

pour volupteucux, pareffeux & bigots. latit. merid. 13.

SALVAGES (les) *Silveſtres inſulæ*, iſles d'Afr. dans l'Ocean Atlantique, au nombre de 2 entre Madere au nord, & les Canaries au midi. Elles ſont inhabitées, mais il y a un gr. nombre de ſerins.

1. SALVATIERRA, ville de Port. dans la prov. de Beira, ſur la riv. d'Elia, au levant de Segura. Elie eſt fortifiée. long. 9. 5. latit. 39. 34.

2. SALVATIERRA, p. ville d'Eſp. dans la Galice, ſur le Minho, dans l'év. & au nord-eſt de Tuy. long. 10. 55. latit. 39 45.

3. SALVATIERRA, petite ville d'Eſpagne, dans la Biſcaye, en la province d'Alava, à 3 li. au levant de Vittoria, au pied de la montagne de St Adrien. longitude 15. 30. latitude 42. 48.

4. SALVATIERRA, bourg de Port. ſur le bord mérid. du Tage, vers ſon emb. dans la prov. d'Eſtramadure. On y voit une maiſon royale, où la cour va quelquefois. Les environs ſont très-fertiles en fruits & bleds.

SALUCES, *Salutiæ*, ville d'Italie, dans le Piémont, capit. du marquiſat de même nom, au pied des Alpes, près du Pô, à 6 li. au ſud-eſt de Pignerol, ſon év. eſt ſuffr. de Turin. On croit qu'elle occupe les ruines de l'ancienne *Auguſta Vagiennorum*. C'eſt une place très-importante.

SALUCES (marquiſat de), prov. d'Italie, dans le Piémont, bornée au nord par le Dauphiné, au midi par le comté de Nice, au levant par les prov. de Savillan, & de Foſſano, au couchant par la vallée de Barcelonete. Ce marquiſat qui appartenoit à la Fr. fut cédé en 1601, par Henri IV, au duc de

Savoye, en échange de la Breſſe, du Buzey, &c.

SALVETAT (la), p. ville de Fr. dans le h. Languedoc, au dioc. de Caſtres, ſur l'Agoult, au nord-oueſt de St Pons : il y a un prieuré de religieuſes Bénédictines.

SALVI (St), abb. de filles ordre de Valombreuſe, en Italie, au dioc. & à 2 milles de Florence.

SALZEDAS (Ste Marie de), abb. d'h. ordre de Cit. en Port. dans la prov. de Beira, au dioc. de Lamego.

SAMANA, preſqu'iſle de l'Amér. ſept. dans l'iſle de St Domingue, à ſon extrémité orient. du côté du nord. Elle a environ 5 li. de large, ſur 15 de longueur. Elle a une baie profonde de 14 li. où le mouillage eſt à 14 braſſes, & ſi commode que les navires y peuvent être amarrés à terre.

SAMANDRACHI, iſle de l'Archipel, vers les côtes de la Romanie ; elle a 3 li. de diamètre. Il s'y fait un gr. trafic de miel & de maroquins, parce qu'on y trouve un gr. nombre de chèvres. Les anc. la nommoient *Samothrace* à cauſe de ſa ſituation près de la Thrace. latit. 40. 30.

SAMAR, ou TANDAYE, iſle de l'Ocean oriental, une des Philippines au ſud-eſt de celle de Luçon, dont elle eſt ſéparée par le détroit de St Bernardin. Elle a 130 li. de tour, ſes plaines ſont aſſez fertiles.

SAMARA, ville d'Aſie, dans la Tartarie, au roy. de Caſan, & dans le duché de Bulgar, ſur la gauche du Wolga, ſur le penchant, & ſur le haut d'une mont. à 350 verſtes de Caſan. Ses maiſons ſont mal bâties.

SAMARAN, ville d'Aſie, dans la partie orientale de l'iſle de

Java, à 7 li. au fud-oueft de Japara : elle eft fort peuplée. Les habitans font quelque commerce en bois avec ceux de Japara.

SAMARCANDE, ville d'Afie, dans le pays des Usbecks, dans la gr. Bucharie, fur la riv. de Sogde, à 7 journées au nord de Bokara. Elle a été la capit. de l'emp. de Tamerland & eft encore auj. fort confidérable, & peuplée. Ses maifons font bâties de belle pierre, & fes rues bien pavées. Il y a une académie des fciences, la plus fameufe de tous les états Mahométans; on y va de tous les cotés pour faire fes études. Son terroir produit les fruits les plus exquis, foit verds, foit fecs; on en fournit les états du gr. Mogol, & la Perfe. Le meilleur papier de toute l'Afie fe fait à Samarcande. long. 86. 34. latit. 39. 6.

SAMBRE (la), *Sabis*, riv. de Fr. & des Pays-Bas, qui a fa fource en Picardie, au village de Novion, d'où elle fe rend à Namur dans la Meufe.

SAMER, bourg, & abb. d'h. ordre de St Benoît, dans le Boulenois, à 3 lieues de Boulogne.

SAMMATHAN, ville de Fr. dans le comté de Comminges; au bas d'un vallon, fur la riv. de Save, à 1 li. au nord - eft de Lombès. C'étoit autrefois la plus forte place de tout le pays; mais les guerres l'ont ruinée. longitude 18. 36. latitude 43. 35.

SAMOGITIE (la), *Samogitia*, prov. de Pologne, bornée au nord par la Curlande, au midi par la Pruffe Royale, au levant par la Lithuanie, & au couchant par la mer Baltique; elle a 7 li. de long, & 50 de large. C'eft l'anc. demeure des *Aeftiæi.* C'eft un pays de mont. prefque inacceffibles, où on

nourrit d'excellens chevaux. Il y a beaucoup de troupeaux, & du miel en abondance. Les habitans font groffiers, mais honnêtes gens, & peu vicieux; les enfans ne s'y marient qu'à 30 ans. Il y a dans cette prov. un év. qui fait fa réfidence à Warmie. Rofienne eft la principale ville.

SAMOIEDES (les), peuple de l'emp. Ruffien, dans fa partie de fept. entre la Tartarie Afiatique & Archangel; ils s'étendent le long de la mer, jufqu'en Siberie; ils font prefque tous fauvages, vivant fous des tentes faites d'écorces d'arbres, foutenues par des perches; ils fe nourriffent de cadavres, de bœufs, de moutons, & autres animaux qu'ils trouvent. Ils époufent plufieurs femmes; & lorfqu'ils n'en font pas contens, ils les renvoient à leurs parens; ils reverent le foleil, la lune, & les autres planettes, & même des bêtes. On trouve chez eux beaucoup de rennes.

SAMOS, ifle de la Méditerranée, fur la côte de la Natolie au midi du Golfe d'Ephefe. C'eft une ifle abondante en toutes chofes, les fruits y font exquis, la volaille excellente; les perdrix, & autre gibier y foifonnent. On y trouve des mines de fer, des carrieres de marbre blanc. Les habitans font au nombre de 12000, prefque tous Grecs; ils ont un év. qui l'eft en même-tems de Nicaria, & qui réfide à Cora. Les Turcs à qui l'ifle appartient, y tiennent un Cadi, & un Aga. C'eft la patrie du fameux Pythagore. latit. 37.

SAMSOE, *Samus Danica*, ifle de Danemark, fur la mer Baltique, entre l'ifle de Funen au midi, & le Nordjutland au nord. Elle a du midi au nord environ mille pas ; la chasse & la pêche y sont excellentes.

SANAA, ville d'Asie, capit. de l'Arabie heureuse dans les montagnes à 36 li. au levant d'Aden. C'étoit autrefois la résidence des rois d'Yemen. L'air y est temperé, & les jours presqu'égaux dans toutes les saisons. Ses environs ressemblent à ceux de Damas par ses eaux, & ses beaux vergers. Les habitans sont en gr. nombre, & tous riches ; les murailles sont si larges, que 8 chevaux peuvent y aller de front. latit. 15.

SANCERRE, *Saxia*, ville de de Fr. dans le Berry, aux frontieres du Nivernois, sur une mont. à la gauche, & près de la Loire, à 10 li. au nordouest de Nevers, & à 46 au midi de Paris, avec titre de Comté, qui appartient à la maison de Condé. Les Calvinistes en avoient fait une place forte. Le roi Charles IX fut obligé d'en lever le siége en 1569. Elle fut de nouveau assiégée en 1573, & réduite par la famine. On en rasa les fortifications. long. 20. 31. latit. 47. 18.

SANCIAN, *Sancianum*, p. isle de l'Ocean Oriental, sur la côte de la Chine, près du golfe de Quanton, à 18 li. au couchant de Macao, remarquable par la sépulture de St François Xavier.

SANÇOINS, *Tricentium*, p. ville de Fr. dans le Berry, aux confins du Nivernois, & à 6 li. de Nevers sur le ruisseau d'Argent.

SANDECZ, *Sandecium*, ville de la p. Pologne, au palatinat de Cracovie, sur les front. de la Hongrie, à 10 milles au sudest de Cracovie. Elle est fortifiée, & a dans ses environs des mines de cuivre. long. 38. 55. latit. 49. 52.

SANDERSLEBEN, chât. &

bailliage d'Allem. dans la haute Saxe, dépendant de la princ. de Dessau, une des 4 parties de celle d'Anhalt.

SANDOVAL, *Saltus novalis*, abb. d'h. ordre de Cit. en Esp. dans le royaume & au dioc. de Leon.

SANDRAS, *Sandracensis*, abb. d'h. ordre de St Benoît dans le bas Languedoc, au diocese d'Alais.

SANDWICK, ville d'Anglet. dans le comté de Kent, avec titre de comté, à 18 li. au sudest de Londres. C'est un des 5 ports du roy. & se trouve bâtie sur les ruines de l'ancienne *Rutupiæ*.

SANGUEHAR, ville de l'Ecosse mérid. dans la prov. de Nithsdale, proche la source de la Nith, à 18 li. au sud - ouest d'Edimbourg. long. 13. 28. latit. 55. 42.

SANGUESA, p. ville d'Esp. dans la Navarre sur les front. de l'Arragon, & sur la riv. d'Arragon, à 8 li. de Pampelune. Elle est chef - lieu d'une Merindade. C'est l'anc. *Suestasium*. long. 16. 30. latit. 42. 25.

SANOCK, p. ville de Pologne, dans le palatinat de Russie, vers les montagnes, sur la riv. de San, avec un bon chât.

SANOQUI, roy. du Japon, dans l'isle de Xicoco, & un des 4 qui composent cette isle, dans sa partie sept. à l'orient de celui d'Ixo.

SANTAREN, *Scalabis*, ville de Port. dans l'Estramadure, sur une mont. près du Tage, à 8 li. au midi de Leiria, à 9 au sud-ouest de Tomar, & à 15 au nord - est de Lisbonne. Cette ville qui est très-anc. contient environ 4000 habitans, 12 paroisses, 1 collégiale, & plusieurs couvens. Son terroir est si fertile, qu'on y moissonne

2 mois après avoir femé. D. Alphonfe Henriquès prit cette
ville fur les Maures en 1147.
Le roi Denis y mourut l'an
1325. longitude 6. 3. latit. 39.
11.

SANTEN, p. ville d'Allem.
dans le duché de Cleves, au
cercle de Weftphalie, à demi
li. du Rhin, à 2 milles au-
dellous de Wefel, entre des
mont. Elle eft aflez bien bâtie,
avec une place ornée de belles
maifons. Cette ville occupe la
place de l'anc. *Vetera.* long. 24.
10. latit. 51. 36.

SANTERRE (le), *Sanâlerienfis
pagus*, p. pays de Fr. en Picardie, borné au nord par l'Artois, au midi par l'ifle de Fr.
au levant par le Vermandois,
& au couchant par l'Amienois,
Il a 20 li. du midi au nord, &
10. du levant au couchant. Charles V céda toutes les prétentions
qu'il avoit fur ce pays à François I, par le traité de Cambray.
Il contient les 3 bailliages de
Peronne, de Montdidier & de
Roye. Perronne en eft la capit.
fon terroir eft gras & fer-
til.

SANTILLANE, *Stæ Julianæ
fanum*, p. ville d'Efp. dans l'Af-
turie, dont une partie prend
fon furnom à 6 li. de Sant Ander, proche la mer, avec titre
de Marquifat. On croit que c'eft
l'anc. *Concana.* long. 13.4. latit.
43. 28.

SANTORIN, *Thera*, ifle de
l'Archipel, à 2 li. au nord de
celle de Candie, & au fud-oueft
de Namphio. Elle a 18 li. de
tour, & eft remplie de pierre-
ponce, fes côtes font affreufes.
Quoique le terrein y foit fec &
aride, les habitans cependant
la rendent fructueufe; ils y recueillent quelque peu de froment; mais beaucoup d'orge, &
du vin en abondance qui eft trèseftimé; il eft très-fpiritueux.

C'eft le principal commerce
des habitans avec le coton, dont
ils font de très-belles toiles.
Ils font au nombre d'environ
10 mille, répandus dans plufieurs villages, & quelques villes, dont la principale eft Scaro.
latit. 39.

SANTULIET, forterefle des
Pays-Bas, dans le Brabant, fur
la droite de l'Efcaut, entre Lille
& Bergopzoom.

SAONE (la), *Arar*, riv. de Fr.
qui prend fa fource au mont
de Vofge, traverfe la Franche-
Comté, la Bourgogne, le Beaujolois, & va fe rendre dans le
Rhône à Lyon.

* SARAGOSSE, *Cæfarea Au-
gufta*, ville d'Efp. capit. du roy.
d'Arragon, fur l'Ebre, a fa
jonction avec le Gallego, & la
Guerva, à 30 li. au fud-eft de
Pampelune, à 50 au couchant
de Barcelone à 12, au nord-
eft de Calatajud, & à 58 au
nord-eft de Madrid. Cette
ville qui a été colonie romaine
eft une des plus belles, des plus
gr. des plus riches, & des mieux
bâties d'Efp. Ses rues font bien
pavées, larges, & propres; les
maifons bien bâties. Parmi les
bâtimens publics, fe diftinguent
le palais du viceroi, celui du
tribunal de l'inquifition, l'hôtel-de-ville & l'hôpital-géné-
ral. Il y a 17 gr. églifes, & 14
beaux monafteres. Dans la cathédrale, on voit des chapelles bien ornées, & des baluftra-
des de fer doré; le chapitre eft
compofé de 42 chanoines, dont
13 ont des dignités. Il y a plufieurs colléges, don les Jéfuites
en occupent un, l'univ. qui eft
affez célèbre, fut fondée en 1474.
L'év. qui étoit établi dès l'an
255, fut érigée en arch. en 1317.
Il y a beaucoup de nobleffe
dans Saragolle, & le commerce
y fleurit. L'Ebre qu'on y pafle fur
2 beaux ponts, rend le terroir

abondant en toutes choses. Cette ville a été long-tems entre les mains des infidéles : Alphonse I, surnommé le batailleur, la prit sur eux en 1118, & non pas en 1110 comme dit la Martiniere, qui attribue cette expédition à Alphonse X, qui ne regna que dans le XIIIe siécle. long. 16. 55. latit. 41. 45.

SARAI, ou BOSNA SERAI, *Saraium*, ville de la Turquie Europ. dans la Bosnie, sur le ruisseau de Mitiaglaska, entre Belgrade & Sebenico. Ses revenus, & ceux de son territoire, sont affectés à la Sultane mere. long. 36. 25. latit. 44. 18.

SARAMON, *Cella Medulfi*, abb. de Fr. dans le b. Armagnac, sur la Gimone, à 4 li. d'Auch. Elle est d'h. & de l'ordre de St Benoît, fondée l'an 904, dans une petite ville de même nom, composé d'un millier d'habitans.

SARAPUL, ville de l'emp. Russien. *Voyez* Serapoulé.

SARATOF, *Saratovia*, ville de l'emp. Russien dans le roy. d'Astracan, sur un bras du Volga. Cette ville est batie en bois, même les églises qui sont assez jolies. Il y a un gouverneur, & presque tous ses habitans sont soldats. long. 67. latit. 52. 6.

SARAVI, prov. d'Afr. dans l'Abissinie, remarquable par la bonté de ses chevaux.

1. SARBRUCK, *Pons Saravi*, ville d'Allem. dans l'Electorat de Treves, sur la Sare, qu'on y passe sur un pont, à 3 li. au midi de Treves. long. 24. 14. latit. 49. 36.

2. SARBRUCK, *Pons Saravi*, ville de Lorraine, au pays de Volge, au pied des mont. sur la Sare, qu'on y passe sur un pont entre Metz & Strasbourg. long. 24. 45. latit. 48. 44.

* 3. SARBRUCK, ville, & non pas village, comme dit la Martiniere, dans la Lorraine Allemande au comté de même nom, sur la Sare, à 6 li. au dessus de Sar-Louis. Elle a été en partie ravagée durant les guerres d'Allem. long. 24. 43. latit. 49. 16.

* SARDAIGNE (la) *Sardinia*, isle de la Méditerranée, entre l'Afr. & l'Italie au midi de celle de Corse, & au nordouest de la Sicile. Elle a environ 60 li. de long, sur 30 de large. Après avoir été occupée successivement par les Carthaginois & les Romains, les Sarazins s'en emparerent. Les Genois & les Pisans les en chasserent. Boniface VIII l'accorda en 1297 à Jacques I, roi d'Arragon. Les rois d'Esp. par ce moyen l'ont possedée jusqu'en 1708, & non 1706, comme dit l'abbé de la Croix. Ce furent les Anglois qui s'en saisirent, en faveur de l'Archiduc Charles. Elle fut donnée au duc de Savoye en 1720 en échange de la Sicile. Cette isle connue des anc. pour sa fertilité, ne l'est pas moins auj. On y recueille en abondance des grains, des olives, des citrons, des oranges, &c. Il y a beaucoup de bêtes à corne, dont on tire des laines, des peaux & des fromages : les chevaux en sont estimés ; il y a des mines d'or, d'argent, & de plomb : les côtes produisent du Thon, & du corail. L'air y est fort mal sain, aussi l'isle n'est-elle pas peuplée comme elle devroit l'être, & elle est en friche en bien des endroits ; le souverain n'en retire presque rien. Il y a 3 arch. 4. év. & un gr. nombre de collegiales qui fourmillent d'ecclésiastiques. Cagliari est la capit. long. 25-27. latit. 38. 41.

SARE, *Saravus*, riv. qui prend sa source dans la Lorraine Allem. près de Salm, & se rend

dans la Moselle, un peu au-deffus de Treves.

SARGANS, ville de Suiffe , capit. du comté de même nom, avec un chât. ou refide le Bailli. Les 7 anciens cantons l'achete-rent , ainfi que le comté , en 1423. long. 27. 12. latit. 47. 10.

SARGEL, *Canuccis* , ville d'Af. dans la prov. de Treme-cen au roy. de Maroc , fur la côte , entre Tenez & Alger. Elle a été autrefois très - florif-fante ; on y compte environ 5 mille maifons. Les habitans qui font tous riches vivent de bonne intelligence avec les Turcs. Leur principal revenu font les vers à foie. André Doria , amiral de l'emp. Charles V , défit dans le port de cette ville une partie de l'armée navale de Barberouf-fe. long. 16. 12. latit. 33. 32.

SARGUEMINE , p. ville de la Lorraine Allem. fur la gauche de la Sare , entre Saralbe & Sar-bruck , long. 24. 46. latit. 49. 5.

* SARLAT , *Sarlatum* , ville de Fr. dans le b. Périgord , & non pas en Picardie , comme dit la Martiniere , à 1 li. & demie de la rive droite de la Dordogne , à 10. li. au fud-eft de Périgueux , à 15 au nord-oueft de Cahors. & à 125 de Paris. Il y a préfi-dial , fénéchauffée , bailliage , élection , & un ev. démembré , de celui de Périgueux , fuffr. de Bourdeaux , & érigé par le pape Jean XXII. Cette ville doit fon origine à une abb. d'h. ordre de St Benoît , fondée du tems de Charlemagne ; c'eft auj. le chapitre. Les habitans font pauvres , & n'ont d'autre commerce que l'huile de noix. long. 18. 50. latit. 45. 6.

SARLOUIS , ville de Fr. en Lorraine , fur la Sare , à 4 li. de Sarbruck , & à 10 de Metz. El-le fut bâtie par Louis XIV en 1680, & fortifiée à la maniere

de Vauban. long. 24. 26. latit. 49. 20.

* SARNO , *Sarnus* , ville d'italie au roy. de Naples , dans la Pr. citer. près de la fource du Sarno , à 13 milles au nord-oueft de Salerne , & non pas au nord-eft , comme dit Vof-gien. Elle a titre de duché , & un év. fuffr. de Salerne. long. 32. 12. latit. 40. 47.

* SAROS , chât. de la h. Hon-grie , dans le comté de même nom , à 2 li. au nord - oueft d'Eperies , fur la Tarza , & non pas Thariza , comme dit Vof-gien. long. 39. 26. latit. 49. 10.

SARRATEIX (Ste Marie de), abb. de Bénédictins de la con-grégation de Tarragóne en Efp. dans la Catalogne au diocèfe d'Urgel.

SARREAL , p. ville d'Efp. dans la Catalogne fur le Francoli , remarquable par fes carrieres d'albatre , qui eft fi tranfparent qu'on en fait des glaces de fe-netre.

* SARSINE , *Sarfina* , ville de l'état de l'Eglife dans la Ro-magne , au pied de l'Apennin , à 8 li. au fud-oueft de Rimini , fur la rive gauche du Savio , & non pas de Bavia , comme dit Vofgien. Son év. eft fuffr. de Ravenne. long. 29. 45. latit. 43. 56.

SARVERDEN , p. ville de Fr. dans la Lorraine - Allemande , fur la Save , à 4 li. au-deffous de Sarbruck , dans le comté de même nom. long. 24. 46. latit. 48. 57.

SARVITZA , ville de la Tur-quie Europ. dans la Macédoine , au Comenolitari , partie dans la plaine , & fur une mont. Elle eft habitée par des Chrétiens & des Turcs.

* SARWAR , *Sabaria* , ville de la b. Hongrie , & non de la h. comme dit Vofgien , fur la gau-che

the du Raab, capit. du comté de même nom, qui a 20 li. de long du midi au nord, fur 16 de large. long. 35. 24. latit. 47. 12.

SARZANE, *Sergianum*, ville d'Italie dans l'état de Genes, fur les front. de Tofcane, à 18 li. au fud-eft de Genes, & à 5 au nord-ouest de Maffa. Son év. qui eft fous la métrop. de Pife en eft exemt. Le gr. duc de Tofcane céda cette ville aux Genois pour Livourne. long. 27. 36. latit. 44. 9.

SARZEDAS, ville de Portugal, *voyez* Zarzedas.

SAS DE GAND, *Saffa*, ville des Pays-Bas, dans la Flandre Holl. au quartier de Gand, fur un canal qui communique avec Gand. Les Gantois la bâtirent pour fervir de boulevard à leur ville, & la fortifierent. Les Hollandois la leur enleverent en 1644. Les maifons du commandant & du major, font belles, ainfi que l'hôpital. Elle eft à 3 li. au nord de Gand. long. 21. 18. latit. 51. 14.

SASERON, ville des Indes au roy. de Bengale, entre Agra & Patna, près d'un étang, dans lequel on voit une ifle, où on paffe fur un beau pont. Il y a une fuperbe mofquée. latit. 26. 12.

SASSARI, *Saffaris*, ville d'Italie, dans l'ifle de Sardaigne au nord-ouest, fur la riv. de Torre, à 7 li. au fud-ouest de Caftel Aragonefe. Elle a un arch. & quelques fortifications. Les Fr. la prirent en 1527. long. 26. 15. latit. 40. 45.

SASSEBES, ville de la Tranfilvanie, capit. du comté de même nom, au confluent de 2 p. riv. Elle eft fortifiée. long. 42. 16. latit. 46. 14.

SASSENAGE, *Caffenaricum*, bourg, & baronnie de Fr. dans le Dauphiné, connu par fes bons fromages.

SASSOVIVO, abb. d'h. ordre de Cît. en Italie dans le dioc. de Foligny.

*SASSUOLO, *Saxulum*, ville d'Italie, au duché de Modene, dans la principauté de Carpi, & non pas prov. comme dit Vofgien, fur la Secchia, entre Reggio & Modene, avec un bon chat. long. 18. 25. latit. 44. 30.

SATALIE, ville de la Turquie Afiatique, dans la Natolie, fur la côte de la p. Caramanie, au fond d'un golfe de même nom. Elle occupe la place de l'anc. *Attalia*, & eft une des plus fortes villes de l'empire Turc. On la divife en 3 parties, dans une defquelles eft une magnifique mofquée. Les environs de Satalie font charmans. On y voit en abondance des citronniers, & des orangers qui viennent fans culture. Le port ne peut recevoir que de petits bâtimens. La rade eft belle, mais point fure. long. 48. 45. latit. 37. 10.

*SATUR, (St) *Sti Saturi fanum*, bourg de Fr. dans le Berri, au dioc. de Bourges, près de Sancerre, nommé autrefois Gordon. Il eft remarquable par fes bons vins, & par une abb. d'hom. ordre de St Auguftin, fondée l'an 463, & non pas 617, comme dit la Martiniere.

1. SATZ, cercle de Bohême, dans fa partie occid. borné au nord par la Mifnie, au midi par le cercle de Pilfen, au levant par celui de Rakonick, & au couchant par celui d'Elnbogen. Il occupe les 2 bords de l'Egra.

2. SATZ, ville de Bohême, capit. du cercle de même nom, fur la rive mérid. de l'Egra, au nord-ouest de Prague. Elle eft anc. & a été fouvent le féjour des ducs de Bohême.

SAYA, ville de Perfe, à 12

K

li. au nord-ouest de Kom. Il y a 2 célebres mosquées qui renferment les tombeaux de quelques gr. personnages, auxquels les Persans ont gr. dévotion. lat. 35.

SAUBALADE, *Sylva lata*, abbaye d'hom. ordre de Cît. en Fr. au dioc. de Lescar, à 3 li. d'Ortez, fondée l'an 1127. L'abbé a entrée aux états de Bearn.

SAVE, *Savus*, riv. d'Allem. qui prend sa source dans la h. Carniole, & va se rendre dans le Danube, près de Belgrade.

SAVERDUN, *Saverdunum*, ville de France, dans le pays de Foix, sur l'Ariege. C'étoit une place importante du tems des Albigeois : elle soutint un siége contre Simon de Montfort. C'est la patrie du pape Benoît XII. long. 19. 16. latit. 43. 12.

1. SAVERNE, ou ZABERNE, *Tabernæ*, ville de Fr. dans la b. Alsace, sur la riv. de Soer, à 6 li. au sud-ouest de Strasbourg, au pied du mont de Vosge. Il y a une collégiale ; mais ce qui la distingue le plus, c'est le magnifique palais des év. de Strasbourg qui en sont seigneurs. long. 25. 3. latitude 48. 45.

* 2. SAVERNE (la), *Sabrina*, riv. d'Angleterre, dans le pays de Galles, où elle a sa source, dans le comté de Montgomery, & va se rendre dans la mer, au-dessous & au couchant de Glocester. Vosgien place la source de cette riv. dans le comté de Cardigan, parce qu'il l'a trouvé ainsi écrit dans la Martiniere, article *Saverne*; mais s'il avoit lu dans le même auteur l'article Montgomeryshire, il auroit vu que la Saverne y prend sa source, ce qui est une contradiction ; mais des art. il a pris le mauvais. On erre souvent quand on ne puise pas dans les sources.

SAUGUES, *Salga*, p. ville de Fr. dans le Gevaudan, recette de Mende.

SAVIGNANO, p. ville d'Italie dans la Romagne, sur la Plusa, entre Cesena & Rimini.

1. SAVIGNY, abb. d'hom. ordre de Cît. dans la Normandie, au dioc. d'Avranches, fondée l'an 1112.

* 2. SAVIGNY, abb. d'hom. ordre de St Benoît, dans le diocèse & à 3 li. au couchant de Lyon, sur la riv. de Bresle, fondée l'an 817. La Martiniere la place mal sur les confins de la Bresle.

SAVILLAN, *Savilianum*, ville d'Italie, dans le Piémont, capit. de la prov. de même nom, sur la riv. de Maira, entre Salusses & Fossano, avec une riche abb. de Bénédictins. Elle est bien fortifiée, & Charles V. en admiroit les fortifications. long. 24. 20. latit. 44. 30.

SAVILLANO, prov. d'Italie, dans le Piémont, bornée au nord par la Carmagnole, au midi par la prov. de Coni, au levant par celles de Cherasco & de Fossano, & au couchant par le marquisat de Salusses. Elle est arrosée de plusieurs riv. dont le Pô est la principale. Savillan est la capitale.

1. SAVIN, bourgade & abbaye d'hom. de l'ordre de St Benoît, dans la Bigorre, au diocèse de Tarbes.

2. SAVIN (St), abb. d'hom. de l'ordre de St Benoît, dans le Poitou, au dioc. de Poitiers, près de la Gartempe, fondée par Charlemagne l'an 800.

SAULGE (St), p. ville de Fr. dans le Nivernois, dans la petite contrée du Bazois. Elle est composée d'un millier d'habitans, & a un prieuré de l'ordre de St Benoît.

SAULGEN, p. ville d'Allem. dans la Suabe, chef-lieu du

...té de même nom, au midi du Danube.

SAULIEU, *Sidoleucum*, ville de France, dans la Bourgogne, chef-lieu d'un bailliage de même nom, dans l'Auxois, à 5 li. au sud-ouest de Semur, à 15 au couchant de Dijon, entre Lyon & Paris. Il y a une collégiale, un p. collége & quelques communautés religieuses. long. 21. 54. latit. 47. 17.

SAULT, bourg de Fr. en Provence, dans le dioc. de Carpentras, chef-lieu d'un comté qui est une des plus grandes terres de Provence.

*SAUMUR, *Salmurus*, ville de Fr. en Anjou, dans le Saumurois, sur la Loire qu'on y passe sur un pont, & qui est un passage important, à 10 li. au sud-est d'Angers, à 16 au sud-ouest de Tours, & à 66 au sud-ouest de Paris. Il y a sénéchaussée, élection, prevôté, grenier à sel, maréchaussée, 3 paroisses, un collége dirigé par les PP. de l'Oratoire, & un fort chât. qui a son gouverneur & garnison. Cette ville étoit importante du tems des Prétendus Réformés qui y avoient une académie. C'est la patrie de madame Dacier. Il s'y est tenu un concile l'an 1276, & un autre l'an 1315. Vosgien en met un 3e tenu selon lui l'an 1253, nous n'en trouvons point de trace. long. 17. 34. latit. 47. 16.

SAUMUROIS (le), p. canton de Fr. dans l'Anjou, & qui forme un gouvernement militaire particulier. Il comprend les villes de Saumur, Richelieu, Mirebeau & Montreuilbellai.

SAVOCA, p. ville d'Italie, en Sicile, dans la vallée de Demona, sur la côte orientale de l'isle, à l'emb. de la riviere de même nom, au nord de Sant Alexio. longitude 33. 10. latit. 38.

SAVOLAX, prov. de Suede, dans la Finlande, bornée au nord par la Bothnie, au midi par la Carelie, au levant par une autre partie de la Carelie, & au couchant par la Tavastie. C'est un pays rempli de lacs & de forêts. Il n'y a de remarquable que le chât. de Nyslot.

*SAVONE, *Savona*, ville d'Italie, dans l'état de Gênes, sur la Médit. à 8 li. au sud-ouest de Gênes, & à 5 au nord-est de Noli. Elle est gr. & bien bâtie : ses rues sont larges, droites & ornées de belles maisons, plusieurs hôtels, gr. nombre d'églises fort propres. L'év. dont la Martiniere ne dit mot, est suffr. de Milan. Son port étoit fort bon, mais les Genois l'ont gaté, crainte qu'il ne nuist à leur commerce ; cela n'empêche pas que cette ville ne soit commerçante, sur-tout en soie, dont il y a plusieurs manufactures. Les environs sont très - fertiles ; les limons & bergamotes y viennent en abondance. C'est la patrie des papes Sixte IV & Jules II. long. 26. 4. latit. 44. 18.

SAVONIERES, *Saponariæ*, lieu autrefois célebre, à 2 li. de Toul, où les rois de la 1e race avoient un palais, dans lequel il se tint un concile l'an 859. Le roi de France y reçut la qualité de roi très-Chrétien, mais elle ne devint propre à nos rois qu'en 1469, sous le regne de Louis XI. Il y a un bourg de même nom dans la Touraine, à 2 lieues de Tours. On y voit des cavernes fameuses par leurs congellations.

SAVOYE (la), *Sabaudia*, duché souverain d'Europe, borné au nord par le lac de Geneve qui le sépare de la Suisse, au midi par le Dauphiné, au levant par le Piémont & le Valais, au couchant par le Bugey & la Bresse. Il a environ 30 li.

du midi au nord, & 25 du levant au couchant. La Savoye a fait partie de la Gaule, & a été la demeure des anc. Albigeois qui s'étendoient aussi dans le Dauphiné. Les Bourguignons en devinrent les maîtres : vers l'an 1025, l'empereur Conrad donna la propriété d'une partie de la Savoye à Humbert aux Blanches Mains, chef de la maison de Savoye, avec le titre de comté. Ses descendans s'agrandirent peu-à-peu : l'empereur Sigismond érigea la Savoye en duché en 1416, en faveur d'Amedée VIII, & en 1720 les ducs de Savoye ont eu le titre de rois de Sardaigne, isle qui leur fut alors accordée en place de la Sicile. Ce souverain possede encore le Piémont, le Montferrat, & la partie occidentale du Milanez. On divise la Savoye en Savoye propre, le Genevois, le Chablais, le Faussigny, la Tarentaise & la Maurienne. Elle est arrosée par l'Isere, l'Arve & l'Arche ; le pays est rempli de montagnes presque toujours couvertes de neige. On recueille dans quelques endroits un peu de bled & de vin, mais il y a beaucoup de gibier. La seule religion Catholique est permise en Savoye, ainsi que dans les autres états de ce duc. Les Savoyards sont laborieux & d'un caractere doux. La situation de la Savoye, entre la Fr. & l'Italie, en rend le prince puissant. Il y a plusieurs bonnes places, dont Montmeliand est la plus importante. Chambery est la capitale de toute la Savoye.

SAUSSAYE (la), prieuré de Bénédictins en Fr. à 2 li. au midi de Paris, près de Villejuive. Louis le Jeune fit beaucoup de bien à cette maison qui n'est pas auj. fort riche.

SAUSSOY, abb. de filles, or-

dre de Cîteaux, dans le Hainaut François, à 1 li. de Tournai, à la droite & près de l'Escaut, dans le diocése de Cambrai.

1. SAUVE (St), *Stus Salvius*, abb. d'hom. ordre de St Benoît en Picardie, dioc. d'Amiens, dans la ville de Montreuil. Elle est fort ancienne.

2. SAUVE (St), ou ST SAUVEUR, *Stus Salvator*, village de Fr. dans le Hainaut, près de Valenciennes, dioc. de Cambrai, avec une abb. d'hom. de l'ordre de St Benoît.

SAUVE-BENITE, *Sylva benedicta*, abb. de filles, de l'ordre de Cit. dans le Velai, au dioc. & à 8 li. au nord-est du Puy.

SAUVE-MAJEURE, *Sylva major*, abbaye d'hom. ordre de St Benoît, dans la Guienne, au dioc. de Bourdeaux, entre la Dordogne & la Garonne, fondée l'an 1076.

SAUVES, *Salva*, p. ville de Fr. dans le b. Languedoc, sur la Vidourle, à 3 li. au midi d'Anduse, au dioc. d'Alais, avec une abb. de Bénédictins, fondée l'an 1029.

SAUVETERRE, p. ville de Fr. dans le Bearn, à 7 li. de Pau, avec un château ruiné. Louis XI y eut une entrevue avec Jean II, roi d'Arragon. Il y a une autre ville de même nom dans le pays de Comminges, & qui est une des châtellenies du Nebousan.

* 1. SAUVEUR-LE-VICOMTE (St), petite ville de Fr. en Normandie, au dioc. de Coutances, sur la riv. d'Ouve, & non pas de Beaupreis, comme disent la Martiniere & Vosgien, à 6 li. de Cherbourg au midi, avec une abb. d'hommes, de l'ordre de St Benoît, fondée l'an 1048. Robert appelle mal la riv. Douve, & ne marque pas l'abbaye.

2. SAUVEUR (St), abbaye de filles, de l'ordre de St Benoît,

dans la ville de Marseille, fondée par St Cassien.

3. SAUVEUR-DES-VERTUS (St), *Vertusium*, abb. d'hom. de l'ordre de St Benoît, au dioc. & à 2 li. au couchant de Châlons-sur-Marne.

4. SAUVEUR DE LEREZ (St), abb. d'hom. ordre de St Benoît, de la congrégation de Valladolid, en Esp. dans la Galice, au dioc. de Compostelle.

5. SAUVEUR DE LORANÇANA (St), abb. de l'ord. de St Benoît, de la congrégation de Valladolid, en Esp. dans la Galice, au dioc. de Mondonedo.

6. SAUVEUR DE LEYRA (St), abb. d'hom. de l'ordre de Cît. de la congrégation d'Arragon, dans le roy. de Navarre, au diocèse de Pampelune.

7. SAUVEUR D'OGNA (St), abbaye d'hommes, de l'ordre de St Benoît, de la congrégation de Valladolid, en Esp. au diocèse de Burgos, à demi-li. de l'Ebre, fondée d'abord pour des filles en 1011.

* SAUVOIR-SOUS-LAON, *Salvatorium*, abb. de filles, ordre de Cît. filiation de Foigny, & non pas de Toigny, comme dit la Martiniere, au dioc. & près de Laon, fondée en 1239.

SAVUTO, anc. *Ocinarus*, riv. d'Italie, au roy. de Naples, dans la Calabre citérieure, où elle a sa source au sud-est de Cosenza, & se rend dans la mer au-dessous de Martorano.

SAUXILLANGES, *Celciniacus*, p. ville de Fr. dans l'Auvergne, à 8 li. vers le midi de Clermont, avec un monastère de l'ordre de Cluni.

* SAXE, *Saxonia*, vaste pays d'Allem. dans sa partie sept. & qu'on divise en 3 parties, le duché de Saxe & les cercles de la h. & b. Saxe. Le duché est borné au nord par le margraviat de Brandebourg, au midi par la Misnie,

au levant par la b. Lusace, & au couchant par la princ. d'Anhalt. Il a 15 li. de long & 13 de large. Vosgien lui en donne 30 sur 25, c'est excessif. L'Elbe le traverse & en fertilise les campagnes, où on recueille abondamment du bled, mais il y manque du bois. C'est dans ce duché que la secte Lutherienne a pris naissance. Wittemberg est la capit. de ce duché, & non pas Virtemberg, comme dit Vosgien; mais l'électeur de Saxe fait sa résidence à Dresde, capitale de la Misnie.

Le cercle de la haute Saxe contient les électorats de Saxe & de Brandebourg, les duchés de Poméranie, de Saxe-Altenbourg, de Saxe-Weimar, de Saxe-Gotha, de Saxe-Cobourg, les évêchés de Meissen, de Mersbourg, de Naubourg, de Camin, & un grand nombre d'autres souverainetés. L'électeur de Saxe en est le directeur.

Le cercle de la b. Saxe est composé de l'év. de Hildesheim, des duchés de Brunswick, de Mecklenbourg, de Holstein, de Magdebourg, de la princ. de Halberstat, de l'év. de Lubeck, &c. Le roi de Prusse, comme duc de Magdebourg, & l'électeur d'Hanovre, comme duc de Brême, sont directeurs de ce cercle.

SAXUMA, isle & roy. du Japon, dans l'isle de Ximo. Elle est remarquable par son port de Cangoxima, situé au midi de l'isle. Trois Portugais y abordèrent en 1542, & eurent la premiere connoissance du Japon. Deux ans après, St François Xavier y commença l'exercice de son apostolat.

SAYPAN, isle de l'Océan oriental, une des Marianes, à 30 li. d'Anatajan. Elle a 25 li. de tour, & est fort peuplée. latit. 15. 20.

Scala, *Scala*, p. ville d'Italie, au roy. de Naples, dans la princ. citer. à 2 milles au nord d'Amalfi. Son év. fut réuni en 1603 à Ravello. long. 32. 8. lat. 40. 37.

Scala-Dei, Chartreuse d'Esp. dans la Catalogne, au dioc. de Gironne.

Scala-Nova, ville de la Turquie Asiatique, dans la Natolie, à 3 li. d'Ephese, avec un port & un chât. où les Turcs tiennent garnison. Elle est jolie, ses rues sont bien pavées, & les maisons bien bâties. Elle est composée de Turcs, de Grecs, de Juifs & d'Armeniens. Il s'y fait un gr. commerce de vins rouges & blancs, de raisins secs, de peaux de maroquin qu'on y prépare fort bien. Les melons en sont très-estimés. Cette ville étoit anc. nommée *Neapolis*. long. 45. 8. latit. 37. 52.

Scalitz, ville de la haute Hongrie, au comté de Poson sur la riviere de la Marck, aux confins de la Moravie, à 18 lieues au nord de Presbourg, & à 22 au nord-ouest de Leopolstad. longitude 34. 58. latitude 48. 55.

* Scalolta, ville d'Islande, & non pas d'Irlande, comme dit la Martiniere, dans la partie mérid. de l'isle. Elle a été épiscopale sous Brême dans le x siécle. Elle est petite & sans murailles.

SCAMACHIE, *Scachia*, ville de Perse, capit. du Schirvan, dans un vallon entre 2 mont. Elle a 5 portes, ses maisons sont basses & mal bâties. Il y a des bazars & des bains publics. Les habitans font un commerce très-considérable d'étoffes de soie & de coton. Cette ville a été considérable, mais le fameux Thamas Koulikan y a fait de grands ravages. long. 67. latit. 40. 48.

SCANDERBORG, p. ville de Danemarck, dans le diocese d'Arbus, avec un chât. fortifié. Elle est environnée de lacs poissonneux.

SCANDINAVIE, *Scandia*, grande peninsule d'Europe, que les anc. croyoient une isle, & qui comprend aujourd'hui le Danemarck, la Suede, la Norwege & la Laponie.

Scanzo, abb. d'hom. ordre de Cit. en Italie, dans le Bergamasque, au diocese de Bergame.

Scarborough, ville d'Angl. dans l'Yorckshire vers le nord, bâtie sur un rocher fort élevé, avec un chât. bâti par le roi Henri II & où on tient toujours garnison. Il y a un bon port, où les vaisseaux sont en sûreté, & des eaux minérales qui y attirent beaucoup de monde. long. 17. 10. latit. 54. 15.

Scardingen, ou Scharding, p. ville d'Allem. dans la b. Baviere, au confl. du Rott & de l'Inn, au midi de Passaw. latit. 48. 26.

Scardona, ville de la Dalmatie Venitienne, à 7 milles au nord-est de Sebenico, dans une presqu'isle formée par une petite riv. Cette ville, autrefois de la Liburnie, a été considérable, mais elle est auj. presque ruinée; cependant les Vénitiens qui l'acquirent du roi de Bosnie en 1411, y entretiennent une garnison. Son év. est suffr. de Spalatro. long. 33. 50. latit. 44. 20.

Scarlino, p. ville d'Italie, dans la princ. de Piombino, sur la côte de la mer de Toscane, à 10 milles au midi de Massa, avec un chât. Le pere Briet croit que c'est l'anc. *Manliana*. long. 28. 30. latit. 42. 56.

Scaro, ville de l'isle de Santorin, & la principale, environnée de rochers & de précipices. C'est la résidence d'un év. Latin;

les Jésuites y ont une maison, & il y a un couvent de filles. long. 43. 30. latit. 36. 12.

SCARPANTO, *Carpathus*, isle de l'Archipel, une des Sporades, entre Rhodes & Candie. Elle a 60 milles de circuit. Il y a beaucoup de mont, où on nourrit quantité de bétail; le gibier y est abondant: il y a des mines de fer & des carrieres; on pêche du corail sur les côtes. Les Turcs, à qui elle appartient, la font gouverner par un cadi qui se tient ordinairement à l'isle de Rhodes. long. 44-45. latit. 35-46.

* SCARPE (la), *Scarpa*, riv. des Pays-Bas qui prend sa source dans l'Artois, au-dessus d'Aubigny, que Vosgien qualifie mal-à-propos de duché, le confondant avec Aubigny qui est dans le Berri. La Scarpe se rend ensuite dans l'Escaut au-dessous de Mortagne.

SCARPERIA, ville d'Italie, dans la Toscane, près de Pistoye, à 16 milles de Florence, avec un chât. Les Florentins, après la conquête de Pistoye, ruinerent la forteresse d'Acciano, & bâtirent à sa place Scarperia. Il s'y fabrique des ciseaux & des couteaux estimés.

SCARPIO, abb. d'hom. ordre de Cît. en Esp. dans la Catalogne, au dioc. de Lerida.

SCELLA, prov. d'Afr. dans l'Abissinie, au couchant de celle de Bamba. Elle est remplie de mont. Les habitans nourrissent beaucoup de troupeaux, & vendent une grande quantité de fer qui est excellent.

* SCELLIERES, *Sigillariæ*, abb. d'hommes, ordre de Cîteaux, dans la Champagne, au dioc. de Troyes, fondée l'an 1167. Vosgien, en parlant de cette abb. marque l'art. d'une étoile, comme si la Martiniere n'en avoit pas parlé; je vois cependant dans ce géographe article *Sellieres*, que cette abb. est de la filiation de Jouy & Pontigny. Il se trompe, ne pouvant pas être de l'un & de l'autre, il falloit dire de Pontigny.

SCEPUS, comté de la haute Hongrie, sur les frontieres de la Pologne, au couchant de celui de Saros. Boleslas III, roi de Pologne, assigna ce comté pour dot en mariant sa fille Judith avec Etienne, fils de Coloman, roi de Hongrie. Il est toujours resté depuis sous la domination de la Hongrie. Il contient un chât. qui est situé dans sa partie orientale.

1. SCHAFFOUSE, canton de Suisse, sur les front. de l'Allemagne, borné au nord, & au couchant par la Suabe, au midi par le canton de Zurich, & le Thurgaw, & au levant par le même canton. C'est un beau pays, abondant en bled, fruits, pâturages, & excellent vin. Il est composé de plusieurs bailliages.

2. SCHAFFOUSE, ville de Suisse, capit. du canton de même nom, sur le bord sept. du Rhin, qu'on y passoit sur un beau pont; mais une inondation arrivée le 4 mai 1754, n'en laissa que deux arcades. Cette ville qui est à 10 li. au nord de Zurich, & à 15 au levant de Basle, est gr. & bien bâtie; ses rues sont larges, & propres. Il y a deux temples fort beaux, un hôtel-de-ville digne d'être vu, un arsenal bien fourni, une horloge très-curieuse, & deux bibliotheques publiques. On voit dans une des places un tilleuil sur lequel on peut placer 17 tables. long. 26. 15. latit. 47. 46.

SCHALOLT, ville d'Islande, *voyez* Scalolta.

* SCHARNITZ, p. ville d'Allemagne, dans le cercle d'Autriche au Tirol, selon Vosgien,

qui ajoute que c'eſt un paſſage très-important, & bien fortifié. Nous ne trouvons ſur les cartes aucune trace de ce paſſage ſi important.

SCHELESTAT, *Scladiſtadium*, ville de Fr. dans la h. Alſace, ſur l'Ill à 3 li. au midi de Straſbourg. L'emp. Charles le Gros y avoit un palais : elle étoit deſlors importante. Attila la détruiſit; mais on la rétablit dans le XIII. ſiecle. Louis XIV la prit en 1673, & 6 ans après en fit faire une place de défenſe; il y a un état - major. Les Jéſuites en ont le collége. long. 25. 12. latit. 48. 16.

SCHEMNITZ, *Schemnitium*, ville de la h. Hongrie, une des 7 villes des montagnes, partie ſur une mont. & partie dans la plaine. Elle eſt bien bâtie, & a de remarquable 3 châteaux, dans un deſquels on entend 3 fois le jour une agréable muſique, par l'effet d'une machine; des mines en très-grand nombre d'or, d'argent; & d'autres métaux, des bains chauds très-renommés. Cette ville eſt au comté de Zoll, au nord-eſt de Bukans.

SCHENING, *Scheningia*, ville de Suede dans l'Oſtrogothie à 2 li. vers l'Orient de Waſtena. Elle eſt anc. & aſſez bien bâtie. Il s'y tint un concile vers l'an 1248. long. 33. 20. latit. 58. 10.

SCHENK, fort d'Allem. à 1 li. de Cleves, & à 4 de Nimegue à la pointe du Betuwe bâti en 1586. Louis XIV le prit en 1672 ſur les Hollandois. Il eſt auj. au roi de Pruſſe.

SCHER, ville d'Allem. dans la Suabe, ſur la droite du Danube, qu'on paſſe ſur un pont au-deſſous de Sigmaringen. longitude 26. 46. latit. 48. 6.

SCHERBRO, iſle d'Afr. dans la haute Guinée, ſur la côte de Malaguette, à l'emb. du Scherbro, entre le Cap Ste Anne & celui de Monte. Elle a 10 li. de long eſt ſud - eſt. On y recueille abondamment du riz, du maiz, des bananes, des patates, des figues, des citrons, des oranges, & des melons d'eau. Les habitans ſont idolâtres; ils ont cependant l'uſage de la circonciſion. latit. 6. 40.

SCHETLAND, *Acmodes*, iſles de la mer d'Ecoſſe, plus avancées vers le Pole que les Orcades: elles ſont en très - grand nombre; les plus gr. au nombre de 26 ſont fertiles & peuplées. On y nourrit beaucoup de troupeaux; les chevaux y ſont forts & robuſtes : la mer abonde en poiſſons, ce qui eſt le principal commerce avec des gants & des bas tricotés. Les habitans ſont paiſibles, & vivent entr'eux de bonne amitié; ils ſont de la religion prétendue réformée. Il y a chez eux 2 mois entiers de jour, & 2 mois de nuit, du reſte ils reſpirent un air fort ſain, & vivent long-tems ſans le ſecours des médecins, & apothicaires qu'ils ne connoiſſent pas. Ils n'ont aucune correſpondance avec l'étranger pendant une partie de l'année à cauſe de la violence de la mer.

SCHEVE, petite ville de Danemarck, au dioc. de Wibourg, dans le Nordjutland, à l'emb. d'une riv. dans le golfe de Virkſund. On y nourrit de fort bons chevaux.

SCHEYR, abb. d'h. ordre de St Benoît, dans la haute Baviere, ſur l'Amber.

SCHIEDAM, ville des Pays-Bas, dans la Hollande ſur la Schie, avec un canal qui communique à la Meuſe, à 1 li. au-deſſous de Rotterdam, & à 2 de Delf. C'eſt la IXe ville de la province. long. 21. 53. latit. 51. 55.

SCHIEFELBEIN, ville d'Allem. dans la n. Marche de Brandebourg, sur la riv. de Raga, & chef-lieu d'un cercle. Il y a une commanderie de l'ordre de St Jean de Jerusalem dépendante de Sonnebourg.

SCHINTA, ville de la haute Hongrie, dans le comté de Neytra sur le Waag. Elle est bien fortifiée.

SCHIPPENPEIL, ville de Prusse, dans le cercle de Natangen, sur la droite de l'Alla, qu'on passe sur un pont au levant de Bartenstein, & au midi de Fridland. Delisle n'en fait point mention. long. 39. 23. latit. 54. 15.

SCHIRAS, *Schirasium*, ville de Perse, capit. du Farsistan, près des ruines de l'anc. *Persepolis*, dans une vaste & agréable plaine, sur le Bendemir. Elle est gr. ses maisons sont bien bâties; on y voit quelques palais, & celui des rois qui y ont fait quelquefois leur demeure. Les mosquées sont belles, & on voit dans Schiras un grand nombre de Fontaines, ses habitans ont beaucoup d'esprit; ils font les plus beaux verres de l'Orient, & ont le secret de confire dans le vinaigre le raisin à demi mur. Les environs produisent de l'opium, des capres, & beaucoup de roses. Le gouverneur est toujours un des plus puissans seigneurs de Perse. lat. 29. 35. long. 70. 30.

SCHIRVAN, prov. de Perse, sur la riv. occid. de la mer Caspienne, & séparée de l'Aderbidgian par le Cur. Scamachie en est la capitale.

SCHLEUSINGEN, petite ville d'Allem. dans la Franconie, sur la riv. de Schleus, dans la principauté de Henneberg.

SCHMIDEBERG, ville de Silésie, dans le duché de Jawer, près de la source du Bober, &

au pied de la montagne de Risemberg, dont on tire beaucoup de fer; aussi presque tous les habitans de cette ville sont-ils maréchaux, ou forgerons.

SCHNEBERG, p. ville d'Allem. dans la Misnie, remarquable par la maison de plaisance des électeurs de Saxe.

SCHOEFFLERN, abb. d'h. ordre de Prémontré, dans la h. Baviere, un peu au-dessus de Munich.

SCHOENBERG, p. ville d'Allem. dans la principauté de Ratzebourg. Les év. de ce nom y avoient un chât. où ils faisoient leur résidence.

* SCHOINECK, p. ville d'Allem. dans l'électorat de Treves, sur le bord de la riv. de Nyms, à 8 li. au nord de Treves, avec un chât. & un bailliage. C'est l'anc. *Ausana*, & non pas *Anjana*, comme dit la Martiniere.

1. SCHONAW, p. ville d'Allemagne dans la basse Silésie, dans la principauté de Javer, sur la rive gauche du Katzback au midi de Newkirck.

2. SCHONAW, anc. abb. de l'ordre de Cit. dans le Palatinat, vers le Bergstraffe. Les électeurs y avoient leur sepulture. Elle est auj. ruinée.

SCHONEN, ou SCANIE, *Scandia*, prov. de Suede, bornée au nord par le Halland & la Gothie mérid. au midi par la mer Baltique, au levant par la Bleckingie & la mer Baltique, au couchant par l'isle de Selande, dont elle est séparée par le détroit du Sund. Elle a 23 li. de long sur 16 de large. Elle dépend de la Suede depuis l'an 1330, Lunden en est la capit.

SCHONGAW, *Esco*, p. ville d'Allem. dans la haute Baviere, sur le Lech, à 12 li. au-dessus d'Augsbourg. Il s'y fait beaucoup d'inftrumens de mufique. long. 28. 32. latit. 47. 50.

SCHONREIN, ville d'Allem. dans la Franconie, fur les confins de l'év. de Wurtzbourg, à la gauche du Mein, au-deffous de Gemund. Elle eft chef-lieu d'un bailliage, & appartient à l'év. de Wurtzbourg.

SCHOONOVE, ville des Pays-Bas dans la Hollande, fur la droite du Leck, à 3 lieues de Gouda, & à égale diftance de Gorcum. Elle a un port commode, ce qui lui a fait donner fon nom. Cette ville eft renommée par les faumons qu'on y prend, & dont il fe fait un gr. commerce. long. 22. 18. latit. 51. 55.

SCHORNDORF, ville d'Allem. dans la Suabe au duché de Wirtemberg, fur la rive gauche du Rems, à 6 li. au nord-eft de Stutgard. Elle eft défendue par un bon chat. & il s'y fait beaucoup de fel. Les Fr. la prirent en 1647, & en 1707. long. 28. 4. latit. 48. 45.

SCHOUTEN, ifles de la mer du Sud, découvertes par un Hollandois de ce nom en 1616.

SCHOWEN, ifle des Pays-Bas, dans la Zelande, féparée de celle de Walcheren par l'Efcaut oriental. Elle a 7 li. de tour, & étoit autrefois plus gr. mais la mer en a fubmergé une partie. Elle produit beaucoup de garence. Ziriczée en eft la capit.

SCHROBENHAUSEN, ville d'Allem. dans la Baviere, au département de Munich, fur la rive gauche du Par, au-deffous d'Aicha au nord-eft, & au midi de Neubourg. long. 28. 55. latit. 48. 34.

SCHUENIX ou SCHWEIDNITZ, ville d'Allem. dans la Siléfie, capit. d'une principauté de même nom, fur la riv. de Weiftritz, à 10 li. au fud-oueft

de Breflau, fur une hauteur avec un chât. Elle a de remarquable une place, & le collège des Jéfuites. long. 34. 25. latit. 50. 43.

SCHULPORTE, *Porta cœli*, abb. d'h. ordre de Cit. en Allem. dans la Thuringe, près de Naumbourg. Maurice électeur de Saxe, la convertit en 1543 en un collége, où on entretient 150 écoliers. L'églife fubfifte en entier.

SCHUSSENRIED, abb. d'h. dans la Suabe, au midi du lac de Federzée, près de la fource de la Schufs, qui lui donne fon nom. Elle eft de l'ordre de Prémontré, & fut fondée l'an 1188.

*SCHUT, ifle de la h. Hongrie, formée par 2 branches du Danube, un peu au-deffous de Presbourg, & non pas au-deffus, comme dit la Martiniere. On diftingue le gr. & le p. Schut. Celui-ci, qui eft à la droite, eft d'une petite étendue. Le grand, qui eft à gauche, renferme l'efpace qui eft entre Presbourg & Comore. Cette derniere ville y eft comprife, avec quelques autres, & des bourgs. On lui donne 10 milles de long, fur 3 de large.

SCHUTTER, *Offonis Cella*, abb. d'h. ordre de St Benoît, dans la Suabe, au dioc. de Strafbourg, dans l'Ortnau.

SCHWABACH, ville d'Allem. dans le margraviat d'Anfpach, fur une p. riv. de même nom, qui fe rend dans le Rednitz, à 4 li. au midi de Nuremberg. Il y a beaucoup de Juifs, & une colonie de réfugiés Fr. qui y ont établi des manufactures.

*SCHWARTZ, ville d'Allem. dans le Tirol, fur l'Inn, à 3 milles d'Infpruck, entre Hall & Ratenbourg, non pas Rotenbourg, comme dit Vofgien. Il y a des mines de plufieurs métaux. Lazius croit que c'eft la *Sevatum* d'Antonin. La Martiniere dit que, selon quelques-uns, c'eſt l'anc. *Salacium*. Nous ignorons quel eſt l'auteur qui a parlé de *Salacium*. long. 29. 32. latit. 47. 15.

SCHWARTZBACH, abb. d'h. ordre de St Benoît, dans la Suabe, au dioc. de Strasbourg, dans l'Ortnau, vers le nord.

SCHWARTZBOURG, château d'Allem. au cercle de la h. Saxe, dans la Thuringe, chef-lieu d'un comté de même nom, à 7 li. au ſud-eſt d'Erford, ſur la riv. de Schwartz. Il eſt à un prince de la maiſon de Saxe. long. 29. 4. latit. 50. 42.

SCHWARTZENBERG, château d'Allem. dans la Franconie, entre l'év. de Bamberg & le marquiſat d'Anſpach, ſur la riv. de Lée, chef-lieu d'une principauté de même nom, érigée l'an 1645. long. 28. 4. latit. 49. 46.

SCHWEIDNITZ, ville de Siléſie, *voyez* Schuenix.

SCHWEINFURT, ville d'Allem. dans la Franconie, ſur le Mein à droite, dans un terroir très-fertile en vin & en bled, à 10 li. au nord-eſt de Wurtzbourg. Elle eſt libre & impériale. C'eſt une des places d'Allemagne des mieux fortifiées. On y voit un magnifique palais, où s'aſſemblent les ſénateurs. long. 28. lat. 50. 6.

SCHWETZA, ville de Pologne, dans le palatinat de Culm, ſur la gauche de la Viſtule, entre Culm au midi & Grandentz au nord. Le gr. maître de l'ordre Teutonique s'en ſaiſit l'an 1310, par la trahiſon d'un officier de la garniſon.

SCHWINBOURG, ou SUINBOURG, ville de Danemarck, ſur la côte orient. de l'iſle de Funen. Ce fut de-là que partit Charles Guſtave, roi de Suéde, lorſqu'il paſſa au mois de Février 1658 ſur la glace avec ſon armée, de l'iſle de Funen dans celle de Langeland, de Falſter & de Selande. long. 28. 32. lat. 55. 10.

* SCHWITZ, canton de Suiſſe, & le Ve des 13 qui compoſent le corps Helvétique. Il a donné ſon nom à toute la nation; car ce n'eſt que par corruption que les Fr. prononcent Suiſſe. Il eſt borné au nord par les cantons de Zurich & de Zug, au midi par celui d'Uri, au levant par celui de Glaris, & au couchant par le lac des 4 Cantons. La Martiniere le borne au couchant par le canton de Glaris; il ſe trompe. La richeſſe de ſes habitans conſiſte en troupeaux. Le chef-lieu de ce canton eſt le bourg de Schwitz, près de la rive orient. du lac des 4 Cantons, dans une belle campagne, à 6 li. au ſud-eſt de Lucerne. C'eſt là que ſe font les aſſemblées générales du pays. L'egliſe paroiſſiale eſt fort belle. Il y a des Capucins, & un couvent de filles. long. 26. 15. latit. 47. 5.

SCIE (la), riv. de France en Normandie, au pays de Caux, où elle a ſa ſource, près de la baronnie de S. Pierre, & ſe rend dans la mer à Pourville, près de Dieppe.

SCIERECK, ville de Lorraine, dans le pays Meſſin, *voyez* Sirck.

SCIGLIO, ville d'Italie au roy. de Naples, dans la Calabre ultér. ſur la côte occid. à 10 milles au nord de Reggio.

* 1. SCIO, *Chios*, iſle de l'Archipel, près des côtes de la Natolie, entre les iſles de Samos & de Metelin. Elle s'étend du nord au ſud, & a 30 li. de circuit. Il y a beaucoup de montagnes; elle eſt cependant agréable, à cauſe de la quantité des orangers, citronniers, oliviers, grenadiers, &c. qu'elle produit. Il y a peu de grains, mais on

en tire beaucoup d'huile , du
vin très-agréable , du miel , de
la cire , & fur-tout beaucoup de
foie , de figues & de laines.
L'ifle contient environ 100000
habitans, dont 10000 font Grecs
ou Latins , les autres font Juifs
ou Turcs. Soliman II s'empara
en 1566 , & non en 1595 , comme dit Vofgien , de cette ifle
fur les Genois , qui la poffé-
doient depuis 1346. Scio eft fa
capitale.

2. SCIO , ville de l'Archipel,
capit. de l'ifle de même nom ,
fur le bord de la mer au levant.
Elle contient environ 40000 habitans ; fes maifons font propres & bien bâties , fes rues larges & pavées de cailloux. Le
chât. qui eft vafte , eft défendu
par une bonne garnifon. Son
port n'eft pas des meilleurs. Il
eft fréquenté par les vaiffeaux
qui vont en Egypte ou en Syrie,
& qui en reviennent. Il y a dans
cette ville 2 év. un Grec & l'autre Latin , quoique Vofgien n'en
mette qu'un Grec. long. 43-44.
latit. 38.

SCIRO , *Syros* , ifle de l'Archipel une des Cyclades , au nord-
eft de celle de Negrepont. Elle
a 6 li. de long fur 3 de large.
Elle abonde en pâturages , bled
& bon vin. Sa capit. qui porte
le même nom , a un port affez
bon pour les bâtimens communs. longitude 42. 54. latit.
39.

SCOLLOWAY , p. ville de l'ifle
de Mainland , au couchant, avec
un beau château.

1. SCOPELO , *Scopelos* , ifle
de l'Archipel , entre celles de
Sciati & de Dromi , au devant
du golfe de Salonique. Elle a
12 milles de circuit , & environ
10000 habitans.

2. SCOPELO , ville de l'Archipel , capit. de l'ifle de même
nom. Elle eft peuplée de beaucoup de Chrétiens , qui y exer-

cent publiquement leur religion,
& ont un év. Grand nombre de
bâtimens abordent dans le port
pour charger du bled & du vin ,
qui eft fort eftimé. Les Fr. y ont
un conful. long. 42. 10. latit.
39. 32.

3. SCOPELO , *Cetaria* , bourg
d'Italie en Sicile , dans la vallée
de Mazare , au couchant de Caftel à Mare.

* SCOPIA , ou USCOPIA , anc.
ville , autrefois capitale de la
Dardanie , auj. de la Turquie
Europ. dans la Servie , front. de
la Macédoine , fur le Vardari ,
qu'on y paffe fur un pont de
12 arches , à 72 li. au fud-eft
de Belgrade. Il y a un archev.
Latin , qui l'eft auffi d'Ochrida.
Vofgien en fait un arch. Grec ,
ce qui n'eft pas ; il place Scopia
dans l'Herzegovine , en quoi il
fe contredit avec lui-même , puifqu'ailleurs il place l'Herzegovine dans la Bofnie , & qu'ici il
la place dans la Servie. latit.
42. 15.

* 1. SCUTARI , *Scodra* , ville
de la Turquie Europ. capit. de
l'Albanie , à 10 li. d'Antivari ,
vers le levant , entre le lac de
Zenta & la petite riv. de Boiana.
Elle a été le fiége des rois d'Illy-
rie. Les Turcs en font les maîtres depuis l'an 1478 , que les
Vénitiens la leur céderent. Elle
eft gr. bien peuplée , forte , &
défendue par une bonne citadelle. Il y a un év. Latin , fous
la métrop. d'Antivari , quoique
Vofgien & Robert n'en difent
rien : il a plus de 20000 Catholiques fous fa jurifdiction. C'eft
la réfidence d'un bacha. Vofgien appelle mal le lac Zeta , &
la riv. Bocana. long. 37. 12. lat.
42. 35.

* 2. SCUTARI , anc. *Chryfopolis*,
& non pas *Chryfolopolis* , comme dit Vofgien , ville de la Turquie Afiatique , dans la Natolie , vis-à-vis le port de Conf-

[...]ntinople, dont elle est regardée comme un fauxbourg. C'est un des principaux rendez-vous des caravanes d'Arménie & de Perse. Le Grand Seigneur y a une belle maison de plaisance, & on y voit une superbe mosquée royale. latit. 41. 46

SCUTTORP, p. ville d'Allem. dans la Westphalie, au comté de Benthem, sur la riv. d'Aa. C'est la patrie de Jacques Perizonius.

SDILES, *Delos*, isle de l'Archipel, une des Cyclades. Elle n'a que 10 milles de tour, avec un port vers le midi. On y voit les ruines d'un amphithéâtre, plusieurs colonnes de marbre, & les débris d'un temple d'Apollon, qui l'avoit rendue célebre. latit. 37.

SEAUX, bourg de l'isle de Fr. à 2 lieues de Paris, sur la route d'Orleans. Il y a un magnifique château, qui appartient à la maison du Maine ; les jardins en sont très-agréables.

1. SEBASTIEN (St), *Sti Sebastiani Fanum*, ville d'Esp. dans la prov. de Guipuscoa, au pied d'une mont. à l'emb. de la Guruinea dans l'Océan, à 18 li. au levant de Bilbao, & à 84 de Madrid. Les rues en sont larges, longues, droites & bien pavées ; les maisons sont assez belles. Sur le haut de la montagne est une citadelle, munie de plusieurs piéces de canon, avec une garnison. Quoique la ville ne soit pas gr. elle est fort peuplée, & il s'y fait un commerce considérable, sur-tout de fer, d'acier, dont on trouve aux environs plusieurs mines, & de laines, qu'on tire de la vieille Castille. Son port est fort bon ; c'est un bassin que l'Océan a formé, & les bâtimens y sont en sûreté. Le séjour de cette ville est gracieux ; on y fait bonne chere ; les fruits & le poisson y sont

excellens. Les habitans ont ce privilége particulier, que lorsqu'ils traitent avec le roi, il est obligé de se découvrir. long. 15. 35. latit. 43. 24.

2. SEBASTIEN (St), ville de l'Amér. mérid. dans le Bresil, capitainerie de Rio-Janeiro, sur la côte occid. du golfe formé par le Rio-Janeiro, dans une plaine entourée de mont. Ses rues sont belles, & les maisons bien bâties : les Jésuites & les Bénédictins y en ont de magnifiques. C'est le siége d'un év. suffr. de St Salvador, & du gouv. de la prov. Le commerce consiste en coton & bois de Bresil. Les habitans passent pour efféminés & livrés au plaisir. latit. mérid. 23. 46.

3. SEBASTIEN (St), p. ville dans l'isle de Tercere, une des Açores, à 2 li. d'Angra.

SEBENICO, *Sebenicum*, ville de la Dalmatie, capit. du comté de même nom, près de l'emb. de la Kerka dans le golfe de Venise, à 16 li. au nord-ouest de Spalatro, dont son év. est suffr. Les Venitiens, à qui elle appartient, l'ont bien fortifiée. Le port formé par l'emb. de la riv. est grand, pouvant contenir une armée navale. long. 34. 16. latit. 44. 10.

SEBY, p. ville de Danemarck, dans le Nord-Jutland, au dioc. d'Alboroug, sur la côte orientale.

SECKAW, *Secovium*, p. ville d'Allem. dans la h. Styrie, sur la riv. de Gayl, à 3 li. au nord-est de Judenbourg, avec un év. suffr. de Saltzbourg. long. 32. 50. latit. 47. 25.

SECKINGEN, ville d'Allem. dans la Suabe, dans une isle formée par le Rhin, à 3 milles au sud-est de Basle, & à 6 au couchant de Schaffouse. C'est une des 4 villes forestieres. Elle essuya un terrible incendie en 1678, & fut prise en 1683 par

le duc de Saxe-Weymar. On y
remarque une place ornée d'affez belles maifons. On croit que
c'eft l'anc. *Sanctio.* long. 25. 38.
latit. 47. 43.

SEDAN , *Sedanum* , ville de
Fr. en Champagne , front. du
Luxembourg , fur la droite de
la Meufe , à 12 li. au fud-eft de
Charlemont , à 18 de Luxembourg , & à 56 de Paris. Il y a
un préfidial & une élection , un
féminaire , dirigé par les PP. de
la Miffion , un collége de Jéfuites , un chât. très-fort , avec un
arfenal. Cette ville , qui avoit
titre de principauté , appartenoit
à la maifon de Bouillon ; le Pr.
même de Turenne y étoit né ;
mais le roi de Fr. en 1642 lui
donna en échange les duchés
d'Albret , Château-Thierry & le
comté d'Evreux. Il y a un gouverneur & un lieutenant de roi.
Les draps qu'on fabrique à Sedan , fous le nom de Pagnon &
de Roulleau , font très eftimés ;
il s'en fait un grand débit. On
y fabrique auffi des dentelles.
long. 22. 36. latit. 49. 43.

SEDLITZ , lieu de Bohême ,
dans le cercle de Leuromeritz.
On y a trouvé des eaux minérales en 1724.

SÉE (la) , riv. de France en
Normandie , au dioc. d'Avranches , où elle a fa fource près de
Sourdeval , & va fe rendre dans
la mer entre le mont S. Michel
& le mont Tombelaine.

* SEEZ , *Saium* , ville de Fr. en
Normandie , dans une agréable
campagne , fur l'Orne , à 5 li.
d'Alençon au nord , & non pas
au midi , comme dit la Martiniere , à 8 au fud-oueft de l'Aigle , & à 40 au couchant de Paris. Cette ville , dont l'év. eft
du v fiécle , & fuffr. de Rouen ,
a 5 paroiffes , un féminaire , un
collége & une riche abbaye de
Bénédictins. long. 17. 50. latit.
48. 37.

SEGEBERG , *Segeberga* , ville
de Danemarck au duché de
Holftein , dans la Wagrie , capitale de la préfecture de même
nom , avec un chat. fur une h.
montagne , à 12 li. au nord-eft
de Hambourg. Elle appartient
au roi de Danemarck. long. 27.
56. latit. 54. 3.

* SEGEDIN , *Segedunum* , ville
de la h. Hongrie , & non pas
de la baffe , comme dit Vofgien ,
après la Martiniere , au confluent de la Teiffe & de la Ma-
rifch , à 2 li. au fud-eft de Colocza , dans le comté de Czongrad. Les Impériaux en chaffe-
rent les Turcs en 1686. long.
38. latit. 46. 16.

SEGESTAN , prov. de Perfe ,
dont la Martiniere fait 2 articles , *voyez* Sigiftan.

* SEGÉSWAR , ou SCHESBOUG ,
& non pas CHESBOURG , comme
dit Vofgien , ville de la Tranfylvanie , dans le comté de même nom ; en forme d'amphithéâtre , fur le penchant d'un
coteau , près du Kokel , à 18
li. au nord d'Hermanftad. On
croit que c'eft l'anc. *Sandava.*
long. 41. 28. latit. 46. 54.

SEGEWOLD , *Segevoldia* , petite
ville de l'empire Ruffien , dans
la Livonie , fur la riv. & vis-à-
vis la ville de Treiden , dans la
Lettie , à 12 li. au nord-eft de
Riga. long. 42. 45. latit. 57. 15.

1. SEGNI , *Senia* , ville de la
Croatie dans la Morlaquie , fur
la côte du golfe de Venife , fur
une hauteur , à 46 li. au nord-
oueft de Spalatro , dont fon évi
eft fuffr. avec une bonne fortereffe & un bon port. Elle dépend de la maifon d'Autriche.
long. 32. 36. latit. 45. 7.

2. SEGNI , *Signia* , ville d'Italie dans la Campagne de Rome ,
à 12 li. au fud-eft de la capit.
& à 6 au fud-eft de Paleftrine ,
avec un év. qui ne relève que
du Pape. C'eft la patrie du pape

Vitalien, & on croit que les orgues y ont été inventées. long. 30. 42. latit. 41. 40.

SEGORBE, *Segobriga*, ville d'Esp. au roy. de Valence, sur le Morvedro, à 12 li. au nord-ouest de Valence, & à 56 au levant de Madrid. Elle a titre de duché, & un év. suffr. de Valence. Son terroir est fertile en bled & en bon vin. On y trouve des carrieres de fort beau marbre. long. 17. latit. 39. 55.

* 1. SEGOVIE, *Segovia*, ville d'Esp. dans la vieille Castille, sur une mont. près de la riv. d'Atayada, à 15 li. au nord-ouest de Madrid, & à 15 au levant de Salamanque. Cette ville très-ancienne, est une des plus considérables d'Espagne. Son év. est suffr. de Tolede. Parmi les bâtimens publics on admire le chât. royal appellé Alcaçal, & non pas Alcaçar, comme dit Vosgien. Il est sur un rocher, & couvert de plomb ; les escaliers sont taillés dans le roc ; les appartemens sont richement meublés. La maison de la monnoie attire les regards des curieux : par le moyen de certains moulins, la monnoie se trouve fondue, pesée, rognée, battue & marquée dans un instant. On admire encore l'aqueduc qui conduit l'eau dans la ville ; ouvrage de l'emp. Trajan, composé de 177 arcades, à 2 rangs l'une sur l'autre. Segovie est renommée par ses fines laines, qu'on estime tant par-tout, & par son beau papier, ce qui enrichit tous ses habitans. long. 13. 55. latit. 40. 54.

2. SEGOVIE (la nouv.), ville de l'Amér. sept. dans la nouv. Esp. audience de Guatimala, sur les front. de la prov. de Honduras, sur la droite de la riv. d'Yare. latit. 13. 24.

3. SEGOVIE (la nouv.) ville de l'Amér. dans la terre ferme,

prov. de Venezuela, sur le bord de la riv. de Bariquicemete, bâtie par les Esp. en 1552. Elle a des mines d'or dans son voisinage. latit. 7. 6.

* 4. SEGOVIE (la nouv.) ville d'Asie dans l'isle de Luçon, une des Philippines, dans la prov. & sur la riv. de Cagayan. Elle a un év. fondé en 1598. Vosgien n'en parle pas, & la Martiniere la nomme fort mal nouvelle Seville.

SEGRÉ, p. ville de Fr. dans l'Anjou, élection d'Angers, sur l'Odon, avec titre de baronnie.

1. SEGURA (la), *Terebus*, ou *Srabis*, riv. d'Esp. au roy. de Murcie, où elle a sa source dans la mont. de Sierra-Segura, & se rend dans la mer près de Guardamar.

* 2. SEGURA, ville de Portugal dans la prov. de Beyra, sur une mont. aux confins de l'Estramadure, près de la riv. d'Elxa, à 3 li. au sud-est de Castelbranco, avec un chat. Le roi Philippe V la prit en 1704. Elle n'est pas près du Tage, comme le dit Vosgien ; car selon cet auteur, Alcantara, qui est sur le Tage, est à 12 li. de Segura. long. 11. 7. latit. 39. 42.

SEGURA DE LA FRONTERA, *Securitas confinium*, ville de l'Amér. sept. dans la nouv. Esp. bâtie sur des rochers en 1520 par Fernand Cortez.

SEIDE, ou SAYD, anc. *Sidon*, ville de la Turquie Asiatique, dans la Sourie, sur la côte de la Médit. près d'une isle où est bâtie une citadelle, qui communique avec la ville par un pont magnifique. Cette ville autrefois célèbre par l'invention du verre, par ses manufactures de toiles de lin, n'est plus auj. que de médiocre grandeur. Son port qui étoit fort commode, a été comblé. Il n'y a que les bateaux qui y mouillent l'ancre ; les vaisseaux mouillent plus loin, à l'abri d'un rocher qui est près de la ville. Les François y ont un consul, & y faisoient autrefois un gr. commerce en soie, coton & laines. Les environs sont remplis de muriers. long. 53. 28. latit. 33. 12.

* SEIGNELAY, *Siliniacum*, p. ville de Fr. en Bourgogne, au dioc. d'Auxerre, à un quart de li. des riv. d'Yonne & de Serain, & non pas Senain, comme dit Volgien. Elle a un beau chât. avec titre de marquisat ; il y a un grenier à sel & des manufactures de serges.

SEILLANS, p. ville de Fr. en Provence, dans la viguerie de Barjols. Les Doctrinaires en ont le collége.

SEINE (la), *Sequana*, fl. de Fr. qui prend sa source dans la Bourgogne, près de Chanceaux, traverse la Champagne, l'Isle de France, entre dans la Normandie, où elle se jette dans l'Océan au Havre de Grace. Elle commence à porter bateau à Mery en Champagne.

SEINE (St), *Sti Sequani monasterium*, bourg de France en Bourgogne, à 2 li. de la source de la Seine, avec une abbaye de l'ordre de St Benoît, sur la riv. d'Ougne.

SEISENSTEIN, *Vallis Dei*, abb. d'h. ordre de Cît. en Allem. dans la b. Autriche, au dioc. de Passau.

SEISSELMAUR, village de la b. Autriche, sur le Danube. On croit que c'est la *Cetium* du Norique.

SEITTENSTAT, abb. d'h. ordre de St Benoît dans la b. Autriche, à la droite de l'Ems, sur les front. de la h. Autriche, fondée au commencement du XII siécle.

* SELAMPRIA, riv. de la Turquie Europ. dans le Comenolitari, où elle a sa source, sur les confins de l'Albanie, & va

se rendre dans le golfe de Salonique, près du mont Catlovo. Ce n'est pas le *Sperchius* des anc. comme dit la Martiniere, mais le *Peneus*.

SELANDE, ou ZELANDE, *Selandia*, isle de la mer Baltique, & la plus gr. entre celles de Danemarck, bornée au nord par la Norwege, au midi par les isles de Mone & de Falster, au levant par le Sund, & au couchant par l'isle de Funen. Elle a 18 milles de long & 12 de large. Il y a peu de montagnes, mais des forêts remplies de gibier, des gras pâturages où on nourrit beaucoup de bétail, & des champs qui produisent des grains en abondance. L'air y est épais, cependant fort sain, & on y vit long-tems. On compte dans cette isle 13 villes, un gr. nombre de chât. & de palais. C'est la *Codanonia* des anciens. Copenhague est la capitale.

SELBI, bourg d'Angl. dans l'Yorcshire sur l'Ouse. Il y avoit autrefois une belle abb. de Bénédictins, qui est auj. ruinée.

SELBOURG, ville du duché de Semigalle, annexe de la Curlande, sur la Dwina. C'est le chef-lieu d'une des capitaineries qui composent ce duché.

SELESTAT, ville de Fr. dans l'Alsace, *voyez* Scheleftat.

SELIGENTAL, *Vallis beata*, abb. de filles ordre de Cît. dans la b. Baviere, au dioc. de Ratisbonne.

* SELINCOURT, *Selincurtis*, bourg de Fr. en Picardie, au dioc. & à 6 li. d'Amiens, avec une abb. de l'ordre de Prémontré, fondée l'an 1131, & non pas 1231, comme dit la Martiniere.

SELINGINSKOY, ou SELINGA, ville de l'emp. Russien, dans la gr. Tartarie, sur la rive orientale de la Selinga, près du lac Baikal. C'est la forteresse la plus
avancée

avancée du côté de la Chine. long. 124. 30. latit. 51.

SELINGSTAD, *Selingstadium*, ville d'Allem. en Franconie, dans l'électorat de Mayence, sur la gauche du Mein, à 5 li. au nord-est de Mayence. Elle dépend de l'électeur de Mayence. long. 26. 5. latit. 50.

SELIVRÉE, *Selimbria*, p. ville de la Turquie Europ. dans la Romanie, sur le bord de la mer de Marmora, à 15 li. au couchant de Constantinople. Elle est habitée par quelques Grecs, & presque ruinée. long. 45. 40. latit. 41. 40.

SELKIRCK, p. ville d'Ecosse, dans la prov. de Twedale, chef-lieu du vicomté d'Etterick, à 8 li. au sud-est d'Edimbourg, sur la Twede. long. 14. 55. lat. 55. 34.

SELLE, prieuré conventuel de l'ordre de St Benoît, dans le Beaujolois.

SELLES, ville & abbaye de Fr. dans le Berri, *voyez* Celles.

SELLIERES, abb. de l'ordre de Cît. *voyez* Scellieres.

SELORICO, p. ville de Port. dans la prov. de Beira, près du Mondego, au sud-est de Viseu, avec une bonne forteresse. Il y a beaucoup de noblesse, & ses environs sont fertiles en bons vins & en fruits. long. 10. 18. latit. 40. 26.

SELSEY, *Vituli insula*, presqu'isle d'Angleterre au comté de Sussex : il n'y a auj. que des villages, mais il y avoit autrefois une ville de même nom, qui fut submergée, & son év. fut transferé à Chichester.

SELTZ, *Saletia*, p. ville de Fr. dans l'Alsace, au diocèse de Spire, sur les bords du Rhin, à 3 li. au levant de Haguenau. Elle a beaucoup souffert dans les différentes guerres.

SEMENDRIAH, ville de la Turquie Europ. capitale de la

Rascie ou Servie, sur le Danube, au-dessous de Belgrade. Elle est aux Turcs depuis 1427, qu'Amurat II s'en empara. long. 39. lat. 45. 6.

SEMIDA, abb. de filles, ordre de St Benoît, en Port. dans la prov. de Beira, au dioc. & à 2 li. de Coimbre.

SEMIGALLE, contrée qui est une annexe de la Curlande, & dans sa partie orientale. Elle contient deux capitaineries, sçavoir Mittau & Selbourg.

* SEMINARA, *Seminaria*, bourg d'Italie, au roy. de Naples, dans la Calabre ultér. au couchant d'Oppido. La Martiniere dit, après Baudrand, que les Esp. y furent battus par les François en 1503. Vosgien se contente de dire que Seminara est célèbre par les batailles de 1502 & 1503. Ils se trompent les uns & les autres. Il y a eu 2 batailles livrées à Seminara, une en 1495, où les Fr. commandés par d'Aubigny, battirent les Esp. & l'autre en 1503, où ce même d'Aubigny fut défait par Gonsalve, général Esp. long. 33. 55. latit. 38. 22.

SEMOI (la), riv. des Pays-Bas, dans le Luxembourg, où elle prend sa source près d'Arlon, & se rend dans la Meuse à l'abb. de Val-Dieu en Champagne.

* SEMPACH, *Sempachium*, ville de Suisse au canton de Lucerne, & non pas Luzerne, comme l'écrit Vosgien, sur le bord oriental du lac de Surfée. L'archiduc Leopold y fut vaincu & tué par les Suisses le 9 Juillet 1396. long. 25. 48. latit. 47. 10.

* I. SEMUR, *Semurum*, ville de Fr. en Bourgogne, sur la riv. d'Armançon, à 15 li. au nord d'Autun, & à 13 au couchant de Dijon. Elle est capitale de l'Auxois, & divisée en 3 parties; sçavoir, le bourg, où on voit une belle église dédiée à la Vier-

ge ; la 2e est le donjon, qui sert de citadelle ; la 3e est le château. Il y a dans cette ville une prevôté royale, présidial, grenier à sel, maréchaussée, mais il n'y a pas un bailliage, comme dit l'abbé de la Croix, le bailliage a été érigé en présidial. Les 2 ponts sur lesquels on passe la riv. sont fort beaux. Semur a toujours été fidéle à son roi : Henri IV y transfera le parlement de Dijon pendant le tems de la ligue. Il y a une manufacture de bons draps. long. 21. 43. latit. 47. 25.

2. SEMUR EN BRIENNOIS, *Semurum*, p. ville de France en Bourgogne, dans l'Autunois, à demi-li. de la Loire, & à 4 de Rouane. Il y a un bailliage & un grenier à sel. long. 21. 38. latit. 46. 15.

SENANQUE, abb. de Fr. *voyez* Sinanque.

1. SENDOMIR, *Sendomiria*, palatinat de Pologne, borné au nord par ceux de Rava, de Masovie & de Lencicza, au midi & au couchant par celui de Cracovie, au levant par ceux de Lublin & de Russie. Il y a plusieurs mines d'or, d'argent, de cuivre, de plomb & de fer. Les fruits qu'on y cueille sont excellens. Il contient 8 territoires, dont Sendomir est la capitale.

2. SENDOMIR, ville de Pologne, capit. du palatinat de même nom, à l'emb. du San, dans la Vistule, à 28 li. au levant de Cracovie. C'est une fort belle ville, bien fortifiée, & remplie de beaucoup de noblesse. C'est le siége du tribunal de la province ; la collégiale est fort belle ; les Jesuites y ont un collége, & on y voit plusieurs communautés religieuses. Les Suédois prirent cette ville en 1655, & la réduisirent presqu'en cendres. long. 49. 50. latit. 50. 24.

SENEF, village des Pays-Bas dans le Brabant, à 2 li. au midi de Nivelle, connu par la victoire que le prince de Condé y remporta sur le prince d'Orange en 1674.

* SENEGAL, riv. d'Afrique, que Vosgien, après la Martiniere, nous dit être la même que le Niger ; mais les nouv. relations nous apprennent que ce sont 2 riv. bien différentes. Le Senegal prend sa source dans le milieu de la Nigritie, coule vers le couchant, & va se rendre dans l'Océan après un cours de plus de 400 li. Il forme à son emb. une isle nommée St Louis, *voyez* ce mot.

SENEGAL (le), roy. d'Afr. dans la h. Guinée, le long du fleuve Senegal, où il s'étend l'espace de 40 li. Ses habitans, ainsi que le souverain, sont misérables & grands voleurs. Ils tachent de se surprendre les uns les autres, pour se vendre aux François ou aux Portugais, qui font commerce d'esclaves sur leurs côtes.

* SENEGAS. La Martiniere place un bourg de ce nom dans le b. Languedoc, recette de Castres ; il devoit dire dans le haut Languedoc.

SENEZ, *Sanitium*, p. ville de Fr. dans la Provence, entre les montagnes, à 4 li. de Castellane & à 15 d'Embrun, dont son év. est suffr. Cette ville est dans le plus triste état, & n'a que son év. de recommandable. long. 24. 18. latit. 43. 54.

* SENLIS, *Silvanectum*, ville de l'Isle de Fr. & non pas de Picardie, comme dit la Martiniere, sur la riv. de Nonette, à 2 li. de Chantilli & à 10 de Paris. Il y a un bailliage, prevôté royale, présidial, élection, grenier à sel, maréchaussée & capitainerie de chasse. On y compte 6 paroisses ; l'év. établi dès le III siécle,

eſt ſuffr. de Rheims. Le chapitre de la cathédrale eſt compoſé de 3 dignités & de 24 chanoines. Il y a encore deux chapitres dans la ville. Le chât. où le préſidial tient ſes ſéances, a été bâti par St Louis, & pluſieurs enfans de Fr. y ont été élevés. Senlis eſt un gouvernement particulier, & a ſa coutume particuliere. long. 20. 14. latit. 49. 10.

1. SENNAR, roy. d'Afrique dans la Nubie, au midi. Ce roy. qui étoit tributaire de l'empereur des Abiſſins, eſt auj. dépendant du roy. de Fungi, ainſi que celui de Dongola. Fungi & Dongola ne ſont plus regardés auj. que comme prov. de Sennar. Il fait dans ce roy. des chaleurs inſupportables. Ses habitans, qui ont le viſage noir, les levres épaiſſes & le nez écraſé, ſont fourbes & ſuperſtitieux. On tire de ce pays beaucoup de dents d'éléphant, du tamarin, de la poudre d'or, de la civette, &c. Les vivres y ſont à ſi grand marché, qu'un bœuf ne ſe vend que 50 ſols, un mouton 15, une poule un ſol. Sa capit. s'appelle Sennar.

2. SENNAR, ville d'Afrique, capit. du roy. de même nom, ſur une hauteur, au couchant, & près du Nil. Son enceinte a près de 2 li. & elle eſt ſi peuplée, qu'on y compte environ 100000 ames. Ses maiſons, qui n'ont qu'un étage, ſont mal bâties. Le palais du roi, qui eſt fort vaſte, eſt irrégulier, mais richement meublé. Ceux qui paroiſſent en ſa préſence ſe tiennent à genoux & pieds nuds. Les étrangers ſont obligés de quitter leurs ſouliers. long. 50. 14. latit. 13. 4.

SENNE, *Senna*, riv. des Pays-Bas, qui prend ſa ſource dans le Hainaut, & va ſe joindre à la Dyle, à 1 li. au-deſſus de Malines.

SENONES, *Senonia*, abbaye régul. de l'ordre de St Benoît, congregation de St Vannes, au dioc. de Toul, dans la princ. de Salmes, fondée au VIII ſiécle dans le bourg du même nom.

SENONOIS (le), *Senonenſis ager*, pays de Fr. le long de la riviere d'Yonne, au gouv. de Champagne. Sens eſt la capitale.

* SENS, *Senones*, ville de Fr. en Champagne, capit. du Senonois, au confluent de l'Yonne & de la Vanne, qu'on paſſe ſur deux ponts, à 12 li. au nord d'Auxerre, à 13 au couchant de Troyes, & à 25 au ſud-eſt de Paris. Cette ville, autrefois capit. du peuple Senonois, & ſi connue du tems des Romains, contient environ 10 mille ames, tant dans la ville que dans les 4 fauxbourgs, qui ſont conſidérables. L'archevêché fut érigé dans le IV ſiécle; il eſt d'une grande étendue : ſon archev. prend le titre de primat des Gaules. Le chapitre n'eſt pas riche, mais il a produit pluſieurs grands hommes. Sens eſt le ſiége d'un préſidial, d'une élection & d'un bailliage; il y a 2 abb. de Bénédictins, un collége de Jéſuites, un ſeminaire, dirigé par les PP. de la Miſſion, & pluſieurs couvens. La ſituation de cette ville ſeroit propre pour le commerce, cependant on n'en profite pas beaucoup : on tranſporte à Paris des vins, du foin, de l'avoine, des charbons, &c. Parmi les conciles tenus à Sens, le plus célébre eſt celui de 1140, où fut condamnée la doctrine d'Abailard. Voſgien met ce concile à l'année 1104; l'erreur eſt grande. long. 20. 57. latit. 48. 12.

SEON, abb. d'h. ordre de St Benoît, dans la h. Baviere, entre la riviere d'Inn & le lac de Chiemſée.

SEPAN, iſle de l'Océan Oriental, *voyez* Saypan.

SEPT-FONS , *Septem Fontes* , abb. d'h. ordre de Cit. en Fr. dans le Bourbonnois , à 6 li. de Moulins , & à 1 quart de li. de la Loire. On y garde l'étroite observance.

1. SEPT - FONTAINES , *Septem Fontes* , abb. d'h. ordre de Prémontré , en Champagne , au dioc. de Langres , sur le Rognon , à 4 li. au nord de Chaumont en Bassigny.

2. SEPT-FONTAINES , *Septem Fontes* , abb. d'h. ordre de Prémontré , en Champagne , au diocèse de Reims , fondée l'an 1129.

* SEPT-ISLES , isles au nombre de 7 , près de la cote sept. de la Bretagne , à 5 li. de Treguier. Les anc. les ont connues sous le nom de *Siadæ* & *Hyadetæ*. La Martiniere dit *Byadetæ* , c'est une faute.

* SEPULVEDA , p. ville d'Esp. dans la vieille Castille au sudouest & près de Segovie , sur la riv. de Duraton. On croit que c'est la *Segortia lata*. La Martiniere dit cette ville voisine du chat. de Pedraça de la Siera , patrie de l'empereur Trajan. Nous avons prouvé le contraire à l'article Pedraça , où on verra que les fils de François I furent enfermés dans ce chat. & non pas à Sepulveda , comme dit dom Vaillette.

* SEQUIRE. Vosgien en parlant de ce mot , renvoie à celui de Chichiri ; il devoit dire Chihiri.

* SERAIN (St). La Martiniere dit que c'est une abb. de filles , ordre de St Benoît , dans le Rouergue. Il n'y a dans cette province aucune abbaye de ce nom.

SERAPOULÉ , ville de l'emp. Russien , dans la prov. de Permie , & la plus mérid. sur une petite riv. qui , un peu au-dessous , se joint au Kama.

* SERCHIO (le) , riv. d'Ita qui prend sa source au mo Apennin , dans l'état de M dene , & va se rendre dans mer de Toscane , au-dessus l'Arno. Pourquoi Vosgien , a Baudrand , donne-t-il a cette r le nom latin de *Sercius* , ta dis que les anc. l'ont connue so celui d'*Æsaris* ?

SEREGIPPE DEL REY , S *regippa* , ville de l'Amérique m ridionale , dans le Brésil , capi du gouv. de meme nom , sur riv. sept. du Vazabaris. Ce gou vernement est entre Rio-Re au midi , & la riv. de St Fran çois au nord.

SERENA (la) , ville de l'Am rique méridion. dans le Chili voyez Coquimbo.

SERIO , ou SERFANTO , Ser *phos* , isle de l'Archipel , a nord-ouest de celle de Sifanto & au couchant de celle de De los. Elle a 36 milles de circui C'est un pays rempli de mont couvert de pierres & de rochers Il y a un bourg habité par de Grecs , & 5 ou 6 paroisses , sou la jurisdiction de l'évèque d Sifanto. L'isle produit d'excel lent safran ; il y a un gr. nom bre de perdrix , de mines de fe & d'aimant. On remarque qu les grenouilles n'y crient point & transportées ailleurs , elle ont leur cri ordinaire. latit. 36 50.

SERIGNAN , *Serignanum* , p ville de Fr. dans le b. Langue doc , au dioc. de Beziers. C'e un siège particulier de l'ami rauté.

SERIN , ou SERAIN , *Sedena* riv. de Fr. qui prend sa sourc dans la Bourgogne , au dioces d'Autun ; & va se rendre dan l'Yonne , entre Auxerre & Joi gny.

SERMAIZE. Vosgien dit qu'il y a une ville de ce nom en Champagne , élection de Vitry fur la riviere de Saux, ce n'eft qu'un bourg, près duquel eft une fontaine minerale, bonne contre la gravelle.

SERMIONE, p. ville d'Italie, dans l'état de Venife, au Veronèfe, près du lac de Garde.

SERONGE, ville des Indes, aux états du Mogol, entre Surate & Agra. Elle eft grande & fort peuplée. Il s'y fabrique des toiles peintes très-fines qui ont un grand débit. latit. 24. 18.

SERPA, *Serpa*, ville de Portugal, dans l'Alentejo, aux confins de l'Andaloufie, fur une hauteur remplie de rochers, à 1 li. de la Guadiana, & à 30 li. au fud-eft de Lisbonne. Elle eft bien fortifiée, & on y tient une nombreufe garnifon. long. 10. 15. latit. 37. 55.

SERRAVALLE, bourg d'Italie, dans le Milanez, aux confins de l'état de Gènes, fur la Scrivia. Le marquis de Maillebois s'en rendit le maître l'an 1734. long. 26. 10. latit. 44. 40.

SERRE, p. ville de Fr. dans le Dauphiné, à 4 li. de St Marcellin, élection de Romans.

* SERRELIONNE, riv. d'Afr. dans la Guinée, fur la côte de Malaguette. Son emb. eft de 4 li. de large. Le cap Tagrin la borne au midi, & celui de la Verga au nord. Vofgien appelle mal ces 2 caps Tangrin & Verga. Les Fr. ont eu autrefois un comptoir fur fes bords.

1. SERRES, ville de la Turquie Européenne, dans la Macédoine, au territoire d'Yamboli, avec un arch. long. 40. 18. lat. 40. 55.

2. SERRES, p. ville de Fr. dans le Dauphiné, au Gapençois, fur la riv. de Buch, dans les montagnes, à 6 li. de Sifteron.

SERRY, abb. de Fr. *voyez* Sery aux Pretz.

SERSELLY, p. ville d'Afr. au roy. d'Alger, dans la prov. de Tenez, avec un p. port & une citadelle, à 9 li. d'Alger. On croit que c'eft l'anc. *Ruficibar*.

* SERVERETTE. Vofgien dit que c'eft une ville de Fr. dans le Gevaudan, au dioc. de Mende, il a confulté de mauvaifes cartes; car les bonnes n'en font qu'un très-petit bourg.

SERVIE (la), *Servia*, prov. de la Turquie Européenne, bornée au nord par le Danube, au midi par l'Albanie & la Macédoine, au levant par la Bulgarie, & au couchant par la Bofnie. Elle a 76 li. du levant au couchant, & 38 du midi au nord. C'étoit autrefois un puiffant roy. qui prit fin dans le xiv fiécle. Ce pays n'eft pas fort peuplé, & rapporte peu de chofe, parce qu'il n'eft pas cultivé. On y compte environ 1400 Catholiques fous un arch. Latin. Belgrade eft la capitale.

SERY AUX PREZ, *Siriacum in pratis*, abb. d'hom. ordre de Prémontré, en Fr. dans la Picardie, fur la Brefle, entre la Ville-d'Eu & Aumale, au dioc. d'Amiens, fondée en 1221.

* SESSA, *Sueffa*, ville d'Italie, au roy. de Naples, dans la terre de Labour, à 8 li. au nord-oueft de Capoue, & non pas au nord-eft, comme dit Vofgien. Elle eft près du Gariglan, avec titre de duché, & un év. fuffr. de Capoue. Elle a foutenu anc. des fiéges confiderables. long. 31. 35. latit. 41. 22.

* SESTANOX, ou SESTAKOF, ville de l'empire Ruffien dans la prov. de Viatka fur la rive droite de la Viatka. Robert la nomme mal, Szeftakow. long. 69. latit. 58. 30.

SESTO, *Sextum*, p. ville d'Italie, dans le Milanez, fur la gauche de Tefin, à l'endroit d'où il fort du lac Majeur. Elle a titre de duché poffedé par la maifon de Spinola.

* Sestola, p. ville d'Italie, dans le duché de Modene, & la principale place du Frignano, non pas Firignano, comme dit Vosgien. Il y a un gouverneur, & bonne garnison.

* Sestri di Levante, ville d'Italie, dans l'état de Genes, à 30 milles de cette capit. Elle est p. & la résidence de l'év. de Brugneto, non pas Brugnagno, comme dit la Martiniere, on croit que c'est l'anc. *Tigulia.* long. 27. 5. latit. 44. 33.

Sestri di Ponente, p. ville d'Italie dans l'état de Genes, à 6 milles au couchant de Genes, & surnommée di Ponente, pour la distinguer de la précedente. longitude 26. 31. latitude 44.30.

Setiko, ville d'Afrique, au roy. de Woolli, à 4 milles au nord de la Gambra. Elle est bâtie en forme circulaire, ses maisons sont petites, mais assez propres, & les rues sont larges. Les Anglois eurent le siecle dernier la liberté d'y bâtir quelques logemens.

* Setines, on appelle ainsi auj. par corruption la ville d'Athenes. Vosgien au mot Setines renvoie à celui d'Athenes, où il n'en dit mot.

Sette, ou Sete, p. ville de Fr. dans le bas Languedoc, sur la côte de la mer, au midi du lac de Maguelone. Louis XIV y fit construire un port qui est pour les galeres, & les petits bâtimens. C'est là que commence le canal du Languedoc, qui va se terminer dans la Garonne à Toulouse.

Settenil, *Septenilium*, p. ville d'Esp. au roy. de Grenade sur un rocher au couchant de Munda, sur les confins de l'Andalousie, presque toutes les maisons sont bâties dans le roc.

Settia, prov. & ville dans l'isle de Candie, *voyez* Sitia.

Settimiano, ou St Sauveur de Settimo, abb. d'h. ordre de Cit. en Italie, au dioc. & à 3 milles de Florence. C'est la plus considérable de l'ordre dans toute la Toscane.

* Setubal, ville de Portugal, dans l'Estramadure, au midi du Tage, à l'emb. du Zadaon, & non pas Zadan, comme dit l'abbé de la Croix, à 10 li. au sud-est de Lisbonne. Cette ville dont la commodité du port, & l'abondance des salines avoit fait une ville riche & importante, a été entierement détruite par le même tremblement qui a si fort endommagé Lisbonne le premier Novembre 1755. On croit que c'est l'anc. *Cetobriga*, selon d'autres, c'est la *Salacia.* long. 8. 45. latit. 38. 22.

Setz, ville de la basse Hongrie, dans le comté de Baranyvar, entre Bude, & Petrivaradin.

Sevennes, ou Cevennes, *Cebennæ*, mont. de Fr. dans le b. Languedoc. Elles s'étendent depuis la source de la Loire jusqu'à Lodeve. Elles sont d'un accès difficile & fort peuplées. Les religionnaires y ont souvent commis de gr. désordres. Le Maréchal de Villars les réduisit en 1704.

1. Sever (St), *Severopolis*, ville de Fr. dans la Gascogne, au dioc. d'Aire sur l'Adour, à 6 li. au nord-ouest d'Aire, & à 155 de Paris. Il y a une sénéchaussée & une abbaye d'hom. ordre de St Benoît, fondée l'an 993. On appelle souvent cette ville Cap de Gascogne.

2. 'Sever (St), abb. d'h. ordre de St Benoît, en Normandie, au dioc. de Coutances, dans un bourg de même nom, à 3 lieues de Vire, fondée l'an 558.

* 3. Sever de Rustan (St),

ville de Fr. dans la Bigorre, au dioc. & à 2 li. de Tarbes, fur l'Arros, & non pas la Rouffe, comme dit la Martiniere. Il y a une abb. d'h. ordre de St Benoît.

SEVERAC LE CHATEAU, p. ville de Fr. dans le Rouergue, élection de Milhau, avec titre de duché.

SEVERIE, *Severia*, prov. de l'emp. Ruffien dans la Mofcovie, avec titre de duché, bornée au nord par les duchés de Smolensko & de Moskou, au midi par le pays des Cofaques, au levant par le même pays, & la principauté de Vorotink, au couchant par le duché de Czernigove. Elle a appartenu longtems à la Pologne. C'eft une prov. remplie de forêts : Novogrodeck eft la capit.

SEVERIN (St), abb. d'h. ordre de St Auguftin en Fr. dans le Poitou, au dioc. de Poitiers, proche la riv. de Boutonne.

SEVERIN, ville des états du Turc dans la Valachie, fur le bord fept. du Danube. Elle eft dans la partie occid. de cette prov.

* 1. SEVERINO (San), ville d'Italie, au roy. de Naples, dans la principauté citer. près du Sarno, & non pas Sarnon, comme dit Vofgien, au nord de Salerne. C'eft de là qu'eft fortie la maifon de San - Severino. long. 32. 20. latit. 40. 46.

2. SEVERINO (San), ville d'Italie, dans la Marche d'Ancone, fur la riv. de Potenza, bâtie en 1198, près des ruines de l'anc. *Septempeda*. Son év. érigé en 1586, eft fuffr. de Fermo. long. 30. 54. latit. 43. 10.

SEVERO (San) *Severopolis*, p. ville d'Italie, au roy. de Naples, dans la Capitanate, à 24 milles au couchant de Man-

fredonia. Son év. auquel on a uni celui de Civitare, ne releve que du St fiége. long. 32. 56. latit. 41. 40.

1. SEVILLE, *Hifpalis*, ville d'Efp. capit. de l'Andaloufie, fur la rive gauche du Guadalquivir, à 46 li. au nord-oueft de Grenade, & à 88 au fud-oueft de Madrid, dans une vafte plaine. Après Madrid, c'eft la plus belle ville d'Efp. Elle eft gr. de figure ronde, ceinte de belles murailles, les rues y font étroites & tournantes, mais les maifons font belles. On diftingue la vieille & nouvelle ville. Parmi les fauxb. le plus confidérable eft celui de Triana, où on paffe de la ville par un pont de bateaux. L'églife métropole fituée au milieu de la ville, eft un édifice fuperbe, qui eft foutenu par 2 rangs de beaux piliers ; c'eft la plus régulierement bâtie de tout le roy. le gr. autel eft très-riche ; fon clocher eft d'une hauteur prodigieufe. Les autres églifes qui font en gr. nombre font auffi fort belles. Près de la cathédrale, on voit le palais - royal nommé Alcaçar, qui a été la demeure des rois, & qui paffe pour un palais magnifique ; la bourfe eft un très-bel édifice ; la maifon de ville fe fait admirer : elle eft devant une place fpatieufe, où on voit une fontaine d'une très-grande beauté. L'univerfité de Seville, fondée en 1531, eft fameufe, & a produit un gr. nombre de fçavans. L'églife de Seville eft une des plus anciennes d'Efpagne, on y voit des év. dès le III fiécle. Les hôpitaux font fi nombreux qu'on y en compte jufqu'à 120, & tous bien rentés. Cette ville eft très-riche, & très - commerçante, fa fituation fur le Guadalquivir, proche la mer facilite fon commerce. On y porte tout l'or & tout

l'argent qui vient des Indes, & on l'y convertit en monnoie. Un bel aqueduc de 6 li. de long, ouvrage des Maures, subsiste encore en entier, & fournit de l'eau à toute la ville. long. 11. 50. latit. 37. 30.

* 2. SEVILLE, ville de l'Amér. sept. dans la partie occid. de l'isle de la Jamaïque, avec un port. La Martiniere dit qu'il y a une cathédrale, cependant il n'y a point d'év. long. 299. 38. latit. 18. 42.

* SEVILLY, la Martiniere donne ce nom à une abb. de la Touraine. On remarquera que sous le nom de Saint, il la nomme St Sevilly. Ce n'est ni l'un ni l'autre, on l'appelle Sully. *Voyez* ce mot, n°. 1.

SEURE, *Surregium*, p. ville de Fr. dans la Bourgogne, sur le bord de la Saone, érigée en duche-pairie, sous le nom de Bellegarde, par Louis XIII en 1619. Il y a des Augustins, des Capucins, & deux couvens de religieuses.

SEYNE, *Sedena*, p. ville de Fr. dans la h. Provence, chef-lieu d'une viguerie de même nom, sur une p. riv. qui se jette dans la Durance.

SEYSSEL, p. ville de Fr. dans le Bugey, sur le Rhône qui la divise en 2 parties, & qui en ce lieu commence à être navigable. On y décharge tout le sel qui vient par la Méditerranée. long. 23. 31. latit. 45. 54.

SEZANNE, *Sezanna*, p. ville de Fr. dans la Brie, au dioc. de Troyes, front. de la Champagne, à 25 li. au sud-est de Paris, sur une p. riv. Elle dépend de la maison d'Harcourt. long. 21. 34. latit. 48. 44.

SFETIGRADO, selon les Turcs, SIURGICE, *Sphetia*, p. ville de la Turquie Europ. dans l'Albanie, sur les confins de la Macédoine, à 20 li. au sud-est de

Croye. Amurath II prit cette ville d'assaut, la pilla, & en passa tous les habitans au fil de l'épée.

SHAFTSBURY, *Septonia*, ville d'Angl. en Dorsetshire, sur une hauteur, aux confins du Wiltshire, près de la Sture, avec titre de comté. Le roi Canut y est mort & enterré.

SHANON, riv. d'Irlande qui prend sa source dans le lac Allyn, au comté de Letrym, separe la prov. de Connaught de celle de Munster, & va se rendre dans l'Ocean.

SHAPINS, isle de la mer d'Ecosse, une des Orcades, large de 3 milles, & longue de 6, avec une église paroissiale, & un bon port. Son terroir est assez fertile.

SHAPOR, ou SHAPOUR, ville des Indes, dans les états du Mogol, au roy. de Berar. On croit que c'est l'anc. *Sora*.

* SHEPEY, isle d'Angl. au-dessous de Rochester, formée par la riv. de Medway. On lui donne 7 li. de tour; son terroir est très-fertile, abonde en pâturages; mais le bois y manque. Queensbourg qui en est la principale place, a un château bâti par le roi Édouard III. On remarque qu'il n'y a point de taupes dans cette isle, & que celles qu'on y porte périssent. Vosgien dit que c'est la *Convennos* des anc. Il se trompe. *Convennos*, ou *Counos*, est auj. l'isle de Canvey, & Shepey répond à l'isle *Toliapis*.

SHOGGLE, ville de Syrie, *voyez* Choug.

* 1. SHREWSBURG, *Salopiensis comitatus*, prov. d'Angleterre, bornée au nord par la prov. de Chester, au midi par la riv. de Temde, & non pas Twede, comme dit Vosgien, au levant par les comtés de Worchester & de Staford, au couchant par une

partie du pays de Galles. Elle a 35 milles de long, & 25 de large; la Saverne la traverse par le milieu; il y en a encore plusieurs autres. Sa capit. porte le même nom.

SHREWSBURY, *Salopia*, ville d'Angl. capit. de la prov. de même nom, avec titre de comté, dans une presqu'île formée par la Saverne, qu'on passe sur 2 ponts. Les rues sont larges & belles, les maisons bien bâties. Elle est fort riche par le commerce, qui consiste en cotons, draps, estames, &c. long. 14. 48. latit. 52. 44.

*1. SIAM, *Siamum*, roy. d'Asie, dans les Indes, borné au nord par celui de Laos, au midi par le golfe de Siam, au levant par les roy. de Camboge, & de Keo, & non pas Laos, comme dit l'abbé de la Croix, ni Cambye, comme dit Vosgien, au couchant par la presqu'île de Malaca. On lui donne 220 li. de long, & 100 dans sa largeur. C'est un pays qui abonde en fruits, en coton, en riz, en mines de fer, presque tous les animaux sont differens de ceux d'Europe, ainsi que les arbres. Le roi de Siam est despotique, ses sujets le regardent comme un Dieu. Les Siamois sont de figure indienne, ils ont le nez court, les oreilles grandes; ils sont spirituels, sobres, mais paresseux, ce qui peut être occasionné par la gr. chaleur qu'il fait chez eux. Le vin leur est interdit par leurs loix; cependant ils en boivent, ils usent même des liqueurs. La pluralité des femmes leur est permise; les droits du mari sont tels qu'il peut vendre ses femmes & ses enfans. La religion des Siamois est l'idolâtrie; ils croient en la métempsicose. Siam est la capit.

2. SIAM, ou JUTHIA, ville d'Asie, capit. du roy. de même nom, dans une isle formée par la riv. de Menam. Elle est de figure ovale, & a 2 li. environ de circuit. Le roi y fait sa résidence. Son palais qui est bâti dans la partie sept. a demi-li. de contour; les appartemens en sont beaux, l'or y brille de tout côté. On y nourrit dans les écuries une gr. quantité d'éléphans; celui qu'on appelle royal mange dans la vaisselle d'or, & loge près de l'appartement du roi. Les rues de Siam sont longues & larges, bordées presque toutes de gr. arbres. Cette ville se distingue par le gr. nombre de magnifiques pagodes qu'on y voit. On compte que celui des habitans est de 7 cens mille; il s'y fait un commerce prodigieux, qui attire les marchands de toutes les nations. Les Jésuites, les Jacobins & les Augustins ont des maisons dans les fauxbourgs. long. 118. 30. latit. 14-15.

SIANG, ville de la Chine, dans la prov. de Quangsi, au département de Lieucheu, seconde métropole de la prov. Elle a une bonne forteresse. latit. 25. 2.

SIANCHING, ville de la Chine, dans la prov. de Honan, au département de Caifung, première métropole de la prov. latit. 34-53.

SIANGYANG, ville de la Chine, dans la prov. de Huquang, dont elle est 3e métropole, près de la riv. de Han, avec un palais magnifique. Il y a dans ses environs plusieurs mines d'or, & une gr. quantité de perdrix. latit. 32. 28.

* SIARA, capitainerie de l'Amer. mérid. dans le Bresil, sur la côte sept. entre celle de Maragnan & de Rio-Grande. Les Portugais y ont 2 forteresses, dont une est près de la petite ville de Siara, où on voit un port qui n'est propre que pour les p. navires. Vosgien donne pour lon-

gitude 358, il excéde de 20 dégrés. la latit. mérid. est 3 deg. 15
minutes.

* SIBA, prov. de l'emp. du Mogol, bornée au nord par celle de
Nagracut, & non pas Nagraent,
comme dit la Martiniere, au midi par celles de Gor & de Jamba,
au levant par le gr. Thibet, au
couchant par celle de Pengab.
On y voit le lac d'où sort le
Gange.

SIBENTHAL, p. contrée, au
canton de Berne, & au couchant
du lac de Thoun. On le divise
en h. & b. Sibenthal. Wimmis
en est le chef-lieu.

* SIBERIE, contrée de l'emp.
Russien, dont elle comprend la
partie la plus sept. & renfermée
en partie dans l'Asie. Elle a pour
bornes au nord la mer Glaciale,
au midi la gr. Tartarie, au levant
la mer du Japon, & au couchant
la Russie. On lui donne 800 li.
d'étendue du levant au couchant,
& 300 du midi au nord. C'est un
pays inhabité & inculte, dans
la partie sept. où on ne voit que
des bois & des montagnes ; vers
le midi il est beaucoup peuplé,
& assez bien cultivé, quoiqu'extrêmement froid. Il est arrosé
d'un gr. nombre de riv. qui coulent presque toutes du midi au
nord, dans la mer Glaciale. Il
est habité par 3 sortes de peuples : les premiers qui habitent
vers le nord, sont des sauvages
assez ressemblans à ceux de l'A-
mérique ; les seconds sont des
especes de Tartares presque tous
idolâtres, ils sont vers le sud-
ouest ; les autres sont des Moscovites qui ont bâti un gr. nombre de bourgades, & de villages
le long des rivieres. La Siberie
est remplie de mines de fer, de
cuivre, & même d'argent ; mais
ce qui la rend plus célebre, c'est
la quantité prodigieuse de pelleteries qu'on en retire. Les plus
précieuses sont pour la cour de

Russie. C'est dans cette prov.
qu'on exile les seigneurs & les
mauvais sujets dont on veut se
délivrer. Tobol, ou Tobolska est
la capit. de la Siberie. Volgien
appelle mal cette ville Tolbosca.

SICILE, *Sicilia*, isle de la
Médit. la plus considérable de
cette mer, entre l'Afrique & l'I-
talie. Elle est dans la partie mérid. de l'Italie, & n'en est séparée que par le Fare de Messine.
Elle est de figure triangulaire ;
sa longueur du levant au couchant est de 70 li. depuis le Fare
jusqu'au cap Boco, & sa largeur
de 46 depuis le cap Passaro,
jusqu'à Melazzo. La Sicile est
un pays chaud ; mais l'air y est
bon, & le terroir si fertile, qu'on
l'appelle le grenier de l'Italie. On
en retire abondamment du bled,
du vin, de l'huile, du safran,
du miel, de la cire, du coton,
de la soie ; il y a des mines d'or,
d'argent & de fer, la mer est très-
poissonneuse : les habitans sont
spirituels & industrieux ; ils sont
au nombre d'un million : on divise la Sicile en trois prov. qu'on
appelle vallées ; sçavoir celle de
Noto, de Mazare & de Demo-
na. On y joint ordinairement
les isles de Lipari qui sont à son
nord. Messine & Palerme se dis-
putent l'honneur d'être la capitale. Elle est gouvernée par un
viceroi qui fait sa résidence dans
cette derniere ville. Les Carthaginois, les Romains, les empereurs Grecs & les Normans ont
été successivement les maîtres de
la Sicile. Les François la possede-
rent dans le XIII siécle : presque tous ceux qui y étoient furent égorgés l'an 1282 le jour
de Pâque : ce massacre fut appellé les Vêpres Siciliennes. Les
Espagnols l'ont possédée ensuite
jusqu'en 1713, qu'elle fut cedée
au duc de Savoye. En 1720 ce
prince eut en échange la Sardaigne, & la maison d'Autri-

che prit possession de la Sicile, qu'elle conserva avec le roy. de Naples jusqu'en 1736, que don Carlos en devint le souverain.

*SICLI, ou SICHILI, ville de Sicile, dans la vallée de Noto, à 3 li. au sud-ouest de la ville de ce nom, & non pas au couchant comme dit la Martiniere, sur le bord d'une p. riv. avec titre de baronnie. Vosgien n'en parle pas. long. 32. 50. latit. 36. 52.

SIDAYE, ville des Indes, dans l'isle de Java, sur la côte sept. avec un port qui a 10 brasses de profondeur fond de terre vaseux. latit. mérid. 6. 44.

SIDERA, ou SIDRA, anc. *Calauria*, isle de l'Archipel, proche la côte de la Morée. Elle a 1. li. de circuit, & ne produit rien; mais elle est fameuse par la mort de Démosthene.

SIDEROCATSA, *Chrysites*, p. ville de la Turquie Europ. dans la Macédoine, près du golfe de Contesse. Elle a dans ses environs des mines d'or très-abondantes. long. 31. 20. latit. 40. 32.

SIE EN BRIGNON (la), abb. de Fr. *voyez* Brignon la Sie.

SIECIECH, abb. de Pologne, dans le palatinat de Cracovie, sur la Vistule : elle est de l'ordre de St Benoît, & fut fondée l'an 1116 par Boleslas III, roi de Pologne.

SIEGBOURG, ou SIGEBERT, p. ville d'Allem. dans le duché de Berg, sur la rive droite de la Sige, près de son confluent avec l'Agger.

SIEGEN, ville d'Allem. dans la Weteravie, sur la riv. de Sige, avec un beau chât. Elle est chef-lieu d'une principauté qui appartient à une branche de la maison de Nassau. long. 25. 38. lat. 50. 42.

SIENNE, *Sena*, ville d'Italie, dans la Toscane, capit. du Siennois, sur une colline, à 12 li. au midi de Florence, & à 22 au sud-est de Pise. Elle est gr. & bien bâtie, mais il faut toujours monter & descendre. Cette situation fait qu'on respire dans cette ville un air pur & serein. Les batimens publics sont beaux. La cathédrale, quoiqu'un bâtiment gothique, est très-belle : elle est revêtue de beau marbre en dehors & en dedans. Le pavé du chœur en marbre noir & blanc, forme une belle mosaïque; la voute est parsemée d'étoiles d'or. L'hôtel de ville qui est dans la place appellée le Théâtre, se fait admirer; il y a de très-belles places. Plusieurs belles fontaines fournissent de l'eau dans tous les quartiers. Les couvens sont très-nombreux à Sienne & magnifiques, sur-tout celui des Dominicains. Son év. fut érigé en métropole en 1459. L'univ. fut établie en 1387, & a produit de grands hommes. Plusieurs saints & plusieurs papes ont pris naissance dans cette ville, entr'autres Ste Catherine dite de Sienne. Il y a une citadelle qui en fait la défense. long. 29. 2. latit. 43. 18.

SIENNOIS (le), prov. d'Italie, avec titre de duché, dans la Toscane, bornée au nord par le duché de Florence, au midi par la Méditerranée, au levant par le Perugin, & au couchant par la mer dite de Toscane. Elle a 65 milles du midi au nord, & presqu'autant du levant au couchant. Sienne est la capit. il y a quelques autres bonnes villes.

SIERQUE, ville de Fr. dans la Lorraine, *voyez* Sirck.

SIERRA, p. prov. d'Esp. dans la Nouvelle Castille, à l'orient. C'est un pays de montagnes qui fournissent de bons pâturages. Les troupeaux qu'on y nourrit donnent une laine très-estimée.

SIFANTO, ou SIPHANTO, *Siphnos*, isle de l'Archipel, à 4

li. au couchant de celle de Paros. Elle a 4 milles de circuit; on y trouve 9 ou 10 villages. Le port de cette isle qui est à l'orient, est bon & commode : on y mouille par 12, 13, 14 & 15 brasses d'eau. Le terroir est fertile, & produit d'excellens fruits. Il y a un arch. Grec. long. 42. 48. latit. 38.

* SIGAN, ville de la Chine, dans la prov. de Xensi, & non pas Kensi, comme dit Vosgien, elle en est la capit. sur le bord de la riv. de Guei, batie en forme d'amphithéâtre. On y voit plusieurs magnifiques palais, & de superbes tombeaux. Les environs sont agréables & fertiles. latit. 35. 50.

SIGE, *Segus*, riv. d'Allemagne qui prend sa source dans les états de la maison de Nassau, & va se rendre dans le Rhin, à 1 li. au-dessus de Bonne.

SIGEAN, p. ville de Fr. dans le b. Languedoc, au dioc. de Narbonne, dans le pays de Corbieres. Elle donne son nom à un étang voisin, appellé aussi l'étang de Bages, à cause du village de ce nom.

* SIGES, bourgade d'Espagne, dans la Catalogne, entre Tarragone & Barcelonne. Elle n'est remarquable que parce qu'on croit qu'elle occupe la place de l'anc. *Subur*, & non pas *Suburg*, comme dit la Martiniere.

SIGETH, ou ZIGETH, comté de la h. Hongrie, entre la Drave & le Danube. Il a pour bornes le comté de Tolna au levant, Kanischa au couchant, Albe Royale au nord, & l'Esclavonie au midi.

SIGILLO, bourg d'Italie, au roy. de Naples, dans l'Abruzze ulter. à 22 milles d'Aquila. Ce bourg, ainsi que les environs, souffrit étrangement d'un tremblement de terre en 1703.

SIGISMOND (St), abbaye de

filles de l'ordre de Cît. dans le Bearn, au dioc. de Lescar.

* SIGISTAN, *Sigistania*, province de Perse, bornée au nord par le Chorasan, au midi par le Sablustan, & non pas Salibustan, comme dit Vosgien, au levant par les états du Mogol. Elle est environnée de tous les côtés d'une haute montagne.

SIGNY, *Signiacum*, abbaye d'hom. ordre de Cît. en Champagne, au dioc. de Rheims, dans le bourg de même nom, au midi de Rocroi, fondée l'an 1134.

* SIGOULENE (Ste), bourg de Fr. dans le Velai, à 6 li. au nord du Puy. La Martiniere le nomme mal Ste Logolene.

SIGTUNA, *Sigtuna*, ville de Suéde, dans l'Uplande, sur le bord du lac Maler, entre Upsal & Stockholm. Elle est très-ancienne.

* SIGUENZA, *Segontia*, & non pas *Sigontia*, comme dit Vosgien, ville d'Esp. dans la Vieille Castille, & non pas dans la Nouvelle, comme dit la Martiniere, suivi de Vosgien, au pied du mont Atiença, près du Henarès. Son év. qui est suffr. de Tolede, est d'un gr. revenu. Il y a une univ. fondée sous le regne de Ferdinand V. La cathédrale est un beau bâtiment. Les fortifications consistent en un chât. près duquel est un arsénal. long. 15. 14. latit. 41. 7.

* SIKIBUSIMA, isle d'Asie, dans le Japon, selon Kempfer, il dit qu'on y voit un temple magnifique. Les cartes de cette empire n'en font aucune mention.

SIKIEK, riche abb. d'hom. de l'ordre de Cîteaux dans la basse Carniole.

SIKOKF, prov. du Japon, *voyez* Xicoco.

SILESIE, *Silesia*, contrée d'Allem. avec titre du duché,

bornée au nord par le Brandebourg & la Pologne, au midi par la Moravie & la Hongrie, au levant par la Pologne encore, & au couchant par la basse Lusace & la Bohême. Sa longueur est de 60 milles, & sa largeur de 20. L'Oder la partage en Silésie orientale & occid. Elle est environnée de plusieurs montagnes, d'où sortent quantité de riv. qui fertilisent le pays, & qui sont fort poissonneuses. Il y a nombre de bonnes villes remarquables, les unes par leur force, les autres par leur beauté. La Silésie, après avoir été possédée par les Quades & les Sarmates, resta long-tems unie à la Pologne. Elle devint ensuite un fief mouvant de la couronne de Bohême, & fut possédée par la maison d'Autriche jusqu'en 1740. Après la mort de l'empereur Charles VI, Frederic-Guillaume, roi de Prusse, fit valoir les prétentions qu'il avoit sur la principauté de Jagerndorf, & sur les duchés de Lignitz, de Brieg & de Wolau. Le sort des armes ayant été favorable à ce prince, il conclut avec la reine de Hongrie un traité de paix à Breslau, le 11 Juin 1742; mais la guerre s'étant renouvellée, ils conclurent un nouveau traité à Dresde le 25 Décembre 1745, suivant lequel la reine céda à ce prince toute la h. & b. Silésie en toute souveraineté. Breslau est la capitale.

* SILISTRIA, ou DOROSTERO, *Dorostorum*, ville de la Turquie Européenne, dans la Bulgarie, proche le Danube, & près de l'emb. du Millovo, à 80 li. au nord-est de Sophie, & à 69 au nord-est d'Andrinople. C'est le chef-lieu d'un gouvernement qui est fort étendu; elle est défendue par une bonne citadelle. Baudrand fait 2 villes de Silistria & de Dorostero, en

quoi il se trompe. Vosgien estropie le nom moderne & ancien de cette ville qu'il nomme Dorostro, *Dorostrum*. long. 45. 15. latitude 44. 12.

SILLEBAR, ou CILLEBAR, ville des Indes, sur la côte occidentale de l'isle de Sumatra, le long d'un golfe, sur une riv. fort large, & entourée de montagnes. Il croît aux environs beaucoup de poivre. latit. meridionale 4. deg.

SILLY, *Silliacum*, abbaye d'hom. ordre de Premontré, dans la Normandie, au dioc. de Seez, entre Argentan & Hieme, fondée l'an 1150.

SILM-MONOU, pays d'Afrique, dans la h. Guinée, vers la source du Scherbro, entre le pays de Hondo au nord, & celui de Bulm-monou au midi.

* SILVANÈS, & non pas SALVANÈS, comme dit dom Beaunier, *Silvanesium*, abb. d'hom. ordre de Cit. dans le Rouergue, au dioc. de Vabres, à 2 li. au midi de l'abb. de Nonenque, fondée l'an 1136.

SILVES, *Silva*, ville de Portugal, dans le roy. des Algarves, au nord-est de Lagos, dans une campagne si charmante, qu'on l'appelle le Paradis terrestre; cependant elle n'est pas fort peuplée. Son év. a été transféré à Faro en 1590. long. 9. 8. latit. 37. 15.

*SIMANCAS, *Septimanca*, ville d'Esp. au roy. de Leon, sur le Duero, à 3 li. au midi de Valladolid, avec un chât. très-bien fortifié. Les habitans passent pour avoir beaucoup de courage. Robert place mal cette ville dans la Vieille Castille.

* SIMARI, *Semirus*, bourg d'Italie, au royaume de Naples, dans la Calabre ulter. sur l'Alli, entre Belcastro & Catanzaro, & non pas Cantazaro, comme dit la Martiniere.

SIMBIRSK, ville de l'empire Ruſſien, au roy. d'Aſtracan, entre cette ville & Caſan, ſur le Wolga, au pays des Tartares Nogais. longitude 66. latit. 54. 5.

SIMISO, *Amiſus*, p. ville de la Turquie Aſiatique, dans la Natolie, ſur le bord de la mer Noire, à 35 li. au levant de Sinope.

SIMMEREN, ville d'Allemagne, dans le bas Palatinat, ſur une riv. de même nom, à 10 lieues au couchant de Mayence. Elle eſt chef-lieu d'une principauté qui donne voix & ſéance aux diétes de l'Empire. Il y a un bon chât. Cette ville appartient à l'électeur Palatin. long. 25. 8. latit. 49. 54.

SIMNAN, ville de Perſe, dans la prov. de Komis. C'eſt la premiere ville du pays du côté de l'oueſt.

SIMON (St), bourg de Fr. en Picardie, *voyez* Rouvroy.

* SIMONOSEKI. La Martiniere écrit ici une ville du Japon, dans l'iſle de Niphon, prov. de Nangato, & non pas Nagatto, comme il dit. Cette ville ſe nomme Ximonoſeki, *voyez* ce mot.

SIMONTHORNA, ville de la baſſe Hongrie, au comté de Tolna, ſur la Sarwiza, à 2 li. de Capoſwar, & à 3 de Tolna, environnée d'un grand marais, avec un fort chât. Cette ville fut priſe ſur les Turcs par le prince Louis de Bade en 1686. long. 36. 44. latit. 46. 38.

SIMOOTSUCKÉ, prov. du Japon, dans le pays d'Ochio, au nord de Muſaci, & au levant de Koodſuke. Elle a du levant au couchant trois journées & demie de longueur. Ce pays qu'on diviſe en 9 diſtricts, eſt aſſez bon & rempli de prairies.

SIMOOZA, roy. du Japon,

dans la partie orientale de l'iſle de Niphon, *voyez* Ximola.

SIMORE, abb. d'hom. ordre de St Benoît, en Fr. dans la Gaſcogne, au dioc. d'Auch, à 2 li. au ſud-oueſt de Lombes, & à 5 au ſud-eſt d'Auch.

* SIN, gr. ville de la Chine, & premiere cité de la prov. de Channſi, & non pas Xanſi, comme dit Voſgien, au milieu de hautes montagnes ; ce qui fait que l'air y eſt froid. On y voit trois magnifiques temples. Voſgien ſe trompe encore pour la latit. qui eſt 37. 40.

SINAI, fameuſe montagne de l'Arabie Petrée, dans une peninſule formée par les 2 bras de la mer Rouge, entre les golfes de Suez & d'Aila, au levant d'Oreb. On l'appelle auſſi la montagne de Moyſe, parce que ce patriarche y reçut la loi du Seigneur. Des moines Grecs y ont un très-beau monaſtère, avec une égliſe magnifique, où ſont renfermées les reliques de Ste Catherine.

SINANO, prov. du Japon, dans l'iſle de Niphon, au levant de la prov. de Mino, & au nord de celle de Micava. C'eſt un pays très-froid ; comme il eſt éloigné de la mer, le poiſſon & le ſel y ſont fort rares. Il y a beaucoup de mûriers, & pluſieurs manufactures de ſoie. On diviſe cette province en 11 diſtricts.

SINANQUE, ou SENANQUE, *Sine aqua*, abb. d'hom. ordre de Cît. dans la Provence, au dioc. de Cavaillon, fondée l'an 1148.

SINÇAI, ville de la Chine, dans la province de Honan, au département d'Iuning, huitiéme métropole de la prov. latit. 33. 41.

SINCHANG, ville de la Chine, dans la prov. de Chekiang, au département de Xaohing, 8e

métropole de la prov. latitude
29. 6.

1. SINDE, ou INDE, *Indus*, riv. des Indes, aux états du gr. Mogol, qui prend fa fource fur les confins du petit Thibet. Son cours eft du nord - eft au fud-oueft, & va fe rendre dans la mer par deux emb. qui forment une ifle.

2. SINDE, ou TATA, prov. des Indes, aux états du Mogol, bornée au nord par celle de Buc-kor, au midi par la mer, au levant par la prov. de Soret, & au couchant par la Perfe. Elle eft traverfée par l'Inde du nord au midi. C'eft un pays fort riche, où les Portugais commercent beaucoup ; il s'y fait de belles toiles de coton, & on y trouve abondamment de l'huile & du beurre. Tata eft la capitale.

SINDELFINGEN, p. ville d'Allemagne, en Suabe, dans le duché de Wurtemberg, comprife dans le bailliage de Beblingen.

SINFAN, ville de la Chine, dans la prov. de Suchuen, au département de Chingtu, premiere métropole de la province.

SINGO, *Singus*, ville de la Turquie Européenne, dans la Macedoine, fur la côte du golfe de Monte-Santo, appellé autrefois *Singiticus finus.* long. 41. 50. larit. 40. 12.

SINGOR, ou SINGORA, ville des Indes, au roy. de Siam, fur la côte orient. de la prefqu'ifle de Malaca, à l'emb. d'une p. riviere dans le golfe de Patane. larit. 6. 45.

* SINIGAGLIA, *Senogallia*, p. ville d'Italie, dans le duché d'Urbin, fur la riv. de Nigola, proche la mer, à 22 milles de Pefaro, & à 10 de Fano. Cette ville bâtie par les Senonois, & qui a été colonie Romaine, eft affez bien bâtie, mais mal peuplée. La riv. la divife en ville

neuve & vieille. La nobleffe habite celle - ci, & l'autre n'eft compofée que de pêcheurs & de matelots. Il y a 2 ports, mais qui ne font propres que pour les petits bâtimens. Ses fortifications font affez bonnes ; le chât. eft très - vafte, & d'une bonne défenfe. Le terroir abonde en bon vin, mais l'eau y eft fort mauvaife. Vofgien, après la Martiniere, place fort mal cette ville dans la Marche d'Ancone. Ces deux auteurs, ainfi que Robert, n'y marquent point d'év. il y en a cependant un établi depuis le IV fiecle, & fuffragant d'Urbin. long. 30. 52. lat. 43. 40.

SINKEL, p. ville des Indes, dans l'ifle de Sumatra, fur fa côte occid. entre Labo au nord, & Barros au midi, près de l'embouchure d'une gr. riv. Il croit beaucoup de poivre aux environs.

SINKICIEN, ville de la Chine, dans la province de Peking, au département de Hokien, 3e métropole de la prov. fur le bord mérid. du fleuve Guei, à 3 li. de Sanglo.

SINKIN, ville de la Chine, dans la prov. de Kianfi, au département de Linkiang, 8e métropole de la prov. fur le côté droit de la riv. de Kiam, avec un bon port capable de contenir un gr. nombre de vaiffeaux. Cette ville a un gouverneur qui fournit aux étrangers les fecours néceffaires contre la férocité & l'avarice des habitans. latit. 28. 28.

SINKOCIEN, ville de la Chine, dans la prov. de Peking, au département de Hokien, 3e métropole de la prov. Elle eft bien fortifiée, mais mal bâtie ; on voit près de fes murailles un magnifique temple.

1. SINNING, ville de la Chine, dans la prov. de Quangtung,

au département de Quangcheu, premiere métropole de la prov. latit. 31. 47.

2. SINNING, ville de la Chine, dans la prov. de Huquang, au département de Paoking, 9e métropole de la prov. latit. 27.

SINOPE, *Sinope*, ville très-anc. d'Afie, dans la Natolie, fur l'ifthme d'une peninfule de 6 milles de circuit, proche la mer Noire, où elle a 2 bons ports. Cette ville qui a été épifc. dans le v fiécle, eft bien déchue de fon ancienne fplendeur, & prefque réduite à un village. Elle a été la patrie de Diogene le Cinique. long. 52. 54. latit. 41. 27.

SINPING, ville de la Chine, dans la prov. d'Iunnan, au département de Lingan, 3e métropole de la prov. latitude 23. 42.

SINTACORA, ville de la prefqu'ifle de l'Inde, au royaume de Canara, fur les confins de celui de Vifapour, fur la côte de Malabar, près de l'emb. de la riviere Aliga, entre Goa & Onor.

SINTAI, ville de la Chine, dans la prov. de Channton, au département de Cinan, premiere métropole de la province. latit. 36. 19.

SINTRA, p. ville de Portugal dans l'Eftramadure, à 7 lieues de Lisbonne, derriere Cafcaes, avec une mont. de même nom, fur laquelle les Hieronymites ont un très-beau couvent, qui eft un lieu de dévotion.

* SINTZHEIM, ville d'Allem. dans la Suabe, au petit pays de Creigow, à 3 li. au nord-oueft d'Hailbron, & non pas au couchant, comme dit la Martiniere. Cette ville a été capit. du Creigow, & appartient à l'électeur Palatin. Le maréchal de Turenne y tailla en piéces l'armée impériale en 1674, & les Fr. brule-

rent cette même ville en 1689. long. 27. 34. latit. 49. 15.

SINYANG, ville de la Chine dans la prov. de Xenfi, au département de Hanchung, 3 métropole de la province. latit. 34. 5.

1. SION, fameufe montagne d'Afie dans la Judée, au midi & près de Jerufalem, fur laquelle fut bâti par Salomon le Temple du Seigneur.

* 2. SION, en allemand SIT-TEN, *Sedunum*, ville de Suiffe dans le Vallais, dont elle eft capit. fur la petite riv. de Sitten, près de la rive droite du Rhone, dans une belle plaine, à 20 li. au levant de Genève, à 12 au nord d'Aofte, & non pas au nord-eft, comme dit Vofgien. Cette ville, l'ancienne demeure des Seduniens, eft très-bien batie, & propre. Son év. qui eft fuffr. de Monftiers, prend la qualité de prince de l'empire. La cathédrale, qui eft fous l'invocation de Notre-Dame, eft un très-beau bâtiment. Les fortifications confiftent en 2 chât. long. 25. latit. 46. 12.

SIOR, ville d'Afie, capit. du roy. de Corée, dans la prov. de Sengado, à 1 li. d'une large riv. Le roi y tient fa cour. long. 143. 38. latit. 37. 32.

SIOUNE, ville d'Afr. dans la Barbarie, au roy. de Tripoli; elle eft gr. & habitée par des Arabes & des Négres, qui vivent en forme de république; leur richeffe confifte en palmiers.

SIOUTH, *Lycopolis*, ville d'Afr. dans la h. Egypte, au pied d'une mont. & à demi-li. du Nil, qu'on paffe dans cet endroit fur un beau pont de pierre, le feul qui foit fur ce fleuve. Cette ville eft une des plus gr. & des plus peuplées de l'Egypte. Il y a 10 mofquées & minarets; on y fabrique les plus
belles

belles toiles de toute l'Egypte, & c'est la résidence d'un calife. long. 49. 28. latit. 26. 52.

*SIPHNO. Selon Vosgien c'est une ville de l'Archipel dans l'isle de Nanfio, avec un évêché Grec. Les cartes ni les géographes ne font aucune mention de cette ville; & dans le cas qu'elle existât, il n'y auroit pas d'év. car tous les habitans de Nanfio sont soumis à la jurisdiction de l'év. de Siphanto.

SIRADIE, ou SIRATZ, *Siradia*, ville de la gr. Pologne, capit. du palatinat de même nom, dans une belle plaine, sur le bord de la Warta, à 46 li. au nord-ouest de Cracovie. Le palatin y fait sa résidence; elle est défendue par un bon chât. Elle fut brulée en 1331 par les chevaliers de l'ordre Teutonique. Le palatinat a pour bornes au nord celui de Lencicza, au midi le duché de Silesie, au levant le palatinat de Sendomir, & au couchant celui de Kalisch. long. 36. 18. latit. 51. 32.

*SIRAN. Vosgien nous dit que c'est une p. ville du b. Languedoc dans le dioc. de S. Pons. Il n'y a aucune ville de ce nom dans toute la province.

SIRCK, ville de Lorraine aux confins du Luxembourg, sur la rive gauche de la Moselle, à 3 li. de Thionville vers le couchant d'été. Elle fut prise par le duc d'Enguien le 2 Septembre 1643.

SIRE, prov. ou préfecture d'Afrique dans l'Abissinie, au roy. de Tigré, dont elle est une des plus fertiles. Elle est arrosée par le Tacase, qui est l'*Astaboras* des anciens.

SIRGIAN, ou SCHIRGIAN, ville de Perse, capit. du Kerman. Elle est arrosée par plusieurs canaux, ce qui en rend le séjour gracieux. latit. 29. 30.

SIRIAN, place forte des Indes au roy. de Pegu, où elle a un bon port. Elle fut batie en 1602 par Philippe Britto, Portugais.

*SIRMICH, ou SIRMISCH, *Sirmium*, ville de Hongrie, capitale de l'Esclavonie, au pied du mont Arpareta, sur la riv. de Bosweth, proche la Save, à 15 milles au sud-est d'Essek, & non pas au midi, comme dit la Martiniere. Son év. qui est un des plus anc. est suffr. de Colocza. Elle est auj. presque réduite à un bourg. Il s'y tint 2 conciles, un en 351 & l'autre en 357. C'est la patrie des empereurs Probus, Marc-Aurele & Valere Maximilien. long. 38. 6. latit. 45. 4.

SISGOW, p. pays de Suisse au canton de Basle. Sissac en est le chef-lieu.

SISSAC, p. ville de Suisse au canton de Basle, dans le pays de Sisgow, dont elle est le chef-lieu.

SISSEG, *Segesta*, place de la Croatie, sur la droite de la Save, au confluent de cette riv. avec la Kulp. En 1593 elle soutint un fameux siége contre les Turcs. long. 34. 33. latit. 45. 38.

SISSOPOLI, *Apollonia*, ville de la Turquie Européenne dans la Romanie, sur une presqu'isle formée par la mer Noire, à 40 li. au nord-ouest de Constantinople. Elle est arch. mais mal peuplée. long. 45. 34. latit. 42. 20.

SISTERON, *Segesterica*, ville de Fr. en Provence, chef-lieu d'un bailliage de même nom, sur la Durance, qu'on y passe sur un pont, à 20 li. au nord-est d'Aix, à 15 au sud-ouest d'Embrun, & à 148 de Paris. Elle est munie d'une bonne citadelle, qui a un gouverneur, un lieutenant de roi & un major. Son év. établi dans le VI siécle, est suffr. d'Aix; le chapitre est composé de 11 chanoines & d'un prevot. Outre le bailliage il y a une fénéchauſſée. long. 23. 35. latit. 44. 12.

SITIA, *Citeum*, ville de l'iſle de Candie, ſur ſa côte ſept. près d'un golfe de même nom, à 80 milles au levant de Candie. Lorſque les Venitiens occupoient cette ville, il y avoit un évèque ſuffr. de Candie. long. 44. 6. latit. 35. 7.

SITTARD, ville d'Allem. dans le duché de Juliers, ſur les confins de celui de Limbourg, à 7 li. au midi de Ruremonde, ſur une p. riv. à 1 li. de la Meuſe. Elle fut preſque détruite en 1677.

SITTINGEN, abb. d'h. ordre de Cit. dans la haute Carinthie, au dioc. de Gorice.

SIVAS, ville de la Turquie Aſiatique dans la Natolie, à 2 journées au midi de Tocat. Elle eſt chef-lieu d'un gouvernement, & la réſidence d'un bacha, quoique très-peu conſidérable depuis la priſe qu'en fit Tamerlan, qui y exerça des cruautés inouïes.

SIUCHEU, ville de la Chine dans la prov. de Suchuen, dont elle eſt 4e métropole, ſur les ſl. Kiang & Mahu, près d'un lac qui a 40 ſtades de longueur. Elle a de beaux bâtimens, & ſon terroir eſt fertile en toute ſorte de grains. On y trouve beaucoup de perroquets. lat. 29. 13.

SIVEN, ville de la Chine dans la prov. de Peking, au département d'Iungping, 8e métropole de la prov. C'eſt une très-bonne fortereſſe, où on tient une nombreuſe garniſon. On trouve dans ſon terroir du marbre, du porphyre & du cryſtal. latit. 40. 30.

* SIWERSHAUSEN, bourgade d'Allem. dans le cercle de baſſe Saxe, au duché de Lunebourg, ſur les confins de l'év. de Hildesheim, entre les riv. d'Ave & de Fuſe. Il s'y livra une ſanglante bataille en 1553, entre Albert margrave de Brande-

bourg, & Maurice électeur de Saxe, qui mourut peu de jours après de ſes bleſſures. Voſgien a tort de placer cette bourgade dans l'év. de Hildesheim, & Robert l'appelle mal Sinershuſen.

* SIVRANA, fortereſſe d'Eſp. dans la Catalogne, ſur le chemin de Tarragone à Lerida, parmi des rochers dont l'abord eſt difficile. Charles II roi de Naples y fut long-tems enfermé avant de monter ſur le trône. Robert fait mention de ce lieu, mais non pas comme fortereſſe.

SIVRAY, ville de Fr. dans le Poitou, ſur la Charente, à 10 lieues au midi de Poitiers, ſur la route d'Angoulème. Elle eſt chef-lieu d'un comté, & a été le ſéjour d'un grand nombre de Religionnaires, qui y avoient un temple. Il y a une ſénéchauſſée royale. long. 17. 55. latit. 46. 12.

SIX, abb. de Chanoines réguliers dans le Genevois, & dans un lieu entierement déſert.

SIXFOURS, p. ville de Fr. en Provence, ſur la côte à l'oueſt de Toulon, avec une collégiale fondée l'an 1650. Quelques-uns croient que c'eſt la *Taurentum* d'Antonin.

SIZUN, p. iſle de Fr. ſur la côte de Bretagne, à 3 li. de la terre ferme, dans le dioc. de Quimper. Les habitans ne recueillent que quelque peu d'orge, dont ils vivent avec des racines.

SKARA, ville de Suéde dans la Weſtrogothie, ſur la riviere de Lida, à 2 li. au midi du lac Waner. Scarin roi de Gots la fonda, & elle devint la réſidence de ſes ſucceſſeurs, qui y avoient un très-beau palais, & dont on voit de beaux reſtes. Il y a un évêché. long. 31. 36. latit. 58. 15.

SKIE, iſle d'Ecoſſe, une des Weſternes, au midi de la prov.

de Rofs. Elle a 42 milles de long & 12 de large, eft féparée de l'E-coffe par un petit détroit. Il y a gr. nombre de golfes & de riv. où on pêche des harengs & des faumons. Le terroir produit beaucoup de bled, & on y nour-rit de nombreux troupeaux. On compte 5 chât. dans cette ifle, qui eft très-peuplée.

SKIPTON, ville d'Ang. dans l'Yorckshire, proche la riviere d'Ar, entre Yorck & Londres. Elle eft jolie, & munie d'un bon château. On voit près de cette ville une fontaine d'eau foufrée & falée.

SLAGA, abbaye de l'ordre de Prémontré eu Allem. dans la h. Autriche, à 1 li. de Lintz & de la rive fept. du Danube.

SLAGEL, *Slagofa*, ville du Danemarck, chef-lieu d'une préfecture de même nom dans l'ifle de Selande.

SLAGUEN, ville d'Allem. dans la Pomeranie, fur la Wipper, à 4 li. au-deflus de Rugenwalde.

SLAUKAW, *Slanukovia*, ville de la h. Pologne au palatinat de Cracovie, à 2 milles d'Il-kufch. Il y a dans les environs des mines de plomb mêlées d'argent.

SLEGO, ville d'Irlande dans la prov. de Connaught, capit. du comté de même nom, & la feule remarquable. Elle eft dé-fendue par un château, & a un port affez bon, mais d'un accès difficile, à caufe d'une barre de fable qui la traverfe. Les vaif-feaux de 200 tonneaux peuvent être à flot devant la ville. long. 9. 10. latit. 54. 25.

SLEIDEN, petite ville d'Allem. dans le duché de Juliers. Elle eft chef-lieu d'un comté de même nom, & fortifiée d'une bonne citadelle.

1. SLESWICK, *Slefvicum*, ville de Danemarck, capit. du duché de même nom, fur le golfe de Slie, à 7 milles au midi d'Appenrade, à 17 au nord-oueft de Lubeck, & à 15 au nord de Hambourg. Elle eft grande & ornée d'affez belles maifons. Son év. eft fuffr. de Lunden; la ca-thédrale, qui eft la feule églife, eft très-belle: on y voit les tom-beaux des anc. ducs de Slefwick. Les differentes guerres lui ont fait perdre de fon ancien éclat. long. 27. 30. latit. 54. 41.

2. SLESWICK (duché de), ou le SUDJUTLAND, pays du Danemarck, borné au nord par le Nordjutland, au midi par le Holftein, au levant par la mer Baltique, & au couchant par l'Océan. Il a 40 li. d'étendue du midi au nord, & 24 du levant au couchant. Ce duché eft arrofé d'un gr. nombre de riv. qui le rendent très-fertile; il eft rem-pli de prairies & de pâturages, & il y a gr. abondance de grains, auffi eft-il bien peuplé. On le divife en plufieurs bailliages, où on compte 14 villes, & un gr. nombre de chât. & de forterefles. La noblefle y eft très-puiffante. Slesswick eft la capitale.

SLIERBACH, abbaye d'hom. ordre de Citeaux, en Allema-gne, dans la haute Autriche, au dioc. de Paffau.

SLOBODA, ville de l'empire Ruffien, dans la province de Wiatka, fur la rive droite de la Wiatka, au-deflous de Orlo.

SLONIM, ville du duché de Lithuanie, au palatinat de No-vogrodeck, capit d'un diftrict de même nom, fur la rive gau-che de la Sczara, avec un chât. & quelques fortifications. long. 44. 10. latit. 52. 40.

SLOOTEN, *Slota*, ville des Provinces-Unies dans la Frife, capit. du Weftergoo, fur le lac de Slootermeer, à 1 li. du Zuy-derzée. Quoique petite, elle eft bien peuplée & marchande. Son terroir eft fertile en froment &

en pâturages. long. 23. 11. latit. 52. 56.

SLUCK, *Slucum*, ville de Pologne dans la Lithuanie, au palatinat de Novogrodeck, capitale du duché de même nom, sur la riv. de Sluck. Elle est gr. mais presqu'entierement bâtie en bois, à l'exception de quelques édifices publics, comme le palais ducal, l'église des Catholiques, &c. long. 45. 58. latit. 52. 37.

SLUPCZA, ville de Pologne dans le palatinat de Kalisch, sur la rive droite de la Warta, au sud-est de Gnesne. Cette petite ville fut prise & réduite en cendres par les Teutoniques l'an 1331.

SLYE, riv. de Danemarck, ou plutôt golfe de la mer Baltique, qui a 5 milles de longueur. On y pêche d'excellens brochets, éturgeons & harengs.

* SMALAND, ou GOTHIE méridionale, *Smalandia*, prov. de Suéde dans la partie mérid. de la Gothie, bornée au nord par l'Ostrogothie, au midi par la Schone, au levant par la mer Baltique, & au couchant par la Westrogothie. Elle a 45 li. du levant au couchant, & 25 du midi au nord. Elle est partagée en plusieurs territoires. Calmar est sa capit. & non pas Clamar, comme Vosgien le dit dans toutes les éditions de son ouvrage.

SMALCALDE, *Smalcalda*, ville d'Allem. dans le cercle de la h. Saxe, au comté de Henneberg, & comprise dans le cercle de Franconie, à 1 mille de la Werra, à 6 au sud-ouest d'Erford. C'est la plus considérable de la princ. d'Henneberg, & appartient auj. au prince de Hesse-Cassel. Cette ville est remarquable par la ligue que les princes Protestans y conclurent en 1530 contre l'empereur Charles V, & par la naissance de Cellarius, auteur d'une

géographie ancienne. long. 20. 14. latit. 50. 42.

SMIRNE, ville de Grece, *voyez* Smyrne.

1. SMOLENSKO, *Smolencum*, ville de l'empire Russien, capit. du duché de même nom, sur la rive droite du Nieper, sur les confins de la Moscovie, à 78 li. au sud-ouest de Moscou. Elle est gr. & fortifiée d'un bon chât. qu'on voit sur une montagne. Son év. est suffr. de Gnesne. Cette ville a été souvent le théâtre de la guerre. Sigismond III l'enleva aux Moscovites en 1611. Elle fait partie des états de Moscovie depuis 1687, que les Polonois cederent tous leurs droits. long. 50. 38. latit. 54. 52.

2. SMOLENSKO, duché de l'empire Russien, borné au nord par la principauté de Biela, au midi par une partie de la Severie, au levant par le duché de Moscou, & au couchant par les palatinats de Mscillaw & de Witepsk. Sa capitale porte le même nom.

SMYRNE, *Smyrna*, ville de la Turquie Asiatique dans la Natolie, sur l'Archipel, au fond d'une baie capable de contenir la plus gr. armée navale, à 75 li. de Constantinople. C'est la plus gr. & la plus riche ville du Levant. La bonté de son port y attire des négocians de toutes les nations. Elle est habitée par des Grecs, des Turcs, des Juifs, des François, des Anglois, des Hollandois, qui y ont des consuls & des comptoirs. Il y a 15 mosquées, 7 synagogues, 2 églises Grecques, une Arménienne & 3 Latines. Les rues sont bien pavées & bien percées, les maisons bien bâties. Les Turcs y tiennent un cadi pour administrer la justice. Le commerce qui s'y fait consiste en soie, toiles de coton, camelots de poil de chevre, maroquins & tapis. Les Capucins, les Recolets & les Jésuites y ont des maisons. Cette ville seroit un séjour agréable, si elle n'étoit sujette à la peste & aux tremblemens de terre. long. 44. 60. latit. 38. 29.

SNEECK, ou SNITZ, ville des Pays-Bas dans la Frise, au Westorgoo, à 3 li. du Zuiderzée, de Levwarde & de Franeker, dans un lieu marécageux. Elle est bien bâtie, défendue par de bons remparts, bien peuplée & marchande. Il y a des écoles latines très-célebres. Les Jésuites y avoient un collége, & les Bénédictins un couvent; mais ils furent obligés de se retirer lorsque la religion Prét. R. y fut introduite. C'est la patrie de Joachim Hopper, fameux docteur en droit. long. 23. 10. latit. 53. 6.

SNEIRNE, ville de Perse entre Ninive & Ispahan, à 3 journées d'Amadam. Il y a un gouverneur qui occupe un très-beau palais. Ses environs produisent naturellement beaucoup de lis.

SNYATIN, ville de la petite Pologne, capit. de la Pokutie, sur la gauche du Pruth, à 4 li. au levant de Colomey. Elle est assez marchande. long. 44. 10. latit. 48. 40.

SOANA, *Suana*, ville d'Italie dans la Toscane au Sienois, sur une montagne, proche la riv. de Fiore, à 16 li. au midi de Sienne, dont son év. est suffr. C'est la patrie du pape Gregoire VII. Le mauvais air qu'on y respire l'a rendue presque déserte. long. 29. 14. latit. 42. 44.

SOBERNHEIM, petite ville d'Allem. dans le palatinat du Rhin, sur la rive gauche de la Nahe, au-dessous de Martenstein.

SOBIESLOW, p. ville de Bohême dans le cercle, & à l'orient de Bechin.

SOBRADO, *Superetum*, abb. d'h. ordre de Cît. de la congrégation de Castille en Esp. dans la Galice, au diocèse de Compostelle.

SOBRARBE, contrée d'Esp. dans le roy. d'Arragon, avec titre de principauté, bornée au nord par les Pyrenées, & au levant par le comté de Ribagorça. Ainsa est la capitale.

SOCHACZOW, ville de Pologne dans la Masovie, près d'une p. riv. qui forme en ce lieu une isle. Elle est bâtie en bois.

SOCHEU, ville de la Chine dans la prov. de Xensi, dont elle est premiere ville militaire. Il y a un temple dédié à un aveugle, qui passoit parmi les Chinois pour un grand politique. latit. 38. 41.

SOCONUSCO, province de l'Amér. sept. dans la nouv. Esp. bornée au nord par la prov. de Chiapa, au midi par la mer du Sud, au levant par la prov. de Guatimala, & au couchant par la prov. de Guaxaca. On lui donne 35 li. de long, & presqu'autant de large. On n'y trouve d'autre place que Soconusco: elle est habitée par un petit nombre d'Espagnols qui sont fort redoutés des naturels du pays, gens arrogans & cruels.

SOCOTERA, *Dioscoridis insula*, isle située entre l'Arabie heureuse & l'Afrique, à 20 li. au nord-est du cap de Guardafuy. C'est la plus gr. isle qui soit vers l'entrée de la mer Rouge; mais elle n'a point de port qui puisse contenir un gr. nombre de vaisseaux. Elle est coupée au centre par une chaîne de montagnes qui s'élevent jusqu'aux nues. On lui donne 20 li. de long & 9 de large. La capitale, située dans la partie sept. de l'isle, s'appelle Tamarin. Elle est bien peuplée, & a un roi particulier qui releve d'un chérif d'Arabie. Le terroir est abondant en bétail & en fruits : on en tire des dattes, du riz, de l'encens, de l'aloes, que les habitans trafiquent dans toutes les Indes. latit. 13.

Soczova, *Sandava*, ville de la Turquie Européenne dans la Moldavie, sur la riv. de Seret, entre Jassy & Newmarck. long. 44. 48. latit. 47. 22.

Sodertalge, ou Suder-talge, ville de Suéde dans l'Uplande, au midi de Stockholm.

Sodore, *Sodera*, anc. ville d'Ecosse, auj. village dans la p. isle de Cholmkill, une des Westernes.

Soest, *Susatum*, ville d'Allemagne dans la Westphalie, au comté de la Marck, à 4 li. au sud-ouest de Lipestat. Elle a été impériale ; c'est une grande ville, bien fortifiée : on y voit un lac fort profond, dont les eaux se répandent dans les rues. Elle est au roi de Prusse. long. 25. 48. latit. 51. 42.

SOFALA, roy. d'Afr. dans la Cafrerie, sur la côte de la mer d'Ethiopie, vers le Zanguebar. Il est borné au couchant par les états de Monomotapa, & au levant par l'Ocean Indien. Ses habitans sont bienfaits & civilisés. Il y a plusieurs mines d'or & beaucoup d'éléphans. La capit. qui porte le même nom est p. & située sur le bord de la mer, un peu au nord de l'embouchure de la riv. de Sofala. Les Portugais s'en emparérent en 1508, & y bâtirent une forteresse qui leur assure le commerce avec les Cafres. On croit que c'est l'Ophir de Salomon. lat. mérid. 20.

SOFFE, ou SOPHIE, *Sophia*, ville de la Turquie européenne, capit. de la Bulgarie, sur la riv. de Bojana, dans une vaste plaine, à 96 li. de Constantinople.

Elle est gr. les maisons sont éloignées les unes des autres, parce que chacune a un vaste jardin. Le Beglerberg de Romelie y fait sa résidence ; les Juifs ont dans cette ville plusieurs synagogues ; il s'y trouve quelque Catholiques Romains. long. 41. 28. latit. 42. 31.

SOFFRAGAN, prov. ou bailliage appellé Corla, dans la partie mérid. de l'isle de Ceylan, avec une ville de même nom, située sur la riv. sept. de Caleture.

Sofroy, p. ville d'Afrique, au roy. de Fez, sur une colline, avec une très-belle mosquée à 5 li. de Fez. Les habitans vont débiter beaucoup d'huile à Fez.

SOGNO, prov. d'Afr. au roy. de Congo, bornée au nord par le Zaire, au midi par l'Ambrisi, au levant par le Pango, & au couchant par la mer. Les habitans professent la religion Chrétienne, & ont plusieurs églises. Leur terrein est sec & sablonneux, mais on y trouve quantité de sel dont il se fait un grand débit. latit. mérid. 6.

*Soignies, *Sonegiæ*, p. ville des Pays-Bas, dans le Hainaut, au comté de Mons, sur la riv. de Senne, & non pas Sonneque, comme dit la Martiniere, à 4 li. au nord-ouest de Binche, & à 7 au sud-ouest de Bruxelles près d'une forêt de même nom, qui a 7 li. de circuit. long. 21. 45. latit. 50. 31.

SOISSONNOIS, pays de Fr. partie du gouvernement militaire de l'isle de Fr. borné au nord par le Laonois, au midi par la Brie, au levant par la Champagne, & au couchant par le Valois. C'est un pays très-fertile en grains. la riv. d'Aisne le traverse. Soissons est la capit.

*SOISSONS, *Augusta Suessionum*, ville de Fr. capit. du Soissonnois, sur la riviere d'Aisne, qu'on paſſe ſur un pont dans un beau vallon, à 12 li. au couchant d'Amiens, & à 22 de Paris. Cette ville, autrefois une des plus conſidérables de la Belgique, devint la réſidence des rois de la premiere race ; on y voit encore leur château. Les dehors de Soiſſons ſont charmans, mais les rues pour le plus grand nombre ſont étroites, les maiſons aſſez mal bâties : la cathédrale, qui eſt ſous l'invocation de St Gervais & St Protais eſt un beau bâtiment. L'évêché eſt des premiers ſiecles ; ſon év. eſt le premier ſuffragant de Rheims & a droit de ſacrer nos rois lorſque le ſiége de la métropole eſt vacant. Le chapitre eſt nombreux. Les canonicats ſont meilleurs depuis la ſuppreſſion qu'on a fait de onze prébendes. Il y a à Soiſſons un Intendant, bureau des finances, préſidial, élection, maréchauſſée, maîtriſe des eaux & forets, & académie érigée en 1674, & non pas 1694, comme dit Voſgien. Les peres de l'Oratoire occupent le collége. L'abbaye de filles ordre de St Benoit appellée Notre-Dame, eſt très-riche, ainſi que les autres abb. d'hommes, qu'on voit dans cette ville, celle de St Jean eſt chef d'ordre & l'unique. long. 20. 59. latit. 49. 22.

SOLDIN, ville d'Allem. dans la n. Marche de Brandebourg, dont elle eſt capit. ſur un lac de même nom. Elle eſt aſſez bien bâtie, quoiqu'elle ait ſouffert diverſes révolutions. Il y a une collégiale compoſée de 12 chanoines. long. 32. 55. latit. 53.

SOLEISMONT, abb. de filles, ordre de Cît. dans les Pays-Bas, entre Charleroy & Fleurus.

SOLEME, p. ville de Fr. dans le Maine, ſur la Sarte, à une li. de Sablé. Les Bénédictins y ont un beau monaſtere, dont on admire l'égliſe.

1. SOLEURE, *Salodurum*, ville de Suiſſe, capit. du canton de même nom, ſur la riv. d'Aar, à 12 li. au midi de Baſle, à 10 au nord eſt de Berne. Cette ville connue du temps des Romains, & ſelon les habitans bâtie du tems d'Abraham, eſt grande, & ornée de pluſieurs beaux édifices. La collégiale de St Urſe eſt une très-belle égliſe, les Jeſuites y ont un magnifique collée. On voit de belles peintures à l'hôtel de ville, & on admire l'eſcalier. L'arſenal eſt très-bien muni. L'ambaſſadeur de Fr. auprès des cantons fait ſa réſidence à Soleure, où il occupe une partie du couvent des Cordeliers. long. 25. 6. latit. 47. 14.

2. SOLEURE (canton de) c'eſt le onzieme canton Suiſſe, borné au nord par l'év. de Baſle, au midi & au levant par le canton de Berne, au couchant par ce même canton, & par les états de l'év. de Baſle, le long de la riv. d'Aar. Il eſt étroit, & les terres en ſont fertiles en grains & fruits. Ce canton eſt Catholique.

SOLIERES, abb. de filles, ordre de Cît. dans les Pays-Bas, ſur les frontieres du pays de Liege, à 1 li. & demie d'Huy.

1. SOLIGNAC, *Solemniacum*, abb. d'h. ordre de St Benoît en Fr. dans le Limouſin, ſur la p. riv. de Briance, à 2 li. au midi de Limoges. On y conſerve une partie des reliques de St Remacle, qui en fut le premier abbé.

2. SOLIGNAC, p. ville de Fr. dans le Velay, ſur la gauche de la Loire, à 2 li. au midi du Puy. Elle a titre de Baronnie.

SOLKAMSKAIA, ville de l'empire Ruſſien, dans la prov. de Permski, ou Permie, ſur la riv. d'Uſolska, qui un peu au-deſſous ſe joint au Kama.

SOLLINGEN, ville d'Allem. dans le cercle de Weſtphalie,

au duché de Berg, fur la riv. de Wiper. latit. 51. 5.

SOLMS, *Solma*, bourg d'Allem. dans la Weteravie, chef-lieu d'un comté de même nom, à 2 li. au nord-ouest de Gieſſen. Il appartient à une branche de la maiſon de Naſſau, qui en 1742, fut élevée à la dignité de prince de l'empire, par l'empereur Charles VII. Ce bourg eſt fortifié d'un bon chât. long. 26. 20. lat. 50. 30.

SOLOGNE, *Secalaunia*, pays de Fr. compris dans le gouvernement d'Orleans, au midi de la Loire. Il a 30 li. de long, fur 20 de large, il abonde en gibier, en bois, paturages. On y fait beaucoup de ferges, & de draps. Romorentin eſt la capit.

SOLOKAMSKO, ville de l'emp. Ruſſien, fur la riv. d'Uſolsko, renommée par ſes chevaux & par ſes falines.

SOLOR, iſle de la mer des Indes, au midi de celle des Celebes. On y reſpire un air fain, & tempéré, ſes habitans font blancs, & ont un roi particulier. On trouve de l'or dans les terres & dans les riv.

* SOLSONA, *Celſona*, & non pas *Celſoa*, comme dit Voſgien, après la Martiniere, ville d'Eſp. dans la Catalogne, à 2 lieues au nord de Cardona, près du Cardonero, fur une hauteur. Elle a un év. fuffr. de Taragonne, & étoit autrefois munie d'une très-bonne citadelle. long. 19. 14. latit. 41. 52.

* SOLTWEDEL, & non pas SOLTWELD, comme dit Voſgien, p. ville d'Allem. dans la vieille Marche de Brandebourg, fur la riv. d'Ietze, connue autrefois fous le nom d'*Heliopolis*. long. 29. 22. latit. 53. 6.

* SOLWAY, *Itunæ Æſtuarium*, golfe de la Grande-Bretagne, fur la côte orient. ou plutôt mérid. de l'Ecoſſe, dont

il fait la féparation avec l'Angleterre. La Martiniere le place mal fur la côte occidentale de l'Ecoſſe.

SOMASQUE, p. ville d'Italie, fur les frontieres du Milanez & du Bergamaſque, au dioc. de Milan. Elle a donné l'origine & le nom à la congrégation des Clercs réguliers, qu'on appelle Somaſques. Ils y ont leur premiere maiſon & un collége.

SOMBRERO (iſle de) iſle de la mer des Indes, à 12 li. au nord de Nicobar. Sa côte eſt parfemée de rochers. On y trouve beaucoup d'arbres qui pourroient fervir de mats aux plus grands vaiſſeaux.

SOMBREROS (iſles de) iſles d'Afr. fur la côte de Guinée, au fud de la baie de Ste Anne. Elles font au nombre de cinq, produifent une grande abondance d'oranges, de limons, des cannes de fucre, &c.

SOMEREN, gros bourg des Pays-Bas, au quartier de Peelland, dans la mairie de Bois-le-Duc, il y a un tribunal compoſé de fept échevins.

SOMERTON, bourg, dans la prov. de Sommerfet en Angl. fur la droite de l'Ivell, & autrefois la réfidence des rois de Weſtfex. Il s'y tient une foire confidérable de bœufs.

* SOMMA, bourgade d'Italie, au roy. de Naples, dans la terre de Labour, vers le fommet du mont Vefuve, & non pas au pied, comme dit la Martiniere. On y recueille des vins & des fruits exquis.

SOMME (la) *Sumina*, ou *Somona*, riv. de Fr. en Picardie, où elle prend fa fource au lieu nommé Fonfomme, & après avoir arrofé pluſieurs villes, va fe jetter dans la Manche, entre Crotoy, & St Valery.

SOMMERFELD, p. ville de Siléfie, dans la principauté de

Croſſen au midi de Bobersberg, ſur un ruiſſeau qui ſe rend dans la Neiſs : pluſieurs la placent dans la baſſe Luſace, frontiere de la Sileſie.

SOMMERSETSHIRE, prov. maritime d'Angleterre, avec titre de duché, bornée au nord par la prov. de Gloceſter, au midi par le Dorſetshire & le Devonshire, au levant par le comté de Wilt, & au couchant par la baie de la Saverne. Elle a 55 milles de long, & 40 de large. Quantité de riv. qui l'arroſent, la rendent abondante en grains, fruits & bétail. Il y a pluſieurs mines de charbon de terre, & nombre de fontaines médecinales. Briſtol eſt la ville capitale.

SOMMIERES, *Sumerium*, ville de Fr. dans le bas Languedoc, ſur la Vidourle, à 2 li. de Niſmes, les Calviniſtes en avoient fait une forte place. C'eſt un gouvernement particulier. long. 21. 43. latit. 43. 55.

SONCINO, *Soncinum*, p. ville d'Italie, dans le Cremonois, ſur la droite de l'Oglio, à 7 li. au nord-oueſt de Cremone. La premiere bible Hebraïque qui ait paru a été imprimée dans cette ville en 1488. long. 27. 20. latit. 45. 23.

SONDE (iſles de la) iſles de la mer des Indes, ſituées autour de l'Equateur, & au couchant des Moluques. Les principales ſont Sumatra, Java & Borneo. latit. ſept. 8. mérid. 8.

Le détroit de même nom eſt entre les iſles de Sumatra & de Java, entre le 5e & le 6e dégré de latit. merid.

SONDRIO, gros bourg de la Valteline, ſur la droite de l'Adda, chef-lieu d'un gouvernement de même nom, & la réſidence du gouverneur. Il y a un bon chât.

SONGSON, iſle de l'Océan Oriental, la 12e des iſles appellés Mariannes, à 20 li. d'Agrigan, & à 5 de Maug ou Tunas. On lui donne 6 li. de tour. Il y a dans cette iſle un volcan. latit. ſept. 20. 15.

SONNEBERG, *Suneberga*, ville d'Allem. dans la N. Marche de Brandebourg, ſur la gauche de la Warte.

SONNENBOURG, abb. de filles, ordre de St Benoît, dans le Tirol, ſur la riv. gauche de l'Lyſoch, au-deſſus de Brixen.

SONNEWALD, p. ville d'Allem. dans la b. Luſace, ſur le Dober. Elle eſt forte, & appartient au comte de Solms qui y fait ſa réſidence ordinaire.

SONQUAS, peuple qui habite vers la partie mérid. de l'Afrique. Ils habitent les montagnes, où ils vivent de racines & de chaſſe, à laquelle les femmes ſont auſſi habiles qu'eux. Ils habitent des cabanes faites de branches entrelacées & couvertes de jonc.

SOPHIANA, ville de Perſe, dans l'Adirbeitzan, à 1 journée au nord-oueſt de Tauris, dans un vallon marécageux.

SOPRON, ou ŒDENBOURG, ville de la b. Hongrie, capit. du comté de même nom, au couchant du lac de Ferto, ſur les confins de l'Autriche, à 12 li. au ſud-eſt de Vienne. long. 34. 40. latit. 47. 38.

1. SORA, *Sora*, ville d'Italie, dans la terre de Labour, au roy. de Naples, près de la riv. du Garigliano, à 20 li. au ſud-eſt de Rome. Elle a titre de duché, & un év. qui ne releve que du St Siége. Elle eſt très-peuplée, & on y voit un beau château. C'eſt la patrie du cardinal Baronius. long. 31. 15. latit. 41. 46.

2. SORA, p. ville de Danemarck, dans l'iſle de Selande, près d'un lac qui abonde en poiſ-

fons. C'étoit autrefois une riche abbaye, qui est à présent un célebre collège. long. 29. 27. latit. 55. 28.

SORATOF, ville de l'empire Russien, *voyez* Saratof.

SORAW, *Sorava*, ville d'Allemagne, dans la h. Saxe, au marquisat de Lusace, près du Bober, à 2 li. au nord-ouest de Sagan. long. 32. 55. latit. 51. 37.

SORBON, ou SORBONNE, village de Fr. en Champagne, au dioc. de Rheims, à 2 li. au nord-est de Chateau-Porcien, remarquable pour être la patrie de Robert Sorbon, confesseur de St Louis, & fondateur du collége qui porte son nom.

* SORDES, *Sordua*, abbaye d'hom. ordre de St Benoît, en Fr. dans la Gascogne, sur le Gave d'Oleron, à 3 li. de la ville d'Acqs, & à 1 de l'abb. de Caignote, & non pas Lagnotte, comme dit la Martiniere. Elle est située dans le bourg de même nom.

SORESE, *B. Maria de Solliaco*, abbaye d'hommes, ordre de St Benoit, dans le h. Languedoc, au dioc. de Lavaur, près du ruisseau de même nom, fondée par Pepin, roi d'Aquitaine.

SORET, prov. des Indes, dans les états du Mogol, près du roy. de Guzurate. Elle est très-peuplée, & a pour capit. la ville de Janagar.

* SORGUE, ou PONT DE SORGUE, *Vindalicum*, *Undalus*, ville de Fr. en Provence, dans le comtat d'Avignon, près du confluent de la Sorgue, de la Nasque & de l'Ouvese, & non pas Louvese, comme dit la Martiniere.

SORIA, *Soria*, ville d'Espagne, dans la Vieille Castille, près de la source du Duero, bâtie sur les ruines de l'anc. Numance. long. 15. 34. latit. 41. 47.

SORIANO, bourg d'Italie, au roy. de Naples, dans la Cala-

bre ultér. au nord oriental de Soreto.

SORLINGUES (les), *Silures*, isles sur la côte de la Grande-Bretag. dépendantes de la prov. de Cornouaille, dont elles sont à 8 li. à l'ouest. On en compte 145 ; les principales sont Sainte Marie & Silly : la premiere a 8 milles de circuit, & a un fort où on tient garnison ; celle de Silly est aussi considérable, & a donné son nom aux autres. Elles abondent en paturages, on y trouve des mines d'étain.

* SOROCK, ville de la Turquie Européenne, dans la Moldavie, sur le Niester, munie d'un très-bon chateau. Les Turcs furent obligés d'en lever le siége en 1692, & non pas en 1602, comme dit Vosgien.

* SORRENTO, *Surrentum*, ville d'Italie, au roy. de Naples, dans la terre de Labour, à l'extrémité du golfe de Naples, à 7 li. au midi de Naples, & non pas au sud-est, comme dit Vosgien, à 4 li. à l'ouest d'Amalfi, & non pas au nord-ouest, comme dit le même auteur. Cette ville qui est très-ancienne est decorée d'un archevéché, & a la gloire d'être la patrie du Tasse. long. 31. 50. latit. 40. 38.

SORTINO, p. ville de Sicile, dans la vallée de Noto, près de la riv. de même nom.

Sos, p. ville de Fr. dans le b. Armagnac, avec une collégiale.

SOSPELLO, *Sospitellum*, petite ville des états de Savoye, dans le comté de Nice, entre cette ville & Coni. Elle fut prise en 1692 par les Fr. qui la rendirent deux ans après.

SOUBISE, ville de Fr. dans la Saintonge, sur la Charente, à 2 li. au nord de Brouage, avec titre de princ. Il y a une collégiale & un chât. accompagné d'un beau parc.

SOUILLAC, *Sublacum*, petite ville de Fr. dans le Querci, à 3 l. de Sarlat, fur la Borefe, près de la Dordogne, avec une abb. d'hom. de l'ordre de St Benoît. long. 59. 18. latit. 45. 4.

SOULE (pays de), p. pays de Fr. en Gascogne, dans les Pyrenées, le long du Gave de Suzon. C'eft un pays d'état, & comprend environ 69 paroilles.

2 *SOUMELPOUR, p. ville des Indes, au roy. de Bengale, fur la riv. de Gouel, à 30 li. vers le couchant d'Ougly, & non pas Ougely, comme difent la Martiniere & Vofgien, longitude 102. 20. latit. 24. 35.

*SOUPROSE, p. ville de Fr. dans la Gascogne, au dioc. d'Acqs, dans des marais, proche l'Adour. L'air qu'on y refpire eft fort mal fain.

SOUR, *Tyrus*, ville de la Turquie Afiatique, dans la Syrie, fur le bord de la mer, avec un port. Ce ne font plus que des ruines de la fameufe Tyr. latit. 33.

*SOURE, ville de Portugal, dans l'Eftramadure, fur une riv. de même nom, à 6 li. de Leyria, & non pas Leyra, comme dit la Martiniere. Il y a quelques couvens & un beau palais.

*SOUREZE, abb. de Fr. qu'on appelle communément SORESE, *voyez* ce mot. Vofgien crainte de l'oublier, en a fait deux articles.

*SOURIQUOIS, peuples de l'Amérique fept. dans la Nouv. Fr. où ils habitent l'Acadie, & non pas l'Arcadie, comme dit la Martiniere. Leur langue eft différente de celle des Canadiens. Ils vivent de poiffon l'été, & l'hyver de la chaffe.

*SOURS, bourg de Fr. dans la Beauce, à 1 li. de Chartres, mais non pas dans le diftrict de Bretigny, comme dit la Martiniere; car ce village, connu

par le traité de 1360, eft près de Châtres, auj. Arpajon.

SOUSE, ou SUZE, ville d'Afrique, au roy. de Tunis, capit. de la province de même nom, fur un rocher proche la mer. C'eft la réfidence du gouverneur de la prov. Son commerce confifte en huile, cire, laine & thons. Le port eft fort bon. long. 28. 49. latit. 36.

SOUSTER, ville ancienne de Perfe, capitale du Chufiftan, *voyez*, Sufes.

SOUTERAINE (la), p. ville de Fr. dans le Limoufin, à 2 li. de Limoges.

SOUTHAMPTON, *Claufentum*, ville d'Angl. dans le Hant-fhire, près des riv. de Teft & d'Itching, à 25 li. au fud-oueft de Londres. L'ile eft grande, bien peuplée, & a été autrefois plus commerçante qu'elle n'eft auj. fon havre eft bon. Elle a titre de duché, & fe gouverne par elle-même. long. 16. 22. latit. 50. 48.

SOUTHWARCK, ou SOUDRICK, bourg d'Angl. près de Londres, à laquelle il communique par un pont fur la Tamife. Les archevêques de Cantorbery y ont un beau palais & une bibliothéque publique.

SOUVIGNY, *Silviniacus*, p. ville de Fr. dans le Bourbonnois, fur le ruilleau de Queine, près de l'Allier, à 2 li. de Moulins. Il y a une belle églife, où font les tombeaux de plufieurs fires de Bourbon. long. 20. 52. latit. 46. 31.

SPA, *Spadum*, bourg d'Allem. au pays de Liége, fur les confins du duché de Limbourg, à 5 milles de Liége. Ses eaux minerales l'ont mis en grande réputation.

SPAINSHART, abb. d'hom. ordre de Prémontré, dans la b. Baviere, au h. Palatinat, dans le dioc. de Ratisbonne.

SPALATRO, *Spalatrum*, ville des états de Venise, capitale de la Dalmatie Venitienne, sur le golfe de Venise, à 12 milles de Trau, & à 400 de Venise. Son port est grand, & a un bon fond. On y voit les restes du palais de Dioclétien. L'archev. de Spalatro est primat de toute la Dalmatie. C'est un pays de bonne chere, & on y vit à bon marché. long. 34. 10. latit. 43. 52.

SPANDAW, *Spandavia*, ville d'Allem. dans la moyenne Marche de Brandebourg, sur le Havel, près de son embouchure dans la Sprée, à 3 li. au nord-ouest de Berlin. On y voit un étang, au milieu duquel est une grande citadelle qui passe pour très-forte. Son arsenal est un des mieux fournis de toute l'Allemagne. Il y a dans cette ville une colonie de François réfugiés. long. 31. 20. latit. 52. 34.

* SPANGENBERG, ville d'Allemagne, dans le bas landgraviat de Hesse, avec un bon chât. à 4 li. au sud-est de Cassel. Robert la nomme mal Spangen.

SPANHEIM, comté d'Allemagne, dans le bas palatinat, borné au nord par l'électorat de Mayence, au midi par le duché de Deux-Ponts, & au couchant par l'électorat de Treves. Il est divisé entre plusieurs souverains. L'électeur Palatin en possède la plus grande partie.

SPARENBERG, chât. d'Allem. dans la Westphalie, au comté de Ravensberg, sur une montagne près de la ville de Bilefeld.

SPEY, grande riv. d'Ecosse, & la plus considérable après le Tay. Sa source est aux confins des prov. de Lochabir & de Badenoch ; & après un cours de 60 milles, elle se rend dans la mer près de Bagie.

SPEZZE, ou SPECIA, ville d'Italie, dans l'état de Gènes,

sur le golfe de même nom, à milles de Sarzane, dans un terroir agréable & fertile. long. 27. 30. latit. 44. 6.

SPIEGELBERG, petit pays d'Allem. dans le cercle de Westphalie, avec un bourg de même nom. Il a 6 li. d'étendue, & confine avec le comté de Schaumbourg. Il appartient au prince de Nassau Dietz.

SPIETZ, ville de Suisse, dans le canton de Berne, sur le bord du lac de Thoun, avec titre de baronnie, & un beau château. On voit près de cette ville un ruisseau qui a cela de remarquable, qu'il tarit en automne, & coule ensuite au printems : s'il tarit tard, l'année suivante est abondante, s'il tarit de bonneheure, l'année est stérile.

SPIGA, p. ville de la Turquie Asiatique, dans la Natolie, sur la cote de la mer de Marmora, où elle a un port. Les anciens l'ont connue sous le nom de *Cyzicus*.

* SPILEMBERG, ville de l'état de Venise, dans le Frioul, sur le Tajamento, & non pas Trajamento, comme dit la Martiniere, sur les frontieres du Boulonois. On croit que c'est l'ancienne *Bibium*.

SPINA, abb. d'hom. ordre de Cît. en Esp. dans le royaume de Leon, au dioc. de Palencia.

SPINA-LONGA, forteresse de l'isle de Candie, près de la côte septent. à 55 milles de la capit. avec un port, l'un des meilleurs de l'isle.

SPINARZA, ville de la Turquie Européenne, dans l'Albanie, sur la riv. de même nom, près de son embouchure. long. 37. 10. latit. 41.

SPINLIEU, abb. de Fr. *voyez* Espinelieu.

SPINO, ville d'Italie, dans le Milanez, sur l'Adda. Elle est auj. réduite à un village.

SPINS, forterefle de Norwege, au gouvernement d'Aggerhus, dans la partie appellée Agdefinde, près de la forterelle Aas.

SPIR (val de), vallée de Fr. dans le Rouffillon, arrofée par le Tec, & environnée des Pyrénées. Le principal lieu eft Prats le Moillo. On y trouve auffi l'abbaye d'Arles.

* SPIRE, *Spira*, ville d'Allemagne, dans le bas palatinat, capit. de l'év. de même nom, fur la rive gauche du Rhin, & non pas fur la droite, comme dit Vofgien, à 2 li. au nord de Philisbourg, & à 120 de Paris. Elle eft libre & impériale, & étoit autrefois très-grande & bien peuplée; mais les Fr. la brulerent en 1689, & elle n'a pu fe rétablir. On l'appelloit anc. *Noviomagus Nemetum*, elle prit enfuite le nom de Spire, mais ce ne fut pas dans le XI fiécle, puifqu'il en eft fait mention dans la lettre du pape Zacharie, écrite dans le VIII fiécle à St Boniface. L'év. de Spire eft fuffr. de Mayence, & n'a aucun pouvoir fur la ville, quoiqu'il en porte le nom. long. 26. & latit. 49. 19.

1. SPIRITU-SANCTO, ville de l'Amér. mérid. dans le Bréfil, capit. du gouv. de même nom, fur le bord de la mer, avec un port & un chât. Les Jéfuites & les Francifcains y ont des maifons. Elle eft aux Portugais. latitude mérid. 20. 30.

2. SPIRITU-SANCTO, gouvernement de l'Amér. mérid. au Bréfil, fur la côte orient. borné au nord par celui de Porto-Seguro, & au midi par Rio-Janeiro.

SPITALL, petite ville d'Allem. dans la h. Carinthie, fur les frontieres de l'év. de Saltzbourg, fur le Lyfer, près de fon embouchure dans la Drave.

SPITHEAD, rade d'Angl. dans le Hantshire, près de Portsmouth & de l'ifle de Wight. C'eft le rendez-vous ordinaire de la flotte royale.

SPITZBERG (le), pays de la terre Arctique, dans l'Océan fept. au nord de la Norwege. Il eft peu connu, à caufe des glaces dont fes côtes font couvertes. Il y a quelques endroits fréquentés, à caufe de la pêche de la baleine.

1. SPOLETE, *Spoletum*, ville d'Italie, dans l'état de l'Eglife, capit. du duché de même nom, à 10 li. au fud-eft de Peroufe, & à 20 au nord de Rome, partie fur une colline, & partie dans la plaine. Son chât. eft un des plus forts de l'Italie; l'év. ne reléve que du St fiége. La cathédrale eft un bâtiment allez beau. long. 30. 26. latit. 42. 44.

2. SPOLETE (duché de), duché d'Italie, dans l'état de l'Eglife, borné au nord par la Marche d'Ancone, au midi par le patrimoine de St Pierre, au levant par l'Abruzze ulter. & au couchant par le Perugin & l'Orviétan. Son terroir, quoique marécageux, eft fertile. Spolete eft la capitale.

SPROTTAU, *Sprotavia*, ville d'Allem. dans la Siléfie, au duché de Glogau, au confluent du Bober & du Sprota, à 2 milles au-deffus de Sagan. long. 33. 24. latit. 51. 34.

SQUILLACE, *Scyllaceum*, ville d'Italie, au roy. de Naples, dans la Calabre ulter. près du golfe de même nom, fur le torrent de Favelone, à 14 li. de Gierace, avec titre de principauté qui appartient aux princes de Monaco, & un év. fuffr. de Regio. long. 34. 32. latit. 38. 52.

* STADEN, *Statio*, ville d'Allemagne, dans le cercle de la baffe Saxe, au duché de Brême,

fur la riv. de Schwinge, près de l'Elbe, à 15 li. au nord-est de Brême. Cette ville a été confidérable du tems des Romains qui y tenoient une armée navale ; elle a été ensuite Anseatique, & appartient maintenant à l'électeur d'Hanovre ; & non pas au roi de Suede, comme dit Vosgien. long. 26. 54. latit. 53. 42.

STADIA, ville de la Turquie Européenne, dans le Comenolitari, sur le bord occident. du golfe Thessalonique., au midi de l'emb. de la Platamona. Les anciens ont appellé cette ville *Dium*.

STADSBERG, *Stadsberga*, ville d'Allemagne, dans le cercle de Westphalie, sur les confins du comté de Waldeck, sur la riv. de Dimel. Les Suédois s'en faifirent en 1645, & en firent raser les fortifications.

STAFARDE, petite ville des états de Savoye, au marquisat de Saluces, entre Cavours & Pignerol, sur le Pò. Elle est recommandable par son abbaye d'hom. ordre de Cît. & par la victoire que le maréchal de Catinat y remporta en 1690 sur le duc de Savoye. long. 25. 4. lat. 44. 35.

STAFORD, *Stafordia*, ville d'Angleterre ; capit. du comté de même nom, sur la Saw, dans une agréable campagne. Elle est bien bâtie, & divisée en deux paroisses ; il y a une école publique, deux châteaux lui servent de défense. long. 15. 25. latit. 52. 48.

STAFORDSHIRE, province d'Angl. bornée au nord par le comté de Chester, au midi par le comté de Warwick, au levant par celui de Darby, & au couchant par celui de Shreusbury. Staford est sa ville capitale.

STAGNARA, petite ville de la Turquie Européenne, dans la Romanie, près de la côte de la mer Noire.

STAGNO, *Stagnum*, p. ville de la Dalmatie, dans la presqu'isle de Sabioncello, sur le golfe de Venise, où elle a un petit port, à 30 milles au nord-ouest de Raguse, dont son év. est suffr. long. 35. 38. latit. 42. 53.

STAIN, p. ville d'Allem. dans la b. Autriche, sur le Danube qu'on y passe sur un pont.

1. STALIMENE, anc. *Lemnos*, isle de l'Archipel, à 9 li. au sud-est du mont Athos, à 7 au sud-ouest de Samandrachi. Elle a 25 li. de circuit, plus étendue du levant au couchant, que du nord au midi. Il n'y a aucune riviere, mais des fontaines & des ruisseaux : le terrein est inégal, mais bien cultivé. On y compte 75 villages habités presque tous par des Grecs fort laborieux. Elle produit beaucoup d'animaux sauvages & domestiques. On y trouve beaucoup de serpens. Le bois y est fort rare, mais les plantes & les herbes y croissent abondamment. Cette isle a été connue dans tous les tems par une certaine terre nommée Sigillée, & dont les médecins font grand cas. Sa capitale porte le même nom.

2. STALIMENE, ville capit. de l'isle de même nom, sur un côteau, proche de la mer, où elle a un port, dans lequel les vaisseaux sont à l'abri de presque tous les vents. Il y a un chât. où les Turcs tiennent un gouverneur avec garnison. long. 43. 4. latit. 40. 5.

STAMBS, abb. d'ho. ordre de Cît. dans le Tirol, sur l'Inn, au dioc. de Brixen, 8 li. au-dessus d'Inspruck. Les anc. comtes de Tirol y avoient leur sépulture.

STAMPALIE, *Astypalæa*, isle de l'Archipel, à 7 li. au

couchant de l'isle de Stanchio. Elle a 60 milles de circuit. Son terroir est fertile; la pêche y est abondante. Les chevaux qu'on y éleve sont excellens.

STANCHIO, *Cos*, isle de l'Archipel, sur la côte de la Natolie, à 7 li. au levant de celle de Stampalie. Elle a 18 li. du levant au couchant; l'air y est mal sain, & produit des maladies contagieuses. Les vins y sont exquis & le terroir fertile. C'est la patrie d'Hypocrate. La capit. qui porte le même nom, est dans la partie occid. Des colomnes de marbre, & autres monumens qu'on y voit, font connoître qu'elle étoit autrefois considérable. Elle est encore bien bâtie & bien peuplée, au fond d'un grand golfe de même nom, où les vaisseaux mettent à l'ancre par 6 à 7 brasses d'eau.

1. STANFORD, ville d'Angl. dans le Lincolnshire, avec titre de comté sur le Weland, à 26 li. au nord-ouest de Londres, sur les confins de la prov. de Leicester. Elle est bien bâtie, enceinte de bonnes murailles, & peuplée. Elle a 7 églises paroissiales, & deux beaux hôpitaux. longitude 15. 44. latitude 52. 46.

2. STANFORD, ville d'Angl. dans le Nottinghamshire, sur la Sture, aux confins de la prov. de Leicester.

STANIASKI, abb. de filles, ordre de St Benoît, en Pologne, au dioc. de Cracovie, fondée dans le XIIIe siécle, par Clement comte de Ruscza.

* STANTZ, *Statio*, bourg de Suisse, dans le canton d'Underwald, à 1 li. au-dessus du lac des 4 cantons, & autrefois la capitale de tout le canton. On y voit plusieurs édifices assez beaux; mais ce n'est point là que se tiennent les assemblées extraordinaires du canton, comme dit Volgien, mais au village de Beckenried.

* STARACHINO, p. ville de la Turquie Européenne, dans la Macedoine, à 4 li. de Vostanza, proche de la rive gauche du Vardari. Les anciens l'ont connue sous le nom de *Stobi*; mais ce n'est pas le nom moderne, comme l'a dit M. Delisle dans sa carte de Grece.

STARGARD, *Stargardia*, ville d'Allem. dans la Poméranie ulter. dont elle est capit. sur la riv. d'Ihne, à 5 li. au levant de Stetin. Elle a été Anseatique, & appartient auj. au roi de Prusse; elle est p. & mal peuplée; cependant c'est le siége de la justice de la province. Il y a encore une ville de même nom, dans le roy. de Prusse, & une autre dans le duché de Meckelbourg. long. 33. 6. latit. 53. 25.

STAROSTIE, dignité de Pologne, qui ne differe point de ce qu'on appelle ailleurs gouvernement. Les Starostes exercent la justice sur certains districts, mais ils ne peuvent pas connoître indifféremment de toutes les causes.

STASFORD, p. ville d'Allem. dans le duché de Magdebourg, sur la riv. de Bode, tous les conseillers de cette ville sont gentilshommes.

STAWANGER, ville de Norwege, dans le gouvernement de Bergen, capit. de la contrée de même nom, sur le Buckenfiord, à 30 li. au midi de Bergen, avec un évêché suffr. de Drontheim. long. 22. 48. latit. 58. 44.

* STAVELO, *Stabulum*, p. ville d'Allem. entre les duchés de Limbourg & de Luxembourg, sur la riv. d'Ambleve, à 1 li. au-dessus de Malmedi. Elle est remarquable par une anc. abb.

de l'ordre de St Benoît, dont l'abbé est prince de l'empire & souverain de la ville. Elle fut fondée dans le VII siécle, non par le roi Sigebert, comme dit la Martiniere, mais par St Remacle, qui y mourut, & dont on y conserve les reliques. long. 23. 34. latit. 50. 25.

STAVEREN, *Stavera*, ville des Provinces-Unies, dans la Frise, au Vestorgoo, sur le Zuiderzée, avec un port qui étoit autrefois célebre, & rendoit cette ville florissante. Les rois de Frise y faisoient leur séjour. Elle est encore assez peuplée & commerçante. long. 22. 54. lat. 52. 56.

STECKBORN, ville de Suisse, dans le Thurgau, sur le bord du lac de Constance, à 2 li. au-dessus de son embouchure dans le Rhin. Elle appartient à l'év. de Constance.

STEDERBOURG, ancien monastere de filles en Allem. dans les états de Brunswick, près de Wolfenburtel. Il est occupé aujourd'hui par des Dames Protestantes.

STEENBERGUE, *Stenoberga*, ville des Pays-Bas, dans le Brabant Hollandois, au marquisat de Bergopzoom, dont elle est à 3 li. Elle est petite, mais très-bien fortifiée. La maison de Nassau en est en possession; cependant les Etats Généraux y levent les impots. long. 21. 50. latit. 51. 36.

STEENWICK, *Stenovicum*, ville des Pays-Bas, dans l'Overissel, au canton de Sallant, sur l'Aa, frontiere de la Frise. Elle est aux Etats Généraux, qui l'ont bien fortifiée. Le prince de Parme s'en saisit en 1582. long. 23. 38. latit. 52. 49.

STEGEBORG, *Stegeburgum*, p. ville de Suede, dans l'Ostrogothie, sur la mer Baltique, avec un petit port assez fréquen-

té, à 3 li. au levant de Suderkoping.

1. STEIN, ville d'Allem. dans la b. Autriche, sur le Danube, qu'on y passe sur un pont de bois, à 10 milles au-dessus de Vienne. Elle a pour défense un ancien chât.

2. STEIN, ville de Suisse, au canton de Zurich, sur la rive droite du Rhin, un peu au-dessous de sa sortie du lac de Constance. Elle se gouverne par ses propres Magistrats, sous la protection de Zurich. long. 26. 44. latit. 47. 50.

STEINAW, p. ville d'Allem. dans la Silesie, dans la principauté d'Oppelen. Il y en a une autre de même nom dans la principauté de Wolaw.

STEINBACH, p. ville d'Allem. au marquisat de Bade, au sud-ouest de Bade. Il croît dans les environs des vins très-estimés.

STEINFELD, abb. d'h. ordre de Prémontré, en Westphalie, dans le pays d'Eiffel.

STEINGARD, abb. d'h. ordre de Prémontré, en Allem. dans la Baviere.

STEINHEIM, ville d'Allem. dans l'arch. de Mayence, sur la gauche du Mein près de Seligenstat.

STEINKERQUE, village des Pays-Bas, dans le Hainaut, sur la riv. de Senne, à 3 li. de Halle, sur les confins du Brabant. Il est fameux, par la victoire que les François y remporterent sur les Alliés en 1692, sous les ordres du maréchal de Luxembourg.

STELLA, abb. d'h. ordre de Cît. en Portugal, dans la prov. de Beira, au diocèse de Coimbre.

STENAY, *Sathanacum*, ville de Fr. capit. du duché de Bar, sur la droite de la Meuse, à 4 li. au sud-ouest de Montmedi. Cette ville avoit de bonnes fortifications,

...ifications, qui furent rafées par ordre de Louis XIV. Elles ont été relevées. long. 22. 51. latit. 49. 30.

STENDAL, ville d'Allem. dans la vieille Marche de Brandebourg, fur la riv. d'Ucht. La Chambre de Juftice du pays eft établie dans cette ville.

STENFORD, ville d'Allem. dans le cercle de Weftphalie, capit. d'un comté de même nom, fur le Wecht, à 6 li. au nord-oueft de Munfter, avec une académie. latit. 52. 14.

1. STERLING, *Sterlinga*, ville de l'Ecoffe mérid. capit. de la prov. de même nom, fur la pente d'un rocher, dont le Forth mouille le pied, & qu'on paffe fur un pont de pierres, à 12 li. au nord-oueft d'Edimbourg. Elle a été la demeure de plufieurs rois d'Ecoffe; on y voit un beau & fort chât. long. 13. 55. latit. 56. 5.

* 2. STERLING, prov. de l'Ecoffe mérid. bornée au nord par la prov. de Mentheith, & non pas Montheith, comme dit Vofgien, au midi par celle de Cluydefdale, au levant par celle de Fife & de Lothiane, au couchant par celle de Lenox. Elle n'a que 20 milles de long, fur 12 de large; mais c'eft une des plus fert. du roy. en fruits & en bled.

1. STERNBERG, château d'Allemagne, dans la Moravie, au cercle & au nord d'Olmutz. Il appartient au Pr. de Lichftenftein.

* 2. STERNBERG, ville d'Allemagne, au duché de Meckelbourg, fur la Warne, au couchant de Guftrow, & non pas au levant, comme dit la Martiniere.

STERTZINGEN, ville d'Allem. dans le Tirol, fur la riv. d'Eifack, à 5 li. au nord-oueft de Brixen, quelques-uns croient que c'eft la *Vipitenum* d'Antonin.

STETIN, *Stetinum*, ville d'Allem. dans le cercle de h. Saxe, capit. de la Poméranie Pruffienne, & d'un duché de même nom, fur la gauche de l'Oder, à 35 lieues au nord de Francfort, & à 56 au fud-eft de Lubeck. Cette ville eft agréablement fituée, bien batie, avec titre de duché, & un château. Le roi de Pruffe à qui elle appartient auj. y a établi en 1720 la régence de la Poméranie, & une chambre de guerre, & de domaine. long. 32. 34. lat. 53. 26.

STEVENSWERT, ifle des Pays-Bas, dans le quartier, & à 3 li. de Ruremonde, fur les frontieres de l'év. de Liege. Elle eft formée par la Meufe. Il y a un fort qui fut cédé aux Etats en 1705.

STEYR, ville d'Allem. dans la haute Autriche, au quartier de Traun, au confluent de l'Ens & du Steyr, 3 li. au-deffus de Traun. long. 32. 34. latit. 48.

STIGLIANO, *Stiglianum*, petite ville d'Italie, au roy. de Naples, dans la Bafilicate, proche la riv. de Salandrella. Elle eft célebre par fes bains, & a titre de principauté.

* STILO bourg d'Italie, au roy. de Naples, dans la Calabre ulter. proche le cap de même nom, que les anciens ont appellé *Carcinum Promontorium*, & non pas *Carcium*, comme dit la Martiniere.

STIRIE, *Stiria*, prov. d'Allem. dans le cercle d'Autriche, bornée au nord par l'archiduché d'Autriche, au midi par le c. de Cilley & la Carinthie, au levant par la Hongrie, & au couchant par l'arch. de Saltzbourg. Elle a 32 li. de long, & 20 de large. La Drave & la Muer qui y coulent, en rendent quelques endroits fertiles. Il y en a beaucoup de ftériles; on y voit quantité de mont. qui abondent en mines de fer. La Stirie eft divifée en h. & b. Gratz est la capit.

STOCHEM, p. ville d'Allem. dans l'év. de Liege, sur la gauche de la Meuse, à 2 li. de Maseick, & à 5 au-dessous de Maltrick.

STOCKAK, p. ville d'Allem. dans la Suabe, capit. du landgraviat de Neilembourg, à 2 li. du lac de Constance. long. 26. 32. latit. 47. 56.

STOCKHOLM, *Holmia*, ville de Suede dont elle est capitale dans l'Uplande, à 75 li. de Copenhague, à 260 de Vienne, & à 310 de Paris. Elle est batie à l'embouchure du lac Meler, dans la mer Baltique, sur pilotis dans plusieurs isles voisines les unes des autres. il n'y a que 2 fauxbourgs qui soient en terre ferme. Elle est gr. & très-peuplee. Presque toutes ses maisons n'étoient autrefois qu'en bois ; mais auj. la plûpart sont baties en brique. On y voit plusieurs beaux édifices, comme le palais de la noblesse, & celui du premier chancelier. Le port a un havre capable de contenir mille vaisseaux ; mais il est à 10 milles de la mer, & son entrée est très-dangereuse à cause des bancs de sable qu'on y trouve. La situation de cette ville est très - forte. Elle est encore défendue par une citadelle bordée de plus de 400 pieces de canon. Presque tout le commerce de la Suede se fait à Stockholm: il consiste en fer, en cuivre, poix, resine, mats, &c. En 1735, on établit dans cette ville une académie de sciences & de belles lettres. Le comte de Tessin y en a établi une autre de peinture & de sculpture. long. 37. 10. latit. 59. 19.

STOLBERG, p. ville d'Allem. dans la Thuringe, chef-lieu d'un comté de même nom, avec un château dans les montagnes.

STOLHOFFEN, ville d'Allem. dans le marquisat de Bade, au

cercle de Suabe, proche la rive droite du Rhin, à 6 lieues au nord-est de Strasbourg. Les Allemans y furent forcés dans leurs lig. en 1707. long. 26. 40. lat. 48. 43.

STOLPEN, *Stolpia*, ville d'Allemagne, dans le cercle de la haute Saxe, dans la Poméranie ulter. sur la riv. de meme nom, à 30 li. au nord - ouest de Dantzick. Elle dépend du roi de Prusse. long. 34. 48. lat. 54. 42.

STORMARIE, *Stormaria*, pays d'Allem. dans le duché de Holstein, bornée au nord par le Holstein propre, au midi & au couchant par les duches de Lunebourg & de Brême, dont il est séparé par l'Elbe, au levant par la Wagrie & le duché de Lawenbourg. Il a titre de principauté. Sa longueur est de dix milles, & sa largeur de 7. Hambourg est la capit.

* STOURE (la), riv. d'Angl. qui prend sa source dans le comté de Suffolck, & va se rendre dans l'Ocean, près de Harwich. On croit que c'est l'*Idumania* des anciens, & non pas *Jumania*, comme dit Vossien.

* STRADELLA (la) bourg d'Italie, dans le Milanez, au Pavesan, sur la riv. de Versa, proche le Pô, à 10 li. au sud-est de Milan, & à 5 de Pavie, avec un bon chât. Vossien dit que c'est l'anc. *Jella*, qui est une ville imaginaire. long. 26. 45. lat. 45. 4.

STRAKONITS, château du roy. de Bohême, dans le cercle, & au couchant de Piseck. C'est le chef-lieu du grand maître de Bohême, de l'ordre de St Jean de Jerusalem. Il y a trente commenderies qui dépendent de ce grand prieuré.

STRALEN, *Stralenum*, ville des Pays-Bas, dans le h. quartier de Gueldres, entre Gueldres & Venlo. Les Fr. s'en saisirent en 1672, & en ruinerent les fortifications. long. 25. 50. latit. 51. 26.

STRALSUND, *Bunitium*, ville d'Allem. dans la Poméranie citér. sur la côte de la mer Baltique, vis-à-vis l'isle de Rugen. Elle fut bâtie l'an 1211, devint Impériale & Anséatique. C'est auj. une des plus riches, & des plus fortes villes d'Allem. Elle jouit de grands priviléges, comme de battre monnoie, de nommer le gouverneur de l'isle de Rugen, & de ne rien fournir, lorsque l'empire est en guerre. long. 31. 10. latit. 54. 20.

STRANTAWER, p. ville d'Ecosse, dans la prov. de Galloway, au fond du golfe de Rian, au sud-ouest d'Edimbourg. long. 12. 50. latit. 55. 18.

1. STRASBOURG, *Argentoratum*, ville de Fr. capitale de l'Alsace, sur la riv. d'Ill, proche le Rhin, qui est divisé en plusieurs bras par des isles, & qu'on passe sur un pont qui a un quart de lieue de long, à 20 li. au nord de Basle, à 46 au sud-ouest de Mayence, & à 108 au levant de Paris. La riv. d'Ill la traverse & y forme plusieurs canaux. C'est une des plus considérables villes du royaume. Louis XIV qui s'en rendit le maître en 1681, en fit une place très-forte. Les rues en général sont étroites; mais la grande rue, celle du marché, & celle de la petite boucherie sont grandes, droites & bien percées. On compte parmi les édifices publics, le gouvernement, l'évêché, l'intendance, l'arsenal, la comédie, l'hôpital françois, l'hôpital des bourgeois. L'église cathédr. dédiée à Notre-Dame, est une des plus belles de l'Europe; on admire sur-tout la tour; on y voit une horloge qui est un chef-d'œuvre de méchanique d'astrologie. L'év. de Strasb. établi dès le IV siécle, est le plus riche de Fr. il est suffr. de Mayence & prince du St Empire. Les chanoines de la cathédrale doivent faire preuve de 16 quartiery. L'université composée des 4 facultés, est regie par des Lutheriens, qui sont en grand nombre à Strasbourg. Les Jésuites y ont un beau collége. C'est un gouvernement de place, avec état major. On y compte environ quatre mille maisons, & quarante mille habitans, les dehors sont charmans & ornés de plusieurs belles maisons de campagne. long. 25. 27. lat. 48. 34.

2. STRASBOURG, p. ville d'Allem. dans l'Uckermarck, sur le bord d'un petit lac, aux confins de la Poméranie. Il y a dans cette ville une grande quantité de François réfugiés.

3. STRASBOURG, ville de la Prusse Polonoise, dans le palatinat de Culm, aux confins de la Mazovie, sur la petite riv. de Dribent, avec un ancien château. Les Teutoniques furent obligés d'en lever le siége l'an 1414.

STRASNITS, p. ville d'Allem. dans la Moravie, au cercle d'Olmutz remarquable par ses eaux minérales.

STRATEN, ou Val St Tron, ancien nom de l'abbaye de Terbeck, dans le pays de Liege, *voyez* ce mot.

STRATHERNE, prov. de l'Ecosse mérid. traversée par la riv. d'Erne, dont elle prend le nom, elle a pour bornes au nord celle d'Athol, au midi celle de Mentheith, au levant celles de Fife & de Perth, & au couchant celle de Braidalbain.

STRATHNAVERN, prov. de l'Ecosse sept. réunie à celle de Sutherland, au couchant de celle de Cathnefs. Elle a 34 milles de long & 4 de large. C'est un pays montueux, & presque toujours couvert de neige. Les forêts sont remplies de bêtes sauvages, & abondent en loups,

STRAUBING, *Straubinga*, ville d'Allem. dans la Baviere, sur le Danube qu'on passe sur un pont, & capitale d'un petit territoire, à 8 li. au-dessous de Ratisbonne. Elle étoit assez bien fortifiée, mais les Autrichiens en raserent les fortifications en 1743. long. 30. 18. latit. 48. 47.

STRAVICO, p. ville de la Turquie Européenne, dans la Romanie, sur la mer Noire, au fond d'un golfe de même nom. Il y en a une autre de même nom dans la partie orientale de la Bulgarie, entre les embouchures du Danube.

* STREL, ou ISTRIG, *Sargezia*, riv. de Hongrie, dans la Transilvanie. Elle se rend dans la riv. de Marisch, & non pas Muros, comme dit Baudrand.

STRELEN, petite ville d'Allemagne, dans la Silésie, sur la riv. d'Olaw, dans la principauté de Brieg, entre Wasen & Henrichaw.

1. STELITZ, p. ville d'Allem. dans la Silésie, en la principauté d'Oppelen, avec un chât. on l'appelle gros Strelitz pour la distinguer de Klein Strelitz qui est dans la même principauté.

2. STRELITZ, p. ville d'Allemagne, dans le duché de Meckelbourg, comprise dans la seigneurie de Stargard, & l'anc. résidence des princes. Le château qu'ils habitoient & toute la ville, furent réduits en cendres en 1712.

STRENGNES, ville de Suede, dans la Sudermanie, sur la rive mérid. du lac Meler, à 15 li. au sud-ouest d'Upsal. Son év. Lutherien est suffr. d'Upsal. Le roi Charles IX est inhumé dans la cathédrale ; la ville d'ailleurs est petite & mal peuplée. long. 35. 14. latit. 59. 18.

STRIGA, p. ville d'Allem. en Silésie, dans la principauté de Schweidnitz. Elle est en répu-

tation pour sa terre sigillée & pour sa biere.

STRIGONIE, ville de la basse Hongrie, *voyez* Gran.

STROMBERG, *Stromberga*, p. ville d'Allem. dans l'évéché de Munster, chef-lieu d'un burgraviat, à 3. li. de Lipstadt. long. 25. 52. latit. 51. 45.

STRONGOLI, *Strongylum*, p. ville d'Italie, au roy. de Naples, dans la Calabre citér. sur une haute montagne, à 9 milles au nord-est de Santa-Severina, dont son év. est suffr. long. 35. 2. latit. 39. 18.

STRONZA, isle de la mer d'Ecosse, une des Orcades, au levant de celle de Sanda. Les Ecossois & les Hollandois s'y rafraichissent en allant aux isles de Schetland.

STRUMETA, petite ville de la Turquie Asiatique, dans la Natolie, sur une montagne, dans la prov. de Mentesili, près de la riv. de Mari. C'étoit autrefois une grande ville sous le nom de *Myrra*.

STUBN, ville de la h. Hongrie, à 2 milles de Chremnitz. Elle est remarquable par ses bains chauds, & par les mines d'argent & de cuivre qu'on trouve dans une montagne voisine.

STURE, *Stura*, riv. d'Italie, dans le Piémont. Ses sources sont dans la vallée de Barcelonette, & va se rendre dans le Tanaro, au-dessous de Querasque.

STURMINSTER, on STOURMINSTER, ville d'Angl. dans la prov. de Dorset, sur la riv. de Stoure, où on voit un très-beau pont de pierre au-dessus de Blanfort.

* STUTGARD, *Stutgardia*, ville d'Allem. au cercle de Suabe, capit. du duché de Wirtemberg, dans une belle plaine, proche le Necker, à 12 li. à l'est de Bade, & non pas au nord-est,

omme dit Vosgien. C'eft la réfidence des ducs de Wirtemberg ; leur chât. eft bien bâti
& bien orné, on admire encore
dans cette ville le palais de la
chancellerie. long. 26. 42. latit.
48. 46.

Su, ville de la Chine, dans
la prov. de Kiangnan, avec une
bonne forterefle, au département de Fungyang, 2e métropole de la province. latit. 34. 3.

SUABE, *Suevia*, prov. d'Allemagne, & un des fix cercles
de l'Empire. Elle eft bornée au
nord par la Franconie & le cercle électoral du Rhin, au midi
par la Suifle, au levant par la
Baviere, & au couchant par le
Rhin qui la fépare de l'Alface.
C'eft un pays fertile en bled,
en vin & en bons pâturages. Il y
a des bains & des fontaines falées. Le cercle de Suabe renferme un grand nombre d'états,
dont les principaux font le duché de Wirtemberg, le marquifat de Bade, les principautés de
Hohen-Zollern, d'Oetingen &
de Mindelheim ; les évéchés
d'Augsbourg, de Conftance &
de Coire, grand nombre d'abbayes immédiates, & de villes
libres. Le Neckre, le Leck & le
Danube arrofent la Suabe.

SUANES, peuples d'Afie qui
habitent les montagnes du Caucafe, où ils vivent indépendans.
Ils ont embraffé le Chriftianif-
me, & font les plus civilifés du
Caucafe. Ils vont l'été travailler dans la Géorgie.

1. SUAQUEN, ifle d'Afrique,
fur la côte occident. de la mer
Rouge, la derniere d'Ethiopie,
& la premiere d'Egypte, au
nord d'Arkiko, dont elle eft
éloignée de cent lieues. long.
55. 6. latit. 19. 30.

2. SUAQUEN, ville d'Afrique,
dans une ifle de même nom.
Toutes les maifons font bâties
en pierres. Son port eft à l'abri

de tous les vents ; il peut contenir 200 vaiffeaux & des galeres fans nombre. Le fond eft
par-tout de cinq ou fix braffes.
Les bâtimens peuvent s'approcher autour de la ville jufqu'au
bord du rivage, & recevoir les
marchandifes des magafins par
une fimple planche de communication. Cette ville étoit il y a
deux fiécles une des plus riches
du Levant. Elle furpaffoit les
plus fameufes par fon trafic avec
les pays éloignés, par fa force
& les avantages de fa fituation ;
mais depuis les conquetes des
Turcs, Moka & plufieurs autre lieux ont enlevé fon commerce.

SUBBIACO, *Sublaqueum*, ville
d'Italie, dans la Campagne de
Rome, fur les front. du roy.
de Naples, près du Teverone.
Il y a quelques couvens & un
chât. bâti à l'antique.

SUBEYT, p. ville d'Afrique,
au royaume de Maroc, dans la
province de Duquela, fur l'Ommirabi. Ses habitans font un
grand commerce de cire & de
miel.

SUCAYCADA, ville d'Afrique,
au roy. de Tunis, à 12 li. de
Conftantine, fur une haute
montagne.

SUCCADANA, ville des Indes
Orientales, dans la partie occidentale de l'ifle de Borneo, à
l'embouchure de la riv. de Lavi,
à 160 li. au nord-eft de Bantam.
Le grand commerce de cette
ville eft celui des diamans qui
s'y trouvent en abondance, &
qui paffent pour les meilleurs
de l'univers.

SUCCUIR, ville d'Afie, dans
la grande Tartarie, au roy. de
Tangut, capit. d'une contrée
de même nom. Ses maifons font
bâties en brique, on y voit plufieurs temples, & la ville eft très-
peuplée. Il croît aux environs
de la rhubarbe qui eft la plus

eſtimée, & dont les habitans font un grand trafic.

1. SUCHEU, ville de la Chine, dans la prov. de Queicheu, dont elle eſt 1e métropole. On trouve dans ſon terroir beaucoup de mercure, du cinabre & autres mineraux. latit. 27. 53.

2. SUCHEU, ville de la Chine, dans la prov. de Kiangnan, dont elle eſt 3e métropole. Elle eſt arroſée par 3 riv. & le lac de Tai. Tout y eſt bâti ſur pilotis, comme à Veniſe, & ſes maiſons très-belles. Les pagodes y ſont magnifiques, & on peut dire que cette ville eſt une des plus riches & des plus fameuſes de la Chine. latit. 31. 52.

3. SUCHEU, ville de la Chine, dans la province de Quangſi, au département de Suming, dont elle eſt 9e métropole, avec une fortereſſe. latit. 23. 8.

SUCHING, cité de la Chine, & la premiere de la province de Quangſi. Elle a 2 villes dans ſon département. latit. 24. 6.

SUCHUEN, province de la Chine, & la 6e en rang, bornée au nord par celle de Xenſi, au midi par celle de Junnan, au levant par celle de Huquang, & au couchant par le roy. de Tibet. Le fleuve Kiang la traverſe. Ses campagnes ſont agreables & fertiles; on en tire beaucoup de fer, d'étain & de plomb. Il s'y trouve des puits à ſel qui en fourniſſent aſſez à toute la province, dont Chingtu eſt la capitale.

*SUCHZOW, ville de la Turquie Européenne, dans la Valaquie, ſur la riv. de Strech, avec un chât. où les Turcs tiennent garniſon. Elle n'eſt pas capit. de la prov. comme dit la Martiniere.

SUDAN, petit royaume d'Ethiopie, dans les déſerts, à l'oueſt de celui de Sennar, dans un affreux déſert. Les étrangers

y vont chercher de l'or & des eſclaves.

SUDAVIE (la), contrée du roy. de Pruſſe, dans le cercle de Natangen, bornée au nord par le cercle de Samland, au midi & au levant par la Lithuanie, & au couchant par la Bartonie. Elle eſt remplie de lacs & de marais, & très-mal peuplée. Lick eſt le principal lieu.

SUDBURY, *Colonia*, ville d'Angleterre, dans le Suffolckshire, ſur la Stoure, à 10 li. d'Ipſwick. Il s'y fabrique beaucoup de draps, & eſt très-peuplée. long. 17. 56. latit. 52. 15.

SUDERKOPING, ville de Suede, dans l'Oſtrogothie, au fond d'un bras de mer, à 7 milles de Nordkoping. Elle eſt ſans murailles & aſſez marchande.

*SUDERMANIE, *Sudermania*, province de Suede, avec titre de duché, bornée au nord par l'Uplande & la Weſtmanie, au midi par la mer Baltique, au levant par la preſqu'iſle de Toren, & au couchant par la Nericie, & non pas Nerie, comme dit Voſgien. Elle a 25 li. de long & 15 de large. Elle eſt fertile en bled, & on y trouve pluſieurs mines. Nicoping eſt la capitale.

SUDERTALGE, ville de Suede, *voyez* Sodertalge.

SUEDE, *Suecia*, roy. d'Europe, & un des plus ſeptentrionaux, borné au nord par la Laponie, au midi par le golfe de Finlande, au couchant par la Norwege, & au levant par la Moſcovie. Il a 350 li. du midi au nord, & 140 du levant au couchant. Le froid y eſt exceſſif, & y dure 9 mois. Au froid ſuccédent des chaleurs exceſſives: cependant l'air y eſt ſain, & on y voit beaucoup de vieillards de 100 ans & plus. Le pays eſt arroſé de pluſieurs rivieres, & coupé de pluſieurs lacs qui, avec les montagnes & les forêts, occupent plus de la moitié du roy. Les pâturages y sont excellens, & on y trouve plusieurs mines, sur-tout de cuivre. La mer abonde en poisson ; la chasse fait une richesse pour les Suédois, à cause des fourrures qu'ils tirent des renards, des élans, des hermines & de plusieurs autres animaux. La couronne de Suede devint sous Gustave I successive & héréditaire, même pour les filles ; car on y a vu monter sur le trône la fameuse Christine, fille de Gustave Adolphe. Il y a des états généraux que le roi assemble dans les affaires importantes ; ils consistent en quatre ordres qui sont la noblesse, le clergé, les bourgeois & les paysans : ils se convoquent de quatre en quatre ans. Il y a outre cela dans le roy. quatre parlemens qui connoissent des affaires civiles & criminelles. Chacun est composé d'un président & de 12 sénateurs. Il n'y a que la religion Luthérienne qui soit permise en Suede ; il y a cependant quelques Catholiques & quelques Calvinistes. Les Suédois sont robustes & bienfaits, magnifiques dans leurs maisons & dans leurs habits, & supportent les plus grandes fatigues. La Suede propre se divise en 5 provinces ; sçavoir, l'Uplande, la Sudermanie, la Nericie, la Westmanie & la Dalecarlie. Stockholm est la capitale. long. 28-49. latit. 55-69.

Suet, p. ville d'Allem. dans le marquisat de Brandebourg, sur l'Oder qu'on y passe sur un pont. Il y a un beau chât. où réside une branche de la maison de Brandebourg.

Suez, *Heroopolis*, ou *Heroum civitas*, p. ville d'Egypte, sur la côte septent. de la mer Rouge, à 20 li. au nord de Tor, avec un vieux château ruiné &

un petit port, à 3 journées de chemin du Caire. Il y a un gouverneur avec 200 hom. de garnison, & de très-beaux magasins. Le pays n'est pas agréable, on ne voit que déserts remplis de rochers & de sables.

Le golfe de Suez, *Heroopolites sinus*, n'est separé de la Mediterranée que par un isthme de 50 li. qui joint l'Asie à l'Afrique. On croit que c'est là que les Israélites passerent à pied sec la mer Rouge.

*SUFFOLCK, prov. maritime d'Angl. au dioc. de Norwick, bornée au nord par celle de Norfolck, au midi par le comté d'Essex, au levant par le Norfolck encore, & au couchant par la prov. de Cambridge. Elle a 45 milles du levant au couchant, & 25 du nord au sud. Vosgien nous dit que l'air de cette prov. est fort mal sain ; cependant les medecins ordonnent aux malades, sur-tout du poumon, de l'aller respirer. On y fait le meilleur beurre de toute l'Angleterre, & on y recueille tout ce qui est necessaire à la vie. Elle a titre de duché, & a pour capitale Ipswick.

SUGULMESSE, prov. d'Afr. dans la Barbarie, au Biledulgerid, bornée au nord par le gr. Atlas, au midi par le Zaara, au levant par la prov. de Retel, & au couchant par celle de Dara. Sa longueur est de plus de 40 li. Elle a pour capit. une ville de même nom, située dans une plaine sur le bord d'une riviere. C'étoit autrefois une ville très-peuplée, très-commerçante, ornée de plusieurs temples & fontaines.

Sui, ville de la Chine, dans la prov. de Huquang, au département de Tegan, avec une forteresse. lat. 32. 5.

*Suiatzki, ville de l'emp. Russien, au roy. de Casan, sur

une agréable colline, à la droite du Volga, & non pas à la gauche, comme dit la Martiniere, vis-à-vis de Cafan, avec un château bâti en pierre : les autres bâtimens font en bois.

SUISSE, *Helvetia,* pays d'Europe, borné au nord par le Suntgaw, la Forêt Noire & la Suabe, au midi par la Savoye & l'Italie, au levant par le Tirol, & au couchant par la Franche-Comté. Il a 90 li. de long & 50 de large. C'est la partie la plus élevée de toute l'Europe, & remplie de montagnes qui font pour la plupart de gras pâturages, où on nourrit une prodigieuse quantité de troupeaux. Le vin & le bled y croiffent auffi; on en tire encore du lin & du chanvre, des fimples en abondance, qu'on appelle vulneraires de Suiffe. Grand nombre de riv. prennent leur fource dans la Suiffe, comme le Rhône, le Rhin, le Danube, le Tefin, la Ruff, l'Aar, la Lintz, &c. Il y a plufieurs lacs, dont les principaux font ceux de Neuchatel, de Lucerne, de Conftance & de Zurich ; ils abondent tous en poiffon. L'air de la Suiffe est affez tempéré & fort falubre. Ce pays a été long-tems foumis à la France; il paffa par la fuite aux princes de la maifon d'Autriche, dont les gouverneurs agirent avec tant de tyrannie, que la Suiffe en fecoua le joug. Il s'y forma 13 cantons qui font autant de républiques ; fcavoir, Zurich, Berne, Lucerne, Uri, Schwitz, Undervald, Zug, Glaris, Bafle, Fribourg, Soleure, Schafoufe, Appenzel. Une partie font Catholiques, & les autres Proteftans. Il fe tient tous les ans des diétes ou affemblées générales au commencement de Juillet. Les députés de chaque canton s'y rendent, & on y traite de toutes les affaires qui regar-

dent le corps Helvétique. Outre les cantons, il y a plufieurs alliés. Les Suiffes paffent pour un peuple laborieux, robufte, brave, fidéle, jaloux de fa liberté & bon politique. long. 24-28. latit. 46-48.

SUKUNDA, village d'Afr. fur la côte d'Or, à l'emb. de la riv. de St George. Les Anglois & les Hollandois y ont bâti un fort. Celui de ces derniers s'appelle le fort d'Orange. Le pays eft très-beau, mais mal cultivé.

SULDECROON, *Spina aurea,* abb. d'hom. ordre de Cît. dans le roy. de Bohême, au cercle de Pifeck.

1. SULLY, *Sulliacum,* p. ville de Fr. dans le Gâtinois, fur la Loire, 8 li. au-deffus d'Orléans, avec titre de duché-pairie, en 1606 en faveur de la maifon de Bethune. long. 20. 4. latit. 47. 48.

2. SULLY, *Sulleium,* abbaye d'hom. ordre de St Benoît, en Fr. dans la Touraine, à 1 li. de Chinon.

* SULMONA, *Sulmo,* ville d'Italie, au roy. de Naples, dans l'Abruzze citér. fur la Sora, & non pas Sota, comme dit Vofgien. Elle a titre de princ. eft bien bâtie, &. a un év. qui ne releve que du pape, & auquel on a uni celui de Valva. C'eft la patrie du pape Innocent VII. long. 31. 37. latit. 42. 4.

1. SULPICE (St), abb. d'hom. ordre de Cît. en France, dans le Bugey, au dioc. de Bellay.

* 2. SULPICE (St), abbaye de filles, ordre de St Benoît, en Bretagne, au dioc. de Rennes, & non pas de Nantes, comme dit la Martiniere. Elle fut fondée l'an 1096.

3. SULPICE (St), p. ville de Fr. dans le h. Languedoc, au dioc. de Rieux, fur la Leze, à 4 li. de Touloufe, & à 2 de Rieux. Les habitans repouffe-

...nt vivement les Calvinistes en 1622.

4. SULPICE DE LA POINTE (St), p. ville de Fr. dans le h. Languedoc, au dioc. de Toulouse, à 5 li. à son nord-est au confluent de l'Agout & du Tarn.

SULTAN SARAI, ville de la Crimée, sur la riv. de Salgira. Elle sert de résidence au Sultan Galga, & aux principaux Murses. Les Russiens ruinerent cette ville en 1736.

SULTANIE, *Sultania*, ville de Perse, dans l'Irac Agemi, sur les front. de l'Aderbitjan, dans une belle plaine. Elle est composée de trois mille maisons, & a quelques édifices publics assez beaux. long. 66. latit. 36. 25.

SULTZ, *Sulsium*, p. ville de Fr. dans la h. Alsace, dépendante de l'év. de Strasbourg. Les vins qui croissent dans son terroir sont excellens. Il y a un bourg de même nom en Allem. dans la Suabe, chef-lieu d'un comté de même nom avec un château.

SULTZBACH, principauté d'Allem. sur les confins de la Franconie, avec une ville de même nom, qui est assez jolie, & fortifiée d'un château. Elle dépend de l'électeur Palatin. long. 29. 24. latit. 49. 32.

SULTZBOURG, *Sultsburgum*, p. ville d'Allem. dans le Brisgau, dépendante des marquis de Bade-Dourlac, qui y ont bâti un magnifique château, où ils font leur résidence. Son terroir produit des vins dont les Allemans font un grand cas. long. 25. 14. latit. 47. 53.

SUMATRA, isle de l'Ocean Indien, au couchant de la presqu'isle de Malaca, & séparée de celle de Java, par le détroit de la Sonde. Elle a 300 lieues de long, & 70 de large. Les terres y sont bonnes pour semer du riz, & fournissent de bons paturages. Elle est arrosée d'un grand nombre de rivieres. Il y a des mines d'or, d'argent, d'étain, de fer, de cuivre, &c. L'air y est mal sain à cause de la ligne équinoxiale, qui la coupe par le milieu, & des pluies qui y regnent continuellement. On la divise en plusieurs roy. dont celui d'Achem est le plus considérable. Il occupe la moitié de l'isle. Les Hollandois y ont plusieurs forteresses, & y ont presqu'autant d'autorité que les rois. Le poivre qui vient de Sumatra est le plus estimé des Indes après celui de Cochin.

SUMBI, prov. d'Afrique, au roy. d'Angola, arrosée par plusieurs riv. & abondante en paturages. Ses peuples sont très-superstitieux, ornent leur tete de plumes, & autres bagatelles. Ils aiment peu le travail.

SUMING, ville de la Chine, dans la prov. de Quangsi, au département de Suming 9e métropole de la prov. avec une bonne forteresse. latitude 22. 57.

* SUNAN, & non pas SUNA, comme dit la Martiniere, ville de la Chine, dans la prov. de Quiecheu, dont elle est troisiéme métropole, au milieu de plusieurs montagnes. latit. 27. 59.

SUND, détroit d'Europe, dans les états de Danemarck, de 2 li. de large, entre les isles de Schonen, & de Seeland. La forteresse de Cronenbourg est à son entrée. Il n'y passe aucun vaisseau qui ne paye un droit qui forme un des bons revenus du roi de Danemarck.

SUNDERBOURG, *Sunderburgum*, ville de Danemarck dans l'isle d'Alsen, sur le détroit de Sunderburgersund, à 6 li. au nord de Sleswick, avec titre de duché, & un chât. long. 27. 43. latit. 54. 55.

SUNDERHAUSEN, ville d'Allemagne, dans la Thuringe, sur la Wipper, avec un beau chât. où réside un prince d'une anc. maison de l'Empire.

SUNDI, prov. de l'Afr. au roy. de Congo, & au midi de la riv. de Zaire. Il y a dans les montagnes plusieurs mines de fer & de cuivre. Le gr. nombre de riv. qui arrosent ce pays le rendent très-fertile, mais la paresse des Negres fait qu'il n'est pas cultivé.

SUNDSWALD, ville de Suede, capit. de la Medelpadie sur le golfe de Bothnie, avec un bon port. C'est une ville nouvellement batie, & dont les habitans s'occupent beaucoup à la fabrique des armes.

SUNGKIANG, ville de la Chine, dans la prov. de Kiangnan, dont elle est 4e métropole, près de la mer, où elle a un bon chât. avec une forte garnison. Ses bâtimens sont magnifiques, & il s'y fait un commerce considérable de toiles de coton. lat. 31. 10.

SUNTGAW, pays de Fr. dans l'Alsace, borné au nord par la h. Alsace, au midi par la Franche-Comté, & la principauté de Porentru, au levant par le Rhin & le canton de Basle, au couchant par les états du duc de Lorraine. Il comprend les bailliages de Ferrete, Landser, Altkirch, Tham & Befort. Le traité de Munster de l'an 1648, assura la possession de ce pays à la Fr. Mulhausen en est la capit.

SUPAYES, peuple de l'Amér. dans la Fr. équinoxiale, à 20 li. vers le midi de l'isle de Cayenne au voisinage des Acuranes.

* SUPERIEUR (lac), lac de l'Amér. sept. dans le Canada. Il a 400 li. de tour. Le fleuve St Laurent le traverse. La Martiniere dit qu'il est appellé aussi lac de Condé, ce qui n'e[st] pas.

SUPINO, *Sepinum*, ville d'Italie, au roy. de Naples, dan[s] le comté de Molise, à la sourc[e] de la Tamara, entre Venaf[re] & Luceria, dans l'Apennin & munie d'un bon chât.

SUPPLINBOURG, commen[de]rie protestante de l'ordre Teu[]tonique, en Allem. dans l[es] états de Brunswick, près d[e] Konigslutter. Elle tire son ori[]gine du château de ce nom que l'empereur Lothaire donn[a] aux Templiers en 1130.

* SURATE, *Surata*, ville de[s] Indes, dans les états du Mogol au roy. de Guzurate, sur l[a] riv. de Tapti, & non pas Tap[y] comme dit la Martiniere, ver[s] l'entrée du golfe de Cambaye avec un bon château, où le gr[.] Mogol tient toujours un gou[]verneur. Les maisons des gen[s] aisés sont bâties en brique, le[s] autres sont construites en bam[]bous, & couvertes de feuille[s] de palmier. C'est la ville de toute l'Asie la plus commer[]çante; c'est un abord continuel de marchands de toutes les na[]tions. Les Anglois, les Hollan[]dois, les Portugais & les Fran[]çois y font commerce. Il con[]siste en étoffes de soie, de co[]ton & d'or, des épiceries, de[s] perles, des diamans, rubis, & autres pierres précieuses. Le[s] Anglois & les Hollandois y on[t] des loges. Le havre de Surat[e] est au village de Suhali, qui e[n] est à 2 li. les navires y déchar[]gent leurs marchandises. On y trouve 5 à 7 brasses d'eau. Surate est habité par des Arméniens des Perses, des Arabes, des Turcs, des Juifs, &c. Les environs sont charmans & remplis de jardins très-bien cultivés. longitude 90. latit. 21. 12.

SURINAM, riv. de l'Amér. mérid. dans la terre ferme. Ell[e]

donne son nom à une vaste étendue de pays, où les Anglois s'étoient d'abord établis, & qu'ils céderent aux Hollandois en 1668. Il a 30 li. d'étendue le long de la riv. Les Hollandois y ont deux colonies très-florissantes. Le gibier, le poisson, & les fruits y abondent. On y recueille de la gomme, du sucre, du bois de teinture, du caffé & du tabac. Les orangers, citronniers & vignes y viennent fort bien. Depuis Novembre jusqu'en Juillet les chaleurs sont tempérées ; mais elles sont excessives le reste de l'année. Le Soleil s'y leve, & s'y couche toujours à 6 heures. On y est sujet à plusieurs maladies, sur-tout aux fievres. Les animaux venimeux y sont en grand nombre, sur-tout les serpens, dont on en voit qui ont 30 pieds de long. Les Hollandois ont bâti dans le pays 2 forts, celui de Zelandia, & celui de Samelsdyc.

SURREY, prov. d'Angl. avec titre de comté, bornée au nord par la Tamise, au midi par la prov. de Suffex, au levant par celle de Kent, & au couchant par les comtés de Northampton, & de Back. Elle a 34 milles de long. sur 20 de large. Elle est extrêmement peuplée, le terroir y est fertile en bled ; on y nourrit les meilleurs moutons du royaume. Guilfort est la capitale.

SURSÉE, p. ville de Suisse, au canton de Lucerne, presque dans le centre. Elle est bien bâtie, & ornée de plusieurs fontaines. L'hôtel de ville est un joli bâtiment.

SURUNGA, ville du Japon, dans l'isle de Niphon, capitale de la prov. de même nom, quelques empereurs y ont fait leur séjour. Elle est toute ouverte, les maisons sont fort basses, & on ne voit par-tout que boutiques, où se vendent des étoffes de toute espece. Le château est un bâtiment quarré assez bien fortifié. long. 156. 38. latit. 34. 28.

* SURY-LE-COMTAL, p. ville de Fr. dans le Forez, élection de Montbrison, & non pas Montbrion, comme dit Volsien.

SUS, prov. d'Afr. au roy. de Maroc, bornée au nord par l'Atlas, au midi par la Numidie, au levant par le fleuve de Sus, & au couchant par l'Océan. C'est un pays de plaine, arrosé des eaux du fleuve par des canaux. Il y vient beaucoup de bled, on y nourrit de nombreux troupeaux. On y a beaucoup de moulins à sucre. Les habitans sont berberes, & tous riches. Ils sont guerriers & adroits aux armes. Ils croient que St Augustin est enterré dans leur province, proche la ville de Tagoast, & ont pour lui une grande vénération.

1. SUSDAL, ville de l'empire Russien, capit. du duché de même nom, dans la partie merid. avec un arch. Toutes les maisons sont en bois. long. 59. 38. latit. 56. 4.

2. SUSDAL, prov. de l'empire Russien, avec titre de duché bornée au nord par le Volga, au midi par le duché de Moscou, au levant par celui de Wolodimer, & au couchant par celui de Jeroslaw.

1. SUSE, prov. des états de Savoye, dans le Piémont, avec titre de marquisat bornée au nord par la vallée de Maurienne, au midi par la vallée de Carmagnole, au levant par la prov. de Turin, & au couchant par les Alpes. Elle a 24 milles de long sur 8 de large. Sa partie sept. est inhabitable à cause des hautes montagnes qui s'y trouvent. Suse est sa capit.

2. SUSE, *Segusium*, ville d'Italie dans le Piémont, capit. de la prov. de même nom, sur la Doria, entre des montagnes, à 15 li. au nord-ouest de Turin. Elle est très-anc. & il paroît qu'elle a été chérie des Romains, car on y voit encore bien des restes de leurs ouvrages, entr'autres un magnifique arc de triomphe, élevé à l'honneur d'Auguste. Sa situation entre la France & l'Italie, l'a souvent exposée aux guerres. L'air qu'on respire dans cette ville est très-sain, son terroir est bon, & produit plusieurs sortes de fruits, entr'autres une pomme très-estimée. long. 24. 43. latitude 45. 7.

3. SUSE, ville d'Afr. en Barbarie, au roy. de Tunis, sur la côte, à 2 li. de Kairvan. Elle a été autrefois considérable, & a soutenu de longs sièges. Au haut de la ville est un fort chateau avec un fossé. C'est la même que Souse, *voyez ce mot*.

SUSES, ou SOUSTER, ville très-anc. de Perse, capit. du Chusistan, à 34 li. au sud-ouest d'Ispahan, sur le Caron, qui est l'Eulée des anc. Cette ville qu'on appelle aussi Tostar, est très-peuplée, & ses habitans sont tous riches. long. 68. 34. latit. 31. 23.

*SUSSEX prov. d'Angl. dans sa partie mérid. bornée au nord par les comtés de Kent & de Surrey, au midi & au levant par l'Ocean, au couchant par le comté de Southampton, & non pas au levant comme dit la Martiniere, & après lui Vosgien. Elle a 64 milles de longueur, & 20 dans sa largeur, l'air y est très-sain, & le terroir produit toutes les choses nécessaires à la vie. La mer y abonde en poisson. Les mines de fer s'y trouvent en quantité.

Chichester est la capit. de la prov.

SUSTEREN, p. ville d'Allem. dans la Westphalie, au duché de Juliers sur la riviere de Zafel.

SUTHERLAND, prov. d'Ecosse, bornée au nord par les prov. de Strathnavern & de Catness, au midi par la prov. de Ross, au levant par la mer d'Allem. & au couchant par la seigneurie d'Assint. Il y a beaucoup de rivieres, de ruisseaux & de lacs. Le gibier abonde dans les forêts, & la mer y fourmille en bons poissons. Dornock est la principale ville.

SUTRI, *Sutrium*, ville d'Italie, dans l'Etat de l'église, au patrimoine de St Pierre sur le Pozzuolo, à 10 li. au nord-ouest de Rome. Son év. fondé dans le V siécle, a été uni à celui de Nepi. Elle est aujourd'hui peu considérable: il s'y tint un concile l'an 1046. long. 29. 48. lat. 42. 14.

* SUZANNE (Ste) p. ville, avec titre de comté en Fr. dans le Maine, à 10 li. du Mans, proche la riv. d'Hervé, & non pas Ernée, comme dit la Martiniere. Elle a été fortifiée. long. 17. 14. latit. 48. 9.

SWERIN, ville d'Allem. capitale de la principauté de même nom, au cercle de h. Saxe, sur le lac de même nom. Il y eut un év. fondé en 1062, & a été érigée en principauté, qui est d'une petite étendue. La ville est assez jolie, à 18 li. au sud-est de Lubeck. long. 29. 25. lat. 53. 44.

SWETHL, *Clara vallis*, abb. d'h. ordre de Cît. en Allem. dans la b. Autriche, au diocèse de Passau.

SWINAR, ville de la Turquie Européenne, dans la Bosnie, sur la Save, à 3 milles au midi de Posega. Elle est petite & située près des ruines de l'anc. *Serbinum*.

SwO, roy. du Japon, dans la partie mérid. de la presqu'isle de Niphon, entre Aki au levant, & Nangato au couchant.

SWORDS, ville d'Irlande, dans la province de Leinster, au comté de Dublin, proche la mer.

SWYBEECK, abb. de filles, ordre de Cit. dans la Flandre Impériale au pays d'Aloft.

SWYNBORG, p. ville de Danemarck, dans l'isle de Funen, vis-à-vis celle de Langeland. Les Norvegiens mirent le feu à la ville, & à la citadelle en 1289.

SYDWAL, village de Suisse, dans le Thourtal. Il n'est remarquable que par l'abbaye du nouveau St Jean, qui a été transferée du vieux St Jean.

SYLLEMAND, anc. abb. de filles, ordre de St Benoit, en Suisse, au canton de Zurich. Elle a été envahie par les Réformés.

SYLT, isle de Danemarck, sur la côte occid. du duché de Slefwick. Ses habitans sont grossiers, & vont presque tous les ans dans l'Islande à la pêche de la baleine.

SYLVECANE, *Sylvacana*, abb. d'h. de l'ordre de Cit. en Fr. dans la Provence, au diocèse d'Aix. Elle fut fondée en 1197, & a été reunie en 1440, au chapitre de la cathédrale d'Aix.

SYLVES, ville de Portugal, dans l'Algarve, *voyez* Silves.

SYRACUSE, *Syracusa*, ville de Sicile, dans la vallée de Noto sur la côte orientale, à 45 li. au sud-est de Palerme. Elle a été autrefois fameuse, & capit. de l'isle. C'en est encore aujourd'hui une des plus considérables. On y compte environ quinze mille habitans. Son port est bon, & assez grand pour contenir une flotte. C'est la patrie du fameux Archimede. Elle a un év. suffr. de Montreal. Un chateau de figure irréguliere sert de défense au port. long. 33. latit. 37. 5.

SYRIAM, ville des Indes, au roy. de Pegu, au confluent des riv. de Pegu & d'Ava. Elle est grande & très-peuplée. latit. 16.

SYRIE, ou SOURISTAN, *Syria*, prov. de la Turquie Asiatique, bornée au nord par la Natolie & le Diarbeck, au midi par la Judée, au levant par l'Arabie déserte, & au couchant par la Méditerranée. C'est un pays d'une fertilité étonnante, & qui le seroit encore davantage si ses habitans avoient le soin de cultiver les terres. Il produit naturellement des herbes aromatiques & médecinales. Les bœufs & les moutons y sont d'une grandeur extraordinaire. Les perdrix, les cailles & autre gibier y sont en très-grand nombre. L'Euphrate, le Jourdain, l'Oronte, &c. arrosent cette province où on trouve de bons ports de mer. Sa capitale est Damas.

SYRY, prov. de l'Ethiopie au nord-est de celle d'Ogara, & dont elle est séparée par la riv. de Tekesel. C'est le pays le plus beau & le plus fertile de toute l'Ethiopie. Les orangers, les citronniers, les grenadiers, &c. y viennent sans culture. Sa capitale porte le même nom.

SZASCOWA, p. ville de la b. Pologne au palatinat de Rava, entre Varsovie & Lencici.

SZEBRZIN, ville de Pologne, dans le palatinat de Russie, sur la riv. gauche du Wiepercz, au nord-ouest de Tomaszow.

SZUCZA, ville de la Prusse Polonoise, au palatinat de

Culm, fur le bord de la Viftule.
à 1 li. de Culm. Elle eft bâtie en
briques, & a été long-tems pof-

fedée par les chevaliers Teutoniques. long. 36.44. latitude 5
15.

T.

TA, ville de la Chine dans
la prov. de Suchuen, au département de Queicheu, fixié-
me métropole de la province.
Elle eft munie d'une bonne citadelle. latit. 31. 38.

TAATA, ville de la haute
Egypte, à 100 li. du Caire, &
à 1 mille du Nil. On y voit plufieurs beaux reftes d'antiquité,
& c'eft la réfidence d'un gouverneur.

TABACO, ifle de l'Amér.
fept. dans la mer du Nord.
C'eft une des antilles au nord
de celle de la Trinité dont elle
eft féparée par un canal. Elle
eft peu importante.

1. TABASCO, gouvernement
de l'Amér. fept. dans la nouvelle Efp. au gouvernement de
même nom, proche l'embou-
chure de la riv. de Tabafco.
Elle a 12 li. de longueur & 4
de largeur.

2. TABASCO, gouvernement
de l'Amér. fept. dans la nouv.
Efp. bornée au nord par la baie
de Campeche, au midi par le
gouvernement de Chiapa, au
levant, par l'Yucatan, & au
couchant par la prov. de Guaxaca. Il a 40 li. de long. & autant de large. La terre y eft fertile en maïs & en cacao. Il y
pleut prefque toute l'année. La
capitale de la prov. eft appellée
Nueftra Senora de la Vittoria,
ou Tabafco.

TABOGA, ifle de la mer du
Sud, dans la baie de Panama.
Elle a 3 milles de long & 2
de large. Cette ifle qui appartient aux Efpagnols eft mon-
tueufe. Une partie du terroir eft
fec & aride; mais le refte eft
rempli d'arbres fruitiers, & fur-

tout de cacao. latitude méridionale. 1.

TABOZA, abb. de filles ordre de Cit. en Portugal, dans
la prov. de Beira, au dioc. de
Lamego.

TACATALPO, ville de l'Amér.
fept. dans la prov. & fur la riv.
de Tabafco, près des montagnes. Elle eft habitée par de riches marchands, & a dans fon
terroir du cacao blanc qu'on
ne trouve pas ailleurs.

* TACAZE, & non pas TA-
CARÉE, comme dit la Martiniere, fleuve d'Ethiopie, que
les anciens ont connu fous le
nom d'*Aftaboras*. Il prend fa
fource au roy. d'Angot, traverfe ceux de Tigre & de De-
ghin, & va fe rendre dans le
Nil avec le Dender. Son nom
veut dire épouvantable. Il renferme beaucoup de crocodiles,
& de chevaux marins.

TACHA, ville de Bohême,
aux confins du haut Palatinat,
fur la riv. de Mies. Ziska leva
le fiége de cette ville en 1421;
il la prit d'affaut, & la faccagea
en 1427. long. 30. 42. latit. 49.
55.

TACHAN, ville de la Chine,
dans la prov. de Suchuen, au
département de Queicheu, 6e
métropole de la prov. latitude
31.42.

TACHU, ville de la Chine,
dans la prov. de Peking, au département de Hokien, 3e métropole de la prov. fur la riv.
de Guei. Elle eft défendue par
de bons baftions & de forts remparts. latit. 33.

* TACINA, riv. d'Italie, au
roy. de Naples, dans la Calabre
ulter. La Martiniere dit que c'eft

le *Targis* des anciens. Aucun auteur n'a parlé de ce mot, mais de *Targines*.

* TADCASTER, bourg d'Angleterre, dans la prov. d'Yorck. Vofgien dit que c'eft une ville & ajoute que c'eft l'anc. *Calatum*. Cependant les interprètes d'Antonin nous aſſurent que c'eſt Whellepcaſtle.

TADMOR, anc. *Palmyra*, p. ville d'Aſie, dans le défert de Syrie, à 20 li. au levant de Damas. Son terroir eſt rempli de palmiers, d'oliviers & de figuiers. Elle a été autrefois célebre. On y voit encore de magnifiques reſtes d'antiquité.

* TADOUSSAC, port de l'Amér. fept. dans la nouv. Fr. fur le fl. St Laurent, à 30 li. au-deſſous de Quebec, près de l'embouchure du Saguenay. On le laiſſe à droite en entrant dans cette riv. M. Langlet du Frenoy en fait une ville, ce qui n'eſt pas: c'eſt un bon port, où 25 vaiſſeaux de guerre pourroient être à l'abri de tous les vents. L'encrage y eſt ſûr, & l'entrée facile.

* TAENSAS, & non pas TAENEAS, comme diſent la Martiniere & Voſgien, peuple de l'Amér. fept. dans la nouvelle Eſp. Le pays qu'il occupoit étoit le plus bel endroit & le meilleur terroir de toute la Louyſiane. Il étoit très-nombreux ; mais les nouvelles relations nous apprennent qu'il a entierement diſparu.

* TAFALLA, ville d'Eſp. dans la Navarre, proche la riv. de Cidaço, à 5 li. de Pampelune. Elle eſt fort bien fortifiée & ornée d'un palais, l'ancienne demeure des rois de Navarre ; fon terroir eſt fertile en bon vin. Nous n'y connoiſſons pas d'univerſité, comme dit la Martiniere, qui ajoute que la princeſſe Eléonore fille du roi Jean

II, y tint des états en 1473, ce qui ne peut pas être, puiſque le roi Jean ne mourut que l'an 1479.

* 1. TAFILET, roy. d'Afr. en Barbarie, compris dans les états de Maroc, bornée au nord par les royaumes de Tremecen & de Fez, au midi par le défert de Barbarie, au levant par le pays des Bereberes, & au couchant par les royaumes de Fez, de Maroc & de Sus, & non pas Suſe comme dit Voſgien. On le diviſe en trois prov. qui font, Dras, Sara & Thouet. Les grandes chaleurs qu'il y fait, & les ſables en rendent le terroir ſterile ; il y croit beaucoup de dattes, & on y trouve beaucoup de chameaux & de dromadaires. Tafilet eſt la ville capit.

2. TAFILET, ville d'Afr. capit. du roy. & ſur une riv. de même nom ; elle eſt grande & bien peuplée. Ses habitans font riches, & fort adroits à faire des étoffes rayées de ſoie. Leur terroir produit les meilleures dattes de Barbarie. long. 16. 5. latit. 28. 30.

TUGAL, pays d'Aſie, dans l'iſle de Java, proche la cote fept. vers le milieu de l'iſle, encre Japara au levant, & Tſieribon au couchant. On y voit de vaſtes campagnes de riz, & les Hollandois y ont un fort, qui en porte le nom.

TAGAOST, ville d'Afr. au roy. de Maroc, dans la prov. de Sus, à 20 li. de la mer. Elle eſt grande & bien peuplée furtout de Juifs qui y vivent dans un quartier féparé, & y font un bon commerce. long. 10. latit. 28. 30.

TAGASTE, *Tagaſta*, village d'Afr. au roy. d'Alger, dans la prov. de Conſtantine, & autrefois ville épiſc. célebre par la naiſſance de St Auguſtin.

TAGAZA, p. ville d'Afrique, au roy. de Fez, sur le bord de la riv. de même nom, à demi li. de la mer.

1. TAGE (le) *Tagus*, fleuve qui prend sa source dans la nouv. Castille, traverse le Portugal, & va se rendre dans l'Ocean, 2 li. au - dessous de Lisbonne.

2. TAGE, ville de l'Arabie heureuse, entre Manzeri & Manzuel, avec un chat. sur une montagne. Elle est grande, bien bâtie, & on y voit plusieurs belles mosquées.

TAGIPURU, c'est ainsi qu'on appelle le bras de la riv. des Amazones, qui forme la grande isle de Marajo ou de Joanes.

* TAGLIACOZZO, ville d'Italie, au royaume de Naples, dans l'Abruzze ultér. à 8 milles au couchant du lac Celano, & non pas au levant, comme dit la Martiniere, qui ajoute qu'elle est bâtie des ruines de l'anc. *Carsiola Colonia*, il devoit dire *Carseoli Colonia*. Elle a titre de duché & appartient aux Colonnes.

TAGUMADERT, ville d'Afrique, aux états du royaume de Maroc, dans le royaume de Tafilet, proche la riv. de Dras, avec un chât. sur une mont. où on tient garnison. Les environs sont abondans en bled, orge, dattes, & c'est là qu'on croit que les Cherifs ont pris leur origine.

* TAHEN, & non pas TAHEU, cité de la Chine, dans la prov. d'Iunnan, au département de Lungchuen. latit. 24. 28.

TAIS, ville de la Chine, dans la prov. de Kiangnan, au département de Yangcheu, 7e métropole de la prov. avec une forteresse. latitude 33. 20. minutes.

TAIAMENTO, *Tilaventum major jus*, riv. d'Italie dans le Friou. Elle prend la source dans la Carnia, & se rend dans le golf de Venise.

TAICANG, ville de la Chine dans la prov. de Kiangnan au département de Sucheu, métropole de la province. latit. 32. 13.

TAICHEU, ville de la Chine dans la prov. de Chekiang, dont elle est 10e métropole. Elle est bâtie sur une montagne, & a 6 villes dans sa dépendance. latit. 28. 38.

TAIF, ville de l'Arabie heureuse, au pays d'Hegiaz. Son terroir est très - abondant en fruits, sur-tout en raisins que les habitans font sécher.

TAIGAN, ville de la Chine dans la province de Channton au département de Cinan, premiere métropole de la province avec une forteresse. latitude 36. 36.

TAIHO, ville de la Chine, dans la prov. de Kiangsi, au département de Kiegan, sur la gauche de la riv. de Kiam qu'on y passe sur un pont de pierres. Il y a dans cette ville de magnifiques temples, & son terroir est très-fertile. latit. 27 28.

TAILLEBOURG, *Tabellicum* bourg de Fr. dans la Saintonge sur la riv. de Charente, à 3 li. de Saintes. Le roi St Louis y remporta une mémorable victoire en 1242, sur Hugues, comte de la Marche.

TAINE, ville de l'Ecosse sept dans le comté de Cromarty proche le golfe de Dornock, 45 li. au nord - ouest d'Edimbourg. long. 14. 5. latit. 57 48.

TAINFU, ville d'Asie, au roy de même nom, proche le Cathay.

1. TAIPING, ville de la Chine

...ne, dans la prov. de Quangſi, dont elle eſt huitiéme métropole, & ſoumiſe au royaume de Tonquin. Elle a 13 villes dans ſa dépendance. latit. 23. 20.

2. TAIPING, ville de la Chine, dans la prov. de Kiangnan, dont elle eſt onziéme métropole, ſur le fleuve Kiang. Elle a 3 villes dans ſa dépendance. Son terroir eſt très-fertile. latit. 31. 20.

TAITUNG, ville de la Chine, dans la prov. de Channſi, dont elle eſt troiſiéme métropole. Elle eſt ceinte de très-fortes murailles, & environnée de montagnes. latit. 40. 20.

TAIYVEN, ville de la Chine, dans la prov. de Chanſſi, dont elle eſt premiere métropole, ſur le bord du fleuve Fuen. Elle a 3 li. de circuit, & renferme une multitude d'habitans. Un grand nombre de rois y ont fait leur demeure ; auſſi y voit-on pluſieurs édifices ſuperbes, & des tombeaux magnifiques ſur les montagnes voiſines. latit. 38. 33.

TAHORAY, bourgade d'Afr. dans la Guinée, au royaume d'Ante, entre le cap de 3 Pointes & Commendo, avec un port & une fortereſſe. Les François y avoient autrefois un établiſſement, & les Hollandois y ont aujourd'hui une colonie.

*TALAVERA, *Talabriga Æbura*, ville d'Eſp. dans la nouv. Caſtille, ſur le bord ſept. du Tage, & non pas mérid. comme dit la Martiniere, à 20 li. au ſud-oueſt de Madrid. Elle eſt grande, & bien fortifiée. On y compte 7 paroiſſes, 7 hôpitaux, 7 couvens d'hommes, & 5 de filles. Elle eſt habitée par beaucoup de nobleſſe. Il y a une manufacture d'étamines, & on y fait beaucoup d'ouvrages verniſſés qu'on eſtime, & qui rendent les habitans riches. Le roi Ra-

mire II la prit ſur les Maures, l'an 949, après en avoir tué 12 mille. Il s'y eſt tenu un ſynode l'an 1498, elle appartient à l'archevêque de Tolede. Voſgien l'appelle en latin *Elbora*, mot inconnu aux anciens. On la ſurnomme la Reyna, pour la diſtinguer d'un bourg de même nom. longitude 13. 17. latit. 39. 45.

TALI, ville de la Chine, dans la prov. d'Iunnan, dont elle eſt 2e métropole, ſur la rive occid. du lac Siul. Elle eſt grande & bien peuplée, ornée d'un grand nombre d'édifices publics. Elle a 6 villes dans ſon département. latit. 25. 27.

TALLARD, *Alarantes*, bourg & comté de Fr. dans le Dauphiné, au dioc. de Gap, ſur la droite de la Durance, avec un bailliage.

*TALMAY, bourg de Fr. dans la Bourgogne, au dioc. de Langres, ſur la riv. de Vigenne, & non pas Vingeanne, comme dit la Martiniere.

1. TALMONT, *Talmundum*, bourg de Fr. dans le bas Poitou, élection des Sables d'Olone, ſur le bord d'une petite riv. avec une abb. d'hom. de l'ordre de St Benoît, fondée l'an 1040.

2. TALMONT, *Talemundum*, ville de Fr. dans la Saintonge, ſur le bord de la Gironde, entre Mortagne au midi, & Rohan au nord. Cette ville a titre de principauté, & appartient à la maiſon de la Trimouille. Pluſieurs ont confondu ce Talmont avec celui qui fait l'article précédent. La bonté de ſon port y a attiré quelques marchands.

TALSANO, abbaye d'hom. de l'ordre des Olivetains, en Italie, dans la terre d'Otrante, au dioc. & à 6 milles de Tarente.

TAMAGA, *Tamaca*, riviere de Portugal. Sa ſource eſt dans la Galice, d'où elle entre dans la prov. de Tra-los-Montes, paſſe à Chiavez, à Amarente, & se rend dans le Duero.

TAMALAMEQUE, ville de l'Amérique, dans la terre Ferme, sur la rive droite de Rio-Grande, au gouvernement de Ste Marthe. Elle appartient aux Espagnols qui la nomment Villa de las Palmas. Les environs sont fertiles en paturages, & on y nourrit beaucoup de bétail.

1. TAMARA (isles de), ou DES IDOLES, isles d'Afr. sur la côte de Guinée, le long de la côte de Serra-Lionna. Il y croit beaucoup de tabac, & on en tire de l'or & de l'ivoire.

2. TAMARA, ville d'Asie, dans l'isle de Socotera, à l'entrée de la mer Rouge, sur la côte sept. de l'isle. Elle est bien bâtie, mais le palais du prince est peu de chose. La rade s'ouvre entre est par nord, & ouest par nord-ouest. On y mouille sur dix brasses d'eau, & sur un excellent fond. latit. 12. 30.

TAMARACA, capitainerie du Brésil, dans l'Amér. méridion. bornée au nord par celle de Parayba, au midi par celle de Fernanbouc, au levant par la mer du Nord, & au couchant par les Tapuyes. Elle a pris son nom de l'isle de Tamaraca qui est à 5 li. d'Olinde ; il y a un port qui est assez commode, & défendu par un chât. bâti sur un côteau.

TAMARAENS, abbaye d'hom. ordre de Cît. en Portugal, au dioc. de Lisbonne.

TAMAROUA, sauvages de la Louysiane, dont le village est situé sur une p. riv. qui vient de l'est se décharger dans le Mississipi. Ils sont tous Chrétiens, & gouvernés par deux ecclésiastiques des missions étrangeres.

TAMBA-AURA, ville d'Afrique, dans la Nigritie, au roy. de Bambuck, à 30 li. à l'est de la riv. de Falemé, à la source de

celle de Sannon. Elle est remarquable par sa mine d'or, la plus abondante de tout le pays.

TAMBRE (la), riv. d'Espagne, dans la Galice, où elle prend sa source dans les montagnes, au nord de Compostelle, d'où elle court au sud-ouest, & va se rendre dans la mer.

TAMIED, *Stamedium*, abb. d'hom. de l'ordre de Cîteaux, en Savoye, dans le diocèse de Montier, en Tarentaise. Elle est de la réforme, comme la Trappe en France.

*TAMING, & non pas TA-MINGA, comme dit Vosgien, ville de la Chine, dans la province de Peking, dont elle est 7e métropole. Son terroir est extrèmement fertile, & elle a dans sa dépendance onze villes. lat. 36. 56.

TAMMESBRUGG, *Aggeripontum*, p. ville d'Allem. dans la Thuringe, proche d'Unstrutt, fondée par Pepin, pere de Charlemagne. Elle est à l'électeur de Saxe.

*TAMWORTH, bourg, & non pas ville, comme dit Vosgien, en Angleterre, dans le comté de Stafford. Il est arrosé par le Tamer, & envoie 2 députés au parlement.

TAN, ville de la Chine, dans la prov. de Xantung, au département d'Yencheu. latit. 35. 38.

TANARO, *Tanarus*, riviere d'Italie, qui prend sa source dans l'Apennin, sur les confins du comté de Tende ; & après avoir arrosé plusieurs villes, elle va se rendre dans le Pô, proche Bassignana.

TANBA, prov. du Japon, dans l'isle de Niphon, au midi de celles de Tasima & de Tango. On la divise en 6 districts qui sont très-abondans en riz. Elle a 2 journées de longueur.

TANCHING, ville de la Chine, dans la province de Channton, au département d'Iencheu, 2e métropole de la ville. latit. 35. 14.

TANGAPATAN, ville des Indes, au roy. de Travancor, sur la côte de Malabar, à 8 li. du cap de Comorin. long. 96. 20. latit. 8. 19.

TANGCHUEN, premiere grande cité de la Chine, dans la prov. de Suchuen. latit. 31. 13.

TANGER, *Tingis*, ville d'Afr. dans la Barbarie, au roy. de Fez, sur la côte de l'Océan, à l'entrée du détroit, à 50 li. de Fez. Elle étoit autrefois capitale de la Mauritanie Tingitane, & doit son origine aux Romains, à qui les Gots l'enleverent. Elle fut long-tems brillante par le commerce & la beauté de ses bâtimens. Les Anglois en devinrent les maîtres en 1662, & l'abandonnerent par la suite, après l'avoir ruinée. long. 12. latit. 36.

TANGERMUND, *Tangermunda*, ville d'Allemagne, dans le cercle de la basse Saxe, à l'emb. du Tanger dans l'Elbe, à 10 li. au nord-ouest de Brandebourg. long. 29. 43. latit. 52. 34.

TANGO, prov. du Japon, dans l'isle de Niphon, sur le bord de la mer, entre Wacasa & Tasima. Ce pays qui est assez bon, a une journée & demie de largueur. On le divise en 5 districts.

TANGUT, roy. d'Asie, dans la Tartarie Chinoise, borné au nord par le grand chan des Calmoucks, au midi par le roy. d'Ava, au levant par la Chine, & au couchant par les états du Mogol. On le divise en 2 parties, dont la sept. est appellée le Tibet, & la mérid. le Tangut propre. C'est le patrimoine du Dalai-Lama qui est le souverain pontife de tous les Tar-

tares Païens, il ne se mêle que du spirituel ; deux chans de Calmoucks ont soin du temporel. Il passe pour immortel dans l'esprit de ceux qui suivent son culte. Il habite un couvent qui est sur le sommet d'une haute montagne, dont le pied est occupé par plus de 20 milles prêtres de sa secte. Il sont habillés de longues robes jaunes à grandes manches, & ont toujours à la main un grand chapelet de corail ou d'ambre. Ils croient beaucoup en la metempsycose. Ce roy. s'étend depuis le 94 jusqu'au 120 degre de longitude, & depuis le 26 jusqu'au 35 degré de latitude.

1. TANJAOR, ville des Indes, capitale du roy. de même nom, sur la côte de Coromandel, au bord d'un bras du fleuve Caveri. C'est la résidence du roi, dont le palais n'a rien de beau. latit. 11. 27.

2. TANJAOR, roy. des Indes, sur la côte de Coromandel, borné au nord par celui de Gingi, au midi par le Marava, au levant par le roy. de Madure. C'est le meilleur pays de toute l'Inde Méridionale.

TANNENBERG, village du roy. de Prusse, près de Gilgenbourg, remarquable par la bataille qui s'y livra en 1410, entre le roi de Pologne Uladislas V, & le grand maître de l'ordre Teutonique, qui y fut tué, avec 50000 hommes.

1. TANOR, roy. des Indes, sur la côte de Malabar, borné au nord par le roy. de Calicut, au midi & au levant par les états du Samorin, & au couchant par la mer. Il est d'une petite étendue, mais son terroir est fertile ; la chasse & la pêche y sont abondantes, & l'air y est très-sain.

2. TANOR, ville des Indes, sur la côte de Malabar, capit. du roy. de même nom, à 5 li.

au midi de Calicut, & la réfidence du fouverain qui eft allié des Portugais. latit. 11. 4.

TANRODA, p. ville d'Allem. dans la Thuringe, proche la riviere d'Ilm, à 2 milles d'Erfort. Elle appartient au duc de Saxe-Weimar.

TANYANG, ville de la Chine, dans la prov. de Kiangnan, au département de Chingkiang. latitude 32. 40.

1. TAOYVEN, ville de la Chine, dans la prov. de Kiangnan, au département de Hoaigan, & métropole de la prov. Elle a de bons remparts & des baftions de pierre. La riv. Safranée la traverfe. Elle eft extrêmement peuplée, & ornée de plufieurs batimens magnifiques. Ses environs abondent en fruits & en gibier. latit. 34. 40.

2. TAOYVEN, ville de la Chine, dans la province de Huquang, au département de Changte, 11e métropole de la prov. latit. 29. 30.

TAPACRI, prov. de l'Amér. mérid. au Pérou, dans le dioc. de la Plata. Elle a 20 li. de long fur 12 de large, & fon terroir eft très-fertile.

*TAPACURES, peuple de l'Amér. mérid. au Pérou, au levant de l'audience de Los Charcas, & non pas au midi, comme dit Vofgien. Ils ont donné leur nom aux montagnes qu'ils habitent. Leurs mœurs ne different point de celles des Moxes. Ils ont le corps extrêmement fouple, & vont d'une vîteffe furprenante.

TAPUYAS, nom commun à plufieurs fauvages de l'Amérique mérid. dans le Bréfil. Ils habitent dans les terres fans avoir ni villes ni villages. Ils font grands & d'un temperament robufte, cruels, hardis, & antropophages.

*TARAGALE, ville d'Afr. au

roy. de Tafilet, dans la prov. de Dras, fur la gauche de la rivière de même nom. Il y a un château fortifié, où on tient un gouv. & une bonne garnifon. Son terroir eft planté de palmiers, & fertile en bled. long. 11. 48. lat. 27.

TARANTAISE (la), Darentafia, prov. de Savoye, avec titre de comté, bornée au nord par le duché de Savoye, au midi par le comté de Maurienne, au levant par le duché d'Aofte, & au couchant encore par le comté de Maurienne. C'eft le pays qu'habitoient les Centrons; il eft fterile & défagréable, plein de montagnes affreufes. Monftier eft la capitale.

TARANTAL, comté de la haute Hongrie, borné au nord par celui de Zolnock, au midi par celui de Czongrad, au levant par celui de Bihor, & au couchant par la Teyffe. Thurtur en le principal lieu.

*TARARE, Tararum, & non pas Taratrum, comme dit Vofgien, bourg de Fr. dans le Lyonnois, fur la petite riv. de Tordine, & non pas Tordive, comme difent la Martiniere & Vofgien. Il eft dans une vallée entre Lyon & Roanne.

1. TARASCON, Tarafco, ville de Fr. en Provence, au diocéfe d'Avignon, fur la rive gauche du Rhône, vis-à-vis Beaucaire, avec lequel elle communique par un pont de bateaux, à 5 li. au nord d'Arles. Il y a une viguerie & un chapitre. long. 22. 20. latit. 43. 48.

2. TARASCON, ville de Fr. au pays de Foix, dioc. de Pamiers, fur le bord de l'Ariege. On y voit un grand nombre de forges.

*TARAZONA, Turiazo, ville d'Efp. au roy. d'Aragon, fur les confins de la Vieille Caftille, au bord de la riv. de Queiles, & non pas Chiles, comme dit Vofgien, à 50 li. de Madrid, & à 66 de Tolede, dont fon év. eft fuffr. Elle eft grande, ornée de beaux bâtimens de 3 paroiffes, de 4 couvens d'hom. de 3 de filles, & d'un hôpital bien renté. Il s'y tint un concile l'an 1229. long. 16. 7. latit. 41. 52.

* TARBES, *Tarba*, ville de Fr. capit. du comté de Bigorre, fur la rive gauche de l'Adour, dans une belle plaine, à 9 li. au fud-oueft d'Auch, & à 6 au levant de Pau. Elle a été bâtie à différentes reprifes, & en partie fur les ruines de *Caftrum Begorrenfe*. C'eft le lieu où eft bâtie la cathédrale, appellée pour cela la *Sede*. Outre la cathédrale, il y a une paroiffe, un couvent de Cordeliers, & un de Carmes. Les PP. de la Doctrine ont le collége & le féminaire. L'évêché eft très-ancien, car fon év. affifta au concile d'Agde en 506, & non pas en 106, comme dit la Martiniere. L'év. eft fuffr. d'Auch, & préfident né des états. Il n'y a d'autre jurifdiction qu'une fénéchauffée. longitude 17. 35. latit. 43. 10.

TARCOLAN, ville des Indes, dans le Carnate, au nord de Cangivouran, dont elle dépend. C'étoit autrefois une ville confidérable, pendant que les rois de Golconde en étoient les maîtres ; mais elle a beaucoup déchu de fa grandeur & de fes richeffes depuis que les Maures s'en font emparés. Le grand Mogol en a réduit l'enceinte, & elle dépend aujourd'hui du gouverneur général de Cangivouran.

TARD (le), abbaye de filles, ordre de Cîteaux, dans la Bourgogne, au dioc. de Langres, fur l'Ouche, à 3 li. de Dijon, où elle fut fondée en 1120, & tranfférée à Dijon en 1623.

TARDENOIS (le), *Tardénenfis ager*, p. pays de France dans le Soiffonnois, au gouvernement de l'Ifle de France. Il n'y a d'autre lieu remarquable que la Fere.

TARENTE, *Tarentum*, ville d'Italie, dans la terre d'Otrante, au roy. de Naples, fur le bord de la mer, dans un golfe de même nom, à 15 li. au fud-eft de Bari, & à 55 au levant de Naples. Cette ville étoit autrefois célebre par fon port & par la richeffe de fes habitans. Telle qu'elle eft aujourd'hui, elle eft petite, & n'occupe qu'une des extrémités de l'ancienne ; elle a cependant titre de principauté, & eft ornée d'un archevêché. Le grand commerce de Tarente, dont prefque tous les habitans font pêcheurs, confifte en bled, en huile & en huîtres marinées d'une façon toute particuliere, & qui les rend excellentes. On en envoie quantité par toute l'Italie. longitude 35. latit. 40. 30.

TARGA, p. ville d'Afrique, au roy. de Fez, fur la côte de la Méditerranée, dans une plaine, avec un chât. bâti fur un rocher. La pêche y eft fi abondante, qu'elle fournit la moitié du royaume. Ses habitans paffent pour brutaux & ivrognes. latit. 35. 6.

TARGOROD, ville de la Moldavie, au confluent du Sereth & de la Moldaw, 15 li. au-deffous de Soczowa. On la prend pour l'ancienne *Ziridava*.

TARGOVISCO, ou TARVIS, ville de la Turquie Européenne, *voyez* Tergowitz.

TARIFFE, *Julia traducta*, ville d'Efp. dans l'Andaloufie, fur le détroit de Gibraltar, à 5 li. au fud-oueft de la ville de ce nom. Elle eft pauvre, & peu habitée : les maifons font mal bâties, les rues étroites. Il y a un château , où loge le gouverneur. long. 12. 25. latit. 35. 50.

TARIJA , ville de l'Amérique mérid. dans le Perou , à 50 li. au sud-ouest du Potosi , dans une grande vallée , dont elle a pris le nom , entre les montagnes de Chiriguanos , presqu'à l'emb. d'une p. riviere qui se décharge dans Rio-Grande ou Rio-Vermejo. latit. mérid. 21. 48.

TARKU , ville d'Asie , capit. du Daghestan , sur la côte occidentale de la mer Caspienne , à 15 li. au nord de Derbent , entre des rochers escarpés. Ses habitans ont la réputation d'etre méchans.

TARMON , p. ville d'Irlande , dans la prov. d'Ulster , au comté de Fermanagh , au nord du lac Earne , avec un fort château.

TARN (le) , *Tarnis* , riv. de Fr. qui prend sa source dans le Gevaudan , & va se rendre dans la Garonne au-dessous de Montauban. Elle commence à etre navigable à Gaillac.

TARNOWITZ , petite ville d'Allem. dans la Silésie , à 4 milles de Strelitz.

TARO , ou BORGO-DI-VAL-DI-TARO , petite ville d'Italie , dans le Plaisantin , sur la rive droite du Taro , & capit. du p. pays appellé Val-di-Taro , à 12 li. au sud-ouest de Parme. long. 27. 25. latit. 44. 35.

TAROUCA (St Jean de) , abb. d'h. ordre de Cîteaux , en Portugal , dans la prov. de Beyra , au dioc. de Lamego , fondée l'an 1122.

TARRAGONE , *Taraco* , ville d'Esp. dans la Catalogne , sur la côte de la Méditerranée , à 20 li. au couchant de Barcelone , & à 90 de Madrid. Elle n'est pas si gr. qu'autrefois ; on y compte environ 500 maisons. Elle est honorée d'une université & d'un arch. qui dispute la primatie à Tolede. L'air y est pur , & il s'y

fait un gr. commerce en huile, lin & vins , qui y sont excellens. C'est la patrie de l'historien Orose. Le port n'est pas bien bon , à cause des rochers qui en empêchent l'entrée aux gros vaisseaux. long. 18. 55. latit. 41. 10.

TARREGA , *Tarraga* , ville d'Esp. dans la Catalogne , entre Lerida & Barcelone , proche la riviere de Cervera , & chef-lieu d'une viguerie , dans un terroir abondant en bled , vin & huile.

TARSE , *Tarsus* , ville de la Turquie Asiatique , dans la Caramanie , à 8 li. d'Adana. Cette ville , autrefois la plus belle de la Cilicie , n'est auj. qu'un tas de ruines. La peste y regne presque toujours , par la malpropreté de ses habitans. C'est la patrie de St Paul. latit. 37. 12.

TARTARES , peuples qui habitent une grande partie du continent de l'Asie. On les divise en plusieurs nations.

Les Tartares Baskirs occupent la partie orientale du royaume de Casan. Ils sont d'une taille haute , & fort robustes ; ils ont la barbe longue , & une robe longue de gros drap blanc , avec un capuchon dont ils se couvrent la tête. Ils sont braves , & se servent de la fléche avec une adresse merveilleuse.

Les Tartares de Budziack habitent le rivage occidental de la mer Noire , entre l'embouchure du Danube & la riviere de Bog. Ils sont indépendans du chan de la Crimée & de la Porte. Ils ne vivent que de brigandage ; ils font même souvent des incursions sur les terres des Turcs. Ce sont les plus méchans de tous les Tartares.

Les Tartares de la Crimée occupent la presqu'isle de ce nom. Ils ont de petits yeux , un tein brulé , des cheveux noirs & rudes. Ils ont pour armes le sabre & la fléche. Les chevaux dont

Ils se servent ne sont pas beaux, mais ils sont infatigables, faisant souvent 30 li. sans débrider. Leur religion est la Mahométane, & ils y sont assez attachés. Ils ont un chan qui est allié de la Porte, & que le grand Seigneur dépose quand il a lieu d'être mécontent. La chair de cheval & le lait de jument font les délices de ces Tartares, qui sont presque toujours en course, & vivent de brigandage ainsi que les autres. Ils peuvent mettre en campagne jusqu'à 80000 hommes.

Les Tartares Circasses habitent l'espace qui est entre la Georgie & l'emb. du Wolga. Ils ont les inclinations & les coutumes des autres Tartares. Ils sont fort laids, & presque toutes leurs femmes sont très-belles. L'hyver ils logent dans de petites chaumieres, & l'été ils campent où ils trouvent de bons paturages. Ils sont habiles voleurs lorsque l'occasion s'en présente. Ils ont des princes particuliers à qui ils obéissent, sous la protection de la Russie, qui possede la capitale du pays, appellée Terki.

Les Tartares du Daghestan habitent les environs de la ville de Derbent & le long de la mer Caspienne jusqu'à Erivan. Ils sont les plus laids de tous les Tartares ; leurs habits consistent en une robe de couleur minime ou noire, qui leur descend jusqu'au gras de jambe ; ils ont par dessus un petit manteau court, & un bonnet fourré sur la tête. Ils se servent pour armes de l'arc, de la fléche, de la lance, du sabre & même des armes à feu. Ils sont grands voleurs ; ils volent dans la Circassie & dans la Georgie des femmes & des enfans, qu'ils vont vendre à Derbent. Ils ont des princes de leur nation à qui ils obéissent,

& qui sont aussi grands voleurs qu'eux.

Les Tartares Koubans occupent les bords de la riviere de Kouban : c'est une branche de ceux de la Crimée, mais ils ont un chan particulier. Ils vivent dans quelques méchans villages, & pour la plupart ils habitent sous des tentes au pied des montagnes du Caucase. Les Turcs les ménagent pour avoir par leur moyen des esclaves de la Circassie & de la Georgie. Ils peuvent mettre en campagne jusqu'à 40000 hommes.

Les Tartares Moungales occupent la partie la plus considérable de la grande Tartarie. Ils sont bornés au nord par la Sibérie, au midi par la Chine, au levant par la mer Orientale, & au couchant par le pays des Calmoucks. Ils sont descendans de ceux qui s'étoient emparés de la Chine. On les distingue en Moungales de l'est & de l'ouest.

Les Tartares Nagais habitent vers les bords de la mer Caspienne, entre le Jaick & le Wolga, au midi des Calmoucks. Ils sont fort laids, ayant le visage ridé comme une vieille femme. Ils logent dans de petites cabanes, & pendant l'été ils vont camper dans les endroits où ils trouvent les meilleurs paturages. Ils vivent de la chasse, de la pêche & de leur bétail. Ils sont soumis à la Russie, sans être sujets à aucune contribution. Ils ne vont à la guerre qu'à cheval, & peuvent armer jusqu'à 20000 hommes.

TARTARIE, *Tartaria*, vaste pays qui occupe une partie de l'Asie vers le nord, depuis les états du Turc ; la Perse, la Chine, jusqu'à la mer Glaciale. On la divise en 3 parties ; sçavoir, la Tartarie Chinoise, qui est gouvernée par des gouverneurs envoyés par l'empereur de la Chine ; la Tartarie indépendante, qui est gouvernée par différens kans, & partagée en 2 parties inégales par la mer Caspienne ; la Tartarie Moscovite, qui occupe autant de terrein que les deux autres, & qui est à leur nord.

TARTARIE (la petite), province tributaire de la Turquie, ainsi nommée pour la distinguer de la grande Tartarie en Asie. Elle est située au nord du Pont-Euxin. On la distingue en septentrionale & méridionale. La première est habitée par les Tartares Nagais ; la méridionale est une presqu'isle qu'on appelle Crimée, & nommée autrefois Chersonèse Taurique.

*TARTAS, p. ville de France dans la Gascogne, au diocèse d'Acqs, sur la Midouze, à 20 li. de Bourdeaux, bâtie en forme d'amphithéâtre, à 6 li. d'Acqs. Il y avoit un chât. qui fut démoli en 1621. Elle est composée de 2 paroisses, quoique la Martiniere ne lui en donne qu'une. Les Huguenots en avoient fait une place de sureté. long. 16. 45. latit. 43. 50.

TARUDANT, ville d'Afr. au roy. de Maroc, capit. de la prov. de Sus, dont elle porte aussi le nom, à 2 li. au midi du grand Atlas. C'est une des principales villes d'Afrique, soit par ses fortifications ou par le commerce de ses habitans. long. 9. 52. latit. 29. 18.

TASCHKANT, ville de la Tartarie, sur la droite de la riv. de Sirr. Elle est petite, cependant c'est la résidence du kan de la Casatschia-Orda. long. 85. latit. 43.

TASIMA, prov. du Japon, dans l'isle de Niphon, sur le bord de la mer, entre Imaba au couchant & Tango au levant. Elle a 4 journées de longueur

d'orient en occident, & se divise en 8 districts.

TASQUE (St Pierre de), abb. d'h. ordre de St Benoît, au pays de Riviere-Basse, au diocèse de Tarbes.

TASSING, Tassinga, isle de Danemarck, entre celles de Fionie, de Langeland & d'Arroe. Elle est séparée de la première par un canal étroit. Elle a quelques bourgs & villages.

TATA, ville des Indes aux états du grand Mogol, dans le roy. de Sinde, appellé aussi Tata, sur la rive occidentale de l'Inde. Elle est située dans un terroir fertile, mais plus célebre encore par le grand commerce que les Portugais y font. long. 86. latit. 25. 18.

TAVASTLAND, Tavastia, prov. de Suéde, dans la Finlande, bornée au nord par la Cajanie, au midi par la Nylande, au levant par le Savolax, & au couchant par la Finlande proprement dite. Elle est remplie de lacs, & on y trouve plusieurs mines de fer. Elle a pour capitale Tavastus.

TAVASTUS, ville de Suéde dans la Finlande, capit. du Tavastland, dans sa partie mérid. sur une p. riv. qui se rend dans le lac de Wana.

TAUCHEL, p. ville de Pologne dans la Pomerelle, sur la riv. de Verde, à 20 li. au sud-ouest de Marienbourg. En 1310 les chevaliers de l'ordre Teutonique y causerent de gr. ravages.

TAVERNA, ville du roy. de Naples, dans la Calabre ultér. sur la riv. appellée Simari par Cluvier, & Alli par d'autres, quoique plusieurs en fassent deux rivieres différentes. Cette ville étoit épisc. mais en 1122 l'év. fut transféré à Catanzaro. Elle a été bâtie des ruines de l'anc. Trischene, quoique plus éloignée de la mer.

TAVIRA, ville de Portugal, dans la prov. d'Algarve, dont elle est capit. sur le bord de la mer, entre le cap de St Vincent & le détroit de Gibraltar, à l'emb. de la riv. de Gilaon. Il y a une bonne forteresse, bâtie par le roi Sebastien, & un port, un des meilleurs du roy. La ville est petite, & composée d'environ 2000 habitans. Il y a 2 paroisses, 4 couvens d'hommes, un de filles, & un hôpital. long. 9. 55. latit. 37. 10.

*TAVISTOQUE, & non pas TA-VISLOCK, comme dit Vosgien, ville d'Angl. dans le Devonshire, sur la droite de la riv. de Tawy. Elle doit son origine à un ancien monastère, qui fut détruit par les Danois. long. 13. 35. latit. 50. 30.

TAUNTON, ville d'Angl. dans le Sommersetshire, sur la rive droite du Taw, dans une agréable campagne. Elle députe au parlement, & a droit de marché. long. 14. 18. latit. 51. 23.

TAVORMINA, *Tauromenium*, ville d'Italie en Sicile, dans la vallée de Demona, sur la côte orientale de l'isle. Elle est ancienne, & a eu titre de colonie. Les rues en sont étroites, & il y a une assez belle fontaine. long. 33. 12. latit. 37. 49.

TAUREAU (l'isle du), p. isle de France en Bretagne, au dioc. de Treguier, à l'emb. de la riv. de Morlais, avec un fort qu'on appelle le château du Taureau.

TAURIS, *Gabris*, ville d'Asie dans la Perse, capit. de l'Aderbidjan, au bout d'une plaine, & environnée de mont. de trois côtés, sur une petite riv. qu'on passe sur trois ponts. On lui donne 30 milles de circuit, & elle renferme 550000 habitans. Les maisons n'ont qu'un étage. On y voit grand nombre de mosquées, & il y en a plusieurs de très-belles. La grande place est si vaste, qu'elle pourroit contenir 30000 hommes. Les vivres y sont à très-grand marché, & il n'est pas de ville en Asie où l'argent soit aussi commun. Les habitans y commercent avec les Turcs, les Arabes, les Moscovites, les Indiens, les Tartares, &c. Il s'y fabrique de très-belles étoffes, & des peaux de chagrin fort estimées. long. 64. 22. lat. 38. 4.

TAURUS (le mont), chaîne de montagnes dans l'Asie, & la plus grande qu'on connoisse. Son nom lui vient de sa hauteur demesurée. Elle traverse toute la Natolie & toute la Perse. Elle prend différens noms, selon les pays qu'elle traverse.

TAY (le), *Tavus*, riviere d'Ecosse, qui prend sa source dans la prov. de Braidalbain, au mont Grantsbain, & va se rendre dans la mer du Nord à 7 milles au levant de Dondée. Elle divise l'Ecosse en mérid. & sept. & est navigable dans le cours de 20 milles.

1. TAYOVAN, isle de la Chine, appellée aussi l'isle de Formose, divisée en 2 parties par une chaîne de montagnes, & située sous le Tropique du Cancer. Une partie est habitée par les naturels du pays, & l'autre par les Chinois, depuis que les Hollandois en ont été chassés en 1661. Elle produit tout ce qui est nécessaire à la vie. Sa capit. porte le même nom.

2. TAYOVAN, ville d'Asie, capit. de l'isle de même nom, sur sa côte occid. Il y a une bonne forteresse, bâtie par les Hollandois lorsqu'ils en étoient les maîtres, & à laquelle ils avoient donné le nom de fort de Zelande. Les Chinois à qui elle est aujourd'hui, y tiennent un gouverneur, avec 10000 hommes de garnison. Il n'y a point de havre plus commode.

on y peut aborder en toutes les faisons, & il s'y fait un grand commerce. latit. 22. 33.

TCHOCTAS, fauvages de la Louyfiane, voifins des Chicachas, établis vers le haut de la riv. de Maubile.

TCIENIEN, ville de la Chine dans la prov. de Nankin, fur la gauche de la riviere de Kiang, entre Nankin & Pekin. Elle a 3 li. de circuit, fes maifons font très-bien bâties, fes rues tirées au cordeau, & fes habitans fort riches. Elle eft encore renommée par la beauté des femmes qui l'habitent.

TEBELBELT, canton d'Afr. dans le Biledulgerid, au milieu du défert de Barbarie. Il renferme trois petites villes, dont les environs produifent d'excellentes dattes.

TEBESSA, ville d'Afr. au roy. de Tunis, fur les confins du roy. d'Alger. Elle a été batie par les Romains, & on y voit encore plufieurs beaux reftes d'antiquité, des ftatues de marbre, & grand nombre d'infcriptions. long. 26. 48. latit. 35. 7.

TEBZA, ville d'Afr. au roy. de Maroc, capit. de la prov. de même nom, fur la pente du grand Atlas. Ses habitans font fort adonnés au commerce, furtout de fines laines.

TECEUT, ou TECHEIT, ville d'Afr. au roy. de Maroc, dans la prov. & fur la riv. de Sus, dans une belle plaine qui abonde en dattes & en cannes de fucre, qui eft très-fin, ce qui y attire des marchands de toutes parts. long. 8. 42. latit. 29. 12.

TECH (le), *Tecum, Illiberis*, riv. de Fr. dans le Rouffillon. Elle prend fa fource dans les Pyrenées, au nord de Prats de Molo, & fe rend dans la Médit. au-deffous d'Elne.

TECKLENBOURG, ville d'Allem. dans la Weftphalie, à

4 milles de Munfter. Elle eft capitale du comté de même nom, & a un chât. bâti fur une colline. long. 25. 42. latit. 52. 21.

TECOANTEPEQUE, ville de l'Amér. fept. dans la nouv. Efp. au gouv. de Guaxaca, fur la côte de la mer du Sud. Elle eft vafte, & accompagnée de huit fauxbourgs. Les maifons font bien bâties, & les églifes richement ornées. lat. 41. 55.

TECORT, ville d'Afr. capit. d'un petit roy. de même nom, dans la Barbarie, aux états de Maroc. Elle eft fermée de bonnes murailles, & fes habitans font fort affables envers les étrangers. long. 25. 32. latit. 29. 23.

TECULET, ville d'Afr. dans la prov. de Hea, au royaume de Maroc, proche de l'emb. de la Diure, où elle a un petit port. Les maifons ne font bâties que de terre, mais il y a une très-belle mofquée. Les habitans font un grand commerce de cire. long. 8. 32. latit. 30. 43.

*TEDELÉS, & non pas TEDENÉS, comme dit Vofgien, ville d'Afrique au roy. d'Alger, fur la côte de la Médit. à 10 li. d'Alger. Elle eft fort mal bâtie, avec un chât. où réfide le commandant. Cette côte eft extrêmement poiffonneufe. long. 21. 48. latit. 36. 42.

TEDLA, prov. d'Afr. au roy. de Maroc, dont elle eft la plus orientale. Elle eft petite, mais abondante en bled, en huile & en pâturages. Tous fes habitans font riches. Elle a pour capitale une ville de même nom.

TEDNEST, ville d'Afrique au roy. de Maroc, capit. de la prov. de Hea, fur une riv. qui l'entoure prefque de tous les côtés. Il y a une belle mofquée, les Juifs y font en gr. nombre, & payent un droit au gouverneur. Les Portugais prirent cette ville en 1514, & en furent chassés peu de tems après. long. 10. lat. 30. 28.

TEDSI, ville d'Afr. au roy. de Maroc, dans une plaine, à 1 li. de la riv. de Sus, & à 12 de Tarudant. Elle est considérable, & la résidence d'un gouverneur. Il y a beaucoup de marchands Juifs fort riches. Au milieu de la ville est une belle mosquée ; les autres bâtimens sont peu de chose.

TEFÉ, bourgade de l'Amér. mérid. sur le bord mérid. de la riv. des Amazones, à l'emb. de la riv. de Tefé, au sud-est de Paraguari. C'est une des missions desservies par les missionnaires Carmes Portugais.

* TEFELSELT, ville d'Afrique au roy. de Fez, dans une vallée à 3 li. de l'Océan. La Martiniere dit qu'elle occupe la place de l'ancienne *Tamusiga*. Il devoit dire *Tamusida*, ville bien différente.

TEFEZARA, ville d'Afrique, au roy. & à 5 li. de Tremecen. Elle a dans son terroir plusieurs mines de fer, aussi la plupart de ses habitans sont-ils forgerons.

TEFLIS, ville d'Asie, dans la prov. de Carduel, & capit. de la Georgie, au pied d'une montagne, sur la rive droite du Kur, & la résidence du prince de Georgie, dont le palais est magnifique. C'est une grande ville, qui s'etend en longueur du midi au nord. Elle est belle & bien peuplée, composée de Persans, de Georgiens, de Grecs, d'Arméniens, de Juifs, de Catholiques. Il y a une bonne forteresse, bâtie par les Turcs en 1576. Il s'y fait un grand commerce de soies : il y a des bains d'eau chaude, de beaux bazars, & des caravanserais. Les Capucins y ont une mission, avec une maison. C'est aussi la résidence du patriarche des Georgiens. long. 63. 49. latit. 43.

TEFTANA, p. ville d'Afr. au roy. de Maroc, sur la côte de l'Océan, où elle a un port capable de recevoir les petits vaisseaux. C'est l'*Herculis portus* de Ptolomée.

1. TEGAN, ville de la Chine dans la prov. de Kiangsi, au département de Kieukiang, 5e métropole de la province. latit. 30. 2.

2. TEGAN, ville de la Chine dans la prov. de Huquang, dont elle est 4e métropole. Elle a cela de remarquable, que dans son terroir il y a de petits vers qui produisent de la cire plus blanche que celle des abeilles, & qui brulée repand une odeur agréable. latit. 31. 51.

TEGAZA, pays d'Afrique au levant du roy. de Senega, avec une ville de même nom. Il y a des montagnes de sel de différentes couleurs. latit. 21. 38.

TEGORARIN, pays d'Afr. dans la Barbarie, au Biledulgerid. Il contient 50 chateaux & plus de cent villages. Les caravanes s'y assemblent pour traverser les déserts de la Libye.

TEGTEZA, ville d'Afrique au roy. de Maroc, située sur une montagne si roide, qu'on n'y peut monter que par un sentier fort étroit, & par des degrés creusés dans le roc. Ses habitans sont les plus grands voleurs du pays.

TEHAMA, petite contrée de l'Arabie heureuse, sur les bords de la mer Rouge, au nord du territoire de Mocca.

TEIEUT, ville d'Afrique, aux états de Maroc, dans le roy. de Sus, proche la riv. de Sus. Elle contient près de quatre mille maisons.

TEIN, ville de Bohême, sur la riv. de Muldau, à 3 milles de Thabor. Lazius croit que c'est l'anc. *Redintuinum*.

TEISCHNITZ, p. ville d'Allemagne, dans la Franconie, chef-lieu d'un bailliage, avec un château.

TEITCICAR, province de la Tartarie Chinoife orientale, bornée au midi par celle de Kirin, au couchant par les Tartares Kalkas. Sa capit. qui porte le même nom, eft fituée fur la riv. Nonni, vers le 49ᵉ degré de latitude.

TEL, p. ville d'Italie, dans la Valteline, fur une hauteur. Elle eft fortifiée, & chef-lieu d'une communauté.

TELAMONE, p. ville d'Italie fur la côte de Tofcane, dans l'état Delli Prefidii, à l'emb. du torrent d'Olla, avec un p. port & une forterefle, à 15 milles au nord d'Orbitelle. long. 28. 49. latit. 42. 35.

TELDE, p. ville de l'ifle Canarie, dans fa partie orientale. Son terroir produit du vin excellent.

*TELESE, bourgade d'Italie, au roy. de Naples, dans la terre de Labour, fur le Vulturne. La Martiniere dit que c'eft une ville, & l'ancienne *Telefia*, en quoi il fe trompe. Telefe eft un lieu fort moderne. Le refte des tours de l'anc. ville eft dans le village de S. Salvatore, où de tems en tems on trouve des médailles & des infcriptions.

TELGEN, *Telga*, ville de Suede dans la Sudermanie, fur la rive mérid. du lac Maler, au fud-oueft de Stockholm. long. 35. 58. latit. 59. 16.

TELLIGT, p. ville d'Allem. dans la Weftphalie, fur la riv. d'Embs, à 1 li. de Munfter, avec une riche abbaye.

TELSCHEN, ville du roy. de Bohême, dans le cercle de Leu-tomaritz, avec un fort château fur l'Elbe & les frontieres de la Mifnie. Elle appartient au comte de Thun.

TELSPERG, ou DELEMONT,

ville d'Allemagne, *voyez* Del-fperg.

TELTSCH, ville d'Allemagne dans la Moravie, fur les confins de la Bohême, près des fources de la riv. de Teya. long. 33. 38. latit. 49.

TEMECEN, prov. d'Afrique au royaume de Fez, au nord du grand Atlas. Elle a 30 li. de long fur 20 de large. C'eft un des plus beaux pays de toute la Barbarie, & tres-fertile en bled & en paturages. Les habitans font fiers & orgueilleux; leurs femmes fe plaifent à être bien parées.

*TEMENDEFURT, ville d'Afr. au royaume d'Alger, proche la Médit. à l'orient du fl. Hued-Icer, que les anciens appelloient *Serbetes*, & non pas *Serbeta*, comme dit la Martiniere. Vof-gien dit que cette ville eft l'anc. *Caftonium*, il devoit dire *Ruftonium*.

*TEMESWAR, *Temefvaria*, ville de la haute Hongrie, & non pas de la baffe, comme dit la Martiniere, dans le comté de même nom, fur la riv. de Temes, à 25 li. de Belgrade. Soliman II s'en rendit le maître en 1551, & les Turcs la garderent jufqu'en 1716, que le Prince Eugène la reprit. long. 39. 12. latit. 45. 57.

TEMIAN, roy. d'Afr. dans la Nigritie, borné au nord par le Niger, au midi par le roy. de Gabou, au levant par le roy. de Dauma, & au couchant par celui de Bito. Tous fes habitans font antropophages.

TEMMELET, p. ville d'Afr. au roy. de Maroc, fur une mont. efcarpée. On y voit une grande mofquée, & les habitans font fort pauvres.

TEMPLIN, p. ville d'Allem dans l'électorat de Brandebourg, dans l'Ukermarck, près du lac de Dolgen, aux confins de la moyenne Marche.

TENACERIM, ville des Indes, au roy. de Siam, dans la prov. de même nom, près du golfe de Bengale, sur la riv. de même nom. Le gouv. porte le titre de viceroi. Cette ville a été autrefois très-marchande. Le commerce n'y est plus aujourd'hui si considérable. lat. 12. 45.

Tenaille, *Tanneium*, abb. d'h. ordre de St Benoît, dans la Saintonge, au dioc. de Saintes. Elle a été reunie au collége de cette ville en 1719.

TENDE, ville d'Italie, dans le Piémont, capit. du comté de même nom, sur la riv. droite de la Roja, à 10 li. au sud-ouest de Coni, & à 20 au midi de Turin. longitude 25. 8. latitude 44.

Tenedos, *Tenedos*, isle de l'Archipel, dans la Natolie, vis-à-vis les ruines de Troye. Elle a 18 milles de tour. Ses vins muscats sont les plus délicieux de tout le levant. Sa capit. qui porte le même nom, & située au pied d'une montagne, sur la côte orientale, a un port très-bon, & capable de contenir de grandes flottes. Il y a beaucoup de Turcs & des Grecs, & un chât. pour la défense de la ville. latit. 39. 50.

1. Teneriffe, *Nivaria*, isle d'Afr. une des Canaries au midi de celle des Salvages. On l'appelle Teneriffe, du mot Tener, qui dans la langue des habitans signifie neige, & Iffe une mont. Elle a 18 li. de long & 8 de large. Ses côteaux sont remplis d'orangers, de citronniers & de grenadiers. Le vin excellent y abonde, ainsi que les autres fruits & le gibier. Il y a plusieurs montagnes, une entr'autres, qu'on appelle le Pic de Tenerife qu'on regarde comme la plus haute du monde. On la voit de 60 milles en mer, & on ne peut y monter qu'aux mois de Juillet & Août, étant couverte de neige le reste de l'année. San Christoval de la Laguna est capit. de l'isle.

2. **Teneriffe**, ville de l'Amér. mérid. en terre ferme, au gouvernement de Ste Marthe, sur la rive droite de la Magdelene, à 40 li de Ste Marthe. latitude 9. 46.

1. **TENEZ**, prov. d'Afr. au roy. de Tremecen, bornée au nord de la Médit. au midi par le mont Atlas, au levant par la prov. d'Alger, & au couchant par celle de Tremecen. C'est un pays très-abondant en bled & en troupeaux. Sa capit. porte le même nom.

2. **Tenez**, ville d'Afr. au roy. de Tremecen, capit. de la prov. de même-nom, à demi li. de la mer, sur le penchant d'une montagne entre Oran & Alger. Il y a une bonne forteresse, où on tient toujours garnison. On croit qu'elle occupe la place de Cesarée de Mauritanie. long. 19. 32. latit. 36. 27.

Teneza, p. ville d'Afr. au roy. de Maroc, sur la pente d'une des branches de l'Atlas. On nourrit dans les environs beaucoup de bétail.

Tengcheu, ville de la Chine, dans la prov. de Channton dont elle est 5e métrop. dans une isle séparée du continent par un canal. Elle est ornée de trois temples, & a un bon port où les Chinois tiennent leur grande flotte. latit. 37. 20.

Tengchuen, ville de la Chine, dans la prov. d'Iunnan, au département de Tali. latit. 25. 34.

Tengen, p. ville d'Allem. dans la Suabe, au-dessus de Stulingen, dépendante du domaine de la maison d'Autriche.

Tennenbach, *Porta cœli*, abb. d'h. ordre de Cît. dans la

Suabe, au Brifgau, à 3 li. au nord de Fribourg.

TENNIKOU, *Vallis liliorum*, abb. de filles, ordre de Cît. dans le Thourgau, fondée l'an 1257.

TENNSTADT, ville d'Allem. dans la Thuringe, à 3 milles d'Erfort. Elle appartient à l'électeur de Saxe. Les Impériaux la ravagerent en 1632 & en 1641.

TENSE, p. ville de Fr. dans le Velay, fur le Lignon, au fud-eft d'Iftengeau.

*TENZEGZET, ville d'Afr. au roy. de Tremecen, fur le haut d'un rocher, entre Fez & Tremecen, proche la riv. de Tefma, & non pas Tefma, comme dit Volgien. Les Turcs à qui elle appartient y tiennent une forte garnifon.

TEPING, ville de la Chine, dans la prov. de Channton, au département de Cinan, premiere métropole de la prov. latit. 37. 50.

TEPLA, abb. d'h. ordre de Prémontre, dans le roy. de Boheme, au cercle de Pilfen. Elle eft très-riche.

TER, *Thicis*, riv. d'Efp. dans la Catalogne. Elle a fa fource près du mont de Canigou, & va fe rendre dans la Medit. après avoir arrofé Gironne.

TERAMO, *Interamna*, ville d'Italie, au roy. de Naples, dans l'Abruzze ultér. au confluent du Tordino & de la Viciola, entre Afcoli & Civita di Penna. Elle a un év. fondé l'an 500, & qui ne releve que du pape. longitude 31. 28. latit. 42. 37.

TERASSON, *Teraffonium*, p. ville de Fr. dans le haut Périgord, au dioc. & à 4 li. de Sarlat, fur la riv. de Vezere, avec une abb. d'h. ordre de St Benoît.

TERBANE, prieuré de filles de l'ordre de Cît. dans les Pays-Bas, au quartier de Louvain, fondé l'an 1216, par Henri IV, duc de Brabant.

TERBECK, abb. de filles, ordre de Cît. au pays de Liege dans la Hasbaye, au nord-eft de St Tron.

TERCERE, ifle de la mer du Nord, & la plus confidérable entre les Açores. Elle a 15 li. de tour, & eft toute environnée de rochers. Le terroir y eft d'une grande fertilité en bled & en toutes fortes de fruits, pêches, poires, pommes, oranges, limons, &c. Il y a du vin, mais il ne fe conferve pas. Les bœufs de cette ifle font plus grands que les nôtres. Les habitans font bien faits, ont de l'efprit & font très-galants ; cependant ils fe piquent de beaucoup de religion. Ils fortent rarement le jour, mais la nuit ils vont chercher de bonnes fortunes. Leur principal commerce confifte en paftel, qui eft en quantité dans l'ifle ; ils retirent encore du fecours des flottes d'Efp. & de Portugal, qui viennent fe rafraichir dans leur ifle. Angra eft la capit. de Tercere.

TERGA, ville d'Afr. au roy. de Maroc, fur la riv. d'Ommirabi, à 10 lieues d'Azamor, dans une agréable fituation. Ses campagnes font très-fertiles.

TERGOWITZ, ou TARGOVISCO, ville de la Turquie Européenne, dans la Valaquie, fur le Jalonicz. Elle eft capit. de la prov. très-peuplée, fort grande, mais mal bâtie. On croit que c'eft la *Tirifcum* de Prolomée.

TERHAGEN, abb. de filles, ordre de Cît. dans les Pays-Bas, au dioc. de Gand, fondée vers l'an 1245.

TERKI, ville d'Afie, capit. de la Circaffie, fur la riv. de Terck, à demi-li. de la mer, & envisonnée de marais. Il y a un prince particulier feudataire de la Russie. La garnison est composée de 2000 hommes. long. 66. 34. latit. 43. 18.

* TERMENEZ, p. pays de Fr. dans le Languedoc, au sud-est de Carcassonne, & non pas au midi, comme dit la Martiniere. Il a pris son nom du chât. de Termes, qui étoit la plus forte place de ce pays-là. Il est compris dans le diocèse de Narbonne.

TERMINI, *Thermæ Himerenses*, ville de Sicile, dans la vallée de Mazare, sur la côte sept. à l'emb. d'une riv. de même nom. Elle est munie d'un bon château & de quelques fortifications. Il y a des bains qui sont renommés. long. 31. 25. latit. 38. 10.

TERMOLI, ville d'Italie, au roy. de Naples, dans la Capitanate, sur les confins de l'Abruzze citér. près de l'emb. du Fortore, avec un év. suffr. de Benevent. Cette ville appellée autrefois *Buba*, appartenoit aux *Frentani*.

TERNATE, isle de la mer des Indes, la principale des Moluques, sous la ligne, à 300 li. au sud-ouest de Manille, & à 2 li. de Tidor. Elle a 6 li. de tour. Le pays est montagneux, l'air y est chaud & sec, ce qui cause plusieurs maladies. La mer y produit toute sorte de poissons; les fruits de toute espece y viennent en abondance, le tabac y croît aussi. Il y a un roi particulier qui fait son séjour à Malayo. Ses sujets sont tous Mahométans; ils se servent de l'arc & de la fléche, du reste, ils sont fainéans & paresseux, ne travaillant que dans une nécessité absolue. latit. 30. m.

TERNEUSE, ville & forteresse de la Flandre Hollandoise, sur le bord de l'Escaut occid. à 2 li. au nord d'Axel. Elle est composée d'environ 300 habitans qui sont presque tous réformés.

* TERNI, & non pas TEMI, comme dit Vosgien, *Interamnium*, ville d'Italie, dans l'état de l'Eglise, au duché de Spolete, dans une isle formée par la riv. de Nera, à 20 li de Rome. Elle a été autrefois considérable, & se gouvernoit en république. Elle est longue, ses rues sont pavées en brique. On la divise en six quartiers, & elle contient quatorze paroisses, huit couvens d'hommes & cinq de filles. La cathédrale est fort belle, son év. ne releve que du St siége. Les environs de Terni sont d'une grande fertilité, ce qu'on attribue aux eaux de la Nera. Les vins en sont exquis, & on y fait beaucoup d'huile. C'est la patrie de l'historien Tacite. long. 30. 18. latit. 42. 34.

* TERNOVA, *Ternobum*, p. ville de la Turquie Européenne, dans la Bulgarie, sur la riv. de Jantra, & non pas Janetra, comme dit Vosgien, près du mont Balkan. long. 43. 25. lat. 43. 4.

TEROUANNE, *Tarvenna*, ville de Fr. dans les Pays-Bas, sur la Lis, à 7 milles de St Omer. Elle étoit épisc. & assez considérable. Après avoir été prise plusieurs fois, Charles-Quint s'en rendit le maître en 1553, & la renversa de fond en comble. Elle n'a pas été rétablie. long. 19. 54. latit. 50. 32.

TERRACINE, *Anxur*, ville d'Italie, dans l'état de l'Eglise, sur les confins de la terre de Labour, proche la mer, à 22 li. de Rome, & à l'est des Marais Pontains, qui en rendent l'air fort mal-sain. Elle est petite, pauvre & mal peuplée. Son év. ne releve que du pape. long. 30. 48. latit. 41. 19.

* 1. TERRA NUOVA, *Phau-siana*, & non *Phausania*, comme dit Vosgien, ville d'Italie, dans l'isle de Sardaigne, sur sa côte orient. au fond d'un golfe de même nom. Elle a eu un év. qui a été réuni à celui de Castel-Aragonese. long. 27. 18. latit. 41. 4.

2. TERRA NUOVA, p. ville d'Italie, dans la Sicile, dans la vallée de Noto, sur sa côte mérid. à l'emb. de la riv. de même nom, où elle a un petit port. C'est la *Gela* des anciens, & elle a titre de duché. longitude 31. 52. latitude 37. 12.

TERRASSA, bourgade d'Esp. dans la Catalogne, à 6 li. de Barcelone, du coté du nord. Elle occupe la place de l'anc. *Egera*, où il s'est tenu un concile.

TERRE AUSTRALE DU ST ESPRIT, partie des Terres Australes, au midi de la mer du Sud. Elle fut decouverte par un Espagnol nommé Fernand de Quiros.

TERRE DE LA COMPAGNIE, isle située à l'entrée d'un golfe voisin du pays de Kamtschatka découverte par les Hollandois, en cherchant un passage du Japon à la mer du Nord. Ils lui donnerent ce nom pour l'approprier à leur Compagnie des Indes Orientales. Elle est entre le 45 & le 52 de latit.

TERRE-FERME, contrée de l'Amér. sous la Zone Torride, entre le 13e degré de latit. sept. & le 2e de latit. mérid. Elle comprend la Castille d'or & la Goiane. Le terroir y est fertile en maïs & en bons fruits. Il y a des mines d'or & d'argent. On y comprend les prov. de Panama, de Carthagene, de Ste Marthe, de Rio de la Hacha, de Venezuela, la n. Andalousie, le roy. de Grenade, le Popayan.

TERRE-NEUVE, isle, une des plus grandes que l'on connoît sur la côte orient. de l'Amér. sept. à l'entrée du golfe de St Laurent, reconnue d'abord par Jean Cabot Venitien, en 1496. On lui donne 300 li. de tour. La Fr. par le traité d'Utrecht en a cédé la propriété à l'Angleterre, en se réservant le droit de pecher, & de secher le poisson depuis le cap de Bon-Avista, jusqu'à l'extrémité sept. de l'isle, & de-là vers le couchant, jusqu'au lieu nommé Pointe-Riche. A 60 li. de Terre-Neuve, est le grand banc qui a 200 li. de long, & 400 de tour. Il y paroit tous les ans cinq ou six cens vaisseaux Anglois, François ou Hollandois, pour la pêche de la morue ou de la baleine, qui y sont si abondantes, surtout les morues, qu'un bon pêcheur en prend jusqu'à 400 dans un jour. C'est tout l'avantage qu'on retire de Terre-Neuve, qui est remplie de mont. & de bois.

TERRE-SAINTE, pays d'Asie, *voyez* Judée.

TERRES ANTARTIQUES, ou le continent méridional, *voyez* Terres Australes.

TERRES ARCTIQUES, ce sont les terres les plus voisines du Pole septentrional. Elles ont été presque toutes découvertes par les Anglois & les Hollandois, qui cherchoient par le nord un chemin plus court pour les Indes Orientales. Elles renferment le Spitzberg, la nouv. Zemble.

TERRES AUSTRALES, ou ANTARTIQUES, ce sont les Terres situées vers le Pole mérid. & opposées aux Terres Arctiques. Elles renferment la nouv. Guinée, la nouv. Hollande, la terre de la Circoncision, la terre de Gonneville, la terre de feu, la nouv. Zelande & les Isles de Salomon,

lomon. Elles font auffi peu connues que les Terres Arctiques.

TERTOLEN, ville des Pays-Bas Hollandois, *voyez* Tolen.

TERTRY, village de Fr. en Picardie, entre Peronne & St Quentin. Ce lieu eft remarquable par la victoire fignalée que Pepin remporta en 687, contre le roi Théodoric.

TERUEL, ville d'Efp. au roy. d'Aragon, fur les confins de celui de Valence, au confluent de Guadalaviar & de l'Alhambra, à 26 li. de Saragoffe, & à 48 de Madrid. C'eft une ville confidérable par fon év. fuffr. de Saragoffe, par le grand nombre de gens de qualité qui l'habitent, & par le commerce qu'on y fait. Il y a huit paroiffes, cinq couvens, & un riche hôpital. L'air y eft toujours doux, & les fruits que fon terroir produit font exquis. Cette ville fut érigée en cité en 1347, par don Pedre IV, pour l'avoir affifté d'une groffe fomme pendant les guerres du Rouffillon. Les états y furent tenus en 1427, par Alphonfe V, qui confirma tous fes priviléges. On croit que c'eft la *Turbula* de Ptolomée. long. 16. 38. latit. 40. 27.

TERVEERE, ville des Provinces-Unies, *voyez* Veere.

*TERZA, bourg d'Italie, au roy. de Naples, dans la terre d'Otrante. Corneille en fait mal-à-propos une ville, & la Martiniere a tort d'en faire un lieu imaginaire.

TESCHEN, *Teschena*, ville de la haute Silefie, aux confins de la Moravie, fur la rive droite de l'Elfe, à 13 milles de Cracovie au couchant, & à 12 au levant d'Olmutz. Elle eft partie fur une hauteur, & partie dans une vallée. C'eft la capit. du duché de Tefchen, l'air y

Tome II.

eft très-fain, & les vivres à très-bon marché. Il y a un fort château long. 36. 28. latit. 49. 45.

TESEGDELT, ville d'Afr. au roy. de Maroc, fur un rocher efcarpé proche la riv. de Techevit. Il y a une belle mofquée au milieu, & un gouverneur.

TESIN (le), *Ticinus*, riv. d'Italie, dans le Milanez. Elle a 2 fources, une au mont St Gothard, & l'autre au bailliage de Bellinzone. Elle fe rend dans le Pô, près de Pavie.

TESSIN, p. ville d'Allem. dans le duché de Meckelbourg, fur la riv. de Rackenis, entre Demin & Roftock.

TETSCHEN, p. ville d'Allem. dans la Bohême, fur l'Elbe, à 4 milles au-deffus de Pirna, avec un château-royal, où on croit que St Vincellas a été élevé.

TETUAN, ville d'Afr. au roy. de Fez, dans une agréable plaine fur la riv. de Cus, à 46 li. de Fez. Il y a un chât. qui commande la ville, avec un palais, au-devant duquel eft une belle place d'armes. Les Juifs y font en grand nombre, & font un commerce confidérable. long. 12. 23. latit. 35.

TEULLEY, abb. de Fr. *Voyez* Theulley.

TEURERT, ville d'Afr. au roy. de Fez, fur le haut d'une montagne, proche la riviere de Za. Elle a été autrefois très-peuplée.

TEWKSBURY, *Theoci-Curia*, p. ville d'Angl. dans le comté de Glocefter, au confluent de la Saverne & de l'Avon. Il s'y livra un fameux combat en 1471. Elle eft encore remarquable par fes manufactures de draps. long. 15. 28. latitude 52. 5.

TEUZAR, ville d'Afr. en Barbarie, dans le Biledulgerid. Elle étoit autrefois considérable; mais les Mahométans quand ils entrerent en Afrique, en ruinerent tous les bâtimens. Ses habitans sont riches par le commerce qu'ils font des dattes.

TEXEL, isle des Pays-Bas, dans la Northollande, à l'emb. du Zuiderzée. Elle est petite ; mais très-connue par le grand nombre de navires qui entrent dans le Zuiderzée, ou qui en sortent. Elle a des digues très-fortes, & d'une grande hauteur. Son port est bon & vaste. Il y a une forteresse, sur la côte mérid. qui sert de défense à Amsterdam, dont elle est à 18 li. L'amiral Tromp y fut tué dans une bataille navale en 1653.

TÉZAR, ville d'Afr. au roy. & à 16 li. de Fez, capit. de la prov. de Cutz. Il y a de belles mosquées & une bonne forteresse. Les Juifs sont en grand nombre & sont très-riches. Son terroir fournit beaucoup de bled. longitude 9. 37. latit. 33. 42.

TEZCUCO, ville de l'Amér. sept. dans la nouv. Esp. sur le bord du lac du Mexique. Il s'en faut qu'elle soit aussi considérable, que lorsque Cortez arriva dans le Mexique. Il fit dans cette ville tous les préparatifs pour le siége de Mexico. latit. 20. 27.

* TEZELA, ville d'Afr. au roy. de Tremecen, dans une grande plaine, à 6 li. d'Oran. C'est l'ancien *Arina*, & non pas *Ariana*, comme dit Vosgien.

TÉZOTE, p. ville d'Afr. au roy. de Fez, dans la prov. de Garet, dont elle est capit. sur la pointe d'un rocher, à 3 li. de Melile. long. 15. 59. latit. 34. 42.

THABARESTAN, (le) prov.

de Perse, bornée au nord par la mer Caspienne, & au couchant par les prov. de Ghilan de Dilem. Les eaux y sont abondantes, qu'on n'y seme que du riz.

1. THABOR, fameuse mont. d'Asie, dans la Judée, au milieu d'une vaste campagne, où elle isolée, & se termine en pain de sucre. C'est sur cette montagne où Notre - Seigneur opera le mystère de sa transfiguration.

2. THABOR, ville de Bohême sur une hauteur, proche la riv. de Lausnitz, entre Prague & Budweis, dans le cercle de Bechin, & batie par le général Ziska en 1419. Elle a été souvent prise durant les guerres. longitude 32. 43. latitude 49. 20.

THAMISE (la), *Tamesis*, riv. d'Angl. qui se forme des riv. de Tame & d'Ilis, qui se joignent près de Dorchester. Elle passe à Londres, & c'est à elle que cette ville doit toute sa grandeur.

* THANET, *Thanatos*, & non pas *Tanetos*, comme dit Vosgien, p. isle d'Angl. dans la prov. de Kent, & formée par la Stoure. Elle a 8 milles de long & 7 de large. Elle a titre de comté. Stonar, & non pas Etomar en est le chef-lieu.

THANN, ville de Fr. dans la haute Alsace, au dioc. de Basle, sur les confins du Suntgaw. Louis XIV la donna au cardinal de Mazarin.

THASO, *Thasus*, isle de l'Archipel, à l'entrée du golfe de Contesse. Elle contient 3 bourgs fort peuplés. Les fruits y sont excellens, & les vins délicieux. Il y a des mines d'or & d'argent, des carrieres de très-beau marbre. Le bourg de Thaso est le lieu principal : la bonté de son port attire un grand nombre d'étrangers.

THAUN, *Dumnus*, p. ville d'Allemagne, dans le Palatinat, au comté de Spanheim.

THEATE, ville d'Italie, au royaume de Naples, *voyez* Chieti.

THEBAIDE, ou SAYD, grande contrée d'Afr. dans la haute Egypte, qui s'étend depuis Fium, le long du Nil, jusqu'à la mer Rouge. On la divise en haute & basse; c'est la prov. la moins peuplée de toute l'Egypte. Elle est fameuse par le grand nombre de solitaires qui y ont choisi leur retraite. Elle est aujourd'hui peuplée d'Arabes.

THEBES, ou THIVE, *Thebæ*, ville anc. de Grece, dans la Livadie, au nord-ouest d'Athenes. Elle a été la capit. de la république des Thebains. Elle est auj. peu de chose, & appartient aux Turcs, qui y ont quelques mosquées; il y a un év. Grec. long. 41. 38. latit. 38. 20.

* THEGUACAN. La Martiniere nous dit que c'est une province de l'Amérique méridionale, dans la Nouv. Espagne. En supposant qu'elle ne fût pas chimérique, il faudroit la placer dans l'Amérique septentrionale.

THENAILLES, *Thenoliæ*, bourg de Fr. dans la Thierache, en Picardie, au diocèse de Laon, à 1 lieue au levant de Vervins. Il y a une abb. d'h. de l'ordre de Prémontré, fondée l'an 1129.

THERIS, abbaye d'hommes, ordre de St Benoît en Allemagne, dans la Franconie au dioc. de Bamberg.

THERMIE, *Thermia*, isle de l'Archipel, une des Ciclades, au nord de celle de Serfante, & au midi de celle de Zia. Son terroir est excellent & bien cultivé. Il y a de l'orge, du vin, des fi-

gues, & beaucoup de soie, dont il se fait un grand commerce. Les vivres y sont à très-grand marché, sur-tout les Perdrix. Les habitans sont du Rit Grec, & ont un év.

THETFORD, ville d'Angleterre, dans la prov. de Norfolck, sur la riv. d'Ouse, à 18 milles de Nordwich. Elle est bâtie sur les ruines de l'anc. *Sitomagus*. long. 18. 4. latitude 52. 21.

* THEULLEY, ou TULLEY, *Theolocus*, abb. d'h. en Fr. de l'ordre de Cît. dans la Franche-Comté, au dioc. de Dijon, à 1 li. au nord-est de Gray, fondée l'an 1130. Dom Beaunier l'attribue mal-à-propos au dioc. de Langres.

* THEZAN, Vosgien qualifie mal-à-propos de ville ce qui n'est qu'un bourg du bas Languedoc, au diocèse de Beziers.

THIERACHE, *Theoracensis pagus*, pays de Fr. qui fait partie de la Picardie, borné au nord par le Hainaut & le Cambresis, au midi par le Laonois, au levant par la Champagne, & au couchant par le Vermandois. Il abonde en bled. Guise est la principale ville.

THIERHOMPTEN, abb. d'Allem. dans la haute Baviere, sur la riv. d'Ach. Elle est d'h. & de l'ordre de St Benoît.

THIERRY (St), abbaye d'hommes, ordre de St Benoît, en Champagne, au dioc. de Rheims, auquel arch. elle a été réunie.

THIERS, *Tigernum*, ville de Fr. dans l'Auvergne, au dioc. de Clermont, frontiere du Forez, sur la Durolle, à 10 li. au couchant de Clermont, avec titre de Vicomté. Il y a une justice royale, une abb. d'h. de l'ordre de St Benoît; l'év. de Clermont y a son séminaire, & il y a une collégiale. Il s'y fait un

bon commerce de clinquaillerie,
de papier & de cartons. C'est la
patrie de St Etienne, fondateur
de l'ordre de Grammont. long.
21. 12. latit. 45. 50.

THIERS DE SAON (St) abb.
d'h. ordre de St Augustin, en
Dauphiné, au dioc. de Valence,
& réunie à l'arch. de Vienne.

THIMERAIS, *Theodemeren-
sis ager*, pays de Fr. qui fait partie du Perche. Château-neuf en
est le lieu principal.

THIONVILLE, *Theodonis
villa*, ville de France, dans le
Luxembourg, sur le bord de la
Moselle, entre Metz, & Sirck.
Cette ville qui est chef-lieu d'un
bailliage, a été originairement
une maison royale. C'est auj.
un gouvernement de place,
avec état-major. Le pont qu'on
y passe est défendu par un ouvrage à corne. Les Espagnols en
étoient les maîtres, lorsque le
prince s'en saisit en 1643, après
la bataille de Rocroy. Le traité
des Pyrenées l'a assurée à la
France. long. 23. 48. latit. 49.
20.

THIR, prieuré conventuel de
l'ordre de St Benoit, dans le
Beaujolois.

THIRENSTEIN, petite ville
d'Allemagne, dans la basse Autriche, proche le Danube,
avec un château, où Richard,
roi d'Angleterre fut detenu prisonnier.

THIRSK, petite ville d'Angleterre, dans la prov. d'Yorck.
On y tient marché, & elle a droit
d'envoyer ses députés au parlement.

THOISSEY, *Tossiacus*, ville
de France, dans la principauté
de Dombes, proche les rivieres
de Saone & de Chalarone, à
7 lieues au nord de Trévoux.
Il y a un bailliage & un bon
collége.

THOLEY, *Tabuleium*, abb.
d'h. ordre de St Benoît, en

Allem. dans l'arch. de Tre[v]
au bailliage de Sare - Louis.

* 1. THOMAS (St), *Sti T[ho]-
mæ insula*, isle d'Afr. dans
mer d'Ethiopie, découverte [par]
les Portugais en 1495, & non
en 1405, comme dit l'Abbé
la Croix. Elle a environ 12
de diametre. L'air y est très-[n]
sain, sur-tout pour les Euro[p]
à cause des chaleurs excessive[s]
l'isle étant sous la ligne. Le t[er]
roir est très-fertile, il y a [des]
raisins murs dans toutes les [fai]
sons de l'année, & beaucoup [de]
cannes de sucre. Les Portug[ais]
y envoient tous les ans un
nombre d'esclaves du Cong[o]
l'avoasan est la capit. de cet[te]
isle.

2. THOMAS (St) isle de l'A[-]
mérique sept. une des Antille[s]
au levant de Portorico. Elle
6 li. de tour, & appartient a[ux]
Danois. latit. 18. 27.

THOMASTOWN, ville d'Irlan[-]
de, dans la prov. de Leinster,
au comté de Kilkenni.

THOMÉ (San), *voyez* Meli[nde]
pour.

THOMOND, ou CLARE[,]
comté d'Irlande, dans la pro[v.]
de Connaugt, bornée au m[idi]
par la riv. de Shannon, &
nord par le comté de Gallow[ay]
On le divise en neuf baro[n-]
nies, & c'est un pays très-f[er-]
tile.

THONON, *Tunonium*, p. vil[le]
de Savoye, dans le duché [de]
Chablais, dont elle est cap[it.]
près de l'emb. de la Dram[e]
dans le lac de Geneve. Il y [a]
un beau palais & de belles é[gli-]
ses. Les PP. Barnabites y o[nt]
un collége. Le bienheur[eux]
Amedée de Savoye naquit à T[ho-]
non en 1435. long. 24. 12 lat[it.]
46. 22.

THORBERG, bailliage de Sui[sse]
au canton, & à 2 li. de Ber[ne]
C'étoit autrefois une Chartreu[se]
fondée l'an 1397.

THORIGNY, petite ville de Fr. dans la Champagne, élection de Sens.

1. THORN, *Torunium*, ville de Pologne, dans le palatinat de Culm, sur la droite de la Vistule, qu'on y passe sur un pont fort long, à 35 lieues de Dantzick. C'étoit une ville anséatique dans le XIV & XV siécle. On la divise en ville anc. & nouv. Celle-ci est belle & bien bâtie, Charles XII, roi de Suede, prit Thorn en 1703, & en ruina les fortifications. La religion Luthérienne y est la dominante. long. 36. 35. latitude 53.

2. THORN, ou THOREN, anc. abb. de filles de l'ordre de St Benoît, au pays de Liége, à 2 li. au nord de Maseik, à la gauche de la Meuse, dans le comté de Horn, fondée dans le X siécle. C'est auj. un chapitre de chanoinesses séculieres. L'abbesse est princesse de l'Empire, & a droit de battre monnoie. On n'y reçoit que des demoiselles de la plus haute naissance.

THORONET, abb. de Fr. *voyez* Toronet.

THOUARS, *Thoarchium*, ville de Fr. dans le Poitou, sur la riv. de Thoué, entre Argenton-le-Château au couchant, & Loudun au levant, au midi de Saumur, à 12 li. au sud-est d'Angers. Il y a une élection, maréchaussée, 3 paroisses, & plusieurs couvens des 2 sexes. Le château est un très-beau bâtiment. C'est un duché - pairie, érigé en 1595, en faveur de la maison de la Trimouille. long. 17. 20. latit. 46. 57.

THOUN, *Thunum*, ville de Suisse, au canton de Berne, au bord d'un lac de même nom. Elle est bien bâtie, & dans un pays très-fertile, à 5 li. de Berne. Une partie est dans une isle formée par l'Aar. long. 25. 20. latit. 46. 44.

THOURGAW (le) bailliage de Suisse, qui s'étend le long de la riv. de Thour. C'est le plus gr. de toute la Suisse, & un des plus beaux quartiers, aussi est-il fort peuplé. Il y croît de fort bons fruits & d'excellent vin. Il appartient aux 8 anciens cantons qui y envoient tour à tour un bailli.

THRESOR (le) abb. de filles de l'ordre de Cît. en Normandie. *Voyez* Tresor.

THUIN, *Tudinium*, *ad fines*, p. ville dans l'év. de Liége, sur la droite de la Sambre, entre Maubeuge & Charleroy. long. 21. 52. latit. 50. 16.

THURE (la) abb. de chanoinesses de l'ordre de St Augustin, dans les Pays-Bas, sur la droite de la Sambre.

THURINGE (la) *Thuringia*, prov. d'Allem. dans le cercle de la haute Saxe, bornée au nord par le duché de Brunswick, au midi par la Franconie, au levant par la Misnie, & au couchant par la Hesse. Ce pays anc. habité par les Cattes, a 32 li. de long, & presqu'autant de large. Les diverses rivieres qui l'arrosent le rendent fertile en grains & en fruits. Il y a beaucoup de forêts. Elle renferme plusieurs états. Erford est la capitale.

THUROSCH, ville & comté dans la haute Hongrie, entre celui d'Arwa au nord-est, & celui de Tranchin au sud-ouest, le long de la riv. de Vag. Il n'y a point d'autre ville remarquable.

TIANO, *Teanum*, ville d'It. au roy. de Naples, dans la terre de Labour, à 4 li. au couchant de Capoue. Elle est petite, & n'a de remarquable qu'un monastere de filles. Il y a dans son voisinage une fontaine minérale qui est bonne contre la fièvre. long. 31.45. latit. 41.36.

TIBAENS (St Martin de) abb. d'h. ordre de St Benoît, en Portugal, dans la prov. entre Duero-e-Minho, au dioc. & à 1 li. au couchant de Brague. L'abbé est régulier.

TIBET (le) vaste pays d'Asie, qui fait la partie sept. du roy. de Tangut.

TIBRE (le), *Tiberis*, fleuve d'Italie, qui prend sa source dans l'Apennin, près des confins de la Romagne, & se rend dans la mer, à Ostie.

TICOU, ville des Indes, dans l'isle de Sumatra, sur sa côte occidentale, entre Pallaman au nord, & Priaman au midi. Elle n'est qu'à très-peu de minutes par le nord, & fort mal bâtie. Elle dépend d'Achem, & fournit beaucoup de poivre.

TIDOR, isle de la mer des Indes, dans l'Archipel des Moluques, au couchant de celle de Gilolo, & au nord de celle de Motir. Elle produit les mêmes fruits que celle de Ternate. Le cloud de Girofle & la noix muscade sont les principaux. Les Hollandois en ont chassé les Esp. & en sont les maîtres, au moyen des forts qu'ils y ont fait bâtir, quoiqu'il y ait un roi qui fait sa résidence à Tidor, capit. de l'isle, & qui est sur sa côte orient.

TIEL, *Tillum*, ville des Pays-Bas, dans la prov. de Gueldre, & la principale du bas Betau.

TIEUCHENG, ville de la Chine, dans la prov. de Kiangnan, au département de Fungyang, 2e métropole de la prov. lat. 33.55.

TIENCHEU, ville de la Chine, dans la prov. de Quangsi, dont elle est 11e métropole. Elle a 5 villes dans son département. latit. 24.11.

TIENCIN, ville de la Chine, dans la prov. de Peking, sur un bras de mer appellé Tang.

Elle est ornée d'une infinité de beaux bâtimens & de magnifiques temples. Les rues sont belles & bordées de maisons fort propres. Son port est bon, & très-fréquenté. latitude 38.52.

TIFAUGES, petite ville de France, dans le Poitou, sur la Sevre Nantoise, avec titre de Vicomté. long. 16.35. lat. 46.58.

1. TIGRE, *Tigris*, fl. d'Asie, qui prend sa source dans l'Arménie, & va se rendre dans le golfe Persique avec l'Euphrate.

2. TIGRE, riv. de l'Amérique méridionale, dans le pays des Yameos. Elle se jette dans la partie septentrionale de l'Amazone, après avoir reçu plusieurs rivieres.

TIGRE', roy. d'Afrique, dans l'Abyssinie, & un des plus considérables, borné au nord par celui de Sennar, au midi par celui d'Angot, au levant par la mer Rouge, & au couchant par celui de Dambea.

TILBOURG, gros bourg des Pays-Bas Hollandois, au pays d'Osterwick. Il est remarquable par ses manufactures de draps & d'autres étoffes.

TILLEMONT, ou TIRLEMONT, ville des Pays-Bas, dans le Brabant, sur la riviere de Geete, qu'on y passe sur 12 ponts, à 4 lieues au sud-est de Louvain. Les guerres l'ont presqu'entierement ruinée. C'est la patrie de Jean Bollandus. long. 22.34. latit. 50.47.

* TILLIERS, *Tegularia*, gros bourg de France, en Normandie, au diocèse d'Evreux, entre Verneuil & Nonancourt, sur la riviere d'Aure, & non pas Iton comme disent Vosgien & la Martiniere. Il a titre de comté, & un beau chât.

TILLETO, abbaye d'hommes, ordre de Cîteaux, dans le Montferrat, au diocèse d'Acqui, sur les frontieres de l'état de Gênes.

TIMANA, ville de l'Amér. mérid. dans le Popayan, dans la contrée de même nom, à 60 li. de Popayan, sur une p. riviere qui se rend dans celle de Cakcta. La contrée abonde en pâturages, & en excellens fruits. latit. 1. 28.

TIMOK (le), riv. de la Turquie Européenne, dans la Bulgarie, où elle se joint au Danube. On croit que c'est le *Cebrus* d'Antonin.

TIMOR, isle de la mer des Indes, au midi des Moluques, & au levant de celle de Java. Elle a 60 li. de long & 15 de large. Les vivres y sont très-abondans; on en tire beaucoup de bois de santal, de la cire & du miel. Les Hollandois y ont un fort.

TINCHEBRAY, p. ville de Fr. dans la b. Normandie, au dioc. de Bayeux, entre Vire & Morrain.

1. TINE, *Tinia*, p. ville de la Turquie Europ. dans la Bosnie, à 14 li. au nord-est de Sebenico. Il y a eu un év. suffr. de Sebenico. longitude 34. 45. latit. 44. 27.

2. TINE, *Tenos*, isle de l'Archipel, une des Ciclades, au midi d'Andros, & au nord de Micone. Elle a 60 milles de tour; quoique remplie de montagnes, elle est très-bien cultivée. Les fruits y sont délicieux, melons, figues & raisins. La soie est la principale richesse des habitans. Cette isle appartient aux Véniciens qui y tiennent un provéditeur qui réside, ainsi qu'un év. Latin, à St Nicolas, capit. de l'isle. latit. 37.

TINGCHEU, ville de la Chine, dans la prov. de Fokien, dont elle est 6e métropole. Elle a 8 villes dans son département. lat. 25. 40.

TINGHANG, ville de la Chine, dans la prov. de Channsi, au département de Taiyven, pre-

miere métropole de la province. latit. 39.

TINGRY, p. ville de Fr. dans le Bassigny, avec titre de principauté, sur les frontieres de la Lorraine. Elle a quelques fortifications, & appartient à la maison de Luxembourg.

TINIAN, isle de l'Océan Oriental, une des Marianes, au sud-est de celle de Saipan. Elle a 15 li. de circuit. latit. 14. 50.

TINZEDA, ville d'Afr. dans la prov. de Dhara, sur la riv. de même nom. Il y a dans ses environs beaucoup de dattes & d'orge. Les habitans font un grand commerce d'indigo. long. 11. 38. latit. 16. 52.

TIPPERARI, comté d'Irlande, dans la prov. de Munster, borné au levant par le comté de la Reine, & au couchant par le comté de Thomond. On le divise en 14 baronnies.

TIPRA, roy. d'Asie, dans les Indes, sous le Tropique du Cancer, borné au nord par le roy. d'Asem, au midi par celui d'Aracan, au levant par celui d'Osul, & au couchant par celui de Bengale. Marbagan est la capit. & la résidence du roi. Les étrangers n'y font aucun commerce, parce qu'on ne peut en tirer que de l'or fort bas, & de la grosse soie.

TIRANO, *Tiranum*, ville du pays des Grisons, capit. du gouvernement de même nom, sur la rive gauche de l'Adda, à 10 li. au sud-ouest de Bormio. Elle est peuplée, & est la résidence du gouverneur. On voit dans son voisinage une magnifique église, dédiée à la Vierge, & qui attire un grand nombre de peletins. long. 27. 21. latit. 46. 15.

TIRNAU, *Tirnavia*, ville de la h. Hongrie, dans le comté de Neitra, sur la riv. de Tirna, à 8 li. au nord-est de Presbourg.

Elle est grande, bien peuplée, & fort bien bâtie. Les Jésuites y ont une magnifique église. long. 35. 48. latit. 48. 32.

TIROL (le), comté d'Allemagne, partie des états héréditaires de la maison d'Autriche, borné au nord par la Baviere, au midi par une partie des états de Venise, au levant par la Carinthie & l'arch. de Saltzbourg, au couchant par les Suisses & les Grisons. On le divise en 4 parties ; sçavoir, le Tirol propre, les pays annexés, l'év. de Brixen & celui de Trente. L'Adige y prend sa source, l'Inn le traverse du midi au nord-est. C'est un pays montagneux & peu fertile. Il y a des mines d'argent, de fer & de cuivre. Il y a aussi des fontaines minerales. Ce comté prend son nom d'un chât. bâti sur l'Adige.

TIRON, *Tironium*, abbaye d'hom. de l'ordre de St Benoît, en Fr. dans le dioc. de Chartres, au Perche, sur le ruisseau de même nom.

TIRONNEAU, *Tironellum*, abbaye d'hom. en Fr. de l'ordre de Cît. dans le Maine, au dioc. & à 8 li. au nord du Mans, près de la Sarte, fondée l'an 1149.

TITAN, ou CABAROS, *Hypæa*, isle de Fr. sur les côtes de Provence, au dioc. de Toulon. C'est la plus orientale des isles Hieres. Son nom lui vient de ce qu'elle est du côté du soleil levant.

TITICACA, isle de l'Amérique mérid. dans le Perou, audience de los Charcas, au milieu d'un lac de même nom, qui est le plus ample & le plus large de toute l'Amérique.

TITMONING, ville d'Allem. dans l'arch. de Saltzbourg, proche la riv. de Saltza, sur les confins de l'électorat de Baviere. La peste y fit de très-grands ravages en 1310.

TITUL, bourgade de la haute Hongrie, dans le comté de Bodrog, sur la rive droite de la Teisse, près de sa jonction avec le Danube. On croit que c'est l'anc. *Tibiscum*.

TIVICA, p. ville d'Esp. dans la Catalogne, viguerie de Tarragone. On voit tout près une montagne qui a une carriere, d'une espece de pierre d'Onix.

TIVIOTDALE, *Tiviotia*, prov. de l'Ecosse mérid. le long de la riv. de Twede, dont elle prend son nom, bornée au nord par celle de Merch, au levant par celle de Liddesdale, & au couchant par celle de Northumberland. Elle est environnée de montagnes, fertile en bled & en pâturages. Ses habitans sont bons guerriers.

TIVOLI, *Tibur*, ville d'Italie, dans la Campagne de Rome, sur le sommet d'une montagne, à 12 milles au nord-est de Frescati, à égale distance au nord-ouest de Palestrine, & à 16 milles au nord-est de Rome, proche la riv. de Teverone. Cette ville, plus anc. que Rome, a encore de beaux restes d'antiquité. Les Romains y avoient bâti plusieurs maisons de plaisance. Elle est auj. médiocrement grande, mal percée & mal pavée. Il y a un certain nombre de palais qui appartiennent à des seigneurs Romains. L'év. est ordinairement occupé par un cardinal, la cathédrale n'a rien de magnifique. On compte 7 paroisses, plusieurs couvens, un séminaire & un collége de Jésuites. Ce qui distingue cette ville, c'est une magnifique cascade que forme la riviere. long. 30. 35. latit. 41. 54.

TLASCALA, ville de l'Amér. sept. dans la Nouv. Espagne, au gouvernement de ce nom, dont elle est capit. sur le bord d'une riviere. Sous Montezuma, dernier roy. du Méxique, cette ville formoit une république considérable. La maison de ville & quelques autres bâtimens publics, sont bâtis sur le bord de la riv. à peu près comme ceux de Venise. Il y avoit un évêché qui a été transféré à Puebla de los Angelos. Les religieux de St François y ont un beau couvent. Les habitans sont des Espagnols & des Indiens mêlés ensemble; c'est le siége d'un président nommé Alcade-major. lat. 19. 38.

Toam, *Tuvomontium*, ville d'Irlande, dans la province de Connaught, dont elle a été capitale, dans le comté de Galloway. Ce n'est à présent qu'un bourg, quoiqu'il y ait un arch. long. 8. 50. latit. 53. 25.

*Tobaria, & non pas Tobarra, comme dit la Martiniere, bourgade d'Esp. dans l'Andalousie, & dans un terrein qui produit beaucoup de muriers. On croit que c'est l'anc. *Turbula*.

TOBOL, ville de l'emp. Russien, capit. de la Siberie, à 400 li. au levant de Petersbourg, & à 160 au midi de Beresow. Elle est située d'un côté sur la rive droite de la grande riviere nommée Yrtis, qui se jette dans l'Obi, & de l'autre côté sur celle de Tobol qui lui donne son nom. Elle est habitée par des Tartares Mahométans, & par des Russiens; c'est la résidence d'un viceroi. Il s'y fait un très-grand commerce de pelleteries. long. 85. latit. 57.

Tocat, ville de la Turquie Asiatique, dans l'Amasie, au pied d'une haute montagne, proche la riviere de Tosanlu, à 15 li. au sud-est d'Amasie. Elle est bâtie en forme d'amphithéâtre, ses maisons sont belles & à deux étages; les rues sont pavées, ce qui est rare dans le levant. Chaque maison a sa fontaine : on compte dans Tocat 20000 familles Turques, 4000 Arméniennes, 400 Grecques qui ont un arch. C'est la résidence d'un vaivode, d'un cadi & d'un aga. Le commerce qui y est considérable, consiste en soie, dont on fait beaucoup d'étoffes, en vaisselle de cuivre, en toiles peintes & en maroquins. C'est le passage de plusieurs caravanes; ce qui porte encore beaucoup de richesses dans cette ville. long. 53. 28. latit. 39. 32.

Tocayma, ville de l'Amér. mérid. dans la Terre-ferme, au nouv. roy. de Grenade, sur le bord de la riv. de Pati, près de son confluent avec celle de la Magdeleine. Son terroir abonde en figues, oranges, dattes, cannes de sucre. Les habitans vont presque nuds, & ont été antropophages.

TOCKENBOURG, comté de Suisse, dans la dépendance de l'abbaye de St Gall, entre de hautes montagnes. Il s'étend du nord au midi, & on le divise en province supérieure & inférieure. Celle-ci est fertile en grains & en fruits; la supérieure a des prairies & des pâturages. Les habitans sont en partie Catholiques & Réformés.

Todi, *Tudertum*, ville d'Italie, dans l'Etat de l'Eglise, au duché de Spolete, sur une colline proche le Tibre, à 20 milles au midi de Perouse. L'év. ne releve que du St siége; c'est la patrie du pape St Martin. long. 30. 4. latit. 42. 45.

Tokay, ville de la h. Hongrie, dans le comté de Zemblin, au confluent du Bodrog & de la Teisse, à 16 li. au midi de Cassovie. Le vin qui croît dans son terroir est en grande réputation. long. 38. 42. latit. 48. 12.

Tolede, *Toletum*, ville d'Espagne, autrefois la capitale des

Carpetaniens, dans la Nouv. Castille, sur le bord du Tage, dans une situation inégale, à 16 li. au midi de Madrid, & à 45 au nord-est de Mérida. Il faut presque toujours monter & descendre, les rues sont étroites, mais les maisons sont belles, les édifices publics magnifiques, entr'autres, le palais royal nommé Alcaçar, & la cathédrale, une des plus riches d'Espagne. Le palais archiépiscopal est aussi très-beau. Son arch. est primat du roy. conseiller d'état, & grand chancelier de Castille. Son revenu est presque d'un million. On compte à Tolede 17 places publiques, 27 paroisses, 38 maisons religieuses, & plusieurs hôpitaux. Il s'y est tenu un grand nombre de conciles. L'université fondée l'an 1475, est fameuse, & a produit plusieurs sçavans. Il se fait dans cette ville un grand commerce de soie, de laine & de draperie. Plus de 10000 ouvriers travaillent à ces manufactures. Les lames d'épée qu'on y fabrique sont estimees. long. 14. 18. latit. 39. 50.

TOLEN, *Tola*, ville des Pays-Bas, dans la prov. de Zelande, dans une isle de même nom, qui n'est séparée du Brabant que par un canal. long. 21. 40. latit. 51. 34.

TOLENTIN, *Tolentinum*, ville d'Italie, dans la Marche d'Ancone, sur la gauche du Chiento, à 10 milles de Macerata, auquel év. on a uni le sien. Il s'y tient quelques foires qui sont très-célebres. long. 31. 4. lat. 43. 12.

TOLHUIS, village des Pays-Bas, dans la Gueldre Hollandoise, sur le Rhin, à demi-li. au-dessous du fort de Skenc. Il n'est devenu fameux que parce que les François y passerent le Rhin à la nage en 1672.

*TOLKEMIT, p. ville du roy.

de Prusse, dans le palatinat de Marienbourg, & non pas dans le Hokerland, comme dit la Martiniere. Elle fut réduite en cendres en 1456.

TOLMEZO, p. ville d'Italie, dans les états de Venise, dans le canton appellé la Carnia, sur le bord sept. du Tajamento.

*TOLNA, *Altinum*, & non pas *Attinium*, comme dit Vosgien, capit. du comté de même nom, sur la droite du Danube, à 20 li. au midi de Bude. C'étoit autrefois une place considérable. long. 36. 52. latit. 46. 28.

TOLOSA, ville d'Espagne, capit. du Guipuscoa, dans une belle vallée, sur les riv. d'Araxe & d'Oria qu'on passe sur un pont, à 16 li. au sud-ouest de Bayonne. Les rues sont belles & les maisons bien bâties. Il n'y a qu'une paroisse. Les lames d'épée & les autres armes qu'on y fabrique, sont renommées. longitude 15. 30. latit. 43. 10.

TOLU, ville de l'Amér. méridionale, dans la Terre-ferme, au gouv. de Carthagène, à 12 li. de cette ville. Il croît dans ses environs un arbre, dont on tire un baume excellent, nommé le baume de Tolu. latitude 9. 38.

TOLY, ville de la Turquie Européenne, dans le Comenolitari, sur le bord occidental du Vardari.

TOMASZOW, ville de Pologne, dans le palatinat de Russie, sur la rive gauche & vers la source du Wiepers, sur les confins du palatinat de Belz.

TOMANI, roy. d'Afrique, au midi de la riv. de Gambra, borné au levant par celui de Kantor, & au couchant par celui de Jamarrow. Il s'étend l'espace de 26 li. le long de la riv. Sa capitale se nomme Burdah.

*TOMAR, ville, & non pas bourg, comme dit la Marti-

...fiere, en Portugal, dans l'Eſ-tramadure, ſur le bord de la ri-viere de Nabaon, entre Lis-bonne & Coimbre. Il y a un chât. qui appartient aux che-valiers de l'ordre du Chriſt, dont le roi eſt grand maître. C'eſt une des plus riches commande-ries de l'ordre. On croit que c'eſt l'anc. *Concordia.* long. 9. 10. latit. 39. 35.

TOMBI, ville d'Afrique, dans la h. Guinée, ſur la rive droite de la Mava, près du lac de Pli-zoge. Elle dépend du roy. de Quoja.

TOMBUT, roy. d'Afr. dans la Nigritie, borné au nord par le roy. de Goubour, au midi par la Guinée, au levant par celui de Gabi, & au couchant par les Mandingues. C'eſt un pays qui produit du bled, du riz & du coton. Il y a des mines d'or & de cuivre. Le roi de Tombut eſt de tous les princes de la Nigri-tie le plus riche & le plus puiſ-ſant. Il réſide dans la capit. qui porte le même nom. Son palais eſt bâti de pierres de taille, au lieu que les maiſons des parti-culiers ne ſont que de bois & enduites de terre graſſe. Il y a une moſquée aſſez belle. Cette ville eſt un abord de tous les marchands de Barbarie & des autres pays d'Afrique. latit. 15. 34.

TOMOSKOY, ville de l'empire Ruſſien, dans la Siberie, entre les deux bras de la riv. de Tom. Elle fournit tout ce qui eſt né-ceſſaire à la vie, & de fort belles fourrures blanches. Il y a dans ſes environs des mines de fer, de plomb & de cuivre.

TONDEREN, ville de Dane-marck, dans le duché de Sleſ-wick, ſur la rive méridionale du Widaw, à 4 milles au midi de Rypen, & à 4 au ſud-oueſt d'Apenrade. Elle eſt aſſez bien bâtie, & a de bonnes fortifica-tions. Son terrein eſt fertile. lon-gitude 26. 44. latit. 54. 52.

TONGOUS, peuple Tartare, dépendant de l'empire Ruſſien, & qui occupe la partie orient. de la Siberie. On les diviſe en 4 parties; ſçavoir, les *Podka-mena* qui ſont entre les riv. de Lena & de Jeniſſea; les *Sabatski* qui ſont vers le golfe de Kamtz-chatka; les *Olenni* qui ſont vers les ſources de la Lena, & les *Conni* qui habitent le long de la riviere d'Amur. Ils ſont tous d'une taille haute, robuſte, & ont à peu près les mêmes incli-nations. L'été ils vont nuds, & l'hyver ils ſe couvrent de peaux de cerf ou de rennes. La pêche & la chaſſe font leur nourriture. Ils reconnoiſſent un Dieu, mais ils ne l'adorent pas. Ils pren-nent autant de femmes qu'ils veulent : c'eſt chez eux qu'on trouve les plus belles pelleteries.

TONGRES, ville des Pays-Bas, dans l'év. & à 3 li. au nord-oueſt de Liége, dans la Has-baye, ſur la riv. du Jars. C'étoit une ville conſidérable du tems de Jules-Ceſar : il y eut dès les premiers ſiécles un évêché qui fut enſuite transféré à Maſtricht, & delà à Liége. Les Fr. la dé-mantelerent en 1673. long. 23. 4. latit. 50. 46.

TONNAY-BOUTONNE, *Tal-niacum*, p. ville de Fr. dans la Saintonge, au dioc. de Saintes, ſur la riv. de Boutonne, à 3 li. de St Jean d'Angeli. long. 16. 52. latit. 45. 54.

TONNAY-CHARENTE, *Tal-niacum*, ville de Fr. dans la Saintonge, au dioc. de Saintes, ſur la Charente, à 1 li. au-deſſus de Rochefort, & à 6 de St Jean d'Angeli. Elle a titre de princ. un chât. & une abb. d'hom. de l'ordre de St Benoît. Elle eſt mé-diocrement grande & anc. Son port eſt aſſez bon; les vaiſſeaux du roi s'y retiroient avant l'établissement de Rochefort. Il y a encore de grands magasins. longitude 16. 42. latit. 50. 5.

TONNEINS, *Tonensium*, p. ville de Fr. dans l'Agenois, au dioc. d'Agen, sur la Garonne, 1 li. au-dessus de l'emb. du Lot dans la Garonne.

TONNERRE, *Tornodorum*, p. ville de Fr. dans la Champagne, chef-lieu d'un comté considérable, sur la riv. d'Armanson, à 9 li. d'Auxerre, & à 40 de Paris. Il y a élection & grenier à sel, une collégiale & quelques couvens. Les vins de son territoire sont en gr. réputation. long. 21. 37. latit. 47. 50.

TONNINGEN, *Tonninga*, ville de Danemarck, dans le duché de Slefwick, dans une peninsule formée par la riv. d'Eyder, à 7 li. au sud-ouest de Slefwick. Le roi de Danemarck la prit en 1707, & en fit raser les fortifications. Elle est anc. & a un port où les vaisseaux peuvent entrer aisément. long. 26. 44. latit. 54. 28.

TOOTOMI, province du Japon, sur la côte mérid. de l'isle de Niphon, bornée au nord par celle de Sinano, au midi par la mer, au levant par la prov. de Suruga, & au couchant par celle de Micawa.

TORAYOS, bourg de l'Amér. mérid. sur le bord mérid. de l'Amazone, à l'emb. de la riv. de même nom. Les Portugais y ont un fort. C'est là qu'on trouve de ces pierres vertes appellées *Jade*.

TOPLITZ, p. ville de Bohême, au cercle de Leutmerits. Elle est renommée par ses bains d'eau chaude, qui y attirent un grand nombre de malades.

TOPO, bourgade des Indes, à l'extremité occidentale du cap Comorin, au roy. de Travancor, entre Periapatan au nord, & Couvalam au sud. Les Jésuites

y ont une maison, la plus considérable de toute la côte de Malabar.

TOR, petite ville d'Asie dans l'Arabie Pétrée, sur le bord de la mer Rouge. Elle est peu considérable, mais son port est fort bon pour les vaisseaux & pour les galeres. Un petit château, qui est sur le bord de la mer, en fait la défense. C'est l'abord des pélérins Turcs qui vont à la Mecque. On voit tout près un couvent de Grecs, dans le jardin duquel on voit douze fontaines ameres que Moyse rendit douces avec un morceau de bois. latit. 28.

TORBAY, baie d'Angl. dans la province de Devonshire. Le prince d'Orange y débarqua le 15 Novembre 1688.

TORCELLO, *Torcellum*, petite ville d'Italie dans l'état de Venise, à 6 li. de la capit. avec un évêché. Il y a peu d'habitans, à cause du mauvais air. long. 30. 6. latit. 45. 34.

TORDESILLAS, *Turris Sillana*, ville d'Esp. au roy. de Leon, sur la droite du Duero, qu'on passe sur un beau pont, à 8 li. au sud-ouest de Valladolid. Il y a un magnifique palais, où mourut la mere de Charles V. Les maisons sont bien bâties ; on y compte six paroisses & quatre couvens. Son territoire abonde en bled & en vin. long. 13. 12. latit. 41. 38.

TORGAU, *Torgovia*, ville d'Allem. dans le cercle de haute Saxe, sur la gauche de l'Elbe, à 10 li. au nord-est de Leipsick. Il y a un fort beau château. Les Hussites la brulerent en 1429, & elle ne s'est pas bien relevée de ce malheur. long. 30. 48. lat. 51. 36.

TORIGNY, *Toriniacum*, petite ville de Fr. dans la b. Normandie, sur un ruisseau, à 3 li. au-dessus de St Lo. Elle a titre de comté, avec un magnifique château, & une abb. d'h. de l'ordre de Cîteaux. C'est la patrie de Fr. Callieres. long. 16. 34. latit. 49. 10.

TORNA, *Torna*, comté de la h. Hongrie, bornée au nord par le comté de Liptow, au midi par celui de Borsod, au levant par celui d'Ungwar, & au couchant par celui de Zoll. Sa capitale porte le même nom.

TORNEA, ou TORNE, petite ville de Suede, dans la Bothnie occid. à l'emb. de la riviere de même nom. Il y a un bon port, où on fait quelque commerce en pelleteries. Elle n'est composée que de soixante-dix maisons. long. 41. 55. latit. 65. 42.

TORNOVE, ville de la Turquie Europ. dans le Comenolitari, sur le bord de la Selampria, à 10 milles au nord-ouest de Larisse, dont son év. est suffr. Les Turcs y ont trois mosquées, & les Grecs nombre d'églises. long. 40. 25. latit. 39. 52.

TORO, *Taurus*, ville d'Esp. au roy. de Leon, sur la rive sept. du Douero, entre Zamora au couchant, & Tordesilas au levant, sur une côte, au bout d'une belle plaine. Elle a 7 portes, 22 paroisses, 7 couvens d'h. 5 de filles, 4 hôpitaux, & un bon château. La collégiale, qui a été autrefois cathédrale, est composée d'un abbé & de 16 chanoines. Les états s'y font tenus souvent. Elle est célebre par la bataille de 1476, qui assura la couronne de Castille à Ferdinand prince d'Aragon. Le duc d'Olivarès, ministre de Philippe IV, fut exilé à Toro, & y mourut de chagrin. long. 12. 45. lat. 41. 38.

TOROELLA, ville d'Esp. dans la Catalogne, sur la rive sept. du Ter, près de son emb. dans la Médit. Elle est fameuse par la victoire que les François y

remporterent sur les Espagnols le 27 de Mai 1694. long. 20. 48. latit. 41. 52.

TORONET, *Toronetum*, abb. d'h. ordre de Cîteaux, dans la Provence, au dioc. de Frejus, fondée l'an 1136.

TORRE CLARA, abb. reguliere de l'ordre de St Benoît, de la congrégation du Mont-Cassin, dans le Parmesan en Italie, au dioc. de Parme.

* TORRE DI MONCORVO, *Forum Narbasorum*, ville de Portugal, dans la province de Tra-los-Montes, sur la pente d'une montagne, aux confins du roy. de Leon, & non pas de la Castille, comme dit la Martiniere, à 1 li. au levant de la riv. de Sabor. Elle n'est pas considérable, & n'a qu'une paroisse. Sa campagne est fertile en bled, en vin & en fruits. long. 10. 35. latit. 41.

TORRE D'OLIVETO, p. ville de Sicile dans la vallée de Demona, au pied du mont Etna.

TORRES NOVAS, ville de Portugal dans l'Estramadure, à 1 li. au nord du Tage, sur la petite riv. d'Almonda, à 5 li. au nord-est de Santoren. Elle a titre de duché, un château, 4 paroisses & quelques couvens. long. 10. 2. latit. 39. 24.

TORRES VEDRAS, ville de Portugal, dans l'Estramadure, au nord du Tage, proche l'Océan, à 7 li. de Lisbonne, avec titre de comté, un fort château & quatre paroisses. long. 9. 12. lat. 39. 8.

TORRICELLA, bourg d'Italie au royaume de Naples, dans l'Abruzze citér. à l'orient de Sulmona.

TORSIL, ville de Suede dans la Sudermanie, sur le bord méridional du lac Maler.

TORTONE, *Tertona*, ville d'Italie dans le Milanez, chef-lieu du Tortonese, dans une plaine, avec un château fur une hauteur, à 10 li. au fud-eft de Cafal. Son év. eft ancien, & fuffr. de Milan. Elle a peu d'habitans, & dépend du roi de Sardaigne. long. 26. 25. latit. 44. 52.

TORTOSE, *Dertofa*, ville d'Efp. dans la Catalogne, capit. d'une viguerie de même nom, fur la gauche de l'Ebre, à 4 li. de la mer, à 35 de Barcelone, & à 70 de Madrid. On la divife en vieille ville & en ville neuve. Elle a un év. qui compte St Ruffus pour fon premier évêque, un vieux château bien fortifié, & une petite univerfité. long. 18. 10. latit. 40. 51.

1. TORTUE (ifle de la), ifle de l'Amér. fept. une des Antilles, à 2 li. au nord de St Domingue. Elle a 6 li. de long de l'eft à l'oueft, & 2 de large du nord au fud. Son nom lui vient de la figure qu'elle a de cet animal. Sa partie fept. eft inacceffible, à caufe des rochers qui l'environnent. Les autres parties produifent du tabac, du fucre, de l'indigo, du coton, du gingembre, des orangers, citronniers, &c. Elle a été habitée par les François, mais aujourd'hui elle eft déferte. latit. 20.

* 2. TORTUE (ifle de la), ifle de l'Amér. fept. dans la mer du Nord, à 14 li. de celle de Ste Marguerite au fud - oueft, & non pas au midi, comme dit Vofgien. Elle abonde en fel, & eft déferte.

TOSA, prov. du Japon, dans l'ifle de Xicoco. Elle a 2 journées de longueur de l'eft à l'oueft. Le terroir en eft bon, & produit ce qui eft néceffaire à la vie. On trouve dans fa partie mérid. le port d'Urando, qui eft le lieu principal de la province.

TOSCANE (la), *Etruria*, grande contrée d'Italie, bornée au nord & au levant par l'état de l'Eglife, au couchant & au midi par la Médit. Elle a 60 li. de long fur 40 de large. Elle comprend le Florentin, le Pifan & le Siennois. Elle fut érigée en duché par l'emper. Charles V en faveur d'Alexandre de Medicis. Le dernier duc de ce nom étant mort fans enfans, elle paffa par le traité de Vienne en 1736, au duc de Lorraine, auj. empereur. La Tofcane a des mont. où fe trouvent des mines d'airain, d'alun, de fer, d'argent, des carrieres de marbre & de porphire. On y cueille du vin, des oranges, des citrons, des olives & autres fruits. Florence eft la capitale.

TOSCANELLA, ville d'Italie, dans l'état de l'Eglife, au patrimoine de St Pierre, fur la Marta. Il y avoit un év. qui a été uni à celui de Viterbe. long. 29. 42. latit. 42. 24.

TOSTAR, ville de Perfe, capitale du Chufiftan, entre le Farfiftan & le golfe Perfique, connue autrefois fous le nom de Sufe. Elle eft riche, & fort peuplée.

TOUCI, petite ville de Fr. au diocèfe & à 5 li. au couchant d'Auxerre, dans un terrein aquatique. C'eft une baronnie, dont le baron eft un de ceux qui doivent porter l'év. à fon inthronifation.

* TOUGET, bourg de Fr. dans l'Armagnac, fur la Gimone, dans la vicomté de Fezenzaguet, au diocéfe de Lombez, avec un prieuré conventuel de l'ordre de Cluni. La Martiniere l'appelle fort mal Touges, & le met au dioc. d'Auch. Vofgien a tort d'en faire une ville.

TOUL, *Tullum leucorum*, ville de France enclavée dans la Lorraine, capitale du Toulois, fur la Mofelle, à 5 li. au couchant de Nanci, à 12 au fud-oueft de Metz, & à 68 au fud-est de Paris, dans un vallon des plus fertiles. On compte dans cette ville, composée d'environ six mille habitans, un bailliage, sénéchauſſée, un gouverneur particulier, un lieutenant de roi & un major, 4 paroiſſes, 2 abb. de Bénédictins, un ſéminaire dirigé par les PP. de la Miſſion, & un grand nombre de couvens & d'égliſes. La cathédrale eſt très-belle; le palais épiſcopal, bâti tout récemment, eſt magnifique. Cet év. ſuffr. de Treves, eſt fort ancien, & le dioc. très-étendu. Cette ville eſt la patrie de St Loup, & de Vincent de Lerins. long. 23. 34. lat. 48. 40.

TOULON, *Telomartius*, ville de Fr. en Provence, ſur le bord de la Méditerranée, à 12 li. au ſud-eſt de Marſeille, à 16 d'Aix & à 160 de Paris. Elle eſt grande, mais aſſez malpropre, & peu peuplée. Son port eſt un des plus grands & des plus ſûrs de l'Europe. Il eſt deſtiné pour les vaiſſeaux de guerre : les galeres qui étoient à Marſeille, y ſont à préſent. Les fortifications ſont du deſſein du chevalier de Ville. L'évêché eſt ancien, & ſuffragant d'Arles. On voit à Toulon un bel arſenal, & de grands magaſins pour les vaiſſeaux. Les Jéſuites ont le ſéminaire de la Marine, & les PP. de l'Oratoire le collége. long. 23. 35. latit. 43. 8.

TOULOUBAN, ville des Indes, dans la prov. & ſur le bord de la riv. de Multan.

TOULOUSAIN (le), contrée de France dans le haut Languedoc. Elle renferme les dioc. de Toulouſe, de Rieux, & une partie de celui de Montauban. C'eſt un pays rempli de plaines, où il croît beaucoup de bled. Il eſt traverſé par la Garonne, & a Toulouſe pour capitale.

TOULOUSE, *Toloſa*, ville de France dans le haut Langue-

doc, & capitale de toute la province, ſur la rive droite de la Garonne, à l'extrémité du canal royal, à 46 li. au couchant de Montpellier, à 14 au levant d'Auch, & à 148 de Paris. Cette ville eſt une des plus anciennes des Gaules, & la patrie des Tectoſages. Elle fut célebre ſous l'empire des Romains. Les rois Wiſigots y établirent leur réſidence. Clovis s'en ſaiſit, & la tranſmit à ſes deſcendans juſqu'à la mort de Charles le Simple, que Raimond s'y rendit abſolu. Ses deſcendans jouirent de cet état en qualité de comtes juſqu'à l'an 1270, que Philippe le Hardi le réunit à la couronne. Toulouſe eſt une grande ville, mais elle n'eſt point peuplée à proportion. Il y a un préſidial, ſénéchauſſée, hôtel des monnoies, généralité, parlement & univerſité. L'évêché, qui y a été établi dès les premiers ſiécles, fut érigé en archevêché par le pape Jean XXII. Le palais archiepiſcopal, bâti par M. de Colbert frere du miniſtre, eſt magnifique : la métropole ſeroit un bâtiment achevé, ſi la nef répondoit à la beauté du chœur. Il y a une collégiale qu'on nomme St Sernin ; elle eſt remarquable par ſon ancienneté, & par le grand nombre de reliques qu'on y revere. L'hôtel de ville qu'on a reparé & agrandi depuis peu d'années, eſt très-beau ; il porte le nom de capitole. Les conſuls, qu'on appelle Capitouls, acquierent la nobleſſe. On a formé une place royale devant cet hôtel, qui eſt très-ſpacieuſe. Le pont ſur lequel on paſſe la Garonne, & qui mene au fauxbourg St Cyprien, eſt long & fort large. Il y a dans cette ville une grande quantité de communautés religieuſes. Les Dominicains y ont un couvent le plus ancien de leur ordre ; ils conservent les reliques de St Thomas d'Aquin. Les Jésuites y ont un collége, maison de pensionnaires, noviciat, maison professe, maison de retraite & un seminaire. Les PP. de la Doctrine ont un collége nommé l'Esquile. Les PP. de la Mission ont un seminaire. Toulouse par sa situation entre les deux mers, pourroit faire un grand commerce ; mais ses habitans n'ont pas le génie tourné de ce côté-là, ils aiment mieux s'adonner aux sciences. Il y a une académie qu'on nomme Jeux Floraux ; on y distribue tous les ans quatre prix. Il y a outre cela une académie des sciences, une de peinture, sculpture & architecture. Un grand nombre de sçavans en tout genre ont pris naissance dans cette ville. On voit leur buste dans une salle de l'hôtel de ville nommée la salle des Illustres. long. 19. 7. latit. 43. 37.

TOURAINE (la), *Turonia*, province de France, bornée au nord par une partie du Maine & par le Vendomois, au midi par le Berri & le Poitou, au levant par le Blaisois, & au couchant par l'Anjou. Elle a 24 li. du midi au nord, & 22 du levant au couchant. La Loire la divise en haute & basse. Outre cette riviere, elle est encore arrosée du Cher, de l'Indre, de la Creuse & de la Vienne, ce qui rend ce pays si fertile, qu'on l'appelle le jardin de la France. Ses fruits sont excellens, surtout les pruneaux. Tours est la capitale.

TOURBILLON, ou **TURBEL**, château du Valais, proche la ville de Sion, sur une montagne. L'évêque de Sion y fait ordinairement sa résidence.

* **TOURMANSINE**, & non pas Tourmantine, comme dit Vosgien, bourg de Fr. dans l'Anjou, élection de Montreuil-Bellay.

TOURNAY, *Tornacum*, ville des Pays-Bas Autrichiens, capit. du Tournaisis, sur l'Escaut qu'on y passe sur un pont, à li. au sud-est de Lille, à 8 de Douay, à 15 de Gand & à 55 de Paris. Son év. est suffragant de Cambray : la cathédrale est très-bien orpée. L'Escaut divise la ville en vieille & neuve. Louis XIV y avoit fait bâtir une belle citadelle ; mais Louis XV en la reprenant sur la reine de Hongrie, la détruisit de fond en comble. long. 21. 4. latit. 50. 34.

* **TOURNON**, *Turno*, petite ville de Fr. dans le haut Vivarais, sur la rive droite du Rhône, vis-à-vis de Thain, à 3 li. de Valence & à 4 d'Annonay, sur le penchant d'une montagne. Les Jésuites y ont un collége considérable. Il y a un couvent de Carmes, de Capucins, de Cordeliers, de filles, & non pas de Minimes, comme dit la Martiniere. C'est la patrie de Pierre Davity. long. 22. 24. lat. 45. 7.

TOURNUS, *Tinurtium*, ville de Fr. en Bourgogne, sur la droite de la Saone, entre Mâcon & Châlon, à 82 li. de Paris. Elle consiste en 2 paroisses, & n'est distinguée que par son abb. d'h. de l'ordre de St Benoît, qui a été érigée en collégiale, & qui a un abbé titulaire. long. 34. 46. latit. 46. 34.

TOUROUVRE, gros bourg de Fr. dans le Perche, élection & dioc. de Chartres. Cette terre, érigée en marquisat, est depuis plus de 300 ans dans la maison de la Vove.

TOURS, *Cæsarodunum*, *Turones*, ville de France, capitale de la Touraine, dans une agréable & fertile plaine, entre la Loire & le Cher. Elle est composée d'environ trente mille habitans, & assez bien bâtie. Il y a présidial,

préſidial, bailliage, élection, hôtel des monnoies & intendance. L'arch. eſt très-ancien, puiſque St Gratien paſſe pour en avoir été le premier évêque. La cathédrale eſt un bâtiment antique. Outre cette égliſe, il y a la collégiale de St Martin, une des plus riches du royaume. Il y a nombre de communautés: les Jéſuites ont le collége. Le commerce de Tours conſiſte en étoffes de ſoie; mais il eſt bien diminue aujourd'hui. long. 18. 22. latit. 47. 23.

TOURTOIRAC, *Turturiacum*, abb. d'h. en Fr. de l'ordre de St Benoît, dans le Perigord, au dioc. & à 5 li. au levant de Perigueux, ſur la haute Vezere, fondée l'an 1025.

1. TOUSSAINS, abb. d'h. de l'ordre de St Auguſtin en Fr. dans la Champagne, dans une iſle formée par la Marne, près de la ville de Châlons.

2. TOUSSAINS, *Cella omnium Sanctorum*, abb. d'h. de l'ordre de Prémontré, dans la Suabe, au dioc. de Strasbourg, dans l'Ortnau, près d'Oberkirck.

TOWCESTER, *Tripontium*, ville d'Angl. dans le Northamptonshire. Elle a été autrefois très-bien fortifiée.

TRACHENBERG, petite ville d'Allem. dans la Sileſie, ſur les confins de la Pologne, chef-lieu d'une baronnie de même nom, ſur la riv. de Bartſch.

TRAJANOPOLI, *Trajanopolis*, ville de la Turquie Europ. dans la Romanie, ſur la riviere de Mariza, entre Enos & Andrinople, avec un arch. Grec. long. 14. 6. latit. 41. 14.

TRAJETTO, p. ville d'Italie au roy. de Naples, dans la terre de Labour, proche l'emb. du Garigliano, ſur une côte, près des ruines de l'ancienne *Minturnæ*.

TRAIGUERA, p. ville d'Eſp.

ſur les confins de la Catalogne, vers Tortoſe. On y fait beaucoup de fayance.

TRAINA, ville de Sicile, dans la vallée de Demona, proche la riv. de même nom, au nord oriental de Nicoſia.

TRALEY, p. ville d'Irlande, dans la province de Munſter, au comté de Kerry, à 5 milles au ſud-eſt d'Artfeart.

TRA-LOS-MONTES, *Tranſmontana*, prov. de Portugal, bornée au nord par le roy. de Leon, la Galice, la prov. de Beira, & celle entre Duero-e-Minho. Elle a environ 30 li. de long ſur 20 de large. On y recueille beaucoup d'huile & du vin. Miranda eſt la capitale.

TRANCHIN, p. ville de la h. Hongrie, chef-lieu du comté de même nom, ſur la rive gauche du Vag, qu'on paſſe ſur un pont de bois. Il y a une belle place publique, un château bien fortifié, & un collége de Jéſuites, accompagné d'une jolie égliſe. Elle eſt encore remarquable par ſes eaux minérales.

* TRANCOSO, ville de Portugal, dans la prov. de Tra-los-Montes, à 3 li. de Pinhel, & non pas Pinhet, comme dit la Martiniere, avec un beau chât. dans une agréable & fertile campagne. Elle a 5 portes & 6 paroiſſes, avec titre de duché. long. 11. 3. latit. 40. 37.

TRANGUEBAR, ville de la preſqu'iſle de l'Inde, au roy. de Tranjaour, ſur la côte de Coromandel, à l'emb. de la riv. de Caveri. Les Danois en ſont les maitres, & y ont bâti une fortereſſe. Les rues ſont étroites, mais les maiſons aſſez belles. long. 97. 50. latit. 11. 18.

TRANI, *Tranum*, ville d'Italie au roy. de Naples, dans la terre de Bari, ſur le golfe de Veniſe, entre Barlette & Biſeglia. Il y a un château, bâti par l'empereur Frederic II. Ses maisons sont assez belles : il y avoit un port qui a été bouché par les sables. Son archev. est du x siécle. long. 34. 50. latit. 41. 10.

TRANSILVANIE, *Transilvania*, principauté d'Europe, une des annexes de la Hongrie, bornée au nord par la Pologne, au midi par la Valaquie, au levant par la Moldavie, & au couchant par la h. Hongrie. Elle fait partie de l'anc. Dacie. L'air y est bon, & assez tempéré ; on y recueille beaucoup de bled, & d'excellent vin. Il y a grand nombre de montagnes, où se trouvent des mines d'or, d'argent, de fer & de sel. Ce pays est habité par des Sicules, des Saxons, des Hongrois & des Valaques : ils sont la plupart Protestans. La Transilvanie dépend de la maison d'Autriche depuis 1699, & a pour capitale Hermanstad.

TRANTANAW, ville de Bohême, dans le cercle de Koniggratz. C'est la patrie de Ziska, chef des Hussites, & remarquable encore par la victoire que le roi de Prusse y remporta sur les Autrichiens en 1745.

TRAPANI, *Drepanum*, ville de Sicile, sur la côte occidentale, dans la vallée de Mazare, sur une langue de terre qui avance dans la mer, à 20 li. à l'ouest de Palerme. Son port est grand, & défendu par un château : il est toujours rempli d'un grand nombre de vaisseaux. Cette ville est habitée par beaucoup de noblesse, & connue par ses salines, & par la pêche des thons & du corail. long. 30. 12. latitude 38. 18.

TRAPOR, ville des Indes, sur la côte de Malabar, au roy. de Concan, entre Daman & Bacaim. Elle est bien peuplée, & ses habitans sont riches. Les Dominicains y ont une église.

TRAPPE (la), abb. d'h. de l'ordre de Cît. en Fr. dans le Perche, au dioc. de Séez, entre cette ville & Mortagne, dans un vallon. Les religieux y suivent l'étroite observance, & menent une vie très-austere.

TRAQUATOA, bourgade de l'Amér. méridionale, sur le bord mérid. de l'Amazone, à l'est d'Eviratoha, & presqu'à l'emb. de l'Yutay. C'est une des six missions desservies par des missionnaires Carmes Portugais.

* TRARBACH, p. ville d'Allemagne, dans le palat. du Rhin, sur le bord de la Meuse, & non pas de la Moselle, comme disent les abbés l'Avocat & la Croix, à 12 li. au nord-est de Treves. Il y a une forteresse pour défendre le passage de la Meuse dans le palatinat. Le comte de Belleisle la prit le 2 de Mai 1734. long. 24. 45. latit. 49. 53.

TRASMAUR, p. ville d'Allem. dans la basse Autriche, sur la droite du Drasain, près de son confluent avec le Danube.

TRAU, *Tragurium*, ville dépendante de la république de Venise, dans la Dalmatie, sur la côte, & si voisine de l'isle Bua, qu'un de ses fauxbourgs est dans cette isle, à laquelle elle communique par des ponts. Elle a un év. suffr. de Spalatro. long. 34. 10. latit. 43. 54.

TRAVANCA (St Sauveur de), abb. d'h. ordre de St Benoît, en Portugal, dans la province entre Duero-e-Minho, au dioc. de Porto.

TRAVANCOR, *Travancorium*, royaume des Indes, sur la côte de Malabar, borné au nord par les états du Samorin, au midi & au couchant par la mer, & au levant par le Maduré. Ce roi est un des plus petits princes des Indes, & paye tribut au roi de Maduré. Les Hollandois ont deux forts dans ce roy.

celui de Coilan & celui de Tangapatam.

TRAVE (la), *Chalufus*, riv. d'Allem. dans la baſſe Saxe, au duché de Holſtein, où elle ſort d'un lac de la préfecture de Segeberg, & va ſe rendre dans la mer Baltique à Travemunde.

TRAVEMUNDE, ville d'Allem. dans la baſſe Saxe, au duché de Holſtein, à l'emb. de la Trave, qui lui donne ſon nom. Elle appartient aux habitans de Lubeck, qui y tiennent garniſon. Il y a un fanal où on allume du feu pour éclairer les vaiſſeaux. long. 28. 42. latit. 54. 6.

TRAVENTAL, chef-lieu d'un bailliage d'Allem. dans la Wagrie, au territoire de Ploen. Il contient ſeize villages.

TRAUN, contrée d'Allem. dans la haute Autriche, traverſée par la riv. de Traun.

TRAUNSTEIN, ville d'Allem. dans la haute Baviere, ſur la riv. de Traun. Elle a dans ſon voiſinage des ſources d'eau ſalée. long. 30. 18. latit. 47. 48.

TREBES, p. ville de Fr. dans le haut Languedoc, au dioc. de Carcaſſonne.

*TREBIGNO, & non pas Trebigny, comme dit Voſgien, *Tribulium*, petite ville de la Turquie Europ. dans la Dalmatie, ſur la riv. de Trebinska, à 6 li. de Raguſe, dont ſon év. eſt ſuffragant. long. 36. 4. latit. 40. 48.

TREBISONDE, *Trapezus*, ville de la Turquie Aſiatique, dans la Natolie, ſur le bord de la mer Noire, où elle a un bon port. Elle eſt grande, mais mal peuplée; il y a autant de jardins que de maiſons. Son château eſt vaſte, & ſitué ſur un roc. C'eſt la réſidence d'un archev. Grec, d'un beglerbey, & la patrie du cardinal Beſſarion. long. 57. 18. latit. 41.

*TREBITZ, *Trebicium*, petite

ville d'Allem. dans la Moravie, proche la riviere d'Igla, entre Iglau & Nametz. Il y a des manufactures de draps, façon d'Angleterre.

TREBNITZ, petite ville de Sileſie, dans le duché d'Olss, proche Trachenberg. Il y a dans ſon voiſinage une colline d'où on tire des vaſes de terre tout formés, qui s'endurciſſent à l'air. Dans la ville eſt une abbaye de filles de l'ordre de Cîteaux.

*TREBUXENA, bourg d'Eſp. dans l'Andalouſie, ſur la gauche du Guadalquivir. On croit que c'eſt l'anc. *Colobona*, & non pas *Colobana*, comme dit la Martiniere.

*TREFURT, *Drivordia*, petite ville d'Allem. dans le pays de Heſſe, proche la riv. de Werra. Elle appartient aux électeurs de Mayence, de Saxe, & au landgrave de Heſſe.

TREGUIER, *Trecorium*, ville de Fr. dans la Bretagne, dans une preſqu'iſle, à 10 li. au nordoueſt de St Brieux, à 23 au nordeſt de Breſt, & à 100 au couchant de Paris. Il y a un petit port & un év. ſuffr. de Tours. On y commerce beaucoup en bled, en lin & en papier. long. 14. 25. latit. 48. 47.

TREIGNAC, petite ville de Fr. dans le bas Limouſin, ſur le bord de la Vezere.

TREMBLADE (la), bourg de France dans la Saintonge, ſur la gauche de la Seudre. Il eſt trèspeuplé, & a un port qui étoit fort fréquenté avant l'établiſſement de Rochefort; il eſt rempli de marchands & de matelots. Le commerce y eſt aſſez conſidérable.

1. TREMECEN, province d'Afrique, dans la Barbarie, au roy. d'Alger, bornée au nord par la Médit. au midi par les déſerts, au levant par la prov. particuliere d'Afrique, & au

couchant par le roy. de Fez. Elle a 150 li. de long & 20 de large, & occupe la place de la Mauritanie Cesarienne. Presque toutes les terres de cette prov. sont séches & arides; il n'y a que celles du côté du nord qui produisent du bled & des pâturages. Sa capit. a le même nom.

2. TREMECEN, ville d'Afr. capitale de la province de même nom, à 7 li. de la Médit. dans une agréable plaine, & autrefois considérable, étant la résidence des rois de Tremecen. Les maisons ne sont pas bien bâties, mais il y a de belles & riches mosquées, plusieurs colléges bien rentés, des bains publics & des fontaines. Il y a toujours bonne garnison, & elle est habitée par des Maures, des Arabes & des Juifs. long. 17. 5. lat. 34. 38.

TREMITI (isles de), *Diomedeæ insulæ*, isles du roy. de Naples, dans le golfe de Venise, à quelque distance de la côte de la Capitanate. Les trois principales sont Caprara, San-Nicolo & San-Domino.

TREMOUILLE (la), *Tremulium*, petite ville de Fr. dans le Poitou, au diocèse & à 12 li. de Poitiers, sur la riv. de Benaise, avec titre de duché.

TREMP, petite ville d'Esp. dans la Catalogne, dans le marquisat de Noguera, sur le Noguera-Pallaresa. Elle est habitée par beaucoup de noblesse.

TRENTE, *Tridentum*, ville d'Italie, capitale du Trentin, dans la Marche Trevisane, sur la rive gauche de l'Adige, qu'on passe sur un pont, à 4 milles du lac de Garde, à 8 de Verone, & à 24 d'Inspruck. Cette ville, qui est très-anc. & bâtie par les anc. Toscans, a des rues larges & bien pavées, ses maisons sont bien bâties. Il y a 4 paroisses, & quelques couvens d'h. & de

filles. L'év. de cette ville, qui est suffr. de Gorice, a un beau palais hors la ville; il est souverain, & prince du St Empire. Dès le IV siécle il y a eu des év. à Trente. La cathédrale, dédiée à St Vigile, est un beau bâtiment. Il y a outre cela celle de Ste Marie-Majeure, où s'est tenu le fameux concile. long. 28. 36. latit. 46.

TRENTIN (le), pays d'Italie, borné au nord par le Tirol, au midi par le Vicentin, au levant par le Feltrin & le Bellunese, au couchant par le Bressan & le lac de Garde. Il est fertile en grain, vin & huile. Trente est la capitale.

TREPORT, *Ulterior portus*, bourg de Fr. en Normandie, au pays de Caux, avec un p. port de mer, & une abb. d'h. de l'ordre de St Benoît.

TREPTOW, *Treptovia*, ville d'Allem. dans la Poméranie, sur la riv. de Rega. Il y en a une de même nom dans la même prov. sur le lac de Toll.

TRESOR (le), abb. de filles de l'ordre de Cît. en Fr. dans le Vexin Normand, au dioc. de Rouen, à 2 li. de Vernon.

1. TREVES, *Augusta Trevirorum*, ville d'Allem. capitale de l'électorat de même nom, sur la Moselle, qu'on passe sur un beau pont, à 12 li. au nord-est de Luxembourg, à 17 au nord-est de Metz, à 28 au couchant de Mayence, & à 76 au nord-est de Paris. Cette ville, capitale des *Treviri*, fut fort considérée des Romains, puisqu'Auguste l'érigea en metropole de la seconde Belgique: c'étoit la ville la plus grande, la plus riche & la plus puissante en deça des Alpes. Les empereurs Romains, ainsi que plusieurs rois de France, y ont fixé leur demeure. Quoiqu'elle ne soit pas aujourd'hui si fameuse,

elle peut cependant paſſer pour une grande ville, & bien peuplée. Il y en a peu où il y ait autant d'égliſes, pluſieurs paroiſſes, abbayes & communautés religieuſes. Les Jéſuites ont le collége. La cathédrale eſt un vaſte bâtiment, fait avec des pierres d'une groſſeur extraordinaire. Son archev. qui eſt électeur, donne le premier ſon ſuffrage à l'élection de l'empereur. long. 24. 15. latit. 49. 47.

L'électorat de Treves eſt borné au nord par celui de Cologne, au midi par la Lorraine, au levant par la Weteravie, & au couchant par le Luxembourg. La Moſelle le diviſe en deux parties; la méridionale, qui eſt du côté de la Lorraine, eſt la plus agréable & la plus peuplée. Cette étendue de pays, qui n'eſt pas conſidérable, renferme 25 bailliages, & eſt d'une grande fertilité, ſur-tout en vins.

2. TREVES, petite ville de Fr. dans l'Anjou, ſur la gauche de la Loire, avec un chât. bâti par Foulques Nera.

1. TREVI, anc. *Trebia*, bourg d'Italie, dans le duché de Spolete, proche le Clitumno. Il y avoit autrefois un évêché.

2. TREVI, *Treba*, anc. ville d'Italie, dans la Campagne de Rome, près de la ſource du Teverone. Ce n'eſt plus auj. qu'un village, & ſon év. a été uni à celui d'Anagni.

* TREVICO, *Trevicum*, petite ville d'Italie, au roy. de Naples, dans la principauté ultér. avec un év. ſuffr. de Benevent, établi dès le x ſiécle, quoique la Martiniere nous aſſure qu'il n'en eſt point parlé avant l'an 1136.

TREVIERES, bourg de France dans la Normandie, au dioc. de Bayeux, ſur la rive gauche de l'Aure. On fait cas de ſon veau & de ſon beurre.

* TREVIGNO, & non pas TREVINO, comme dit Voſgien, ville d'Eſp. dans la Biſcaye, dans la prov. d'Alava, ſur une colline, proche la riv. d'Ayuda, avec une bonne citadelle, à 6 li. au ſud-oueſt de Vittoria. long. 14. 35. latit. 42. 50.

TREVISO, *Tarviſium*, ville d'Italie dans les états de Veniſe, capit. du Treviſan, ſur la petite riv. de Sile, à 18 milles au nord-oueſt de Veniſe, à 20 au nord-eſt de Padoue, & à 25 à l'eſt de Baſſano. Elle eſt bien bâtie, & on y voit pluſieurs beaux édifices publics. Elle eſt habitée par une nombreuſe nobleſſe. Son év. qui eſt des premiers ſiécles, eſt ſuffr. d'Udine. Il y avoit une univerſité, qui a été transférée à Padoue. long. 29. 48. lat. 45. 44.

TREVOUX, *Tivurtium*, p. ville de France, capitale de la principauté de Dombes, ſur le bord oriental de la Saone. Il y a un parlement, hôtel des monoies, une imprimerie établie par le duc du Maine, & une collégiale. Les journaux qui portent le nom de Trevoux, y furent imprimés pour la premiere fois en 1701. long. 22. 24. latit. 45. 57.

TREYSA, ville d'Allemagne, dans le pays de Heſſe, chef-lieu du comté de Ziegenhaim, ſur une colline, proche la riv. de Schwalm. Elle fut brulée par les Impériaux en 1640. long. 26. 48. latit. 50. 54.

TREZZO, petite ville d'Italie, dans le Milanez, ſur le bord de l'Adda, au midi de Lecco, ſur les frontieres du Bergamaſque.

* TRIANGULO, iſle de l'Amér. ſept. dans la mer du Nord, & au nombre des Lucayes. Elles ſont au nombre de trois, & peu importantes. Nous n'en parlons que pour avertir que la Martiniere les a mal placées dans l'Amérique méridionale.

TRIANON, maison royale de France, dans le parc de Versailles, proche la Ménagerie. Les bâtimens & les jardins y sont du goût le plus exquis.

TRIBBESÉES, ville d'Allem. dans la Poméranie, sur les confins du Mecklenbourg, proche la riv. de Trebel, entre Rostock & Grypswalde, avec un fort châr. Elle appartient au roi de Suéde. long. 30. 52. latit. 54. 12.

TRICALA, anc. *Tricca*, ville de la Turquie Europ. dans la prov. de Janna, sur le bord de la Selampria, avec un év. suffr. de Larisse. Heliodore, auteur du roman de Theagene & Cariclée, étoit év. de cette ville.

* TRICARICO, *Tricaricum*, petite ville d'Italie, au roy. de Naples, dans la Basilicate, près du bord sept. du Basiento, & non pas Casuento, comme dit la Martiniere. Elle est bien bâtie, & a un év. suffragant d'Acerenza.

TRICHIRAPALI, ville des Indes, capitale du roy. de Maduré, dans sa partie sept. sur la rive droite du Caveri, entre Tanjaour au levant, & Maissour au couchant. Elle est d'une gr. étendue, & contient plus de trois cens mille ames. C'est la plus grande forteresse qui soit depuis le cap de Comorin jusqu'à Golconde : les Indiens la disent imprenable. Le palais du roi n'est pas beau ; c'est un amas de salles, de galeries & d'appartemens intérieurs. long. 98. latit. 11. 40.

TRIE, petite ville de France, dans le bas Armagnac, au dioc. d'Auch. Il y a une collégiale, & un couvent de Carmes, qui enseignent les humanités. C'est un grand passage de troupes, & il s'y tient de fort gros marchés.

TRIESTE, *Tergeste*, ville d'Italie, dans l'Istrie, sur le golfe de même nom, à 10 milles au nord de Capo-d'Istria. L'év. est suffr. de Gorice ; la cathédrale est un bâtiment ancien qui n'a rien de remarquable ; les Jésuites ont un beau collége. Il y a une citadelle bâtie depuis peu. L'impératrice reine de Hongrie l'a embellie, & en a fait augmenter les fortifications, agrandir & assurer le port, à cause que le mouillage n'étoit pas bon. Elle a rendu le port franc, & y a établi des chantiers pour la construction des vaisseaux. Elle y a formé une compagnie de commerce, afin de la rendre plus florissante. L'empereur Charles VI son pere y avoit établi une foire en 1731. long. 31. 50. lat. 45. 52.

TRINCOLY, ville d'Asie, dans l'isle de Ceylan à son couchant, & au midi de Batecalo, avec un Pagode, sur le bord de la mer.

1. TRINITÉ (la), ville de l'Amer. mérid. dans la Terre-Ferme, au nouv. roy. de Grenade, sur le bord oriental de la riv. de la Magdelene, à 24 li. de Santa-Fé.

2. TRINITÉ, isle de l'Amér. sur la côte de la Terre-Ferme, au nord de l'emb. de l'Orenoque. Elle a 25 li. de long, & 18 de large. L'air y est mal sain. Elle appartient aux Espagnols.

TRINO, ville d'Italie, dans le Montferrat, proche le Pô, à 60 li. au sud-ouest de Verceil. Elle fut cédé au duc de Savoye en 1631, par le traité de Quierasque. long. 25. 52. latit. 45. 10.

1. TRIPOLI, *Tripolis*, ville d'Afr. dans la Barbarie, sur la côte de la Méditer. & capit. d'une république, dans une plaine sablonneuse. Elle est bien fortifiée, & a un assez bon port, les PP. de St François y

nt une maison, une belle église & un hôpital. La république a pour chef un dey, qui est sous la protection du grand-seigneur, à qui on paye un tribut. Cette ville étoit autrefois brillante par son commerce : il consiste auj. en étoffes de soie & en safran, qui est très-estimé. Les habitans sont connus par leurs pirateries. Le maréchal d'Etrées bombarda leur ville, & y causa de grands ravages.

2. TRIPOLI, *Tripolis*, ville d'Asie, dans la Syrie, sur la côte de la Médit. Elle est divisée en haute & basse, & contient un grand nombre d'habitans. Il y a une belle mosquée. Les Jésuites y ont un collége, les Carmes, & les Capucins une maison. Il coule dans la ville une riviere qu'on passe sur un pont. Le commerce des habitans consiste en soie qu'ils font en quantité. long. 56. 34. latit. 34. 14.

TRIST, ou TRIS, isle de l'Amérique sept. dans la nouv. Espagne, sur la côte mérid. de la baie de Campeche, au couchant de l'isle de Port-Royal, dont elle n'est séparée que par un petit canal. Elle n'est point habitée.

TRIVENTO, *Treventum*, petite ville d'Italie, au royaume de Naples, dans le comté de Molisse, sur le Trigno, à 28 lieues au nord-est de Naples, avec un évêque qui ne releve que du St siége. long. 32. 10. latit. 41. 47.

TRIZAY, *Trisagium*, abb. d'h. de l'ordre de Cîteaux, en France, dans le Poitou, au diocèse de Luçon, fondée l'an 1145.

TROARN, *Troarnum*, bourg de France, dans la basse Normandie, au diocèse de Bayeux, à 3 lieues au levant de Caen, sur la Meance, avec une ab-

baye d'hommes de l'ordre de St Benoît.

TROJA, *Troja*, ville d'Italie, au roy. de Naples, dans la Capitanate, au pied de l'Apennin, sur le Chilaro, à 12 li. au sud-ouest de Manfredonia, avec un év. suffr. de Benevent. long. 32. 56. latit. 41. 20.

TROIS-FONTAINES, *Tres-Fontes*, abb. d'h. en France, de l'ordre de Cît. en Champagne, au dioc. de Châlons-sur-Marne, à 5 li. au sud-est de Bar-le-Duc, fondée l'an 1120.

TROIS-RIVIERES (les), petite ville de la nouv. France, dans l'Amér. sept. à 27 li. de Quebec, entre cette ville & Montreal, sur un côteau de sable, au pied duquel coule le fleuve St Laurent. Il y a un couvent de Recolets qui desservent la paroisse, & un bel hôpital, avec une justice ordinaire. La richesse de ses habitans vient d'une mine abondante de fer, qui est dans le voisinage.

1. TROKI, palatinat de Pologne, dans la Lithuanie, borné au nord par le palatinat de Vilna, & au couchant par la Prusse & la Podlaquie. Sa capit. porte le même nom.

2. TROKI, ville de Pologne, dans la Lithuanie, capit. du palatinat de même nom, au milieu des marais, à 8 li. au couchant de Wilna. Elle fut bâtie par Gedimir, grand duc de Lithuanie en 1321. Les Moscovites y causerent de grands ravages en 1655. long. 43. 50. latit. 54. 33.

TRON (St) ville d'Allemagne, dans l'év. de Liége, capit. de la Hasbaye, aux frontieres du Brabant, avec une riche abbaye de Bénédictins, à 6 lieues de Mastricht. long. 22. 53. latit. 50. 42.

TRONCHET (le), *Tronchetum*, abb. d'h. de l'ordre de St Benoit, dans la haute Bretagne, au dioc. de Dol.

TROPEA, *Trophæa*, ville d'Italie, au roy. de Naples, dans la Calabre ultér. sur le sommet d'un rocher, à 15 li. au nord-est de Messine. Les rues sont étroites, & les maisons assez mal bâties. La cathédrale n'a rien de remarquable. Son év. est suffr. de Reggio. long. 33. 40. latit. 38. 40.

TROPÈS (St) *Tropetopolis*, ville de France, en Provence, au dioc. de Frejus, sur la Médit. où elle a un port, à 24 li. au levant de Marseille, & à 6 au sud-ouest de Fréjus. long. 24. 20. latit. 43. 17.

TROPIQUES (les) terme employé dans la géographie, & qui désigne deux cercles paralleles à l'Equateur dont ils sont éloignés de 23 degrés & demi. L'un est septentrional, & est appellé le Tropique du Cancer, ou Tropique d'Eté; l'autre est méridional, & s'appelle Tropique du Capricorne, ou Tropique d'hyver.

TROPPAU, *Oppavia*, ville d'Allem. dans la Silésie capit. du duché de même nom, sur les riv. d'Oppa & de Mohr, dans une agréable plaine, à 30 li. au sud-est de Breslau. Les maisons sont propres & bien bâties. L'hôtel de ville est un vaste bâtiment. Les Danois prirent cette ville en 1626, les Impériaux en 1627, & les Suedois en 1642. long. 35. 44. lat. 50. 6.

TROYES, *Augustobona*, ville de Fr. en Champagne, dont elle est capit. sur la Seine, à 15 li. au nord-est de Sens, à 26 au midi de Rheims, & à 35 au sud-est de Paris. Il y a un Présidial, un bailliage, élection, hôtel des monnoies, quatorze paroisses, trois abbayes, nombre de couvens de l'un & de

l'autre sexe. Les PP. de l'Oratoire enseignent les humanités. Les Cordeliers ont une biblioteque publique. L'hôtel de ville est un bâtiment assez beau; mais le plus remarquable est la cathédrale. Il y a encore la collégiale de St Etienne, où on voit un trésor très-riche, & un grand nombre de manuscrits. Son év. qui est ancien, est suffragant de Sens. On remarque comme une chose extraordinaire que les mouches n'entrent pas dans les boucheries de Troyes, quoiqu'elles soient en quantité ailleurs. C'est la patrie du pape Urbain IV, de François Girardon, des MM. Pithou, du Poëte Pallerat, du pere le Cointe, de Pierre Miznard, & du P. Caussin. Le commerce de Troyes consiste en toiles de lin, de chanvre, côton, futaines & basins. long. 21. 45. lat. 48. 19.

1. TRUXILLO, *Turris Julia*, ville d'Espagne dans l'Estramadure, dans les montagnes, à 15 li. au sud-ouest de Tolede, avec une bonne citadelle. Il y a six paroisses & dix communautés religieuses. C'est la patrie de François Pizarre, qui conquit le Perou. long. 12. 38. lat. 39. 12.

* 2. TRUXILLO, *Truxillum*, ville de l'Amér. merid. dans le Perou, audience de Lima, proche la mer du Sud, avec un port qui en est à 2 li. & où l'encrage n'est pas bon. François Pizarre la fonda l'an 1553. Son terroir abonde en figues, pommes, grenades, oranges & vignes. Il y a un év. suffr. de Lima. L'abbé de la Croix la place mal à 9 li. de la mer. long. 298. latitude méridionale 8.

3 TRUYILLO, ville de l'Amérique sept. dans la nouv. Espagne, au gouvernement des Honduras, sur la côte du golfe de même nom. Son port qui est bon, est au fond de la baie

Son terroir eſt fertile, & on y vendange 2 fois l'année. long. 292. 16. latit. 15. 38.

TSICUNGO, prov. du Japon, dans l'iſle de Ximo, au midi de celle de Chicugen. Elle a cinq journées de longueur du nord au Sud, & on la diviſe en dix diſtricts, qui abondent en riz & en bled.

TSIERIBON, p. royaume, dans l'iſle de Java, vers le milieu de la côte ſept. entre Batavia & Javara. Il eſt arroſé par le fleuve Indramaia. Le roi eſt allié des Hollandois.

TSIOMPA, roy. d'Aſie, borné au levant, & au midi par la mer, au couchant par le roy. de Camboge, & au nord par le déſert de la Cochinchine. Ses habitans ſont tributaires de la Cochinchine. Ils ſont idolatres, & peu policés; ils croient en la métempſycoſe, & ont une ſinguliere vénération pour le cheval & l'éléphant. Confucius eſt ſelon eux le plus grand docteur de l'univers. Leurs villes ne ſont qu'un miſérable amas de cabanes.

TSONNONTHOUAN. C'eſt le plus occiden.al des cinq cantons Iroquois, & le plus étendu. Il occupe toute l'extrémité du lac Ontario, juſqu'à la riv. de Niagara. Tout ce pays en général eſt fort bon, ſur-tout les environs de la baie de Tſonnonthouan.

TUABO, ville d'Afr. au roy. de Galam ſur le bord mérid. du Senegal, vis-à-vis de Ghilda. Cette ville, ſi on peut lui donner ce nom, eſt la réſidence ordinaire du roi, & renommée par quelques carrieres de marbre.

TUAM, ville d'Irlande, *voyez* Toam.

TUBAN, ville des Indes, dans l'iſle de Java, ſur la côte ſept. près de Bantam; la plus belle & la plus forte de toute

l'iſle. Son roi eſt très-riche & très-puiſſant; ſon palais eſt ſpacieux & beau. La ville eſt compoſée de beaucoup de nobleſſe, qui trafique en ſoie, en toiles de coton, camelots, &c. long. 130. latit. mérid. 5. 30.

TUBERI (St), abb. d'h. de l'ordre de St Benoit en France, dans le bas Languedoc, au diocèſe d'Agde, entre cette ville & Peſenas.

TUBINGEN, *Auguſta*, ville d'Allemagne, en Suabe, dans le duché de Wirtemberg, ſur le Necker, qu'on y paſſe ſur un pont, à 4 milles de Stutgard au ſud-oueſt, & à 12 au couchant d'Ulm, bâtie l'an 499. Il y a une grande place ornée d'une belle fontaine. L'hôtel de ville eſt bien bâti. On y remarque une horloge fort curieuſe. L'univ. fondée l'an 1477, eſt aſſez renommée. long. 26. 35. latit. 48. 35.

TUCCKELHAUSEN, chartreuſe d'Allemagne, dans la Franconie, au dioc. & à 3 lieues de Wurtzbourg.

TUCHAN, p. ville de France, dans le Languedoc, au dioc. de Narbonne, dans le pays de Termenois.

TUCHO, ville de la Chine, dans la prov. de Queicheu dont elle eſt 8e métropole, ſur la rive occid. du fleuve Cô. Elle a 3 villes & 9 fortereſſes dans ſon département. latit. 25. 55.

TUCO, ville de la Chine, dans la prov. de Xenſi, au département de Jengan, huitiéme métropole de la province. latitude 39. 17.

TUCUMAN (le) prov. de l'Amér. mérid. bornée à l'Orient par la prov. de Chaco, au couchant par les montagnes du Perou & du Chili, au nord par la prov. de Santa-Cruz de la Sierra, au midi elle n'a point de limites reglées. Sa figure approche de celle d'un cône, dont la pointe est sous le Tropique. Le froid est excessif en quelques endroits du Tucuman, pendant l'hyver. Il n'y pleut point dans cette saison ; mais à l'entrée du printems il y fait de fortes pluies ; l'été il y a des gréles fréquentes, & des tonnerres épouvantables. Il y a dans cette prov. des brebis d'une grandeur extraordinaire, & qui servent de bêtes de charge. Leur laine est très-fine, & on en fait des étoffes qu'on prendroit pour de la soie. Sant-Jago del Estero est la capitale.

TUCUYO, ville de l'Amérique, dans la Terre - Ferme, prov. de Venezuela , dans la vallée de même nom. Sa richesse consiste en coton & en cannes de sucre. Les habitans nourrissent beaucoup de troupeaux, & sont antropophages. long. 311. 30. latit. 7. 32.

* TUDELA , *Tutela* , ville d'Esp. dans la Navarre , capit. d'une Merindade , sur la droite de l'Ebre , qu'on y passe sur un beau pont, à 15 li. au midi de Pampelune, & à 60 au nord-est de Madrid. Il y a dix paroisses , dont une est collégiale. Elle est bien bâtie , & habitée par un gr. nombre de noblesse. On y voit quelques beaux édifices. Il s'y tint un concile contre les Ariens l'an 638. La Martiniere dit que Sanche Abarca prit cette ville sur les Maures , l'an 900 : ce qui ne peut être , puisque ce prince ne commença son règne qu'en 970. long. 16. 20. latit. 42. 6.

1. TUER , ville de l'empire Russien, capit. du duché de même nom, au confluent du Wolga & de la Tuertza. Elle est composée d'environ 2000 maisons, de dix églises, & de quelques couvens. Il y a un chât. où demeure le gouverneur de la province. long. 55. latitude 56.

2. TUER, prov. de l'empire Russien, bornée au nord & au couchant par le duché de Novogorod, au levant par le duché de Rostow, & au midi par le duché de Moscou, & par la prov. de Rzeva. Elle a eu longtems ses princes particuliers. Tuer est la capitale.

TULLE , *Tutela* , ville de Fr. capit. du bas Limousin, au confluent des riv. de Correse , & de Solan, à 15 li. au sud - est de Limoges, & à 118 au midi de Paris, dans un pays rempli de mont. & de précipices. Elle doit son origine à une abb. de Bénédictins, fondée dans le VII siècle, & qui est auj. la cathédrale. Il y a une sénéchaussée, présidial , élection, collége de Jésuites, & plusieurs couvens. L'év. qui n'est ni riche ni étendu , est suffragant de Bourges. longitude 19. 20. latitude 45 15.

TULLY CASTLE, p. ville d'Irlande, dans la prov. d'Ulster, au comté de Fermanhac , au nord-est d'Eniskilling , sur le bord du lac Earne.

TULN , *Tulna* , ville d'Allem. dans la basse Autriche, proche la riv. de même nom, à quatre milles de Vienne, avec une abb. de filles, fondée par l'emp. Rodolphe. Son terroir est abondant en bled & en vin. On y respire un air très-pur. Lazius croit qu'il faut y chercher *Cutulina Castra*. long. 34. 6. latit. 48. 22.

TULSK, p. ville d'Irlande, au comté de Roscomon, dans la prov. de Connaught.

TUMBEZ , vallée de l'Amérique méridionale , au Pérou, dans le gouvernement de Quito, avec une riviere de même nom qui la traverse. C'est là que les Espagnols firent leur premiere descente lors de la conquête du Perou.

TUMEN, ville de l'empire Russien, dans la Siberie, sur la riv. de Tura, à 50 li. au sud-ouest du Tobolskoy. Ses habitans, qui presque tous sont Tartares, font un gr. commerce.

TUNCCHANG, ville de la Chine, dans la prov. de Chaunton, dont elle est 3e métropole. Elle est grande, bien bâtie, & a 18 villes dans sa dépendance. lat. 37. 3.

TUNGCHUEN, ville de la Chine, dans la prov. de Suchuen. Il y a dans son terroir beaucoup de châtaignes & de prunes. Les cannes de sucre y viennent bien, & le sucre y est excellent. lat. 27.30.

TUNGLING, ville de la Chine, dans la prov. de Kiangnan, au département de Chicheu proche la riv. de Kiam, dans une agréable situation. latit. 41.35.

TUNJA, ville de l'Amér. dans la Terre-Ferme, au nouv. roy. de Grenade, capit. de la prov. de même nom, sur le haut d'une montagne, à 20 li. de Santa-Fé. Les Dominicains & les Cordeliers y ont de smaisons. latit. 5.

1. TUNIS, *Tunes*, ville d'Afrique, dans la Barbarie, capit. du roy. de même nom, sur le lac de la Goulette, à 4 li. de la mer, & à 145 au nord-est d'Alger. Elle est ancienne, car les Carthaginois, les Romains & les Vandales l'ont possedée successivement. On y compte environ 10000 maisons, les rues & les places sont bien ordonnées; il y a un fort beau château, & une magnifique mosquée. Cette ville fourmille d'habitans; la plupart sont artisans, parmi lesquels il y a un grand nombre de tisserans qui font les meilleures toiles d'Afrique. Le bled y est cher, & vient de loin. La crainte des Arabes, jointe à la paresse des habitans, les em-

pêche d'en semer. Ils sont doux & civils; les femmes y sont belles & fort parées. Tunis a été l'objet de la conquête de plusieurs souverains. L'empereur Charles s'en rendit le maitre en 1535. Les Algeriens s'en emparerent ensuite, & les Turcs l'enleverent en 1574. long. 28. 25. latit. 36. 42.

2. TUNIS, état d'Afr. dans la Barbarie, borné au nord & au levant par la Méditerranée, au couchant par le roy. d'Alger, & au midi par plusieurs peuples Arabes. C'est à peu près l'ancien état de Carthage. On le divise en 8 contrées & quelques isles qui en dépendent. Ses habitans sont un mélange de Turcs & de renegats de tous les pays. C'est une république qui se soutient, sous la protection du Grand-Seigneur. Un bacha, un bey & un dey, partagent toute l'autorité.

TUNQUIN (le) roy. d'Asie, dans les Indes borné au nord, & au levant par la Chine, au midi par le golfe & le roy. de Cochinchine, au couchant par le roy. de Laos. C'est un des plus considérables de tout l'Orient, soit par son étendue, par le nombre de ses habitans, par sa fécondité, & par ses richesses. L'air y est sain. Le riz & les fruits y sont excellens. Les oranges y viennent en abondance. Les animaux domestiques & sauvages y foisonnent. Les rivieres, les étangs & la mer fournissent du poisson en quantité. Les Tonquinois sont bien faits, avec des traits de visage assez réguliers. Ceux qui habitent les villes sont assez blancs; mais les paysans sont d'une couleur olivâtre. Ils ont l'esprit bon, & propre pour les sciences. Ils s'adonnent volontiers aux armes à cause des honneurs qui y sont attachés. Ils sont sensibles aux injures,

& très-vindicatifs. Ils caressent beaucoup les étrangers. Les hommes dépensent peu en habits, qui consistent en une longue robe. Les femmes en portent aussi de très-simples. Les loix sont très-séveres au Tonquin ; le vice y est puni sans aucune exception, sur-tout le larcin. Dans les mariages le mari au lieu de recevoir une dot est obligé d'en donner une, ce qui fait que la femme devient en quelque façon esclave. Les noces sont ordinairement très-somptueuses ; mais la plus gr. dépense des Tonquinois se fait à leurs enterremens, elle consiste en festins, en feux d'artifice. Les obséques des rois sont sur-tout d'une magnificence incroyable. La religion de ce peuple est à peu près la même que celle des Chinois, & remplie de superstitions. Le roi du Tonquin est très-puissant, il a toujours trois cens mille hommes qui se rendent à ses ordres partout où il veut, & quarante mille pour sa garde. Les forces maritimes consistent en deux mille galères, sans compter un nombre infini d'autres batimens. La capitale de cet empire est Cheko.

TUPINAMBAS, nation de l'Amérique méridionale, autrefois très-nombreuse, & dominante dans une bonne partie du Brésil, d'où elle a été chassée par les Portugais. Elle s'étoit d'abord refugiée dans une grande isle, à l'emb. de la riv. de Madere, & elle est auj. réduite à une poignée d'hommes, sous le nom de Topayos, sur le bord d'une grande riv. qui vient du Brésil, & se décharge dans l'Amazone. C'est la nation qu'on a mal-à-propos nommée en Fr. Topinamboux.

TUPIS, nation errante du Brésil, aux environs du port de

San-Pedro. Ils se disent Chrétiens, mais ils ne font aucun exercice de cette religion, menant une vie très-déréglee.

TURCKHEIM, p. ville de Fr. dans la haute Alsace, près de Colmar. Elle fut cédée à la Fr. en 1648, & M. de Turenne y remporta sur les Impériaux une célebre victoire en 1675.

TURCKMANS, ou **TURCOMANS** (les), peuple d'Asie, divisé en 2 branches. La premiere occupe la partie occidentale de l'Arménie, qu'on appelle le pays des Turcomans, & que nous appellons Turcomans Occidentaux. Ils ont été puissans dans les siécles passés, ont été quelque tems maîtres de la Perse ; mais depuis que les Sophis sont sur ce trône, & que les Turcs ont accru leur puissance, ils ont très-peu d'autorité, & sont, pour ainsi dire, les sujets de ces derniers. Ils occupent cependant les plus belles campagnes aux environs de l'Euphrate. Ils vivent sous des tentes, se nourrissant de leur bétail qu'ils ont en très-grand nombre. Ils sont d'une taille haute & robuste, avec un teint basané, le sexe y est fort beau. Ils ont des chefs qui les gouvernent, & payent tribut à la Porte-Ottomane. Ils peuvent armer 40000 hommes. Les autres Turcomans habitent le rivage de la mer Caspienne, & sont appellés Turcomans Orientaux. Ils occupent un grand nombre de villes & de villages, du pays d'Astarabath & de Charassim. Ils occupent les villes pendant l'hyver, & pendant l'été ils vont camper où ils trouvent les meilleurs pâturages. Ils sont sujets des Tartares & des Persans.

TURENNE, *Torenna*, ville de Fr. dans le b. Limousin, à 2 li. de Brive, à 4 de Tulle, avec titre de vicomté, & un château.

Cette vicomté qui a 8 li. de long sur 7 de large, & qui a long-tems appartenu à la maison de Bouillon, fut vendue en 1738 au roi, qui l'a réunie à la couronne. long. 19. 17. latit. 45. 10.

TURIN, *Augusta Taurinorum*, ville d'Italie, capitale du Piémont, dans une agréable plaine, au confluent du Pô & de la Doria-Riparia, à 36 li. au sud-est de Chamberi, à 27 au nord-ouest de Genes, à 30 au sud-ouest de Milan, & à 157 au sud-est de Paris. Cette ville, la patrie des anc. *Taurini*, & qui a été colonie romaine, est une des plus florissantes d'Italie. Elle n'est pas bien grande, mais belle, bien fortifiée & fort peuplée. Il y a un arch. un parlement & une université. On la divise en ville vieille & en ville neuve. Les rues de celle-ci sont larges bien alignées, les maisons grandes & uniformes. On compte à Turin 10 paroisses, & un grand nombre de couvens; les Jésuites y ont un beau collége. La citadelle est du côté de l'occident : on y remarque un puits très-profond, & d'une structure admirable; du côté de l'orient est le palais du prince; c'est un magnifique bâtiment, & très-bien orné. Turin a supporté plusieurs siéges. Le plus mémorable est celui de 1706, que le duc d'Orléans fut obligé de lever. Les promenades sont agréables, & les environs de la ville sont charmans. C'est la patrie du cardinal de Tournon. long. 25. 18. latit. 44. 52.

Turpenay, *Turpiniacum*, abbaye d'hommes, de l'ordre de St Benoît, en Fr. dans la Touraine, au diocèse & à 6 li. de Tours, dans la forêt de Chinon, fondée l'an 1208.

1. TURQUESTAN, vaste pays d'Asie, borné au couchant par la mer Caspienne & le Jem-ba, au levant par les Calmoucs, au midi par les Usbecs, & au nord par une partie de la Tartarie Russienne. Il est traversé du sud-ouest au nord-ouest par le fleuve de Sihon. Turquestan est la capitale. long. 72. 90. latit. 42. 47.

2. TURQUESTAN, ville d'Asie, capit. du pays de même nom, sur le fleuve Sihon. Elle est très-mal bâtie, cependant la résidence d'un kan des Tartares.

TURQUIE (la), *Turcia*, vaste empire qui s'étend en Europe, en Asie & en Afrique. C'est un des plus grands de l'univers. On lui donne ordinairement 800 li. du levant au couchant, & 700 du midi au nord. Les Turcs qui tirent leur origine des Scythes, comptent pour leur premier souverain Erdogrul qui établit dans le XIII siécle un roi dans la Natolie; Osman, ou Ottoman son fils, de qui l'empire Ottoman a pris le nom, étendit ses conquêtes & fixa sa résidence à Burse. La conquête que Mahomet II fit de Constantinople, le mit en état de ruiner l'empire Grec, & de former une des plus puissantes monarchies. La Turquie Européenne s'étend entre le 34 degré & le 48 de latitude, & entre le 36 & le 58 de longitude. Elle a pour bornes au nord la Hongrie, la Transylvanie & la Russie, au midi la Méditerranée, au levant la mer Noire & le Don, au couchant le golfe de Venise. On la divise en septent. & méridion. La septent. contient dix provinces, 4 vers le Pont-Euxin, qui sont la petite Tartarie, la Moldavie, la Bessarabie & la Valaquie; 2 sur le golfe de Venise, la Croatie & la Dalmatie; 3 vers le Danube, la Bosnie, la Bulgarie & la Servie; sur la mer Noire, la Romanie. La mérid.

qui est l'anc. Grece, & qui a pour bornes au nord la Servie & la Bulgarie, au midi la Méditer. au couchant le golfe de Venise & la mer de Grece, au levant l'Archipel & la Romanie, contient la Macédoine, l'Albanie, l'Epire, la Thessalie, la Livadie, la Morée & les isles de l'Archipel. La Turquie Asiatique contient cinq parties qui sont la Natolie, la Sourie, la Turcomanie, le Diarbeck & la Géorgie. Le Grand-Seigneur posséde en Afrique l'Egypte, quelque chose dans la Barbarie & dans l'Abissinie. Les Turcs en général sont sobres dans le manger: ils font quatre repas, mais ils sont très-légers; le vin leur est défendu par l'alcoran, mais ils ont d'autres boissons en place. Ils sont assez portés à l'oisiveté & à la mollesse; ce qui peut être occasionné par les fréquens bains sudorifiques qu'ils prennent, ce qui les affoiblit & les rend efféminés. Ils sont grands hypocrites & fort intéressés. Ils poussent le luxe à l'excès, & la dissimulation leur est comme naturelle. Ils sont du reste charitables envers les étrangers, & les reçoivent fort bien chez eux, de quelque religion qu'ils soient. Le gouvernement est despotique & absolu. Le souverain qu'on appelle Sultan, Grand-Seigneur, est maître des biens de ses sujets, dont il dispose comme d'esclaves. La premiere charge de l'etat est celle de grand visir; c'est le premier ministre, il préside à tous les divans ou conseils: il y en a six autres, mais ils n'ont aucun pouvoir. Les autres grands officiers sont le caïmacan ou lieutenant du grand visir; le bacha de la mer, ou capitan bacha; l'aga, ou colonel général des Janissaires. Il y a ensuite les bachas, ou gouverneurs des pro-

vinces. La religion des Turcs est la Mahométane; c'est un mélange du Judaïsme & de la religion Chrétienne. Le chef de cette religion s'appelle le grand Mufti: il est l'interprète de l'alcoran, & l'oracle de toutes les difficultés qu'on peut faire naître sur la religion. Tous les Turcs ont un respect inconcevable pour sa personne. Il y a d'autres Muftis qui sont comme les évêques des Turcs, des imans qui sont comme les curés. Il y a encore des dervis: ce sont des espéces de religieux qui, retirés du monde, menent une vie austère: ils peuvent cependant se marier; & quoiqu'ils ayent un extérieur fort mortifié, ils se livrent souvent aux vices les plus grossiers.

TURSAN (le), *Taursanum*, pays de Fr. dans la Gascogne, borné au nord par les Landes, au midi par le Bearn, au levant par le b. Armagnac, & au couchant par la Chalosse. Il comprend les villes d'Aire & de St Sever, qu'on surnomme cap de Gascogne.

TURSI, *Tursia*, petite ville d'Italie, au royaume de Naples, dans la Basilicate, entre les riv. d'Agri & de Sino, avec un év. qui étoit auparavant à Anglona. long. 34. 8. latit. 40. 20.

TUSA, fort de Sicile, dans la vallée de Demona, à l'emb. de la riv. de même nom, sur la côte septentrionale.

TUTLINGEN, *Tutlinga*, p. ville d'Allem. dans la Suabe, proche le Danube, dans les domaines du duché de Wirtemberg.

TUTUCURIN, ville des Indes, sur la côte de la Pescherie, entre le cap de Comorin & le passage de Ramancor. Elle est très-peuplée; car on y compte 50000 habitans. C'est le seul endroit où les vaisseaux puissent abor-

...ter, la rade étant couverte par deux isles qui en font la sureté. Les Hollandois, à qui elle appartient, y ont une forteresse. latit. 8. 52.

TWEDALE, prov. de l'Ecosse mérid. qui prend son nom de la riv. de Twede qui la traverse. Elle a 28 milles de longueur sur 28 de largeur. On y respire un air serein. Les montagnes sont couvertes de pâturages, où on nourrit de nombreux troupeaux; les rivieres & les lacs abondent en poissons. Peebles est la capitale.

TWENTE, *Tuventia*, canton des Pays-Bas, dans la province d'Owerissel, sur les confins de la Westphalie. Oldensel en est le chef-lieu.

TUY, *Tude*, ville d'Esp. dans la Galice, sur une montagne, au pied de laquelle coule le Minho, vis-à-vis de Valence, à 24 li. au midi de Compostelle, & à 100 au nord-ouest de Madrid. Elle a titre de cité, avec un év. suffr. de Compostelle. Comme c'est une place frontiere, on y tient toujours bonne garnison. long. 8. 55. latit. 41. 54.

TYAN, petite ville d'Irlande, dans la province d'Ulster, au comté d'Armargh, sur les frontieres du comté de Monaghan.

TYCOKZIN, *Tycokzinum*, ville de Pologne, dans la Podlaquie, sur la riv. de Narew, avec un chât. bien fortifié & environné de marais. On y bat monnoie. long. 41. 24. latit. 52. 47.

TYNIEC, monastère de l'ordre de Cluni, en Pologne, à un mille de Cracovie, sur les bords de la Wistule, fondé par Casimir I, l'an 1044.

TYRERACH, baronnie d'Irlande, dans la prov. de Connaught, au comté de *Slego*, au couchant de la baronnie de Tyraghrill. Castle Connor en est le chef-lieu.

TZCHOPPAU, p. ville d'Allemagne, dans la Misnie, sur la riviere de même nom, proche d'Anneberg, avec un château.

TZENOGAR, ville de l'empire Russien, dans le roy. d'Astracan, à la droite du Wolga, sur une montagne. Elle fut bâtie dans le siécle passé, & on y tient garnison pour s'opposer aux courses des Tartares.

V.

VAAS, *Vadacium*, abbaye d'hom. en Fr. de l'ordre de St Augustin, dans le Maine, au dioc. du Mans, sur la rive droite du Loir, à une li. au-dessous du château du Loir, dans la petite ville de même nom.

*VABRES, *Vabrincum*, p. ville de Fr. dans le Rouergue, au confluent de deux petites riv. à 10 li. au sud-est de Rhodès, & à 12 au levant d'Albi. C'est un vrai village; il y a cependant un év. suffr. d'Albi, érigé par le pape Jean XXII. Cet év. étoit auparavant un monastère de Bénédictins, fondé par Raimond I, comte de Toulouse, l'an 862, & non pas, comme dit Piganiol de la Force, par Bernard II, puisqu'Aribert, quatriéme fils de Raimond, prit l'habit religieux dans ce monastère du vivant de son pere. long. 20. 30. latit. 42. 53.

VADO, port d'Italie, sur la côte de Génes, à 3 milles de Savonne, vers le sud-ouest.

VAENA, p. ville d'Esp. dans l'Andalousie, au levant de la ville de Castro, érigée en duché par Philippe II. Quelques-uns croient que c'est l'ancienne *Ulia*.

VAGA, province de l'empire

Ruffien , & qui fait auj. partie de celle d'Archangel, dont elle occupe la partie mérid. Elle a 150 werftes d'étendue du midi au nord , & 120 du levant au couchant. Elle eft traverfée du midi au nord par la riviere de Vaga, & remplie de forêts.

*VAISON, *Vafio*, p. ville de Fr. en Provence , au Comtat Venaiffin , proche la riv. d'Ouvefe, & non pas Orefe, comme difent la Martiniere & Vofgien , à 12 li. au nord-eft d'Avignon, près des ruines de l'anc. Vaifon. Elle n'a de remarquable que fon ev. fuffr. d'Avignon. long. 22. 47. latit. 44. 17.

VAISSEAUX (l'ifle des), ifle de l'Amér. fept. fur la côte de la Louyfiane, vis-à-vis l'ancien fort de Biloxi. Il y a un port qui a 4 ou 5 braffes de profondeur.

VAISSY , *Vallis fana*, abb. de filles , ordre de Cit. dans la b. Auvergne, au dioc. de Clermont.

VAIVRE, *Vabrenfis pagus*, p. pays de Fr. au duché de Bar, entre la Meufe & la Mofelle. Le principal lieu eft Haton - le-Chatel.

VAL (le) , *Vallis*, abb. de chanoines régul. de l'ordre de St Auguftin, dans la Normandie , au dioc. de Bayeux , fur la riv. d'Orne , proche Tury , fondée l'an 1155.

VAL-BENOITE, *Vallis Benedicta*, abb. d'hom. de l'ordre de Cit en Fr. dans le Forez, au dioc. de Lyon, fur la riv. de Furans.

1. VAL-BONNE, *Vallis bona*, abb. d'hom. de l'ordre de Cit. en Fr. dans le Rouffillon, au dioc. de Perpignan.

2. VAL-BONNE, *Vallis bona*, Chartreufe de Fr. dans le bas Languedoc, au dioc. d'Ufez, à 1 li. au couchant du St Efprit.

VAL-BROISSIERE, *Vallis Briçiaci*, abb. de filles, de l'ordre

de Cit. en Fr. dans le Dauphiné, au dioc. & au fud-eft de Vienne.

VAL-CHRETIEN, *Vallis Chriftiana*, abb. d'hom. en Fr. de l'ordre de Prémontré , dans le Soiffonnois , au dioc. de Soiffons , fur la riv. d'Ourque, à 1 li. au couchant de la Fere, en Tardenois , fondée l'an 1134.

1. VAL-CROISSANT , *Vallis crefcens*, abb. d'hom. en Fr. de l'ordre de Cit. dans le Dauphiné, au dioc. de Die , fondée l'an 1188.

2. VAL-CROISSANT , *Vallis crefcens*, prieuré de l'ordre de St Benoit, dans la Bourgogne, au dioc. d'Autun, bailliage de Semur, au levant d'été de Saulieu.

VAL-DES-CHOUX, *Vallis caulium*, grand prieuré de Fr. chef-d'ordre, dans la Bourgogne, au dioc. de Langres, bailliage de Chatillon , à 2 li. au levant d'hyver de Chatillon-fur-Seine. Ce chef-d'ordre eft peu confidérable; c'eft une branche de celui de St Benoît, & doit fa fondation à Eudes, duc de Bourgogne.

VAL-CHRIST, belle chartreufe d'Efp. au roy. de Valence, proche la ville de Segorbe.

VAL-DIEU , *Vallis Dei* , abb. régul. de l'ordre de Prémontré , en Champagne , au dioc. de Troyes, à l'emb. de la Semoy dans la Meufe, à 1 li. au nord de Château-Renaud.

VAL-DIGNA , *Vallis digna*, abb. d'hom. ordre de Cit. en Efpagne, dans le roy. & au dioc. de Valence , dont elle eft à 7 lieues.

VAL-DE-DIOS , abb. d'hom. ordre de Cit. de la congrégation de Caftille, en Efp. dans la Galice, au dioc. d'Oviedo.

VAL DES ECOLIERS , *Vallis Scholarium*, abb. de Chanoines Reguliers de l'ordre de St Auguftin en Fr. dans la Champagne,

...e, au dioc. de Langres, sur ...Marne, à 1 li. au midi de ...aumont en Baßigny. Elle a ...é chef d'ordre, & est une des ...us célebres de France.

VAL HONNETE, abb. de Fr. ...yez Fenieres.

VAL St LAMBERT, abb. d'h. ...e l'ordre de Cîteaux, dans le ...ys de Liége, à la droite de la ...euse, entre Huy & Liége, à ...li. & demie de cette derniere ...lle, fondée l'an 1201.

VAL OMBREUSE, *Vallis Umbrosa*, monastere chef-d'ordre ...Italie, dans la Toscane, aux ...ontagnes de l'Apennin, fon-...ée dans le XI siécle par St Gual-...ert.

VAL PROFONDE, *Vallis Profunda*, Chartreuse de France, ...n Champagne, au diocèse de ...ens, dans l'élection de Joigny.

VAL ROY, *Vallis Regia*, abb. ...e Fr. de l'ordre de Cîteaux, en ...hampagne, dans le diocèse de ...heims, à 7 li. de cette ville, ...ondée l'an 1149.

VAL SAINT, *Vallis Sancta*, ...hartreuse de Suiffe, au canton ...e Fribourg, dans le bailliage ...e Gruyere.

VAL SAINTE, *Vallis Sancta*, abb. d'h. de l'ordre de Cîteaux, ...en Provence, au dioc. & à 3 li. ...au nord de la ville d'Apt, fon-...dée l'an 1188.

VAL SAUVE, *Vallis Saura*, ...bb. de filles de l'ordre de Cît. ...en France, dans le bas Langue-...doc, au dioc. d'Uzès, dans la ...ville de Bagnols.

*VAL SECRET, *Vallis Secreta*, ...bb. d'h. de l'ordre de Prémon-...tré, & non pas de Cîteaux, ...comme dit Volgien, dans la ...Champagne, à 1 quart de lieue ...de Château-Thierry.

VALTELINE, *Vallistelina*, ...seigneurie des Grifons, à l'en-...trée de l'Italie, au pied des Al-...pes, proche le comté de Bormio. ...lle est fort longue, mais peu

Tome II.

large, traversée par la riviere d'Adda. On la divise en cinq bailliages, qui ont chacun leur conseil & leur chef. Les habitans sont pour la plupart Catholi-ques; le pays est très-fertile, sur-tout en bon vin. Sondrio est la capitale.

VALVANERE, abb. d'h. de l'ordre de St Benoît, en Espagne, dans la Vieille Castille, au dioc. de Calahorra.

VALAQUIE, *Valachia*, principauté d'Europe, posse-dée en partie par l'empereur & par le grand Seigneur, qui en occupe la meilleure partie. Elle a 90 li. du levant au couchant, & 50 du midi au nord. Elle est bornée au nord par la Moldavie & la Transilvanie, au midi par le Danube, au levant par ce même fleuve, & au couchant par la Transilvanie. Le terroir est très-fertile, mais la paresse des habitans fait qu'il est mal cultivé. On en tire quantité de chevaux, qui sont très-estimés: il y a des mines de toute espéce. Le commerce consiste en bled, en vin, cire, miel, cuirs, &c. Les Valaques passent pour in-constans & farouches. La plu-part de leurs maisons ne sont baties qu'en terre grasse, & cou-vertes de roseaux. Ils sont Schis-matiques Grecs, & dépendent du patriarche de Constantino-ple. Les principales villes sont Tergowits, Bucherest & Severin.

VALASSE (la), abb. d'h. en Fr. *voyez* Vallasse.

VALBUENA, abb. d'hom. de l'ordre de Cîteaux, en Espagne, dans la Vieille Castille, au dioc. de Valladolid.

VALDAU, abbaye de filles de l'ordre de Cîteaux, dans les Pays-Bas, au quartier de Lou-vain, fondée l'an 1230.

VALDIGLESIAS, abb. d'h. de l'ordre de Cîteaux, de la con-gregation de Leon, en Espagne,

R

dans la Vieille Castille, au dioc. d'Avila.

VALDORÉ, vallée de France, dans la basse Picardie, entre la ville d'Ardres & le château de Guines, remarquable par l'entrevue de François I. & de Henri VIII, roi d'Angleterre, en 1520.

1. **VALENCE**, *Valentia*, prov. d'Espagne, avec titre de royaume, bornée au nord par l'Aragon & la Catalogne, au midi & au levant par la Médit. au couchant par la Nouvelle Castille & le roy. de Murcie, Son étendue est de 66 li. du midi au nord, & de 22 du levant au couchant. C'est un des plus agréables pays d'Espagne; on y jouit d'un printems presque continuel. Il est arrosé d'un grand nombre de rivieres, dont les principales sont la Segura, le Xucar, le Guadalaviar & le Morvedro. Cette province est une des plus peuplées : il y a 7 cités, 64 villes murées & quatre grands ports. Elle est extrêmement fertile en riz, en dattes, en lin, chanvre, huile, cannes de sucre, sur-tout en vins excellens & fruits. Il y a des mines d'alun, de fer, d'or & d'argent, des carrieres d'albatre, de plâtre, &c. Les habitans y sont affables & civils; les femmes y sont très-belles. Valence est la capitale.

2. **VALENCE**, *Valentia*, ville d'Espagne, capitale de la prov. de même nom, sur le bord du Guadalaviar, qu'on y passe sur plusieurs ponts, à 3 milles de la mer, à 65 li. au sud-ouest de Barcelone, à 45 de Murcie, & à 67 de Madrid. Cette ville, très-connue du tems des Romains, est grande & très-bien bâtie. Les édifices publics sont magnifiques; on distingue la cathédrale, dont le grand autel est tout couvert d'argent, le palais du viceroi, l'arsenal, la bourse & l'hôtel de ville. Comme elle n'est point pavée, elle est fort sale l'hyver, & remplie de poussiere en été. Il y a une nombreuse noblesse : l'université est célebre. L'archevêché, qui y fut fondé l'an 1492, est très-riche. Le grand nombre de muriers qui est aux environs, fait le grand commerce des habitans, qui fabriquent beaucoup d'étoffes de soie. C'est la patrie des papes Calixte III & Alexandre VI, de S. Vincent Ferrier & du sçavant Louis Vivès. long. 17. 28. latit. 39. 32.

3. **VALENCE**, *Valentia*, ville de France, dans le Dauphiné, capitale du Valentinois, sur la rive gauche du Rhône, à 8 li. au nord-ouest de Die, à 10 de Viviers, à 15 au midi de Vienne, & à 125 de Paris. Cette ville, qui a été colonie Romaine, est médiocrement grande, mais les maisons n'en sont pas belles. La cathédrale est jolie; le palais épiscopal est bien bâti, & commode. Il y a une citadelle, où on renferme souvent des prisonniers. L'év. établi dès le III siécle, est suffr. de Vienne. Son université, d'abord fondée à Grenoble, y fut transférée par Louis XI l'an 1454. Il y a plusieurs communautés religieuses, avec une abbaye de chanoines réguliers de l'ordre de St Augustin, sous le titre de St Ruf, & qui est chef d'ordre. long. 22. 28. latit. 44. 55.

* 4. VALENCE, petite ville de France, dans l'Agenois, sur la rive droite de la Garonne, vis-à-vis d'Aurignac, & non pas, comme dit la Martiniere, d'Aurillac, qui en est bien loin.

5. VALENCE, petite ville de France, dans l'Armagnac, à 6 li. au nord d'Auch, sur la Blaise.

6. VALENCE, petite ville de France, dans le haut Languedoc, au dioc. d'Alby.

7. VALENCE, *Valentia*, abb.

...h. de l'ordre de Cîteaux, en Fr. dans le Poitou, au dioc. de Poitiers, sur la petite riviere de Boulaye, à 2 li. au midi de Vivonne.

8. VALENCE, ou VALENÇA, ville d'Espagne, dans l'Estramadure, sur les frontieres de Portugal, à 7 lieues au sud-ouest d'Alcantara. Elle est bâtie sur un roc, avec un vieux château. longitude 11. 30. latitude 39. 10.

9. VALENCE, ou VALENÇA, ville de Portugal, dans la prov. entre Duero-e-Minho, sur les frontieres de la Galice, au bord du Minho, vis-à-vis de Tuy. Elle est chef-lieu d'un comté. long. 8. 56. latit. 41. 54.

10. VALENCE, ou VALENÇA, ville d'Italie, dans le Milanez, capit. de la Laumeline, sur la rive droite du Pô, près de sa jonction avec le Tanaro. C'est le *Forum Fulvii* des anciens. Elle a souvent été prise & reprise. En 1656 le duc de Modene & le duc de Mercœur s'en rendirent les maîtres, le 16 Septembre. long. 26. 17. latit. 44. 55.

VALENCÉ, ou VALENCEY, ville de Fr. dans le Berri, sur la rive gauche du Nahon, au midi de Selles, avec un très-beau château.

* VALENCIENNES, *Valentinianæ*, ville de Fr. dans le Hainaut, sur le bord de l'Escaut qui la divise en deux parties, entre Condé & Bouchain, à 8 li. au nord-est de Cambrai, à 6 au sud-ouest de Mons, & à 50 de Paris. Elle doit sa fondation à un Valentinien, d'où il faut conclure que son nom latin est *Valentinianæ*, & non pas *Valentiniana*, comme dit Voïgien. Les rues sont étroites & mal percées : elle contient environ 5000 maisons assez mal bâties. Les fortifications & la citadelle ont

été construites par le maréchal de Vauban. Il y a un gouv. pour la ville, & un autre pour la citadelle. Le commerce de Valenciennes consiste en camelots, bouracans, toiles appellées batistes, & dentelles. Louis XIV prit Valenciennes en 1677, & elle lui fut cédée par le traité de Nimégue. long. 21. 45. latit. 50. 22.

VALENTIN, maison de plaisance du roi de Sardaigne, dans le Piémont, sur le bord du Pô, au-dessus de Turin. Elle est enrichie de belles peintures, & ornée de beaux jardins.

* VALENTINE, ville de Fr. dans le haut Languedoc, au diocèse de Comminges, proche la rive droite de la Garonne, vis-à-vis St Gaudens. C'est un gr. passage pour la Catalogne & l'Aragon. Hubner y place sans fondement un évèché.

VALENTINOIS, *Valentinus tractus*, pays de Fr. dans le Dauphiné, borné au nord par le Viennois, au midi par le Tricastinois, au levant par le Diois, & au couchant par le Rhône. Louis XIII l'érigea en duchépairie en faveur du prince de Monaco. Il y a plusieurs villes, dont Valence est la capitale.

1. VALERY (St), ville de Fr. en Picardie, dans le Vimeux, à l'emb. de la Somme, à 4 lieues d'Abbeville. Elle est divisée en haute & basse. Il y a une abb. de Bénédictins & un port. Les habitans sont presque tous commerçans.

2. VALERY EN CAUX (St), p. ville de Fr. en Normandie, au pays de Caux, à 7 lieues de Diepe, & à 15 de Rouen, avec un petit port. long. 19. 20. latit. 49. 48.

1. VALETTE (la), *Valetta*, abb. d'hom. de l'ordre de Cît. en Fr. dans le Limousin, au dioc. de Tulles, sur la rive gau-

260 che de la Dordogne, 4 li. au-deſſus d'Argentac, fondée l'an 1143.

2. VALETTE (la), anciennement VILLEBOIS, ville de Fr. dans l'Angoumois, à 4 li. au midi d'Angoulême, érigée en duché-pairie en 1622.

VALKENBOURG, ville des Pays-Bas, *voyez* Fauquemont.

1. VALLADOLID, *Valliſoletum*, ville d'Eſp. dans la Vieille Caſtille, ſur la riv. de Piſuerga, près de ſon emb. dans le Duero, à 20 li. au ſud-oueſt de Burgos, à 25 au nord-eſt de Salamanque, & à 35 au nord de Madrid. C'eſt une des plus grandes villes d'Eſp. & très-peuplée. Elle eſt ornée de pluſieurs places, dont les principales ſont celle du marché qui a 700 pas de tour, & où on tient les foires ; une autre dans le milieu de la ville, entourée de fort belles maiſons, ſoutenues par devant par de beaux piliers, & ornées de balcons dorés. Cette ville a été la réſidence des rois de Caſtille juſqu'à Charles-Quint ; on y voit encore leur palais qui eſt très-beau, & qui fut réparé par Philippe IV. Son év. fondé en 1595, eſt ſuffr. de Tolede. L'univerſité fondée l'an 1346 par le pape Clement VI, eſt aſſez célebre. On compte dans Valladolid 70 couvens de l'un & de l'autre ſexe : le plus diſtingué eſt celui des Dominicains, fondé par les ducs de Lerma : leur égliſe eſt magnifique. On y a établi en 1752 une académie des ſciences & des arts. long. 13. 35. latit. 41. 43.

2. VALLADOLID, ville de l'Amér. ſept. dans la Nouvelle Eſp. au gouvernement de Mechoacan, proche d'un grand lac, avec un év. ſuffr. de México. lat. 20.

3. VALLADOLID, ville de l'Amér. ſept. dans la Nouvelle

Eſp. dans l'Yocatan, près de la côte du golfe de Honduras. Les Cordeliers y ont un couvent. lat. 19.

4. VALLADOLID, ville de l'Amér. mérid. au Perou, dans l'audience de Quito, entre Loxa au nord, & Loyola au midi, ſur la riv. de Chinchipé. Cette ville, autrefois opulente & peuplée d'Eſpagnols, n'eſt plus qu'un chetif village habité par quelques Indiens. latit. mérid. 6. 23.

5. VALLADOLID, ville de l'Amér. ſept. dans le gouvernement de Honduras, ſur les confins de l'audience de Nicaragua, dans une belle plaine. Il y a des PP. de la Merci & un évêché.

VALLAGE (le), p. pays de Fr. partie du gouv. de Champagne, borné au nord par le Chalonois & le Pertois, au midi par le Baſſigni, au levant par le Barrois, & au couchant par la Champagne propre. Il eſt arroſé par l'Aube & la Marne. Vaſſy eſt la capitale.

VALLAIS (le), *Vallenſis ager*, pays voiſin & allié des Suiſſes : c'eſt une vallée étroite & longue de 34 li. bornée au nord par le canton de Berne, au midi par le Val d'Aoſte, au levant par le canton d'Uri, & au couchant par la république de Genève. Le Rhône le traverſe dans toute la longueur du levant au couchant, & le diviſe en haut & bas. Le haut eſt partagé en 7 communautés, & le bas en 6 gouvernemens. Il produit l'un & l'autre aſſez de grain pour ſes habitans ; mais ſa plus grande fertilité conſiſte en vins qui ſont par excellence, ſurtout les vins muſcats. Les Vallaiſans ſont courageux, endurcis au froid, au chaud & au travail ; ils ſont courageux & hardis. Lorſqu'ils en veulent à quelqu'un , ils prennent un tronc d'arbre , où chacun des conjurés met un clou ; lorsqu'il y en a une suffisante quantité, ils mettent cette masse à la porte de celui à qui ils en veulent , & il faut qu'il soit chassé. L'air du Vallais est bon & pur , on y parvient dans un âge avancé.

VALLASSE (la), *Valescia* , abbaye d'hom. de l'ordre de Cît. en Fr. dans la Normandie , au pays de Caux , dans le diocèse de Rouen , à 3 li. au-dessous de Bolbec , fondée l'an 1157.

VALLE , p. ville d'Italie , dans l'Istrie , à 7 milles de la mer , soumise aux Venitiens depuis 1331. Elle est ceinte de bonnes murailles , & on y respire un air très-sain.

VALLE-ALTORA , abb. d'hom. de l'ordre de Cît. dans le Bergamasque , au dioc. de Bergame.

VALLE-SERENA , abb. d'hom. ordre de Cît. dans le Parmesan, au dioc. & à 5 milles de Parme.

VALLE'ES (pays des quatre), pays de Fr. dans la Gascogne , sur la gauche de la Garonne , partie dans le dioc. d'Auch , & partie dans celui de Comminges. Il renferme les vallées de la Barthe , ou Nestes , Aure , Magnoac & Barousse. Elles contiennent environ 16000 ames , & composent une sénéchaussée qui est du ressort du présidial d'Auch. C'est un pays d'états qui s'assemblent tous les ans à Castelnau.

VALLEMAGNE , *Vallis magna,* abb. d'hom. de l'ordre de Cît. dans le bas Languedoc , au diocèse d'Agde , fondée l'an 1150.

VALMONT , bourg de Fr. en Normandie , au pays de Caux , à 10 li. au nord-ouest de Rouen, entre le Havre & St Valéry , avec une abb. de Bénédictins , fondée l'an 1165.

VALNA , ville d'Espagne, dans l'Andalousie , sur une montagne , au midi du Guadalquivir.

VALOGNE , *Valoniæ* , ville de Fr. dans la basse Normandie , au dioc. de Coutances , à 3 li. de la mer. Il y a un bailliage , une sénéchaussée & maîtrise des eaux & forêts , une collégiale & quelques couvens , avec une abbaye de Bénédictines.

VALOIRE , abbaye d'hom. de l'ordre de Cît. en Fr. dans la Picardie , au dioc. d'Amiens , fondée l'an 1138.

VALOIS (le) , *Vadensis comitatus* , pays de Fr. dans le gouvernement de l'Isle de Fr. borné au nord par le Soissonnois , au midi par la Brie , au levant par la Champagne , & au couchant par le Beauvoisis. Il prend son nom d'un vieux ch. appellé *Vadum* en latin , & Vé en françois. Ce n'étoit autrefois qu'une comté que Philippe Auguste réunit à la couronne. C'est à présent un duché qui fut donné en apanage au frere de Louis XIV. La maison d'Orleans en est auj. en possession. C'est un pays de plaine abondant en bled. Crepi est la capitale.

VALONE (la) , ville de l'empire Turc , dans l'Albanie , sur le bord de la mer , près des mont. de la Chimere , avec un chât. & un port , & un arch. Grec. Les Vénitiens la prirent en 1690 , & l'abandonnerent quelque tems après , en ayant ruiné les fortifications. On croit que c'est l'anc. *Aulon.*

VALPARAISO , ville de l'Amérique mérid. dans le Chili , sur la côte de la mer du Sud , dans un vallon , avec un port défendu par une citadelle , & très-fréquenté. latitude méridionale 34. 20.

VALPUESTA , bourg d'Espagne , dans la Vieille Castille , avec une collégiale. Elle a été épiscopale, son év. fut transféré à Burgos.

VALREAS, ou VAUREAS, p. ville de Fr. dans le Comtat-Venaissin, au nord-ouest de Nions.

VALRICHER, bourg de Fr. dans la b. Normandie au dioc. de Bayeux, à 5 li. au nord-est de S. Pierre sur Dive, avec une abb. réguliere de l'ordre de St Bernard.

VALROMEI, *Vallis Romana*, p. pays de Fr. dans le Bugey, entre les mandemens de Seyssel & de Rossilion. C'est un de ceux qui furent cédés à la France, en échange de Saluces.

VALS, bourg de France dans le Vivarais, à 5 lieues du Rhône, renommé par ses eaux minérales.

VALSERY, *Vallis Serena*, abb. réguliere de l'ordre de Prémontré en France, dans la Picardie, à 3. li. à l'ouest de Soissons, fondée l'an 1122, & réunie à l'év. de Soissons.

VALVANARA (Notre-Dame de) abb. d'h. de l'ordre de St Benoît, de la Congrégation de Valladolid, en Espagne dans la Vieille Castille, au dioc. de Calahorra.

VALVERDE, *Vallis viridis*, ville de l'Amér. mérid. au Pérou, dans l'audience de Lima, dont elle est à 35 li. Elle est grande & belle ; ses habitans qui sont Espagnols sont tous riches : il y a 3 couvens. Son port qui en est à 6 li. se nomme Puerto Queimado. latit. mérid. 14.

VAN, ville & chât. de la grande Arménie, proche les sources de l'Euphrate, à 70 li. au sud-ouest d'Erzerom. Le château est sur une montagne, & dépend du Grand-Seigneur. Tout près est un lac de même nom, appellé aussi Actamar,

& le *Mantiana Palus* des anciens. Il est un des plus grands d'Asie ayant 50 lieues de tour.

VANDOEUVRE, ou VANDEUVRES, p. ville de Fr. avec titre de marquisat dans la Champagne, sur la riv. de Barse, à 6 li. au levant de Troyes. long. 22. 4. latit. 48. 12.

VANDRILLE (St), bourg de France en Normandie, au pays de Caux, avec une abb. d'hommes de l'ordre de St Benoît.

VANGAN, ville de la Chine, dans la prov. de Kiangsi au département de Kiagan, proche la riv. de Can, qui fertilise si bien les environs, qu'on y fait deux récoltes par an. latit. 27. 28.

* VANNES, *Venetiæ*, ville de Fr. dans la Bretagne, à 2 li. de la mer, avec laquelle elle communique par le canal de Morbihan, à 23 li. de Rennes, à 26 de Nantes, & à 100 de Paris. Elle est mal bâtie, mais très-peuplée & fort commerçante. Son port peut contenir plusieurs vaisseaux. Il y a un présidial, amirauté, maîtrise des eaux & forêts, jurisdiction consulaire, un év. ancien, suffr. de Tours. Il y a plusieurs communautés de l'un & de l'autre sexe ; les Jésuites ont le collége. Quelques-uns ont cru que Vannes étoit la *Dariorigum* de Ptolomée, ce qui ne peut pas être ; car cette ville n'est point environnée de la mer, comme l'étoit *Dariorigum*. D'ailleurs les ruines & vestiges d'une grande ville, qu'on trouve au bourg de Locmariaker, prouvent que c'est là qu'étoit la ville de *Dariorigum*. long. 14. 55. latit. 47. 40.

VANS, p. ville de Fr. dans le bas Languedoc, au dioc. d'Uses. Elle contient peu d'habitans.

AVAOR, commanderie de Malthe dans le h. Languedoc, au dioc. d'Alby.

VAR, *Varus*, riv. qui sépare la Fr. de l'Italie, sa source est dans les Alpes, & se rend dans la Méditerranée, à demi-lieue de Nice.

VARAMBON, p. ville de Fr. dans la Bresse, sur la rive droite du Saran, qu'on y passe sur un pont, avec une collégiale. Elle est chef-lieu d'un commandement.

VARENDORPH, *Varendorpium*, petite ville d'Allem. dans la Westphalie, sur l'Embs. Elle appartient à l'év. de Munster, qui y tient garnison.

1. VARENNES, p. ville de Fr. dans le Boulonnois, sur une éminence proche l'Allier. Il y a un présidial; mais peu d'habitans, à cause du passage des gens de guerre.

2. VARENNES, abbaye d'homme, de l'ordre de Cît. en Fr. au dioc. de Bourges, à 2 li. au couchant de la Châtre fondée dans le XII siécle.

VARNE, *Varna*, ville de la Turquie-Européenne, dans la Bulgarie, capit. de la Drobugie, sur la riv. de Varne, près de son emb. dans la mer Noire. Ladislas, roi de Hongrie, y fut tué par les Turcs l'an 1444. long. 51. 28. latit. 40. 6.

VARNETON, ville des Pays-Bas, sur la Lis, *voyez* Warneton.

VARSOVIE, *Varsovia*, ville de Pologne, capit. de la Mazovie, & regardée comme la capit. de la Pologne, sur la Vistule, à 24 milles de Lublin, à 40 de Cracovie, à 50 de Dantzick, & à 70 de Berlin, dans une vaste & agréable campagne. Les faux-bourgs sont plus considérables que la ville, car les grands seigneurs y ont leurs palais, & les moines leurs couvens. Les rues

sont larges, bien alignées; mais sans pavé, ce qui les rend impraticables l'hyver. La ville, qui n'est qu'un trou, est habitée par des marchands & des artisans. Il y a un couvent d'Augustins, un collége de Jésuites, & une collégiale. La Diete pour l'élection des rois, se tient à demi-lieue de Varsovie. long. 38. 42. latit. 52. 15.

VARZY, p. ville de Fr. dans le dioc. & à 5 li. au sud-ouest d'Auxerre, avec un chât. & une collégiale.

VASGAU, contrée de France, dans la basse Alsace, *voyez* Wasgau.

VASSERBOURG, ville d'Allemagne, dans la Baviere, *voyez* Wasserbourg.

VASSI, *Vassiacum*, ville de Fr. en Champagne, une des principales du Vallage, sur la riv. de Blaise. Elle est fameuse par le massacre des réformés qu'on attribua au duc de Guise. longitude 22. 35. latitude 48. 32.

VATAN, *Vastinum*, p. ville de Fr. dans le Berry, à 3 licues d'Illoudun, entre Bourges, au levant, & Loches au couchant, avec une collégiale. long. 19. 23. latit. 47. 4.

* VAUCELLES, abb. d'h. de l'ordre de Cît. en Fr. dans le Cambresis, sur la droite de l'Escaut, au dioc. & à 2 li. au midi de Cambray, fondée l'an 1131. La Martiniere nous dit qu'il y fut conclu un traité en 1555, entre l'empereur Charles V, son fils Philippe, roi d'Angleterre & de Naples, & Henri II, roi de Fr. Sur quoi nous observons que ce traité est de l'an 1556, & que Philippe II n'a jamais été roi d'Angleterre. Le même auteur met une abb. du nom de Vaucelles, en Provence, au dioc. d'Apt. Cette abb. est inconnue.

VAUCLAIR, *Vallis Clara*, abb. régul. de l'ordre de Cît. en Fr. dans la Picardie, au dioc. & à 3 li. au sud-est de Laon, fondée l'an 1134.

VAUCLEUSE, fontaine d'Europe, dans le comtat Venaissin, & qui dès sa source est capable de porter bateau. Elle est célebre par les amours de Petrarque.

VAUCOULEURS, p. ville de Fr. dans la Champagne, au Bassigny, sur le bord de la Meuse, à 5 li. au couchant de Toul, à 8 au sud-ouest de Nancy, & à 65 au levant de Paris. C'étoit autrefois une principauté, que Philippe de Valois acquit de Jean de Joinville l'an 1335. Il y a une collégiale, composée d'un doyen & de dix chanoines. C'est la patrie de M. Delisle, pere du fameux géographe. Jeanne Dai, dite la Pucelle d'Orleans, nâquit au village de Dom Remi, proche Vaucouleurs. L'empereur Albert, & Philippe le Bel, eurent une entrevue à Vaucouleurs l'an 1299, pour régler les bornes de leurs états. long. 23. 18. latit. 48. 31.

VAUD (pays de), *Vaudum*, contrée de Suisse, dépendante du canton de Berne, & qui s'étend depuis le lac de Geneve, jusqu'à ceux d'Iverdun, & de Morat; c'est un agréable & bon pays. Les habitans sont robustes, bons soldats, & capables des sciences s'ils vouloient s'y appliquer.

* VAUDABLE, Vosgien nous dit que c'est une ville d'Auvergne. On remarquera qu'à l'art. Vodable, il dit que c'est le chef-lieu d'une châtellenie. Cette ville s'appelle Vodable, & non pas Vodablé, comme dit l'abbé de la Croix.

VAUDEMONT, *Vadani mons*, bourg de Fr. dans la Lorraine,

au cómté de même nom, avec un chât. & une collégiale à 4 li. au sud-ouest de Nanci, dans un pays très-fertile. long. 23. 44. latit. 48. 22.

VAUDREVANGE, p. ville de Lorraine, dans le bailliage Allemand, sur la rive gauche de la Sare. Elle a été cédée à la Fr. en 1718.

1. VAULUISANT, *Vallis Lucida*, abb. d'h. de l'ordre de Cît. dans la Champagne, au dioc. & à 4 li. de Sens, & à demi-li. au nord de Ville-Neuve-l'Archevêque, fondée l'an 1127.

2. VAULUISANT, anc. nom de l'abb. du Bouchet, *voyez ce* mot.

VAUREY, *Vallis Regia*, monastere de Bénédictines, dans le Velay, au dioc. du Puy. Il dépend de l'abbaye de la Chaise-Dieu.

* VAUVERT, bourg, & baronnie de Fr. dans le bas Languedoc, recette de Nîmes. Ce n'est pas une ville, comme dit la Martiniere, & Vosgien après lui.

1. VAUX (pays de), pays de Suisse, dans le canton de Berne, entre Lauzanne & Vevay. Il a 3 li. de long, & 1 de large. Il est partagé en 4 paroisses qui dépendent de Lausane. C'est un pays de vignoble qui produit d'excellent vin.

2. VAUX, *Vallis*, abb. d'h. de l'ordre de Cît. en Fr. dans le Barrois, au dioc. de Toul, sur la riv. d'Orney, à 4 li. au sud-ouest de Vaucouleurs.

VAUX-BENOIST, *Vallis Benedicta*, abb. de filles de l'ordre de Cît. dans le pays de Liege, au confluent de la riv. d'Ourt & de la Meuse, à 1 lieue de Liege.

VAUX-DE-CERNAY, *Vallis Cernensis*, abb. d'h. de l'ordre de Cît. dans l'isle de France, au dioc. de Paris, à 1 li. &

...mie au couchant de Chevréu-
le, fondée l'an 1128.

VAUX - LA - DOUCE, *Vallis
Dulcis*, abb. d'h. de l'ordre
de Cît. en Fr. dans la Champagne, au dioc. & à 4 li. au levant
de Langres.

VAUX-LE-VILLARS, chât. de
France, dans le Hurepoix, à
3 li. de Melun. Il a appartenu
à M. Fouquet qui le fit bâtir.

VAUX-NOTRE-DAME, abb.
de filles de l'ordre de Cît. dans
le pays de Liege, à demi li. au
nord d'Huy.

VAYRAON (St Sauveur de),
abb. de filles de l'ordre de St
Benoît, en Portugal, dans la
prov. entre Duero - e - Minho,
à 4 li. au nord de Porto, fondée l'an 1100. Il y a plus de
100 religieuses.

UBEDA, *Ubeda*, ville d'Esp.
au roy. de Jaen dans l'Andalousie, à 1 li. au nord - est de
Baeça, dans une campagne fert.
& abondante en vin, bled &
fruits. long. 15. 4. latitude 37.
46.

UBERLINGEN, *Uberlinga*,
ville d'Allem. dans la Suabe,
sur une partie du lac de Constance à 5 li. au nord-ouest de
Lindaw. Elle est libre & impér.
Il s'y fait un grand commerce
de bled. long. 28. 50. latit. 47.
35.

UBY, PULO UBY, isle de la
mer des Indes, au couchant
de Pulo-Condor, à l'entrée de
la baie de Siam. Elle a 8 li. de
circuit, & on y trouve beaucoup de bois. latit. 8. 14.

UCIENJEN, ville de la Chine,
proche la riv. de Can, dans la
prov. de Nanquin. Elle est gr.
& si fréquentée, que c'est une
foire continuelle, à cause du
gr. commerce qui s'y fait en
porcelaine.

UCIN, ou UCHING, ville de
la Chine, dans la prov. de
Xantung, sur le bord mérid.

du fleuve Guei, dans une plaine
abondante en tout ce qui est
nécessaire à la vie.

UDINE, *Utina*, ville d'I-
talie dans l'état de Venise,
capit. du Frioul, entre le Tajamento, & le Lisonzo, à 8
milles au sud-ouest de Cividad-
di-Friuli, & à 20 milles au
couchant de Gorice. La principale église qui n'étoit qu'une
collégiale, a été érigée en 1752,
en cathédrale, par la suppression du patriarchat d'Aquilée,
& la division de son dioc. en 2
arch. l'un à Gorice, & l'autre à
Udine. L'air y est tempéré,
& les fruits des environs sont
délicieux. long. 30. 45. latit. 46.
10.

UDSI, ville du Japon, dans
l'isle de Niphon, au sud-ouest
& près de Meaco. Il croit dans
son voisinage le meilleur thé du
Japon.

VECHT, ville d'Allem. dans
l'év. de Munster, en Vestpha-
lie, à 3 li. de Diepholt. Elle
appartient à l'év. de Munster
depuis 1247.

VEERE, *Campoveria*, ville des
Provinces - Unies, dans l'isle de
Walcheren, avec un bon port,
à 1 li. au nord-ouest de Middelbourg, avec titre de marquisat.

VEGEL, p. ville d'Esp. dans
l'Andalousie, à l'entrée du détroit de Gibraltar, sur une
colline, à 7 li au midi de Cadix. On l'appelle aussi Bege.
long. 11. 30. latit. 36.

VEGLIA, *Curicum*, isle du
golfe de Venise, sur la côte du
golfe de la Morlaquie, au voisinage de Cherzo. Elle a 100000
de tour. c'est la plus belle de
cette côte. Elle produit du vin,
de la soie, & d'excellens chevaux. Sa capit. qui porte le
même nom, & qui en est la
seule ville, est sur le bord de
la mer, du côté du midi, où elle

a un port capable de contenir 10 galeres & quelques vaisseaux. Il y a un bon château & un év. long. 32. 27. latitude 45. 12.

VEILLANE, *Ad fines*, ville d'Italie dans le Piémont, au marquisat de Suze, près de la p. Doire, appellée Doria-Riparia, à 14 milles au nord-ouest de Turin. Les Fr. y gagnerent une bataille sur les Piémontois en 1630. long. 24. 55. lat. 44. 53.

VEIROS, p. ville de Portugal, dans l'Alentejo, sur la riv. d'Anhalouva, près de Fonteira. Elle est défendue par un bon château.

1. VEIT (St), ville d'Allem. dans la basse Carinthie, au confluent des riv. de Glan & de Wunich, au nord-ouest, & à 4 li. de Clagenfurt. Elle est entre 4 mont. long. 31. 47. latit. 46. 51.

2. VEIT (St), ville d'Italie, dans l'Istrie, sur le golfe de Venise, à 12 li. au sud-est de Capo d'Istria, avec un port. Elle dépend de la maison d'Autriche. longitude 32. 10. latit. 45. 24.

VELAW (le), quartier de la prov. de Gueldre, entre le Rhin, l'Issel & le Zuiderzée. C'est un pays de Landes & de Bruyeres. Il contient les villes d'Arnheim, & d'Harderwick.

VELAY (le), *Velavium*, contrée de Fr. dans le gouvernement du Languedoc, bornée au nord par le Forez, au midi par le Gevaudan, au levant par le Vivarez, & au couchant par la h. Auvergne. C'est un pays de montagnes couvertes de neige une partie de l'année. Il s'y tient des états particuliers auxquels préside l'év. du Puy, qui est la ville capit. Les bestiaux & les dentelles font la principale richesse de ses habitans.

VELDENTZ, chât. d'Allem. au cercle du b. Rhin, près de la Moselle, chef-lieu d'un comté enclavé dans l'arch. de Treves, 2 li. au-dessus de Traerbach. longitude 24. 35. latitude 49. 51.

VELEZ DE GOMERE, ville d'Afr. au roy. de Fez, sur la côte de la Médit. à 40 li. de Malaga. Il y a une grande mosquée avec un beau chât. où réside le gouverneur. Il y a un arsenal. Son port est capable de contenir 30 petits vaisseaux. long. 13. 32. latit. 35.

VELEZ MALAGA, ville d'Esp. au roy. de Grenade, dans une grande plaine, à 2 milles de la mer, & à 14 milles de Malaga. longitude 13. 52. latitude 36. 27.

VELEZ - EL - RUBIO, bourg d'Esp. au roy. de Grenade, près du confluent du Guadadar, & du Guadalentin, entre Lorca au levant, & Bucca au couchant.

VELLETRI, *Velitræ*, ville d'Italie, dans la Campagne de Rome, proche la mer, sur une hauteur, à 14 milles au nord-ouest de Segni, & à 20 au sud-est de Rome. Les rues sont belles, les maisons bien bâties, avec quelques belles places ornées de fontaines ; mais elle n'est pas peuplée. long. 30. 26. latit. 41. 40.

VELOUR, grande ville des Indes, au Carnate, à l'ouest de Cangi-Vouran & d'Alcatile. Il y a toujours un gouverneur, & la forteresse est une des principales du pays.

VELSBILLICH, p. ville d'Allemagne, dans l'électorat de Treves. Elle a été libre & imperiale.

* VEMUE (la), la Martiniere met une abbaye de ce nom dans le Berry. Elle n'a jamais existé.

*VENAFRE, *Venafrum*, ville d'Italie, au roy. de Naples, dans la terre de Labour, près du Volturno, avec titre de principauté, & un év. suffr. de Capoue dont elle est à 20 milles au nord, & non pas au couchant, comme dit Vosgien. longitude 31. 44. latitude 41. 30.

VENAISCIN (comtat), *Vendascensis Comitatus*, pays dépendant du pape, entre le Rhône, la Durance, la Provence & le Dauphiné. Il prend son nom de la ville de Venasque. Philippe le Hardi le céda au pape Grégoire X en 1273.

VENANT (St), ville de Fr. dans l'Artois, à 2 li. au levant d'Aire, & à 12 au sud-est de Dunkerque. Ses écluses font sa sureté. long. 20. 15 latit. 50. 37.

1. VENASQUE, *Vindasca*, ville des états du pape, dans le Comtat-Venaiscin, dont elle a été la capit. Elle est auj. très-peu de chose, & Carpentras a pris sa place.

2. VENASQUE, *Vindasca*, ville d'Esp. au roy. d'Aragon, sur la riv. d'Essera, avec un chât. où on tient toujours garnison. La riv. produit de bonnes truites, & on fait dans les environs d'excellent vin.

VENCE, *Vincium*, ville de Fr. en Provence, à 2 li. au nord-est d'Antibes, & à 3 au nord-est de Grasse. Elle n'a de remarquable que son év. suffr. d'Embrun, établi dès le IV siécle. longitude 24. 46. latitude 43. 44.

VENCHEU, ville de la Chine, dans la prov. de Chekiang, dont elle est onzième métropole, proche la mer, dans un endroit marécageux. Elle est grande & a de magnifiques bâtimens. Elle a toujours dans son port un gr. nombre de vaisseaux. latit. 27. 38.

VENDA (St Jean-Baptiste de) abb. d'Olivetains en Italie, au dioc. de Padoue.

VENDOME, *Vindocinum*, ville de Fr. dans la Beauce, capit. du Vendomois, sur la droite du Loir, à 7 li. au nord-est de Blois, à 15 au nord-est de Tours, & à 37 au sud-ouest de Paris. Il y a un bailliage, élection, maréchaussée & grenier à sel. Elle a eu ses seigneurs, dont le roi Henri IV est un des descendans. On en voit le tombeau de plusieurs dans la collégiale, qui est sous le titre de St Georges. Les PP. de l'Oratoire ont le collége ; il y a outre cela des Cordeliers, des Capucins, des Ursulines, avec une abb. de Bénédictins, qui ont une relique appellée la Ste Larme. long. 18. 44. latit. 47. 46.

*VENDOMOIS (le), p. pays de Fr. borné au nord par le Perche, au midi par la Touraine, au levant par le Blaisois, & au couchant par le Maine. On le divise en haut & bas ; le haut comprend Vendôme, & 45 paroisses ; le bas en contient 42, avec Montoire & Savigny. La Martiniere y place St Calais, qui est du Maine. Le plus gr. commerce du Vendomois, consiste en gants, qui sont estimés.

VENDRE (port de) port de Fr. dans le Roussillon, sur la côte de la Médit. il étoit bon dans le tems qu'il appartenoit à la Fr. Il est auj. comblé en plusieurs endroits.

VENER, lac de Suede, le plus gr. du roy. entre la Gothie & la Dalie. Il a 25 milles de long, & 14 de large.

VENERIE-ROYALE, maison de plaisance des rois de Sardaigne, entre le Pô, la Sture & la Doria, à 3 milles de Turin. Les Fr. y causerent bien du dégât

en 1693. long. 25. 14. latit. 45.
56.

VENEZUELA, prov. de l'Amérique mérid. bornée au nord par la mer du Nord, au midi par la nouv. Grenade, au levant par la prov. de Cumana, & au couchant par celle de Rio de la Hacha, sur un golfe de même nom. Alphonse de Ojeda lui donna ce nom, parce qu'il y trouva un village bati sur pilotis. Le terroir est fertile ; car en quelques endroits on y fait 2 récoltes. Maracaibo est la capitale.

VENGADICIA, abb. d'h. de l'ordre des Camaldules dans le Polesin de Rovigo, au diocèse d'Adria.

VENISE, *Venetiæ*, ville d'Italie, capit. de la république, & sur le golfe de même nom, au centre des Lagunes, à 45 li. au nord-est de Florence, à 57 au levant de Milan, & à 92 au nord de Rome. C'est une des plus considérables, des plus peuplées & des plus riches d'Europe. Elle est toute bâtie sur pilotis ; c'est un assemblage de 72 isles qui communiquent les unes aux autres par un gr. nombre de ponts. Tous les canaux sont bordés de quantité de quais. Le principal qui régne le long de la ville est bordé & orné de plusieurs beaux palais. Les plus magnifiques de cette ville, sont celui du Doge & celui de la Seigneurie. Le premier est dans la belle place de St Marc, où on voit aussi la superbe église de ce nom. La façade de cette église est décorée de quatre chevaux de bronze doré, avec cinq portes d'airain. Elle est revêtue en dedans de marbre. Le pavé est de jaspe & de porphyre. Son trésor est des plus précieux. Il y a outre cela une très-grande quantité d'églises & de chapelles, parmi lesquelles il y a 72 pa-

roisses, une trentaine de couvens de moines, & un plus grand nombre de religieuses. L'arch. de cette ville porte le titre de patriarche : l'inquisition y est établie, mais elle n'est pas si sévere qu'ailleurs ; les Juifs y ont une synagogue. On compte à Venise 200000 habitans, & quoiqu'elle n'ait point de fortifications, elle est cependant une des plus fortes d'Europe. Son arsénal qui a demi-li. de circuit, est des mieux fournis, il est entouré de hautes murailles, & on y fait garde nuit & jour. Il y a un grand nombre d'ouvriers pour la fabrique des canons, boulets, bombes, mortiers, & pour la construction des vaisseaux. La mer le baigne de tous les côtés. On ne voit dans Venise aucun carosse, parce que le terrein n'y est pas ferme, mais on fait usage de petites gondoles qui vont dans tous les quartiers de la ville. Il s'y fait un commerce prodigieux, sur-tout avec l'Allemagne & Constantinople. Il consiste en étoffes d'or, damas, ouvrages de verre, glaces, &c. longitude 30. latitude 45. 23.

VENISE (état de), il comprend 14 provinces, qui sont le Cremasque, le Bergamasque, le Bressan, le Veronois, le Polesin de Rovigo, le Padouan, le Dogat, le Vicentin, le Trevisan, le Feltrin, le Bellunese, le Cadorin, le Frioul & l'Istrie. C'est la plus ancienne république d'Europe. Son chef est un doge qui est à vie, il préside à tous les conseils, qui sont au nombre de trois. Le grand-conseil est composé de tous les nobles. Il fait toutes les loix, & élit les magistrats. Le conseil des priés, c'est le sénat, composé de cent vingt sénateurs : il décide de la paix, &

la guerre & des alliances. Le troisiéme est composé de 26 seigneurs, qui donnent audience aux ambassadeurs, portent leurs demandes au sénat, & en rapportent les réponses. Il y a outre cela le conseil des dix & le conseil spirituel.

VENLO, *Venloa*, ville des Pays-Bas, dans la Gueldre, sur la droite de la Meuse, à 4 li. au nord de Ruremonde. Elle est grande, & composée d'environ 4000 habitans; il y a 2 places, une où est l'hôtel-de-ville, qui est un assez beau bâtiment, l'autre est une place d'armes. Il n'y a qu'une paroisse & quelques communautés religieuses, dépendantes de l'év. de Ruremonde. Cette ville a quelques fortifications; mais elle ne sçauroit soutenir un long siége. Charles V la prit en 1543, le duc de Parme en 1586. Elle appartient aux Etats-généraux, qui y tiennent garnison. C'est là qu'on a fait le premier essai des bombes. Il s'y faisoit autrefois un grand commerce; mais l'augmentation des droits & des peages l'ont entierement ruiné. long. 23. 38. latit. 51. 21.

*VENOSA, *Venusia*, ville d'Italie, au roy. de Naples, dans la Basilicate sur une p. riv. au pied de l'Apennin, avec un év. suffr. d'Acerenza, & non pas de Matera, comme dit la Martiniere. Elle a titre de principauté. long. 33. 28. latitude 40. 46.

VENTADOUR, chât. de Fr. dans le Limousin, proche la ville d'Ussel, avec titre de duché-pairie, érigé en 1589.

VENZONE, p. ville d'Italie, dans le Frioul, au pays de la Carnia, sur la rive gauche du Tajamento, proche son confluent, avec la Fella.

VERA, ville d'Esp. au roy. de Grenade, proche la riv. de Guadalmaçar, sur les confins du roy. de Murcie. On croit que c'est l'anc. *Virgi*. long. 16. 20. latit. 36. 40.

VERACRUZ, ville de l'Amér. sept. dans la nouv. Esp. sur le golfe du Mexique. Elle est petite, pauvre, & habitée par peu d'Esp. qui, pour la plupart, sont mariniers ou facteurs. Toutes les flottes qui arrivent d'Europe dans la Nouv. Espagne, arrivent dans ce port. Une fois que ces flottes sont parties, tous les blancs se retirent dans les terres, parce que l'air est fort mauvais dans cette ville. En 1742, le 19 Octobre, la mer fut si agitée dans ce port, qu'elle abbatit une partie des murs de la ville, & mit en danger tous les vaisseaux qui étoient en rade. Le rivage se trouva couvert de poissons morts. latit. 19. 12.

VERA-PAX, prov. de l'Amérique sept. dans la nouv. Esp. bornée au nord par l'Yucatan, au midi par la prov. de Soconusco, au levant par celle de Honduras, & au couchant par celle de Chiapa. Elle a 30 li. de long & de large. Il y a beaucoup de montagnes. Les Esp. n'y ont que des bourgades, où ils sont entremêlés avec les sauvages.

VERAGUA, prov. de l'Amér. bornée au levant par celle de Costa-Ricca, & au couchant par celle de Panama, le long de la mer du Nord, & de la mer du Sud. Elle a 50 li. du levant au couchant, & 24 du midi au nord. Christophe Colomb en fit la découverte en 1502. Il y a plusieurs mines, & quelques unes d'or. On y recueille beaucoup de mahis. La Conception est la ville capitale.

*VERBERIE, *Vermeria*, bourg

de Fr. dans la Picardie, sur le bord de l'Oise, à 4 li. de Senlis, & à égale distance de Compiegne. Il est connu par trois conciles qui s'y sont tenus, l'un en 853, le 2ᵉ l'an 863, & le 3ᵉ l'an 869. La Martiniere s'est trompé pour la date du 2ᵉ qu'il met à l'année 853.

VERCEIL, *Vercellæ*, ville d'Italie dans le Piémont, sur les confins du Milanez, au confluent de la Sesia & de la Cerva, à 15 li. au sud-ouest de Milan, & à égale distance au nord-est de Turin. Elle est anc. car on en attribue la fondation à Bellovese. Elle n'est point peuplée à proportion de sa grandeur. Ses rues sont belles & larges. Il y a une grande place, dont les maisons sont soutenues par des portiques. L'hôtel-de-ville est un beau bâtiment, ainsi que le palais du gouverneur. La cathédrale est aussi un bel édifice. Cet év. qui est ancien, est suffr. de Milan. Le duc de Vendôme prit cette ville en 1704. longitude 25. 48. latitude 45. 20.

VERDEN, ville d'Allemagne, dans la Westphalie, *voyez* Werden.

1. VERDUN, *Verodunum*, ville de Fr. capit. du Verdunois, sur la Meuse, qui la divise en 2 parties, à 10 li. au couchant de Mets, à 18 au sud-ouest de Luxembourg, & à 64 au levant de Paris. Il y a 9 paroisses, & environ 20000 habitans. Il y a un présidial, bailliage, un collége dirigé par les Jésuites, plusieurs abbayes, un év. anc. dont l'év. est suffr. de Treves, & prend le titre de comte de Verdun, & de prince du St Empire. Cette ville est une place importante pour défendre l'entrée du roy. du côté de la Champagne, elle est défendue par une bonne citadelle,

construite par le maréchal de Marillac, ce qui causa sa perte, & par plusieurs fortifications du maréchal de Vauban. Le gouverneur de Mets l'est du Verdunois. Il y a outre cela un gouverneur pour la citadelle, & un état-major. long. 23. 4. lat. 49. 10.

2. VERDUN, *Viridunum*, ville de Fr. dans la Gascogne, sur la Garonne, à 6 li. au-dessous de Toulouse. Elle est chef-lieu du pays, appellé riviere Verdun.

3. VERDUN, *Viridunum*, ville de Fr. dans la Bourgogne, au confluent du Doux, & de la Saône, à 4 li. de Châlons, avec titre de comté. Il n'y a qu'une paroisse. Il s'y tient une foire célebre qui dure 15 jours, & qui attire beaucoup de marchands. long. 21. 30. latit. 46. 50.

VERDUNOIS (le), pays de Fr. enclavé dans la Lorraine, sur les confins de la Champagne, le long de la Meuse. Il est très-peuplé, & rempli de bourgs, & de villages. Verdun sa capitale est la seule ville.

VERSEIL, *Viride folium*, petite ville de Fr. dans le haut Languedoc, à 4 li. au levant de Toulouse, avec titre d'archiprêtré.

VERGAVILLE, *Vergavilla*, abb. de filles, de l'ordre de St Benoît, au dioc. de Mets, sur la riv. de Seille, proche la ville de Dieule, fondée l'an 966.

VERGER (Notre-Dame du), *Viridarium*, abb. de filles, de l'ordre de Cît. dans l'Artois, près de l'Escaut, entre Douay & Cambray, fondée l'an 1227.

1. VERIA, p. ville d'Esp. au roy. de Grenade, près de Motril, connue des anciens sous le nom de Baria.

2. VERIA, *Berhoe*, ville de la Macédoine, dans le Comeno-

Aitari, appellée Boor par les Turcs, & Caraveria par M. Delisle. Il y a un archév. grec.

VERMAND, bourg de Fr. dans la Picardie, à 3 li. de St Quentin, & à 4 de Peronne, au couchant dans le dioc. de Noyon, sur l'Oumignon, avec une belle abb. de l'ordre de Prémontré.

VERMANDOIS (le), pays de Fr. en Picardie, borné au nord par le Cambresis, au midi par le Noyonois, au levant par la Thierache, & au couchant par le Santerre. Il prend son nom du bourg de Vermand. Il est traversé par la riv. de Somme, qui y prend sa source. Il produit beaucoup de grains, surtout du lin, dont on fait des toiles qui font le grand commerce du pays. St Quentin est la capitale.

VERMANTON, p. ville de Fr. en Bourgogne, sur la riv. de Cure, dans l'Auxerrois, à 5 li. au midi d'Auxerre. Ses vins sont estimés. long. 21. 16. latit. 47. 40.

VERMELAND, *Vermelandia*, province de Suede, bornée au nord par la Dalecarlie, au midi par le lac Vaner, au levant par la Westmanie, & au couchant par la Norwege. Elle a 20 li. du midi au nord, & 40 du levant au couchant. Philipstad est la capitale.

I. VERNEUIL, *Vernogilum*, ville de Fr. dans la Normandie, sur les frontieres du Perche, au dioc. d'Evreux, sur la gauche de l'Aure, à 18 li. au midi de Rouen, & à 28 au sud-ouest de Paris. Le duc d'Alençon l'enleva aux Anglois l'an 1424, ils s'en saisirent de nouveau; mais le roi Charles VII les en chassa. long. 18. 36. lat. 48. 45.

2. VERNEUIL, p. ville de Fr. dans le Bourbonnois, à 5 lieues de Moulins, & à 1 de l'Allier, avec titre de châtellenie royale. Il y a une petite collégiale. longitude 20. 48. latitude 46. 17.

3. VERNEUIL, château de l'isle de Fr. sur le bord de l'Oise, à 12 li. de Paris. Cette terre fut érigée en marquisat, par Henri IV en 1600, & en duché-pairie par Louis XIV en 1652.

* VERNON, *Vernonium*, ville de Fr. en Normandie, sur la gauche de la Seine, & non pas sur la droite, comme dit Vosgien, dans une plaine, à 6 li. au levant d'Evreux, à 7 au sud-ouest de Gisors, & à 10 au-dessus de Rouen. Il y a bailliage, élection & maitrise des eaux & forêts. Les rues sont assez belles, & elle est peuplée. Il y a une collégiale, & quelques communautés religieuses. Vosgien nous dit qu'il s'est tenu dans cette ville un concile nationnal en 759. 1°. Ce concile s'est tenu en 755. 2°. Ce n'est pas à Vernon, mais à Vern, jadis château-royal entre Paris & Compiegne. long. 19. 8. latit. 49. 4.

VERNUCE, *Vernutia*, abb. d'h. de l'ordre de St Augustin, dans le Berry, au dioc. de Bourges entre Graçay & Valencey, fondée l'an 1145.

VEROLA, abb. d'h. de l'ordre de Cit. en Esp. dans le roy. d'Aragon, au dioc. de Sarragoce, près de cette ville.

VEROLI, *Verulæ*, ville d'Italie, dans la Campagne de Rome, sur les confins du roy. de Naples, au pied de l'Apennin, à 20 li. au sud-est de Rome, avec un év. qui ne releve que du pape. longitude 31. 6. latit. 41. 38.

VERONE, *Verona*, ville d'Italie dans l'état de Venise, capit. du Veronese sur l'Adige qu'on passe sur trois beaux ponts à 25 li. à l'ouest de Venise, à 8 au nord-est de Mantoue , & à 16 au midi de Trente. Cette anc. ville conserve encore plusieurs restes d'antiquité, amphithéâtre , étuves, bains , aqueducs , temples , colomnes , & arcs de triomphe, Son enceinte est grande ; mais ses maisons sont mal bâties, ses rues étroites & sales : elle n'est pas peuplée. C'est une des fortes places d'Italie ; ses murailles sont très-épaisses, garnies de bastions : trois chat. font encore sa défense. Son év. qui est anc. est suffr. d'Udine. La cathédrale est petite & obscure, le chapitre est composé de 24 chanoines. Il y a quelques places assez belles , & quelques fontaines. Sur une des places est l'hôtel-de-ville , qui forme un palais magnifique , & une où est celui du gouverneur. Il y a à Verone une académie de sçavans, sous le titre de *gli Philarmonici*. Parmi les grands hommes qu'elle a produits , on distingue Catulle , Vitruve , Pline l'anc. Paul Veronese , &c. L'air qu'on y respire est très-doux. Les vivres y sont bons & à bon marché. long. 28. 30. latit. 45. 23.

VERONESE (le), contrée d'Italie , dans l'état de Venise, bornée au nord par le Trentin, au midi par le Mantouan, au levant par le Padouan & le Vicentin , au couchant par le Bressan. Elle a 40 milles du nord au sud , & 30 milles de l'est à l'ouest. C'est un pays très-fertile en bled , en vin , en fruits & en huile. Verone est la capitale.

VERONIS , ville de l'empire Russien, dans le duché de Rezan , sur le haut d'une montagne , proche la riv. de Veronis qu'on passe sur un pont , avec une citadelle. Elle est composée d'environ 10000 ames. long. 60. 6. latit. 53. 14.

VERSAILLES , *Versalie* , ville de l'Isle de Fr. à 4 li. au couchant de Paris. Ce n'étoit qu'un village , lorsque Louis XIII l'acheta, & y bâtit un château pour ses équipages de chasse. Louis XIV trouva l'endroit agréable pour la chasse , & y fit bâtir un palais des plus magnifiques , où les rois de Fr. font leur séjour ordinaire. Tout y est admirable ; la chapelle est un chef-d'œuvre , les appartemens sont spacieux & riches. Les jardins sont vastes & ornés de statues des plus grands maîtres ; avec le parc ils comprennent 2 li. d'étendue , & sont enfermés d'une muraille. On y arrive de Paris par trois belles avenues. Il s'est formé à Versailles une ville assez considérable , où la plupart des seigneurs ont fait bâtir des hôtels. Il y a 2 paroisses, dont les PP. de la Mission sont curés.

1. VERTEUIL , *Vertogilum* , p. ville de Fr. dans l'Angoumois, sur la Charente, dans une belle situation , avec titre de baronnie.

2. VERTEUIL , *Vertolium* , p. ville de Fr. dans la Guienne , au pays de Medoc, dans le dioc. de Bourdeaux , entre la Gironne & la mer , avec une abb. d'hom. de l'ordre de St Augustin.

VERTOU , prieuré de l'ordre de St Benoit , en Bretagne , au dioc. & au sud-est de Nantes.

VERTUS , ville de Fr. dans la Champagne , à 6 li. au sud-ouest de Chalons , & à 30 au nord-est de Paris, avec titre de comté-pairie. Elle est assez considérable , avec 2 abb. une de Bénédictins , & l'autre de Chanoines réguliers. Il croît du bon vin dans ses environs. long. 21. 42. latit. 48. 53.

VERUE , *Veruca* , ville d'Italie , dans le Piémont, au comté d'Asti , sur une colline près du Pô , entre Casal & Turin , sur les confins du Montferrat. Quoiqu'elle qu'elle fût bien fortifiée, le duc de Vendôme s'en saisit en 1705. Elle appartient au roi de Sardaigne. long. 25. 40. latit. 45. 6.

VERVIC, *Veroviacum*, petite ville des Pays-Bas, dans la Flandre, en la châtellenie d'Ypres. Elle a été considérable par ses manufactures, mais elle est auj. peu de chose.

VERVIERS, p. ville d'Allem. dans l'év. de Liége, aux confins du duché de Limbourg, à 6 li. au couchant de Liége, sur la riv. de Weze.

VERVINS, *Verbinum*, ville de Fr. dans la Picardie, en Thiérache, entre la Chapelle au nord, & Marle au midi, sur une hauteur. Henri IV & Philippe II, roi d'Esp. y conclurent un traité de paix l'an 1598. Elle a titre de marquisat, & il s'y fait un commerce considérable de bled. long. 21. 35. lat. 49. 51.

VÉSELIZE, p. ville de Fr. dans la Lorraine, chef-lieu du comté de Vaudemont, sur la riv. de Brenon, à 7 li. au sud-ouest de Nanci. long. 23. 44. latit. 48. 25.

VESLY, *Villiacum*, p. ville de Fr. dans le Soissonnois, sur la riv. d'Aisne, à 4 li. de Soissons.

VESOUL, *Vezullum*, ville de Fr. dans la Franche-Comté, au bailliage d'Amont, à 7 li. au nord de Besançon, & à 16 au couchant de Montbelliard, proche la riv. de Durgeon. Les Jésuites y ont un collége, il y a quelques autres communautés religieuses. Elle a été cédée à la Fr. en 1679. long. 23. 50. latit. 47. 38.

VESPRIN, ville de la basse Hongrie, capit. du comté de même nom, sur le lac de Balaton, à 5 milles au couchant d'Albe Royale, & à 11 au sud-ouest de Strigonie, dont son év. est suffr. L'évêque est chan-

celier des reines de Hongrie, & a le droit de les couronner. Les Turcs en furent chassés en 1683. long. 36. 4. latit. 47. 16.

VESSY (la), ou VAISSYE, abb. de filles, de l'ordre de Cît. en Fr. dans la b. Auvergne, au dioc. de Clermont, à 3 li. au sud-ouest du mont d'Or.

VESUVE, *Vesuvius*, montagne d'Italie, au roy. de Naples, dans la terre de Labour, à 4 li. vers l'orient de Naples. On l'appelle dans le pays *Monte di Sumona* : c'est un fameux volcan d'où il sort ordinairement une fumée très-épaisse, & souvent des flammes & des matieres métalliques toutes fondues. Au mois de Novembre 1754, il en sortit extraordinairement.

VETERES, peuple d'Afrique, dans la Guinée, sur la côte d'Or. Il est borné au nord par les Compas, au midi par la Mer, au levant par le roy. de Ghiomray, & au couchant par le pays des Quaqua. Ils ont leurs cabanes bâties sur pilotis. Ils laissent croître leurs cheveux, & arrachent leur barbe. Leur principale occupation est la pêche, à quoi ils excellent.

VETTENHAUSEN, abbaye de chanoines réguliers, de l'ordre de St Augustin, en Allem. dans la Suabe, entre Augsbourg au couchant, & Ulm au levant.

VEVAY, *Vibiscus*, ville de Suisse, dans le canton de Berne, au pays Romand, sur le bord du lac de Geneve, à 16 li. au sud-ouest de Berne. Elle est bien bâtie, & on y voit quantité de belles maisons, avec une place sur le bord du lac. Presque tous les habitans sont riches & gens d'esprit : il s'y trouve beaucoup de noblesse. long. 24. 36. latit. 46. 27.

VEUDRE, p. ville de Fr. dans le Bourbonnois, sur le bord de l'Allier, à 7 li. de Moulins.

VEXIN (le), pays de Fr. avec titre de comté. On le divise en Vexin François, & en Vexin Normand. Le premier est borné par l'Oise, la Seine, l'Epte & le Beauvoisis. Il comprend Pontoise, Magny, Mante, Meulan, Poissy, St Germain, &c. Le Normand comprend Rouen, Gisors, Andely, Ecouy, &c. celui-ci est plus fertile que le François.

* VEYNES, bourg, & non pas ville, comme dit Vosgien, dans le Dauphiné, election de Gap, avec une commenderie de l'ordre de St Antoine.

* VEZELAY, *Vezeliacum*, ville de Fr. dans le Morvan, près de la rive gauche de la Cure, sur les confins du Nivernois & de l'Auxerrois, à 4 li. au couchant d'Avalon, à 5 au nord de Corbigny, & à 10 au sud-est d'Auxerre, dans le dioc. d'Autun, sur la croupe d'une montagne. Elle doit son origine à l'abb. de St Benoit qu'on y voit, & qui a été sécularisée. Il y a un bailliage, grenier à sel, maréchaussée, & non pas élection, comme disent Piganiol & la Martiniere. Il s'y est tenu un concile l'an 1146, & non pas l'année précédente, comme disent Vosgien & l'abbé de la Croix. Les troupes du roi Charles furent obligés en 1569 de lever le siége de cette ville qui étoit entre les mains des Calvinistes. C'est la patrie de Theodore de Beze. long. 21. 25. lat. 47. 29.

UGENTO, *Uxentum*, ville d'Italie, au roy. de Naples, dans la terre d'Otrante, à 10 milles au sud-est de Gallipoli, avec un évêché suffr. d'Otrante. long. 35. 52. latit. 40. 10.

UGLITZ, ville de l'empire Russien, au duché de Rostow, sur la droite du Wolga. Ce fut dans cette ville que périt Déme-

trius, fils du czar Basile, par les ordres de Boris, son beaufrere.

* UGOCZ, ville de la haute Hongrie, dans le comté de même nom, sur une petite riv. qui se rend dans la Teisse, & non pas Neisse, comme dit Vosgien. long. 41. 28. latit. 48. 27.

UGOGNA, ville d'Italie, dans le duché de Milan, sur la Tosa, à 10 milles à l'ouest du lac Majeur.

VIA-COELI, chartreuse d'Esp. au roy. de Murcie, sur la côte.

VIADANA, p. ville d'Italie, dans le Mantouan, sur la gauche du Pô, vis-à-vis de Bersello.

1. VIANA, *Viana*, ville d'Espagne, dans la Navarre, capit. d'une princ. de même nom, avec titre de cité, sur la gauche de l'Ebre, vis-à-vis de Logrogno, à 12 li. au sud-ouest de Pampelune. Ses environs abondent en bled, en vin & en gibier. long. 15. 32. latit. 42. 27.

2. VIANA DE FOS DE LIMA, ville de Portugal, dans la prov. entre Duero-e-Minho, à l'emb. de la riv. de Lima, à 3 li. au sud-est de Caminha, & à 6 à l'ouest de Brague. Elle est bien bâtie & bien peuplée. Le gouverneur & le commandant de la province y font leur séjour. La citadelle a son gouverneur particulier. Son port est bon. long. 8. 45. latit. 41. 30.

3. VIANA, p. ville de Portugal, dans l'Alentejo, sur l'Exarrama, à 4 li. au midi d'Ebora, avec un bon château.

VIANDEN, *Vianda*, ville des Pays-Bas, dans le duché de Luxembourg, capit. du comté de même nom, sur la riviere d'Our qui la partage en deux, à 10 li. au nord de Luxembourg. Il y a dans l'anc. sur une montagne inaccessible, un château où on tient toujours garnison.

Les habitans font un grand commerce de draps & de tannerie.
long. 23. 47. latit. 49. 56.

1. VIANE, ville d'Allem. dans
la baſſe Styrie, *voyez* Voytsberg.

2. VIANE, *Viana*, p. ville de
Fr. dans le haut Languedoc, à
6 li. au levant de Caſtres.

3. VIANE, *Viana*, ville des
Pays-Bas, dans la Hollande, ſur
le Leck, aux confins de la ſei-
gneurie d'Utrecht, à 2 li. au midi
de cette ville. Elle fut bâtie l'an
1290: il y a un chàt. magnifique, ſoit par ſon architecture,
ſoit par la richeſſe de ſes meubles. Cette ville ſert d'aſyle aux
marchands qui ont dérangé leurs
affaires : les François la prirent en 1672, & en ruinerent
les fortifications. long. 22. 34.
latit. 52. 3.

VIANTZ, abb. de chanoines
réguliers, de l'ordre de St Auguſtin, dans l'Albigeois. Elle a
été réunie à la cathédrale d'Albi.

VIAS, p. ville de Fr. dans le
bas Languedoc, au dioc. d'Agde.

VIAST, p. ville d'Allem. dans
la Siléſie, en la princ. d'Oppelen, ſur la riv. de Kladinitz.
Elle dépend de l'év. de Breſlau.

1. VIATKA, prov. de l'emp.
Ruſſien, dans la Moſcovie ſep-
tentrionale, bornée au nord par
la Permie, au midi par le roy.
de Caſan, au levant par la contrée de Sloutka, & au couchant par le pays des Czeremiſ-
ſes & la forêt des Ziranni. Il y
a du miel & de la cire en abondance. On en tire une grande
quantité de pelleteries. Viatka
eſt la capitale.

2. VIATKA, ville de l'empire
Ruſſien, dans la prov. de même
nom, ſur une petite riv. qui ſe
rend dans celle de Viatka. Elle
eſt munie d'un château pour la
garantir des incurſions des Tartares, avec un év. long. 69. 48.
latit. 58. 24.

VIBRAIS, *Vicus Braie*, bourg

de Fr. dans le Maine, élection
de Château du Loir, ſur la riv.
de Braie, avec titre de marquiſat.

1. VIC, *Vicus*, p. ville de Fr.
dans le pays Meſſin, ſur la Seille,
a 1 li. au-deſſus de Marſal, &
à 5 au nord-eſt de Nanci. C'eſt
le chef-lieu du temporel de l'év.
de Metz. Il y tient ſon grand
bailli. long. 24. 13. latit. 48. 47.

*2. VIC, ville d'Eſp. dans la
Catalogne, ſur une petite riv.
qui ſe rend dans le Ter, dans
une plaine fertile, à 10 li. au
nord-eſt de Barcelonne, à 14 au
couchant de Gironne, & à 110
au nord-eſt de Madrid. Elle eſt
aſſez conſidérable, ſes maiſons
ſont bien bâties, les rues larges
& droites. Il y a une place ornée
d'une belle fontaine, & les maiſons qui ſont autour ſont ſoutenues d'arcades. La cathédrale
a un fort beau portique; ſon
év. eſt ſuffr. de Tarragone. Cette
ville tient la place de l'*Auſa* de
Ptolomée, & non pas *Auſonia*,
comme dit la Martiniere. long.
19. 52. latit. 41. 50.

3. VIC-DE-BIGORRE, *Vicus
Bigerronum*, petite ville de Fr.
dans la Gaſcogne, au dioc. de
Tarbes, ſur la rive droite du
Leſchez, à 3 lieues au nord de
Tarbes.

4. VIC-LEZ-CAPDENAC, abb.
de filles, de l'ordre de Cît. dans
le Querci, ſur le Lot, à 7 li.
au-deſſus de Cahors, & à 1 li.
au midi de Figeac.

5 VIC EN CARLADÈS, *Vicus
ad Ceram*, p. ville de Fr. dans
la haute Auvergne, ſur la Cere,
& chef-lieu du comté de Car-
ladés. Elle eſt remarquable par
ſes eaux minérales qui ſont au
pied du mont Cantal.

VIC-LE-COMTE, *Aquæ Voco-
nis*, ville de Fr. dans la baſſe
Auvergne, au nord de Clermont, & près d'Iſſoire. C'étoit
la réſidence des anciens comtes

d'Auvergne. Il y a des eaux minérales sur le bord de l'Allier. long. 20. 55. latit. 45. 32.

VIC-FEZENSAC, *Fidentiæ*, p. ville de Fr. dans le bas Armagnac, sur la Douze, au dioc. d'Auch. avec une collégiale.

VICEGRAD, ville de la basse Hongrie, sur la droite du Danube, à 3 milles au-dessous de Gran, entre cette ville & Bude, avec un chat. bati sur le haut d'un rocher. Les Turcs la prirent en 1605, & le duc de Lorraine la leur enleva en 1684. longitude 36. 45. latit. 47. 32.

* VICENCE, *Vicentia*, ville d'Italie, dans l'état de Venise, capit. du Vicentin, sur le Bachiglione, à 18 milles au nord-ouest de Padoue, à 30 au nord-est de Verone, à 40 à l'est de Bresse, & à égale distance au midi de Feltri. Cette ancienne ville a été cherie des Romains, ses habitans avoient droit de bourgeoisie Romaine. Elle devint cité & république. Elle se donna aux Venitiens l'an 1304. Elle a 4 milles de circuit : on y compte 57 églises, dont 14 sont paroisses. Son év. est suffragant d'Udine. Parmi les sept places qui sont à Vicence, la plus remarquable est celle qu'on nomme de la Noblesse. On y admire le palais où les 10 magistrats qui gouvernent cette ville, rendent la justice. Le mont de Pieté, qui est un très-beau bâtiment. Campomarzo qui est hors de la ville, est aussi une belle place. On y entre par un arc de triomphe qui est de la façon de l'architecte Palladio ; il s'y tient tous les ans une fameuse foire qui dure quinze jours. C'est la patrie de St Gaëtan, d'André Palladio, dont on voit encore la maison qu'il habitoit, & dont la façade qui est de lui, est un chef-d'œuvre. Vicence est située dans un terroir

si fertile, qu'on l'appelle le jardin de Venise. Ses fortifications se réduisent à très-peu de chose, quoique l'abbé de la Croix en fasse une place forte. long. 29. 10. latit. 45. 30.

VICENTE DE LA BARQUERA (San), p. ville maritime d'Esp. dans la Biscaye.

VICENTE DE LA SONCIERA (San), p. ville d'Esp. dans la Castille, au comté de Rioxa.

VICENTE (San), ville de l'Amér. mérid. dans le Brésil, sur la côte de la mer du Nord.

VICENTIN (le), *Vicentinus ager*, contrée d'Italie, dans l'état de Venise, bornée au nord par le Trentin, au midi par le Padouan, au levant par le Trevisan, & au couchant par le Veronèse. Elle a 40 milles du nord au sud, & 33 du levant au couchant. Les vins qu'on y recueille sont estimés ; on y trouve des mines d'argent & de fer, des carrieres de très-belle pierre. Le bétail y est d'un fort bon goût, le gibier y est abondant. Les Vicentins passent pour avoir l'esprit vif, ils sont courageux, polis, propres aux sciences, mais trop portés à la vengeance.

VICHI, *Vichium*, p. ville de Fr. dans le Bourbonnois, sur la droite de l'Allier, à 16 li. de Moulins, & à 6 de Gannat. Elle est fameuse par ses eaux minérales. Il n'y a qu'une paroisse & une belle maison de Célestins. long. 21. 8. latit. 46.

VICKESLAND, *Vickia*, contrée de la Norwege, & qui forme la partie septentrionale du gouvernement de Bahus.

1. VICO, bourgade dans la partie occidentale de l'isle de Corse, proche l'embouchure du Limone. C'est la résidence de l'év. de Sagone, & Cluvier croit que c'est le *Tarrabenorum vicus* des anciens.

2. VICQ, ville d'Italie, au roy.

de Naples, dans la principauté ultér. *voyez* Trevico.

VICO-AQUENSE, ville d'Italie, au roy. de Naples, dans la terre de Labour, proche la mer. Son év. fondé dans le XIII siécle, est suffr. de Sorrento. Elle a été bàtie par Charles II, roi de Naples, sur les ruines d'*Æqua*, & non pas *Equa*, comme dit Vosgien. long. 31. 55. latit. 40. 40.

VICOGNE, *Viconia*, abbaye régul. de l'ordre de Prémontré, en Fr. dans le Hainaut, entre Arras & St Amand, à 1 li. de Valenciennes.

VICOVARO, *Vicus Valerius*, bourg d'Italie, dans la Sabine, avec titre de principauté qui appartient à la maison des Ursins, à 9 milles au sud-est de Tivoli.

VICTOIRE (la), *Victoria*, abb. d'hom. de l'ordre de St Augustin, dans l'isle de Fr. au diocèse & à 1 li. de Senlis, sur la riv. de Nonnete, fondée l'an 1222 par Philippe Auguste, en mémoire de la victoire que ce prince remporta à la bataille de Bovine.

VICTOR EN CAUX (St), bourg de Fr. en Normandie, au pays de Caux, avec une abb. d'hom. de l'ordre de St Benoît.

VICTORIAN (St), abbaye de Bénédictins non réformés, en Esp. dans le roy. d'Aragon, au dioc. d'Huesca.

* VIDIN, & non pas VIDEN, comme dit Vosgien, ville de la Turquie Européenne, dans la Bulgarie, sur la droite du Danube, à 65 li. au sud-est de Belgrade, avec un arch. Grec. Les Imperiaux la prirent l'an 1689, & les Turcs la leur enleverent l'année suivante. Niger croit que c'est la *Viminatium* de Ptolomée. long. 42. 4. latit. 44. 8.

VIDOURLE, *Vidurlus*, & non pas *Virdurlus*, comme dit la

Martiniere, riv. de Fr. dans le bas Languedoc. Elle a sa source au dioc. d'Alais, passe à St Hippolyte, à Sommieres, & se rend dans l'étang de Thau, près d'Aigues-mortes.

VIELLA, bourg d'Esp. dans la vallée d'Aran, au comté de Comminges, sur le bord de la Garonne.

VIELLE, p. ville de Fr. dans la Gascogne, au Tursan, sur la riv. de Bas.

* VIELMUR, ville de Fr. dans le haut Languedoc, & non pas dans le bas, comme dit la Martiniere, *voyez* Villemur, Nº 2.

1. VIENNE (la) *Vigenna*, riv. de Fr. qui prend sa source dans le bas Limousin, & va se rendre dans la Loire, à Cande en Touraine. Elle est navigable à 3 li. de Châtelraud.

2. VIENNE, *Vienna*, ville de Fr. dans le Dauphiné, sur le bord oriental du Rhône, à 5 li. au midi, & au-dessous de Lyon, à 15 au nord-ouest de Grenoble, & à 108 au sud-est de Paris. Elle a été la capitale des Allobroges, qui en chasserent les Romains. Les rois Bourguignons y établirent leur résidence. Cette ville est mal située ; il faut monter ou descendre ; ses rues sont étroites, & les maisons mal baties. La métropole est un ouvrage gothique assez beau ; il y a trois autres chapitres : les chanoines de celui de St Pierre, sont obligés de faire preuve de noblesse. Il y a à Vienne plusieurs autres églises ; les PP. de l'Oratoire ont le séminaire, & les Jésuites le collége. Le XV concile général s'est tenu dans cette ville l'an 1311, pour la suppression de l'ordre des Templiers. On fabrique à Vienne des ancres pour les vaisseaux du roi, & on y fait beaucoup de soie. long. 22. 30. latit. 45. 33.

3. VIENNE, *Vindobona*, ou *Juliobona*, ville d'Allem. capit. de l'Autriche, sur la droite du Danube, au confluent de la p. riv. de Vienne dont elle prend le nom, à 8 li. au couchant de Presbourg, à 210 au sud-ouest d'Amsterdam, à 260 li. au nord-ouest de Constantinople, à 408 au nord-est de Madrid, & à 260 au sud-est de Paris. C'est depuis long-tems la résidence ordinaire des empereurs. Son enceinte n'est pas grande, & on ne peut pas dire qu'elle soit belle. Elle est environnée de bonnes murailles, de bastions, de contrescarpes, &c. Les faux-bourgs sont assez beaux. Il y a quelques palais bien bâtis, ceux de Leichtenstein, du prince Eugene, de Caprara, de Rabutin se distinguent. Le palais impérial est un des plus commun, rien n'y représente la majesté de celui qui l'habite. Les escaliers sont sans ornemens, les appartemens bas & étroits, les plafonds couverts de toiles peintes. On ne voit qu'un petit jardin, où à peine on met quelques fleurs. Parmi le grand nombre d'églises qui sont à Vienne, il y en a quelques-unes de belles. La métropole n'a rien de magnifique. Cet arch. a été érigée en 1721. Les Jésuites ont trois colléges à Vienne, & il y a un grand nombre d'autres communautés. L'université fut fondée en 1365 par Albert III, archiduc d'Autriche. Les Jésuites occupent presque toutes les chaires. Les habitans sont un mélange de presque toutes les nations ; Italiens, Allemans, Bohémiens, Hongrois, François, Savoyards, &c. L'air y est fort mal sain, ce qui peut provenir de la malpropreté des rues. Les Turcs assiégerent Vienne en 1683, avec une armée de 150000 hommes. Le Grand-Visir y étoit en personne. Le roi de Pologne avec le prince Charles de Lorraine les força de le lever. long. 34. 30. latitude 48. 15.

VIENNOIS (le) *Viennensis ager*, pays de Fr. dans le Dauphiné, borné au nord par la Bresse & le Bugey, au midi par le Valentinois, au levant par la Savoye, & au couchant par le Rhône, Vienne est la capitale.

VIERZO, contrée d'Esp. au roy. de Leon, le long de la Tuerta sur les confins des Asturies. Ponferrada en est chef-lieu.

* VIERRADEN, & non pas VIERARDEN, comme dit Vosgien, ville d'Allem. dans le cercle de basse Saxe, sur les confins de la Poméranie, dans la marche de Brandebourg, sur la Welse, & non pas Vesle, comme dit le même Vosgien. Elle a été prise dans les différentes guerres, les Suédois s'en emparerent en 1637.

VIERZON, *Virzio*, ville de Fr. dans le Berry, sur les riv. d'Evre & du Cher, à 8 li. au nord-ouest de Bourges, & à 43 au sud-ouest de Paris. Il y a des Capucins, des Hospitalieres, des chanoinesses de l'ordre de St Augustin, & une abb. d'h. de l'ordre de St Benoît. Ses habitans passent pour les plus laborieux de la province. On y commerce en bois, & on y travaille en draps.

VIESTI, *Bestia*, ville d'Italie, au roy. de Naples, dans la Capitanate, sur le golfe de Venise, au pied du mont Gargan, à 12 li. au nord-est de Manfredonia dont son év. est suffr. long. 33. 52. latitude 41. 56.

VIEUVILLE (la), *Vetus villa*, abb. d'h. de l'ordre de Cît. en Fr. dans la haute Bretagne, au dioc. & à 2 li. au fud-eft de Dol, fondée l'an 1188.

VIEUX-JONC, commenderie de l'ordre Teutonique, dans le pays de Liege à un quart de lieue vers le levant de Maf-tricht.

* VIGAN (le), ville, & non pas bourg, comme dit Vofgien, dans le bas Languedoc, aux Sevennes, à 3 li. de St Hippo-lyte. Elle eft chef-lieu d'une vi-guerie royale.

VIGEOIS (le), *Vofium*, bourg de Fr. dans le Limoufin, pro-che la riv. de Vezere, avec une abb. d'hommes de l'ordre de St Benoît.

VIGEVANO, *Vigevanum*, ville d'Italie, au duché de Milan, capitale du Vigevanafc fur le Tefin, à 7 li. au fud-eft de Novare, & à 8 au fud-oueft de Milan. Elle a un chât. bâti fur un rocher, & un év. fuffr. de Milan, établi en 1530. long. 26. 23. latit. 45. 16.

VIGNAIS, p. ville de Portu-gal, dans la prov. de Tra-lof-montes, fur la p. riv. de Tue-lo au couchant de Bragance. Son nom lui vint du vigno-ble qui eft aux environs, & dont on fait d'excellent vin.

VIGNATS, *Vinacium*, abb. de filles de l'ordre de St Benoît, dans la Normandie, au dioc. de Séez, à 2 li. au midi de Fa-laife.

VIGNIOGOU, *Vignoliæ*, abb. de filles, de l'ordre de Cît. dans le bas Languedoc, au dioc. de Montpellier.

VIGNOLA, ou VIGNUOLA, ville d'Italie, dans le Mode-nois, fur le Panaro, aux con-fins du Boulonois. Elle eft for-te & bien peuplée.

VIGO, *Vigum*, ville d'Efp. dans la Galice, fur la côte de l'Océan, à 3 li. au fud-oueft de Redondella, & à 106 au nord-oueft de Madrid. Elle a un fort

à 4 baftions ; mais incapable de réfifter long-tems ; le château ne vaut pas mieux. En 1702 la flotte combinée d'Angl. & de Hollande, enleva dans ce port les galions d'Efp. qui revenoient de l'Amérique. Le comte Re-naud François, qui accompa-gnoit la flotte, en fauva plus de cent millions. long. 9. 14. lat. 42. 3.

VIHERS, *Vierium*, p. ville de Fr. dans l'Anjou, avec titre de comté, fur un étang, à 5 li. de Montreuil-Bellay. Il s'y tient plufieurs foires de bef-tiaux. longitude 17. 8. latit. 47. 10.

VILAINE (la) *Vicinonia*, riv. de Fr. dans la Bretagne : fa fource eft dans le Maine, tra-verfe la Bretagne, & va fe ren-dre dans la mer, vis-à-vis l'ifle de May. Elle eft des plus na-vigables de la province.

* VILAPORI, bourgade d'Ita-lie, dans l'ifle de Sardaigne, fur la riv. de Sepus, & non pas Seprus, comme dit la Mar-tiniere, à 12 li. au nord-eft de Cagliari. On croit que c'eft l'anc. *Saralapis*.

VILLA DE CONDÉ, ville de Portugal, dans la prov. entre Duero-e-Minho, fur la droite, & à l'emb. de la riv. d'Ave, en-tre Barcelos & Porto, avec un petit port. La ville n'eft pas grande, & fes habitans vivent de la pêche. long. 9. 20. latit. 41. 10.

VILLA DIEGO, bourg d'Efp. dans la Vieille Caftille, fur la riv. de Pifuerga. On croit que c'eft l'anc. *Moroeça*, & non pas *Marocca*, comme dit la Martiniere.

VILLA-DEL ESPIRITU-SANTO, ville de l'Amér. fept. dans la nouv. Efp. prov. de Guaxaca, à 90 li. d'Antequera, à 3 li. de la mer, bâtie en 1522, par Gon-falve de Sandoval.

VILLA-FLOR, ville de Portugal, dans la prov. de Tra-los-Montes, entre Mirandella & Torre de Moncorvo. Elle est petite, mais bien bâtie.

1. VILLA-FRANCA, p. ville d'Esp. dans la Vieille Castille, sur la Tormes, au nord de Puerto de Pico. On y fabrique de fort bons draps.

2. VILLA-FRANCA, p. ville d'Esp. au roy. de Leon, sur les confins de la Galice, au nord-ouest de Ponferrada, dans une belle vallée.

3. VILLA-FRANCA, ville d'Espagne, dans le Guipuscoa, sur l'Orio, entre Segura & Tolosa.

*4. VILLA-FRANCA, p. ville de Portugal, dans l'Estramadure, sur la riv. droite du Tage, & non pas sur la gauche, comme dit la Martiniere, entre Santaren & Lisbonne.

5. VILLA-FRANCA, ville de l'isle de St Michel, une des Açores, sur la côte méridionale.

6. VILLA - FRANCA DE PANADE'S, ville de Fr. dans la Catalogne, capit. d'une viguerie, à 4 li. au nord-est de Tarragone. Elle est bien batie, & on croit que c'est la *Carthago Vetus*. Dom Pedro III roi d'Arragon, y mourut l'an 1285. longitude 19. 22. latitude 41. 18.

VILLAGARCIA, p. ville d'Esp. dans le roy. de Leon. Les Jésuites y ont un collége & un noviciat ; & les Bénédictins un prieuré conventuel.

VILLA-HERMOSA, ville d'Esp. dans le roy. de Valence, sur un ruisseau qui se rend dans la riv. de Milas, à 16 li. au nord de Valence. Elle a titre de duché, érigé l'an 1470. long. 17. 22. latit. 40. 21.

VILLA-MAJOR, p. ville d'Esp. au roy. d'Aragon, près de Sarragosse, dans un terroir sec & aride.

VILLA-MARTIN, petite ville d'Esp. au roy. de Leon, sur la route de Burgos à Leon.

VILLA DE MOSE, ville de l'Amér. sep. dans la nouv. Esp. au gouvernement, & sur la riv. droite de Tabasco. C'est la plus considérable de tout le quartier. Elle est presqu'entierement habitée par des Indiens. Les Esp. y sont en petit nombre.

VILLA-NOVA D'ASTI, p. ville d'Italie, dans le Piémont, au territoire de Quiers, entre Turin & Asti.

VILLA-NOVA DE CERVERA, ville de Portugal, dans la prov. entre Duero-e-Minho, sur la rive gauche du Minho, vers son emb. aux confins de la Galice, défendue par plusieurs forts.

VILLA-NUEVA, abb. d'hommes, de l'ordre de Citeaux, de la congrégation de Castille, en Esp. dans la Galice au dioc. d'Oviedo.

VILLA-NUEVA DE LOS INFANTES, petite ville d'Espagne, dans la nouv. Castille, à 3 li. au nord-ouest de Montiel.

1. VILLA-REAL, *Villa Regalis*, ville d'Espagne, au roy. de Valence, sur le bord de la riv. de Millas, à 1 li. de la mer, & à 4 au nord d'Almenara. Comme elle avoit pris le parti de l'archiduc, elle fut prise par Philippe V en 1706, exposée au pillage & rasée. long. 17. 45. latit. 40.

2. VILLA-REAL, *Villa Regalis*, ville de Portugal, dans la prov. de Tra-los-Montes, au confluent des riv. de Corgo & de Ribera, avec titre de marquisat. Elle consiste en 2 paroisses.

1. VILLARICA, ville de l'Amérique sept. dans la nouvelle Esp. sur la côte du golfe du

Mexique , dans la prov. de Tlascala , avec un bon port. Son nom fait connoître que c'eſt une ville riche , en effet c'eſt l'entrepôt de tout le commerce de l'ancienne & de la nouvelle Eſpagne.

2. VILLARICA , ville de l'Amérique mérid. dans le Chili , ſur le bord du lac Malabauquen , à 16 li. au ſud-eſt de la ville Impériale , & à 25 de la mer du Sud. Ses habitans fabriquent de fort bons draps. long. 308. 12. latitude méridionale 39. 33.

VILLA RUBIA , p. ville d'Eſp. dans la nouv. Caſtille , près du Tage au midi , au nord-eſt de Tolede. long. 14. 18. latit. 39. 55.

VILLA RUBIA DE LOS OJOS , p. ville d'Eſp. dans la nouvelle Caſtille , près des Ojos de la Guadiana , d'où lui vient ſon nom.

VILLA VICIOSA , ville de Portugal , dans la prov. d'Alentejo , avec titre de marquiſat , à 8 li. au ſud-oueſt d'Elvas , & à 35 au ſud-eſt de Lisbonne. Il y a un beau château , où les ducs de Bragance faiſoient leur réſidence. Il y a de bonnes fortifications. On la diviſe en ville ancienne & ville-neuve. Il y a deux paroiſſes , & huit communautés religieuſes. Les environs ſont fertiles , & on y trouve des carrieres de beau marbre verd. long. 10. 13. latit. 38. 37.

VILLAC, *Villacum,* ville d'All. dans la Carinthie, ſur la droite de la Drave, à 6 li. au ſud-oueſt de Clagenfurt. Elle eſt remarquable par ſes eaux minérales , & pour avoir été le lieu de la retraite de Charles V, lorſqu'il fut pourſuivi par Maurice de Saxe en 1552. long. 31. 23. latit. 46. 49.

VILLALPANDO , ville d'Eſp. au roy. de Leon , à 4 li. au nord de Toro , entre Zamora & Benavente , dans une plaine agréable & fertile. Il y a un magnifique palais, qui appartient aux connétables de Caſtille , avec un arſénal bien fourni.

* VILLE-COMTAL , & non pas VILLE-COMTAT , comme dit Voſgien , p. ville de Fr. dans le Rouergue , dans l'élection , & à 4 li. de Rodès. C'eſt une miſérable bicoque.

* VILLE-DAGNE , Voſgien nous en fait une ville du bas Languedoc , au dioc. de Narbonne , tandis que ce n'eſt qu'un bourg.

1. VILLE-DIEU , *Villa Dei* , gros bourg de Fr. en Normandie , au dioc. de Coutances , dont il eſt à 7 li. Il y a une commenderie de Malthe , & il s'y fait un grand commerce de poëleries.

2. VILLE-DIEU , *Villa Dei* , abb. d'h. de l'ordre de Prémontré en Fr. dans la Gaſcogne , au dioc. d'Acqs.

* VILLE-FORT , bourg , & non pas ville , comme dit Voſgien , dans le Languedoc , au dioc. d'Uſez. C'eſt la clef des Sevennes & du Languedoc.

1. VILLE-FRANCHE , *Villa Franca* , ville de Fr. capit. du Beaujolois , ſur le Morgon , à 6 li. de Macon , & à 5 de Lyon. Il y a élection , grenier à ſel , académie de beaux eſprits & collégiale. Une grande & belle rue la traverſe d'un bout à l'autre. Humbert IV , Sire de Beaujeu , fonda cette ville dans le XII ſiécle , & parmi les privileges qu'il accorda aux nouveaux habitans , il permit aux maris de battre leurs femmes juſqu'au ſang , pourvu que la mort ne s'enſuivît pas. long. 22. 24. latit. 45. 58.

2. VILLE-FRANCHE , ville de Fr. dans le Bourbonnois , élection de Montluçon , ſur les riv.

d'Haute-Rive & de Beffe-moulin, avec un petit chapitre.

3. VILLE-FRANCHE, p. ville de Fr. dans la Champagne, au pays d'Argonne, fur la Meufe, à une lieue au-deffus de Stenay. François I l'avoit fortifiée comme frontiere ; mais on a rafé depuis les fortifications.

4. VILLE-FRANCHE, p. ville de Fr. dans le haut Languedoc, au dioc. d'Alby. Ses foires font renommées.

5. VILLE-FRANCHE ville de Fr. dans le Rouffillon capit. du Conflant, au pied des Pyrenées fur le Tet, à 9 li. au fud-oueft de Perpignan, à 10 au nord-eft de Puycerda, & à 180 de Paris, Louis XIV y fit batir fur la gauche de la riv. un château où il y a commandant & état-major. longitude 20. latitude 42. 23.

6. VILLE-FRANCHE, ville de Fr. dans le Rouergue, au dioc. de Rodès, capit. de la baffe Marche, fur l'Aveiron, à 8 li. au couchant de Rodès, à 12 au fud-eft de Cahors. Cette ville eft bien bâtie, il y a un préfidial, élection, collégiale, une belle chartreufe ; les PP. de la Doctrine ont le collége. Les habitans paffent pour avoir de l'efprit, leur commerce confifte en toiles. long. 19. 47. latit. 44. 22.

7. VILLE-FRANCHE, p. ville de Fr. dans le haut Languedoc, au Lauraguais.

* 8. VILLE-FRANCHE DE PANAT, petite ville de France, dans le Rouergue, fur le ruiffeau de Dordon, près du Tarn, à 4 li. au midi de Rodès, & à 5 au nord-oueft de Milhau. La Martiniere la met à 4 li. de Tarbes, & cite Corneille, dont il n'auroit pas dû copier une faute fi énorme.

9. VILLE-FRANCHE, ville de Savoye, dans le comté de Nice, fur la côte de la Méditerranée, à 1 li. au nord-eft de Nice, & à 3 au fud-oueft de Monaco, avec un port & un fort chât. longitude 25. 4. latitude 43. 41.

10. VILLE-FRANCHE, p. ville de Fr. dans l'Armagnac, au comté d'Aftarac.

VILLE-JUIF, gros bourg de l'Ifle de France, à 1 lieue de Paris, fur la route de Lyon.

VILLE-LOIN, ou VILLE-LOUP, *Villa Lupenfis*, bourg de Fr. dans la Touraine, fur l'Indrois, à 12 li. au levant de Tours, avec une abb. d'h. de l'ordre de Saint Benoit, fondée l'an 850.

VILLE-LONGUE, *Villa longa*, abb. d'h. de l'ordre de Cît. dans le Languedoc, au dioc. & à 2 li. de Carcaffonne, fondée l'an 1151.

VILLEMAGNE, *Villa magna*, abb. d'h. de l'ordre de St Benoit, dans le bas Languedoc, au dioc. & à 5 li. vers le nord de Beziers, proche la riv. d'Orbe, fondée l'an 817.

VILLEMAUR, p. ville de Fr. en Champagne, élection de Chaumont, avec un chapitre. Elle a été érigée en duché en 1650.

1. VILLEMUR, *Villa vetus*, p. ville de France, dans le haut Languedoc, aux confins de l'Albigeois, fur le Tarn, à 4 li. de Montauban. Il fe livra un grand combat près de cette ville l'an 1592, entre les Royaliftes & le parti de la Ligue. Scipion duc de Joyeufe y périt dans le Tarn.

2. VILLEMUR, *Villa vetus*, abb. de filles, ordre de St Benoît, dans le haut Languedoc, au dioc. & à 2 li. au couchant de Caftres, fur l'Agout.

VILLENAUX, p. ville de Fr. dans la Champagne, élection de Troyes.

1. VILLE-NEUVE, abb. d'h. de l'ordre de Cît. en Fr. dans la Bretagne, au dioc. & à 2 li. au midi de Nantes, fondée l'an 1202.

2. VILLE-NEUVE, p. ville de Fr. dans le bas Languedoc, à 1 li. de Beziers, sur le Canal-Royal, avec un aſſez beau château. On la surnomme la Cremade.

3. VILLE-NEUVE, p. ville de Suiſſe, au canton de Berne, dans le pays Romand, près de l'endroit où le Rhône ſe jette dans le lac de Geneve.

4. VILLE-NEUVE, ville de Fr. dans l'Agenois, ſur le Lot, dans une plaine fertile.

5. VILLE-NEUVE-L'ARCHE-VEQUE, ville de France, dans la Champagne, ſur la Vanne, à 5 li. au levant de Sens.

6. VILLE-NEUVE-D'AVIGNON, ville de Fr. dans le bas Languedoc, ſur le bord du Rhône, vis-à-vis la ville d'Avignon. Elle eſt remarquable par une très-belle Chartreuſe.

7. VILLE-NEUVE DE BERG, ville de Fr. dans le gouvernement du Languedoc, au dioc. de Viviers.

8. VILLENEUVE ST GEORGE, ville de France, dans l'Iſle de France, ſur la Seine, à 4 li. au-deſſus de Paris, & à 3 de Corbeil.

* VILLENA, *Bigerra*, p. ville d'Eſpagne, dans la Nouvelle Caſtille, & chef-lieu d'un marquiſat qui comprend encore les villes de Chincilla & d'Albacete, & non pas Albaraête, comme dit la Martiniere.

VILLENCOURT, *Vallencuria*, abb. de filles de l'ordre de Cît. dans la Picardie, au pays de Ponthieu, où elle avoit été fondée près d'Auxi-le-Château. Elle a été transférée à Abbeville.

VILLEPINTE, p. ville de Fr. dans le haut Languedoc, au diocèſe de St Papoul.

VILLEPREUX, petite ville de l'Iſle de France, dans le Hurepoix, à 2 li. de Verſailles.

VILLEQUIERS, p. ville de Fr. dans le Berry, avec titre de baronnie.

VILLEROY, château de l'Iſle de France, à 8 li. de Paris, proche la riviere d'Eſſone. Ce lieu a été érigé en duché-pairie en 1651, en faveur de la maiſon de Neuville.

VILLERS, abb. d'h. de l'ordre de Cît. dans le Brabant, à 2 li. de Gemblours.

VILLERS CANIVET, bourgade de France, dans la Normandie, avec une abb. de filles de l'ordre de Cît. fondée l'an 1140, au diocèſe de Séez.

VILLERS COTERETS, *Villarium Correſti*, p. ville de l'Iſle de Fr. dans le Valois, à 6 li. de Soiſſons & à 3 de Crepy. Il n'y a qu'une paroiſſe, deſſervie par des religieux Prémontrés, qui ont un abbé regulier. Cette ville dépend de la maiſon d'Orleans : il y a un beau château, avec une forêt qui a 3 li. de long.

* VILLE SERVE, bourg de France, dans la Picardie, entre Noyon & Ham. La Martiniere dit que c'eſt le *Silviacum* dont parle St Loup dans ſes épîtres ; cela ne peut pas être, puiſque l'auteur cité place ce lieu dans le territoire de Boulogne.

VILLIA, p. ville de l'Amér. ſur la mer du Sud, à 30 li. de Panama. Elle fut priſe & pillée en 1686 par des Flibuſtiers de St Domingue.

1. VILLIERS, *Villarium*, abb. de filles de l'ordre de Cît. dans le Hurepoix, proche la riv. de Juyne.

2. VILLIERS, *Villarium*, abb. d'h. de l'ordre de Cît. en Fr. au dioc. de Metz, à 4 li. de cette ville, fondée l'an 1134.

3. VILLIERS, *Villarium*, abb. d'h. de l'ordre de Cîteaux, dans les Pays-Bas, au Brabant Walon.

4. VILLIERS CANIVET, abb. de filles en Fr. *voyez* Villers Canivet.

VILLINGEN, *Villinga*, ville d'Allem. dans la forêt Noire, entre les sources du Danube & du Necker, bâtie par les comtes de Zeringen. On y respire un air salubre, & les vivres y sont à bon marché. Toutes les rues sont lavées par des ruisseaux. Elle appartient à la maison d'Autriche.

VILLORADO, *Belliforamen*, bourg d'Espagne, dans la Vieille Castille, au comté de Rioxa, sur le torrent de Tiron, à 4 li. de St Domingue de la Calçada. Il y a eu un évêché.

* VILVORDE, *Vilvordia*, ville des Pays-Bas, dans le Brabant, au quartier de Bruxelles, à 2 li. de cette ville, & à même distance de Malines. Elle est traversée par la riviere de Senne, & non pas Seine, comme dit la Martiniere. Il y a un château, où le chatelain fait sa demeure. Les Dominicains y enseignent les humanités : il y a quelques autres communautés, & un hôpital. long. 22. 4. latit. 50. 48.

VIMEU (le), *Vimacensis pagus*, canton de Fr. dans la Picardie, & qui fait partie du Ponthieu. Il s'étend depuis la Somme jusqu'à la Bresle. Il comprend St Valery, Gamaches, Crotroy, &c.

* VIMONSTIERS, *Vicus monasterii*, bourg de Fr. dans la Normandie, au dioc. de Lisieux, dont il est à 6 li. sur la riv. de Vie. Il est très-peuplé, & on y fait un grand commerce de gros bétail, ce qui a donné sujet à Vosgien de le qualifier de ville.

VIMY, *Viminacium*, ancien nom d'une petite ville de Fr.

dans le Lyonnois, à laquelle on a donné le nom de Neuville.

VINAIS, ville de Portugal, *voyez* Vignais.

VINAZ, abb. de filles en Fr. dans la Normandie, *voyez* Vignats.

VINCENNES, maison royale de l'Isle de France, à 1 li. au levant de Paris, accompagnée d'un parc d'une grande étendue. On enferme souvent des prisonniers d'état dans une de ses tours.

1. VINCENT (St), ville d'Esp. dans la prov. d'Asturie, au couchant de Santillane, avec un petit port & un assez bon château.

2. VINCENT (St), ou SAN VICENTE, isle d'Afrique, une de celles du cap Verd, entre celle de St Antoine au nordouest, & Ste Lucie au sud-est. Elle est montagneuse & déserte.

3. VINCENT (St), isle de l'Amér. sept. une des Antilles, au midi de celle de Ste Lucie. Elle est de figure ronde. Elle appartient, ainsi que celle de la Dominique, aux Caraibes, naturels du pays, sous la protection de la France par un traité de 1660. Elle est connue par son tabac, que quelques François y cultivent. longitude 316. 40. latitude 13.

4. VINCENT (St), prov. ou capitainerie du Bresil, le long de la mer, bornée au nord par celle de Rio Janeiro. Sa capitale porte le même nom : elle a un bon port, & est très-peuplée.

5. VINCENT DU LUC (St), abb. d'h. de l'ordre de St Benoît en Fr. dans le Bearn, au dioc. d'Oleron.

VINCI, château d'Italie, dans le duché de Toscane, entre Pise & Florence. Leonard de Vinci, fameux peintre, y nâquit l'an 1443.

* VINETA, ancienne ville

d'Allemagne, dans le cercle de la haute Saxe, au duché de Poméranie, capit. de l'iſle d'Uſedom. C'étoit une ville très-conſidérable ; mais elle a été ſubmergée, & on n'en voit plus aucune trace. Voſgien la dit brulée en 1473, & lui donne le même nom qu'à l'iſle.

VINTAIN, ou BINTAM, ville d'Afrique, dans le royaume de Fonia, au midi de la riviere de Gambie, ſur la gauche de la riviere de même nom. Outre les Flups qui l'habitent, on y voit des Anglois, & quantité de Portugais. Ceux-ci s'y ſont fait des établiſſemens, & ont une fort belle égliſe. Le principal commerce conſiſte en cire, ivoire & cuirs.

VINTIMILLE, *Albintemelium*, ville d'Italie, dans l'état de Genes, à l'emb. de la riv. de Rotta dans la Médit. à 8 milles au nord-eſt de Monaco, à 15 au nord-eſt de Nice, & à 35 d'Albengue. Son év. établi dès le VII ſiécle, eſt ſuffr. de Milan. Elle a un petit port, & un bon chât. pour ſa défenſe. long. 25. 15. latit. 43. 49.

VINZA, petite ville de Fr. dans le Rouſſillon, ſur le Tet, au comté de Conflans.

VIRE, *Viria*, ville de Fr. dans la baſſe Normandie, capit. du pays de Bocage, au bailliage de Caen, à 12 li. au ſud-oueſt de Caen, à 9 au ſud-eſt de St Lo, & à 58 au couchant de Paris. Quoiqu'il n'y ait qu'une paroiſſe, elle eſt aſſez grande, & a de vaſtes fauxbourgs. L'égliſe eſt belle, & eſt deſſervie par un grand nombre de prêtres : il y a auſſi des Cordeliers, des Capucins, des Urſulines & des Bénédictines. C'eſt le ſiége d'une vicomté, d'un grenier à ſel, d'une élection & d'une maîtriſe des eaux & forêts. On y fabrique beaucoup de draps,

dont il ſe fait un grand commerce. Les vaudevires, qu'on a appellé improprement vaudevilles, ont pris leur nom de cette ville. long. 16. 46. latit. 41. 51.

VIRGINIE (la), *Virginia*, contrée de l'Amér. ſept. bornée au nord par le Mariland, au midi par la Caroline, au levant par la mer du Nord, & au couchant par la Louiſiane. Richard Greenwil, Anglois, en fit la découverte en 1585. On lui donna le nom de Virginie pour faire honneur à la reine Eliſabeth, qui ne s'étant pas mariée, voulut paſſer pour vierge. On diviſe la Virginie en ſept. & mérid. pluſieurs rivieres l'arroſent. Les colonies habitent le long de la mer & ſur le bord des rivieres : les ſauvages ſont dans les terres. L'air y eſt ſain & le terroir fertile, ſur-tout en tabac. Les fruits d'Europe y viennent fort bien : il y croît une eſpéce de lin appellé herbe-ſoie, dont on fait des toiles & des habits. Les naturels du pays ſont robuſtes & agiles, extrêmement ſuperſtitieux. Ils n'adorent que ce qu'ils craignent, comme le feu, l'eau, les canons, & ſur-tout le Diable, à qui ils ſacrifient. Ils ſe peignent les bras, les cuiſſes & le viſage. Les hommes s'occupent à la chaſſe & à la pêche, les femmes au ménage. Tout ce pays ſe partage en dix-neuf comtés, qui par le dénombrement fait en 1703, renfermoit 60606 habitans, & 9522 hommes de troupes réglées. Jameſtown eſt la capitale.

VIRGINITÉ (la), *Virginitas*, abb. de filles de l'ordre de Cît. en Fr. dans le Maine, entre le Loir & la Braye, à 2 lieues de Vendôme, fondée l'an 1208.

VIRTON, *Virtonium*, petite ville des Pays-Bas, dans le duché de Luxembourg, à 8 li. à l'oueſt du Luxembourg, à 3 au sud-ouest d'Arlon, & à égale distance au nord-est de Montmedy. long. 23. 15. latit. 49. 52.

* VISAPOUR, ville des Indes, dans la presqu'isle, en deçà du Gange, capit. du roy. de même nom, sur le fleuve Mandova, & non pas Mindoux, comme dit Vosgien. Elle a 5 li. de tour; ses murailles baties en pierre, sont hautes & de bonne defense. Le roi qui y fait sa résidence, habite un palais très-spacieux, & entouré d'un profond fossé. Ce royaume confine au nord avec celui de Deli; son souverain étoit autrefois très-puissant, mais aujourd'hui il est tributaire du Grand-Mogol. longitude 92. 30. latitude 17. 28.

VISET, *Vegesatum*, p. ville d'Allem. dans l'ev. de Liege, sur la Meuse, entre Maestricht & Liege, dans le marquisat de Franchimont.

VISEU, *Viseum*, ville de Portugal, dans la prov. de Beira, à 16 li. au nord-ouest de Guarda, & à 20 au nord-est de Coimbre, dans une plaine des plus agréables & fertiles, avec titre de duché, & un év. long. 9. 40. latit. 40. 32.

VISSOGROD, ville de la gr. Pologne, *voyez* Wischgrod.

* VISTULE (la) *Vistula*, fleuve d'Europe, qui prend sa source, non pas dans la Silesie, comme dit Vosgien, ni dans la Pologne, comme dit la Martiniere; mais dans la Moravie, au pied du mont Crapac, à 14 li. au sud-ouest de Cracovie, d'où elle traverse la Pologne du midi au nord, & la Prusse Royale, & se rend dans la mer Baltique.

* VITERBE, *Viterbium*, ville d'Italie, dans l'Etat de l'Eglise, capit. du patrimoine de St Pierre, à 30 milles au nord de la mer, & à 40 milles au couchant de Rome, au pied d'une haute montagne. Cette ville batie par Didier, roi des Lombards, est grande & bien percée; ses rues sont larges, droites & bien pavées; les maisons sont belles: il y a quantité de palais & de beaux hôtels, un grand nombre de belles églises, de couvens & de monasteres. On y compte 15000 ames, mais elle pourroit bien en contenir 40000 à cause de son étendue, & de la fertilité de son terroir. Il y a 16 paroisses, dont une est la cathédrale, & 3 collégiales; les Jésuites ont le collége. L'év. qui est ancien, est ordinairement donné à un cardinal; la cathédrale est grande & batie, dans le goût gothique. On voit les tombeaux de Jean XXII & d'Alexandre IV. L'abbé de la Croix dit que c'est celui de Jean XXI, il se trompe. Viterbe a plusieurs places assez belles, les fontaines y sont en très-grand nombre, & méritent l'attention des curieux. long. 29. 42. latit. 42. 21.

VITRÉ, ville de Fr. dans la Bretagne, sur la droite de la Vilaine, à 6 li. au nord-est de Rennes, à 25 au nord de Nantes, & à 22 au sud-est de St Malo. Elle a titre de baronnie, avec une collégiale. Elle est grande & bien peuplée; il s'y fait un commerce étonnant de toiles, qui passent en Amérique. long. 16. 22. latit. 48. 12.

VITRI-LE-FRANÇOIS, *victoriacum Francicum*, ville de Fr. dans la Champagne, sur la droite de la Marne, qui dans ce lieu commence à être navigable, & qu'on passe sur un pont, à 6 li. au sud-est de Châlons, à 12 au couchant de Bar-le-Duc, & à 46 au levant de Paris. François I la fonda, & lui donna son nom & ses armes.

Elle eſt carrée, & d'une grandeur médiocre. Quoique les maiſons ne ſoient bâties qu'en bois, elle eſt cependant bien bâtie. Ses places ſont belles, la paroiſſe eſt dans la plus ſpacieuſe, elle eſt en même-tems collégiale. Les PP. de la Doctrine y ont un collége, les Minimes & les Recollets un couvent. Il y a dans cette ville un bailliage d'une grande étendue, un préſidial, grenier à ſel, & maîtriſe des eaux & forêts. long. 22. 16. latit. 48. 39.

VITTEAUX, p. ville de Fr. dans la Bourgogne, ſur la riv. de Braiſne, à 12 li. au couchant de Dijon, & à 6 au ſud-eſt de Semur. Il y a mairie & grenier à ſel, un hôpital, un couvent de Minimes, & un d'Urſulines. longitude 22. 4. latitude 47. 20.

1. VITTORIA, *Victoria*, ville d'Eſp. dans la Biſcaye, capit. de la prov. d'Alava, entre Miranda & Toloſa, à 60 li. au nord de Madrid. Sanche, roi de Navarre, l'a fondée en mémoire de la victoire qu'il remporta ſur les Maures. Elle eſt aſſez bien bâtie; les principales rues ſont bordées d'arbres. Parmi les habitans, il y a beaucoup de nobleſſe. Le commerce y eſt conſidérable, ſur-tout en fer & en lames d'épée, qu'on y fabrique en quantité. long. 14. 41. latit. 42. 50.

2. VITTORIA, *Victoria*, abb. d'h. de l'ordre de Cît. dans la baſſe Carinthie, au diocèſe de Gurck.

VIVAR, bourgade d'Eſp. dans la Vieille Caſtille, à 2 lieues de Burgos, remarquable par la naiſſance de Rodrigue, ſurnommé le Cid, & pour être la *Deobriga* des anciens.

VIVARAIS (le), *Vivarienſis tractus*, p. prov. de Fr. dans le gouvernement du Languedoc, bornée au nord par le Lyonnois, au midi par le dioc. d'Uſez, au levant par le Rhône, qui la ſépare du Dauphiné, & au couchant par le Velay, & le Gevaudan. Ses anc. habitans étoient les *Helvii*, qui avoient *Alba Auguſta* pour capitale. La riv. d'Erieu la diviſe en haut & bas Vivarais. Viviers eſt la capitale. Dans le premier ſe trouvent bien des montagnes qu'on a ſoin de cultiver, & où on nourrit beaucoup de troupeaux. Le bas eſt très-fertile. On y recueille de bons vins, & on y fait beaucoup de ſoie.

VIVARO, p. iſle du roy. de Naples, ſur la côte de la terre de Labour dont elle dépend, à 2 milles de l'iſle d'Iſchia, entre cette iſle & celle de Procita.

VIVERO, p. ville d'Eſp. dans la Galice, ſur une montagne eſcarpée, à 9 li. au nord-oueſt de Ribadeo, & à 7 au ſud-eſt du cap Ortegal. long. 10. 28. latit. 43. 42.

1. VIVIERS, *Vivarium*, ville de France, dans le gouvernement du Languedoc, capit. du Vivarais, ſur la rive droite du Rhône, à 4 li. au nord du St Eſprit, & à 9 au midi de Valence. Cette ville fut bâtie dans le V ſiécle, lors de la deſtruction d'*Alba Auguſta*. Elle eſt bâtie entre des rochers. Ses rues ſont étroites & malpropres, les maiſons fort laides. La cathédrale eſt ſur un rocher, & n'a rien de remarquable. L'év. qui eſt anc. eſt ſuffr. de Vienne. long. 22. 23. latit. 44. 29.

2. VIVIERS, *Vivarium*, abb. de filles de l'ordre de Cît. en Fr. dans l'Artois, autrefois près de la ville d'Arras, auj. dans la ville même.

VIVONNE, p. ville de Fr. dans

le Poitou, à 3 li. au midi de Poitiers, fur le Clin, à 2 li. au levant de Lufignan, avec un château.

VIVI, *Bibifcum*, bourg de Fr. dans l'Anjou, élection de Saumur, fur la rive droite de l'Authion.

VIZE, *Bizia*, ville de la Turquie Européenne, dans la Romanie, à 60 milles au fud-oueft de Conftantinople. Il y a eu un év. dès le V fiécle.

UKERMUNDE, ville d'Allem. dans la Poméranie, à l'emb. de l'Uker, à 3 li. d'Anclam, avec un chât. bâti par Bogiflas III, duc de Poméranie. long. 32. 4. latit. 53. 52.

UKRAINE, contrée d'Europe, bornée au nord par la Pologne & la Mofcovie, au midi par le pays des Tartares d'Oczakou, au levant par la Mofcovie, & au couchant par la Moldavie. C'eft un pays fort vafte, & dont le terroir eft fi fertile, que ce qui vient ailleurs avec peine, & par beaucoup de travaux, y vient fans aucune culture. Dans le tems qu'il appartenoit à la Pologne il étoit très-peuplé; on y voyoit nombre de villes grandes & bien bâties. Il eft auj. ruiné par les guerres, les campagnes font defertes. On n'y voit que quelques villes fur les frontieres de la Pologne, qui en perdant cette province, a perdu une des meilleures parties de fes états. Il ne lui refte qu'une foible autorité fur une partie de fes habitans, qu'on nomme Cofaques. La Ruffie occupe la partie la plus confidérable.

1. ULA, lac, ifle & ville de Suede, dans la Bothnie orient. Le lac a 63 milles de longueur & 10 de largeur, il fe dégorge dans le golfe de Bothnie. L'ifle eft au milieu du lac. Elle a 5 milles de longueur & 3 de lar-

geur. La ville qui n'eft pas confidérable, eft fur le golfe de Bothnie, près de l'endroit où fe décharge le lac.

2. ULA, ville d'Afie, dans la Tartarie Chinoife, fur la riv. de Songoro. Les rois y ont fait autrefois leur féjour. latitude 44.

ULCAMI, royaume d'Afr. entre Arder & Benin, vers le nord-eft. On en tire beaucoup d'efclaves qu'on vend aux Hollandois & aux Portugais, qui les tranfportent en Amérique.

ULEASTER, ifle des Indes Orientales, une des Moluques, au voifinage de celle d'Amboine. Il y a 7 petites villes gouvernées par 3 rois. Les Hollandois y ont une loge.

ULIERBEECK, abb. d'h. de l'ordre de St Benoit, dans les Pays-Bas, au Brabant, dans le quartier de Louvain.

ULM, *Ulma*, ville d'Allem. dans la Suabe, fur la gauche du Danube qu'on y paffe fur un pont, à 15 lieues au couchant d'Augsbourg, à 26 au nord-oueft de Munich, & à 115 au couchant de Vienne. Elle eft la premiere des villes Impériales de Suabe, & la dépofitaire des archives du cercle. Elle eft gr. & bien peuplée. Ses fortifications ont beaucoup couté; cependant elles ne la rendent pas bien forte. Il y a 2 belles places, dans une defquelles eft l'hôtel de ville qui forme un bâtiment magnifique; l'arfenal qui eft à un des bouts de la ville, eft très-bien muni. L'églife de Notre-Dame eft la plus belle de tout le pays: les Luthériens qui forment le plus grand nombre des habitans, en font les maîtres. La feule églife des Auguftins eft reftée aux Catholiques. Ulm eft la patrie de Jean Freinfhemius. long. 27. 45. latitude 48. 24.

ULMEN,

ULMEN, p. ville d'Allem. au duché de Deux-Ponts, dans l'électorat de Mayence, sur la riv. de Lauter, avec un château. long. 24. 38. latit. 50. 15.

ULSTER, *Ultonia*, prov. d'Irlande, bornée au nord par l'Océan sept. au midi par la province de Leinster, au levant par le canal de St George, & au couchant par l'Océan Occident. Elle est de figure presque ronde. Il y a beaucoup de lacs & d'épaisses forêts : les grains & les paturages y abondent ; on y nourrit beaucoup de bétail. On la divise en 10 comtés, Londondery est la capitale.

UMAGO, ville d'Italie, dans l'Istrie, sur la côte occidentale, avec un assez grand port. Elle a peu d'habitans, à cause du mauvais air qu'on y respire. On croit que c'est la *Mingum*, des anciens. Elle appartient aux Vénitiens.

UMBRIATICO, *Umbriaticum*, p. ville d'Italie, au royaume de Naples, dans la Calabre citér. sur le Lipuda, à 8 li. au nord de Santa-Severina, dont son év. est suffr. long. 34. 52. latit. 39. 27.

UMEGIAGUE, ville d'Afr. au roy. de Maroc, dans la prov. de même nom, sur une haute montagne. Sa situation en fait une forte ville.

UNDERSEWEN, petite ville de Suisse, dans le canton de Berne, sur le bord du lac de Thoun. Les Bernois y tiennent un bailli.

UNDERWALD, *Subsylvania*, Canton de Suisse, le 6e en rang, borné au nord par le canton de Lucerne, au midi par celui de Berne, au levant par celui d'Uri, & au couchant encore par celui de Lucerne. Il est partagé en deux vallées, la supérieure se divise en six communautés, & l'inférieure en 4. Le terroir est le même que dans les

Tome II.

cantons d'Uri & de Lucerne. On y trouve des carrieres de beau marbre noir, & des fontaines minérales. C'est un canton Catholique.

UNGWAR, petite ville de la haute Hongrie, capit. du comté de même nom, dans une isle formée par la riv. d'Ung, à 12 li. au levant de Cassovie. long. 40. 6. latit. 48. 53.

UNNA, p. ville d'Allem. dans la Westphalie, au comté de la Marck, à 4 lieues au levant de Dortmund. Elle a été anséatique, & appartient auj. au roi de Prusse. long. 25. 18. latit. 51. 39.

VODABLE, petite ville de Fr. dans l'Auvergne, chef-lieu du Dauphiné d'Auvergne, dans l'élection & au sud-est d'Issoire.

VODANA, ville de l'Arabie Heureuse, au roy. & à 15 li. de Mascate. Elle est assez grande, & la résidence d'un émir. Le terroir ne produit point de bled, mais beaucoup de melons, du raisin & autres fruits. Les dattes font la nourriture du peuple.

VODENA, ville de la Turquie Européenne, dans cette partie de la Macédoine appellée le *Comenolitari*, sur la riv. de Vistriza. On croit que c'est l'ancienne *Edessa*, & la même sans doute que M. Delisle appelle *Eclisso*, & qu'on ne trouve point ailleurs.

* VOERDEN, ville des Pays-Bas, dans la Hollande, sur le Rhin qui la traverse, à 3 lieues d'Utrecht, & à 6 de Leyde. Son château qui passoit pour imprénable, fut pris par les François en 1672, & démoli. Les Etats Généraux qui en font les maîtres, l'ont si bien fortifiée, qu'ils en ont fait une forteresse importante. La Martiniere dit que François de Mendoça, amirante d'Aragon, fait prisonnier à la bataille de Nieuport en 1660, fut long-tems prisonnier à Voër-

T

den. Cet auteur met la bataille 60 ans trop tard. long. 22. 23. latit. 52. 8.

VOESA, p. prov. des Indes, dans l'empire du Mogol, & la plus orient. Elle a pour capit. la ville de Jagrenate.

VOGHERA, p. ville d'Italie, dans le Milanez, au Pavefan, fur la gauche de la riv. de Stafora. On croit que c'est le *Vicus Iriæ* d'Antonin. long. 26. 33. lat. 44. 57.

VOID, *Vedum*, gros bourg de Fr. au dioc. & à 4 li. de Toul, avec un chat. qui fut pris pendant les guerres civiles par ceux qui tenoient le parti de la Fronde, & repris par le maréchal de la Ferté. Il s'y tient tous les ans cinq foires.

* VOIGTLAND (le), *Advocatorum terra*, contrée d'Allemagne, dans la haute Saxe, & un des quatre cercles qui forment le marquifat de Mifnie, entre la Boheme, le cercle des Montagnes, le duché d'Altenbourg, & le margraviat de Culembach. Plawen eft la principale ville, & non pas Zwickau, comme dit la Martiniere ; car cette ville eft dans le cercle d'Ertzeburge.

VOIOXIURA, port du Japon, dans l'ifle de Ximo, prefque vis-à-vis l'ifle de Firando. Il fut donné aux Portugais avant qu'ils ne s'établiffent à Nangazacki.

* VOISINES, abb. de filles, de l'ordre de Cît. en Fr. dans l'Orleanois, près de Mehun. La Martiniere a tort d'en faire une abb. d'hommes.

* VOLCKMARCK, petite ville d'Allem. au cercle d'Autriche, dans la b. Carinthie, fur la rive gauche de la Drave, & non pas du Danube, comme dit la Martiniere. On croit que c'eft la *Virunum* des anciens.

VOLEURS (pays des), contrée des Indes, dans le roy. de Marava. Leur nom vient du métier qu'ils font. Ils ne payent au prince aucun impôt, ils fortent la nuit en troupe, & vont piller tout ce qu'ils peuvent, fans que le prince ait pu les réduire. Si on veut pénétrer dans leur pays, fans s'expofer à de mauvais traitemens, il faut fe mettre fous la protection de quelqu'un d'entr'eux. Comme la peine du talion a lieu parmi eux, fi un particulier veut fe venger d'un affront, il s'arrache un œil pour obliger fon ennemi d'en faire autant, quelquefois ils fe tuent pour la même raifon.

VOLFERSDYCK, ifle des Pays-Bas, dans la Zelande, *voyez* Wolfersdyck.

VOLHINIE (la), *Volhinia*, palatinat de Pologne, borné au nord par celui de Brzefcie, au midi par celui de Podolie, au levant par celui de Kiovie, & au couchant par celui de Belz. Il y a 26 li. du levant au couchant, & 60 du midi au nord. Le Ster, le Horin & le Slucz l'arrofent dans toute fon étendue, & en rendent le terroir fertile. Luck eft la capitale.

VOLLENHOVE, p. ville des Pays-Bas, dans l'Overiffel, capitale de la contrée de même nom, fur le Zuiderzée, à 2 li. de Steenwick, & à 5 de Zwol. Elle fut batie par Godefroi de Rhenen, év. d'Utrecht, avec un fort chât. C'eft une des plus confidérables de la prov. par fa fituation & par fon commerce. long. 23. 30. latit. 52. 44.

VOLO, *Pagafæ*, ville de la Turquie Européenne, dans la prov. de Janna, entre Démétriade & Armiro, au fond du golfe de même nom, avec un bon port & une fortereffe, où les Turcs tiennent une bonne garnifon. On fait dans cette ville le bifcuit pour les flottes du Grand-Seigneur, on y voit de très-beaux magasins. Les Vénitiens prirent Volo en 1655. long. 41. 16. latit. 39. 36.

VOLTAGIO, bourg d'Italie, dans l'état de Gènes, fur la gauche du Lemo, avec un chateau. C'est l'ancienne demeure des *Veiturii*.

VOLTERRE, *Volaterræ*, ville d'Italie, dans la Toscane, fur une montagne, à 12 li. au fud-est de Pife, avec un év. fuffr. de Florence. Il y a quelques belles fontaines. La cathédrale est remarquable par un magnifique tabernacle de marbre. Cette ville est la patrie de Raphael Volaterran, du poëte Perfe, & du pape St Lin. long. 28. 34. latit. 43. 20.

VOLTORNO (le), *Vulturnus*, fleuve d'Italie, dans le roy. de Naples. Sa source est fur les confins de la terre de Labour, d'où elle fe rend dans la mer, près de l'emb. du Cianio.

VOLTURARA, p. ville d'Italie, au roy. de Naples, dans la Capitanate, au pied de l'Apennin, à 10 li. au nord-ouest de Benevent, dont fon évêque est fuffr. long. 32. 43. latit. 41. 29.

VOLTURERA, *Vallis Tyrena*, ville du pays des Grifons, fur le bord du lac de Come. Elle a été bâtie par les Tyrrheniens, & a donné fon nom à la Valteline.

VOLUCZA, montagne de la Turquie Européenne, dans le Comenolitari, proche la fource de la Platamona. Ce font les *Cambuvii montes* de Tite-Live.

VOORN, ifle des Pays-Bas, à l'emb. de la Meufe, dans la Hollande mérid. au nord de celle de Goërée. Elle produit quantité de grains, & a pour ville principale la Brille. C'est auffi le nom d'un fort de la Gueldre, bâti en 1599 par le prince Maurice de Naffau, & pris par les François en 1672.

VOQUINOSAMA, p. ville du Japon, dans l'ifle de Ximo, au roy. de Bungo. Un tremblement de terre la renverfa entierement en 1596.

VORDONIA, p. ville des états du Turc, dans la Morée, fur la gauche du Vafilipotamo. Quelques-uns la prennent pour l'ancienne *Amiclæ*.

* VOREPE, bourg de Fr. dans le Dauphiné, élection de Grenoble. Il a plu à Vofgien d'en faire une ville.

VORMHOUT, bourg des Pays-Bas, dans le comté de Flandre. Il y a un prieuré de Bénédictins, & il doit fon origine à un monaftère, dont St Vinox fut premier abbé.

1. VOROTINK, principauté de l'empire Ruffien, dans la Ruffie Mefcovite, bornée au nord & au levant par le duché de Rezan, au midi par le pays des Cofaques, & au couchant par le duché de Severie. La riv. d'Occa la traverfe du midi au nord. Sa capit. porte le meme nom.

2. VOROTINK, ville de l'empire Ruffien, capit. de la principauté de meme nom, fur la gauche de l'Occa.

VORST, *Foreftum*, abbaye de filles, de l'ordre de St Benoît, dans les Pays-Bas, fur la Senne; demi-li. au-deffus de Bruxelles.

VOSGES, *Vogefus faltus*, chaine de montagnes couvertes de bois qui féparent l'Alface & la Franche-Comté de la Lorraine. Elle a été fameufe par les Saints qui l'ont habitée. Saint Columban, St Gal, St Deicole y formerent des difciples, on y bâtit de beaux monaftères. Du côté feul de l'Alface, on compte auj. plus de 70 communautés religieufes, dont la plupart ont formé des villes, des bourgs & des châteaux. Nos rois des 2 premieres races alloient fouvent

chaſſer ſur ces montagnes, ſur-
tout Louis le Débonnaire.

VOSUMI, p. roy. du Japon,
dans l'iſle de Ximo, au midi de
celui de Fiunga, & au levant de
Saxuma.

VOVE (la), château de Fr.
dans le Perche, remarquable
pour avoir donné ſon nom à une
ancienne maiſon qui porte auj.
le nom de Tourouvre. On voit
un Jean de la Vove, chevalier de
l'ordre des Templiers, dans le
XIII ſiécle.

VOILLÉ, bourg de Fr. dans le
Poitou, élection de Poitiers.
C'eſt l'ancienne *Voclade*, re-
marquable par la victoire que
Clovis y remporta en 507, ſur
Alaric, roi des Viſigots, qu'il
tua de ſa propre main.

* VOUVRAY, bourg de France,
dans la Touraine, ſur la Ciſle,
& non pas Cliſſe, comme dit
Voſgien. On y recueille les meilleurs vins de la Touraine.

UPLANDE, *Uplandia*, pro-
vince de Suede, bornée au nord
& au levant par la mer Baltique, au midi par la Sudermanie, & au couchant par la Weſtmanie. Elle a 28 li. de long &
18 de large. On y trouve pluſieurs mines de fer & de plomb,
& quelques-unes d'argent. Stockholm eſt la capitale.

UPSAL, *Upſala*, ville de
Suede, dans l'Uplande, ſur la
riv. de Sala, à 12 li. au nord-
oueſt de Stockholm. Elle a été
la capitale du roy. & c'eſt encore le lieu où on couronne les
rois. Elle eſt grande, & n'a d'autres fortifications qu'un château
bati ſur un rocher. Elle eſt partagée en deux par la riviere. La
cathédrale eſt un édifice magnifique, elle eſt couverte de cuivre, & on y voit les tombeaux
de pluſieurs rois. Son archevêque eſt primat du roy. & ſacre
les rois. L'univerſité d'Upſal eſt
fameuſe; il y a toujours près de

800 étudians. long. 35. 48. latit.
59. 52.

URABA, prov. de l'Améri-
que, dans le gouv. de Carthagene, au levant de celle de Da-
rien. Les forets y ſont remplies
de gibier, & les riv. abondent
en excellent poiſſon.

URANIBOURG, château de
Suede, dans l'iſle d'Huen, au
milieu du détroit de Sund. Ce
château fut bati par Tichobrahé
qui imagina dans ce lieu en-
chanté ſon ſyſtéme du monde.
Il eſt aujourd'hui entierement
ruiné.

1. URBAIN (St), bourg &
abbaye d'hom. de l'ordre de
St Benoit, en Champagne, ſur
la Marne, au dioc. de Chalons.

2. URBAIN (St), abb. d'hom.
de l'ordre de Citeaux, dans la
Suiſſe, au canton de Lucerne.

URBANEA, p. ville d'Italie,
dans l'Etat de l'Egliſe, au duché
d'Urbin, ſur le Metro, à 6 milles
au ſud-oueſt d'Urbin, dont ſon
ev. eſt ſuffr. Urbain VIII l'agran-
dit beaucoup, & lui donna ſon
nom. C'eſt l'*Urbinum Metau-
renſe* des anciens.

URBIN, *Urbinum*, ville
d'Italie, dans l'Etat de l'Egliſe,
capit. du duché de meme nom,
ſur une montagne, entre les riv.
de Metro & la Foglia. Elle eſt
petite; on y voit un palais qui
eſt l'ancienne demeure des ducs.
Son év. fut érigé en archev. en
1551, & le pape Clement X y
fonda une univerſité. C'eſt la
patrie de Polydore Virgile &
du peintre Raphaël. long. 30.
15. latit. 43. 48.

Le duché d'Urbin eſt borné
au nord par le golfe de Veniſe,
au midi par l'Ombrie, au levant
par la Marche d'Ancone, au
couchant par la Toſcane & la
Romagne. Il a d'étendue 55
milles du midi au nord, & 66
du levant au couchant. C'eſt un
pays fort mal ſain & peu fertile.

URFÉ, bourg de Fr. dans le Forez, élection de Rouanne. Cette seigneurie a appartenu au marquis de ce nom, auteur de l'Astrée.

URGEL, *Orgella*, ville d'Esp. dans la Catalogne, sur la rive droite de la Segre, à 6 li. au sud-ouest de Puicerda, & à 35 au nord-est de Taragone, dont son év. est suffragant. long. 19. 10. latit. 42. 25.

URGENS, ville d'Asie, nommée autrefois Korkang, à 20 li. d'Allem. de la côte orient. de la mer Caspienne, sur la gauche de l'ancien lit du Gihun. Elle a 1 li. de circuit. Ses maisons sont mal bâties, & sont de brique cuite au soleil. Le château, bâti de même, est à demi-ruiné. longitude 76. 30. latit. 42. 18.

URI, *Uriensis pagus*, canton de Suisse, le plus mérid. & le 4e en rang, borné au nord par le canton de Schwitz, & le lac des 4 cantons, au midi par les bailliages d'Italie, au levant par les Grisons & le canton de Glaris, au couchant par le canton d'Underwald, & une partie du canton de Berne. Ce canton n'a aucune ville, mais des bourgs & des villages. Le principal est Alldorf. Son gouvernement est à peu-près le même que dans les autres cantons. Il est renfermé entre de hautes montagnes; & quoique plus près des Alpes que les autres, il est cependant plus fertile, & on y nourrit une grande quantité de bétail. Il y a quelques mines de fer. Les habitans d'Uri sont Catholiques, & passent pour être très-braves; ils sont descendans des anciens Taurisques.

URSANE, ou URSIS (St), p. ville de Suisse, au canton de Basle, à 2 li. de Porentru.

URSEL, ville d'Allem. au cercle du bas Rhin, dans le comté de Konigstein, à 3 li. de Franc-fort. Elle appartient à l'électeur de Mayence. Les troupes de Hesse & de Saxe ayant pris cette ville en 1645, la réduisirent en cendres, à peu de maisons près.

URSPERG, ou AURSPERG, abbaye d'hom. de l'ordre de Prémontré, en Allem. dans le cercle de Suabe, au margraviat & au midi de Burgaw, sur la gauche de la Mindel, à 5 li. au-dessous de Mindelheim, fondée l'an 1145. Son abbé a séance au banc des prélats de Suabe.

URSPRING, abb. de filles, de l'ordre de St Benoît, en Allem. au dioc. de Constance, à l'ouest de la ville d'Ulm.

URZENDOW, ville de Pologne, dans le palatinat de Lublin, au midi & à 7 milles de la capitale, sur la droite d'une riv. qui se rend au-dessous dans la Vistule.

USBECKS, peuples Tartares qui habitent sur la côte orient. de la mer Caspienne. Ils occupent une grande étendue de pays, depuis le 72 degré de longitude jusque vers le 90, & depuis le 34 de latitude jusqu'au 45.

* USCOPIA, ville de la Turquie Europ. dans la Servie, à 75 li. au sud-est de Belgrade. C'est la résidence d'un sangiac & d'un archev. Latin, & non pas Grec, comme dit Volgien. long. 40. 8. latit. 42. 15.

* USEDOM, isle d'Allem. sur la mer Baltique, dans la Poméranie, au cercle de la h. Saxe, & non pas de la basse, comme dit la Martiniere. Elle a 6 milles de long, & contient une ville de même nom, qui a été autrefois très-considérable, mais elle n'a pu se remettre d'un incendie arrivé l'an 1473. long. 38. 32. lat. 53. 35.

USERTHAL, ou EUSSERS-THAL, *Uterina vallis*, monastère de l'ordre de Cît. en Fr. dans la b. Alsace, au dioc. de

Spire, proche la ville d'Anſweiler. Les papes & les empereurs l'ont comblé de bienfaits.

USIATIN, p. ville de Pologne, dans le palatinat de Podolie, ſur la riv. de Sebrouce, au ſud-eſt de Tramblova, avec quelques fortifications.

USSEL, p. ville de Fr. dans le Limouſin, à 2 li. au nord-eſt de Vantadour, & le chef-lieu de ce duché. Il y a d'habiles metteurs en œuvre.

USSON, *Uxus*, ville de Fr. dans l'Auvergne, à 4 li. au nord de Brioude, ſur une rude mont. avec titre de marquiſat, un bailliage & chatellenie royale. En 1634, le roi en fit raſer le chat. remarquable par le long ſéjour qu'y fit Marguerite premiere femme du roi Henri IV.

USTIUGA, ville & province de l'empire Ruſſien, *voyez* Ouſtioug.

1. UTRECHT, *Ultrajectum*, ville des Pays-Bas, capit. de la prov. de même nom, ſur l'ancien canal du Rhin, à 8 li. au ſud-eſt d'Amſterdam, à 10 au nord-oueſt de Nimegue, & à 12 au nord-oueſt de Bolduc. Les Romains qui en ſont les fondateurs la nommerent *Trajectum*, parce qu'on y paſſoit le Rhin Ce n'étoit alors qu'une forterefſe. Telle qu'elle eſt auj. elle eſt de figure ovale, & a 5 quarts de lieue de circuit. Elle n'eſt pas forte, quoique munie de quelques fortifications. On peut la mettre parmi les belles villes; elle eſt très-peuplée, & il s'y fait un gr. commerce. Son mail eſt le plus beau de l'Europe. Louis XIV fut ſi charmé de ſa beauté, qu'il défendit qu'on le détruiſit. L'univerſité de cette ville eſt fameuſe, ſur-tout pour le droit. Le pape Paul IV avoit érigé l'év. d'Utrecht en métropole : cet arch. ſubſiſte encore ; mais il n'eſt pas approuvé du

pape, & n'eſt point reconnu des Catholiques. L'égliſe qui a ſervi de cathédrale eſt un magnifique batiment; il y avoit outre cela quatre collégiales, & un grand nombre de communautés religieuſe. Les environs de la ville ſont charmans, le long du canal qui mene de cette ville à Amſterdam, on ne voit que de belles maiſons de campagne avec des jardins très - bien entretenus. Utrecht eſt remarquable par le traité d'union des provinces qui s'y fit en 1579, & par le congrés qui s'y tint en 1712, pour la paix de l'Europe. C'eſt la patrie du pape Adrien IV. long. 22. 35. latit. 52. 10.

2. UTRECHT, province des Pays-Bas, & la 5e en rang parmi celles qui compoſent les Prov. Unies. Elle a au nord la Hollande & le Zuiderzée, au midi le Rhin, au levant le Veluve & la Gueldre, au couchant la Hollande encore. L'air y eſt plus ſain que dans les autres provinces. Le gouvernement eſt comme celui de la Zelande. Les François ſe rendirent maîtres de toute cette province en 1672, & l'abandonnerent l'année ſuivante.

UTZNACH, p. ville de Suiſſe, dans le canton de Zurich, capit. d'un ancien comté, & la reſidence d'un bailli.

VUCHANG, ville de la Chine, dans la prov. de Huquang, dont elle eſt premiere métropole. Elle eſt grande, ornée de beaux édifices, ſur - tout d'un palais royal & de 5 temples. Elle a 10 villes dans ſon territoire. latit. 31.

VUCHEU, ville de la Chine, dans la prov. de Kiangſi, dont elle eſt ſeptiéme métropole, près du fleuve Kiam. On y remarque cinq temples magnifiques, dédiés à des heros. On y respire un air sain , & on y a tous les vivres en abondance. latit. 28. 42.

VUCHING, ville de la Chine , dans la prov. de Channton , au département de Tungchang , troisiéme métropole de la province. latit. 37. 35.

VUCHUEN , ville de la Chine , dans la prov. de Quantung, au département de Caocheu , septiéme métropole de la prov. latit. 21. 37.

VUCING, ville de la Chine , dans la prov. de Peking. latit. 39. 25.

VUHU, ville de la Chine , dans la prov. de Kiangnan , au département de Taiping onziéme métropole de la prov. près du fleuve Kiam. C'est une des plus considérables de l'empire , soit par son port qui a 1 lieue de circuit, soit par son commerce , soit par la beauté de ses édifices publics & par la bonté des armes qu'on y fabrique. latit. 32 16.

VULCANO (isle de), isle d'Italie , une de celles de Lipari. Elle est un peu moins grande que celle de Lipari.

VULMER (St), abb. d'h. en Fr. de l'ordre de St Augustin , au dioc. de Boulogne.

VULSI , p. ville de la Turquie Européenne , dans la Morée , sur l'Erasino , à quelques lieues au sud-est du lac de même nom.

VURMSPACH, *Cella beatæ Mariæ* , abb. de filles , de l'ordre de Cît. en Suisse , à 1 li. de Raperswil , sur le lac de Zurich. Elle est soumise à l'abbé de Wettingen.

VUTING, ville militaire de la Chine , dans la prov. d'Iunnan , dont elle est la IV ville. Il y a une nombreuse garnison , à cause des Montagnards voisins qui se font craindre. On tire beaucoup de musc du territoire de cette ville. latit. 25. 27.

UXUMI, prov. du Japon , dans l'isle de Ximo , au midi de celle de Fiunga , & au levant de celle de Saxuma. Elle a 2 journées d'étendue de l'est à l'ouest. On la divise en huit districts.

UZEDA, p. ville d'Esp. dans la nouv. Castille, chef-lieu d'un duché de même nom à 8 li. au nord d'Alcala , avec un chât. longitude 14. 30. latitude 40. 52.

UZEL, p. ville de Fr. en Bretagne , au dioc. de St Brieux , dont elle est à 8 li. avec un bailliage & châtellenie. Il s'y fait un commerce assez considérable , sur-tout en toiles. long. 14. 42. latit. 48. 15.

UZERCHE, *Usierchia* , petite ville de Fr. dans le bas Limousin , au dioc. & à 11 li. au sudest de Limoges , & au midi de Brive , sur la Vesere. Il n'y a qu'une principale rue bordée d'assez jolies maisons. Il y a une abb. d'h. de l'ordre de St Benoit. long. 19. 20. latitude 45. 24.

*UZE'S, *Ucecia* , p. ville de Fr. dans le bas Languedoc , & non pas dans le haut , comme dit Vosgien , à 6 li. au nord de Nismes , à 9 au couchant d'Avignon , & à 150 de Paris. Elle a titre de duché-pairie , avec un év. établi dès le v siécle , & qui est suffr. de Narbonne. La cathédrale est un bâtiment gothique. La maison de l'évêque est belle & commode. Le chât. du duc est un gros bâtiment qui n'a rien de beau. Cette ville avoit de beaux privileges ; mais elle les a perdus pour avoir favorisé les Huguenots dans le XVI siécle. long. 22. 6. latit. 41. 4.

W.

WACASA, prov. du Japon, dans l'ifle de Niphon, entre le lac d'Oitz au midi, & la mer au nord. Elle a du Nord au Sud une journée & demie de longueur. On la divife en 3 diftricts, & on y trouve des mines de fer.

WACHTENDONCH, p. ville des Pays-Bas, dans la prov. de Gueldres, à 2 li au midi de Gueldres. Elle eft environnée de marais, ce qui fait toute fa force. C'eft devant cette place qu'on s'eft fervi de bombes, pour la premiere fois. Un incendie en brula la meilleure partie, avec la grande églife en 1708. long. 23. 50. latit. 51. 22.

* WACHZENKIRKEN, bourg d'Allem. dans la haute Autriche, fur les confins de la Baviere, & non pas dans la Baviere même comme dit la Martiniere, fur la riviere d'Afcha, au fud-eft de Paffau.

1. WAES (pays de), contrée des Pays-Bas, dans la partie orientale de la Flandre Autrichienne, depuis Gand jufqu'à Yfendick, fur la gauche de l'Efcaut. Il eft abondant en bled & en lin. Ses chevaux font très-eftimés.

2. WAES, ifle de la mer d'Ecoffe, une des Orcades, à trois milles au couchant de celle de Fara. Elle a 5 milles de long & 3 de large. Il y a un bon port & une églife paroiffiale.

WAETEN, ou WATEN, p. ville des Pays-Bas, dans la Flandre, fur les confins de l'Artois, dans la châtellenie de Caffel, proche la riv. d'Aa.

WAGENINGEN, p. ville des Pays-Bas, dans la Gueldre, au quartier d'Arnheim, fur la droite du Rhin, à 2 li. de Nimegue. Son territoire produit beaucoup de tabac. On croit que c'eft le *Vada* de Tacite.

WAGRIE (la), *Vagria*, contrée d'Allem. dans le duché de Holftein, bornée au nord & au levant par la mer Baltique, au midi par la Trave, & au couchant par la Stormarie. Elle a 8 milles de long fur 7 de large; c'eft l'anc. demeure des Wandales & des Venedes. La quantité des rivieres & des ruiffeaux qui y coulent, rendent le pays très-fertile. On y nourrit un gr. nombre de cochons dont il fe fait un commerce confidérable.

WAHLESTAT, petite ville de Suiffe, proche le lac de même nom, & chef-lieu d'un bailliage. C'eft la grande route de l'Allem. au pays des Grifons.

WAITZEN, ou WATZEN, ville de la haute Hongrie, dans le comté de Novigrad, fur la gauche du Danube, à 5 milles au nord de Bude, avec un év. Le prince de Lorraine la prit en 1684 fur les Turcs, qui la reprirent la même année & la détruifirent.

WAKEFIELD, ville d'Angl. dans l'Yorcshire, entre Yorck & Londres, fur le bord du Calder qu'on y paffe fur un pont. Elle eft bien bâtie, & on y voit plufieurs manufactures de draps. Il s'y livra une fanglante bataille entre Henri VI & Richard duc d'Yorck. Il y a plufieurs mines de charbon de terre dans fes environs.

WALCHEREN, *Valacra*, ifle des Pays-Bas, dans la Zelande, dont elle eft la principale, au couchant de l'ifle de Zuidbeveland, à l'emb. du Hont. Middelbourg eft la ville capitale.

WALCOURT, *Vallocuria*, ville

des Pays-Bas, dans le comté de Namur, aux confins du pays de Liege, sur la riv. d'Heure, à 6 li. au sud-ouest de Charleroy, & à 10 au sud-est de Mons. En 1689 les Fr. furent obligés d'en lever le siége. long. 22. 5. latit. 50. 12.

WALDBOURG, chât. d'Allem. dans la Suabe mérid. chef-lieu d'un comté de même nom, à 2 milles de Ravensburg au levant.

WALDECK, comté d'Allem. dans la Westphalie, entre l'év. de Paderborn, & le landgraviat de Hesse. Waldeck est la ville principale, sur la riv. de Steinbach, avec un bon château. longitude 26. 42. latitude 51. 10.

WALDERBACH, abb. d'h. de l'ordre de Cît. dans la b. Baviere, au haut Palatinat dans le dioc. de Ratisbonne.

WALDHAUSEN, p. ville, & abb. d'hommes de l'ordre de Cît. en Allem. dans la haute Autriche.

WALDKIRCK, p. ville d'Allem. dans le Brisgaw, dans une isle formée par la riv. d'Eltz, à 2 li. de Fribourg. long. 25. 36. latit. 48. 10.

WALDSAXEN, bourg d'Allem. dans le palatinat de Baviere, au midi d'Egra, avec une abb. de l'ordre de Cît. fondée en 1132. On y a construit une église magnifique.

WALDSÉE, bourg d'Allem. dans la Suabe mérid. au comté de Waldbourg, avec un chât. & une abb. fondée par l'empereur Frederic II.

WALDSHUT, p. ville d'Allem. dans le cercle de Souabe, une des 4 villes forestieres, à l'emb. du Schutt, dans le Rhin, & à 10 li. au nord-ouest de Zurich. Les Suisses entreprirent en vain le siége de cette place en 1468. long. 25. 56. latitude 47. 44.

WALDT, abb. de filles, de l'ordre de Cîteaux, en Allem. dans le cercle de Souabe, au dioc. de Constance.

WALLEBOURG, ou WALLENBOURG, *Valleburgum*, p. ville de Suisse, dans le canton de Basle, au pied du mont Jura, avec un fort chât. bâti sur un rocher. long. 25. 23. latit. 47. 36.

*WALLINGFORD, bourg d'Angl. dans le Barckshire, sur le bord de la Tamise. La Martiniere dit que c'est l'anc. *Callena*, il devoit dire *Calleva*; mais ce n'est point cette ville puisqu'elle étoit une route romaine, & qu'il n'y en a jamais eu de trace à Wallingford.

*WALPON, VALPO, *Valcum*, ville de Hongrie, dans l'Esclavonie, entre la Drave au nord, & la Save au midi, sur une riv. & chef-lieu d'un comté de même nom, avec un chât. bien fortifié. C'est la même chose que Walkowar, ce qui a fait tomber dans l'erreur Baudrand & la Martiniere, qui en ont fait des articles distincts.

WALSÉE, p. ville d'Allem. dans la basse Autriche sur la droite du Danube. On croit que c'est l'anc. *Falciana*.

WALTENBRUCH, petite ville d'Allem. dans la Suabe mérid. au duché de Wirtemberg, sur la droite de l'Aich.

WALTMUNCHEN, petite ville d'Allem. dans la Baviere, sur la riv. de Schwartzach.

WAMBA, bourg de Portugal, dans la prov. de Beira, aux confins de l'Estramadure de Leon. C'est l'anc. *Gertigos*.

1. WANGEN, *Vimania*, ville d'Allem. dans la Suabe, sur la riv. d'Oberarg, à 12 milles au nord-est de Lindaw, & à 35 au nord-est de Constance. Il s'y fait un grand commerce de toiles. long. 27. 35. latit. 47. 36.

2. WANGEN, petite ville de Suisse au canton de Berne, sur le bord méridional de l'Aar. Elle est chef-lieu d'un bailliage, qui comprend plusieurs beaux villages.

3. WANGEN, ville de France, dans la basse Alsace, sur la pente d'une montagne, à 3 lieues au nord-ouest de Strasbourg.

1. WARADIN (le grand), ville de la haute Hongrie, capitale d'un comté de même nom, sur la riviere de Keres, avec une forte citadelle, & un év. suffr. de Colocza. Les Turcs la prirent en 1660, mais les Impériaux la reprirent en 1692. long. 39. 6. latit. 46. 51.

2. WARADIN (le petit), ville de la haute Hongrie, au comté de Zemplin, sur la Teisse, au-dessus de Tokay.

3. WARADIN, ville de l'Esclavonie, capit. d'un comté de même nom, sur la droite de la Drave, à 10 li. au sud-ouest de Canisca, avec une bonne forteresse. long. 34. 38. latit. 46. 16.

1. WARBERG, *Vardburgum*, ville de Suéde, dans la province de Halland, sur la côte de Danemarck, où elle a un port, avec un château.

2. WARBERG, ville d'Allem. en Westphalie, dans l'évêché de Paderborn, sur la riv. de Dymel. Elle a été impériale, & appartient aujourd'hui à l'év. de Paderborn.

WARDE, petite ville de Danemarck, dans le Jutland, à l'embouchure de la riviere de même nom, au dioc. & à 6 li. de Rypen.

WARDHUS, gouvernement de la Norwege, dans sa partie septentrionale, depuis le golfe Oftrafior jusqu'aux confins de la Laponie Moscovite. Il est fort étendu, mais fort mauvais, & ne produit que quelques pâturages. Il a pour chef-lieu une

bourgade de même nom, placée dans une isle de même nom aussi, & où réside le gouverneur, avec un bon château. long. 50. 7. latit. 70. 32.

* WARE, bourg d'Angleterre, dans le comté de Hertford, sur la route de Londres, au bord de la riviere de Lea, & non pas Ley, comme disent la Martiniere & Vosgien.

WAREN, petite ville d'Allem. dans la basse Saxe, au duché de Mecklenbourg, entre Gustrow & Stargard, entre ces deux villes. On croit que c'est la *Virunum* de Ptolomée.

WARHAM, ville d'Angleterre, en Dorsetshire, sur la baie de Pool, entre la Piddle & la Frome. Guillaume le Conquérant y avoit bâti un château, & c'étoit une brillante ville; mais depuis que son port a été gâté, elle est tombée en décadence.

WARKA, ville de Pologne, dans le duché de Mazovie, au territoire de Czersko, sur la rive gauche de la Piltza. Sa situation est des plus agréables, & on y fait de bonne biere. long. 39. 27. latit. 51. 22.

WARNEMUNDE, petite ville d'Allem. dans le cercle de la basse Saxe, au duché de Mecklenbourg, à l'embouchure de la Warne. Elle est assez bien fortifiée.

WARNETON, *Vastena*, petite ville des Pays-Bas, dans la Flandre, sur la Lys, à 2 li. au midi d'Ypres, & à 3 au nord-ouest de Lille. Elle est chef-lieu d'une petite châtellenie, & fut cédée à la France en 1679. Un incendie arrivé en 1527 en brula la plus grande partie. Il y a une abbaye de Chanoines réguliers de l'ordre de St Augustin, fondée l'an 1138.

WARRINGTON, ville d'Angl. dans la prov. de Lancastre, sur la droite du Mersey, qu'on passe fur un pont, entre Londres & Lancaftre, avec titre de comté. long. 14. 38. latit. 53. 22.

1. WARTA, ville de Pologne, dans le palatinat de Siradie, entre Siradie & Sadeck, fur la rive gauche de la Warta. Elle eft bien bâtie, & fut réduite en cendres par les chevaliers Teutoniques l'an 1331.

2. WARTA, p. ville d'Allem. dans la baffe Siléfie, au duché de Montferberg, fur la gauche de la Neiff.

1. WARTENBERG, ville d'Allemagne, dans la Siléfie, fur la riv. de Weida, aux confins de la Pologne Il n'y a qu'une principale rue. Ses fortifications font bonnes : les habitans font partie Catholiques & partie Luthériens. Elle fut entierement brulée en 1742 ; il n'y eut que le château de confervé. Le comte de Biron, Ruffien, l'acquit en 1735 du margrave de Dohna. Elle faifoit partie du duché d'Olfs, dont elle fut démembrée vers l'an 1495.

2. WARTENBERG, ville de la Pruffe Royale, dans le palatinat de Marienbourg, fur la riviere d'Alla, au fud-eft de Gutftat, & au midi de Freudenberg. long. 38. 50. latit. 53. 45.

3. WARTENBERG, château d'Allem. dans le bas Palatinat, près de Kayfersloutre. Il a été érigé en 1703 en comté immédiat de l'Empire en faveur de Cafimir Kolbe, premier miniftre du roi de Pruffe. 12 feigneuries en dépendent.

WARWICK, *Verovicum*, ville d'Angleterre, capitale de la prov. de même nom, fur une colline, au bord de l'Avon, à 25 li. au nord-oueft de Londres. Elle eft grande, bien bâtie, fes rues font larges & propres, avec un fort beau château. Elle occupe la place de l'anc. *Præfidium*. long. 15. 56. latit. 52. 17.

WARWICKSHIRE (le), prov. d'Angl. bornée au nord & au couchant par les comtés de Stafort & de Leveefter, au midi par ceux d'Oxford & de Glocefter, & au levant par celui de Northampton. Elle eft de figure ovale. Sa longueur eft de 40 milles, & fa largeur de 30. Elle eft fertile en grains, & l'air y eft fort bon. Warwick eft la capitale.

WASA, petite ville de Suede, en Finlande, dans la Bothnie orientale, fur la côte du golfe de Bothnie. Elle a eu la gloire de donner la naiffance à Guftave Vafa, qui a regné en Suéde.

WASGAW (le), pays de Fr. dans l'Alface, depuis Weiffenbourg jufqu'à Saverne.

WASOR, abb. d'h. de l'ordre de St Benoît, dans les Pays-Bas, fur la Meufe, au comté de Namur, entre Dinant & Philippe, fondée dans le x fiécle.

WASSELONNE, petite ville de Fr. dans l'Alface, fur la riv. de Maffik, avec un château, bâti fur la croupe d'une montagne. Elle n'eft point fermée de murailles.

1. WASSERBOURG, ville d'Allemagne, dans la Suabe, fur le bord du lac de Conftance, entre Langen & Lindaw. long. 27. 5. latit. 47. 36.

2. WASSERBOURG, ville d'Allemagne, dans la Baviere, fur l'Inn, au nord-eft de Traunftein, & à l'eft de Munich. long. 29. 45. latit. 48.

WASSERTRUDING, petite ville d'Allem. dans la Franconie, au margraviat d'Anfpach, fur la riviere de Wernitz, au-deffus d'Œting.

WAST, abb. de Fr. dans le Maine, fur le Loir, *voyez* Vaas.

WASTENA, *Vadftena*, ville de Suede, dans l'Oftrogothie, fur le bord oriental du lac Vater. C'eft la patrie de Ste Brigite.

Il y a une église où sont les tombeaux des anciens rois.

WASTINE, *Vastina*, abb. de filles de l'ordre de Cîteaux, dans la Flandre, au dioc. de St Omer, fondée en 1295 pour des chanoines reguliers.

WATER, lac de Suéde, *voyez* Weter.

WATERFALL, p. ville d'Angl. dans la prov. de Stafford, dans l'endroit où le Hans se cache sous terre.

1. WATERFORD, ville d'Irlande, dans la prov. de Munster, capit. du comté de même nom, sur la Shure, à 1 li. de la mer, & à 24 au sud-est de Limerick. Elle est grande, riche & très-peuplée. Ses rues sont étroites, & l'air y est mal sain. La jonction du Barrow & de la Shure y forme un très-beau havre. Les plus gros vaisseaux y mouillent près du quai. Ce havre est défendu par un bon chateau. Son év. est suffr. de Cashel. long. 10. 45. latit. 52. 12.

2. WATERFORD, comté d'Irlande, dans la province de Munster, borné au nord par le comté de Tipperari, au midi par l'Océan, au levant par le comté de Wexfort, & au couchant par celui de Cork. Il a 46 milles de long, & 24 de large. Il est divisé en six baronnies : le pays est bon & riche.

WATTEN, petite ville de Fr. dans la Flandre, en la chatellenie de Bourbourg, sur l'Aa, 2 li. au-dessous de St Omer, avec une abb. d'h. de l'ordre de St Augustin.

WAVRE, p. ville des Pays-Bas, dans le Brabant Wallon, à 6 li. de Namur & à 4 de Nivelle, sur la riv. de Dyle. On y brasse d'excellente biere.

WAUTIBRAINE, abbaye de filles de l'ordre de Cîteaux, dans les Pays-Bas, au Brabant Wallon.

WECHTERBACH, petite ville

d'Allem. dans la Veteravie, sur la droite de Kintz, au comté d'Isenbourg, avec un château.

WEDEKINSTEIN, bourg de la Westphalie, dans la principauté de Minden, avec un beau château qui appartient au chapitre de Minden. Les Catholiques y ont sur une montagne une chapelle qui est un grand lieu de pélerinage.

WEEL, petite ville de Danemarck, dans le Nortjutland, au dioc. de Rypen, sur sa côte orientale, à 4 li. au nord de Kolding.

WEEN, ou HUENE, p. isle de Suéde, dans le détroit du Sund, remarquable par les ruines du château d'Uranibourg.

WEERT, p. ville des Pays-Bas, dans le Brabant Hollandois, au quartier de Bolduc, à 4 li. de Ruremonde. Il y a eu un magnifique château, que les guerres ont endommagé.

WEIBSTAT, p. ville d'Allem. dans le palatinat du Rhin, entre Hailbron & Heidelberg.

WEICHENSTEFAN, abb. d'h. de l'ordre de St Benoît, dans la haute Baviere, sur l'Iser, au voisinage de Freisingen.

WEIDEN, p. ville d'Allem. dans la Baviere, au palatinat de Neubourg, sur la riv. de Nab. Elle est chef-lieu d'un bailliage, & passe pour être l'anc. *Idunum*. long. 29. 52. latit. 49. 41.

WEIGATS (détroit de), détroit entre les Samoyedes & la nouv. Zemble. Il fait la communication entre les mers de Moscovie & de Tartarie. On a cherché long-tems par là un passage à la Chine & au Japon. Les Hollandois y entrerent en 1595 ; mais les glaces les empêcherent de continuer leur route. Ils firent en 1670 la même tentative, & s'avancerent jusqu'au 80 degré, sans avoir pu réussir ; ce qui fait croire qu'il n'eſt guère poſſible de trouver ce paſſage, cette partie de l'Océan étant couverte de glaces. Le froid y eſt ſi exceſſif, qu'en 1599 les vins que les Hollandois portoient furent gelés, même le vin d'Eſpagne.

WEIK, petite ville d'Ecoſſe, dans la province de Caitneſs, dont elle eſt capitale, ſur la côte orientale de la province, où elle a un bon havre. long. 14. 50. latit. 58. 25.

WEIL, ville d'Allem. dans le duché de Wirtemberg, à 4 li. au ſud-oueſt de Stutgard, ſur la riv. de Wurm. Elle eſt libre & impériale. Ses fortifications ſont à l'antique. latit. 48. 45.

1. WEILBOURG, *Vilburgi comitatus*, comté d'Allem. au cercle du haut Rhin, borné au nord par le comté de Solms, au midi par celui d'Idſtein, au levant par celui d'Iſenbourg, & au couchant par celui de Naſſau. Weilbourg eſt la capitale.

2. WEILBOURG, *Vilburgum*, ville d'Allem. dans le cercle du haut Rhin, capit. du comté de même nom, ſur la rive gauche de la Lohn, à 8 li. au nord-eſt de Naſſau, & à 10 au nord de Mayence. long. 26. 3. latit. 50. 24.

1. WEILHEIM, petite ville d'Allem. dans le duché de Wirtemberg, ſur la droite de la Lauter.

2. WEILHEIM, petite ville d'Allem. dans la Baviere, ſur la droite de l'Amber, au ſud-oueſt de Munich. C'eſt la demeure des anciens *Benlauni*. long. 28. 47. latit. 47. 45.

1. WEIMAR, ville d'Allem. dans la haute Saxe, capitale du duché de même nom, ſur la riv. d'Ilm, à 7 li. au nord-eſt d'Erford, & à 5 au nord-oueſt de Jena, avec un beau chât. où le prince réſide. long. 29. 25. lat. 51. 6.

2. WEIMAR, duché d'Allemagne, dans la haute Saxe, borné par le territoire d'Erford, la riviere de Sale, le comté de Schwartzbourg & le bailliage d'Eckarsberg. Il a 8 li. de long & 4 de large. Outre la capitale, il y a quelques autres villes, & pluſieurs bons bailliages.

* 1. WEINGARTEN, *Vinea*, abb. d'h. de l'ordre de St Benoît, en Allemagne, dans la Suabe, à 1 li. au nord-eſt de Ravenſbourg, à 4 au nord du lac de Conſtance, & à demi-lieue au couchant d'Altdorf. Son abbé a le ſecond rang parmi les prélats du banc de Suabe. Pluſieurs princes de la maiſon de Baviere ont leur ſépulture dans cette abbaye. La Martiniere eſt tombé dans bien des fautes en traitant cet article. Il met cette abbaye dans le bourg d'Altorf, ce qui n'eſt pas; il la place au territoire de Nuremberg, ce qui ne peut pas être, puiſque Nuremberg eſt dans la Franconie, & Weingarten dans la Suabe. Voſgien a évité toutes ces fautes, en ſupprimant l'article.

2. WEINGARTEN, petite ville d'Allemagne, dans le palatinat du Rhin, entre Dourlach & Bruchſall.

WEINHEIM, p. ville d'Allem. dans le palatinat du Rhin, ſur les confins de l'électorat de Mayence, à 2 li. au levant de Worms. long. 28. 16. latit. 49. 32.

WEISSEMBERG, ville de l'empire Ruſſien, dans l'Eſthonie, *voyez* Weſemberg.

* 1. WEISSEMBOURG, *Sebuſium*, ville de France, & non pas d'Allemagne, comme dit la Martiniere, dans l'Alſace, au pays de Waſgaw, ſur les frontieres du Palatinat, ſur la riviere de Lauter, à 6 li. au ſud-oueſt de Landau, à 10 au ſud-oueſt de Philisbourg, & à 108 de Paris.

Elle est chef-lieu d'un bailliage, & a été libre & impériale. Louis XIV fit démolir les fortifications de cette ville, qui fut assurée à la France par la paix de Ryswick. long. 25. 38. latit. 49. 3.

2. WEISSEMBOURG, ville d'Allem. dans le cercle de Franconie, sur le Rednitz, à 6 li. au nord de Donawert. Elle est impériale, mais petite, & composée de peu d'habitans.

3. WEISSEMBOURG, ville de Transylvanie, *voyez* Albe-Julie.

1. WEISSENAW, abb. d'h. de l'ordre de Premontré, dans la Suabe, sur la riviere de Schufs, proche Ravensbourg.

2. WEISSENAW, *Alba Augia*, abb. d'h. de l'ordre de St Benoit, dans la basse Baviere, sur les frontieres de la Franconie.

WEISSENFELS, ville d'Allem. dans la Misnie, sur la Sale, au cercle de Leipsick. Elle est fort jolie, & il y a un collége célebre. On croit que c'est l'ancienne *Leucopetra*.

WEISSENZÏE, p. ville d'Allemagne, dans la Thuringe, à 5 li. d'Erfurt. Elle est chef-lieu d'un bailliage.

WEITZEN, ville de la haute Hongrie, sur la gauche du Danube, à 5 milles au nord de Bude. Le prince de Lorraine l'enleva aux Turcs en 1684.

WELLS, *Theorodunum*, ville d'Angl. dans le Sommersethsire, à 30 li. au couchant de Londres. Elle est bien bâtie, & très-peuplée. On y voit un grand lac de sources d'eau vive, d'où lui vient son nom. C'est un siége épiscopal, & sa cathédrale est très-belle ; sa façade sur-tout est admirée. long. 15. 4. latitude 51. 15.

* WELS, ville d'Allem. dans la haute Autriche, au quartier de Traun, sur l'Agger. On croit que c'est l'*Ovilabis* des anciens. La Martiniere nous dit que l'em-

pereur Maximilien mourut à Wels ; il se trompe, car ce prince mourut à Lintz le 12 Janvier 1519. Il devoit dire que Charles V duc de Lorraine, mourut à Wels le 18 Avril 1690. long. 31. 30. latit. 48. 10.

WELTENBOURG, petite ville d'Allem. dans la Baviere, sur la droite du Danube, entre Ingolstard & Ratisbonne. Il y a une riche abbaye de Bénédictins.

* WENDEN, *Venda*, ville de l'empire Russien, dans la Livonie, sur la riv. de Treiden, & non pas Froiden, comme dit Vosgien. Elle a été épisc. sous l'archev. de Riga, & se trouve aujourd'hui presque ruinée.

* WENDOVER, bourg, & non pas ville, comme dit Vosgien, en Angleterre, dans le Buckinghamshire. Il envoie ses députés au parlement.

WENICZA, petite ville de la basse Hongrie, sur la Drave. Lazius croit que c'est l'ancienne *Vincentia*.

WENLOCK, p. ville d'Angl. dans la prov. de Shreusbury, entre Londres & Shreusbury. Elle envoie ses députés au parlement. long. 14. 43. lat. 42. 50.

* WENSYSSEL, *Vandalia*, ville de Danemarck, dans le Nortjutland, & non pas dans le Sudjutland, comme dit la Martiniere, & après lui Vosgien, sur la riv. Ryaa. Elle a eu un év. qui a été transféré à Alborg. C'est le chef-lieu d'une prefecture, qui est la principale du dioc. d'Alborg, qui est compris entierement dans le Nortjutland. long. 27. 51. latit. 57. 3.

WEPE (la), petit pays de France, au comté de Flandre, le long de la Lys. Il comprend Armentieres & la Bassée.

1. WERBEN, *Verbena*, ville d'Allem. dans le cercle de la basse Saxe, dans la vieille Marche de Brandebourg, à l'emb.

du Havel dans l'Elbe. Elle a été autrefois considérable & forte, mais ses fortifications ont été rasées en 1641.

2. WERBEN, ville d'Allem. dans le cercle de basse Saxe, au duché de Poméranie, sur le bord d'un lac.

WERD, ville d'Allem. dans la basse Carinthie, sur le bord méridional d'un lac de même nom, à 3 li. au couchant de Clagenfurt.

WERDE, petite ville d'Allem. dans la haute Saxe, au marquisat de Misnie, sur le bord de la Pleiss, entre Neumarck au midi, & Crimmitz au nord.

WERDEBERG, ville de Suisse dépendante du canton de Glaris, chef-lieu d'un comté de même nom, sur le bord du Rhin, dans une agréable plaine, avec un fort château, où le bailli fait sa résidence.

WERDEN, ville d'Allem. dans la Westphalie, au comté de la Marck, sur le Roer, aux confins du duché de Berg, à 2 li. au-dessus de Ketwick. Il y a une abbaye qui la rend considérable, & dont l'abbé est membre de l'Empire. On croit que c'est l'ancienne *Moradunum*.

WERGEL, ville d'Allem. dans la contrée de Windischmarck, au cercle d'Autriche, sur la rive droite du Gurck, au levant de Rudolfvord.

WERGOLENSKOY, ville de l'empire Russien, dans la Sibérie, en la prov. d'Irkutskoy, au nord-ouest du lac Baikal, sur la rive droite de la Lena, vers sa source, à quelques lieues au nord d'Irkutskoy.

WERING, p. ville d'Allem. dans l'électorat de Cologne, sur la gauche du Rhin, entre Cologne & Nuits. Les habitans de Cologne y gagnèrent une bataille en 1297 sur le duc de Brabant.

WERKATURIA, ou WERCHO-

TURE, ville de l'empire Russien, dans la Sibérie, sur la riviere de Tura, au nord-ouest de Tumen.

WERN, ou WERNE, *Verna*, ville d'Allem. dans la Westphalie, dans le haut év. de Munster, sur les confins du comté de la Marck, proche la rive droite de la Lippe, à 4 li. au midi de Munster. Elle est bien bâtie, & ses environs sont très-fertiles. long. 25. 18. latit. 51. 40.

WERTHEIM, ville d'Allem. dans la Franconie, sur la gauche du Mein, à son confluent avec le Tauber, dans une agréable situation. Elle est chef-lieu d'un comté de même nom, borné au midi & au couchant par les terres de l'archevéque de Mayence, au nord par le comté de Reineck, & au levant par l'év. de Wurtzbourg.

WERWICK, *Viroviacum*, p. ville des Pays-Bas, dans la Flandre, au quartier d'Ypres, sur la Lys, entre Armentieres & Menin. Elle a été assez considérable avant l'an 1381, que les François la saccagèrent.

WESEL, ville d'Allemagne, au cercle de Westphalie, dans le duché de Cleves, sur la droite du Rhin, à l'embouchure de la Lippe, à 12 li. au sud-est de Cleves, à 6 au nord de Gueldres. Cette ville, qui a été impériale, se gouverne selon ses loix, quoiqu'elle reconnoisse l'électeur de Brandebourg pour son souverain. Elle est grande & belle, avec une bonne citadelle. long. 24. 15. latit. 51. 36.

WESEN, gros bourg de Suisse, au pays de Gaster, sur le lac de Wahlestatt. Il est fort fréquenté, parce qu'il est sur la route de Suisse en Allemagne. C'étoit autrefois une grande ville.

*WESENBERG, p. ville de l'empire Russien, dans l'Esthonie, au quartier de Wirland, & non pas de Vigland, comme dit

Vosgien, sur la riv. de Wiss, entre Revel & Nerva. Elle a des fortifications, & Charles XII roi de Suéde y avoit établi ses magasins en 1700, pour son expédition de la Livonie. long. 44. 22. latit. 59. 16.

WESER, *Visurgis*, riviere d'Allem. qui prend sa source dans la Franconie, au duché de Cobourg, où elle prend le nom de Werra, & après avoir reçu plusieurs rivieres & parcouru plusieurs pays, elle se rend dans la mer d'Allemagne.

WESSEN, p. ville d'Allem. dans l'év. de Liége, au comté de Horn, sur la gauche de la Meuse, entre Maseik & Ruremonde.

WESSENBRUN, abbaye d'h. de l'ordre de St Benoit, en Allemagne, dans la haute Baviere, sur le lac d'Amber.

WESTHOFF, petite ville de France, dans la basse Alsace, au pied d'une montagne, avec un chateau bien fortifié. Elle est chef-lieu d'un bailliage assez étendu.

WESTMEATH, comté d'Irlande, dans la prov. de Leinster, au couchant de celui d'Estmeath, au midi de celui de Cavan, & au nord de celui du roi. Il a 40 milles de long & 20 de large. On le divise en onze baronnies, & a pour capitale Molingar.

WESTMINSTER, ville d'Angl. qui étoit autrefois séparée de Londres, & qui en fait aujourd'hui partie du côté du couchant, au bord de la Tamise. Elle a encore ses droits séparés & sa jurisdiction. Elle est remarquable par son église, qui est un très-bel édifice. St Edouard y fonda un monastère de Bénédictins : la reine Elisabeth en chassa ces religieux, & y plaça 12 chanoines, avec un doyen, qui est ordinairement un évéque. C'est dans cette église où

se fait le couronnement des rois, usage qui s'est conservé depuis Guillaume le Conquérant, qui s'y fit couronner. Un magnifique palais qui avoit été bâti près de l'abbaye, fut brulé dans le XVI siécle, & il n'en resta qu'une grande salle & quelques chambres. Le parlement y tient ses séances. Il y a aussi quelques autres cours de judicature.

* WESTMORLAND, prov. d'Angleterre, bornée au nord par le Cumberland, au midi par le duché de Lancastre, au levant par le duché d'Yorck, & au couchant encore par le Cumberland. Elle a 30 milles de long & 24 de large. C'est un pays couvert de montagnes, sec, aride & peu habité. Rien n'y vient qu'à force de travail. L'air y est subtil & pénétrant, froid, mais sain. Ses habitans vivent long-tems. La Martiniere se trompe en disant qu'on ne compte qu'une ville dans cette province ; car outre Appleby, qui est la capitale, on y trouve Kendale, qui est une assez grande ville, mais non pas capitale, comme dit l'abbé de la Croix.

WESTERAS, ville de Suéde, capitale de la Westmanie, sur le bord sept. du lac Maler, à 6 li. au nord-est de Koping, & à 20 au nord-ouest de Stockholm. Elle a un év. & un château, que les Danois emporterent en 1520 ; mais le grand Gustave le leur enleva l'année suivante, après avoir défait près de cette ville l'armée de Christierne II. C'est à Westeras que se fit l'acte d'union héréditaire qui assura la couronne aux descendans du roi Gustave Vasa en 1544. long. 34. 42. latit. 59. 36.

WESTERBOURG, gros bourg d'Allem. dans la Weteravie, chef-lieu d'un comté de même nom, avec un château.

WESTERGOE, comté des Pays-Bas,

Pays-Bas, dans la Frise, dont il compose un des trois quartiers. Ses villes principales font Franeker, Harlingen, Straveren & Worcum.

WESTERNES (les), *Æbudæ*, isles sur la côte occidentale de l'Ecosse. On les distingue en 3 classes, par rapport à leur grandeur. Les rois de Norwege, qui les ont long-tems possédées, les ont vendues à ceux d'Ecosse. Les habitans ont à peu près les mêmes mœurs que les Irlandois. long. 10-12. latit. 55-58. 30.

WESTERWALD, contrée d'Allem. dans la Weteravie, bornée au nord par la Westphalie, au midi par le Lohn, au levant par la haute Hesse, & au couchant par le Rhin. Elle comprend partie des états de Cologne & de Treves, les comtés d'Isenbourg, de Sigen, de Dillenbourg, &c.

WESTERWICK, *Veftrovicum*, ville de Suéde, dans le Smaland, aux frontieres de l'Ostrogothie, sur la côte au midi de Lindkoping, avec un bon port. long. 35. 18. latit. 57. 55.

WESTFRISE, *voyez* Hollande.

WESTINE, abb. de filles de l'ordre de Cît. dans la Flandre Françoise, au dioc. de St Omer, dans la châtellenie de Cassel.

WESTMANIE, province de Suéde, bornée au nord par la Dalekarlie, au midi par la Sudermanie & la Nericie, au levant par l'Uplande, & au couchant par le Vermeland. Elle a 30 li. de long & 17 de large. Elle est stérile, mais il y a des mines d'argent. Westeras est la capitale.

WESTPHALIE, *Weftphalia*, cercle d'Allem. qu'on divise en province & en duché. Il a pour bornes au nord la mer d'Allem. au midi le cercle du haut Rhin, au levant la basse Saxe, & au couchant les Pays-Bas. Il comprend l'évêché de Liége, le duché de Juliers, le duché de Berg, le duché de Westphalie, le duché de Cleves, l'évêché de Munster, l'évêché de Paderborn, l'évêché d'Osnabruck, la principauté de Minden, le comté de Ravensberg, le comté d'Oye, le duché de Ferden, le comté d'Oldenbourg & la principauté d'Ooftfrife. Il ne faut pas confondre le cercle de Westphalie avec le duché, qui n'en est qu'une petite partie, & qui appartient à l'electeur de Cologne. Arensberg en est la capitale. En général la Westphalie est fertile; l'Ems, le Weser, la Lippe & la Roer l'arrosent. Il y a de bons pâturages: on y éleve de bons chevaux, & quantité de cochons, dont les jambons sont si recherchés.

WESTROGOTHIE, prov. de Suéde, dans la partie occid. de la Gothie, bornée au nord par le lac Waner, au midi par le Smaland, au couchant par la Nericie. Il y a un grand nombre de lacs & de rivieres. Skara est sa capitale.

WETTENHAUSEN, abbaye de Chanoines réguliers de l'ordre de St Augustin, en Allemagne, dans la Suabe, sur la riviere de Carnlach, à 1 li. de Burgaw, fondée l'an 982.

WETTERAVIE, contrée d'Allemagne, dans le cercle du haut Rhin, entre la Hesse & le Mein. Son nom lui vient de la petite riviere de Weter, & renferme plusieurs petits états. On la divise en méridionale & septentrionale; celle-ci porte le nom de Westerwald.

WETTINGEN, *Maris Stella*, abb. d'h. de l'ordre de Cît. dans la Suisse, sur le bord du Limmet, proche la ville de Bade, dans une presqu'ile que forme la riviere, fondée l'an 1127. Il y a près de l'abbaye un bourg de même nom.

WETZLAR, ville d'Allemagne, dans la Wetteravie, au confluent de la Lohn & de la Dile, à 9 li. au nord de Francfort, & à 6 au sud-ouest de Marpourg. Elle est libre & impériale. La Chambre impériale qui étoit à Spire y a été transférée. long. 24. 15. latit. 50. 29.

WEVELGEN, abb. de filles de l'ordre de Cit. dans la Flandre, au dioc. de Tournai, dans le district de Menin, sur la Lys, fondée l'an 1214.

1. WEXFORD, *Vexfordia*, ville d'Irlande, dans la prov. de Leinster, capit. du comté de même nom, à 18 li. au midi de Dublin. Elle est grande & bien batie, avec un bon port à l'embouchure du Slani. On remarque que le flux & le reflux s'y font trois heures plutôt que dans l'Océan. long. 11. 10. lat. 52. 18.

2. WEXFORD, comté d'Irlande, dans la prov. de Leinster, borné au nord par le comté de Wicklow, au midi par le comté de Waterford, au levant par l'Océan, & au couchant par les comtés de Catherlagh & de Kilkenny. Il a 47 milles de long & 27 de large. On y trouve des grains & des pâturages en abondance. Il est divisé en huit batonnies. Wexford est la capitale.

WEXIO, *Vexio*, ville de Suéde, dans la Gothie méridionale, sur le bord du lac Salen, à 10 li. au nord de Calmar, avec un év. suffr. d'Upsal. long. 32. 53. latit. 55. 44.

WEYDA, petite ville d'Allem. dans la haute Saxe, au cercle de Voigtland, sur une riviere de même nom, avec un chateau, où le dernier duc de Saxe Veitz tenoit sa cour après qu'il eut embrassé la religion Catholique.

WEYHAUSEN, maison royale

d'Allem. dans le duché de Lunebourg. Il y a un riche monastère de filles Protestantes, qui dans son origine a été une abbaye de filles, fondée au XIII siécle.

WEYMOUTH, *Vimutium*, ville d'Angleterre, dans la prov. de Dorset, à l'emb. de la riviere de Wey, d'où lui vient son nom, à 38 li. au sud-ouest de Londres. Elle a titre de vicomté, avec un bon port, qui est assez fréquenté. long. 15. 47. latit. 50. 44.

WHYTBY, bourg d'Angl. dans la prov. d'Yorck, sur le bord de la mer. Il s'y fait un grand commerce d'alun & de beurre. Il y avoit autrefois une riche abbaye de religieuses.

WHITERN, *Candida casa*, ville d'Ecosse, dans la province de Gallway, à 35 li. au midi d'Edimbourg. Elle a été autrefois épiscopale, & plus considérable qu'elle n'est à présent. long. 12. 43. latit. 55. 4.

VIATKA, prov. de l'empire Russien, *voyez* Viatka.

WIBLINGEN, abb. d'hom. de l'ordre de St Benoit, dans la Suabe, au dioc. de Constance, à demi-li. d'Ulm, sur la droite du Danube, proche l'embouchure de l'Iler, fondée dans le XI siécle.

*1. WIBOURG, *Viburgum*, ville de l'empire Russien, capit. de la Karelie Finoise, au fond d'un golfe, à 90 li. au nord-est de Riga. Elle est commerçante & riche. Ses fortifications consistent en une bonne citadelle. Elle fut cédée à la Russie en 1721. L'évêché n'est pas suffr. de Riga, comme le dit Volgien, mais d'Upsal. long. 47. 23. lat. 60. 52.

2. WIBOURG, *Viburgum*, ville de Danemarck, capitale du Nortjutland & du diocese de même nom, sur le lac Water, avec un év. suffr. de Lunden. C'est le siége du Conseil

ſouverain. Sa cathédrale, rebâtie depuis 1726, eſt fort belle. long. 27. 48. latit. 56. 29.

WICK, ville des Pays-Bas, dans le Limbourg Hollandois, ſur la droite de la Meuſe, vis-à-vis Maeſtricht, avec laquelle elle eſt jointe par un pont de pierre. Elle eſt petite, & n'a qu'une principale rue.

1. WICKLOW, ville d'Irlande, dans la prov. de Leinſter, capit. du comté de même nom, à l'emb. de la riviere de Letrim dans la mer, à 24 milles au ſud de Dublin, avec un petit port.

2. WICKLOW, comté d'Irlande, dans la prov. de Leinſter, borné au nord par Dublin, au midi par Wexford, au levant par le canal de St George, & au couchant par Kildare. Il a 36 milles de long & 28 de large. On le diviſe en ſix baronnies.

WIELIKIELOUKY, ville de l'empire Ruſſien, dans la partie occidentale du duché de Rzeva, ſur la gauche de la riviere de Lovaſt. Elle eſt grande, & défendue par un bon château. long. 49. 12. latit. 56. 30.

WIELUN, ville de la grande Pologne, dans le palatinat de Siradie, aux confins de la Siléſie, ſur une riviere qui ſe rend dans la Warta à 10 li. de Siradie. Elle eſt forte, & munie d'un château. Ses rues ſont belles, & ſes maiſons bâties de brique. long. 36. 15. latit. 51. 8.

WIEPERS, *Aprus*, riv. de Pologne, qui prend ſa ſource dans le palatinat de Belz, d'où elle court au nord, & va ſe rendre vers le couchant dans la Viſtule.

WIERINGEN, iſle des Pays-Bas, au Nord-Hollande, dans le Zuiderzée, entre le Texel & la ville de Medenblick. On y nourrit une quantité prodigieuſe de moutons, dont on pourvoit les villes voiſines. Ils ſont très-eſtimés.

WIETLISPACH, p. ville de Suiſſe, au canton de Berne, au pied d'une mont. dans le bailliage de Ryp. Ses environs produiſent beaucoup de chanvre.

WIGAN, ville d'Angl. dans la prov. de Lancaſtre, ſur la riv. de Dugleſſ, ſur la route de Londres à Lancaſtre. Elle eſt bien bâtie, & peuplée. L'évèque de Cheſter, de qui elle dépend, y a un beau palais. long. 14. 45. latit. 53. 32.

WIGHT, *Vecta*, iſle d'Angl. ſur ſa côte mérid. au ſud-oueſt de Portſmouth. Elle a 60 milles de tour, & eſt remarquable par ſa fertilité. Les lapins & le poiſſon y abondent ; l'air y eſt ſain, & les habitans y vivent long-tems. Cette iſle a eu le titre de royaume en 1445.

WIKIE, petite province de l'empire Ruſſien, dans l'Eſthonie, bornée au nord par l'Harrie, au midi par la Livonie, au levant par la Jerwie, & au couchant par le Moonſund. Pernau eſt la principale ville.

WILBAD, petite ville d'Allem. dans la Suabe, au duché de Wirtemberg, ſur la droite de l'Entz. Elle eſt remarquable par ſes bains d'eau chaude.

WILDESHUSEN, ville d'Allemagne, dans le cercle de Weſtphalie, ſur la riviere de Hund, chef-lieu d'un p. pays que l'év. de Munſter poſſéde.

WILER, p. ville de Fr. dans l'Alſace, près de Schleſtat, ſur les confins de la Lorraine.

WILERING, *Hilaria*, abbaye d'hommes de l'ordre de Cît. en Allem. dans la baſſe Autriche, au dioc. de Paſſau.

WILICA, abbaye d'Allemagne, dans la Weſtphalie, au duché de Berg, ſur la riviere de Siegen, vis-à-vis de Bonne. C'étoit autrefois des Bénédictines, & aujourd'hui des Chanoineſſes ſéculieres nobles.

WILLEMSTAT, ville des Pays-Bas, dans le Brabant Hollandois, à 8 li. au nord-est de Bergopzoom, fondée par Guillaume I, prince d'Orange, en 1583. Elle est petite, mais bien fortifiée. Les Etats-Généraux y entretiennent une garnison, avec un gouverneur & un commandant. Toutes les rues sont tirées au cordeau, & les maisons sont bien baties. Son havre contient un grand nombre de bateaux. long. 21. 55. latit. 51. 40.

WILLISAW, petite ville de Suisse, dans le canton de Lucerne, sur la riviere de Wiger, entre de hautes montagnes. Elle est jolie & propre.

WILNA, *Vilna*, ville capit. du duché de Lithuanie, au palatinat de même nom, sur la Wilia, à 100 li. au nord-est de Gnesne. Elle est grande, mais mal batie ; ses maisons sont en bois, & mal disposées. Il y a quelques places dont les maisons sont baties en pierre. Il y a deux chateaux, l'un au bas de la ville, & l'autre au haut. L'arsenal est fourni d'artillerie & de toute sorte d'armes. Les églises sont baties moitié en pierre & moitié en bois. Les Jésuites y en ont une magnifique. La cathédrale est belle ; son év. est suffr. de Gnesne. Il y a une université, établie en 1579. Il y a des fontaines dans plusieurs quartiers de la ville, qui est habitée par différentes nations, Polonois, Russiens, Allemands, Tartares, &c. long. 44. 15. latitude 54. 30.

WILSHOVEN, petite ville d'Allem. dans la Baviere, près de l'emb. de la riviere de Wils dans le Danube. long. 30. 36. latit. 48. 35.

WILSNACH, petite ville d'Allemagne, dans le margraviat de Brandebourg, sur un ruisseau qui se rend dans l'Elbe. On

croit que c'est la *Susudata* de Ptolomée.

WILTEN, bourgade d'Allem. dans le Tirol, sur la droite, à 1 li. au-dessus d'Inspruck. On croit que c'est l'ancienne *Veldidena*.

WILTON, ville d'Angl. dans le Wiltshire, dont elle a été la capitale. Elle a eu un év. qui a été transféré à Salisbury, ce qui a rendu Wilton peu considérable. long. 15. 48. latitude 51. 5.

WILTSHIRE, prov. d'Angl. bornée au nord par le duché de Glocester, au midi par la prov. de Dorset, au levant par le Barckshire, & au couchant par la prov. de Sommerset. Elle a 40 milles de long & 30 de large. Les principales rivieres qui l'arrosent sont l'Isi, le Kennet, l'Avon, le Nadder & le Willy. On la divise en septentrionale & méridionale. C'est une des plus agreables provinces du roy. L'air y est doux & sain. On y nourrit une quantité prodigieuse de brebis, dont la laine enrichit les habitans. Salisbury est aujourd'hui la capitale.

WILTTIN, abb. d'hom. de l'ordre de Prémontré, en Allemagne, dans le Tirol, proche la ville d'Inspruch.

WIMBURMINSTER, bourg d'Angleterre, dans la prov. de Dorset, sur la Stoure, bâti des ruines de l'anc. *Vindugladia*. Il y a un collége fondé par la mere du roi Henri VII.

WIMMERBY, petite ville de Suéde, dans le Smaland, au couchant de Westerwick.

WIMMIS, bourg de Suisse, dans le canton de Berne, au bas Sibenthal, sur la Sibene, avec un chât. où réside le gouverneur du bas Sibenthal.

WIMPFEN, ville d'Allemagne dans la Suabe, au Craigow, sur la gauche du Necker, à l'emb.

du Jaxt, à 2 li. au nord d'Hailbron. Elle eſt petite, mais peuplée & impériale. Elle fut priſe en 1645 par le duc d'Anguien, qui par ce moyen s'ouvrit un paſſage ſur le Necker. Quelques-uns croient que c'eſt l'ancienne *Cornelia*. long. 26. 45. latit. 49. 18.

WINCHELSEY, ville d'Angl. dans le comté de Suſſex, ſur le bord de la mer, à l'emb. de la Rye. Elle a titre de comté, & c'eſt un des cinq ports du royaume. long. 18. 23. latit. 50. 52.

WINCHESTER, *Vintonia*, *Venta Belgarum*, ville d'Angl. capitale du Hampshire, ſur le bord de l'Itching, à 6 li. au ſud-eſt de Salisbury, & à 20 au ſud-oueſt de Londres. Cette ville fut choiſie par les rois de Weſtſex pour le lieu de leur réſidence. C'eſt encore aujourd'hui une grande ville, ceinte de bonnes murailles. Il y a 7 paroiſſes. Le château, l'hôtel de ville & l'égliſe cathédrale ſont de beaux bâtimens. L'év. eſt ſuffr. de Cantorbery ; ſon palais eſt bien bâti, & il eſt un des plus riches du royaume. Un des évêques a fondé dans cette ville un très-beau collége. Il ſe tint l'an 957 à Wincheſter un concile, en préſence de trois rois des différentes provinces. long. 16. 20. latit. 51. 3.

WINDAW, ville du duché de Courlande, ſur la mer Baltique, à l'emb. de la Weta, où elle a un petit port, à 15 milles de Memmel & à 30 de Riga, avec un château. long. 39. 24. latit. 57. 10.

WINDBERG, abb. d'hom. de l'ordre de Prémontré, en Allemagne, dans la Baviere.

WINDELINGEN, petite ville d'Allem. dans la Suabe, au duché de Wirtemberg, ſur le Necker, près de l'embouchure de la Lauter.

WINDISCHGRATZ, p. ville d'Allem. dans la baſſe Stirie, près de la rive droite de la Drave. On croit que c'eſt la *Vendum* des anciens.

WINDISCHMARCK, contrée d'Allemagne, dans le cercle d'Autriche, bornée au nord par une partie du comté de Cilley & de la haute Carniole, au midi par la Morlaquie, au levant par la Croatie, & au couchant par la baſſe Carniole. Elle eſt arroſée par le Gurck & le Kulp. On y recueille du vin blanc excellent.

* WINDISCHMATRAY, bourg d'Allem. dans l'ev. de Brixen, & non pas dans l'arch. de Saltzbourg, comme dit la Martiniere. On croit que c'eſt l'anc. *Idunum*.

WINDSOR, bourg d'Angleterre, dans le Berkshire, remarquable par un château royal, ſitué ſur une hauteur, vers le bord de la Tamiſe, & d'où l'on découvre une agréable campagne. Il eſt à 8 li. de Londres. long. 16. 57. latit. 51. 27.

WINEDEN, p. ville d'Allem. dans la Suabe, au duché de Wirtemberg, ſur une petite riviere, avec un château fortifié, qui appartient au grand maitre de l'ordre Teutonique.

WINGURLA, ville des Indes, au roy. de Viſapour, ſur le bord de la mer, au nord & près de Goa. Les Hollandois y ont une belle loge.

WINNICZA, ville de Pologne, dans la Podolie, capitale du palatinat de Braclaw, ſur la rive droite du Bog, à 12 li. de Braclau. C'eſt le ſiége d'un tribunal de juſtice, & le lieu de l'aſſemblée de la nobleſſe, avec un château. Les Jéſuites y ont un beau collége. Les Coſaques s'en rendirent les maîtres en 1650, mais les Polonois la reprirent bientôt après. long. 46. 52. latit. 49. 27.

WINSCHOTTE, petite ville des Pays-Bas, dans la seigneurie de Groningue. Il s'y livra un combat en 1548 entre Louis de Nassau, frere de Guillaume I, prince d'Orange, & les Espagnols, qui y furent battus. Ce fut le chemin à la liberté des Provinces-Unies.

WINSHEIM, p. ville d'Allem. au cercle de Franconie, dans le marquisat d'Anspach, sur la riv. d'Aisch, à 10 li. au nord-ouest de Nuremberg. Elle est impériale. long. 27. 56. latit. 49. 28.

WINTERTHOUR, *Vitodurum*, ville de Suisse, au canton de Zurich, sur la petite riv. d'Eulach, dans une agreable plaine, à 8 li. au nord-est de Zurich. Il y a une belle église & une place entourée de maisons bien baties. Elle est encore remarquable par un bain d'eau minérale qui guerit de plusieurs maladies. C'est la patrie de Jean Winterthour, célebre historien. long. 26. 31. latit. 47. 42.

WIPPERFURD, p. ville d'Allemagne, dans le comté de Berg, sur le bord du Wipper qui lui a donné son nom.

WIROWITZA, petite ville de Hongrie, dans l'Esclavonie, sur une p. riv. qui se rend dans la Drave : elle est chef-lieu du comté de Verocz. Les Turcs la prirent en 1684, mais ils la restituerent en 1699.

WISBICH, p. ville d'Angl. dans la prov. de Cambridge, au milieu des marais, non loin de la mer, avec un chat. Elle appartient aux év. d'Eli.

WISBY, *Visburgum*, ville de Suede, dans l'isle de Gothland, sur sa côte occidentale. Cette ville, autrefois grande, riche & puissante, est bien déchue de sa grandeur ; elle est cependant ceinte de bonnes murailles, & défendue par un chat. bâti près du port, où réside le gouverneur. On prétend que les habitans de Wisby ont dressé les premieres cartes marines, & qu'ils ont les premiers établi des loix pour le commerce & pour la navigation. long. 36. 52. lat. 57. 38.

WISCHAW, p. ville d'Allem. dans la Moravie, au cercle de Brinn. L'évêque d'Olmutz y a un fort beau château.

WISCHGROD, ou VISSEGROD, ville de Pologne, dans le palatinat de Mazovie, aux confins du palatinat de Plocko, sur la droite de la Vistule. Les chevaliers de l'ordre Teutonique y firent de grands ravages en 1329.

WISKOW, *Viscovia*, petite ville de Pologne, dans la Mazovie, sur la gauche du Bog, à 10 li. vers le nord de Warsovie.

WISLOK, petite ville d'Allem. dans le palatinat du Rhin, au Craigow, à 2 li. au midi d'Heidelberg, entre cette ville & Sintzen. long. 27. 24. latit. 49. 14.

* WISMAR, *Vismaria*, ville d'Allem. dans le cercle de la b. Saxe, au duché de Meckelbourg, dont elle est capit. au fond d'un golfe, sur la mer Baltique, entre Lubeck, Rostock & Schwerin. C'est la plus grande & la plus belle ville du duché. Quelques-uns veulent qu'elle soit ancienne, il est cependant certain que ce n'étoit qu'un village dans le x siécle ; mais dans le XII, elle fut mise au rang des villes anséatiques. Les flottes de ces villes s'assembloient dans son port. La Martiniere & Vosgien disent qu'elle est bien fortifiée & défendue par une citadelle, ils se trompent ; car après avoir été bombardée en 1711 par le roi de Danemarck, les alliés du Nord l'assiégerent & la prirent en 1715, & en démolirent les fortifications. Elle a été rendue à la Suede en 1721 par la paix du Nord, mais toute

ouverte, & à condition qu'on n'en releveroit pas les fortifications.

WISNISWITZ, bourgade de Pologne, dans le palatinat de Volhinie, chef-lieu d'un duché de même nom, aux confins de la Podolie.

WISOWITZ, abb. d'hom. de l'ordre de Cît. dans la Moravie.

1. WITEPSK, ville du grand duché de Lithuanie, capit. du palatinat de même nom, sur la Dwina, au milieu des marais, à 18 li. au nord-est de Poloczk, avec un château qui passe pour être très-fort. Les Moscovites ont souvent entrepris inutilement de la surprendre. long. 48. 55. latit. 55. 57.

*2. WITEPSK, palatinat du grand duché de Lithuanie, borné au nord & au levant par la Russie, au midi par les palatinats de Minski & de Mscislaw, au couchant par ceux de Poloczk & de Vilna. C'est un pays stérile, & ses habitans sont misérables. Witepsk est la capit. mais Braslaw n'y est pas compris, comme dit la Martiniere, il est du palatinat de Vilna.

*WITHERN, ville d'Ecosse, dans la prov. de Galloway, *voyez* Whitern. La Martiniere en fait deux articles.

WITLICH, *Vitelliacum*, ville d'Allem. dans le cercle du bas Rhin, au dioc. de Treves, sur la riv. de Leser, avec un chât. Il y a dans son voisinage une fontaine d'eau minérale, propre pour la guérison de plusieurs maladies.

1. WITTENBERG, ville d'Allem. dans le cercle de la haute Saxe, capit. du duché de Saxe, sur la droite de l'Elbe qu'on passe sur un pont, à 16 li. au midi de Brandebourg, & à 20 au nord-ouest de Dresde. L'électeur Frederic III y fit bâtir un château, & y fonda une université en 1502. La ville est grande & peuplée. La secte des Luthériens y prit naissance en 1517. long. 30. 42. latit. 51. 56.

2. WITTENBERG, petite ville d'Allemagne, dans l'électorat de Brandebourg, sur la droite de l'Elbe, au comté de Pregnitz.

WITZEHAUSEN, ville d'Allemagne, dans le landgraviat de Hesse-Cassel, capitale d'un quartier de même nom, sur la rive gauche du Weser, entre Munden & Allendorf.

WIZAGNE, p. ville de Transilvanie, au comté & au nord de la ville de Ceben, entre cette ville & Medgies. Il y a de belles mines de sel.

WIZNA, p. ville de Pologne, dans la partie orientale du palatinat de Masovie, sur la droite du Narew, entre Tykoczin & Lomza.

WLADISLOW, ville de la grande Pologne, sur la Vistule, *voyez* Inowladislow.

WLODZIMIERS, ville de la petite Pologne, dans la Wolhinie, sur le ruisseau de Lug, près de son confluent avec le Boug, à 25 li. au nord-est de Limbourg, avec un chât. Dès le commencement du XI siécle, cette ville étoit considérable & très-bien fortifiée ; ce qui n'empêcha pas qu'elle ne se rendît l'an 1073 à Boleslas II, roi de Pologne. long. 42. 55. latit. 50. 46.

WOCHSTAD, p. ville d'Allem. au duché de Silésie, dans la principauté de Troppaw, avec un château.

WOLA, vaste campagne de Pologne, dans le palatinat & en-deçà de Varsovie : on l'appelle ainsi du nom d'un village qui y est situé. C'est dans ce lieu que se tiennent les diétes pour l'élection des rois de Pologne.

WOLAW, *Volavia*, ville d'Allem. dans la Silésie, capit.

de la principauté de même nom, bâtie dans des marais, à la droite de l'Oder, avec un chât. à 12 li. au sud-est de Glogaw.

La principauté de Wolaw est bornée au nord par celle de Glogaw, au midi par celle de Breslaw, au levant par celle d'Olss, & au couchant par celle de Lignits. Elle est traversée par l'Oder du midi au nord. Outre la capitale, il y a nombre d'autres villes.

* WOLCOVAR. La Martiniere fait de cette ville de Hongrie trois articles, *voyez* Walpo.

WOLFFENBUTTEL, ville d'Allem. dans le cercle de la basse Saxe, au duché de Brunswick, sur l'Ocker, dans la principauté de même nom, à 10 li. au levant de Hildesheim. Il y a un beau chât. où réside le prince de Brunswick-Wolfenbuttel, un arsenal très-bien fourni, & une des plus belles bibliothéques d'Allem. long. 28. 14. latit. 52. 12.

WOLFSBERG, p. ville d'Allem. dans la basse Carinthie, sur la riv. de Lavand. Elle appartient à l'év. de Bamberg, & a pris son nom de la montagne, au pied de laquelle elle est située, & sur laquelle il y a beaucoup de loups.

WOLGA (le), *Volga*, grande riv. de l'empire Russien, & une des plus grandes de l'univers. Elle prend sa source dans le lac Wronow en Russie, proche la ville de Rzeva-Ulodimerski, aux frontieres de la Lithuanie, & va se dégorger dans la mer Caspienne, à 12 li. d'Astracan, après un cours de plus de 400 lieues. Elle porte des bateaux de charge, à 10 li. de sa source. Elle fourmille de toute sorte de poissons, sur-tout de saumons, d'esturgeons & de brochets d'une grosseur extraordinaire.

WOLGAST, *Volgastum*, ville d'Allem. dans les états de Suede,

au duché de Poméranie, à 5 milles de la mer Baltique, sur le bord occid. de la troisiéme branche, la plus occid. de l'Oder, qui prend le nom de Pfin, ou Pene, à 12 li. au sud-est de Stralsund, & à 20 au nord-ouest de Stetin. Elle est grande & bien peuplée, avec un bon chât. & un des meilleurs ports de la mer Baltique. L'électeur de Brandebourg la prit en 1675, elle revint aux Suédois en 1679. long. 31. 43. latit. 54. 6.

WOLKACK, p. ville d'Allem. dans la Franconie, sur la gauche du Mein, dans l'évêché de Bamberg, au nord-est de Wurzbourg.

WOLKOWA, riv. de l'empire Russien, dans le duché de Novogorod. Sa source est dans le lac Ilmen, & va se rendre dans le lac de Ladoga.

WOLKOVAR, ville de Hongrie, dans l'Esclavonie, *voyez* Walpo.

WOLLIN, *Julinum*, ville des états de Suede, en Allem. au duché de Poméranie, dans la seigneurie de Wolgast, à 4 li. au sud-ouest de Casmin, dans une isle formée par 2 embouchures de l'Oder; sçavoir la plus orientale, appellée le Diwenow, & celle du milieu, appellée la Swine. La commodité de son port y attiroit autrefois un bon commerce qui a été depuis transféré à Lubeck.

WOLMAR, p. ville de l'emp. Russien, dans la Livonie, au pays de Lettie, sur le Treiden. Elle a été bâtie en bois, après avoir été ruinée par les Moscovites & les Polonois. long. 42. 28. latit. 50. 30.

WOLMERSTAD, p. ville d'Allemagne, dans le duché & à 2 li. de Magdebourg. Il y a un chât. où les archev. de Magdebourg faisoient quelquefois leur résidence.

1. **WOLODIMER**, prov. de l'empire Russien, bornée au nord par le Wolga, au midi par le duché de Moscow, au levant par la seigneurie de la basse Novogorod, & au couchant par le duché de Susdal. Il y a beaucoup de forêts & quelques marais. La riv. de Clesma la traverse. Wolodimer est sa capitale.

2. **WOLODIMER**, ville de l'empire Russien, capit. du duché de même nom, proche la riv. de Clesma, sur une montagne, à 50 li. au nord-est de Moscou. Elle fut fondée dans le commencement du x siécle, & a été assez long-tems la résidence des ducs de Moscovie. longitude 60. 38. latitude 55. 44.

* 1. **WOLOGDA**, province de l'emp. Russien, bornée au nord par celle de Kargapol, au midi par celle de Susdale, & non pas Susalde, comme dit Vosgien, au levant par celle d'Ostioug, & au couchant par celle de Bielozero. Il y a beaucoup de forêts & de marais, le gibier & le poisson y abondent.

2. **WOLOGDA**, ville de l'empire Russien, capit. de la prov. de même nom, sur la riv. de Wologda, à 100 li. de Moscou. Elle a 1 li. de long & un quart de large. On y compte un grand nombre d'églises bâties en pierre, & ornées de dômes couverts de fer blanc. Son archev. est des plus anciens de la Moscovie. Les Hollandois y ont plusieurs magasins. longitude 59. 22. latit. 59. 8.

WOLSTAD, bourg d'Allemagne, dans la Silésie, au duché de Lignitz, sur une riv. qui se rend dans celle de Katsbach. Les Tartares y remporterent une célebre victoire en 1241 sur Henri le Pieux, duc de Silésie ; ce n'est que depuis cette bataille que ce bourg a pris le nom de Wol-

stad, qui dans la langue du pays, signifie carnage.

WOLVERTON, bourg d'Angl. dans la prov. de Staffort, sur une hauteur. On voit à 4 milles de ce bourg un bois où est le chêne qui servit de retraite au roi Charles II, après sa défaite à Worcester en 1651 : on voit encore ce chêne qu'on a entouré d'une petite muraille, & qu'on appelle le Chêne royal.

WONSIDEL, ville d'Allemagne, dans la Saxe, au Voigtland, sur l'Egra, au midi d'Hoff. On la regarde comme étant de la Franconie, à cause de son souverain. Il y a aux environs des mines d'étain, de cuivre, de fer & des carrieres de marbre.

WOODBRIDGE, bourg d'Angl. dans la prov. de Suffolck, sur la riv. de Deben, à 6 milles au nord d'Ipswick. Il y a 2 ou 3 chantiers pour la construction des vaisseaux, & les habitans sont très-habiles à ce travail.

WOODSTOK, ville d'Angleterre, dans l'Oxfordshire, à 20 li. au nord-ouest de Londres, avec un beau chât. qui a appartenu au duc de Marlborough. Il y avoit une maison royale, bâtie par le roi Henri I, & où naquit Edouard, surnommé le prince Noir. long. 16. 18. latit. 51. 47.

WOOLLI, roy. d'Afrique, le long de la riv. de Gambra, au nord ; il a beaucoup d'étendue. Les marchands d'esclaves traversent ce royaume pour se rendre au port de Kover. Sa capitale s'appelle Kaunkade, les autres lieux sont Fatatenda & Baraconda.

WORCESTER, *Vigornia*, ville d'Angl. capit. du Worcestershire, sur la pente d'une colline, au bord de la Saverne qu'on y passe sur un beau pont, à 80 milles au nord-ouest de Londres. Elle est grande & belle,

partagée en 10 paroilles , &
ceinte de belles murailles. Sa cathédrale eſt un magnifique bâtiment, avec un très-beau clocher. Ses habitans qui ſont en
gr. nombre, ſont actifs & laborieux. Il y a pluſieurs manufactures de draps. long. 15. 24.
latit. 52. 25.

WORCESTERSHIRE, pro-
vince d'Angleterre , ſéparée de
celle de Hereford par de hautes
montagnes. Elle a 130 milles de
tour, & eſt traverſée du Nord
au Sud par la Saverne, la Stoure,
& la Tame l'arroſe auſſi ; ce qui
en fait une des plus belles provinces de l'Angleterre. L'air y
eſt doux & très - ſain. Worce-
ſter eſt la capitale.

WORINGEN , *Buruncum* , p.
ville d'Allem. dans l'électorat
de Cologne , ſur la rive gauche
du Rhin , à 3 li. de Cologne. Il
s'y livra une fameuſe bataille
l'an 1297.

1. WORKUM , ville des Pays-
Bas , dans la Hollande mérid.
ſur la rive gauche de la Meuſe ,
5 li. au-deſſus de Dort. Elle eſt
entourée de bonnes murailles ,
& défendue par 4 baſtions. L'air
qu'on y reſpire eſt meilleur que
dans le reſte de la Hollande. Les
eaux y ſont très-ſaines.

2. WORKUM , *Voldercum* ,
ville des Pays-Bas, dans la Friſe ,
au comté de Weſtergo , ſur le
Zuiderzée, à 4 li. de Harlingen,
avec un petit port, dont les habitans ſe ſervent pour faire quelque commerce.

* WORLITZ , p. ville d'Allem.
dans la haute Saxe , & non pas
dans la baſſe, comme dit la Martiniere, en la principauté d'Anhalt , ſur la gauche de l'Elbe ,
au-deſſus de Deſſau.

WORMESEL , abb. de chanoines réguliers, dans la Flandre ,
proche la ville d'Ypres.

* WORMS , *Borbetomagus* , &
non pas *Borbetomagnus* , com-

me dit Voſgien, ville d'Allem.
dans le palatinat du Rhin , proche la rive gauche de ce fleuve ,
à 4 li. au ſud-eſt de Mayence ,
à 3 au nord-oueſt de Spire. Cette
ville libre & impériale a été rebâtie par Clovis , apres ſa deſtruction par Attila. Elle eſt
ceinte d'une double muraille ,
mais ſans fortifications. Le peu
d'habitans qu'il y a ſont pauvres ; les François la ruinerent
preſqu'entierement en 1689. Le
palais où s'aſſemble le ſénat eſt
aſſez beau , ainſi que la maiſon
de la monnoie. L'év. y bâtit
depuis peu un palais ſuperbe.
Les Luthériens ſont en grand
nombre à Worms, où il s'eſt
tenu pluſieurs diétes. Le vin qui
croît dans ſes environs eſt très-
eſtimé. longitude 26. 4. latit. 40.
31.

WOSGORA , ville de la Tartarie Moſcovite , au gouvernement d'Archangel , dans la province de Jugorski.

WREXHAM , p. ville d'Angl.
au pays de Galles, dans le comté
de Denbigh. Il y a une égliſe
ornée d'un beau clocher.

WRONOW , lac de l'empire
Ruſſien, dans la prov. de Rzeva.
C'eſt dans ce lac que le Volga
prend ſa ſource.

WUNNENTHAL, *Jucunda
Vallis*, abb. de filles , de l'ord. de
Cît. dans la Suabe, au Briſgaw ,
près de la ville de Kentzingen ,
au nord de Fribourg.

WURSTEN , bailliage d'Allem.
dans le duché de Breme , le long
du Weſer. Il contient 9 paroiſſes.

WURTEMBERG , *Virtem-
bergenſis ducatus*, duché ſouverain d'Allem. dans la Suabe ,
borné au nord par la Franconie, l'arch. de Mayence & le
palatinat du Rhin , au midi par
les principautés de Hohenzol-
lern & de Furſtemberg , au levant par le comté d'Oetingen ,

le marquifat de Burgaw, le territoire d'Ulm, &c. au couchant par une partie du palatinat du Rhin, du marquifat de Bade & de la forêt Noire. Il a 22 li. de long & prefqu'autant de large. L'empereur Maximilien I l'erigea en duché à la diéte de Worms en 1495, en faveur d'Everard le Barbu. La maifon de Wurtemberg, qu'on dit defcendre d'Everard, grand-maître de la maifon de Charlemagne, eft réduite à 2 branches; fçavoir, la ducale & celle de Wurtemberg-Oels, établie dans la baffe Siléfie. La ducale eft auj. Catholique. Ce duché eft un pays des plus fertiles & des plus peuplés d'Allemagne. Les grains, les fruits & les pâturages y font en abondance. Le Neckre qui le traverfe, y contribue, & enrichit les habitans par la facilité qu'ils ont de tranfporter leurs denrées. Le duc de Wurtemberg eft grand veneur de l'Empire, & il porte la cornette imperiale, lorfque l'empereur commande les armées en perfonne.

WURTZBOURG, *Herbipolis*, ville d'Allem. capitale de l'év. de même nom, fur le Mein qu'on paffe fur un pont, à 18 li. au fud-oueft de Bamberg, à 20 au nord-oueft de Nuremberg, & à 120 au nord-oueft de Vienne. Elle a été autrefois imperiale, mais elle eft aujourd'hui fujette à fon év. Elle eft bien batie, & environnée de beaux jardins, d'où lui vient fon nom. Il y a une petite univerfité, érigée en 1043, avec un chât. affez fort.

C'eft la réfidence de l'év. long. 27. 38. latit. 49. 42.

L'évêché de Wurtzbourg eft borné par le comté de Henneberg, le duché de Cobourg, l'abbaye de Fulde, l'archevêché de Mayence, le marquifat d'Anfpach & l'évêché de Bamberg. Il fut fondé en 741 par St Boniface. Il eft d'une grande étendue, & celui qui en eft revêtu eft duc de Franconie. Le chapitre eft compofé de 24 chanoines & de cinq dignitaires. On ne peut parvenir à cet évêché fans avoir été chanoine. Nul ne peut être reçu chanoine qu'il ne fe foit foumis à une cérémonie. Il doit paffer nud jufqu'à la ceinture devant les chanoines, qui lui donnent des coups de verge.

*WYCKTE DUERSTEDE, *Duroftadium*, p. ville des Pays-Bas, dans la prov. d'Utrecht, avec un château, que Vofgien nous dit être très-fort, mais que de meilleurs mémoires nous apprennent tomber en ruine. long. 22. 50. latit. 52.

WYL, ville de Suiffe, capit. des terres de l'abb. de St Gal, fur une hauteur, au couchant de St Gal. Elle eft petite, mais jolie, quoique bâtie en bois. Les abbés de St Gal y ont un magnifique palais, où ils font ordinairement leur réfidence.

WYLACH, bourgade de la baffe Hongrie, dans l'Efclavonie, fur la droite du Danube, à 10 li. au fud-eft d'Effek. On croit que c'eft l'anc. *Ivollum*.

X.

XA, ville de la Chine, dans la province de Fokien, au département de Jenping, cinquième métropole de la prov. latit. 26. 20.

XACCA, petite ville de Sicile, dans la vallée de Mazare, fur la côte mérid. au pied d'une montagne, avec un château & un port. C'eft un des grands magafins de bled de tout le pays. On croit que c'eft l'ancien lieu nommé *Ad aquas Labodas*. long. 30. 35. latit. 37. 32.

XAGUA, port de l'Amérique, dans l'isle de Cuba, sur sa côte méridionale, entre l'isle de Pinos & la ville de Spiritu-Sancto. Les François l'appellent le grand port : c'est aussi le plus beau de toute l'Amérique. Il a 6 li. de circuit, & une petite isle dans le milieu, où on trouve de l'eau douce.

XAINTES, ville de Fr. *voyez* Saintes.

*XALAPPA, ville de l'Amér. sept. dans la Nouvelle Espagne, prov. de Tlascala, dans les terres, à 16 li. de la Vera Cruz. Ses habitans sont un mélange d'Indiens & d'Espagnols. Il n'y a point d'év. comme dit la Martiniere.

XAMUEN, isle de la Chine, dans la prov. de Xantung, au golfe de Cang, dont elle est la plus grande isle. Elle est fort peuplée, & il y a de riches mines d'or, avec une excellente rade.

XANGCAI, ville de la Chine, dans la prov. de Honan, au département de Juning, 8e métropole de la province. latit. 34. 16.

XANGHANG, ville de la Chine, dans la prov. de Fokien, au département de Tingcheu, 6e métropole de la province. lat. 25. 8.

XANXUI, ville de la Chine, au département de Quangcheou, premiere métropole de la province, sur la rive droite du Tai, dans une agréable vallée. Elle est d'une grandeur médiocre, mais très-peuplée, & bien commerçante. latit. 23. 33.

XAOCHEU, ville de la Chine, dans la prov. de Quanton, dont elle est 2e métropole, entre les riv. de Xin & de Vu. Elle est très-peuplée ; les Jésuites y ont une maison. Son terroir est fertile en riz & en fruits. latit. 24. 42.

XAOHING, ville de la Chine,

dans la prov. de Chekiang, dont elle est 8e métropole, au milieu de l'eau, à peu près comme Venise. Elle est ornée de plusieurs édifices, soit publics, soit particuliers. Dans les environs on voit de beaux arcs de triomphe. Cette ville est fameuse par le grand nombre de lettrés qui l'habitent. Il y a les meilleurs avocats du pays, & les gouverneurs des provinces en prennent toujours quelqu'un auprès d'eux. latit. 30. 16.

XAOUU, ville de la Chine, dans la prov. de Fokien, dont elle est 8e métropole, & la plus septentrionale, sur le Cuyun, qu'on passe sur un pont. On y fait des étoffes de chanvre cru, qu'on estime beaucoup. latitude 27. 10.

XATIVA, *Sætabis*, ville d'Esp. au roy. de Valence, sur le penchant d'une colline, au pied de laquelle coule le Xucar, à 9 li. au midi de Valence, & à 20 au nord-ouest d'Alicante. C'étoit une jolie ville, & ses maisons étoient bien bâties avant sa révolte en 1706. Les François & les Esp. la détruisirent entierement. Elle s'est un peu rétablie. long. 16. 50. latit. 38. 55.

XAVIER, château d'Espagne, dans la Navarre, à 8 lieues de Pampelune, au pied des Pyrenées. Il est remarquable par la naissance du Saint de ce nom.

XAUXA, riviere de l'Amér. mérid. & une des plus considérables, qu'on a confondu souvent avec celle des Amazones. Sa principale source est dans le lac Cincha-Cocha. Elle prend ensuite le nom d'Ucayalé, & va se rendre dans le Maragnon, à St Joachim d'Omaguas.

XAUXAVA, p. ville d'Afrique, dans le royaume de Maroc, à 5 li. vers le nord de la capitale, proche de la riviere de même nom.

XÉCHING, ville de la Chine, dans la province de Honan, au département de Queite, seconde métropole de la province. Son territoire abonde en oranges & en grenades fort estimées, & d'où lui vient son nom. long. 35. 10.

XECIEN, ville de la Chine, dans la prov. de Queicheu, dont elle est 5e métropole, entre Sunan & Sucheu. Ses habitans marchent toujours nuds pieds. Il y a dans les environs beaucoup d'argent vif. latit. 27. 55.

XENIL (le), *Singulis*, riviere d'Esp. qui prend sa source au roy. de Grenade, & va se rendre à Palma dans le Guadalquivir.

XENSI, prov. de la Chine, la 3e de cet empire, bornée par la grande muraille, par le fleuve Jaune, & par des montagnes. Elle contient huit métropoles, 107 cité, & plusieurs forteresses. L'air y est doux & le terroir fertile, à cause des torrens & des rivieres qui l'arrosent. Il y a quantité de mines d'or : on en tire beaucoup de rhubarbe. Le séjour de cette province seroit gracieux, si les pluies n'étoient pas si fréquentes, & s'il n'y avoit pas un si grand nombre de sauterelles qui y causent de grands ravages. Les habitans sont humains, aiment les étrangers, & sont de bonnes mœurs. Sigan est la capitale.

XEQUI, canton, avec titre de principauté, dans l'isle d'Amacusa, au Japon. Ceux qui en ont fait une isle séparée d'Amacusa, se sont trompés.

*XERES DE BADAJOS, OU DE LOS CAVALLEROS, ville d'Esp. dans l'Estramadure, & non pas au roy. de Leon, comme dit la Martiniere, sur le torrent d'Ardilla, à 4 li. au midi de Badajos. Elle est grande, & ornée de belles maisons, avec une

grande place. Charles V lui accorda le titre de cité, à cause de sa fidélité. Son terroir est si rempli d'excellens paturages, qu'on y nourrit une quantité prodigieuse de betes à corne. long. 10. 40. latit. 38. 8.

1. XERES DE LA FRONTERA, ville d'Espagne, dans l'Andalousie, sur le bord du Guadalété, à 2 li. du port de Ste Marie, à 3 de Rota & de St Lucar, à 15 de Seville, & à 100 de Madrid. Elle est grande, bien peuplée, & la demeure de beaucoup de noblesse. Ses rues sont belles, ses maisons bien baties, avec une grande place. Il y a un ancien chateau. Son terroir est des plus fertiles; il y a des orangers, des citronniers, des oliviers & autres arbres fruitiers. Les vignes y produisent les meilleurs vins d'Espagne. Roderic, dernier roi des Gots, perdit aux environs de cette ville une importante bataille en 712. long. 11. 30. latit. 36. 37.

2. XERES DE LA FRONTERA, petite ville de l'Amér. sept. dans la Nouvelle Espagne, dans l'audience de Guatimala. Il y en a encore une autre de même nom dans la Nouvelle Galice.

XERICA, petite ville d'Esp. au roy. de Valence, sur le Morvedro, au-dessus de Segorbe. long. 16. 52. latit. 39. 56.

XERUMENA, ou XERIMENHA, petite ville de Portugal, dans la prov. d'Alentejo, au sud-ouest d'Elvas, près de la Guadiana.

XICOÇO, isle du Japon, & la troisiéme en grandeur, bornée au nord par celle de Niphon, dont elle n'est séparée que par un canal fort étroit. Elle a au couchant l'isle de Ximo, dont elle est aussi peu éloignée. Elle a au levant un canal un peu plus large, terminé par une presqu'isle de l'isle de Niphon. On l'appelle aussi Sikof, c'est-à-dire l'isle des quatre ; & elle est en effet partagée en 4 provinces ou royaumes, qui sont Io ou Ixo, & Sanoqui au nord, le premier à l'occident & le second à l'orient, Ava au midi de Sanoqui, & Tofa au midi d'Ixo. Cette isle est presque quarrée. On pêche de fort belles perles sur sa côte.

XICONA, petite ville d'Esp. au roy. de Valence, au nord d'Alicante, avec un château, bâti sur une hauteur. Il croît aux environs d'excellent vin, aussi estimé que celui d'Alicante. long. 17. 22. latit. 38.

XILI, bourg de la Morée, dans la Zaconie, à 4 li. vers le levant de Castel-Rampano, sur le cap de même nom.

XILOCASTRO, bourg de la Morée, au duché de Clarence, à 2 li. au midi du golfe de Lepante. Ou le prend pour l'anc. *Ægyra*.

XIMABARA, place forte & principauté du Japon, au roy. d'Arima, dans l'isle de Ximo, sur le bord du golfe auquel elle donne son nom. Il y a beaucoup de bains chauds & de soufre. Elle a souffert plusieurs siéges, dont le plus fameux est celui de 1637.

XIMENA, ville d'Esp. dans l'Andalousie, à 5 li. au nord de Gibraltar, sur une montagne. On voit tout près une caverne où Crassus se cacha. long. 12. 30. latit. 36. 15.

XIMO, isle du Japon, & la seconde en grandeur. Elle fait la partie du sud-ouest de ce grand empire, & on y trouve les meilleurs ports & les plus commodes pour le commerce étranger. Elle est séparée au nord de la grande isle de Niphon par un canal fort étroit, tout semé de rochers & de petites isles. C'est par erreur qu'on lui donne dans quelques cartes le nom de

Bungo; quelques-uns l'appellent Saikof ou Kinsiu. On y compte 12 royaumes.

XIMONOSEQUI, ville & port du Japon, dans l'isle de Niphon, au roy. de Nangato, sur le canal étroit qui sépare les deux plus grandes isles de cet Archipel.

XINCHEU, ville de la Chine, dans la prov. de Huquang, dont elle est 12e métropole, dans un canton hérissé de montagnes, où on trouve des mines d'or & d'argent, & des pierres précieuses. Elle a 7 villes dans son département. latit. 29. 6.

XINGU, riviere de l'Amérique mérid. qui prend sa source dans les mines du Bresil, & se rend dans l'Amazone entre les forts de Paru & de Curupa, par plusieurs embouchures. Ses bords sont plantés d'arbres aromatiques.

XUCAR (le), *Sucro*, riviere d'Esp. au roy. de Valence. Elle prend sa source dans la Nouvelle Castille, dans la Sierra de Cuença, & va se rendre dans la Mediterranée entre Cullera & Gandie.

XUICHEU, ville de la Chine, dans la province de Kiangsi, dont elle est dixiéme métropole, près du fleuve Hoayang, au milieu des montagnes. On y jouit d'un air fort sain, & ses campagnes sont d'une grande fertilité, sur-tout en riz. latit. 28. 52.

XUNKING, ville de la Chine, dans la prov. de Suchuen, dont elle est 3e métropole. On recueille dans son terroir beaucoup de soie, d'oranges & de châtaignes. Elle a 3 temples & 10 villes dans son département. latitude 31. 17.

XUNNING, ville de la Chine, dans l'Iunnan, dont elle est douziéme métropole, au pied du mont Loping. Elle a 2 li. de circuit, mais le terroir des environs est sec & aride. On ne compte qu'une ville dans son département. latit. 24. 47.

Xunte, ville de la Chine, dans la prov. de Pekin, dont elle est 5e métropole, dans une riante campagne, où on voit des eaux & des lacs qui la fertilisent. On y fait de la porcelaine, & on y trouve des pierres de touche. latit. 37. 50.

Xuxui, ville de l'Amérique mérid. dans le Tucuman, sur les confins du Perou, au bord d'une riviere, à 100 li. du Potosi. Cette ville, détruite deux fois par les Indiens, fut rebâtie en 1593.

Y.

Y, ville de la Chine, dans la prov. de Channton, au département d'Yencheu, seconde métropole de la province. latitude 35. 28.

Yabaque, p. isle de l'Amér. une des Lucayes, au nord-ouest de celle de Maguana, & au nord de celle de St Domingue. latit. 22. 30.

Yacheu, ville de la Chine, dans la prov. de Suchuen, dont elle est la 6e grande cité & la plus voisine du Tibet. Elle en comprend quatre dans son département.

Yaguana, ville des Espagnols, dans l'isle de St Domingue, voyez Leogane.

Yale, ville de l'isle de Ceylan, capitale de la province de même nom, au sud-est de l'isle.

*Yambo, petite ville d'Asie, dans l'Arabie, sur la côte orientale de la mer Rouge, & non pas occidentale, comme disent la Martiniere & Vosgien, avec un petit port & un château très-mal fortifié. Il y a dans cette ville quelques fontaines. long. 53. 42. latit. 21. 38.

Yamiamakunda, ville d'Afrique, au roy. de Tomani, au midi de la riviere de Gambra. Elle est considérable par son commerce en ivoire & en esclaves. Les Anglois y ont un comptoir, qui ayant été détruit en 1733 par les inondations, fut rebâti aussi-tôt par l'ordre de la Compagnie.

Yancheu, ville de la Chine, dans la province de Nankin, dont elle est septiéme métropole. Elle est grande, fort peuplée & fort riche. Il y a plusieurs canaux, qu'on passe sur vingt-quatre ponts. Une partie de la richesse des habitans vient des salines qui sont aux environs. Ils font encore le commerce d'acheter de jeunes filles qu'ils élevent, & qu'ils vendent ensuite aux seigneurs. latit. 33. 6.

Yani, grand pays d'Afrique, à l'est du roy. de Bursali, le long de la riv. de Gambra, au nord l'espace de 80 li. On la divise en deux parties; l'une nommée le haut, & l'autre le bas Yani, chacune a son royaume, & sont séparées par la riviere de Sami.

Yanimabrow, lieu d'Afr. dans le roy. d'Yani, au nord de la riv. de Gambra. C'est le port le plus agréable de la riv. Les Anglois y ont un comptoir qui consiste en une petite maison, où ils tiennent un facteur Negre pour fournir des grains à Jamesfort.

1. Yanow, p. ville de Pologne dans le palatinat de Russie, entre Leopold & Javarrow, dans un enfoncement sur le bord d'un étang.

2. Yanow, p. ville de Pologne, dans la Podolie, au couchant de Kaminiek, sur la riv. de Feret.

3. Yanow, p. ville de Polo-

gne, aux confins de la Lithuanie, sur le Boug.

YAOGAN, ville de la Chine,
dans la prov. de Iunnan, dont
elle est seconde ville militaire.
Il y a dans ses environs beaucoup de forêts & de montagnes,
avec des vallées très-fertiles. lat.
26. 3.

YAQUIMO, port & baie de
St Domingue, sur la côte mérid.
de l'isle, à l'orient du port Saint
Louis.

YARE, *Garryenus*, riv. d'Angleterre, dans le Norfolck. Elle
forme à son embouchure un bon
port appellé de son nom Yarmouth.

YARMOUTH, ville d'Angle-
terre, dans la province de Norfolck, à l'emb. de l'Yare, d'où
lui vient son nom, à 36 li. au
nord-est de Londres. Elle est
grande, bien bâtie, & a quelques fortifications. Son port est
assez bon. La principale richesse
des habitans consiste dans la pêche des harengs, qui est très-
abondante sur sa côte. long. 18.
55. latit. 52. 30.

YASOUS, nation sauvage de
la Louysiane, établie assez près
de l'emb. d'une riv. dans le Mississipi, & qui porte leur nom.
Ces sauvages ont eu de tout
tems de grandes liaisons avec
les Anglois; & dans le tems de
la révolte des Natchez, ils mas-
sacrerent tous les François qui
avoient un fort assez près de leur
village.

YAVAROUF, ville de la petite
Pologne, dans le palatinat de
Russie, à 2 li. de Nimirrow,
& à 7 de Leopol, avec un chât.
bâti en bois. Sous ses murs, est
un étang d'une li. de tour.

YCAYAGUA, canton de l'isle
Espagnole, dans sa partie orientale. Il y avoit une ville sous le
nom de Santa-Cruz de Ycara-
gua, sur les ruines de laquelle
on a bâti celle de Zeibo.

YEMEN, *voyez* Arabie-Heu-
reuse.

YENCHEU, ville de la Chine,
dans la province de Channton,
dont elle est seconde métropole,
entre la riviere de Ci & la riv.
Jaune. Ses environs sont très-
cultivés, & abondent en tout
ce qui est nécessaire à la vie. L'air
y est doux & fort sain. latitude
36. 18.

YENNE, village de Savoye,
sur le Rhône, à 2 li. de Belley.
C'étoit autrefois une ville considérable sous le nom d'*Epauna*,
& où se tint un concile l'an 517.

*YESD, & non pas YELD, com-
me dit Vosgien, ville de Perse,
sur la route d'Ispahan, à Kerman. C'est une grande ville au
milieu des sables qui s'étendent
2 li. à la ronde. Il y a cependant
quelque bonne terre qui produit d'excellens fruits. C'est une
grande ville, où on voit trois
caravanserais & plusieurs ba-
zards. Il y a beaucoup de manufactures d'étoffes en or & en
argent, en soie toute pure, &
en laine. Les femmes d'Yesd
passent pour être les plus belles
de toute la Perse. long. 74 6.'
latit. 32.

YESSO, continent d'Asie, au
nord du Japon, *voyez* Jeso.

YGUALADA, p. ville d'Esp.
dans la Catalogne, dans la viguerie de Villefranche de Pana-
dés, entre Barcelone & Cervera.

YOCHEU, ville de la Chine,
dans la prov. de Huquang,
dont elle est 7e métropole, sur
le bord du fleuve Kiang, qui
reçoit ceux de Siang & de Fung.
Elle est grande & bien bâtie. On
y voit plusieurs beaux édifices
publics, un palais royal magnifique, & trois temples. Elle a
6 villes dans son département.
latit. 30. 7.

YONNE, *Icauna*, riv. de Fr.
qui prend sa source dans le duché de Bourgogne, aux montagnes

tagnes du Morvant, près du chât. de Chinon, & va se rendre dans la Seine à Montereau, à 17 li. au-dessus de Paris.

YORCK, *Eboracum*, ville d'Angleterre, dans la prov. de même nom, sur la riv. d'Youre, qui prend ensuite le nom d'Ouse, à 20 li. au nord-ouest de Lincoln, & à 50 de Londres. Elle étoit célèbre du tems des Romains, & l'empereur Severe y finit ses jours. Elle est grande, bien bâtie, très-peuplée & riche. C'est le siège d'un archev. sa cathédrale est une des plus belles de l'Europe. Le maire de cette ville porte le titre de lord; il a lui seul ce privilége, avec celui de Londres. long. 16. 24. latit. 53. 52.

YORCK (isle d'), isle d'Afr. dans la haute Guinée, à l'emb. de la riv. de Scherbro. Elle est de figure ronde. La compagnie Angloise d'Afrique y a fait construire un fort, monté d'onze piéces d'artillerie. La garnison est composée de 35 blancs, avec 60 grometes.

YORCK (la Nouvelle), province de l'Amér. sept. sur sa côte orient. bornée au nord par le Canada, au midi par la Mer, au levant par la Nouv. Angleterre, & au couchant par la Virginie & la Pensylvanie. Hudson qui étoit au service des Provinces-Unies, en fit la découverte, & la nomma la Nouvelle Belgique. Sa capitale qui est à l'entrée de la riviere de Manhate, porte le même nom dans le pays. Les Anglois qui se sont emparés de cette prov. l'appellent Newyorck, & ont donné le même nom à tout le pays, depuis qu'il eut été donné au duc d'Yorck par Charles II, son frere, roi d'Angleterre. Il y a quelques autres villes dans la nouvelle Yorck, comme Orange, que les Anglois appellent

Tome II.

Albany, Coslar, &c.

YORCKSHIRE, prov. d'Angl. vers le nord, & le long de la mer. C'est la plus grande du roy. On la divise en 3 parties, Nord, East & Westriding. Elle est très-fertile, le bled, le bétail, le gibier & le poisson y abondent. Ses chevaux sont très-estimés; on en tire du jayet, de l'alun & de la pierre de chaux. Elle a plusieurs villes & bourgs. Yorck est la capitale.

YORIMAN (l'), province de l'Amér. dans la Guyane. Elle a 60 li. le long de la riv. des Amazones. Ses habitans sont beaux & d'une taille avantageuse. Ils sont habiles, sur-tout dans les armes, & passent pour être très-courageux. Ils vont tout nuds, tant hommes que femmes.

YOUGHALL, *Jogalia*, ville d'Irlande, dans la province de Munster, au comté de Corke, avec un bon port, à l'emb. de la riv. de Blackwater, sur les confins du Waterford, à 8 milles au levant de Cloyn. Elle est riche & bien peuplée, avec un port & un quai fortifié. Elle envoie deux députés au parlement. long. 9. 50. latit. 51. 50.

YOURE. Quelques-uns donnent ce nom à la riv. d'Ouse.

YPRES, *Ypra*, ville des Pays-Bas, au comté de Flandre, dans une agréable & fertile plaine, sur le ruisseau d'Yper, à 7 li. au sud-est de Newport, à 9 au sud-est de Dunkerque, à 13 de Gand, à 6 de Lille, & à 55 de Paris. C'étoit autrefois une gr. ville qui avoit trois fois le circuit qu'elle a auj. Vers l'an 800, les Normands la saccagerent, elle fut brulée l'an 1240, malgré cela, au dénombrement qui s'en fit deux ans après, on y compta 200000 habitans; mais leurs différentes révoltes & la peste en ont bien diminué le nombre, car à peine y en com-

pte-t-on 12 mille. Il y a 4 paroilles, 18 couvens des 2 fexes,
& plufieurs hôpitaux. Son év.
fuffr. de Malines, fut érigé en
1559 par le pape Paul IV. La
cathédrale eft belle & bien ornée. Louis XIV la prit en 1678
en perfonne, & elle lui fut cédée
par le traité de Nimegue. Elle
paſſa à la maifon d'Autriche par
les traités d'Utrecht, de Rad-
ftat & de Bade. Louis XV la
prit en 1744, & l'a rendue démantelée par la paix d'Aix-la-
Chapelle. long. 20. 33. latit. 50.
52.

YRIER DE LA PERCHE (St),
Atanus, p. ville de Fr. dans le
Limoufin, fur Lille, avec titre
de prevôté, & une collegiale.
Elle a pris fon nom moderne de
St Yrier qui y a fondé un mo-
naftère.

YSENDICK, p. ville des Provinces - Unies, dans la Flandre,
proche d'un bras de l'Efcaut occident. appellé le Blic, proche
la mer, à 5 li. au nord-eft de
Middelbourg, & à 5 à l'eft de
l'Eclufe. Elle eft petite, & n'a
aucune maifon remarquable. Les
Etats-Généraux à qui elle appartient, en ont fi fort augmenté les fortifications, qu'ils
en ont fait une forterefle prefqu'imprenable. C'eft le boulevard de la Zelande du côté de
la Flandre. long. 21. 10. latit. 51.
18.

YSSEL (l'), riviere d'Allem.
dans le duché de Cleves. Elle a 2
fources, & va fe joindre au Zuiderzée dans la province d'Overiffel. Il y en a encore une dans
les Provinces-Unies, qui ferend
dans la Meufe, à l'orient & au-
deffus de Roterdam.

YSSELBOURG, bourg d'Allem.
en Weftphalie, dans le duché
de Cleves, aux confins de l'év.
de Munfter, fur le vieux Yffel.
Quelques-uns croient que c'eft
l'anc. *Alifo*. long. 24. lat. 51. 52.

YSSELMONDE, bourgade des
Provinces-Unies, dans la partie
mérid. de la Hollande, dans une
ifle, au confluent de l'Yffel &
de la Meufe, à 1 li. de Roterdam.

YSSELSTEIN, p. ville des Prov.
Unies, dans celle de Hollande,
aux confins de celle d'Utrecht,
fur le petit Yffel, à deux lieues
d'Utrecht. long. 22. 28. latitude
52. 4.

YSSENGEAUX, ville de France,
dans le Velai, *voyez* Iffengeaux.

YSSOIRE, ville de Fr. dans
l'Auvergne, *voyez* Iffoire.

YSSOUDUN, ville de Fr. dans
le Berri, *voyez* Iffoudun.

*YUCATAN, & non pas JU-
CATAN, comme difent plu-
fieurs géographes, province de
l'Amér. fept. dépendante de la
Nouv. Efp. Chriftophe Colomb
en 1502, eut la premiere connoiffance de ce pays, mais il
n'y entra point. La découverte
en fut faite en 1517 par François Fernandès de Cordoue. En
1527 François de Montejo qui
avoit parcouru toute la côte de
l'Yucatan avec Grijalva, en fit
la conquète, & en fut le premier gouverneur. L'Yucatan eft
une prefqu'ifle, qui s'avance dans
le golfe de Méxique. Son terroir eft fi fertile en grains, qu'on
y moiffonne deux fois l'année.
Il y a plufieurs mines d'or &
d'argent. Outre plufieurs animaux, tels que ceux qu'on voit
en Europe, il y en a qui lui
font particuliers, comme celui
qu'on nomme Chat-tygre, &
un autre appellé le Pareffeux.
Les vaches y font en très-grand
nombre, plufieurs pefent jufqu'à 600 liv. On trouve dans
cette prov. beaucoup de bois
propre pour la conftruction de
la charpente, du miel, de la
cire, du fucre, du maïs & de
la caffe. Les habitans font d'un
caractere affez doux, & tous
Chrétiens. Ils font aujourd'hui

en petit nombre. Outre la capitale qui eſt Merida , il y a la nouvelle Valladolid , Salamanque & Campêche.

YVERDUN, *Ebrodunum* , ville de Suiſſe , au pays de Vaud , chef-lieu d'un bailliage de même nom , à la tête du lac de Neuchatel , près des riv. d'Orbe & de Thiele qu'on paſſe ſur 2 ponts , dont un ſe leve la nuit , à 15 li. au ſud-oueſt de Berne. Cette ville connue du tems des Romains , & qui avoit le titre de *Caſtrum* , a toujours été très-forte , & a ſoutenu un grand nombre de ſiéges. Elle eſt petite , mais jolie ; il y a une grande place , un temple , le chât. la maiſon de ville , & un grenier public. On voit de belles ſculptures à la façade du temple. Il s'y fait un commerce aſſez conſidérable par le moyen d'un petit port que forme l'Orbe. Ses habitans ſont riches , & paſſent pour avoir de l'eſprit & de la politeſſe. long. 24. 30. latit. 46. 42.

YVETOT, *Yvetotium* , bourg de Fr. dans la Normandie , au pays de Caux , à 2 li. de Caudebec , & à 6 de Rouen. On a raconté bien des fables au ſujet de ce bourg , qu'on a voulu long-tems qualifier de royaume. Il n'a que le titre de principauté. Ses habitans ne paient ni taille , ni aides , ni gabelles. Après avoir été 132 ans dans la maiſon du Bellay , elle eſt entrée dans celle du marquis d'Albon St Marcel.

YUMA , petit iſle de l'Amér. ſeptent. une des Lucayes , au nord de l'iſle de Cuba. Elle a vingt lieues de long & ſept de large. Les Anglois l'appellent Longiſland.

YUNG , ville de la Chine ,

dans la prov. de Quangſi , au département de Lieucheu , ſeconde métropole de la prov. latit. 25. 45.

YVOIRE , *Aquaria* , bourg de Savoye , dans le Chablais , ſur le bord mérid. du lac de Genève , à 5 li. d'Evian , & à 3 de Thonon.

YVOY , *Yvodium* , p. ville de Fr. dans le Luxembourg François , ſur le bord du Chier , à 6 li. au midi de Sedan , & à 12 au couchant de Luxembourg. La paix de Riſwick en aſſura la poſſeſſion à la France. Elle fut érigée en duché en 1662, ſous le nom de Carignan , en faveur du prince Eugène. long. 22. 53. latit. 49. 38.

YUPI , roy. d'Aſie , dans la Tartarie Orient. entre celui de Nieulan , la mer Orientale & la Chine , le long du fleuve Segalien. La nation qui l'habite eſt fort farouche , s'habille de peau de poiſſon , dont elle ſe nourrit , n'ayant aucune connoiſſance de l'agriculture.

YVRÉ-L'EVESQUE , bourg de Fr. dans le Maine , élection du Mans. Les évêques du Mans y ont une fort belle maiſon de campagne.

YVRE'E , ville d'Italie , capitale du Canavez , *voyez* Ivrée.

YURUBESH , riv. de l'Amér. mérid. Sa ſource eſt dans les montagnes , proche celle de l'Iquiari : après avoir paſſé ſous la ligne , elle ſe rend dans le Rio-Negro. Elle communique avec l'Yupara par le moyen du lac appellé Marahi.

YUTAI , ville de la Chine , dans la prov. de Channton , au département d'Yencheu deuxiéme métropole de la prov. latit. 35. 50.

Z.

ZAARA, partie considérable d'Afr. *voyez* Sahara.

ZABACHE, grand golfe, entre l'Europe & l'Asie. On l'appelle aussi mer d'Asoph, *voyez* Palus Meotide.

ZABERN. C'est ainsi que les Allemands appellent une ville d'Alsace, que les François nomment Saverne, *voyez* ce mot.

ZABES, ville de Hongrie, dans la Transilvanie, *voyez* Sassebes.

ZABID, ville d'Asie, dans l'Arabie Heureuse, au royaume d'Yemen, sur la mer Rouge. Elle a des murs percés de huit portes. Son port appellé Alfakah, en est à 40 milles. Il est défendu par une bonne forteresse qui est à son entrée. Il y avoit autrefois un roi qui étoit souvent en guerre avec celui de Sanaa. Elle est encore considérable, ses habitans sont riches.

ZABLESTAN, prov. d'Asie, dans la Perse, *voyez* Sablestan.

ZABOLZC, comté de la haute Hongrie, borné au nord par celui de Zemblyn, au midi par celui de Zolnock, au levant par celui de Zatmar, & au couchant par la riv. de Teysse. On y trouve la ville de Debrecin & la forteresse de Chege.

ZACATECAS (les), prov. de l'Amér. sept. au Méxique, dans la Nouv. Galice, bornée au nord par la Nouv. Biscaye, au midi par la prov. de Guadalajara, au levant par celle de Guasteca, & au couchant par celles de Culiacan & de Chiametlan. Cette contrée abonde en mines d'argent que les Espagnols y ont découvertes en différens tems.

ZACATULA, ville de l'Amér. septent. dans la Nouv. Espagne, dans l'audience de México, proche la côte de la mer du Sud, à l'emb. de la riviere de même nom, à 90 li. du Méxique, & à 18 d'Acapulco, avec un assez bon port. latit. 17. 22.

ZACONIE (la), prov. de la Morée, bornée au nord par le duché de Clarence, au midi par le golfe de Colochine, au levant par le golfe de Napoli de Romanie, & au couchant par la prov. de Belvedere. On l'appelle aussi Brazzodimaina. C'est la plus grande & la plus étendue du côté du midi. Il y a un gr. nombre de rochers & de précipices, & les tremblemens de terre y sont fréquens. Il y naît des chiens qu'on estime beaucoup. Le Grand-Seigneur en prend tous les ans un gr. nombre pour son usage.

*ZADAON, *Calipus*, riv. de Portugal. Elle prend sa source dans les montagnes de l'Algarve, au midi du roy. & va se rendre dans le golfe de Setubal, un peu au-dessous de la ville de ce nom, & non pas au-dessus comme dit la Martiniere.

ZADRA, p. ville d'Afr. dans la Barbarie, au roy. de Tunis, dans la prov. de Masrate.

*ZAFRA, p. ville d'Esp. dans l'Estramadure, proche la riv. de Guadaxira, au pied des montagnes, à 2 li. de Medina. Elle est défendue par un bon chât. & on la prend pour l'ancienne *Segeda*, que d'autres placent à Caceres, & non pas Carceres, comme dit la Martiniere. long. 12. 10. latit. 38. 22.

ZAFI, ville d'Afr. dans la Barbarie, au roy. de Maroc, *voyez* Safie.

ZAGARA, *Helicon*, montagne de la Turquie Européenne, dans la Livadie. Son nom de

Zagara lui vient de la quantité de liévres qu'on y trouve. Il y a aussi beaucoup de cerfs & de sangliers. Les poëtes l'ont souvent célebrée, comme voisine du parnasse.

*ZAGAROLO, bourg d'Italie, dans l'Etat de l'Eglise, à 8 milles au couchant de Palestrine, & à 18 de la capit. dans la Campagne de Rome. Il a titre de duché, & on le prend pour l'ancien *Labicum*, & non pas *Laticum*, comme dit la Martinere.

ZAGATAIS, nom que l'on donne à une partie des Tartares, *voyez* Tartares.

ZACOAN, montagne d'Afr. dans la Barbarie, à 1 lieue de Tunis. Il y avoit autrefois quantité de villes & de chât. dont on voit encore les ruines. C'est de cette montagne que les Carthaginois faisoient venir l'eau dans leur ville.

*ZAGRAB, ou ZAGRABIA, ville de la basse Hongrie, dans l'Esclavonie, sur la rive gauche de la Save, capit. d'un comté de même nom, à 10 li. au nord-est de Carlostad, & à 50 au sud-ouest de Bade. Elle a un évêché suffragant de Colocza. Vosgien donne à cette ville pour ancien nom, celui de *Siscia*, sans faire attention que c'est le nom de Sisseg, comme il auroit pu le voir dans la Martiniere qu'il a pris pour son guide. long. 34. 10. latitude 45. 52.

Le comté de Zagrab qui s'étend en longueur le long de la Save, est borné au couchant par le comté de Waradin, & au levant par celui de Possega.

ZAHARA, ville d'Espagne, dans l'Andalousie, à la source du Guadalete, entre Séville & Cadix, avec titre de comté qui appartient aux ducs d'Arcos, & un château qui passe pour imprenable. Les habitans qui sont

grand cas de leur noblesse, sont polis & industrieux.

ZAIN, lac de la Prusse-Royale, dans l'Ermeland, sur les confins du Burtenland, proche la ville de Ressel. Son écoulement est du côté du nord, par une riv. qui se rend dans celle de Guber.

ZAIRE (le), *Zairus*, riv. d'Afr. au roy. de Congo. Sa source est dans le lac de Zambre, & va se rendre dans la mer, vers le 5e dégré, 40 minutes. de latitude mérid. Elle a dans son lit plusieurs isles qui sont fort peuplées, & habitées par des gens qui se regardent comme indépendans du roi de Congo, & qui ne lui payent pas tribut.

ZALAMEA DE LA SERENA, bourg d'Esp. dans l'Andaloufie, entre les montagnes, à 18 li. au midi de Merida, & à 12 au couchant de Seville. On croit que c'est l'anc. *Ilipa*.

ZALANKEMEN, ville de Hongrie dans l'Esclavonie, sur le Danube, *voyez* Salankemen.

*ZALAWAR, ville de Hongrie, dans le comté de même nom, sur la riv. de Sala, à 1 li. au midi du lac Balaton. La Martiniere dit qu'on la prend pour l'ancienne *Salis*, il devoit dire *Sala*.

Le comté de Zalawar, *Saladiensis comitatus*, est borné au nord par celui de Sarwar, au midi par la Drave, au levant par le comté de Tolna, & au couchant par la Stirie. Il est arrosé par la riv. de Muer. Sa capit. s'appelle Zalawar.

ZALEG, ville d'Ethiopie, sur le bord de la mer, près du détroit de Babelmandel. Elle est petite, & sert d'entrepôt aux marchands qui trafiquent dans l'Ethiopie.

ZAMBUJA, petite ville de Portugal, sur la droite du Tage, à cinq lieues de Santaren.

ZAMIN, ville d'Afie, dans la Tranfoxane, fur les confins du territoire de Samarcande. On recueille dans fes environs, la manne la plus eftimée de tout l'Orient.

1. ZAMORA , *Sentica* , ville d'Efp. dans le roy. de Leon, vers fa partie feptentrionale , fur la riv. droite du Duero, qu'on paffe fur un beau pont, à 15 li. de Salamanque , à 26 de Leon , à 24 de Valladolid, & à 45 de Madrid. Après avoir été détruite par Almanzor dans le IX fiécle, elle fut rebâtie par les rois Ferdinand & Alphonfe. Elle eft très-bien fortifiée. Son év. eft fuffr. de Compoftelle. Son terroir eft abondant en tout ce qui eft néceffaire à la vie. Dans les rochers qui font au voifinage , on trouve des mines de turquoifes. Cette ville a l'honneur de poffeder les reliques de St Ildefonfe, ancien év. de Tolede. long. 12. 25. latit. 41. 36.

2. ZAMORA , ville de l'Amér. mérid. dans le Perou, audience de Quito, près des Andes , à 70 li. de la mer du Sud , & à 20 de Loxa. Elle eft belle, fes maifons font bâties de bois & de pierres. Les Dominicains y ont une belle églife. Le terroir n'eft propre ni pour le froment ni pour l'orge; mais les graines , les herbes & les arbres fruitiers portés d'Europe y viennent fort bien. Dans les environs de la ville les mines d'or font fi riches qu'on en tire des grains d'une groffeur extraordinaire , elles font travaillées par des Negres ; car les naturels du pays n'ont ni induftrie ni goût pour le travail. Un tréforier du roi réfide à Zamora. longitude 34. 26. latit. méridionale. 5. 8.

3. ZAMORA , *Azama* , ville d'Afrique, dans la Barbarie, au roy. de Tremecen, dans la prov. de Bugie. Cette ville bâtie par

les Romains eft compofée de deux mille habitans, avec une forterefle ; c'eft de toute la Barbarie la ville la plus riche en bled & en troupeaux. Les Arabes & les Bereberes y accourent en foule.

4. ZAMORA , riv. de l'Amér. mérid. au Perou , dans l'audience de Quito. Après avoir paffé à Zamora, elle prend le nom de Sant-Jago, & fe rend dans l'Amazone, un peu audeffus du fameux Pongo.

ZAMOSKI , ville de Pologne , dans le palatinat de Belz, avec titre de principauté, dans un fond environné de marais, à 15 li. de Lemberg, & à 25 de Lublin, entre ces deux villes. Elle eft très-bien fortifiée. Le prince de ce nom obligea le roi de Suede d'en lever le fiége. long. 41. 34. latitude 50. 38 .

ZAMPANGO, ville de l'Amér. fept. dans la nouv. Efp. entre Mexico & Guaxaca. Ses habitans qui font un mélange d'Efp. & d'Indiens font riches pour la plupart. Les principales denrées dont ils font un bon commerce , font le fucre , la cochenille & le coton.

ZANFARA , roy. d'Afrique, dans la Nigritie, borné au levant par le roy. de Zegzeg, & au midi par le Senégal. Les Caravanes de Tripoli qui vont fouvent dans ce roy. en apportent de l'or en échange de draps & autres marchandifes qu'ils y laiffent. Le terroir eft fécond en bled, en riz, en millet & en coton. Ses habitans font grands , fort noirs, & ont un vifage large & affreux.

ZANGAN , ville de Perfe, dans l'Irac-Agemi , proche la ville de Sultanie. Elle eft grande , mais mal bâtie. On y voit un beau Caravanferai.

ZANGUEBAR (le) contrée d'Afrique dans la Cafrerie , le

long de la mer des Indes. Elle s'étend depuis la riv. de Jubo, jusqu'au roy. de Moruca, & comprend plusieurs roy. dont les principaux sont Mosambique, Mongale, Quiloa, Monbaze & Melinde. C'est un pays rempli de marais. L'air y est mal sain, & les fruits n'y valent rien. Il vient dans quelques endroits du bled, du millet, des oranges, des citrons, &c. Les poules qu'on y nourrit sont bonnes, mais la chair en est noire. La grande richesse des habitans consiste dans les mines d'or & dans l'ivoire. Ils sont tous idolâtres ou mahométans; ils sont d'un naturel assez traitable; leur nourriture principale est la chair des bêtes farouches, & le lait de leurs troupeaux.

1. ZANTE, *Zacynthus*, isle de la mer de Grece, au couchant de la Morée, à 6 li. au midi de celle de Cephalonie. Elle a 6 li. de long sur 4 de large. C'est une isle des plus agréables & des plus fertiles, sur-tout en raisins appellés de Corinthe, parce que le plan en vient : il s'en fait un commerce prodigieux. Outre ces raisins, les habitans en recueillent d'autres, dont on fait un vin très-fort : le muscat y est délicieux, mais il ne sçauroit supporter la mer. L'huile qu'on y fait est excellente. Les melons qu'on y recueille sont de deux especes, blancs & jaunes, ils sont aussi bons qu'en Europe. Il y a encore d'autres fruits; sçavoir, des pêches qui sont fort grosses & de bon goût, des citrons, des oranges, des limons, des figues, &c. On trouve dans cette isle une chose curieuse, c'est une fontaine de poix noire qui sort de la terre, avec une eau bien claire. Elle est très-bonne à calfeutrer les vaisseaux, & il s'en tire une gr. quantité. Zante est la capitale.

2. ZANTE, ville capitale de l'isle de même nom, le long de la côte. Elle est allez grande, & contient environ vingt-cinq mille ames. Elle n'est point murée, mais elle est défendue par une forteresse qui est sur une éminence. Son port qui est au midi est très-bon. Il y a un év. dans cette ville suffr. de Corfou. Les Venitiens en sont les maîtres & y tiennent un provediteur. Les Anglois y ont un comptoir, conduit par un consul, les Hollandois y ont un consul aussi, les François n'y ont qu'un commis. Les Anglois font le principal commerce du raisin. long. 36. 55. latit. 37. 56.

ZANTOCH, ville de la grande Pologne, dans le palatinat de Posnanie, aux confins de la nouvelle Marche de Brandebourg, sur la riv. sept. du Notecz, au-dessous de Nackel. Elle doit son origine à un chat. qui a été le sujet de plusieurs guerres dans le XI siécle, entre les Pomeraniens & les Polonois.

*ZANZIBAR, isle de la mer des Indes, sur la côte du Zanguebar, entre l'isle de Pemba & celle de Monfia, & non pas Monfia, comme dit Vosgien, à 8 li. de la terre-ferme. Elle a titre de roy. Le terroir produit beaucoup de riz & quantité de cannes de sucre. On y trouve des forêts de citronniers. Les habitans sont tous Mahometans. latit. mérid. 7.

ZAOIT, ville d'Afr. dans la Barbarie, au roy. de Tunis, dans la province de Tripoli, à quelque distance de la mer. C'est la demeure de plusieurs Morabites qui y vivent comme des religieux.

ZAORAT, ville d'Afr. au roy. de Tunis, dans la prov. de Tripoli. Elle étoit autrefois considérable, & avoit un port appellé *Posidon portus*. Elle est auj. comme un mechant village, ayant été ruinée plusieurs fois, & n'est habitée que par des gens fort pauvres.

ZAPOTECA, province de l'Amérique sept. dans la Nouv. Esp. Elle s'etend du midi au nord, depuis la prov. de Guaxaca jusqu'au golfe du Méxique. Le terroir en est fertile, quoique pierreux ; ses habitans autrefois très-sauvages, & qui ne se couvroient que de peaux, sont aujourd'hui fort civilisés.

ZAPUATAN, province de l'Amér. sept. dans la Nouvelle Galice, proche la mer du Sud. Elle fut découverte par Nunno de Gusman, qui y trouva plus de femmes que d'hommes. Elle est d'une petite étendue.

ZAR, *Zarnium*, ou *Fons B. Mariæ*, abb. d'hom. de l'ordre de Cit. dans la Moravie.

ZARA, *Jadera*, ville des états de Venise, dans la Dalmatie, dans une peninsule qui s'avance dans la mer, & dont on a fait une isle par le moyen des fossés qu'on a creusés, à 35 li. au nord-ouest de Spalatro, & à 66 au nord-ouest de Raguse. Elle est fortifiée d'une bonne citadelle, dont les fossés sont taillés dans le roc, à côté sont trois bastions revétus de pierres de taille ; ce qui rend cette ville le boulevard de la république de ce côté-là. Les arsenaux, les magasins, les hôpitaux, les casernes, les palais du provediteur général, du gouverneur de la ville sont des édifices magnifiques. Il y a 4 couvens de religieux, 5 de filles, un collége, un séminaire & une académie de belles lettres. Les églises de Zara sont belles & remarquables par leurs peintures. C'est un archev. Les Venitiens acheterent cette ville en 1409 de Ladislas, roi de Naples. Bajazet II la leur enleva en 1498, mais ils la reprirent par

la suite, & l'ont toujours conservée. Les habitans font des liqueurs très-estimées qu'ils composent avec des jus d'herbes. longitude 33. 20. latit. 44. 23.

ZARACHA, petite ville de la Morée, dans le duché de Clarence, à 20 li. de la ville de Vistisa, & à égale distance du golfe de Lepante. On croit que c'est l'anc. *Pellene*.

ZARFA, ville d'Afr. au roy. de Fez dans la prov. de Temesne. Elle est presque détruite, mais située dans une plaine fertile en bled, & remplie d'arbres fruitiers.

ZARITZA, ville de l'empire Russien, au roy. d'Astracan, sur la droite du Wolga, au pied d'une colline. Elle est munie de cinq bastions & de cinq tours de bois. Ses habitans ne sont qu'au nombre de 400, & sont employés contre les courses des Tartares & des Cosaques.

ZARNATA, ville de Grece, dans la Morée, à 2 li. du golfe de Coron, & à 8 au couchant de Misitra. C'est une forteresse que l'art & la nature ont rendu très-forte. Elle est de figure ronde, & située sur une éminence. Les Venitiens l'ont possédée long-tems, elle dépend aujourd'hui des Turcs, avec tout le reste de la Morée.

ZARNAW, ville de la haute Pologne, dans le palatinat de Sendomir, entre la ville de Sendomir & celle de Siradie.

ZARUMA, ou **SARUMA**, lieu de l'Amérique mérid. au Perou, dans l'audience de Quito, entre Cuença & Loxa, vers le couchant. Il a été célebre par ses mines, aujourd'hui presqu'abandonnées. latit. mérid. 3. 40.

ZARZEDAS, p. ville de Portugal, dans l'Estramadure, au territoire de Tomar, & au nord du Tage, sur une colline escarpée, vis-à-vis de Castel-

Branco. Elle eſt défendue par un bon château, & n'a qu'une paroiſſe. Ses habitans ne ſont guère qu'au nombre de 3 cens. Elle a titre de comté.

ZASLAW, ville, avec titre de principauté, dans la petite Pologne, au palatinat de Volhinie, ſur la riv. de Horin, à 5 li. au-deſſus d'Oſtrog.

1. ZATMAR, comté de Hongrie, borné au nord par le comté d'Ugocz, au midi par celui de Kraſna, au levant par celui de Nagibania, & au couchant par les ſept villes Heydoniques.

2. ZATMAR, ville de Hongrie, capitale du comté de même nom, ſur la riv. de Samos qui en forme une iſle ſur les frontieres de la Tranſilvanie, à 18 li. de Tokai, & à 50 de Bude. Les rebelles voulurent la ſurprendre en 1681; mais ils furent eux-mêmes ſurpris & punis ſévérement. long. 39. 56. l. 47. 52.

ZATOR, ville de Pologne, dans le palatinat de Cracovie, ſur la droite de la Viſtule, près de ſon confluent avec le Skaud, à 9 li. au-deſſus de Cracovie, & à 18 au ſud-eſt de Ratibor. Elle eſt défendue par un bon chât. on y remarque une aſſez jolie place, dont les maiſons qui l'environnent ſont ſoutenues par des portiques. long. 37. 32. lat. 49. 58.

ZAWICHOST, ville de la petite Pologne, dans le palatinat de Sandomir, ſur la droite de la Viſtule, à 5 li. au-deſſous de Sendomir. Lensko, depuis roi de Pologne, remporta l'an 1205 près de cette ville, une mémorable victoire ſur les Ruſſes, commandés par Romain, duc d'Halitz.

ZAZUAROS, petite ville de la Tranſilvanie, ſur la riviere de Maros, à 4 li. au-deſſous de Weiſſembourg. On croit que c'eſt l'anc. *Frateria*.

1. ZBARAS, ville de la petite Pologne, dans le palatinat de Podolie, ſur les confins de celui de Volhinie, ſur le bord d'une petite riviere au nord de Tarnopol.

2. ZBARAS, ville de Pologne, dans l'Ukraine, au palatinat de Braclaw, ſur les confins de Kiovie, à 15 li au nord de Braclaw.

ZBOROW, *Zborovia*, ville de la petite Pologne, au palatinat de Lemberg, ſur les confins de ceux de Volhinie & de Podolie, à 16 li. au levant de Leopol. Jean Caſimir, roi de Pologne, y fut défait en 1647, par les Coſaques & par le kan des petits Tartares. long. 43. 54. latit. 49. 52.

ZDIAR, abb. d'hom. de l'ordre de Cît. dans la Bohême, au cercle de Czaſlaw, au voiſinage de Kuttemberg.

ZEB, prov. d'Afrique, dans la Barbarie, bornée au nord par les montagnes de Bugie, au midi par les Déſerts, au levant par le Biledulgerid, & au couchant par le déſert de Mazila. C'eſt un pays couvert de ſables ardens, où on voit une grande quantité de ſcorpions & de ſerpens, dont la morſure eſt mortelle. Il y a peu de terres labourables, mais il y a beaucoup de dattes. Les habitans peuvent fournir juſqu'à 80000 combattans, la plupart gens de pied.

ZEBU, ou SEBU, iſle de l'Ocean Indien, une des Philippines, entre celle de Maſbate au nord, & celle de Leyté au levant. Elle eſt petite, n'ayant que deux lieues de circuit, mais extrémement peuplée. Elle obéit aux Eſpagnols, & dépend du gouverneur des Philippines. Il y a beaucoup de mines d'or. Ceux des habitans qui ſont encore païens, prennent autant de femmes qu'ils veulent. Quand quelqu'un d'entr'eux vient à mourir, on le met dans une caille au milieu de la maison; les femmes les plus considérables font assises autour du corps, une d'entr'elles coupe les cheveux du mort, tandis que la principale pleure couchée sur lui. On répand dans la chambre pendant plusieurs jours des parfums, après quoi on le porte dans un lieu couvert. Ils prennent leurs repas sur des nates faites de palmes, ils consistent en viandes à demi-cuites, & fort salées.

ZEDENICH, p. ville d'Allem. dans l'Ukermarck. Il y a une belle fonderie de fer, & une abb. Protestante de six filles nobles, sous une abbesse.

ZEDIC, bourgade d'Afr. dans la Barbarie, au roy. de Tripoli, sur le golfe de la Sidre. On croit que c'est l'anc. *Sacazama*.

ZEDLITZ, abbaye d'hom. de l'ordre de Cît. dans la Bohême, au cercle de Czaslaw, au voisinage de Guttemberg. L'église de cette abb. est la plus belle de toute la Bohême.

ZEEBLAC, bourg de la basse Hongrie. Simler croit que c'est l'anc. *Sopianæ*.

ZEGA, *Acebus*, p. riv. d'Esp. dans la Vieille Castille, proche la ville de Valladolid.

ZEGZEG, roy. d'Afr. dans la Nigritie, au midi du Niger qui le sépare du roy. de Callène. Il est borné au midi par le roy. de Benin, au couchant par les Déserts, & au levant par le roy. de Zanfara. Il appartient au roi de Tombut. Les habitans sont riches par le commerce, ils n'habitent que des chétives cabanes.

*ZEITON, ville de la Turquie Européenne, dans la Janna, au fond d'un golfe de même nom, proche la riv. d'Agriomela, & non pas Eaylada, comme disent la Martiniere & Vosgien. Elle est bâtie sur des coteaux, & a été autrefois considérable sous le nom de *Lamia*. Il y a un chat. assez fort qui n'est habité que par des Mahométans, dans la ville il y a des Chrétiens & des Turcs. long. 41. latit. 39. 12.

Le golfe de Zeiton, appellé anciennement *Malliacus Sinus*, ou plutôt *Lamiacus Sinus*, est au midi du golfe de Volo, sur les confins de la Livadie. Il prend son nom de la ville, qui est placée dans le fond.

*ZEITZ, *Mamilla*, p. ville d'Allemagne, dans le cercle de la haute Saxe, au duché de Naumbourg, dans la Misnie, sur l'Estert, à 12 lieues au sud-ouest de Leipsick. Elle est presque déserte. Il y avoit autrefois un év. qui fut transféré à Naumbourg, translation qui fut confirmée par le pape Jean XIX, & non pas Jean XIII, comme dit la Martiniere. long. 30. 10. latit. 50. 56.

ZEKELITA, petite ville de la haute Hongrie, au comté de Kalo, sur la riviere de Grasna, entre le grand & le petit Waradin.

ZELANDE (la), province des Pays-Bas, & une des sept qui composent la république des Provinces-Unies. Elle est bornée au nord par les isles de Hollande, au couchant par l'Océan, au levant par l'Escaut, qui la sépare du Brabant; le Hont la sépare de la Flandre. Cette province consiste en seize isles, dont les principales sont Walcheren, Duyveland, Nortbeveland, Zuidbeveland, Tertolen, Schowen, Goërée & Voorn. Ce pays est abondant en bons pâturages, où on nourrit une grande quantité de bestiaux. Il abonde assez en bled, & il en produiroit encore davantage sans les eaux. La Zelande est divisée en deux parties, l'occidentale en-deça de l'Escaut, & l'orientale au-delà de l'Escaut. Etant située dans un terrein fort bas, il seroit continuellement en danger d'être submergé, s'il n'étoit défendu par de hautes digues, entrelacées de joncs & de bois de charpente. En 1304 & en 1309 il y eut des inondations qui engloutirent plusieurs villages: on y en compte encore cent deux, & huit villes murées. Cette province se gouverne comme la Hollande. Les députés de la noblesse & des six villes principales, forment l'assemblée des états.

1. ZELL, *Cella*, ville d'Allem. au cercle de la basse Saxe, dans le duché de Lunebourg. capit. du duché de même nom, sur l'Aller, à 14 li. de Lunebourg, à 12 de Hildesheim, & à 15 de la ville de Brunswick. C'est une place défendue par un château, où les ducs faisoient leur résidence. Il y a encore la régence du pays. Cette ville, ainsi que le duché, a été réunie à l'électorat d'Hanovre. long. 27. 55. lat. 52. 43.

2. ZELL, *Cella*, petite ville d'Allem. dans la Suabe, au pays d'Ortnaw, sur la riv. de Nagolt. à 7 li. au midi de Bade. Elle est sous la protection de la maison d'Autriche. long. 25. 46. latit. 48. 20.

3. ZELL, ville d'Allem. dans l'archevêché de Saltzbourg, sur un lac de même nom.

4. ZELL, ville d'Allem. dans l'électorat de Treves, sur la Moselle, à 3 li. au-dessous de Traerbach. Elle est chef-lieu d'un bailliage assez étendu.

5. ZELL, lac d'Allemagne, sur les confins de la Suabe & de la Suisse, au-dessus du lac de Constance. Il est formé par le Rhin, & renferme l'isle avec l'abbaye de Reichenaw.

ZEMBLE (la nouvelle), vaste pays situé dans l'Océan septen-trional, au nord de la Moscovie. Son nom, qui lui a été donné par les Russiens, veut dire nouvelle terre. L'an 1725 la czarine Catherine envoya le capitaine Beering, qui navigea vers l'Océan septentrional, & qui étant de retour de Kamtschatka dans la mer du Japon, à Petersbourg en 1730, rapporta qu'il avoit trouvé un passage au nord-est par lequel on pouvoit aller du détroit de Waigats ou de Nassau, de l'Océan septentrional au Japon, à la Chine & aux Indes Orientales, si les neiges n'y mettoient un obstacle pendant la plus grande partie de l'année; ce qui a été confirmé par des relations postérieures. C'est parce que la nouvelle Zemble n'est pas jointe à la terre ferme, du moins dans sa partie méridion. qu'on croit qu'elle communique & qu'elle tient par les glaces au Spitzberg, & que les premiers habitans de l'Amérique peuvent y avoir passé de notre continent par cette voie. Quoi qu'il en soit, la nouvelle Zemble s'étend dans sa partie méridionale le long des côtes septentrionales de la Russie & de la Tartarie Moscovite, ou pays des Samoyedes, dont elle est séparée par le détroit de Waigats, qui est presque toujours glacé, en sorte qu'on peut y passer sur la glace. Cette partie mérid. est habitée par des peuples de petite taille, & qui ont les cheveux noirs. Ils sont basanés, & vêtus de peaux de veaux marins. Ils vivent de chasse & de pêche, & adorent le soleil & la lune. Ils se retirent l'hyver dans de petites hutes, & sont visités en été par les Samoyedes, peuples sujets du czar, qui habitent le long de la côte de la mer Glaciale, au nord de la Sibérie. Les Samoyedes passent l'hyver chez eux, à cause qu'il y a plus de bois dans leur pays. La partie septentrionale de la nouvelle Zemble est un pays trop misérable pour être habité, étant toujours couverte de neige & de glace. On y rencontre beaucoup d'ours blancs d'une extrême grosseur.

ZEMBROW, petite ville de Pologne, dans la Mazovie, au palatinat de Czercsko, à 12 li. au couchant de Bielsko.

ZEMPLIN, ville de la haute Hongrie, capitale d'un petit pays de même nom, sur la riv. de Bodrog, à 5 milles au sud-est de Cassovie, & à 6 au nord de Tokai. long. 39. 12. latit. 48. 35.

* ZENDRO, ville de la haute Hongrie, & non pas de la basse, comme dit la Martiniere, au comte de Tolna, avec un château sur une hauteur. Elle fut brulée en 1684 par les Turcs & les mécontens.

ZENNA, ancienne abbaye d'Allemagne, dans le duché de Magdebourg, au cercle de Luckewald. Elle est aujourd'hui sécularisée.

ZENT, ou ZENTA, bourgade de Hongrie, sur la Teisse, entre l'embouchure de cette riviere dans le Danube & la ville de Segedin. Ce lieu est devenu fameux par la victoire signalée que le prince Eugene y remporta en 1697 sur l'armée des Turcs, commandée par l'empereur lui-même Mustapha II. En deux heures de tems vingt mille Turcs resterent sur la place : il y en eut dix mille de noyés, & trois mille prisonniers. Il n'y eut du côté des Impériaux que 430 hommes de tués, & environ 1600 blessés.

ZERBI, isle d'Afrique, sur la côte de Barbarie, *voyez* Gerbes.

ZERBST, ville d'Allem. dans la principauté d'Anhalt, sur les confins du duché de Magdebourg, chef-lieu d'une seigneu-

rie de même nom, à 2 li. de Dessaw, à 5 de Magdebourg, & à 6 de Wittemberg. Il y a un fort beau château, où réside une des quatre branches d'Anhalt. La biere qu'on fait dans cette ville est si estimée, qu'on la vend dans la Franconie plus cher que le vin.

ZERENG, ville de Perse, dans le Segestan. Elle a produit plusieurs gens de lettres.

ZERIGAN, ville de Perse, dans l'Iraque Babylonienne, dans une plaine, renfermée entre deux montagnes. Cette ville, autrefois considérable, & qui renfermoit plus de vingt mille maisons, fut détruite par Tamerlan, qui à son retour de Turquie en rebâtit une partie. Elle est petite, & ne contient qu'environ deux mille maisons. Elle a produit plusieurs grands hommes.

ZERINGEN, petite ville d'Allemagne, dans le Brisgau, proche la ville de Fribourg.

ZETH, ou ZETHA, royaume d'Afrique, dans l'Ethiopie, près des royaumes de Nerea & de Koncho.

ZEVENAR, p. ville d'Allem. au cercle de Westphalie, dans le duché de Cleves, à 3 li. au levant d'Arnheim.

ZEVERIN, ou SEVERINO, ville de la haute Hongrie, sur le Danube, à 20 li. de Temeswar, sur les confins de la Walaquie. On croit que c'est l'ancienne *Æmonia*.

ZEZERE, *Ozecarus*, riviere de Portugal, qui prend sa source dans la prov. de Beira, au midi & près de Guarda, elle va se rendre dans le Tage près de Punhete.

1. ZIA, *Cea*, isle de l'Archipel, une des Cyclades, à 5 li. au midi de celle de Negrepont, dont elle faisoit autrefois partie. Elle s'étend du sud-ouest au nord-est, & a 30 milles de cir-

cuit. C'eſt une iſle bien cultivée ; on y recueille peu de froment, mais beaucoup d'orge ; les troupeaux y ſont très-nombreux. Il y croît du vin ſuffiſamment ; mais la grande richeſſe conſiſte en ſoie & en *velani*, fruit à peu près ſemblable au gland, & dont on ſe ſert pour les teintures & pour taner les cuirs. Il y a encore dans cette iſle des mines de plomb, de la craie. Le gibier y abonde, ſur-tout les perdrix & les pigeons.

2. ZIA, *Carthea*, bourg de l'Archipel, dans l'iſle de même nom, ſur une hauteur, où il eſt bâti en forme d'amphithéâtre, à 3 milles du port de l'iſle. Il peut y avoir environ trois mille maiſons, toutes bâties en terraſſe & par étages, en ſorte que leurs couverts ſervent de rue. Il n'y a dans toute l'iſle que cinq ou ſix familles du rit Latin. Leur égliſe eſt deſſervie par un prêtre envoyé par l'év. de Tine. Tout le reſte eſt du rit Grec, & il y a un évêque.

ZICLOS, ville de la baſſe Hongrie, au comté de Baran, à 5 li. de Cinq-Egliſes, avec un château ſur une hauteur, défendu par des baſtions à l'antique. Soliman II s'en empara en 1543 ; mais le prince Louis de Bade la reprit en 1686, & fit la garniſon priſonniere de guerre.

ZIEGENHEIM, ville d'Allemagne, dans le landgraviat de Heſſe, capitale du comté de même nom, ſur la riviere de Schwalm, à 6 li. au ſud-oueſt de Caſſel. Elle eſt petite, mais bien bâtie. long. 27. 12. latit. 51. 8.

ZIGEA, *Segeſtica*, iſle de la baſſe Hongrie, dans la Croatie, au comté de Zagrab, entre Zarab & Siſſeck ; elle eſt formée par la Save.

ZIKA, bourgade de la baſſe Hongrie, ſur la Sarwitza, entre Albe Royale & Sarwar. On croit que c'eſt la *Mogentiana* d'Antonin.

ZINARA, *Cinara*, iſle de l'Archipel, peu éloignée de celle de Lero, à 6 li. de celle d'Amorgos. Elle étoit autrefois très-peuplée, mais elle eſt à préſent déſerte.

ZINZICH, *Sinciacus*, bourg d'Allem. dans le cercle électoral de Cologne, ſur le Rhin, à 3 li. au-deſſous de Bonne, & preſque vis-à-vis de Lintz.

ZIRANNI (les), peuple de l'empire Ruſſien, qui occupe un pays conſidérable de même nom, au couchant de la prov. de Permie, & au nord-oueſt de celle de Viatka. Ce peuple a un langage particulier. Il a été longtems indépendant ; il eſt aujourd'hui tributaire du czar, & habite une forêt à laquelle on donne cent ſoixante lieues de longueur.

ZIRCHNITZ, ville d'Allem. dans la baſſe Carniole, au nord-oueſt & près d'un grand lac de même nom. Elle n'eſt compoſée que de 300 maiſons.

ZIRCHNITZERSÉE, lac d'Allemagne, dans la baſſe Carniole, ſur les confins du Windiſchmarck, au milieu de hautes montagnes. Il a deux milles de longueur, ſur un mille de largeur. Ce lac a cela d'extraordinaire, qu'au mois de Juin toutes ſes eaux deſcendent ſous terre par de grands trous, & reviennent par ces mêmes trous au mois de Septembre. Dans cet intervalle la terre produit beaucoup d'herbes, & y attire une grande quantité de liévres.

ZIRICZE'E, ville des Pays-Bas, dans la prov. de Zelande, & capitale de l'iſle de Schowen, à 7 li. au ſud-oueſt de la Brille. Elle eſt jolie, & bien peuplée : il s'y faiſoit autrefois un bon commerce, mais depuis que les ſables ont comblé ſon port, ce n'eſt plus de même. Les Eſpagnols la prirent en 1576, mais les Etats-Géneraux, qui la reprirent, y ont fait de bonnes fortifications. Il s'y débite du ſel & du poiſſon. Avant le changement de religion, il y avoit ſix belles maiſons religieuſes. long. 21. 24. latit. 51. 36.

* ZITTAW, *Zittavia*, ville d'Allem. dans la haute Luſace, ſur la Neiſs, aux frontieres de la Bohéme, à 4 li. au-deſſus de Gorlitz, & non pas au-deſſous, comme dit la Martiniere. On fait grand cas de la biere qui ſe braſſe dans cette ville. long. 32. 28. latit. 50. 53.

ZIZERS, *Ciceronium*, bourg du pays des Griſons, dans la ligue de la Caddée, ſur la droite du Rhin. Il y a un bain d'eau minérale qui charrie des paillettes d'argent. Il eſt propre pour la guériſon de pluſieurs maladies. On voit encore dans ce bourg un beau palais, qui appartient à MM. de Solis.

ZNAIM, ville d'Allem. dans la Moravie, aux frontieres de l'Autriche, ſur la riv. de Teia, à 12 li. au nord de Vienne, & à 8 au ſud-oueſt de Brinn. Les Suédois la prirent en 1645, & l'empereur Sigiſmond y mourut l'an 1437. long. 34. 18. latitude 48. 50.

ZOARA, ville d'Afrique, dans la Barbarie, ſur la côte, à 18 li. au levant de l'iſle de Gelves. Elle eſt petite, & fermée par de méchantes murailles. Ses habitans ſont très-pauvres ; leur occupation eſt de faire de la chaux & du plâtre, qu'ils vont vendre à Tripoli. Cette ville eſt l'ancienne *Poſidone*, bâtie par les Africains. Elle étoit fort peuplée, & avoit un port très-fréquenté.

ZODIAQUE (le), grand cercle, placé obliquement entre les deux poles du monde, & dans lequel ſont renfermés les

douze ſignes. On l'appelle Zodiaque, du mot grec Zodion, qui ſignifie animal, parce que les douze ſignes portent des noms d'animaux, qui ſont le Belier, le Taureau, les Gemeaux, l'Ecreville, le Lion, la Vierge, la Balance, le Scorpion, le Sagittaire, le Capricorne, le Verſeau & les Poiſſons. On donne au Zodiaque ſeize degrés de largeur, huit du côté du ſeptentrion & huit du côté du midi. La premiere ſection du Zodiaque, faite par l'équateur au commencement du ſigne du Belier, s'appelle ſection vernale, parce que lorſque le ſoleil eſt dans ce point, c'eſt le commencement du printems. La ſeconde ſection où eſt le commencement de la Balance, eſt appellée ſection automnale, parce que l'automne commence lorſque le ſoleil ſe trouve dans ce point. Chaque ſigne répond au douze mois de l'année, ainſi chaque ſaiſon en renferme trois. La ligne repréſentée au milieu du Zodiaque eſt diviſée en 360 dégrés, & nous marque la route du ſoleil. On l'appelle écliptique, parce que les éclipſes du ſoleil & de la lune arrivent dans cette même ligne, ou fort proche.

ZOFFINGEN, *Tobinium*, ville de Suiſſe, au canton de Berne, dans l'Argow, à 1 li. au midi d'Arbourg. Elle étoit autrefois la plus conſidérable de l'Argow, & avoit droit de battre monnoie. Elle eſt bien bâtie ; ſes habitans ſont riches, & gens d'eſprit. Le temple eſt un bâtiment remarquable, & orné d'un beau clocher. Il y a une bibliothéque publique, où ſont des manuſcrits rares. Près de Zoffingen eſt la forêt de Bonwald, qui produit les plus beaux ſapins qui ſoient en Suiſſe. La république de Veniſe y en a acheté qui avoient cent vingt pieds de haut.

ZOLL, comté de la haute Hongrie, au midi de ceux de Liptow & de Turocz. Il a environ 20 li. de long du midi au nord, & 12 de large du levant au couchant. La riviere de Gran le traverse du nord-est au sud-ouest.

ZOLLERN, château d'Allem. dans la Suabe, & qui donne son nom à la principauté de Hohen-Zollern. L'empereur Henri V le fit bâtir à son retour d'Italie. La principauté est bornée par le duché de Wirtemberg, la principauté de Furstemberg, la seigneurie d'Ehingen & la baronnie de Waldbourg. Elle a 15 li. de long & 7 de large. Le voisinage du Danube en fertilise le terroir. Les princes de Hohen-Zollern sont Catholiques, & chambellans héréditaires de l'empire.

* 1. ZOLNOCK, ville de la haute Hongrie, & non pas de la basse, comme dit la Martiniere, capitale du comté de même nom, sur la droite de la Teiffe, à son confluent avec la Zagiwa, à 20 li. au levant de Bude, & à 24 au nord-est de Colocza. Les Turcs s'en saisirent en 1554; mais les Impériaux la leur reprirent en 1685. long. 37. 42. latit. 47. 12.

2. ZOLNOCK, comté de la haute Hongrie, borné au nord par ceux de Hevecz & de Zabolcz, au midi par ceux de Bath & de Czongrad, au levant par celui de Bihor, & au couchant par celui de Pest. La Teiffe le partage en partie orientale & occidentale. Zolnock est la capitale.

ZONCHIO (cap de), cap de la Morée, près du golfe de même nom. Il a été connu des anciens sous le nom de *Coriphæsium*.

ZONES, bandes ou ceintures de la terre, terminées par deux cercles paralleles entr'eux, sçavoir, par les deux cercles polaires & par les deux tropiques. Zone est un mot grec, qui veut dire ceinture. Il y a cinq Zones qui divisent le globe de la terre; sçavoir, une torride ou brulée, deux tempérées, & deux froides ou glaciales.

La Zone torride est comprise entre les deux tropiques, & se trouve entre les deux Zones tempérées. L'équateur la divise en deux parties égales, l'une septentrionale & l'autre méridionale. Elle a 47 dégrés de largeur, qui valent 1175 lieues de vingt-cinq au dégré. On l'appelle torride, parce qu'étant directement sous le lieu par où le soleil passe en faisant son cours, elle est frapée à plomb de ses rayons; ce qui occasionne une chaleur si excessive, que les anciens ont cru qu'elle étoit inhabitable. Ceux qui habitent ces lieux ont un perpétuel équinoxe; les jours ainsi que les nuits y sont toujours de douze heures. Les crepuscules y sont très-courts.

Les deux Zones temperées sont entre la torride & les glaciales, c'est-à-dire entre les tropiques & les cercles polaires: on jouit d'une excellente température, entre le froid & le chaud. Elles contiennent chacune 43 dégrés, qui font 1075 lieues communes de France. Ceux qui habitent une de ces Zones n'ont jamais le soleil sur leurs têtes, & hors le tems des équinoxes, ils ont les jours inégaux aux nuits.

Les deux Zones froides ou glaciales sont renfermées entre les cercles polaires & les poles. On les appelle ainsi, parce que pendant la plus grande partie de l'année il y fait un froid excessif, à cause des longues nuits de plusieurs mois qui s'y rencontrent, & à cause de l'obliquité des rayons du soleil quand il les éclaire. Les crepuscules y font très - grands , & l'élévation du pole y eft auffi très-grande. Ils ont le soleil très-éloigné de leur zenith , & ne voient que le folftice d'été, le folftice d'hyver étant caché fous l'horizon. Ils n'ont aucun orient ni aucun occident , & font appellés Perifciens , parce qu'ils n'ont qu'une ombre circulaire.

ZOQUES , prov. de l'Amérique feptentrionale , dans la Nouvelle Efpagne , au gouvernement de Chiapa , fur les confins de celui de Tabafco. Les bourgades n'y font pas grandes , mais elles font riches en cochenille & en foie. Cette premiere marchandife eft la meilleure de toute l'Amérique. La foie y eft dans une grande abondance. Les habitans en font des tapis , qu'ils vendent aux Efpagnols. Ils font ingénieux , fpirituels & bien faits. La terre n'y produit pas du froment , mais une grande quantité de maïs. Le gibier , la volaille y abondent , les rivieres foifonnent en poiffons.

ZUCKMANTEL , petite ville de la haute Siléfie , au nord-oueft de Jegerfdorf. Il y avoit aux environs de riches mines d'or , d'argent , de cuivre & de fer. Elle fut pillée & brulée par les Pruffiens en 1741.

ZUENZIGA , défert d'Afrique , dans le Zahara. Il eft ftérile , & fi fec , qu'on y fait neuf journées de chemin fans trouver une goutte d'eau. C'eft le paffage des marchands de Tremecen qui vont au royaume de Tombut & à celui d'Yça. Il eft peuplé en plufieurs endroits par des Arabes redoutés de leurs voifins. On tire des rochers de Tegafa , qui font dans ce défert , d'abondantes mines de fel foffile , que les caravanes de Maroc & de Tombut viennent charger.

ZUERA , ou CUERA , p. ville d'Efpagne , dans l'Aragon , fur le Gallego , à 4 li. de Sarragoffe , dans une campagne agréable & fertile.

1. ZUG , canton de Suiffe , le feptiéme en rang , borné au nord & au levant par celui de Zurich , au midi par celui de Schwitz , & au couchant par celui de Lucerne. C'eft le pays des anciens *Tugeni*. Il eft d'une petite étendue , n'ayant que quatre lieues de long , & autant de large ; mais il eft dédommagé par la bonté de fon terroir. Les montagnes fourniffent d'excellens pâturages ; la plaine eft fertile en bled , en vins & en fruits ; auffi le pays eft-il fort peuplé. Il y a quantité de villages , & deux bourgs , outre la capitale , qui porte le même nom. Les habitans , qui font alliés des cantons de Lucerne , d'Ury , de Schwitz & d'Underwald , font très - attachés à la religion Catholique , & reconnoiffent la jurifdiction fpirituelle de l'évêque de Conftance.

2. ZUG , *Tugium* , ville de Suiffe , capitale du canton de même nom , dans une belle & fertile campagne , fur le bord oriental du lac , au pied d'une colline. C'eft une jolie ville , dont les rues font grandes & larges , les maifons bien bâties. L'églife colléziale , fous le titre de St Ofwald , & fituée dans le centre de la ville , eft un joli bâtiment. Il y a outre cela une paroiffe hors de la ville , un couvent de Capucins & un couvent de religieufes. Le chef du canton , appellé *Amman* , & dont la charge dure deux ans , réfide toujours à Zug avec la régence. Il eft pris tour à tour dans les cinq communautés qui compofent le canton. long. 26. 12. lat. 47. 10.

Le lac de Zug , appellé Zugerzée

gerzée en Allemand, partage le canton en deux parties inégales, en orientale & occidentale. Il s'étend en longueur du nord au midi.

* ZUICKAU, ville d'Allem. dans le marquifat de Mifnie, au cercle d'Ertzeburge, & non pas de Voigtland, comme dit la Martiniere, fur la Mulde, au fud-oueft de Fridberg. Elle eft bien bâtie, & a dans fon voifinage des mines d'argent très-abondantes. On en tira l'an 1477 un bloc d'argent d'une groffeur fi extraordinaire, qu'on en fit 400 quintaux de monnoie d'argent. long. 30. 28. latit. 50. 22.

ZULLICHAW, ville d'Allem. dans la Siléfie, en la principauté de Croffen, à 5 li. de Croffen, & à 1 li. au nord fur la droite de l'Oder.

ZULPHA, ville de Perfe, au voifinage d'Ifpahan, dont elle eft regardée comme un des faux-bourgs, n'en étant féparée que par la riviere de Senderou. Elle peut paffer pour une affez grande ville, ayant près de demi-lieue de long, & près de la moitié de large. Les maifons font mieux bâties & plus riantes qu'à Ifpahan. Ses habitans font une colonie d'Arméniens, que le grand Cha-Abas amena en Perfe. Ils font devenus très-riches par le commerce, & ont obtenu de grands priviléges du fouverain. Ils ont plufieurs églifes, & des chapelles, un archevêque & des évêques. Il y a des religieux francs, fçavoir, des Auguftins, des Carmes, des Capucins & des Jéfuites.

ZULPICH, ou ZULCH, ville d'Allem. enclavée dans le duché de Juliers, & dépendante de l'électorat de Cologne, fur la riv. de Naffel, à 4 li. au midi de Juliers, & à égale diftance au couchant de Bonne. On croit que c'eft l'ancien *Tolbiacum*,

connu par la bataille que Clovis y gagna l'an 496. long. 24. 21. latit. 50. 30.

ZULTZ, ville de Siléfie, dans la principauté d'Oppelen, entre le petit Glogaw au fud-eft, & Steinaw au nord-oueft.

ZURKIRCHEN, village au pays des Grifons, dans la ligue Grife, au Val St Pierre, remarquable par fes bains.

ZURARA, petite ville de Portugal, dans la province entre Duero & Minho, fur la gauche de la riviere d'Ave, à 4 lieues de Porto, & vis-à-vis Villa de Condé.

ZUREND, ville de Perfe, dans la province de Kerman, connue par la poterie qu'on y fabrique, & qui eft beaucoup plus belle que la fayance.

1. ZURICH, *Tigurinus pagus*, canton de Suiffe, & le premier en rang, à caufe de fa puiffance. Il eft borné au nord par le Rhin, qui le fépare du canton de Schafoufe, au midi par le canton de Schwitz, au levant par le Thourgaw, & au couchant par le canton de Zug. C'eft la demeure des anciens *Tigurini*, connus dans l'hiftoire Romaine. C'eft un pays de montagnes & de plaines, que les habitans ont foin de bien cultiver. Elles produifent de bons grains; les lacs & les rivieres donnent abondamment du poiffon. Il y a des vignobles; mais le vin qu'on y fait eft verd, ce qui n'empêche pas les Suiffes de le boire.

* 2. ZURICH, *Tigurum*, ville de Suiffe, capitale du canton de même nom, fur le penchant de deux collines, à l'extrémité feptentrionale du lac de même nom, d'où fort la riviere de Limmat, & non pas Limmar, comme dit Vofgien. Cette riv. partage la ville en deux parties, qui communiquent l'une à l'autre par deux ponts de bois, à

18 li. au sud-ouest de Constance, à 15 au sud-est de Basle, & à 23 au nord-est de Berne. C'est une des plus considérables villes de toute la Suisse. Ses rues sont propres, & les maisons bien baties : elle est assez bien fortifiée, avec de larges fossés revetus en pierres de taille. Le grand temple, appellé Grossmunster, est remarquable par ses deux tours. L'hotel de ville est un fort bel édifice, & où on n'a rien oublié pour l'embellir. L'arsenal est très-beau, & muni de tout ce qui est nécessaire pour la guerre. Il y a une bibliothéque publique, plusieurs hopitaux bien rentés, cinq eglises paroissiales, & des greniers publics. Cette ville embrassa la reforme en 1524, à la sollicitation de Zuingle, qui en bannit entierement la religion catholique. Les habitans de Zurich ont la reputation d'etre industrieux, aimant le travail & le commerce. Ils ont plusieurs manufactures, sur-tout en crepon. long. 26. 10. latit. 47. 29.

ZURICH (lac de), lac de Suisse, dans le canton de ce nom. Il a 9 li. de longueur, & environ 1 de large. Il est formé par la riviere de Lint, qui en sort à Zurich, sous le nom de Limmat. Il abonde en plusieurs sortes de poissons, & ses deux bords sont garnis de vignobles, de prairies, de bosquets, de jardins & de maisons de plaisance.

ZURITA, petite ville d'Espagne, dans la Vieille Castille, au nord-est de Toléde, & près de Pastrana au midi, sur le Tage. Il y a un vieux château, avec une commenderie de l'ordre de Calatrava. Ses environs produisent de l'huile, du safran & du vin très-estimé.

ZURINAS, peuple de l'Amérique méridionale, proche la riviere des Amazones. Ils font des ouvrages en bois avec tant de délicatesse, qu'ils pourroient donner des leçons aux plus habiles sculpteurs d'Europe.

* ZURZACH, gros bourg de Suisse, dans le comté de Bade, sur le bord du Rhin, qu'on passoit autrefois dans cet endroit sur trois ponts, une lieue au-dessus de l'embouchure de l'Aar dans ce fleuve. La Martiniere place l'embouchure de l'Aar au-dessus de Zurzach, il se trompe. Ce bourg, qui a pris son nom de *Certiacum*, de Certus son fondateur, est célèbre par ses foires, & a une collégiale sous la jurisdiction spirituelle de l'évêque de Constance.

ZUTPHEN, quartier des Pays-Bas, dans la province de Gueldre, avec titre de comté, borné au nord par l'Overissel, au midi par le duché de Cleves, au levant par l'éveché de Munster, & au couchant par le Velau. Il est composé de quatre baronnies; & à la mort du dernier comte de Zutphen, arrivée l'an 1107, ce pays fut réuni au duché de Gueldre.

ZUTPHEN, ville des Provinces-Unies, dans la province de Gueldre, sur le bord oriental de l'Yssel, chef-lieu du comté de même nom, à 2 li. au sud-est de Deventer, à 6 au nord-est de Nimégue, & à 20 au levant d'Amsterdam. Cette ville, batie depuis plus de sept siécles, est très-bien fortifiée, & a été bien souvent assiégée. Elle fut prise d'assaut en 1572 par Frédéric de Toléde, fils du duc d'Albe : on pendit une partie des habitans, le reste fut noyé. Les François la prirent en 1672, & l'abandonnerent ensuite, après en avoir rasé les fortifications, qui depuis ont été relevées. Elle a le droit de battre monnoie; son temple est un magnifique bâtiment; l'hôtel de ville est un bel édifice, ainsi que le collége des députés du comté. long. 23. 45. latit. 52. 10.

ZUYDERZÉE, grand golfe de l'Océan Germanique, sur la côte des Pays - Bas, & qui occupe trente lieues d'étendue. Il baigne la Westfrise, la Hollande mérid. la seigneurie d'Utrecht, le duché de Gueldre, la seigneurie d'Overissel & celle de Frise.

ZWICKAU, petite ville d'Allemagne, au marquisat de Misnie, *voyez* Zuickau.

ZWILFELD, *Ad duplices aquas*, abbaye d'hommes de l'ordre de St Benoît, en Allemagne, au dioc. de Constance, à une li. & demie sur la gauche du Danube, à 10 li. au-dessus d'Ulm.

ZWOL, *Zuvolla*, ville des Pays - Bas, dans la province d'Overissel, au pays de Zallant, batie sur une éminence près de la riviere d'Aa, qui en arrose les fossés, à 1 li. de Deventer, & à 2 de Campen. Cette ville qui a été libre & impériale, est grande & assez bien batie, avec des fortifications très-régulieres. Avant que la réforme ne fût introduite dans cette ville, il y avoit près de ses murs une maison de Chanoines réguliers, dont étoit prieur le fameux Thomas à Kempis, qu'on croit communément être l'auteur de l'Imitation de Jesus-Christ. long. latit. 52. 31.

Fin du second Volume.

qu'elles soient, d'en introduire d'impression étrangère dans aucun
lieu de notre obéissance; comme aussi d'imprimer ou faire imprimer, réimprimer ou faire réimprimer, vendre, faire vendre
ni débiter lesdits Livres, en tout ou en partie, ni d'en faire au-
cuns extraits, sous quelque prétexte que ce soit, d'augmentation, correction, changement ou autres, sans la permission
expresse & par écrit dudit Exposant, ou de ceux qui auront droit
de lui, à peine de confiscation des Exemplaires contrefaits, &
de trois mille livres d'amende contre chacun des contrevenants,
dont un tiers à Nous, un tiers à l'Hôtel-Dieu de Paris, & l'autre audit Exposant, ou à celui qui aura droit de lui, & de tous
dépens, dommages & intérêts; à la charge que ces Présentes seront enregistrées tout au long sur le Registre de la Communauté
des Imprimeurs & Libraires de Paris, dans trois mois de la date
d'icelles; que l'impression & réimpression desdits Livres sera faite
dans notre Royaume, & non ailleurs; que l'Impétrant se con-
formera en tout aux Réglemens de la Librairie, & notamment
à celui du 10 Avril 1725, qu'avant de les exposer en vente, les
Manuscrits & Imprimés qui auront servi de copie à l'impression
& réimpression desdits Livres, seront remis dans le même état
où l'Approbation y aura été donnée, ès mains de notre très-
cher & féal Chevalier, Chancelier de France le sieur DE LA-
MOIGNON, & qu'il en sera ensuite remis deux Exemplaires de
chacun dans notre Bibliothéque publique, un dans celle de notre
Château du Louvre, un dans celle de notredit très-cher & féal
Chevalier, Chancelier de France, le sieur DE LAMOIGNON,
& un dans celle de notre très-cher & féal Chevalier, Garde des
Sceaux de France, le sieur DE MACHAULT, Commandeur
de nos Ordres, le tout à peine de nullité des Présentes; du con-
tenu desquelles vous mandons & enjoignons de faire jouir ledit
Exposant, & ses ayans cause, pleinement & paisiblement, sans
souffrir qu'il leur soit fait aucun trouble ou empêchement. Vou-
lons que la copie des Présentes, qui sera imprimée tout au long
au commencement ou à la fin desdits Livres, soit tenue pour
duement signifiée, & qu'aux copies collationnées par l'un de
nos amés & féaux Conseillers-Secrétaires, foi soit ajoutée comme
à l'original. Commandons au premier notre Huissier ou Sergent,
sur ce requis, de faire pour l'exécution d'icelles, tous Actes requis & nécessaires, sans demander autre permission, & nonob-
stant clameur de Haro, Charte Normande, & Lettres à ce con-
traires : CAR tel est notre plaisir. DONNÉ à Versailles le vingt-
neuviéme jour du mois de Juin, l'an de grace mil sept cent
cinquante-trois, & de notre Regne le trente-huitiéme. Par le
Roi en son Conseil. *Signé*, SAINSON.

*Registré sur le Registre treize de la Chambre Royale des Li-
braires & Imprimeurs de Paris, No. 212, fol. 170, conformément
aux anciens Réglemens, confirmés par celui du 28. Février 1723.
A Paris le 21. Août 1753.*

DIDOT, *Syndic.*

J'ai cédé à M. le MERCIER, Libraire-Imprimeur à Paris, le Privilége par moi obtenu le 29 Juin 1753, pour l'impression des *Livres d'Eglise* à l'usage de l'Ordre de S. François, & du *Dictionnaire Géographique de la Martiniere*. Je reconnois en outre que mondit sieur le Mercier a part pour moitié dans celui de la *Bibliothéque Françoise*, & pour un quart dans celui de l'*Anti-Lucrece*, poëme latin, & pour un tiers dans celui du même Poëme, traduit en françois. A Paris, ce 22 Mars 1759.

H. L. GUERIN.

Je soussigné reconnois pour mes Associés au *Dictionnaire Géographique de la Martiniere*, Messieurs les Freres Duplain, Libraires à Lyon, Desaint & Saillant, Boudet, Durand, Vincent & le Prieur, tous Libraires à Paris, suivant les conventions faites entre nous. A Paris, ce 22 Mars 1759.

P. G. LE MERCIER.

Registré les deux Cessions ci-dessus sur le Registre quatorziéme de la Chambre Royale des Libraires & Imprimeurs de Paris, fol. 428, conformément aux Réglemens, & notamment à l'Arrêt du 10 Juillet 1745. A Paris, le 22 Mars 1759.

P. G. LE MERCIER, *Syndic.*